Research Methods in Public Administration

문제중심의
행정조사방법론

한동효 지음

KYOWOO

P·R·E·F·A·C·E 머리말

21세기는 말 그대로 불확실성의 시대다. 이러한 혼란 속에서 사회현상은 무질서해 보이기도 하지만 거기에는 또 다른 규칙과 질서가 존재하고 이를 과학적으로 설명하기도 한다. 일반적으로 사회과학의 과학성은 사회현상을 과학적으로 설명할 수 있는 이론이나 법칙을 완성할 수 있어야 가능하다. 이러한 현상을 과학적으로 설명하기 위해 다양한 연구방법들이 활용되고 있다. 이들 연구방법을 기술하고 분석하는 체계적인 지식을 조사방법론이라 한다.

'조사는 무엇이고 통계를 기반으로 한 예측은 무엇인가'라는 질문에 누구나 몇 마디 할 줄 알아야 하는 시대에 우리는 살고 있다. 조사방법을 쉽게 설명하는 책들은 이미 많다. 사회과학을 연구하는 학자의 한 사람으로써 정책사례 분석과 사회문제, 나아가 정책분석과 예측능력 배양 차원에서 조사방법의 기초를 배우고자하는 학생들의 입장에서 이 책을 저술하게 되었다. 이 책은 사회문제 해결에 있어 과학적으로 접근하는 기본적 논리를 이해하는데 초점을 두었기 때문에 과학적 조사연구의 절차를 기본으로 기술하였으며, 실증분석을 위한 기술적 통계부분은 다루지 않았다.

이 책은 조사방법론의 과정을 이해할 수 있도록 각 부분을 연계성 있게 기술했다. 본서는 조사방법의 절차에 따라 전체적으로 4부 11장으로 구성되어 있으며, 학생들의 이해를 돕기 위해 용어 설명과 시사적인 내용도 덧붙였다. 제1부 제1장에서는 과학적 연구와 조사방법론의 이해를 도모하고자 과학의 의미와 과학적 지식의 형성방법, 경험적 지식에서 발생하는 오류, 과학적 조사의 목적과 논리체계 등을 고찰하였다. 제2장에서는 탐색적 조사 등 과학적 조사의 유형과 사례, 그리고 과학적 조사연구의 절차 등을 소개하였다.

제2부에서는 과학적 조사의 설계부문으로 연구문제와 가설, 인과관계와 연구설계의 타당성, 실험설계의 유형에 대해 구체적으로 설명하였다. 3장에서는 연구문제의 형성과 변수의 유형, 가설에 관하여 다루었으며, 4장에서는 인과관계의 본질과 내적·외적 타당성 저해요인에 관해 살펴보았다. 5장에서는 실험설계의 원리를 중심으로 사전실험설계, 순수실험설계, 유사실험설계, 사후설험설계에 대해 고찰하였고 적절한 예를 제시하여 기술하였다.

머리말 P·R·E·F·A·C·E

제3부에서는 측정의 의미와 수준, 측정과 척도에서 신뢰도와 타당도 문제, 표본추출의 방법과 자료수집에 관해 심도 있게 다루었다. 먼저 6장에서 측정의 수준을 기술했으며, 7장에서는 척도와 측정에서 신뢰도와 타당도를 중심으로 명목척도, 서열척도, 등간척도, 비율척도의 종류와 각각의 사례를 제시하였다. 또한 신뢰도 및 타당도의 측정방법을 구체적으로 살펴보았다. 8장에서는 확률표본추출과 비확률표본추출 부문을 세부적으로 다루었다. 9장에서는 1차 자료와 2차 자료, 의사소통방법 중 질문지법과 면접법, 그리고 관찰법에 관해 살펴보았다.

마지막으로 제4부 10장에서는 사례연구의 이해를 도모하고자 사례연구의 절차와 사례연구설계에서 과거 자치경찰제의 도입 실패요인을 고찰하였고, 11장 연구보고서의 작성절차와 사례에서는 최근 고령화 사회 진입 이후 사회문제로 부각되고 있는 노인범죄에 관한 연구결과를 제시함으로써 학생들이 조사보고서를 작성하는데 보탬이 되고자 했다.

본서는 조사방법론의 제반 특성들을 이해하고 적용할 수 있도록 배려하였다. 특히 조사방법론의 기초 부문과 사회조사분석사 기출문제를 심도 있게 다룸으로써 사회조사분석사 자격시험을 준비하는 학생들에게 도움을 주고자 한다. 또한 정부 차원에서 추진하는 정책 및 사례와 관련하여 졸업논문과 학위논문을 준비하는 학부생, 대학원생들에게 도움을 주고자하였다. 조사방법론에 대한 이론이나 사례를 보다 심도 있게 다루고자 했으나 여러 가지 제약으로 미흡한 저서를 내놓은 것 같아 다소 아쉽다. 앞으로 좀 더 독창적이고 독자들이 쉽게 접할 수 있도록 사례 중심으로 내용을 보강하고 기초통계 및 고급통계 부분을 추가·보완하고자 한다.

저자 한동효

C·O·N·T·E·N·T·S **목 차**

머리말 / iii

제1부 과학적 조사연구와 절차

제1장 과학적 연구와 조사방법의 이해 / 2

제1절 과학의 의미와 특징 ······ 2
1. 과학의 정의와 관점 ······ 2
2. 과학적 연구의 목적과 특징 ······ 4
제2절 과학적 지식의 형성방법 ······ 13
1. 비과학적 지식의 형성방법 ······ 14
2. 과학적 지식의 형성방법 ······ 17
제3절 경험적 지식에서 발생하는 오류 ······ 18
제4절 과학적 조사의 목적과 논리체계 ······ 25
1. 과학적 조사의 의의 ······ 25
2. 과학적 조사의 목적 ······ 25
3. 과학적 조사의 논리 체계 ······ 29
제5절 과학철학의 역사와 유형 ······ 35
사회조사분석사 핵심문제와 해설 / 46

제2장 과학적 조사연구의 유형과 절차 / 52

제1절 과학적 조사연구의 유형 ······ 52
1. 연구목적 또는 조사정도의 수준에 따른 유형 ······ 52
2. 시간적 차원에 따른 유형 ······ 58
3. 조사용도 또는 응용정도에 따른 유형 ······ 64
4. 자료수집의 성격에 따른 유형 ······ 65
5. 조사대상의 범위에 따른 유형 ······ 68
6. 기타 조사연구의 유형 ······ 69
제2절 과학적 조사연구의 분석단위 ······ 74

목차 C·O·N·T·E·N·T·S

1. 분석단위의 분류 ······75
2. 분석단위의 선정과 해석의 오류 ······77

제3절 과학적 조사연구의 절차 ······82

▸ 사회조사분석사 핵심문제와 해설 / 89

제2부 연구설계의 기본과 실험설계의 원리

제3장 연구문제와 가설 / 100

제1절 연구문제의 형성 ······100

1. 연구문제의 선정과 기준 ······100
2. 연구문제의 원천 ······101

제2절 변수 ······106

1. 개념적 정의와 조작적 정의 ······106
2. 개념과 변수 ······109
3. 변수의 종류 ······111
4. 변수간의 관계 ······118

제3절 가설 ······123

1. 가설의 의미와 특징 ······123
2. 가설의 유형 ······128
3. 연구문제와 가설의 관계 ······133

▸ 사회조사분석사 핵심문제와 해설 / 136

제4장 인과관계와 연구설계의 타당성 / 150

제1절 인과관계의 본질 ······150

1. 인과관계의 의미 ······150
2. 인과관계 추론의 조건 ······154
3. 인과관계의 추리 ······158
4. 인과관계와 상관관계의 구분 ······165

제2절 연구설계의 타당성과 저해요인 ··· 170
1. 내적 타당성 ··· 170
2. 외적 타당성 ··· 177
3. 구성 타당성 ··· 181
사회조사분석사 핵심문제와 해설 / 186

제5장 실험설계의 기본원리와 유형 / 192

제1절 실험설계의 원리와 통제 ··· 192
1. 실험설계의 기본원리 ··· 192
2. 실험설계의 구성요소 ··· 194
3. 실험설계의 통제방법 ··· 196
제2절 실험설계의 유형 ··· 202
1. 사전실험설계(pre-experimental design) ··· 203
2. 순수실험설계(true experimental design) ··· 206
3. 유사실험설계(quasi-experimental design) ··· 210
4. 사후실험설계(ex-post facto research design) ··· 214
제3절 현지실험과 실험실실험 ··· 216
1. 현지실험(field experiment) ··· 216
2. 실험실실험(laboratory experiment) ··· 218
사회조사분석사 핵심문제와 해설 / 220

제3부 측정과 표본설계

제6장 측정의 의미와 수준 / 228

제1절 측정의 의의 ··· 228
1. 측정의 의미 ··· 228
2. 측정의 역할과 기능 ··· 230
제2절 측정의 수준 ··· 232

목차 C·O·N·T·E·N·T·S

1. 명목 수준의 측정 ······233
2. 서열 수준의 측정 ······234
3. 등간 수준의 측정 ······236
4. 비율 수준의 측정 ······237

사회조사분석사 핵심문제와 해설 / 241

제7장 척도와 측정에서 신뢰도와 타당도 / 249

제1절 척도의 구성과 활용 ······249
1. 척도의 의의와 요건 ······249
2. 지수와 척도 ······252
3. 척도의 작성과정과 절차 ······254

제2절 척도의 구성과 유형 ······257
1. 명목척도(nominal scaling) ······257
2. 서열척도(ordinal scaling) ······258
3. 등간-비율척도(interval-ratio scaling) ······273
4. 기타 척도 ······277

제3절 측정에서 신뢰도와 타당도 ······285
1. 신뢰도의 의의 및 측정 ······285
2. 타당도의 의의 및 평가 ······292

제4절 신뢰도와 타당도의 관계 ······303

제5절 측정에서의 오류 ······305
1. 측정의 오류 ······305
2. 측정오류의 제거 및 신뢰도 제고 방안 ······308

사회조사분석사 핵심문제와 해설 / 310

제8장 표본조사와 표본추출 / 333

제1절 표본추출의 의의와 과정 ······333
1. 표본추출과 표본조사 ······333
2. 표본추출의 과정 ······336

제2절 표본추출의 유형 ······339

1. 확률표본추출 ······340
2. 비확률표본추출 ······349
3. 표본오차와 크기결정 ······354
사회조사분석사 핵심문제와 해설 / 363

제9장 자료의 수집과 방법 / 380

제1절 자료의 종류와 분류 ······380
1. 1차 자료와 2차 자료 ······380
2. 자료수집방법의 분류와 비교 ······382
제2절 의사소통방법 ······384
1. 질문지법 ······384
2. 면접조사법 ······391
제3절 관찰법 ······404
1. 관찰법의 의의 ······405
2. 관찰법의 장단점 ······406
3. 관찰법의 유형 ······409
4. 관찰법의 절차와 내용 ······413
사회조사분석사 핵심문제와 해설 / 420

제4부 사례연구와 연구보고서 작성 및 적용

제10장 사례연구의 이해 / 432

제1절 사례연구의 의의와 절차 ······432
1. 사례연구의 개념과 특징 ······432
2. 사례연구의 장단점 ······434
3. 사례연구의 비교와 유형 ······435
4. 사례연구의 절차 ······438
제2절 사례연구설계 ······441

목차 C·O·N·T·E·N·T·S

1. 연구목적 ········442
2. 자치경찰제에 관한 이론적 고찰 ········443
3. 사례연구설계 ········446
4. 연구결과와 시사점 ········446

사회조사분석사 핵심문제와 해설 / 456

제11장 연구보고서 작성절차와 사례 / 458

제1절 연구보고서의 의미와 절차 ········458

제2절 연구보고서의 예시 ········460

참고문헌 / 473

찾아보기 / 478

제1부

과학적 조사연구와 절차

01 과학적 연구와 조사방법의 이해

02 과학적 조사연구의 유형과 절차

01 과학적 연구와 조사방법의 이해

제 1 절 과학의 의미와 특징

1. 과학의 정의와 관점

과학(science)이란 무엇인가? 과학에 대한 정의를 내리는데 있어 명쾌한 해답은 없다. 일반적으로 과학은 자연세계에서 보편적인 법칙 또는 진리를 발견할 목적으로 한 논리적이고 체계적인 지식을 말한다. 과학의 어원을 보면, 영어와 프랑스어 'science'는 어떤 사물을 '안다'는 라틴어 'scire'에서 연유된 말로서 넓은 의미로 학(學) 또는 학문(學問)과 같은 뜻으로 사용된다(두산백과사전, 2018). 다시 말해 과학은 "어떤 가정 하에서 일정한 인식목적과 합리적인 방법에 의해 세워진 광범위한 체계적 지식" 자체를 의미하는 동시에 "다양한 현상에서 지식을 습득하고 그 지식을 탐구하는 방법(a method of inquiry)"도 포함한다(김렬, 2013). 이처럼 과학은 지각적 작용에 의해 사물 및 현상의 구조와 성질 등을 관찰하고 기술적 실험조사를 통해 사실을 증명하는 동시에 이론적인 설명과정으로써 객관적인 법칙을 탐구하는 체계적인 지식활동이라 할 수 있다.

또한 과학은 접근방법과 그 관점에 따라 다르게 정의되기도 한다. 과학을 바라보는 관점에 따라 일부 학자들은 실용적 관점, 이론적 관점, 포스트 모더니즘적 관점으로 구분하여 정의하고 있다(김기원, 2016). 이밖에 실증주의적 관점, 해석적 관점, 비판적 관점, 여성학적 관점, 포스트 모드니즘적 관점 등으로 분류하여 연구목적이나 이론의 형태 등을 비교하여 설명하기도 한다. 특히 여성학적 관점은 1980년대 후반에 알려지기 시작하였으며, 실증주의를 비판하고 해석적, 비판적 관점에 기초하고 있다.

이 관점은 페미니스트(feminist) 여성연구자들이 주도하였으며, 실증주의 관점인 객관적·가치중립적·과업중심적인 입장을 취하지 않고 행위 지향적이고 페미니스트의 가치를 전파하고자 하였다. 페미니스트 학자들은 모든 형태의 위계질서, 기업과 정부, 그리고 모든 형태의 조직에 존재하는 질서가 탈중앙화 되고 극단적인 민주주의 체제로 대체되어야 한다고 주장하였다. 또 다른 학자들은 어떤 조직이라도 집중화되어 있다면, 이는 남성 중심적 가족구조에 기반을 둔 것으로 이를 개혁하고 교체해야 한다고 주장한다. 이리하여 페미니스트 학자들은 페미니즘(feminism)의 본질을 성(sex)과 젠더(gender)에 국한하지 않는 방향으로 나아가고 있다(Neuman, 2000; 남궁근, 2014).[1)]

여기서는 실용적 관점, 이론적 관점, 포스트 모더니즘적 관점을 중심으로 간략하게 살펴보았다. 먼저 실용적 관점(practical perspective)에서는 과학을 인간이 자신의 주변 환경을 지배하기 위해 사용하는 행동유형으로 정의하고 있으며, 이 경우에 있어서 과학은 사회현상에 대한 기술(description)과 관련이 있다. 이론적 관점(theoretical perspective)에서는 과학을 사건이나 현상에 대한 원인 등을 체계적으로 설명(explanation)하고 예측(prediction)하는 것으로 정의하고 있다. 다시 말해 이론적 관점에서는 사회현상을 설명하고 예측하기 위해 인과관계를 구체화시키는 과정을 통해 현상에 대한 체계적인 설명을 제시하는 것으로 과학을 정의한다.

마지막으로 포스트 모더니즘적 관점(postmodernistic perspective)에서는 사회과학, 자연과학, 인문학, 예술학 등 학문의 경계에 의문을 제시하고 학제 간(interdisciplinary)의 접목을 지지한다. 포스트 모더니즘적 관점은 해석적 관점과 비판적 관점을 넘어 사회과학, 특히 행정학 분야에서도 많은 연구가 이루어지고 있다.[2)] 한편, 모더니즘의 과학주의와 기술주의의 한계를 비판하면서 등장한 포스트모더니즘은 근대적 세계관이 무너지는 과정에서 나타난

1) 페미니스트 관점에서 본 이론(feminist standpoint theory)은 종종 여성들이 남성에게는 없는 자신들만의 신분이나 경험에 대한 지식을 가지고 있다는 사실을 언급하는데 사용하는 용어이다. 낸시 하트삭(Nancy Hartsock, 1983)은 이러한 관점이 오랫동안 진화되어 왔다고 주장하였다. 예를 들면, 재산이나 도덕성 혹은 연령이 다른 여러 유형의 여성들은 매우 다른 형태의 사회생활 경험을 가지고 있으나 그들이 여성이기 때문에 오랫동안 함께 공유할 수 있는 어떤 것이 있다고 학자들은 인식해왔다. 여성 경험의 변화 다양성에 대한 민감성은 1990년대부터 시작된 '제3의 페미니즘 물결(third-wave feminism)'의 기본 요소가 되기도 한다(Earl Babbie 저, 고성호 외 공역, 2014. 「사회조사방법론」, 서울: 박영사, p. 97 참조).

2) 최근 행정학 분야에서도 포스트모더니즘 행정이론이 등장하고 있다. 대표적으로 파머(Farmer)의 반관료제론과 폭스(Fox)와 밀러(Miller)의 담론이론이다. 파머(Farmer)는 관료제를 중심으로 근대 행정이론의 비판적 해석에 기초하여 포스트모더니즘 행정이론을 상상(imagination), 해체 또는 탈구성(deconstruction), 탈영역화(deterritorialization), 타자성(alterity) 등을 중심으로 제시하였다. 폭스(Fox)와 밀러(Miller)는 현상학과 구조화이론에 기초한 구성주의를 통해 관료제도를 인식론적으로 비판하고 관료제에 대한 대안으로 담론(discourse)이론을 제시하였다(Farmer, 1995; Fox & Miller, 1995; 김종술, 1999, 조만형, 1999; 강신택, 2002: 179-287; 이종수 외, 2014: 77 참조).

현상으로 전체성 해체, 독자적 개체의 인정, 주체와 객체의 구별 해소 등 표면적 외형의 해체(deconstruction)와 해방을 중시한다(김광웅, 1995). 또한 포스트모더니즘의 연구관점은 현상을 규명하기보다 의미를 정립하고 발견보다 해석을 제안하는데 초점을 두며, 판단 자체를 회피하는 동시에 검증하지는 않는다(Neuman, 2000; 이종수 외, 2014).[3] 이밖에도 포스트모더니즘 행정이론은 행정이론의 한계와 모순을 잘 인식하게 하고 담론을 통한 발전가능성을 모색하는 촉매 역할을 할 수 있다는 장점을 내포하고 있다.

2. 과학적 연구의 목적과 특징

1) 과학적 연구의 목적

우리는 왜 과학에 관심을 가지고 이를 추구하는가? 이에 관한 해답은 과학의 목적에서 찾을 수 있다. 과학의 목적은 과학의 정의에서도 나타났듯이 지식을 습득하고 탐구하여 모든 사회현상 및 자연현상을 설명하는 이론을 제시하는데 있다. 일반적으로 이론은 자연현상이나 사회현상을 설명하고 예측을 목적으로 하는 변수들 혹은 잠재변수라 불리는 구성개념 간의 관계를 체계화하고 구체화한 정의와 명제들의 집합을 말한다(이훈영, 2012). 컬린저(Kerlinger, 1986)는 이론을 '현상에 대한 설명과 예측을 목적으로 변수간의 관계를 밝힘으로써 현상에 대한 체계적인 견해를 제공하는 일련의 상호 연결되는 개념 및 정의, 명제'로 정의하였다.[4] 여기서 명제는 관찰된 현상들 간의 관계를 설명하는 원리로써 이러한 이론의 정의에서 우리는 과학의 목적을 보다 구체적으로 알 수 있다.

첫째, 과학은 이론을 연구대상으로 지식을 제공하는데 목적이 있기 때문에 가치관이나 철학적 주장을 연구대상으로 하지 않는다. 다시 말해 과학의 연구대상은 존재(sein)에만 관심을 가지고 가치가 포함된 당위(sollen) 문제를 다루지 않는다. 단지 무엇이 어떤 상태로 존재하고, 왜 그렇게 존재하며 어떻게 그런 현상이 발생하는가에 대해서만 관심을 가진다.

3) 오석홍(2008)은 포스트모더니즘의 세 가지 지적 특성을 제시하였다. 첫째, 객관주의를 배척하고 사회적 현실은 인간의 마음속에서 구성된다고 보는 구성주의(constructivism)를 지지한다. 둘째, 포스트모더니즘에서는 보편주의와 객관주의를 추구하는 것은 헛된 꿈이라고 비판하고 지식의 상대주의와 다원주의 세계관을 중시한다. 셋째, 개개인은 조직과 사회적 구조의 지시와 계약으로부터 해방되어야 한다는 해방주의적(emancipatory) 특성을 가진다는 점이다.

4) 여기서 명제는 관찰된 현상들 간의 관계를 설명하는 원리로써 사실이나 현상을 설명하고 예측하는데 사용되는 개념이나 정의, 그리고 가정 등을 체계적으로 정리한 견해를 의미한다(이훈영, 2012. 「연구조사방법론」, 서울: 도서출판 청람, p. 9 참조).

일반적으로 과학과 철학의 차이는 모든 사람들이 동의할 수 있는 분명한 기준이 있는가, 없는가에 있다(채서일, 2016).

둘째, 과학은 규칙성을 발견하고 이를 일반화하는데 목적이 있다. 과학은 사회 및 자연 현상 속에 존재하는 논리적이고 지속적인 경향(pattern)을 발견하여 규칙을 일반화한다. 물론 관찰 가능한 규칙성이 대개 연구대상으로써의 가치가 없다는 반론이 제기되고 모든 규칙성에도 예외가 있을 수 있다. 그러나 상대적으로 가치가 떨어지는 규칙성도 연구대상으로서 가치가 없다고는 할 수 없다. 또한 과학에서 규칙성은 절대적인 규칙성을 의미하는 것보다 확률적 규칙성, 발생의 개연성이 높은 규칙성을 의미한다.

셋째, 과학은 변수들 간의 관계를 기술하고 설명하는데 그 목적이 있다. 과학의 연구대상에는 다수의 변수가 있으며, 이러한 변수들 간의 관계를 기술하거나 설명하는 것이 이론이고 이러한 이론을 제시하는 것이 과학이다. 따라서 과학의 목적은 변수들 간의 인과성(causality)을 밝히는 것이 무엇보다 중요하다.

넷째, 과학은 이론을 바탕으로 현상을 예측하는 데 목적이 있다. 이론은 과학적 조사과정에서 현상을 설명해주고 새로운 사실을 예측해주는 중요한 역할을 한다. 그리고 예측은 이론의 기초적인 명제로부터 보다 복잡한 명제를 추론하는 것을 말한다. 따라서 과학은 경험적 사실을 기술하는데 그치지 않고 형태를 포괄하여 설명할 수 있는 일반법칙을 개발하고 개별적 사실들에 관한 지식을 결합하여 사실에 대한 신뢰성 있는 예측을 하는 것이다.

2) 과학적 연구의 특징

과학은 사회현상 및 자연현상을 설명하고 예측을 추구하는 활동 내지 절차이다. 다시 말해 과학은 지식획득의 과정 및 절차이며, 이를 통하여 생산된 지식이 과학적 지식이다. 따라서 과학적 연구의 특징은 과학적 연구가 갖추어야 할 요건이며, 조사연구 과정 및 절차에 의해 획득된 과학적 지식의 특징이기도 하다. 여기서 과학적 연구 내지 과학적 지식의 특징을 살펴보면 다음과 같다(Babbie, 2000; 김기원, 2016; 채서일, 2016; 김렬, 2013).[5]

---

5) 바비(Babbie)는 과학적 지식의 특징으로 ①논리적(logical), ②결정론적(deterministic), ③일반적(general), ④경제적(parsimonious), ⑤구체적(specific), ⑥경험적 검증 가능성(empirically verifiable), ⑦간주관적(intersubjective), ⑧수정 가능성(open to modification) 등을 제시하였다(Babbie, E. R. 2000. *Practice of Social Research*, CA: Wordsworth Publishing Company, 29–45).

① 체계성과 논리성

과학은 체계적(systematic)이며, 논리적(logical)이다. 과학적 연구는 경험적 자료를 체계적으로 분류하고 정리하는 과정이다. 따라서 내용의 전개과정이나 조사과정이 일정한 틀(framework), 순서, 원칙에 입각하여 진행되어야 한다. 또한 과학은 합리적 사고활동으로 과학적 설명은 이치에 어긋나서는 안 된다. 과학의 논리성은 인과관계의 특징과 마찬가지로 시간적 우선성을 가져야 하기 때문에 결과가 원인에 시간적으로 우선해서는 안 된다는 것을 말한다. 그리고 사건과 사건의 연결 자체가 지식체계 내에서 객관적 사실에 의해 뒷받침되어야 한다. 따라서 논리적이라 함은 서로 배타적인 상태가 동시에 일어날 수 없다는 것을 의미하기 때문에 동전을 던져 동전의 앞뒤가 동시에 나타났다면 이는 논리적이라 할 수 없다. 마지막으로 과학이 논리성을 가지기 위해서는 연역적 논리와 귀납적 논리에 의해 전개되어야 한다.

② 경험적 검증가능성

과학은 경험적으로 검증가능(empirically verifiable)해야 한다. 다시 말해 연구자가 제시한 이론이 현실 세계에서 경험적 자료를 통해 검증이 될 수 있어야 한다는 것이다. 경험성은 연구대상이 궁극적으로 인간의 감각기관에 의해서 지각될 수 있음을 의미한다. 경험적인 자료를 모아 분석, 검증함으로써 이론이나 법칙을 도출할 수 있다. 경험적 검증이 가능하다는 것은 과학이 형이하학(形而下學, physical science)[6]적인 현상에만 관심이 있고, 인간의 감각기관에 의하여 지각되는 것만 연구의 대상으로 한다. 그러나 경험성과 관련하여 다음과 같은 몇 가지 논란이 제기되고 있다.

첫째, 인간의 감각기관 자체를 믿을 수 있는 것인가? 둘째, 사회과학의 경우 추상적인 용어가 많은데, 이를 감각기관으로 지각하기 곤란하지 않은가? 하는 문제이다. 이러한 첫 번째 질문에 대해 구드와 햇(Goode & Hatt, 1952:55)은 이를 '과학의 비과학적 토대

6) 형이하란 형이상에 대응되는 말로, 시간·공간 속에 모양을 갖추고 나타나서 감성적인 경험으로 파악할 수 있는 것을 의미한다. 흔히 영어의 'metaphysical'을 형이상으로, 'physical'을 형이하로 번역하는데, 이 용어는 주역(周易)의 계사상전(繫辭上傳)의 한 구절에서 유래하였다. 형이하학은 형체가 있는 사물을 연구하는 학문으로 물리학·동물학·식물학 등이 여기에 속한다. 반면 형이상학(metaphysics)은 그리스어의 메타(meta)와 피지카(physika)의 결합으로 아리스토텔레스에서 유래하였다. 형이상학의 사전적 의미는 사물의 본질, 존재의 근본원리를 사유나 직관에 의해 탐구하는 학문을 가리킨다. 넓게는 헤겔과 마르크스 철학에서 비변증법적 사고를 가리키는 말로도 쓰이고 초경험적인 것을 대상으로 하는 학문을 가리키기도 한다. 경험적 대상의 학문인 자연과학은 상대적으로 형이하학이라 부른다(브리태니커 사전 참조).

(unscientific basis of science)'라고 했으며, 이에 대해 다음과 같은 기본 가정을 받아들였다. 첫째, 이 세계는 존재한다. 둘째, 인간은 이 세계를 인식할 수 있다. 셋째, 그것은 인간의 감각기관을 통하여 이루어진다. 넷째, 이 세계의 모든 사물은 인과율(causality)에 의해 지배된다고 주장하였다(김해동 외, 2010).

그러나 첫 번째 의문에 대해 다음 그림에서 제시한 것처럼 동일선상에서 직선의 길이가 같음에도 불구하고 화살표의 방향에 따라 길이가 다르게 보이는 것은 감각기관의 불완전성을 보여주는 예라 할 수 있다. 따라서 인간의 감각기관 자체에 대한 사실의 인식에 있어 객관성이 문제가 된다. 다만 우리가 어떤 사실을 인식하는 출발점이 지각이라는 것이 중요하고 이를 맹신해서는 곤란하지만 과학적 지식은 인간의 감각기관에 의해 포착될 수 있다는 것이다(김해동 외, 2010).

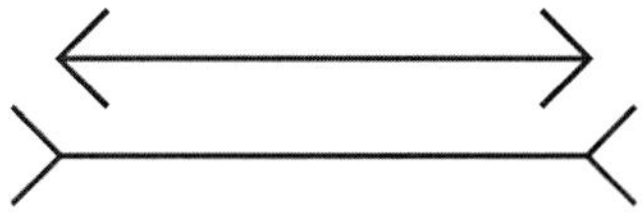

[그림 1.1] 관찰의 타당성 문세

두 번째 의문인 추상적 용어에 대한 감각기관의 지각 가능성 문제의 경우, 추상적 개념도 구체적인 사실로부터 여과하여 생성되었기 때문에 그 자체로는 추상적일지라도 경험적으로 인식이 가능하다는 것이다. 그 예로 학생들에게 추상적 용어인 사랑이 무엇이냐? 어느 정도 사랑하느냐? 라는 질문을 던졌다고 하자. 그러면 학생들은 자신들이 경험한 사랑에 관계되는 사실들을 조합하여 사랑이라는 것을 지각할 것이다. 여기서 사랑을 과학적으로 측정하기 위해서는 학생들이 경험한 구체적인 사건들을 찾아내면 된다. 사랑이라는 추상적 개념이 구체적으로 경험 가능한 사실로 나타나는 것을 보면 데이트 횟수, 화상통화 횟수, SNS(Social Network Service)를 통한 대화횟수, e-메일 교환횟수, 포옹 등이 있다. 이러한 경험 가능한 사실들이 사랑이라는 개념을 이해하고 다른 개념들과 구분하는 데 도움을 주는 일종의 지표(indicator)이다. 이처럼 과학적 방법에서는 추상적 개념을 적절히 대변하면서 경험 가능한 지표를 찾는 것이 중요하다. 사랑이라는 추상적 개념도 이러한 지표를 활용하여 측정해봄으로써 사랑의 정도를 파악할 수 있을 것이다.

③ 객관성

과학적 지식은 객관적(objectivity)이어야 한다. 객관성이란 감각기관을 가진 다수의 사람들이 하나의 대상을 같게 인식하고 그로부터 얻은 결과가 일치해야 된다는 것을 의미한다. 다시 말해 누구에게나 동일하게 인식되는 사건이나 현상은 객관성이 있다고 말할 수 있다. 과학적 사실이 정상인에 대하여 객관적으로 인식되어야 한다는 사회적 요청으로 인해 서로 다른 사람들의 감각기관을 동일하게 자극하여 동일하게 지각할 수 있도록 객관적 도구를 개발하여 발달시키고, 감각경험을 정밀하게 기술하고 전달할 수 있는 표준화된 용어체계를 필요로 하게 되었다. 이러한 필요성에 의해 질문지, 조사표, 척도 등과 같은 객관적 도구를 통해 과학적 지식의 객관성이 확보되고 발전되어 왔다. 그러나 가치판단에 대한 각자의 인식 차이나 편견, 상식적 판단은 객관적 과학지식의 습득을 저해하는 요인이 된다. 이밖에 객관성의 문제와 구별해야 하는 것은 다수결이다. 다수결은 선택의 수단에 지나지 않으며, 어떤 상황이 과학적 객관성을 가지고 있느냐의 여부를 판단해 주는 것은 아니기 때문이다(김기원, 2016).

④ 인과성

과학은 인과성(causality) 또는 결정론적(deterministic)이다. 과학에서 모든 현상이나 사건은 자연발생적인 것이 아니라 어떤 원인에 의해서 나타난 결과이며, 원인과 결과는 논리적으로 설명될 수 있어야 한다. 예를 들어 청소년들이 마약에 중독되는 것은 그들이 마약을 그냥 좋아하다가 중독되는 것이 아니라 또래집단, 부모의 소득, 훈육 정도, 학업성적 등 다양한 요인이 작용하여 약물에 중독된다는 것이다. 사회과학에서는 사회문제나 사건이 우연히 발생하는 것이 아니라 어떤 원인에 의해 발생하는 것이라고 가정하는데, 이러한 입장을 결정론적 관점(deterministic perspective)이라 한다(Babbie, 2001: 28). 이러한 관점은 인간행동의 자유의지론*과 대비되는 것으로 이 두 관점은 지금까지 논쟁이 지속되고 있다. 그러나 사회과학 조사연구는 인간 형태에 관한 결정론적 관점에 입각하고 있다는 것을 이해해야 한다(남궁근, 2014). 한 예로 선거에서 유권자가 특정 후보를 지지하여 투표를 했다고 가정하자. 이 유권자의 투표행위는 아무런 이유도 없이 특정 후보를 선택한 것이 아니라 후보자의 정책공약, 정치이념, 경력, 출신지역, 출신학교 등 다양한 원인이 작용하여 특정 후보를 선택했을 것이다.

한편, 사회과학 조사연구에서 설명은 결정론적 관점에 근거를 두고 있지만, 이것이 사건 및 사회문제의 원인을 모두 설명할 수 있다는 것은 아니다. 다시 말해 확률적 결정론(probabilistic determination)에 기초하는 것으로 설명 자체가 단정적(斷定的)이기보다는 개연성

(蓋然性, probability)을 가지고 현상의 원인을 설명하려는 논리이다.

⑤ 재생가능성

과학적 방법에 의해 습득된 지식은 재생가능(reproducible)해야 한다. 모든 이론은 한 번의 검증이나 관찰로 이루어진 것이 아니라 여러 차례 반복적으로 검증되거나 관찰된 후 하나의 이론으로 정립된다. 다시 말해 반복 가능해야 한다. 과학적 지식의 재생가능성은 연구과정의 절차, 방법을 반복했을 경우에 누구나 같은 결론을 내릴 수 있는 가능성을 의미한다. 재생가능성 내지 반복가능성은 연구과정의 객관성과 밀접한 관계를 가지며 간주관성과 유사하다. 과학적 조사에 있어 재생가능성은 연구대상이나 현상에 대한 조사설계 및 자료수집과정을 포함한 연구과정이 객관적이라면, 서로 다른 연구자가 각각 독립적으로 조사한다 하더라도 동일한 결론을 얻을 수 있을 것이다(김기원, 2016).

재생가능성은 과정과 절차에 관한 것과 결과에 관한 것으로 나눌 수 있다. 여기서 과정과 절차에 관한 것은 입증가능성 또는 타당성이라 하고, 결과에 대한 것은 신뢰성이라 한다. 이러한 과학적 지식의 특징 중 하나인 재생가능성은 과학과 예술을 구분해 주는 지침이 된다. 그 예로 사진과 그림의 경우 사진은 재생 가능하지만 예술로서의 그림은 재생가능성이 없다. 그리고 재생가능성은 과학적 조사에서 조사방법 자체의 표준화를 중시하게끔 해 준다. 또한 재생가능성은 표준화된 방법에 의하여 동일한 결론을 얻을 수 있는 가능성으로 이는 통계적 확률을 통하여 산정이 가능하다. 결론적으로 과학적 연구를 수행하는데 있어서 연구자들은 동일한 결론을 얻기 위해서 개념의 조작화, 조사설계, 자료수집, 자료분석 등의 과정과 절차를 표준화하는데 노력해야 한다.

⑥ 간주관성

과학은 상호주관적 또는 간주관적(間主觀的, inter-subjectivity)이다. 과학적 연구는 연구과정이 같으면 같은 결론을 도출해야 한다. 간주관성이란 서로 다른 다수의 연구자들이 서로 다른 주관적 동기에 의해 연구를 하더라도 동일한 방법과 과정을 통해 검증할 경우 그 결과는 동일하게 나타나야 한다는 것을 의미한다. 그러나 동일 주제나 사회현상을 연구하더라도 항상 같은 결론에 도달하는 것은 아니다. 다시 말해서 과학적 연구는 객관적으로 진행되어야 하지만 사람인 연구자에 의해 계획되고 수행되기 때문에 주관적인 성격을 완벽하게 배제하는데 있어 한계가 따른다. 특히 연구자 자신의 지적 수준과 동기를 기반으로 연구가 진행되는 경우가 많기 때문에 대부분의 연구가 반드시 객관적이라고 생각하기 어렵다. 이러한 차이는 개념이나 변수들을 조작화하고 측정하는데 있어 일부 또는 전체에서 차이가 있을 수 있기 때문이다. 그렇지만 과학적 조사연구에 있어 측정하고자하는 변수에 대해 동일한 조작화를 통해 실시한 연구들의 결과는 동일하게 나타나야 한다. 결국 서로 다른 많은 연구자들이 공통적으로 갖고 있는 주관에 근거한 연구, 다시 말해 상호주관성이 있는 연구만이 진정한 과학적 연구라 할 수 있다(이훈영, 2012).

⑦ 수정가능성

과학은 수정가능(open to modification)해야 한다. 과학적 연구 결과로 입증된 이론이나 사실을 검증하다 보면 현상을 둘러싼 변수들이나 이들을 측정한 값들이 크게 변해 기존의 이론과 맞지 않는 경우가 종종 있다. 이 경우 기존의 이론이나 사실을 수정할 필요가 있다. 이처럼 과학적 연구는 항상 수정을 전제로 하고 또한 수정이 가능해야 하는 것으로 진리는 상대적이며, 절대적인 진리는 존재할 수 없다는 것을 함축하는 말이다. 따라서 과학적 지식 체계간의 재발견, 재평가, 재해석이 이루어질 수 있으며, 이러한 과정을 통해 역사적으로 새로운 지식이 탄생하고 현재의 완벽한 과학적 이론이라 할지라도 미래 언젠가는 수정될 수 있는 것이다. 고대 그리스 철학자인 헤라클리투스(Heraclitus)가 '모든 사물은 영원할 수 없으며, 항상 변화한다(Everything flows, Nothing stands still, Nothing endures but change)'고 말한 것처럼 과학적 지식도 소멸, 생성, 진화, 혁명을 통해 새로운 이론으로 대체된다.

+ Plus 혁신의 진화와 혁명

고대 그리스 철학자 헤라클리투스(Heraclitus)는 '모든 사물은 영원할 수 없으며, 항상 변화한다'고 설파했다. 오늘날 우리는 과학기술의 진화와 혁명으로 엄청난 변화의 세상 속에 살고 있다. 그리고 이러한 변화의 중심에는 디지털경제의 핵심 키워드로 쓰이고 있는 혁신이란 용어가 성장엔진의 매개체로서 자리 잡고 있다. 혁신(innovation)은 기존의 틀을 깨고 어떠한 새로운 원리를 확립하거나 또는 낡은 것을 파괴하고 새로운 것을 창조하는 것을 말한다.

기술경제학의 대가인 슘페터(J. Schumpeter)는 경제발전은 끊임없는 기술혁신에 의해 내부에서 경제구조가 변화하는 과정이라 보고 그 중요성을 강조했다. 슘페터의 "혁신이론"에 의하면 새로운 시장과 수요를 창출하는 동태적 변화를 일으킬 수 있는 기업가의 혁신이 필요하다고 주장하였다. 20세기가 케인즈의 시대였다면, 21세기는 슘페터의 시대라고 말하기도 한다. 토머스 매크로의 〈혁신의 예언자〉에 의하면, 20세기에는 케인즈의 거시경제 금융 정책이라는 아성에 묻혀 있었지만 21세기 들어서면서 슘페터의 저작 인용이 케인즈를 넘어서기 시작하였다고 말한다.

출처: 위키백과 네이버 사전, 케인즈와 슘페트(요시가와 히로시, 2008)

+ Plus 고전적 범죄이론에서의 자유의지와 실증주의의 등장

고전학파 범죄이론은 모든 인간은 자신의 행동결과를 고려하여 자유의지에 의해 행동을 선택하는 존재라고 가정한다. 인간이 합법적 행위를 하든 그 행위로부터 얻을 수 있는 잠재적 쾌락과 고통을 합리적으로 계산하여 자신의 자유의지로 행위를 선택한다는 논리이다.

자유의지(free will)는 행동에 대한 개인의 책임을 표상한다. 다시 말해 인간이 항상 자신의 행동에 대한 책임을 수용한다는 것을 의미한다. 이는 인간이 항상 자신의 행동에 대한 책임을 수용하는 것을 의미하는 것이 아니라 개인의 행동이 의식적이고 계산된 결과라고 인정하기 때문에 사회가 개인으로 하여금 책임을 지게 한다는 의미를 가진다. 결정론을 신봉하는 사람들은 인간행동의 자유의지를 부정한다. 자유의지를 지지하는 논증은 자유에 대한 주관적 경험, 죄의식 혹은 인격적 행위에 대한 책임이라는 보편적 가정 등을 바탕으로 삼고 있다. 특히 인격적 행위에 대한 책임이라는 보편적 가정은 법·보상·처벌·동기 등의 개념의 기초가 된다.

특히 범죄억제 이론은 고전적 범죄학에 그 바탕을 두고 있다. 고전학파 범죄학은 기본적으로 18세기 당시 이탈리아와 영국의 유명한 두 철학자인 체사레 베카리아(Cesare Beccaria)와 제레미 벤담(Jeremy Bentham)의 공리주의 사상을 기초로 발전했다. 고전주의 범죄학의 대표 인물인 베카리아는 인간은 이기주의적이고 자기중심적이기 때문에 처벌의 두려움에 의해 그들의 행동이 억제되어야 할 필요가 있다고 주장했다. 베카리아는 형사정책에 반영할 범죄억제 요소를 범죄와 형벌의 균형, 일반예방주의, 처벌의 엄격성, 처벌의 신속성, 처벌의 확실성 등을 주장했다. 베카리아의 견해를 계승한 벤담은 모든 사람은 쾌락을 극대화하고 고통을 최소화하는 행동을 선택하는 존재라고 주장하였다. 범죄억제에 대한 벤담의 견해는 적법한 형사사법체계에 의한 범죄자 처벌을 강조했다. 당시 형벌이 형사법과는 상관없이 사법부의 자의에 의해 잔인하게 가해지고 있는 현실의 비판적인 시작에서 비롯되었다.

고전주의 범죄학이 개인의 자유의지를 강조함으로써 범죄행위에 대한 책임을 개인에게 집중시키고 범죄행위에 있어 사회적 요인과 생물학적 요인 등 외적요인을 간과하고 있다는 비판이 제기되면서 19세기 후반 실증주의 범죄학이 등장했다.

출처: 조철옥(2015), 『현대범죄학』, 대영문화사, 351-353 재인용

Study TIP 죗값과 합리적 범죄선택

범죄는 위험하지만 수지맞는 사업이다. 범죄자는 어리석지 않다. 손익계산서를 미리 머릿속에 짠다. 금전적 이익을 우선 따져본다. 재수가 없어 붙잡히면 뇌물을 주거나 변호사를 사는 등 빠져나갈 구멍을 생각해둔다. 감옥에 갇히는 최악의 경우를 상정해 형벌의 무게와 수감생활의 고통·불이익을 계산한다.

이런 모든 가능성을 열어 놓고 득과 실을 비교해본 뒤 실행에 옮긴다. 범죄경제학에서 분석하는 관점이다. 사기·횡령·배임 등 지능형 범죄에 상당히 설득력이 있다. 1992년 노벨 경제학상을 받은 미국 시카고대 게리 베커(Gary Becker) 교수는 이를 합리적 범죄(rational crime)라고 했다. 범죄로 얻게 될 기대이익이 지불해야 할 기대비용보다 클 때 범죄는 발생한다. 여기서 '기대비용=적발 확률(체포·구속 등)×처벌 강도(형량)'라는 등식이 성립한다. 범죄를 막으려면 검거될 확률과 형량을 높여 가혹할 정도의 죗값을 치르도록 하는 게 효율적이다. 저울은 법에 곧잘 비유된다. "저울은 가벼움과 무거움을 있는 그대로 달 수 있지만 움직인다면 바르게 달 수 없다"고 중국 법가(法家)의 한비자는 설파했다. 죄와 벌이 균형을 이루는, 다시 말해 죗값을 제대로 매겨야 법의 권위가 선다는 뜻이다.

미국 법원은 2008년 사상 최대의 금융사기극을 벌인 버나드 메이도프 전 나스닥증권거래소 위원장에게 150년의 징역형을 선고했다. 폰지(Ponzi, 다단계 금융) 사기로 고객들에게 600억 달러 규모의 손실을 입힌 죄를 법의 이름으

로 응징했다. 감방에서 나올 생각을 접고 생을 마감하라는 단죄의 의지를 읽게 한다. 한뭇 잡은 범죄 수익으로 전관예우 변호사를 고용해 구속적부심, 집행유예, 가석방, 형집행정지 등 갖가지 방법으로 풀려나는 우리의 풍경과는 천양지차다.

TIP 범죄 억제이론과 합리적 범죄선택이론

두 이론 모두 18세기 공리주의 철학에 기초하고 있다. 범죄자를 자유의지와 합리성을 지닌 존재로 파악하고 범죄자는 쾌락을 추구하고 고통을 회피하는 존재라는 점에서 유사하다. 하지만 고전적 범죄 억제이론은 엄격한 법적·공식적 제재에 의한 범죄억제를 강조했으나 합리적 범죄 선택이론은 사람들이 이익을 극대화하고 손실을 최소화하기 위해 합리적 결정을 할 것이라는 기대효용원리에 입각하고 있다는 점에서 차이가 있다.

또한 고전적 억제이론이 죄질에 기초한 형벌이라는 법적 접근인 반면, 합리적 범죄선택이론은 이기주의 원리와 쾌락-고통원리에 의해 범죄행동이 선택된다는 경제적 접근의 성격이 강하다.

출처: 중앙일보 분수대(2011년 5월 12일자 부분인용)

Study TIP 후광효과 [後光效果, halo effect]

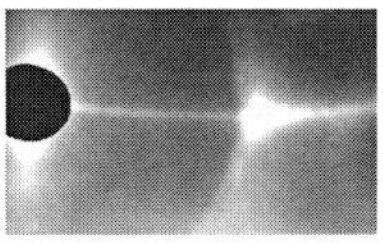

할로(Halo)는 태양광 혹은 달빛이 만들어내는 빛의 띠를 말하며, 어떤 대상이나 사람에 대한 일반적인 견해가 그 대상이나 사람의 구체적인 특성을 평가하는 데 영향을 미치는 현상을 말한다. 일반적으로 어떤 사물이나 사람에 대해 평가를 할 때 그 일부의 긍정적, 부정적 특성에 주목해 전체적인 평가에 영향을 미쳐 대상에 대한 비객관적인 판단을 하게 되는 인간의 심리적 특성을 의미한다.

후광효과는 'Halo Effect' 라고도 하며 이는 일종의 사회적 지각의 오류라고 할 수 있는 현상이다. 특정 대상에 대한 일반적인 견해가 그 대상의 구체적인 특성들에 대한 평가에 영향을 미친다는 후광효과의 개념 자체를 처음 발견한 사람은 Wells이다. 이후 여러 사회학자들에 의해 후광효과의 개념에 대한 다양한 의견들이 논의되었으며 이는 정확한 개념적 정의를 정립하는데 혼란을 일으키기도 하였다. 사회심리학이나 마케팅, 광고 등의 분야에서 나타나는 현상으로 사회심리학에서는 주로 어떤 사람에 대한 인상이나 인성, 업무수행 능력을 평가하는 데 활용된다. 마케팅 분야에서는 상점, 상품, 브랜드에 대한 태도 및 평가와 관련하여 나타난다.

시례

후광효과는 인간관계에서 사람에 대한 평가를 할 때 특히 두드러진다. 처음 보는 사람을 평가할 때 몇 초 안에 첫인상이 모든 것을 좌우한다고 할 수 있다. 첫인상이 좋으면 이후에 발견되는 단점은 작게 느껴지지만 첫인상이 좋지 않으면 그의 어떠한 장점도 눈에 들어오지 않는 경우가 많다. 면접관들이 면접자들을 평가 할 때 그들의 부분적인 특성인 외모나 용모, 인상 등만을 보고 회사 업무에 잘 적응할 만한 사람이라고 판단하는 경우 후광효과가 작용했다고 할 수 있다. 미국 유명 기업 CEO들의 평균 신장이 180㎝를 넘는다는 것 역시 큰 키에서 우러나오는 후광이 다른 특징들을 압도했다고 볼 수 있을 것이다.

또 다른 예로 소비자들이 가격이 비싼 명품 상품이나 인기 브랜드의 상품을 판단할 때 대상의 품질이나 디자인에 있어 다른 브랜드의 상품들에 비해 우수할 것이라고 생각하는 경우 역시 후광효과가 작용한 결과라고 볼 수 있다. '브랜드의 명성'이라는 일부에 대한 특성이 품질, 디자인 등 대상의 전체적인 평가에까지 영향을 준 것이다.

축구선수 차두리는 아버지 차범근의 후광효과를 받아 국가대표 시절 큰 기대를 받았다. 차범근의 축구 실력을 아들도 이어받았을 것이라고 생각한 것이다. 배우 이완과 엄태웅 역시 각각 누나인 김태희와 엄정화의 후광효과를 받아 데뷔 시절부터 큰 주목을 받기도 했다.

출처: 두산백과사전, 위키백과
정성훈, 『사람을 움직이는 100가지 심리법칙』, 케이앤제이, 2011

제 2 절 과학적 지식의 형성방법

지식(knowledge)은 '무엇인가에 대한 아는(know) 상태'를 의미한다. 또한 현상이나 설명을 사실이라고 믿는 의미 있는 정보인 동시에 검증되어진 진실 된 신념이다. 따라서 지식은 단지 신념일 뿐이며, 반드시 실재(reality)를 의미하는 것은 아니다. 여기서 지식을 믿음 또는 신념체계로 정의한다면, 사람들의 신념과 지식은 두 가지의 근거로 인해 발생한다. 첫째, 다수의 사람들이 사실이라고 믿기 때문에 사실로 되는 합의적 사실(agreement reality)과 자신이 직접 경험하여 믿게 되는 경험적 사실(experiential reality)이다. 지식의 보전과 계승을 담당하는 인간 사회의 문화는 합의된 사실에 기초하며, 이를 믿고 수용함으로써 발생하는 지식이 '합의적 지식'이다. 합의적 지식은 관습(tenacity) 및 전통(tradition)과 권위(authority)라는 두 가지 경로를 통해 전달된다. 둘째, 관찰을 통한 직접적인 경험으로부터 도출되어 외부의 강요 없이 자신이 경험한 것에 근거하여 사실로 믿게 되는 지식이 '경험적 지식'이다. 이러한 관점에서 과학적 지식은 개인적 경험을 통해 실재를 발견하려는 하나의 특별한 접근법이다. 과학은 지식을 형성하는 과정으로 문제를 해결하고 지식을 형성하는 방법에는 학자에 따라 차이를 보인다.[7] 그리고 지식형성의 방법에는 지식의 생산자, 지식 생산의 절차, 그리고 어떤 변화를 가져 오는가 등의 효과에 따라 신뢰를 부여하는 방법이 제각기 다르다.

피어스(Charles Pierce)는 문제에 대한 의문을 해결하고 지식을 얻는 방법을 네 가지로 분

7) 지식형성의 방법을 월리스(Wallace, 1971: 11-16)는 ①권위적 방법, ② 신비적 방법, ③논리적-합리적 방법, ④과학적 방법으로 분류하였다. 그리고 뉴먼(Neuman, 2000: 2-5)은 ①권위적 방법, ②전통적 방법, ③상식적 방법, ④언론매체적 신화, ⑤과학적 방법으로 구분하였다. 마지막으로 나크마이어스(Nachmias)와 나크마이어스(Nachmias & Nachmias, 2000: 3-5)는 ①권위적 방법, ②신비적 방법, ③합리적 방법, ④과학적 방법으로 구분하였다.

류하였다. 여기에는 관습에 의한 방법, 권위에 의한 방법, 직관에 의한 방법, 그리고 과학적 방법이다. 본 절에서는 이를 바탕으로 코헨(Cohen)과 네이겔(Nagel)이 제시한 비과학적 지식의 형성 방법인 관습에 의한 방법, 권위에 의한 방법, 직관에 의한 방법, 그리고 과학적 방법을 중심으로 지식형성 방법을 살펴보았다.

1. 비과학적 지식의 형성방법

1) 관습에 의한 방법(method of tenacity)

관습(tenacity) 또는 전통(tradition)에 의한 방법은 어떤 명제나 자신들의 주장을 관철하기 위해 우리가 믿고 있는 선례나 관습, 그리고 전통을 근거로 제시하거나 비판 없이 그대로 수용하여 지식을 형성하는 방법이다. 이미 사람들이 진리라고 확고하게 믿고 있는 그 진리는 사실이라고 인정되어 왔기 때문에 그와 같은 진리는 그대로 수용하게 된다. 예를 들어 "산모는 찬바람을 쐬면 안 되고 씻어서도 안 된다"는 지식이 관습에 의한 지식이다. 이러한 방법은 모두가 아는 것을 수용함으로써 모든 지식을 제로에서 출발하는 부담에서 벗어날 수 있는 장점이 있다(한승준, 2012).

우리나라에서는 전통적으로 여성이 출산을 하면, 짧게는 37일, 길게는 100일 동안 특별한 몸조리 기간을 가졌다. 산모는 찬바람을 쐬면 안 되고, 여름일지라도 내복을 입어 보온을 해야 하며, 마음대로 씻어서도 안 된다. 그렇게 하지 않으면 '산후풍'에 걸려 평생 고생하기 때문이다. 그러나 미국, 호주 등 서구 여성들은 출산 직후 찬물로 샤워를 하고 찬 음료를 마시며, 대부분 24시간 안에 퇴원해 일상생활로 돌아간다.

어른들의 눈을 피해 출산한 후 다음날 씻으러 가는 황당무개 씨. 서구 여성들이 가장 이해할 수 없는 수칙이자, 여름에 출산한 한국 산모들을 가장 괴롭게 만드는 산후조리 수칙이다. 그러나 전통 문헌에는 실제로 출산 후 씻지 말라는 금기가 없는데, 출산 후 씻지 말아야 한다는 수칙은 과연 미신일까 아니면 진짜일까.

출처: '산후풍' 실체와 비밀(SBS 스페셜, 2010년 11월 7일 방송)

그러나 이 방법은 그 시대나 사회에 따라 일정한 문화형태를 형성시켜 주지만 반드시 옳은 것은 아니다. 어떤 명제나 주장을 관습에 근거하여 쉽게 받아들이는 것은 인간의 보수성과 변동 시 예상되는 고통 때문에 이를 수용할 수도 있다. 관습에 의한 방법은 사람들의 마음을 항상 안정시켜주지는 못한다. 왜냐하면, 관습이나 전통은 시대에 따라 변하고 사회에 대한 개별적 관심이 동일하지는 않다는 점에서 한계가 따른다. 결론적으로 사회적 관습이나 전통에 의해 형성된 지식은 반드시 옳은 것은 아니며, 새로운 지식을 발전시키는 데 저해될 수도 있다.

2) 권위에 의한 방법(method of authority)

권위에 의한 방법은 자신의 주장에 대한 타당성과 설득력을 높이기 위해 그 분야에 대한 전문가나 사회적 지위 및 명성이 높은 사람을 인용하는 것으로 특정한 자격이 있는 사람에 의해 산출되는 지식형성 방법이다. 이러한 사람들은 주로 부족사회의 예언자, 신권정치시대의 성직자, 봉건사회의 군주, 기술관료 사회에서 과학적 역할을 담당하는 학자나 정책분석가 등이 해당된다. 또한 믿을만한 정보의 출처를 제시하거나 신뢰도가 높은 공공기관의 유권 해석[8)]을 요구하는 경우에도 여기에 해당된다. 이 경우 지식의 원천(source)은 타인 또는 타조직의 권위에 기반을 두고 있으며, 일상적으로 접하는 정치, 경제, 사회적인 문제가 이러한 방법으로 결정된다(정상규, 2019).

권위에 의한 방법은 두 가지 형태가 있다. 하나는 해당 전문가에게 위임하는 방법이며, 또 다른 하나는 정책 등의 결정에 있어 외부의 힘을 요구하는 방법으로 이 경우에 권위의 원천은 절대적 권위(undisputed authority)를 부여하는 것이 보통이다. 이는 정치, 경제, 사회적 행위에 관한 문제뿐만 아니라 종교적 견해에 있어서도 권위에 호소하는 경우가 허다하다. 피어스(Peirce)는 인간이 권위에 위한 방법으로 지식을 형성함으로써 느리지만 진보하기 때문에 지식을 형성하는데 있어 관습에 의한 방법보다 우월하다고 주장하였다.[9)]

이러한 권위적 방법의 한계는 그것이 합리적이든 비합리적이든 간에 다음과 같은 경우

---

8) 국가의 권위 있는 기관이 법규를 해석하는 일로 학리해석(學理解釋: 학자의 학설로서 학리적인 관점에서 하는 지적(知的)인 법의 해석)에 대립되는 개념으로 공적인 구속력을 가지며, 해석기관에 따라 세 가지로 구분된다. 첫째, 입법해석은 입법자가 하는 해석으로서 법문(法文)으로 어떤 용어의 정의를 내리는 것이다. 둘째, 사법해석은 법원이 내리는 해석으로 판결 속에 나타난다. 이것은 법률상의 구속력은 없으나 사실상의 구속력이 있으며, 특히 대법원의 해석은 하급심을 구속한다. 셋째, 행정해석은 행정청이 내리는 해석으로 상급행정청은 법령의 집행에 관해 하급행정청에 대하여 그 의미를 해석하여 훈령을 내리거나 하급행정청의 신청 또는 질의에 대하여 지령을 발한다. 이러한 해석은 일반적 구속력은 없지만 같은 계통의 행정청 상호간에는 일정한 구속력을 갖는다. 행정각부는 법령의 해석에 관하여 의문이 있는 경우에는 법무부장관에게 유권해석을 구하는 것이 통례로 되어 있다.

9) 권위적 방법은 공인된 권위자가 선언한 것을 무조건 받아들이는 것을 전제로 하기 때문에 전문가에게 의존하는 지식획득 방법과는 구별해야 한다는 주장도 있다. 왜냐하면, 전문가는 과학적 지식을 전달하는 역할을 담당하고 있고, 그들의 의견은 과학적 지식에 근거를 두고 있기 때문이다(Christensen, Larry B. 1988. *Experimental Methodology, 4th ed.*, Boston: Allyn & Bacon, Inc, p. 7 참조).

에 해당 명제의 진위여부를 판단하기 힘들다는 점이다. 첫째, 한의학과 서양의학이 서로 상대의 권위를 인정하지 않는 것처럼 권위의 원천이 다른 경우에는 권위의 일치를 볼 수 없게 된다. 둘째, 권위의 원천이 같다고 하더라도 사회현상에 대한 문제해결에 있어서 전문가들 간에 의견이 일치하지 않는 경우가 많고 일치하더라도 반드시 타당한 지식으로 인정되지는 않는다는 것이다. 셋째, 모든 신념이나 조정수단으로 권위적 방법만이 유일하다고 볼 수 없고 다른 지식의 형성 방법에 의해서도 해결의 여지가 있을 수 있다.

3) 직관에 의한 방법(method of intuition)

코헨(Cohen)과 네이겔(Nagel)은 선험적 방법을 직관적 방법이라 하였다. 직관(直觀)에 의한 방법은 비판이나 의심의 여지가 없는 분명한 명제에 호소하는 방법으로 '선험적 방법'이라고도 한다. 이 명제는 너무나 명백한 사실에 속하기 때문에 그 뜻을 이해하는 사람이면 누구나 그것이 진실이라는 확신을 갖게 된다. 한 예로 "원인 없는 결과는 없다"라든지 "전체는 부분보다 크다"와 같은 명제는 명백한 사실에 속하기 때문에 많은 사람들은 이것이 진실이라는 확신을 가지기 때문에 의심 없이 받아들인다.

그러나 직관에 의한 지식의 형성이 언제나 자명성(self–evidence)[10]을 가지는 것은 아니다. 예를 들면, 고대의 많은 사람들이 의심하지 않고 받아들인 명제인 "모든 천체가 지구를 중심으로 회전하고 있다"는 천동설(天動說, geocentric theory)이 거짓으로 밝혀졌다. 또 다른 예로 과거에 많은 사람들은 지평선이 평평하다는 것을 보고 직관적으로 "지구는 평평하다"는 명제를 받아들였으나 이것이 사실이 아님이 밝혀졌다. 직관적 방법의 개인의 편견이 작용함으로써 객관성을 상실할 가능성이 높고 우연한 관찰과 예외적 현상은 몇 가지를 통해 전체 현상에 내재하는 규칙으로 일반화시키는 오류의 가능성이 높다. 따라서 직관에 의해 형성된 지식은 반드시 시험에 의해 검증되어야 하며, 이러한 생각 자체가 과학의 출발이 될 수 있다(채서일, 2016).

10) 자명성(自明性)은 직관의 기본적인 특성으로써 형식적인 증명이나 외재적인 정당화가 필요 없이 즉각적으로 받아들여지는 것을 말한다. 일반적으로 자명성은 설명이나 증명을 하지 않아도 저절로 알 만큼 명백한 성질을 가지는 것을 말하며, 당시 유행의 영향으로 조성되거나 어릴 적 교육에 의해 조성되는 경우가 많다(채서일, 2016: 33; 정상규, 2019: 6 참조).

2. 과학적 지식의 형성방법(method of science)

과학은 특정한 지식습득의 과정과 절차를 의미하며, 이러한 과정을 거쳐 산출된 지식이 과학적 지식이다. 앞에서 제시한 비과학적 지식형성 방법은 결과적으로 명제의 정확성이 부족하며, 자칫 잘못하면 맹목적 확신에 빠질 가능성이 있다. 따라서 어떤 명제에 대한 정확성을 탐색하기 위해서는 관습, 권위, 직관, 상식 등의 단계에서 벗어나야 한다. 과학적 방법은 가능한 한 많은 의문을 제기하고 과학적으로 증명한다는 점에서 다른 방법들과 차이가 있다.

그러나 단순히 의문을 제기하는 것 자체가 문제를 해결하는데 있어 반드시 도움을 주는 것은 아니며, 의문 자체를 과학적 방법이라 할 수 없다. 필요한 것은 자명한 이치 또는 진리라고 생각되는 명제에 대하여 가능한 대안(alternation)을 발견하는 기술이다. 다시 말해 가능한 대안을 통해 여러 가지 가설을 논리적으로 기술함으로써 나타난 결과를 관찰 가능한 현상과 비교하여 어떤 가설을 채택하고, 어떤 가설을 기각할 것인지를 판별하게 된다. 이러한 과정을 거쳐야 과학적 방법에 의해 증명된 지식이라 할 수 있다. 또한 월리스(Wallace, 1971)는 과학적 지식형성의 방법에서 의문의 대상에 대한 관찰결과의 중시, 관찰에 사용된 규칙과 절차의 객관성 등 두 가지가 중요하다고 지적하였다. 다시 말해 관찰에 의해 공식적으로 인정될 수 있는 객관적 사실에 지식의 근거를 두는 것이다. 과학적 방법은 의문의 대상에 대한 객관적인 관찰결과를 중시하고 있으나 관찰과정에서 관찰자의 가치관, 태도, 감정, 편견 등 개인적 특성을 신중하고 체계적으로 배제시켜야 한다는 입장을 취하고 있다(남궁근, 2014).

또한 과학적 방법은 과정 및 절차를 중시하며, 객관성과 논리성을 전제로 경험적 검증을 통해 지식을 형성하는 방법이다. 관찰결과로부터 산출된 정보가 참인지의 여부가 문제가 될 때 이는 정보를 산출한 관찰과정의 객관성에 대한 판단에 따라 결정된다. 예를 들어 A라는 연구자가 그가 제시한 가설이 객관적인 사실에 의해 타당하다고 주장하려면 자신의 관찰과 검증과정을 공개할 수 있어야 한다. 아울러 공개적 검증에 참여한 B라는 연구자는 A의 가설을 확정된 것으로 보지 않고 또 다른 가설을 설정할 수도 있다. A와 B의 가설은 다시 다른 연구자들의 공개적인 관찰을 토대로 그 진위가 평가된다. 결국 과학적 방법은 지식을 공식적인 객관성에 준거하여 검토하고 끊임없는 자기수정을 가능하게 하는 과정이라 볼 수 있다.

한편, 과학적 방법에는 관찰과정에서 개인적인 편견을 배제하고 과학 공동체(scientific

community)의 구성원이 관찰결과의 진위 여부에 대해 합의에 도달할 수 있도록 해 주는 규칙들이 존재한다. 예를 들어 척도구성의 규칙, 가설검증의 규칙, 표본추출방법, 모수의 추정방법 등이 그러한 규칙의 일부라고 할 수 있다. 결국 과학적 인식방법은 '논리성과 경험성(logical–empirical)'을 결합시켜 사실에 대한 검증을 시도하는 것이다. 여기서 논리성은 이론을 의미하고 경험성은 조사를 의미한다. 따라서 과학적 지식은 이론과 조사의 결합으로 과학적 조사연구를 통해 이러한 결합이 만들어진다.

제3절 경험적 지식에서 발생하는 오류

전통과 권위에 따른 합의적 지식의 한계는 경험적 지식에 의해 보충된다. 그러나 인간의 경험 자체도 불완전성을 내포하기 때문에 현상에 대한 탐색과정에서 오류를 범할 수 있다. 본 절에서는 일상적 경험을 통해 얻는 개인의 지식 탐구과정에서 나타날 수 있는 오류에 관해 살펴보았다(Rubin & Babbie, 1998).

1) 부정확한 관찰

지식 탐구의 핵심은 현상에 대한 정확한 관찰이다. 그러나 우리는 일상생활을 통해 각각의 사건이나 현상에 대해 부주의하게 관찰하는 경우가 있다. 다시 말해 사람들은 자신의 관점에서 선입관 또는 무의식적으로 어떤 기대를 하면서 관찰하는 경우가 많기 때문에 부정확한 관찰(inaccurate observation)이 일어나기 쉽다. 한 예로 안개가 낀 새벽에 성폭행 사건이 발생했다고 가정하자. 당시 목격자가 있었지만 그 사건이 자신의 관심 밖이고 우연히 시나쳤다고 했을 때 이 사건을 해결하는데 많은 어려움이 따른다. 왜냐하면, 우선적으로 날씨가 좋지 않아 범인의 얼굴을 상세히 볼 수 없었을 것이다. 또한 목격자를 통해 몽타주를 작성했을 경우에 부정확한 몽타주가 작성되어 수사의 혼전만 가져올 수도 있을 것이다. 결국 부정확한 관찰은 부정확한 지식을 산출하는 동시에 연구자가 오류를 범할 수 있는 시발점이 된다.

+ Plus 황당무계한 몽타주

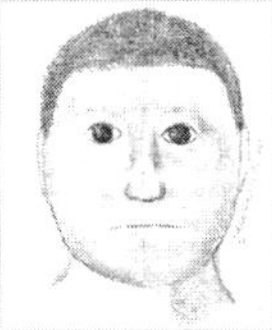

미국 한 경찰서에서 배포된 이상한 용의자 몽타주가 화제가 되고 있다. 미국 조지아주 라마 카운티 경찰은 2014년 1월 16일 두 명의 여성을 칼로 위협해 강도를 저지른 한 남자를 수배했다. 경찰은 목격자의 진술을 토대로 용의자의 몽타주를 작성했는데, 만화의 캐릭터와 흡사한 모습이었다. 목격자는 용의자가 182cm 정도의 키에 나이는 25~30살로 보이고, 얼굴에는 약간의 수염과 곧은 코를 가졌다고 한다. 이어 근육질 몸매에 팔과 목의 왼쪽에 붉은색이 많은 문신을 하고 있었다고 진술했다.

미국 허핑턴 포스트의 21일(현지시간) 보도에 따르면, 이 몽타주는 지난 16일 텍사스 주 북쪽 라마 카운티에서 벌어진 무장 강도사건 가해자의 얼굴을 그린 것이다. 라마 카운티 보안국은 목격자들의 설명에 충실한(?) 범인 몽타주를 작성해 게시했다. 문제는 특징 묘사에 너무 집중한 나머지 지나치게 단조로운 몽타주가 완성됐다는 점이다. 목격자의 비교적 자세한 진술에도 불구하고 경찰이 그린 몽타주는 범인의 모습을 유추하기 힘들어 보여 네티즌들의 웃음을 샀다.

출처: 서울신문(2014. 01. 22. 기사인용)

2) 과도한 일반화

일반화는 소수의 사례나 관찰 결과를 확대 적용하는 것으로 이것이 지나칠 경우, 과도한 일반화(over generalization)가 된다. 그리고 자신이 확고하게 생각하고 있는 지식에 대한 근거가 충분하지 못하고, 소수의 사례를 통해 결론을 내리는 것도 과도한 일반화에 속한다. 그 예로 특정 지역사람 몇 명에게 좋지 않은 경험을 한 사람이 "특정 지역사람들은 안 좋다"고 결론을 내리는 것은 과도한 일반화다. 그 예로 지나치게 과묵한 경상도 사람 몇 명을 보고 난 후 "경상도 사람들은 모두 과묵하다"고 한다면, 이것은 과도한 일반화다. 또 다른 예로 2008년 1월 국정홍보처장이 인수위원회 보고에서 "공무원은 영혼이 없다"고 말했다고 한다. 베버(Max Weber)가 관료의 역기능을 우려하여 인용한 이 말로 인하여 자신의 철학과 소신을 가지고 일하는 다수의 공무원들을 욕되게 해서는 안 된다. 국정홍보처장이 자신의 경험을 토대로 참여정부 집행부에 느낀 상황을 이렇게 말했는지 모를 일이지만 모든 공무원이 영혼이 없다고 일반화시켜 버리면 공무에 충실한 많은 공무원들의 사기를 저하시킬 우려가 있다.

이처럼 우리는 주위에서 관찰하는 특정 현상들 간에 유형을 찾을 때 종종 몇 개의 비슷한 사건들을 일반적 유형의 증거로 여기는 경향이 있다. 다시 말해 제한된 관찰에 기반하여 과도한 일반화를 하는 것이다. 특히 과도한 일반화는 자신의 감정적인 설명과 일치하는 사실을 목격할 때 쉽게 나타난다. 이를 방지하기 위해 연구자들은 미리 충분한 크기의 관찰표본을 확보함으로써 과도한 일반화를 경계한다. 또 다른 안전장치로 탐구의 반복

(replication)에 의해 제공된다. 여기서 반복은 매번 같은 결과가 나오는지를 보기 위해 연구와 확인을 되풀이하는 것을 의미한다.[11)]

3) 선별적 관찰

과도한 일반화에 기초하여 편견을 가지고 현상을 관찰하게 되면 선별적 관찰(selective observation)로 이어질 가능성이 높다. 선별적 관찰은 자신이 내린 결론과 일치하는 사실에만 관심을 가지고 일치하지 않은 관찰에 대해서는 의도적으로 무시해 버리는 경향을 의미한다. 한 예로 "경상도 사람들은 과묵하다"고 믿는 사람이 자신의 선입견에 맞는 경상도 사람을 만나면, 그것을 사실로 받아 들여 과도한 일반화를 강화시킬 것이다. 만약 자신의 섭입견과 다른 "상냥한 경상도 사람"을 만나면, 그러한 사건은 무시해 버리거나 의미를 부여하지 않는다. 다시 말해서 특정 지역 사람에게 좋지 않은 경험을 한 사람이 좋은 일을 하는 특정 지역 사람을 접했을 때 이를 무시해 버리는 경우가 선별적 관찰이다. 또한 자신이 싫어하는 사람들이 각각의 장점과 단점이 모두 가지고 있음에도 불구하고 단점만을 보고자 하는 경우에도 여기에 해당된다.

이처럼 선별적 관찰은 우리가 선호하거나 믿는 것과 일치하는 것들만 선택적으로 바라보는 것을 의미한다. 특정 개인이나 조직을 비판하고자 할 경우에는 그들이 가진 결점을 쉽게 목격할 수 있다. 예를 들어 폭력적인 성향을 가진 아동들은 재활이 어렵고 성인이 되어서도 지속적으로 폭력범죄를 범할 것이라고 미리 확신할 경우 많은 그런 사례를 찾아낼 수 있을 것이다. 그러나 청소년기에는 폭력범죄를 저질렀으나 성인이 된 후에 안정적인 시민이 된 사례들은 어떻게 설명할 것인가? 또는 아동기에 육체적, 정신적으로 학대받은 아이들이 대리가족의 필요성을 충족시키기 위해 갱 조직에 합류하는 것은 어떻게 설명할 것인가? 우리의 편견을 확인시켜주는 일부 사례들만 수용한다면, 선별적 관찰을 범하는 것이다.[12)]

4) 거짓으로 꾸며낸 정보

일상생활에서 종종 어떤 사실이 자신의 일반화된 관찰 결과와 정면으로 위배되어 회피할 수 없는 상황이 발생하기도 한다. 이 경우에 자신의 일반화를 유지하기 위해 스스로

---

11) Earl Babbie 저, 고성호 외 공역, 2014. 「사회조사방법론」, 서울: 박영사, p. 9 참조).

12) Ronet Bachman·Russell K. Schutt 공저, 윤우석 외 공역, 2013, 『형사사법 연구방법론』, 서울: 도시출판 그린, p. 22-23 참조.

지식을 조작하는 경우가 있다. 이는 자신의 합리화나 기대된 결과가 나오지 않을 경우에 지식을 왜곡하는 것으로 이를 '거짓으로 꾸며낸 정보' 또는 '연역된 정보(deduced information)' 라고 한다. 예를 들면, "상냥한 경상도 사람"이 있음을 도저히 부인할 수 없는 상황 하에서 저 사람은 처음부터 경상도에서 태어났는가? 중간에 다른 지역에서 살았던 적은 없었을까? 그것도 아니면 양친 모두 경상도 출신인가? 등으로 발전할 수 있다. 또 다른 예로 "특정 지역 사람은 안 좋다"고 결론을 내린 상황 하에서 자신이 분실한 물건을 찾아주기 위해 집을 방문했다고 가정하자. 이 경우에 특정 지역 사람의 선행은 자신이 내린 결론과 부합되지 않기 때문에 이를 정당화하기 위해 다음과 같이 정보를 거짓으로 꾸며낼 수 있다. "저 사람은 특정지역의 말씨를 쓰지만, 출생은 다른 지역사람 일 것이다." 혹은 "저 사람은 특정 지역사람이지만 물건을 찾아주는 핑계로 도둑질을 하기 위해 우리 집을 염탐하러 온 것은 아닐까" 등의 형태로 발전할 수 있다.

5) 사후가설 설정

사실과 사실 간의 관계를 설명하기 위해 과학적인 방법은 사전에 가설을 설정하여 관찰을 통해 이를 검증한다. 그런데 연구의 진행이 관찰을 한 후 관찰에 맞게 가설을 설정하거나 원래의 가설을 수정하는 경우가 있는데, 이를 사후 발생적 가설(ex post facto hypothesizing)이라고도 한다. 다시 말해 가설 → 관찰 순으로 연구가 진행되는 것이 아니라 관찰 후 관찰에 맞게 현상의 법칙이나 인과관계를 추론해가는 것이다.

한 예로 수면시간과 시험 성적간의 관계를 규명하기 위해 "수면시간이 길수록 시험성적이 낮아질 것이다"는 사전가설을 설정하여 이를 검증할 것이다. 사후가설 설정방법은 시험성적을 낮게 받은 후 왜 시험성적이 낮게 나타났는지를 설명해 보려는 것이다. 수면시간이 긴 학생들의 관찰을 통해 수면기간과 시험성적이 관련이 있을 것이라고 설명해 보는 식이다. 다시 말해서 관찰을 한 후 관찰에 들어맞게 가설을 설정하거나 원래의 가설을 수정하는 방법이다. 사후가설 설정은 경험적인 사실들 간의 연결을 말하는 것처럼 보이지만, 실제로 관계에 대한 경험적 사실을 말하는 것은 아니다. 사후가설 설정은 사실을 관찰하면서 자신의 추론을 뒤쫓아 가설이 옳다고 입증하려고 노력하는 경우에 종종 발생한다.

6) 비논리적 사고

예외가 발생하면 우리는 자신이 알고 있는 규칙이나 법칙에 대해 회의를 가진다. 그러나 예외가 기존의 규칙이나 법칙을 완전히 바꾸어 버리는 경우는 드물고, 예외에 의해 규칙이 완전히 반증될 수 있다는 논리체계도 없다. 그렇지만 예외가 규칙이고 법칙인 것처럼 비논리적 사고(illogical reasoning)를 하는 경우가 종종 있다. 예를 들어 딸 부잣집이 계속해서 딸을 낳는 이유가 있다고 말한다. 딸을 연이어 몇 명 낳고 나면 다음 아이는 반드시 아들일 것이라는 착각 때문이다. 딸의 숫자가 많아질수록 부모들의 착각이 심해져 결국 일곱 명도 낳고 여덟 명도 낳는다는 논리다.

확률적으로 볼 때 어느 경우나 아들을 낳을 가능성은 2분의 1이다. 딸을 연거푸 낳았다고 해서 다음 아이가 아들일 확률이 절대로 높아지지 않는다. 그런데 딸이 많은 부모는 아들 욕심에 사로잡혀 확률적 오류에 쉽게 빠지게 된다. 우리가 주위에서 볼 수 있는 도박사의 오류(gambler's fallacy)[13]도 비논리적 사고의 대표적인 예다. 초저녁에 돈을 잃었을 경우, 자정을 기점으로 돈을 딸 것이라고 생각한다든지, 자정이 된 이후에도 돈을 잃었다면 새벽에는 딸 것이라고 추리하는 경우가 비논리적 사고이다. 개별적으로 독립되어 있는 사건들을 마치 서로 종속되어 있는 사건인 것처럼 인식하는 것은 명백한 비논리적 오류이다.

7) 이해의 자아 개입

자아 개입은 객관적 지식의 탐구를 방해한다. 사람들은 자신의 명예나 권위 등에 손상이 된다고 생각되는 사실을 이해하는데 있어 자신의 감정이나 가치 등 자아가 개입되기 쉽다. 어떤 상황을 이해하고 설명하려 할 때 이것이 자신의 자아에 손상을 입힐 경우에 이러한 설명은 객관성이 떨어지는 방향으로 나타날 수 있다. 이해에 대한 자아의 개입은 객관적인 지식의 탐구를 방해한다. 그 예로 조사방법론 시험 성적이 자신이 의도했던 것보다 나쁘게 나왔다고 가정하자. 이 경우 성적이 나쁜 학생은 어떤 형태로든 자신의 상황을 이해해야 할 것이다. 이 과정에서 성적 자체가 자신의 명예에 손상을 입히지 않을 설명을 하려고 할 것이다. 그 결과, 이 학생은 "교수님은 평소에 나를 미워해! 난 희생양이 된 거다"라든지, "이번 시험은 교수님이 가르쳐주지 않는 범위에서 출제 되었다"는 식으로 설명할 것이다.

---

13) '도박사의 오류(Gambler's fallacy)'는 모나코의 도박도시인 몬테카를로를 빗대 '몬테카를로의 오류'라고도 한다. 각각의 게임이 확률적으로 독립되어 있는데도 불구하고 그렇지 않다고 착각해서 생기는 오류다. '도박사의 오류'의 반대 현상도 있다. 농구에서 초반에 좋은 슛 감각을 보이는 선수에게 패스가 집중되거나, 축구 경기에서 좋은 컨디션을 보이는 선수에게 동료들의 패스가 집중된다. 그 선수가 우수한 기량을 가졌을 수도 있으나 초반 성공률에 의해 공의 소유가 집중되는 것은 분명 심리적인 현상과 관계가 있다고 볼 수 있다. 심리학자들은 이런 경우를 '도박사의 오류'의 반대 개념으로 '뜨거운 손 오류(hot hands bias)'라고 한다.

이처럼 특정한 현상에 대한 이해와 관련하여 자아를 연루(連累, ego-involvement)시켜 자신을 투사하는 것도 일상적 지식형성의 오류이다. 또 다른 예로 하찮은 일로 자신의 동료를 상관에게 고발한 직원이 "그 친구는 벌을 받아 마땅하다. 그리고 나는 나의 의무를 다했을 뿐이야"라고 말하는 경우와 이솝우화에 나오는 "여우와 신포도"의 이야기도 자기 합리화의 한 유형이라 할 수 있다.

+ Plus 여우와 신포도

'굶주린 여우가 길을 가다가 포도를 발견했다. 그런데 불행하게도 그 포도는 너무 위쪽에 달려 있어 여우의 손길이 닿지 않았다. 여우는 포도를 따기 위해 수십 번 시도를 했지만 모두가 헛일이었다. 마침내 포도를 포기한 여우는 "저건 분명 신포도일거야"라고 중얼거리며 가던 길을 갔다.'

이 우화는 포도를 따 먹고 싶었지만, 이를 이루지 못하자 마치 그 포도가 신포도라 안 따먹는 것처럼 자기를 합리화하는 여우의 심리를 표현한 것이다. 이러한 행동을 두고 심리학에서는 스트레스 해소를 위해 자기합리화라는 방어기제가 발동했다고 분석한다. 일반적으로 스트레스는 바라는 욕구가 있으나 원만히 해결되지 않는 상황에서 나타난다.

합리화의 방어기제 유형에는 신포도형, 달콤한 레몬형, 투사형, 망상형 등이 있다. 신포도형(sour grapes)은 어떤 목표를 달성히려 했으니 실패한 사람이 자신은 처음부터 그것을 원하지 않았다고 변명하는 경우다. 달콤한 레몬형(sweet-lemon)은 자기가 현재 소유하고 있는 것이야말로 바로 그가 원하던 것이라고 스스로 믿는 것을 말한다. 투사형(projection)은 자신의 결함이나 실수를 다른 대상에게 책임을 전가하는 유형이며, 망상형(delusion)은 원하는 일이 마음대로 되지 않을 때 자신의 능력에 대해 허구적인 신념을 가짐으로써 실패의 원인을 합리화한다.

출처: 강원도민일보(2011. 10. 11. 기사내용 일부 인용)

8) 탐구의 조기종결

어떤 사실이 구체적으로 이해되기 전에 탐구를 조기종결(pre-closure)하는 것을 말한다. 과도한 일반화, 선별적 관찰, 거짓으로 꾸며낸 정보, 비논리적 사고가 혼합되어져 탐구의 조기종결을 유도한다. 탐구의 조기종결은 탐구의 결과가 주는 의미가 연구자 자신, 지배권력, 자신의 연구를 지원하는 조직에 부정적인 영향을 미칠 수 있다고 예측되었을 경우에 연구를 신중히 검토하지 않은 결론을 내리거나 허위 사실을 사용하여 종료한다. 인간을 연구대상으로 하는 사회과학 연구에서 현상에 대한 일정한 지식을 습득한 후에 이를 더 이상 탐구하지 않아도 된다는 식의 조기종결은 바람직하지 못하다. 따라서 과학이라 함은 결론이 계속해서 수정되는 개방적 과정의 산물이다. 한 사람의 전문가나 한 세대의 전문가가 어떤 문제에 대한 의문을 종결지었다 하더라도 그 후에 다른 전문가나 다른 세대의 전문가들이 오래된 아이디어를 검증해서 기존의 이론을 수정하고 새로운 이론을 축적해야 한다.

9) 신비화

신비화(mystification)는 어떤 문제에 대해 이해하지 못할 때, 초자연적인 현상이나 신비적인 원인으로 돌리는 행위를 말한다. 우리가 이해하는 것에는 한계가 있기 때문에 아무리 노력해도 이해할 수 없는 사실이 있는 것이다. 또한 인간은 종종 이해할 수 없는 원인을 궁극적으로 실재한다고 생각하여 신비화하는 습관을 가지고 있다. 신비화는 이해되지 않는 현실에 대한 초현실적인 귀의인 것이다. 그렇다고 종교적이거나 마술적인 것으로 돌리려 하는 것은 아니고, 단순히 인간의 이해를 초월하는 원인이 있다고 보는 것이다. 이러한 신비적 설명 방식은 소수의 사건이나 상황에서 진실일 수도 있으나 대부분 임의적이기 때문에 진실과는 아무런 관련이 없다. 과학적 설명은 이러한 신비화를 배제해야 한다. 왜냐하면, 그것이 옳고 그름을 떠나 어떤 식으로든지 경험될 수 없는 사실에 대해 그것이 참인지 거짓인지 판단할 수 있는 기준이 과학에는 없기 때문이다. 다시 말해 과학은 경험적으로 검증할 수 없는 사실은 다루지 않기 때문이다.

Study TIP 막스 베버(Max Weber)는 왜 "공무원은 영혼이 없다" 고 했을까?

2008년 1월 이명박 대통령이 당선된 이후의 일이다. 대통령직 인수위원회 업무보고에서 국정홍보처 간부가 "우리는 영혼이 없는 공무원들"이라고 한 말이 한동안 장안의 화제가 된 적이 있다. 인수위 부위원장은 "대한민국 공무원이 그래서 되겠느냐?"며 비난했다고 한다. 국정홍보처장은 "그 말은 '관료는 영혼이 없다.'고 한 막스 베버의 말을 인용한 것인데, 관료는 어느 정부에서나 그 정부의 철학에 따라 일할 수밖에 없다는 의미다."라고 해명했다.

이 같은 해명에도 불구하고 공무원 스스로 '우리는 영혼이 없다.'고 말한 것은 부적절한 표현이 아닐까. 이 말로 인해 성실한 공무원들에게는 모멸감과 자괴감을, 국민들에게는 공무원에 대한 불신감과 경멸감을 더해 주었을 것이다. 이후 영혼 없는 공무원론은 그 후 정부 관료의 기회주의성을 비난하는 말로 두고두고 사람들의 입에 회자되었다. 공무원의 특성, 조직문화의 한계를 가장 압축적으로 표현한 이 말은 관료제에 관해 탁월한 업적을 남긴 독일의 막스 베버(Max Weber, 1864년–1920년)의 통찰에서 유래되었다. 막스 베버는 「프로테스탄티즘의 윤리와 자본주의 정신」에서 이 말을 사용했다. "관료제는 개인감정(impersonal)을 갖지 않는다. 관료의 권위가 영혼(spirit) 없는 전문가와 감정(heart) 없는 쾌락주의 사에게 의존하기 때문이다." 이상적인 관료제가 되려면 정치적 결정은 정치인이 하고, 공무원은 집행만 해야 한다는 뜻이다.

이처럼 일반적인 인식과는 달리 '영혼 없는 관료'는 막스 베버의 이론을 너무도 잘 이해한 말이다. 19세기 근대 관료제의 이론적 기초를 제공한 막스 베버는 합리적이고 비인격적인 규칙에 따라 움직이며, 전문성을 가진 집행기구로서의 관료제를 주창했다. 이런 베버의 이론은 현대 국가의 골간을 이루는 행정조직의 설계 원칙으로 지금도 지켜지고 있음을 알아야 한다.

역설적이게도 공무원에게 영혼이 없다는 말은 부끄럽거나 비난받을 말이 아니라 베버의 이론을 가장 잘 이해한 명언인 것이다. 묵묵히 일하는 대다수 공무원들의 영혼을 소수가 매도해서는 안 되지 않을까.

출처: (아시아경제, 2013. 12. 30. 일부 인용)

제 4 절 과학적 조사의 목적과 논리체계

1. 과학적 조사의 의의

과학적 조사(scientific research)[14)]는 연구를 통해 의문이나 문제를 해결하거나 이를 위한 지식의 습득과 관련한 활동 내지 과정이 과학적 방법에 의해 진행된 경우를 말한다. 다시 말해 연구문제를 해결하거나 이를 위한 지식을 습득하기 위해 "일반현상 가운데 상호 관계가 있을 것으로 생각되는 가설적 명제들을 체계적, 통계적, 경험적, 비판적으로 탐구하는 활동"이다(Kerlinger, 1986). 따라서 과학적 조사는 연구자가 조사결과에 확신을 가질 수 있도록 철저히 통제되고 체계적이어야 하며, 이러한 탐구과정은 동일한 통제 상황 하에서 다른 연구자에 의해 조사되어도 동일한 결과가 나타날 수 있도록 객관적 이어야한다.

이처럼 과학적 조사란 기존의 이론을 통해 개발되거나 관찰된 변수들 사이의 가정된 관계를 경험적으로 검증하는 과정 내지 활동을 의미한다. 결국 과학적 조사를 통해 새로운 이론이 정립되고 기존의 이론이 확인됨으로써 문제를 해결하게 된다. 여기서 주의해야 할 점은 변수들 간의 관계를 경험적으로 검증하는데 있어 외생변수나 왜곡변수 등 여러 가지 요인들 때문에 방법론의 문제가 발생할 수 있다. 이러한 요인들을 제거하기 위해서는 조사과정 자체가 철저히 통제되고 체계적인 흐름 하에서 조사가 수행되어야 한다. 이러한 방법을 체계적으로 탐구하거나 논의하기 위한 필요 학문이 조사방법론(research methodology)이다.

2. 과학적 조사의 목적

과학적 조사는 연구주제 또는 문제의 특성에 따라 다양한 목적을 가진다. 일반적으로 사회과학 연구의 궁극적인 목적은 우리가 의문을 제기한 사회현상에 대해 모두가 신뢰할 수 있는 체계적인 지식을 산출하고 축적하는 것이다. 이러한 과정을 통해 습득된 지식을 토대로 사회현상을 기술, 설명하고 나아가 미래를 예측하고 통제하는데 있다.[15)]

---

14) 'research'는 일반적으로 조사보다 연구로 많이 번역된다. 조사는 단순히 자료를 수집하고 분석하는 활동으로 정의하지만, 본서에서는 조사를 의문사항이나 문제를 해결하거나 이를 위한 지식을 얻는 행위 또는 절차를 의미하는 연구를 포함하여 포괄적으로 정의하였다.

15) 과학적 조사의 목적은 학자에 따라 다양하게 제시되었다. 먼저 Nachmias와 Nachmias(1987)는 설명, 예측, 이해 등 세 가지를 제시하고 있다. Schutt(1999)는 탐색, 기술, 설명, 평가 등 네 가지를 제시하였고, Babbie(2001)는 탐색, 기술, 설명 등 세 가지를 제시하였다(김렬, 2013: 14; 남궁근, 2014: 32-41).

1) 기술(description)

기술(記述, description)은 관찰된 사실을 일반적 수준에서 요약하여 제시함으로써 현상 그 자체의 속성을 체계적으로 묘사하여 있는 그대로 보여 주는 것이다. 과학적 조사연구의 일차적인 목적은 현상을 정확하고 체계적으로 기술 또는 묘사하는 것이다. 일반적으로 기술은 사전에 충분한 탐색(exploration)이 이루어진 후에 가능하며, 정확한 기술을 토대로 원인과 결과에 대한 설명이 이루어진다. 따라서 연구자는 사회현상의 기술을 바탕으로 현상에 대한 과학적 설명과 예측의 차원으로 발전하게 된다.

한 예로 고령화 사회[16] 이후 노인범죄가 증가하면서 사회적으로 문제가 되어 이에 대한 연구를 한다고 가정하자. 먼저 노인범죄의 원인과 연도별 추세 등 각종 문헌자료나 통계자료를 수집하여 체계적으로 정리할 수 있을 것이다. 여기서 우리나라 전체 노인범죄, 지역별, 그리고 범죄 유형별 통계자료나 사례 등을 제시하여 노인범죄의 심각성을 정확하게 기술할 수 있다.

2) 설명(explanation)

설명(說明, explanation)은 사건이나 현상의 속성을 기술하는 차원을 넘어 사건이나 현상이 발생하게 된 이유나 원인을 밝히는 것으로 변수 간의 인과관계(causality)를 규명하는 것이다. 기술은 사건이나 현상이 "무엇(what)인가"를 규명하는 것이고 설명은 그러한 사건이나 현상이 "왜(why) 발생하였는가"를 밝히는 것이다. 설명은 과학적 연구를 통해 특정 사건이나 현상의 발생에 대하여 논리적으로 타당한 객관적인 근거를 제시하는 것이다. 따라서 연구자들은 어떤 사건이나 현상이 왜 발생하였는지를 설명할 필요가 있을 경우, 사건이나 현상을 발생시킨 선행요인(antecedent factors)에 대한 체계적이고 실증적인 분석을 통해 설명하게 된다. 과학적 설명에는 연역적 설명과 귀납적 설명(또는 확률적 설명)으로 구분되는데, 이는 과학적 조사의 논리에서 구체적으로 논의하도록 하겠다.

예를 들어 고령화 사회 이후 노인범죄가 왜 증가하였는지를 규명하고 밝히는 것이 설명이

16) 65세 노인인구의 비율이 7% 이상일 경우에 고령화 사회(aging society)라고 하며, 14% 이상일 경우에 고령사회(aged society)라고 한다. 그리고 노인인구의 비율이 20% 이상이면 초고령 사회(super aged society)라고 한다. 우리나라는 2000년을 기점으로 65세 이상 노인인구의 비율이 7.2%로 고령화 사회가 되었다. 최근 통계청의 '2017 인구주택총조사' 발표에 따라 지난 2017년 사상 처음으로 우리나라는 고령사회에 진입하였으며, 향후 빠른 속도로 초고령 사회가 될 것으로 전망되고 있다.

다. 가령 대검찰청, 경찰청 등의 범죄분석 자료나 설문조사를 통해 노인범죄의 발생요인을 검정한 결과 경제적 빈곤, 가정불화 등의 가족해체, 배우자의 죽음, 기회 및 역할의 상실, 조기은퇴나 실직 등이 범죄의 원인이라면 이를 통해 노인범죄의 증가 원인을 설명할 수 있다.

3) 예측(prediction)

예측(豫測, prediction)은 이론의 기초적인 명제로부터 보다 복잡한 명제를 추론하는 것으로 수집된 자료를 분석하여 미래의 상황을 추정하는 것이다. 사회과학에서 예측은 '관찰에 의해 입증될 수 있는 미래의 사회적 행태의 특정한 측면에 관한 예상이나 기대의 진술'로 정의된다. 여기서 예측이라는 용어는 두 가지 관점에서 사용되는데 하나는 이미 알려진 사실이나 법칙으로부터 미지의 사건을 연역하는 것이고 다른 하나는 사건의 시간적 발생 순서에 따라 미래의 결과를 예상하는 것이다(Schuessler, 1968: 418). 전자의 경우에 설명과 예측은 논리적 구조는 같고 적용상으로만 차이를 갖는다. 다시 말해 설명은 이미 발생한 사건이나 현상의 원인을 규명하기 위해 이론이나 법칙, 그리고 특정 조건을 찾는 것이다.

이에 비해 예측은 이론이나 법칙, 조건을 미리 알고 미래에 발생할 사건이나 현상을 찾아내는 것이다. 이미 알려진 사실이나 법칙으로부터 미지의 사건을 연역하는 경우, 예측은 사건이나 현상이 발생하는 원인에 대한 충분한 이해와 설명을 전제로 한다. 한편으로 사건의 시간적 발생 순서에 따라 미래의 결과를 예측하는 경우에는 사건이나 현상의 발생 원인에 관한 충분한 이해나 설명이 없어도 가능하다. 다시 말해 어떤 사건이나 현상이 미래의 어느 시점에서 반드시 발생할 것이라는 것을 추론할 수 있으면 된다(김렬, 2013). 이러한 점에서 설명과 시간적 발생 순서에 따라 미래의 결과를 예측하는 것은 그 구조가 다르다고 볼 수 있다.

예를 들면, 65세 이상 노인인구의 증가 추이에서 2000년도의 노인인구 비율이 7.2%로 고령화 사회에 진입한 이후 2017년 말 14.2%로 17년 만에 고령사회로 빠르게 진입하였다. 이러한 추이를 통해 2026년에는 20.8%로 초고령 사회에 진입한다는 것을 예측할 수 있다(통계청, 2018).[17] 이러한 예측을 통해 향후 발생할 고령사회와 초고령 사회에 나타날 사회

17) 2017년 말 기준 전국 17개 시·도의 고령화율 현황은 전남 21.5%(초고령 사회 진입), 경북 19.1%, 전북 18.9%, 강원 18.1%, 충남 17.2%, 부산 16.3%, 충북 15.8%, 경남 14.9%, 제주 14.2%, 대구 14.0%(이상 고령사회 진입), 서울 13.8%, 광주 12.4%, 대전 12.0%, 인천 11.7%, 경기 11.4%, 울산 10.0%, 세종 9.6%(이상 고령화 사회 진입) 등으로 집계되었다.

문제를 예측하고 예방대책을 마련하는 것이다.

4) 통제(control)

통제(統制, control)는 현상을 결정하는 조건을 조작(manipulation)하는 것이다. 어떤 사건이나 현상의 원인 또는 선행조건에 관한 지식을 전제로 이루어지며, 이를 통해 인간의 행태를 포함한 사회문제가 발생하는 원인을 알게 된다. 이러한 원인이나 선행조건을 조작하여 현상을 바람직한 방향으로 통제할 수 있다(Christensen, 1988: 24–25). 예를 들어 경제 활성화 및 범죄예방이라는 정책목표를 달성할 수 있도록 사회현상에 대한 적절한 통제방안을 마련하는데 관심을 갖는다. 한 예로 좌절-공격이론에 따르면, 인간의 공격성이 자연적이고 좌절상황에 대하여 거의 자동적으로 반응한다고 설명한다. 사람들이 무엇인가를 획득하거나 소유하려고 하지 않는다면 좌절하지 않을 것이다. 따라서 사람들은 무엇인가 기대한 것을 성취하지 못할 때 좌절하기 시작한다. 좌절감이 크게 작용할 때 공격적인 성향을 보인다는 사실을 알고 있는 경우에 좌절감을 없앰으로써 공격적인 형태를 통제할 수 있게 된다.

또 다른 예로 노인범죄가 경제적 빈곤으로 인하여 증가한다는 결론을 도출했다고 가정하자. 이 경우에 정부가 노인범죄의 예방차원에서 노인일자리 사업 및 재취업 교육프로그램을 제공함으로써 노인범죄를 통제할 수 있다. 특히 행정 및 정책 관련 연구와 같은 응용과학적 연구의 목적은 정부가 의도한 정책목적을 달성할 수 있도록 사회현상이나 문제에 대한 적절한 통제방안을 연구하는 것이다(남궁근, 2014).

+ Plus 좌절-공격이론[frustration-aggression hypothesis]

좌절–공격이론을 주장한 Dollard(1939)에 따르면, "공격성은 항상 좌절의 결과"라고 말한다. 예일 대학의 심리학자들에 의해 제안된 '좌절–공격 이론'의 핵심은 자신이 추구하려던 목표가 좌절되었을 때 공격적이 된다는 것이다. 좌절로 인해 유발된 공격이 내부로 향하면 자기 학대나 우울증으로, 외부로 향하면 좌절을 불러온 사람 또는 단순히 자기 앞에 있는 대화 상대에 대한 공격적 행동과 발언으로 나타난다.

헬렌 피셔는 저서 〈왜 우리는 사랑에 빠지는가〉(생각의 나무, 2005)에서 이것을 좌절–공격 가설로 설명한다. 인간은 혐오와 분노를 느낄 때 편도체와 시상하부, 뇌섬엽 피질 등 다양한 영역이 활성화된다. 그런데 이 영역은 쾌락을 예측하고 평가하는 전전두엽 피질의 중심부에 밀접하게 연결돼 있다. 그래서 자신이 기대했던 보상이 위험한 처지에 놓이거나 자신의 노력으로 어찌할 수 없는 상황이 되었다는 사실을 깨닫게 되면 전전두엽 피질은 편도체에 신호를 보내어 분노를 촉발시키게 된다는 것이다.

좌절-공격 이론에 따르면, 기대했던 기쁨이나 쾌락이 실현되지 못하면 곧바로 분노의 반응으로 이어진다. 이것을 잘 보여주는 흥미로운 실험이 있다. 고양이의 쾌락 신경회로를 인위적으로 자극하면 고양이는 격렬한 쾌감을 느낀다. 그러나 이 자극을 거둬들이면 고양이는 갑자기 난폭해지는 것이다. 쾌감을 박탈할 때마다 고양이의 분노는 더욱 커진다. 낭만적 사랑의 쾌감에서 한순간 거절당한 연인의 분노를 이 실험 결과에 빗대어 설명할 수 있지 않을까 하는 것이 신경과학자들의 추론이다.

대학 입시에서서 낙제한다든지, 시험에서 좋지 않은 성적을 거두는 어떠한 성취상황에서의 좌절, 좋아하는 여자에게 데이트 신청을 했다가 거절당하는 대인관계 상황에서의 좌절, 자신의 의사와 상관없이 경험할 수 있는 사회·경제적 좌절까지 모두 공격동기를 유발시키는 원인이 될 수 있다. 1997년 직후 IMF시대에 발생하였던 사회범죄가 평년에 비해 높은 수준이었다는 것을 살펴본다면 이러한 좌절이 공격을 일으키는 중요한 요인 가운데 하나임을 입증해 준다.

출처: (한겨레21, 2008. 3. 21, 사랑을 잃고 나는 … 분노하네 中에서)

3. 과학적 조사의 논리 체계

과학적 조사에서의 논리 체계란 이론의 전개과정에서 논리와 경험이 어떻게 결합되는지를 나타내는 것을 말한다. 과학적 이론을 형성하는 방법에는 이론을 바탕으로 형성한 가설을 경험적으로 검증함으로써 기존의 이론을 발전시키는 연역적 논리(deductive logic)와 수많은 현상을 관찰하여 이론을 형성하는 귀납적 논리(inductive logic)가 있다. 지금까지 과학 이론의 발전과정에서는 논리와 경험의 결합 방법에 관하여 두 가지의 접근방법이 있어 왔는데, 이것이 연역적 논리와 귀납적 논리다. 일반적으로 과학적 조사의 논리 체계는 연역적 논리와 귀납적 논리라는 두 가지 형태로 구분된다.

1) 연역적 논리 체계

연역적 논리는 전통적인 과학적 조사의 접근방법으로 일반적인 법칙이나 사실로부터 특수한 사실이나 법칙을 추론해 내는 방법이다. 전형적인 과학적 방법인 실증주의(positivism) 입장에서 이론을 형성할 때 사용하는 것이 연역적 논리 체계다. 연역적 논리는 이론적 전제에서 출발하여 가설 ➔ 조작화 ➔ 관찰 ➔ 검증의 과정을 거치는 접근방법이다. 다시 말해서 공리(axiom) 등 일반적인 전제에서 출발하여 가설의 연결과정을 진술함으로써 특정 현상에 대한 조작적 정의를 행하고 이를 경험적으로 검증함으로써 이론적 결론을 도출한다.

연역적 논리의 대표적인 예는 ‘모든 사람은 죽는다 ➔ 소크라테스는 사람이다 ➔ 그러므로 소크라테스는 죽는다’로 전개되는 삼단논법(syllogism)이다. 삼단논법에 의해 추출된 이론을 검증하기 위해서는 ‘소크라테스는 죽는다’는 사실을 경험적으로 검증해야 한다.

이와 같은 방식으로 논리를 전개시켜 경험적으로 검증할 때 과학적 사실이나 법칙을 발견하게 된다. 논리와 경험이 이러한 형태로 결합되어 하나의 이론이나 지식으로 완성되는 것이 연역적 논리 체계다. '소크라테스(Socrates)의 죽음'을 설명하기 위해 가설과 조작화의 전제를 통해 '그러므로 소크라테스는 죽는다'는 결론을 도출하고 이를 사실로 인정하는 것이 연역적 논리이다.

사회과학과 관련한 조사연구에서 연역적 논리에 의한 추리방법을 예로 들어보자. 공부시간과 공무원 시험합격간의 관계를 설명하기 위해 어떤 연구자가 '시험공부를 많이 하는 학생일수록 합격률이 높을 것이다'는 가설을 세웠다. 이 경우에 연구자는 가설을 검증하기 위해 관찰을 통해 공부시간과 합격률을 측정하여 가설과 관찰결과를 비교하는 과정을 거칠 것이다. 검증결과, 공부에 투자하는 시간이 많은 학생이 합격률이 높으면 연구자는 앞의 가설을 채택할 것이다. 이처럼 연역적 논리는 사건과 사건의 필연적 관련성을 형식적 추리로 밝히는 방법이다. 이러한 방법은 형식논리학의 관점에서 '전체에 대해서 참인 것은 부분에 관하여도 참이다'는 일반논법에 근거하여 일반적인 법칙이나 사실로부터 부분에 관한 이론을 도출해 낸다.

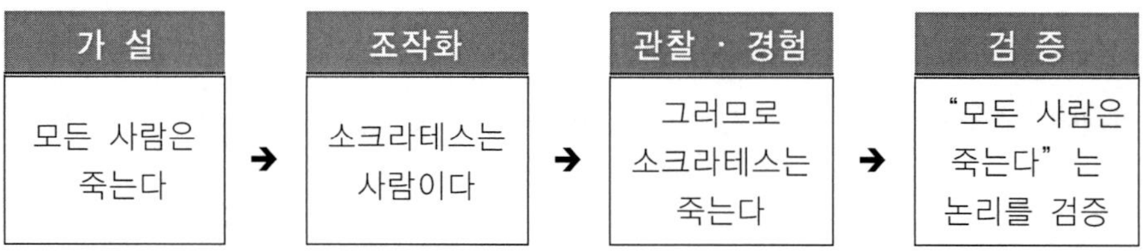

[연역적 추론 사례]

대전제 흉악범은 벌을 받을 것이다(흉악범이 벌을 받는다는 대전제는 참)

↓

소전제 자크 메스린*은 흉악범이다(흉악범 중 한 사람이 자크 메스린이기 때문에 대전제는 소전제를 포함)

↓

결 론 그러므로 자크 메스린은 벌을 받을 것이다

이러한 연역법도 몇 가지 단점을 가지고 있다. 첫째, 연역법은 이미 진실임이 확인되어 널리 알려진 정의와 공리를 전제로 하여 정의와 공리 속에 내포되어 있는 특정 사례가 진실임을 확인하여 증명하는 추론 방식이기 때문에 이미 알려져 있는 사실을 확인할 뿐 새로

운 지식을 창출하는 것은 아니라는 점이다. 다시 말해서 연역적 논리로 얻은 결론은 대전제의 일부이기 때문에 새로운 지식이라 할 수 없다. 예를 들어 삼단논법에 의한 "소크라테스는 죽는다"는 결론은 "모든 사람은 죽는다"라는 대전제에서 도출한 결론이기 때문에 대전제의 일부일 뿐이지 새로운 지식은 아니라는 것이다. 둘째, 연역적 논리는 대전제로부터 결론을 도출해 내는 것으로 대전제에 오류가 있을 경우에 여기서 얻어지는 결론도 잘못된 것일 수밖에 없다.

대전제 :	가을이 오면 나뭇잎이 물든다
소전제 :	가을이다
결 론 :	그러므로 나뭇잎이 물들 것이다

위의 예는 연역법에 따른 추리이다. 그러나 연역적 논증형식은 언제나 대전제로 한 일반명제에 오류가 있을 때 그로부터 도출된 명제인 결론은 그릇된 결과를 낳는다. 다시 말해서 가을이 오지 않아도 나뭇잎이 물드는 경우가 있기 때문에 여기서 얻은 결론이 거짓임을 알 수 있다. 결론적으로 '전제의 오류 가능성'이 연역법의 단점인 것이다.

2) 귀납적 논리 체계

귀납적 논리는 연역적 논리 체계와 반대의 순서로 논리와 경험을 결합하는 방식으로 주제선정 ➔ 관찰 ➔ 경험적 일반화 ➔ 이론(잠정적 결론)의 과정을 거치는 접근방법이다. 다시 말해서 개별 사건들을 관찰한 이후에 일반적인 법칙이나 이론을 전개해 나가는 논리적 전개과정이다. 귀납적 논리 체계의 과정을 보면, 먼저 연구주제를 선정한다. 연구주제는 연구자가 가설이나 이론 등을 가정하지 않고 자신의 관심 분야나 문제를 인식하는 차원에서 출발한다. 둘째, 연구대상이 된 경험세계를 객관적으로 관찰하고 관찰 결과를 기록한다. 셋째, 기록된 관찰 결과가 어떤 규칙에 의해 일정한 유형으로 전개되는지를 발견한다. 넷째, 일정한 유형(pattern)이나 규칙성(regularity)이 존재하는지를 설명하고 잠정적인 결론(tentative conclusion)을 얻게 된다. 여기서 '잠정적'이라는 것은 유형이나 규칙성이 검증된 것이 아니고 단지 관찰에 의해 만들어진 유형 및 규칙성을 의미한다.

경험의 세계에서 관찰된 많은 사실 중에서 공통적인 유형과 규칙성을 객관적 수준에서 증명하기 위해서는 현상을 설명하는 분석절차와 방법이 개량적이어야 하며, 이를 위해서는 통계적 분석이 필요하다. 따라서 귀납적 논리 체계에 의해 얻은 결론을 설명할 때 그 설명을 확률적 설명(probabilistic explanation)이라고도 한다. 확률적 설명은 다양한 현상으로부터 어떤 법칙이나 경향을 추출해 냄으로써 일반 법칙을 만들려는 노력을 의미한다.

주제선정		관 찰		유형발견		잠정결론
인간의 죽음	➔	소크라테스의 죽음 관찰	➔	많은 사람들의 죽음을 관찰	➔	그러므로, 모든 사람은 죽는다

소크라테스의 죽음을 예로 보면, 인간의 죽음이라는 주제를 선정한 후 소크라테스의 죽음을 발견하고 다른 많은 사람들도 죽는다는 것을 관찰하게 된다. 그러면 연구자는 모든 사람들은 죽는다는 잠정적 결론인 이론에 이르게 된다. 이처럼 귀납법은 특수한(specific) 사실을 통해 일반적인 진리 또는 원리를 도출하는 방법을 말한다. 다시 말해서 귀납적 논리는 어떤 사실을 설명하기 위해 이론을 형성해 가는 과정을 의미한다.

여기서 사회조사의 사례를 통해 귀납적 논리를 살펴보면, 범죄분석가가 전국 100곳의 청소년 보호관찰소에 수감되어 있는 청소년 범죄자를 대상으로 가계도를 조사하였다. 조사결과, 보호관찰소에 수감되어 있는 1,000명의 범죄자 중 750명이 결손가정의 청소년들이라는 공통의 유형을 발견하였다. 이러한 결과를 중심으로 범죄분석가는 '청소년 비행과 결손가정 간에는 관계성이 있다' 또는 '결손가정은 청소년 비행의 원인이 되는 경향이 있다'는 잠정적인 결론을 내렸다. 이러한 잠정적 결론이 귀납적 논리에 의한 것이다. 여기서 유의할 점은 앞의 결론이 '잠정적 결론'이라는 점이다. 귀납적 논리는 관찰된 사실의 확률에 기초하기 때문에 앞의 예에서 250(25%)명의 예외적 현상이 있음을 인정해야 한다. 만일 연구자가 귀납법에 의해서만 앞의 사실을 근거로 청소년 범죄와 가정결손을 지나치게 확신하거나 '결손가정이 청소년 범죄에 영향을 미친다'는 식의 인과성을 설명한다면 잘못된 과학적 결론을 내리게 된다.[18)]

귀납법도 연역법과 마찬가지로 단점이 있다. 귀납법의 단점은 결론의 불확실성이 높다는 점이다. 그 이유는 사례를 수집하고 분석하는 과정을 통해 새로운 지식(법칙)을 이끌어

18) 귀납적 접근방법에서 범할 수 있는 오류를 인과의 오류(post hoc fallacy)라고 한다. 인과의 오류는 여러 현상 간의 인과관계를 규명할 때 어떤 현상 a가 b라는 현상보다 먼저 관찰되었다는 이유로 a가 b의 원인이라고 단정하는 것을 말한다.

내는 것은 탁월하지만, 수집될 수 있는 사례 자체가 제한적일 수밖에 없기 때문이다. 다시 말해서 귀납법은 부분적인 관찰 사실로부터 얻은 결론을 일반적인 진리나 공통적 규칙으로 삼는데 여기에는 논리적 오류가 있다. 왜냐하면, 모든 사례를 조사, 관찰하는 것이 아닐 수도 있기 때문이다(한승준, 2008). 이처럼 관찰이나 경험을 통해 얻어낸 자료를 근거로 도출한 명제는 당해 자료에 대해서만 명제일 뿐, 나머지 부분에 대한 일반 명제일 수 없다는 오류가능성을 언제나 내포하고 있다. 이러한 '일반화의 오류가능성'을 갖는 것이 귀납법의 단점이다.

3) 연역적 논리와 귀납적 논리의 관계

연역과 귀납의 논리는 각각 독립적으로 연구에 적용될 수 있으나 실제 연구과정에서는 두 가지가 동시에 그리고 보완적으로 사용된다. 따라서 분석적인 연역적 논리와 경험적인 귀납적 논리는 상호대립적인 관계가 아니라 상호보완적인 관계에 있는 과학적 접근방법이다. 하나의 이론은 연역적 추론과 귀납적 추론 과정이 반복하여 순환하면서 형성되며, 이러한 과정은 가설, 관찰, 경험적 일반화의 끊임없는 순환구조를 가진다. 다시 말해 이론으로부터 가설을 형성하고, 이러한 가설은 관찰을 가능하게 하며, 관찰을 통해 경험적 일반화를 거쳐 이론이 새롭게 수정되는 과정을 반복한다(Wallace, 1971).

이처럼 과학적 연구과정은 다음의 [그림 1.2]에서 알 수 있듯이 끊임없이 반복되는 수레바퀴와 같다. 과학의 수레바퀴형 연결 관계는 연역적 추론과 귀납적 추론이 '연역 - 귀납 - 연역 - 귀납'의 순환이 끊임없이 이루어진다. 특히 사회과학 분야에서 지식을 탐구하기 위한 논리는 어느 한쪽에 치우쳐선 안 된다. 연역적 추론이 논리적 필연성(logical necessity)을 갖는다는 의미에서 그 중요성을 인정하고 귀납적 논리도 경험적 사실을 바탕으로 예측을 한다는 점에서 인정되어야 한다.

따라서 연역적 접근을 통해 현상을 논리적으로 추론하고, 귀납적 접근을 통해 정보를 객관적으로 수집함으로써 가장 객관적이고 과학적인 발견을 할 수 있을 것이다. 또한 과학적 조사연구를 통해 발견한 결과물이 연역적이고 귀납적으로 추론될 때 그러한 사실이 진실이라고 판단할 수 있을 것이다. 결론적으로 연역적 논리는 논리적 추론을 통해, 귀납적 논리는 경험적인 검증을 통해 연구의 과학화를 가능하게 하고 나아가 진리의 발견 및 이론의 발전에 기여하게 된다.

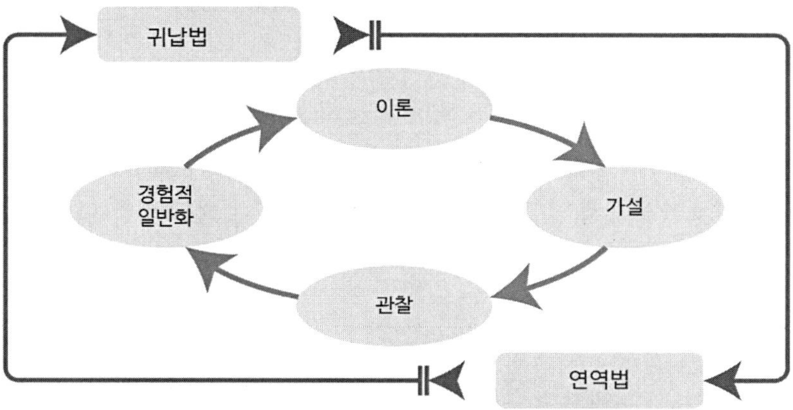

[그림 1.2] 연역적 논리와 귀납적 논리의 상호관계

Study TIP 퍼블릭 에너미 넘버원(Public enemy No1): 자크 메스린

자크 메스린은 60년대와 70년대에 걸쳐 프랑스에서는 일명 퍼블릭 에너미(공공의 적) 1호로 불린 남자로 1972년 경찰에 의해 체포 돼 프랑스 법정에 서게 된다.

그는 주로 은행이나 부자들, 카지노를 털었고 국가 권력과 맞서는데도 서슴지 않아 대중들 사이에서는 로빈 후드로 통하기도 한 인물이다. 하지만 그는 경찰 체포 당시 아무런 저항도 하지 않았는데도 불구하고 경찰의 일방적인 총격을 받고 목숨을 잃어 당시 큰 논란이 일었다. '퍼블릭 에너미 넘버원'은 프랑스 최초로 '공공의 적'으로 불린 실존했던 범죄자 자크 메스린의 일대기를 영화화한 범죄액션 영화다. 1936년 태어나 1979년 파리 한복판에서 수백 명의 경찰에 둘러싸여 수십 발의 총알을 맞은 채 죽임을 당하기까지 20여 년 동안 강도와 납치, 살인 그리고 해외로의 도주와 탈옥을 반복한 인물이다.

자크 메스린은 세 아이를 둔 평범한 가장이었지만 프랑스 군으로 파견됐다가 외상 후 스트레스 장애(PTSD: Post-Traumatic Stress Disorder)를 겪었다. 자크 메스린은 참전 후유증으로 흉악한 범죄자가 됐다는 주장을 했으며, 자크 메스린을 포장하기 위해 언론사들은 수배 중에도 기밀 인터뷰를 진행할 정도였다. 또 범죄 후에도 당당한 행동으로 민중의 영웅으로 떠오른 자크 메스린은 1979년 애인을 옆에 태운 채 파리 시내를 달리고 있었는데, 갑자기 경찰에 포위됐고 저항할 새도 없이 총이 발포됐다.

"내게 지책감은 없어, 부자들의 돈을 훔쳤으니까"라는 자크 메스린은 흉악범임에도 불구하고 대중들에게는 의적으로 떠올랐고, 이는 사회에 대한 대중의 분노가 진이된 기이한 결과로 분석되고 있다. 영화 '퍼블릭 에너미 넘버원'으로 제작된 자크 메스린의 일생은 영원한 이슈 메이커로 남게 됐다.

출처: 2011년 10 30일 MBC '서프라이즈' 방영 자료

제5절 과학철학의 역사와 유형

과학과 과학적 조사방법에 대한 기본적인 원리를 논하는 철학적 입장은 시대에 따라 변화되어 왔다. 과학철학(philosophy of science)의 역사는 16-17세기 귀납주의[19]와 연역주의[20]의 논쟁에서 출발하여 20세기 이후 과학의 비중이 현저하게 증가하면서 본격적으로 연구가 진행되었다. 과학철학이라 함은 과학적 방법에 대한 규범 또는 원리를 연구하는 철학적 활동이다. 과학철학에 관한 이론은 발달과정에 따라 크게 세 부류로 나누어진다.

첫째, 논리적 실증주의-논리적 경험주의-반증주의로 관찰과 실험을 중시하고 검증(verification)과 반증(falsification)을 통한 과학적 지식의 추구 및 과학적 지식의 누적적 진보를 강조한다. 이들은 지식의 객관성을 추구하는 절대론적 입장을 취하고 있으며, 대표적인 학자로는 카르납(Carnap), 헴펠(Hampel), 포퍼(Popper) 등이 있다.

둘째, 과학사(科學史)에 입각하여 과학철학 이론을 전개한 학파로 이들은 과학지식의 누적적 진보를 비판하면서 과학적 변화의 중요한 단위로 규모가 크고 오레 지속되는 개념적 구조, 다시 말해 이론적 집합체를 중시하였다. 대표적 학자로는 쿤(Kuhn)의 '패러다임', 라카토스(Lakatos)의 '과학적 연구 프로그램', 라우든(Laudan)의 '연구전통' 등이 있다.

마지막으로 파이어아벤트(Feyerabend) 등은 신뢰할 수 있는 합리적인 과학적 방법이 존재하지 않는다는 과학적 방법의 무정부 상태, 다시 말해서 인식론의 혼란 또는 부재(epistemological anarchy)를 주장하였다. 이들에 의하면, 과학이론이 결정적으로 증명될 수도, 반증될 수도 없다는 사실과 실제적인 과학 활동이 과학철학자들이 설명한 이론과 전혀 일치하지 않는다는 사실을 주장하면서 과학이 어떤 특별한 방법에 따라 행해지는 합리적 활동이라는 사고를 포기한다. 결국 논리적 실증주의, 논리적 경험주의, 반증주의는 지식의 객관성을 주장하는 절대론적 입장과 지식을 탐구하는데 있어 연구자의 주관적 개입은 필연적이므로 구조적으로 파악해야 한다는 상대론적 입장인 과학혁명, 인식론적 혼란 등으로 대별된다. 이러한

19) 16세기 베이컨(F. Bacon)이 주장한 귀납주의는 수많은 특정 사례들을 실험하고 관찰함으로써 특수한 것으로부터 공통적인 것을 찾아내어 일반적인 것을 추론하고 이에 관한 법칙과 이론을 형성할 수 있는 귀납법을 중시한다. 베이컨(Bacon)은 인식의 원천이 실험과 관찰이기 때문에 현상을 객관적으로 관찰하고 실험하는 것만이 정확한 지식을 얻고 보편적인 진리에 도달할 수 있는 방법이라 주장하였다.

20) 연역주의는 논리적 추론을 통해 일반적인 전제로부터 결론을 도출하는 연역적 사고에 기초한다. 연역적 사고는 17세기 데카르트(R. Descartes)에 의해 발전되었고, 연역주의는 보편적이고 일반적인 원리나 법칙으로부터 가설을 형성하고 경험적 관찰을 통해 가설을 검증함으로써 과학이 발전하게 된다는 입장이다.

과학철학의 내용을 몇 가지 살펴보면 다음과 같다.

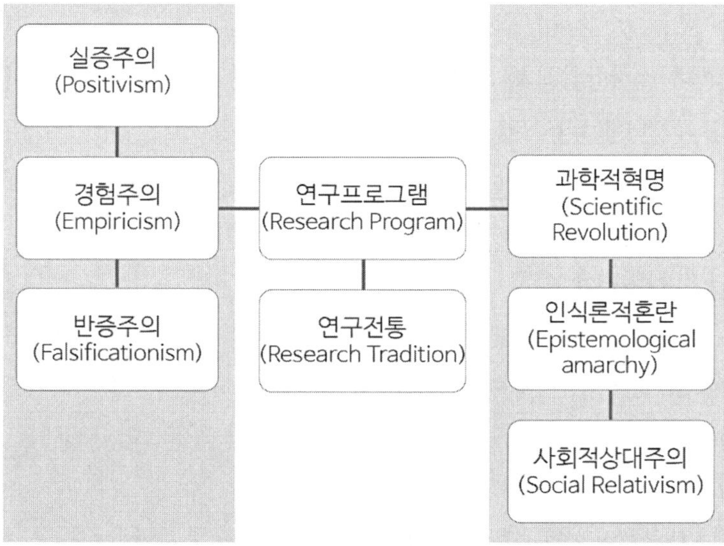

[그림 1.3] 과학철학의 종류

1) 논리적 실증주의(Logical Positivism)

논리적 실증주의는 경험주의[21]와 논리주의에 기초하고 있으며, 콩트(Comte), 밀(Mill), 스펜스(Spencer) 등이 주장한 고전적 실증주의와 베이컨(Bacon), 흄(Hume) 등이 주장한 경험주의가 결합한 과학철학이다. 1920년대 러셀(Russel) 등 비엔나학파에 의해 발전된 논리적 실증주의는 과학철학의 중요한 원칙(doctrine)으로써 의미에 대한 검증 내지 검증가능성을 강조하였다. 그리고 논리적 실증주의자들의 주요 목적은 과학을 옹호하고 비과학적으로 간주되는 형이상적이고 종교적 담론을 과학과 구별하는 것이다.

논리적 실증주의에 의하면, 과학적 이론의 성립조건으로 형식적인 측면에서 논리적으로 진위 여부를 확인할 수 있어야 하고 내용적인 측면에서 경험적으로 참인지 거짓인지 검증이 가능해야 한다고 주장하였다. 일반적이고 우연적인 진술과 명제는 경험적으로 증명될 때 그 의미가 있으며, 이러한 방식에 의해 추론된 이론만이 유의미한 것으로 보았다. 또한 논리적 실증주의는 형이상학적 명제나 진술을 배제하고 검증 가능한 원리에 적용할 수 있

21) 18세기 경험주의의 대표적인 학자인 흄(Hume)은 경험주의 및 실증주의 과학철학을 형성하는데 가장 큰 기여를 했다. 흄(Hume)은 철학적 논증에서 귀납법만으로는 지식을 통해 법칙을 일반화시킬 수 없기 때문에 경험적 검증을 통해 그 한계를 극복할 수 있다고 주장함으로써 논리적 실증주의와 경험주의 형성에 기틀을 제공했다.

는 프로토콜(Protocol) 명제22)만을 추구하였다. 논리적 실증주의는 논리적 경험주의와 더불어 귀납적 논리에 의존하고 있지만, 이러한 귀납적 논리의 문제점으로 인하여 그 타당성의 근거가 비판을 받았다(김기원, 2016).

그 예로 논리적 실증주의자들은 하나의 이론이 관찰을 통해 경험적으로 검증되었을 경우에 정당화될 수 있다고 주장하였다. 그러나 한정된 수의 경험적 증명에 의한 귀납적 추리만으로 일반적인 진술이나 명제를 진리라고 주장하는 것은 문제가 있다. 또한 관찰에는 관찰자 개개인의 관찰능력의 차이와 주관적 편견이 개입될 가능성이 있기 때문에 측정상의 오차가 수반된다. 포퍼(Popper, 1934)에 의하면, 경험적으로 검증할 수 있는 명제가 무의미하다면, 프로토콜 명제도 절대적으로 확실한 문장임을 검증할 수 없기 때문에 그 자체도 무의미하다고 주장하였다(한승준, 2008).

논리실증주의자들은 포퍼의 비판에 따라 정확한 의미의 검증을 포기하고 관찰과 실험에 의한 명제만 다루었으나 그 역시 검증 가능성의 기준이 가지는 모호성으로 인하여 비판을 받았다. 결국 논리적 실증주의의 문제는 모든 과학적 진술이나 명제는 경험적으로 증명이 될 때에만 의미가 있다고 말하고 있으나 한정된 경험으로 모든 명제를 검증한다는 것이 현실적으로 불가능하다는 것이다.

2) 논리적 경험주의(Logical Empiricism)

논리적 경험주의는 논리적 실증주의의 문제점을 보완하기 위해 등장하였다. 논리적 경험주의의 대표적인 학자인 카르납(Carnap)은 '이론의 증명'을 완벽하고 명확한 진리를 설정하는 것이 아니라 '점진적으로 확정되어 가는 것'으로 보았다(박용치 외, 2008). 논리적 경험주의에서는 관찰을 과학의 출발점으로 간주하고 과학의 이론들은 "확률적으로 검증되는 관찰"에 의해서만 정당화될 수 있으며, 지속적인 경험적 검증을 통해 진리로 발전된다고 주장하였다. 논리적 경험주의에 의하면, 논리적 실증주의가 주장하는 유일한 관찰에 의해 참 명제나 진술을 규명할 수 없다는 점을 고려하여 진리의 검증(verification)이라는 개념을 대신하여 진리의 확인(confirmation)이라는 개념을 사용하였다.

여기서 진리의 확인이라 함은 경험을 바탕으로 구축된 가설이 추가적인 관찰에 의해서

22) 프로토콜(protocol)은 기록, 증서를 말하지만, 철학에서는 직접 경험할 수 있는 일에 관한 관찰을 서술한 명제를 의미한다. 프로토콜 명제는 다른 명제와의 논리적 모순 여부를 밝히는 것이고 언어의 논리적 구문론을 통해 명제의 형성규칙과 변형규칙을 언어규칙으로 설명하고자 하였다(양병화·강경원, 2000: 24 참조).

실증적으로 검증됨으로써 이론이 진리로 점차 확인된다는 의미이다. 또한 논리적 경험주의는 검증가능성 및 확증가능성의 기준에 있어 논리적 실증주의에 비해 관대한 입장을 보이지만, 이론은 경험적 검증을 통해 정당화될 수 있다는 점에서는 같은 견해를 가진다. 따라서 논리적 경험주의도 귀납적 논리에 의존하고 있기 때문에 논리적 실증주의와 마찬가지로 한정된 소수의 관찰에 의해서 참 또는 거짓에 대한 논리적 결론을 이끌어 내기 때문에 지나친 일반화의 오류를 범할 수 있다. 그리고 관찰은 관찰과정에서 관찰자의 주관적 편견을 배제할 수 없기 때문에 측정 상의 오류 가능성도 배제할 수 없다. 특히 사회과학 분야에서는 관찰자의 주관적 편견 등으로 인하여 관찰의 신뢰도와 타당도가 문제시되고 있다.

+ Plus 피란델로 효과 [pirandello effect]

1934년 노벨문학상을 수상한 이탈리아의 천재작가 "루이지 피란델로"의 이름에서 유래되었다. 그의 대표 희곡인 "엔리코 4세"에서 주인공 엔리코가 현실과 꿈속을 오가며 애증을 표현한 것에서 '피란델로 효과'라는 용어가 생겼다. 자연과학에서는 관찰대상물과 관찰자가 분명히 구별될 수 있지만, 사회과학에서는 이들 양자가 혼연일체가 되는 경우가 많다. 이는 마치 연극에서 배우와 관객과 연출가의 구분이 없어지는 것과 유사하다. 따라서 사회과학에서는 관찰의 대상이 자기 자신이 되기도 하기 때문에 사회현상을 검증하는 과정에서 객관성이 결여될 가능성이 자연과학보다 그만큼 크다.

3) 반증주의(Falsificationism)

반증주의는 논리적 경험주의의 문제를 극복하기 위한 대안으로 포퍼(K. R. Popper)에 의해 제시되었다. 반증주의는 논리적 경험주의와 달리 관찰증거에 의해 이론이 참 혹은 개연적인 참으로 확증될 수 있다는 주장을 받아들이지 않는다. 그에 의하면, 과학의 발전은 기존의 이론과 상충되는 현상을 관찰하는데서 출발하여 기존 이론의 모순에 대한 계속적인 반증과정을 통해 이루어진다고 보았다. 다시 말해 반증주의는 기존 이론을 부정하는 관찰을 통해서 과학이 발전한다는 입장으로 문제해결을 위해 제시된 기존 이론에 대해 엄격한 경험적 검증을 수행한다. 예를 들면, "먹구름이 끼면 소나기가 온다"는 명제가 참이라는 것을 확증하기 위해서는 세상에 존재하는 모든 먹구름을 관찰하여 모두 소나기가 왔다는 것을 증명해야 하는데, 이는 거의 불가능하다. 그러나 먹구름이 끼었는데 소나기가 오지 않은 것이 어느 시간, 어느 장소에서 관찰되었다면 이를 통해 "먹구름이 끼면 소나기가 온다"는 명제가 거짓임을 논리적으로 끌어낼 수 있다는 것이다(채구묵, 2015).

여기서 경험적 검증의 목적은 가설의 논박에 있으며, 가설검증을 통해 이론에 의한 결과가 반박되는 경우에 그 이론은 기각되고 반증에 사용된 이론은 채택되는 것이다. 또한 논리적 경험주의가 점진적으로 확증을 증가시키는 귀납법에 의존하는 반면, 반증주의는 연역법에 의존한다. 따라서 포퍼(Popper)는 일반적인 가설이 하나의 예외로 반증되거나 연역적으로 도출된 가설이 거짓으로 판명된다면 이론 역시 거짓이 된다고 본다.

이러한 반증주의도 몇 가지 문제점을 내포하고 있다. 첫째, 반증을 위한 실제 검증 상황이 이론 자체에 의존하게 되므로 이론을 반박하기가 쉽지 않다는 점이다. 둘째, 과학발전의 역사가 포퍼(Popper)의 견해와 완전 일치하지는 않는다. 쿤(Kuhn)의 주장처럼 많은 과학적 이론들이 경험적인 검증에 의해 반증되었음에도 불구하고 아직도 과학적 이론으로 발전되어 왔다. 그 예로 코페르니쿠스의 지동설, 다윈의 진화론, 아인슈타인의 상대성 이론 등은 상당한 반증에도 불구하고 여전히 이론으로 존재하고 있다. 셋째, 반증주의는 하나의 새로운 이론을 발견하고 형성하기보다는 기존의 이론을 검증하는데 더 큰 비중을 두고 있기 때문에 새로운 과학적 지식의 발견을 소홀히 했다는 문제를 안고 있다.

+ Plus 반증주의 [Falsificationism]

〈'모든 백조는 하얗다'의 반례〉

윌리엄 훼어웰(William Whewell, 1794–1866)과 찰스 퍼스(Charles Peirce, 1839–1914)의 연구에서 이전에 어렴풋이 밝혀진 방법론으로 칼 포퍼(Karl Popper, 1902–1994)가 처음으로 '과학적 발견의 논리학(Logik der Forschung, Logic of scientific discovery, 1934)'에서 상세히 설명하였으며, 포퍼는 추측과 논박의 인식론으로 명백히 표현하였다.

반증주의란 가설이나 이론은 관찰이나 실험에 의해 지속적인 확인을 받게 되며 반증된 가설이나 이론은 더 우수한 가설이나 이론으로 대체되어 과학이 발전한다는 과학관이다. 반증주의자들은 가설은 반증 가능성이 높을수록 더 큰 의미를 지니며, 가설은 반증 시도를 극복하면서 발전되어 점점 더 우수해 진다고 주장한다. 어떤 가설이 '반증가능하다'는 것은 그 가설이 틀렸다는 것은 아니다. 대신 만약 가설이 틀렸다면 어떤 관찰이나 실험을 통해 그 가설이 틀렸다는 것을 보일 수 있다는 것을 의미한다.

반증주의는 귀납주의의 한계에 따른 대안으로 등장했다. 반증주의의 예로, '모든 백조는 하얗다'는 가설이 기존의 과학적 방법들에서는 모든 백조를 관찰하고 조사하거나 일정한 수의 백조를 조사한 후 다른 백조들도 흴 것이라고 일반화시켜 과학적 사실로 만들려고 한다. 그러나 이는 현실적으로 불가능하거나 논리적인 비약이 있다. 반면에 반증주의에서는 직접적으로 증명하지 않고 반증 시도를 통해 가설이 설득력을 획득하거나 더 우수한 가설로 대체한다.

다시 말해 특정 백조의 집단에서 검은 백조를 찾아낸다면 본래의 가설은 '모든 백조가 하얗지는 않다'라는 가설로 대체되고 만약 찾아내지 못한다면 '모든 백조는 하얗다' 라는 가설은 좀 더 설득력이 있어진다. 이러한 과정들의 반복을 통해 반증주의에서는 과학이 진보하는 것이다.

출처: NAVER 지식백과(2019.1.23. 검색)
A.F.차머스, 1999년, "과학이란 무엇인가?", 서광사

4) 과학적 혁명(Scientific Revolution)

쿤(Thomas S. Kuhn)은 『과학혁명의 구조(1962)』라는 책에서 과학은 진리를 향해 누적적으로 진보한다는 논리적 경험주의와 반증주의를 비판했다. 아울러 과학적 방법의 불변적인 기준과 누적적인 진보를 주장한 논리적 경험주의와 반증주의를 부정하면서 새로운 과학관으로 '혁명'을 통한 진보를 제시하였다. 쿤(Kuhn)은 패러다임(paradigm)이라는 용어를 사용해 과학의 진보를 혁명적 관점에서 파악했다.

그에 의하면, 과학은 단순히 차곡차곡 쌓여서 발전하고 진보하는 것이 아니라 기존 판도를 뒤집는 폭발적인 무엇? 이것이 '과학적 혁명(Scientific Revolution)'이며, 이 분기점을 통해 과학의 발전이 가능하다고 주장하였다. 패러다임(paradigm)[23]은 '세상을 바라보는 방식'을 뜻하며, 한 연구 분야에 대한 과학적 연구를 가능하게 하는 일정한 지배적 이론 또는 접근방법이 일관성 있게 정립되어 문제해결을 위해 조직화하고 방향을 제시해 주는 준거 또는 모형이다. 패러다임의 예로써는 다윈(Darwin)의 진화론, 뉴턴(Newton)의 양자역학, 아인슈타인(Einstein)의 상대성 이론, 프로이드(Freud)의 정신분석학, 신공공관리론(New Public Management, NPM)[24], 제3의 물결*, 제3의 길* 등은 패러다임의 한 형태이다.

쿤(Kuhn)이 말하는 패러다임은 고정된 이론체계가 아니라 끊임없이 변화하고 발전하는 체계이며, 새로운 패러다임에 의해 대체된다. 다시 말해 패러다임은 과학적 혁명을 통해 이동하며, 이러한 의미에서 과학적 진보 내지 발전은 불연속적인 특징을 가진다. 그리고 패러다임은 다음과 같이 '전과학(前科學) ➔ 정상과학(正常科學) ➔ 위기(危機)와 혁명(革命) ➔ 새로운 정상과학 ➔ 새로운 위기와 혁명'을 반복하면서 변화한다(조인래, 2018).

여기서 전과학의 단계는 패러다임이 형성되기 이전으로 패러다임의 형태나 지위를 갖추지 못하여 많은 연구들이 서로 경쟁하는 시기이다. 정상과학(nomal science)의 단계는 특정 시기에 하나의 패러다임이 확고한 위치를 차지하며 타당성을 인정받는 시기이다. 그러

---

23) 패러다임(paradigm)은 '정상과학'과 밀접한 관계가 있으며, 학계에서 인정받은 실제 과학연구의 사례들– 법칙, 이론, 개념, 적용, 도구화 등 포함한– 모형을 제공함으로써 과학연구의 특정한 일관성 있는 전통을 발생하게 한다는 특성을 제시하려는 의도에서 선택된 용어이다(Kuhn, T. S. 1970. The Structure of Scientific Revolution, The University of Chicago Press, 조형 역, 과학 혁명의 구조: 11 재인용).

24) 신공공관리론(NPM)은 전통적인 관료제 패러다임의 한계를 극복하고 작은 정부를 지향하는 정부혁신 이론으로 신자유주의적 이념에 기초한 시장주의와 기업가 정신, 성과에 기초한 관리, 권한 이양, 품질관리 기법, 마케팅 기법 등을 강조한다. 또한 공공서비스의 구매자와 공급자 분리, 시장경쟁원리 적용, 민영화와 계약제 도입, 성과와 책임성 강조, 유연성 증대, 정보관리의 중요성 등을 특징으로 한다(안정기, 2018: 88–93 참조).

나 어느 시기까지 유효하던 정상과학은 한계에 부닥치는 시점을 맞이한다. 기존 패러다임으로는 설명할 수 없는 "치명적인 이상 현상"이 빈번하게 출현하면서 새로운 패러다임에 의해 위기를 맞이하고 혁명적 과정을 거쳐 새로운 패러다임으로 대체되면서 새로운 정상과학이 탄생하게 된다. 결국 과학의 발전은 개별적인 발견이 축적에 의해 이루어지는 것이 아니라 어느 순간 급격한 변화에 의해 이루어진다. 급격한 변화란 기존의 패러다임을 완전히 부정하고 이를 대체하는 새로운 패러다임으로의 이동을 의미한다. 다시 말해 패러다임은 과학적 혁명을 통해 이동하고 이러한 의미에서 과학적 진보는 누적적인 것이 아니라 불연속적인 특성을 가진다.

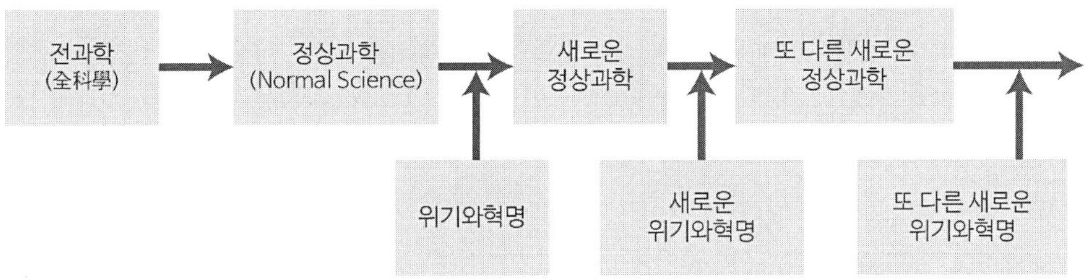

[그림 1.4] 패러다임의 이동 단계

5) 과학적 연구 프로그램(Research Program)

라카토스(I. Lakatos)는 포퍼(Popper)의 반증주의를 개선하고 반증주의의 한계를 극복하기 위해 그의 이론을 전개하였다. 그에 따르면, 과학적 이론은 구조적으로 파악되어야 하고 위대한 과학적 성숙은 다름 아닌 연구 프로그램이며, 과학적 혁명은 한 연구 프로그램이 다른 연구 프로그램에 대체될 때 이루어진다고 보았다. 이 이론에 의하면, 연구 프로그램은 견고한 핵(hard core)과 보호대(protective belt)의 구조로 이루어져 있다. 여기서 견고한 핵은 매우 일반적인 이론적 가설의 형태를 취하는 것으로 하나의 연구 프로그램을 전개하는 기본 원리의 역할을 한다.

이러한 핵은 반증적 사례가 발생하더라도 즉각적으로 와해가 일어나지 않는다. 왜냐하면, 견고한 핵과 일치하지 않는 경험적 사실이 발견될 때 그것은 보호대의 방어기능을 통해 일차적으로 거부되기 때문이다. 다시 말해서 관찰된 사실이 연구 프로그램의 예측과 일치하지 않는 경우에 보조 가설을 수정하거나 새로운 보조 가설을 보호대에 첨가함으로써 견고한 핵은 보호된다. 라카토스(Lakatos)는 견고한 핵과 보호대로 이루어진 연구 프로그램의 내부에서 과학자의 활동은 부정적 발견법(negative heuristic)과 긍정적 발견법(positive heu-ristic)이라는 규칙에 근거하여 이루어진다고 보았다. 이 이론의 특징은 단절적이라기보다 점진적이고 경쟁관계에 있는 둘 이상의 연구 프로그램을 가정하고 이 연구 프로그램들 간의 경쟁에 의해서 과학이 발전한다고 보았다(한승준, 2008).

6) 인식론적 혼란 또는 부재(Epistemological Anarchy)

인식론적 혼란 또는 부재는 파울 파이어아벤트(Paul Feyerabend, 1924–1994)에 의해 주장된 과학철학으로 『방법에의 도전(Against Method: Outline of an anarchistic theory of knowledge)』이라는 저서를 통해 기존에 제시된 모든 과학적 방법론이 하나같이 성공적이지 못했다고 주장하였다. 그에 의하면, 과학자들은 연구 진행과정에서 부분적으로 새로운 평가기준을 개발하게 되고 과거의 기준과 대체될 때까지 인식론적 혼란이 존재한다는 것이다(신일철 · 신중섭 역, 2001).

여기서 인식론적 혼란은 모든 지식의 불확실성을 전제로 하며, 모든 진실, 객관성, 정확성을 부정하면서 극단적으로 '아는 것이 모르는 것이다'라고 주장하는 등 '반(反)방법론'을 주장했다. 또한 역사적으로 전통적인 규범에 대한 위반이 가장 중요한 과학적 진보를 이루었다는 것이다. 이는 과학적 행위에 대한 일반적인 규준이 과학발전에 기여하지 못했음을 의미한다. 이러한 측면에서 인식론적 혼란은 방법론적 무정부주의 또는 반방법론이라 한다. 인식론적 혼란의 핵심은 20세기 초 논리적 실증주의, 논리적 경험주의, 반증주의 등의 과학철학이 전제한 합리성을 거부하고 과학에 대한 동태적 분석을 시도함으로써 새로운 과학관을 제시하였다는데 그 의의가 있다. 결국에 인식론적 혼란을 주장한 학자들은 합리성에 바탕을 둔 과학주의에 반대하였으며, 이러한 과학주의가 인간 생활의 전반을 통제한다고 보았다.

7) 사회직 싱대주의(Social Relativism)

사회적 상대주의는 인지적 과학사회학(cognitive sociology of science)으로 불린다. 블로어와 버니스(Bloor & Barnes)가 주장한 인지적 과학사회학은 전통적인 과학사회학자들의 주장인 과학사회에서 발생된 지식의 본질이 사회학적 분석의 범위 내에 있지 않다는 주장을 반박하였다. 이들은 과학적 지식을 사회학적 과정으로 해석하려고 하였다. 그리고 과학적 신념은 정치, 문화, 사회, 이데올로기 등 사회구성원들이 갖고 있는 신념들로부터 영향을 받는다고 보았다. 또한 인지적 사회과학자들은 과학을 사회적 활동의 일부로 파악하기 때문에 과학은 사회구성원들의 의견이 일치해 가는 과정으로 이론은 전통적인 기준뿐만 아니라 사회학적 기준에 의해 평가되어야 한다고 보았다. 합리성 역시 단순한 인지적 과정이 아니라 오히려 사회적 영향을 받는 상대적 개념으로 파악하였다(양병화 외, 2000).

Study TIP 탈정상과학 (post-normal science)

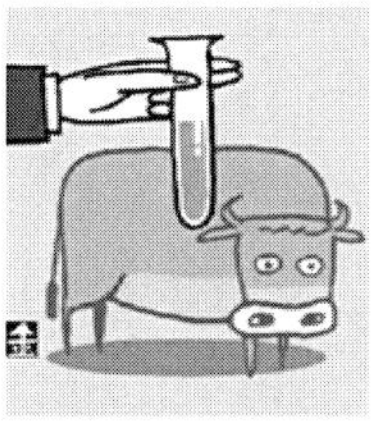

토마스 쿤(T. Kuhn)에 의하면, 과학 발달은 전(前)과학→정상과학(normal science)→과학혁명→또 다른 정상과학의 순을 밟는다. 전과학을 지나 어떤 과학적 패러다임이 형성되면 그 패러다임을 공유하는 과학자 공동체가 행하는 과학적 탐구활동이 정상과학이다. 과학혁명은 패러다임(paradigm)의 교체다. 펀토위츠와 라베츠는 20세기 후반 정상과학만으로는 한계에 봉착했으며 탈정상과학(post-normal science) 단계에 접어들었다고 주장했다. "사실은 불확실해지고, 가치는 논쟁에 휩싸이며, 그 여파가 크고, 판단은 시급한" 상황에 적용되는 과학이다. 인간 복제, 유전자 변형 식품, 핵폐기물 처리장처럼 불확실성과 위험성이 높고, 사회적 합의가 중요한 사안들이 이에 해당된다.

탈정상과학의 큰 특징은 과학의 주체가 과학전문가 공동체에서 시민과 이해집단을 포함하는 '확장된 공동체'로 바뀐다는 것이다. 과학적 사실도 전통적 실험 결과뿐 아니라 주민의 경험과 지식, 언론의 심층보도를 포함한 '확장된 사실'로 바뀐다. 과학자의 활동도 단지 실험실에 국한되지 않고 정치적 타협과 대화, 설득을 포함하는 것으로 바뀐다.

탈정상과학은 한마디로 실험실 밖으로 걸어 나온 과학이다. 정책결정을 위해 사회적 공론장으로 간 과학이라고도 할 수 있다. 과학의 민주화나 울리히 벡이 말한 '성찰적 과학'과도 겹친다. 미국 물리학자 앨빈 와이버그는 1970년대 초 이미 '트랜스 과학(trans-science)'이라는 용어를 쓴 바 있다. "과학적으로 서술은 되는데 그 답은 과학에 의해 찾아질 수 없는 기술사회적 문제"라는 뜻이다.

과학사학자 홍성욱은 "탈정상과학의 패러다임에서는 전문가들이 안전하다고 결론을 내렸으니 주민은 믿고 따라야 한다는 식으로는 기술적 위험의 문제를 해결할 수 없다"며 "정부와 전문가들은 대중에게 정보를 제공해 설득하겠다는 일방적 모형을 버리라"고 주문했다(『홍성욱의 과학에세이』). "탈정상과학 시기 커뮤니케이션은 진정한 의미의 쌍방 소통. 대중의 관점을 감정적이거나 주관적인 것으로 간주해서는 안 되며, 유일한 해법은 '확장된 공동체'에 의해 합의된 일련의 단계들을 천천히 밟아가는 것"이라고도 썼다.

그의 말은 최근 광우병 정국에서 정부와 일부 과학자가 과학적 설득이 왜 그렇게 대중에게 무력했는지 단서를 준다. 탈정상과학 시대, 전문가주의와 일방적 밀어붙이기, 속도전은 백전백패라는 얘기다.

출처: 중앙일보 분수대(2008년 8월 2일자 인용)

Study TIP 베이컨(F. Bacon)의 우상(idola) 이야기

영국의 고전적 경험주의 철학자인 프란시스 베이컨(1561–1626)은 데카르트와 함께 근세철학의 개척자로 유명하다. 그는 1620년 출판한 『신(新) 오르가눔(Organum)』이라는 책에서 인간의 여러 가지 사상적 오류를 설명하기 위해 올바른 판단에 장애를 주는 선입견과 편견을 중심으로 네 가지 우상(idola)이 인간의 눈을 가려 사물에 대한 바른 이해를 방해한다고 주장하였다.

첫째, 모든 인간의 공통적 편견인 '종족의 우상'을 제시하였다. 이는 태양이 지구 주위를 돈다고 생각하는 것과 같은 인간 중심의 착각(illusion)이라는 것이다. 다른 예로 '새가 노래한다'는 것은 인간 자신의 입장에서 본 것일 뿐 새가 지저귀는 것은 자기 영토에 대한 침입자를 경고하거나, 짝을 구애하는 소리일수도 있는데 사람들은 노래하는 소리라고

단정하는 우를 범한다. 결국 사람이 사고의 중심이 되어 사물을 판단하고 기정사실화 시키는 편견이다.

둘째, '동굴의 우상'이다. 동굴에 갇혀 세상을 보지 못하는 우물 안 개구리처럼 제 우물 속이 세계의 전부라고 생각하는 것으로 개인의 특성이나 환경, 자기가 경험한 지식 등으로 사물을 재단하고 판단하려는 편견이다. 2006년 황우석 교수의 논문 조작 사건이 발생한 이후 인터넷 등에 황 교수를 지지하는 모임 등이 '동굴의 우상'으로 형상화된 대표적인 예라 할 수 있다.

셋째, 사회집단에 의해 형성되는 편견이 '시장의 우상'이다. 광고만 믿고 물건을 구입하거나 어떤 병에 무얼 먹으면 좋다는 말만 믿고 거기에 몰입하는 사례들이 여기에 속한다고 할 수 있다. 한때 경제대통령으로 불리든 미네르바(Minerva)의 우상은 사람들이 모여 많은 말이 오고가는 장터가 중요한 정보의 출처라는 사실에서 유래한다.

넷째, 사람을 편파적으로 만들게 하는 역사적 전통, 잘못된 학설, 권위 등에 의해 잘못된 판단을 하는 것이 '극장의 우상'이다. 극장의 우상은 무대장치를 현실로 착각하는 것이다.

베이컨은 '내가 가진 모든 지식이 절대적인 진리'라는 착각에서 벗어나야 세상의 참된 모습을 알 수 있다고 주장하였다. 동굴에만 갇혀 있으면 인간은 진실을 찾을 수 없다!

출처: 거제신문(2011.01.10). 『우상』에서 일부 인용
그림: 중앙일보(2006.03.03) 분수대(동굴의 우상) 발췌

➲ 용어 설명: 제3의 물결[The Third Wave]

제3의 물결은 미국의 저널리스트이자 작가인 앨빈 토플러(Alvin Toffler)가 일렉트로닉스 혁명이 초래하는 인간 사회의 새로운 시대를 가리키는 말로 이를 주제로 한 그의 저서 이름이기도 하다. 토플러는 그의 저서 '제3의 물결'(1980년)에서 인류문명사를 3개의 큰 물결로 나누어서 '제1의 물결'은 농경 중심의 농업시대, '제2의 물결'은 산업혁명후의 공업시대, 그리고 '제3의 물결'은 마이크로일렉트로닉스 혁명에 의한 새로운 산업사회시대로 규정하고, 현재 세계는 '제3의 물결'사회로 진입하고 있다고 했다. 토플러는 다니엘 벨(Daniel Bell)이 말한 이른바 '후기 산업사회(post-industrial society)'로 이해하려고 하는 선진공업사회가 안고 있는 문제를 '미래의 충격(Future Shock, 1970)에서 다루었다. 이를 보충 발전시킨 것이 '제3의 물결'이라고 할 수 있다. 토플러에 따르면 '제2의 물결'시대에는 중앙집권형으로 인간의 목적·사상·행동이 서로 닮은 이른바 '선형적 사고'가 지배적이고 대형 컴퓨터가 이용된다. 그러나 '제3의 물결' 시대에는 고도의 과학기술에 의한 반산업주의의 성격을 가지고 역사상 처음으로 인간성이 넘치는 문명을 만들어 낸다. 인간의 사고는 자율적이고 분권적이며, 마이크로일렉트로닉스 혁명이 초래하는 개혁에 의해서 생산과 소비 등 모든 환경이 변한다는 것이다.

➲ 용어 설명: 제3의 길[The Third Way]

제3의 길은 토니 블레어 영국 총리의 정책브레인으로 잘 알려진 영국 사회학자인 앤서니 기든스(Antony Giddens)의 저서이다. 앤서니 기든스는 〈제3의 길〉이란 저서에서 신자유주의와 사회민주주의를 모두 반대하고 '제3의 길'로 불리는 새로운 사회발전 모델을 주창했다. '제3의 길'은 기본적으로 전후 세계정치를 주도해온 전통적 사회민주주의와 신자유주의를 극복하자는 것이다.

제 2차 대전 이후 '사회민주주의(제1의 길)'가 1945–1975년의 시기를 주도했다면 1975–1995년은 '신자유주의(제2의 길)'가 지배하였다. 고전적 '사회민주주의'는 국가가 공익을 위해 시장과 사회의 다른 부문에 개입하여 복지국가를 건설하는 것이다. '케인즈 이론'에 입각하여 수요를 관리하고 일부 국유화 정책을 통해 혼합경제체제를 확립하며 완전고용을 추구, 누진세를 포함한 다양한 수평화 전략으로써 평등을 추구한다. 그러나 국가주도의 경제와 복지는 관료주의와 비효율성을 야기하고 개인의 자유와 창의성을 제대로 발전시키지 못했다.

이에 비해 '신자유주의'의 원리는 국가의 역할은 최소한으로 제한해야 하고 개인의 창의성을 바탕으로 하는 시장은 방임되어야 최대선(善)을 가져오며 시민사회는 국가의 간섭 없이 자동적으로 번영하도록 허용되어야 하고 전통적인 가족과 민족의 보존을 통해 사회적 질서가 유지된다는 것이다. '대처리즘'과 '레이거노믹스'는 바로 이 신자유주의의 대표적인 이념. 신자유주의는 개인의 자유와 경제적 효율을 강조했지만 빈부격차의 심화와 사회해체의 위기에 직면하고 있다.

이와 같은 사회민주주의와 신자유주의를 극복하는 제3의 길은 정치적으로 자본주의와 사회주의를 실용적으로 결합하는 중도좌파적 노선을 택하고 경제적으로는 무한경쟁으로 인한 시장경제의 폐단을 막기 위해 정부가 간여하는 신혼합경제를 추구한다는 것이 골자이다. '제3의 길'은 출간되었을 당시 영국 토니 블레어 총리의 '신좌파노선'과 독일 슈뢰더 총리의 '새로운 중도'의 중심이론으로 떠오르며 전 세계적인 열풍을 일으켰으나, 좌파와 우파를 적당히 섞어놓은 것에 불과하다는 비판도 받았다.

출처: 네이버 백과사전

Research Methods in Public Administration

사회조사분석사 핵심문제와 해설

1. 과학적 연구방법의 기본과정에 관한 설명으로 틀린 것은? | 2016년 1회, 2018년 1회

① 불완전한 진리를 공격받으므로, 과학적으로 연구된 진리는 절대적이다.

② 경험과 관찰은 객관적 현상에 대한 타당한 추론으로써 지식의 원천이다.

③ 자명한 지식은 없으며, 과학적으로 검증되어야 한다.

④ 과학적 설명은 확률조건인과모형의 관점에서 이루어진다.

해설 과학적 연구방법의 특징: 체계성과 논리성, 경험적 검증가능성, 객관성, 인과성, 재생가능성, 간주관성, 수정가능성 등이 있다. 과학적 명제가 항상 진리라 할 수 없고 때로는 오류가 존재한다.

2. 다음 중 과학적 조사가 필요한 사례와 가장 거리가 먼 것은? | 2016년 1회

① 정량평가 외에 정성평가를 체계화하고 싶을 때

② 임상심리사의 윤리적 갈등을 해소할 필요가 있을 때

③ 결혼이주민 조사 시 연구자의 문화적 편견을 검토하고 싶을 때

④ 선임 사회조사분석사의 경험적 지식이 타당한지 알고 싶을 때

해설 과학적 조사는 지각적 작용에 의해 사물 및 현상의 구조와 성질을 관찰하고 기술적 조사를 통해 증명하며 이론적인 설명과정으로써 객관적인 법칙을 탐구하는 지식활동이다.

3. 과학적 방법의 기본적 가정과 가장 거리가 먼 것은? | 2017년 2회

① 진리는 절대적이다.

② 모든 현상과 사건에는 원인이 있다.

③ 현상을 이해하고 설명할 수 있다.

④ 경험과 관찰은 지식의 원천이다.

해설 과학적 방법은 가능한 한 많은 의문을 제기하고 과학적으로 증명한다는 점에서 다른 방법들과 차이가 있다. 하지만 연구대상의 선정 등에 있어 연구자의 가치가 개입될 수 있고 과학적 방법이라 하여 가치판단을 무조건 거부해서는 연구결과가 오히려 객관성을 잃을 수도 있다.

해답 1. ① 2. ② 3. ①

4. 다음에 해당하는 과학적 연구의 특징은? | 2017년 1회

> 선거에서 여러 정당은 조사결과가 자기 당에 유리하다는 것을 확인하기 위해 자료를 수집, 분석하는 과정이 객관적이라면 결과는 동일해야 한다.

① 상호주관성 ② 구체성
③ 수정가능성 ④ 효용성

해설 상호주관성은 연구자들이 주관을 달리할지라도 같은 방법을 사용할 경우에는 같은 해석 내지 같은 설명에 도달할 수 있어야 한다는 것을 말한다.

5. 과학적 조사방법이 갖추어야 할 특성과 거리가 먼 것은? | 2009년 3회

① 과학적 사회조사는 상호주관적이어야 한다.
② 과학적 사회조사는 절제된 논리적 설명을 요구한다.
③ 과학적 사회조사는 연구대상에 대한 일반화된 설명을 목표로 한다.
④ 과학적 사회조사는 비결정론적 인과관계에 의거하여 설명하여야 한다.

해설 과학적 조사의 특징의 하나인 인과성은 사회문제나 사건이 우연히 발생하는 것이 아니라 어떤 원인에 의해 발생하는 것이라 가정하는데, 이러한 입장을 결정론적 관점(deterministic perspective)이라 한다.

6. 다음은 과학적 조사의 어떤 특징과 가장 가까운가? | 2016년 1회

> A연구원은 유권자의 투표행위가 아무런 이유 없이 일어난 행동이 아니라 후보자의 공약, 지연, 학연 등 다양한 원인으로 인해 행동이 일어났다고 결론을 내렸다.

① 간결성 ② 상호주관성
③ 인과성 ④ 수정가능성

해설 인과성은 모든 현상이나 사건은 자연발생적인 것이 아니라 어떤 원인에 의해 나타난 결과이며, 결과는 논리적으로 설명될 수 있어야 한다.

7. 과학적 방법에 관한 설명으로 틀린 것은? | 2016년 2회

① 간결성: 최소한의 설명변수만을 사용하여 가능한 최대의 설명력을 얻는다.
② 인과성: 모든 현상은 자연발생적인 것이어야 한다.
③ 일반성: 경험을 통해 얻은 구체적 사실로 보편적인 원리를 추구한다.
④ 경험적 검증가능성: 이론은 현실세계에서 경험을 통해 검증이 될 수 있어야 한다.

해설 모든 사회현상은 자연발생적인 것이 아니라 어떤 원인에 의해 나타난 결과이며, 이러한 원인과 결과는 논리적으로 설명될 수 있어야 한다.

해답 4. ① 5. ④ 6. ③ 7. ②

8. 다음은 과학적 방법의 특징 중 무엇에 관한 설명인가? | 2018년 3회

대통령 후보 지지율에 대한 여론조사를 여당과 야당이 동시에 실시하였다. 서로 다른 동기에 의해서 조사를 하였지만 양쪽의 조사설계와 자료수집 과정이 객관적 이라면 서로 독립적으로 조사했더라도 양쪽당의 조사결과는 동일해야 한다.

① 논리적 일관성 ② 상호주관성
③ 검증가능성 ④ 재생가능성

해설 상호주관성은 연구자들이 주관을 달리할지라도 같은 방법을 사용할 경우에는 동일한 결과가 나와야 한다는 것을 말한다. 재생가능성은 연구과정의 절차, 방법 등을 반복했을 경우에 누구나 같은 결론을 내릴 수 있는 가능성을 말한다.

9. 과학적 방법의 특징에 해당하지 않는 것은? | 17년 2회, 3회

① 논리성과 인과성
② 일반성과 구체성
③ 경험적 검증가능성과 추상성
④ 상호주관성과 수정가능성

해설 과학적 연구의 특징으로는 체계성과 논리성, 경험적 검증가능성, 객관성, 인과성, 재생가능성, 간주관성, 수정가능성, 일반성 등이 있다.

10. 과학적 지식에 가장 가까운 것은? | 2018년 1회

① 절대적 진리
② 개연성이 높은 지식
③ 전통에 의한 지식
④ 전문가가 설명한 지식

해설 과학적 지식은 이론과 조사의 결합으로 과학적 조사연구를 통해 이러한 결합이 만들어진다. 또한 과정 및 절차를 중시하고 객관성과 논리성 등을 전제로 경험적 검증을 통해 지식을 형성하는 방법이다. 비과학적 지식의 형성방법에는 관습에 의한 방법, 권위에 의한 방법, 직관에 의한 방법, 신비적 방법 등이 있다.

11. 귀납법과 연역법에 관한 설명으로 옳은 것은? | 2016년 1회

① 귀납법과 연역법은 상호보완적으로 사용할 수 없다.
② 연역법은 일정한 가설을 설정하기 이전에 필요한 자료를 수집하고 여기서 가설을 구성하는 방법이다.
③ 귀납법은 현실의 경험세계에서 출발하고 연역법은 가설이나 명제의 세계에서 출발한다.

해답 8. ② 9. ③ 10. ②

④ 연역법은 이론을 형성하기 위한 방법이며, 귀납법은 일정 가설을 설정한 후 필요한 자료를 연구하는 방법이다.

해설 - 귀납법은 관찰과 자료수집을 통해 보편성과 일반성을 가지고 하나의 결론에 이르는 방법이며, 경험적인 관찰을 통해 기존 이론을 보충, 수정하는 방법이다.
- 연역법은 이미 참으로 인정된 보편적 원리를 가지고 현상에 연역시켜 설명하는 방법이며, 구체적 대상이나 현상에 대한 관찰에 일정 지침을 제공하는 방법이다.

12. 연구방법으로 연역적 접근법과 귀납적 접근법에 관한 설명으로 틀린 것은? | 2016년 2회

① 연역적 접근법을 취하려면 기존 이론에 대한 분석이 필요하다.

② 귀납적 접근법은 현실세계에 대한 관찰을 통해 경험적 일반화를 추구한다.

③ 사회조사에서 연역적 접근법과 귀납적 접근법은 상호보완적으로 사용된다.

④ 연역적 접근법은 탐색적 연구에, 귀납적 접근법은 가설 검증에 주로 사용된다.

해설 연역법은 구체적인 대상이나 현상에 대한 관찰에 일정한 지침을 제공하고, 귀납법은 경험적인 관찰을 통해 기존의 이론을 보충 또는 수정하는 방법이다.

13. 이론으로부터 가설을 설정하고 가설의 내용을 현실세계에서 관찰한 다음, 관찰에서 얻은 자료가 어느 정도 가설에 부합되는가를 판단하여 가설의 채택 여부를 결정하는 방법을 무엇인가? | 2017년 2회

① 귀납적(induction) 방법　② 연역적(deduction) 방법

③ 관찰(observation) 방법　④ 재조사법(test-retest method)

해설 연역적 방법은 이론적 체계의 일부에 대한 경험적 검증을 통해 다른 부분을 실제 연구 없이 논리적으로 검증함으로써 효율적인 반면 최초의 이론을 형성하는 것이 어려운 단점이 있다.

14. 귀납법에 관한 설명으로 가장 거리가 먼 것은? | 2017년 3회

① 귀납적 논리의 마지막 단계에서는 가설과 관찰결과를 비교하게 된다.

② 관찰된 사실 중에서 공통적인 유형을 객관적으로 증명하기 위하여 통계적 분석이 요구된다.

③ 특수한(specific) 사실을 전제로 하여 일반적(general) 진리 또는 원리로서 결론을 내리는 방법이다.

④ 경험의 세계에서 관찰된 많은 사실들이 공통적인 유형으로 전개되는 것을 발견하고 이들의 유형을 객관적인 수준에서 증명하는 것이다.

해설 귀납법은 관찰된 사실들 안에 내재하고 있는 공통적인 유형을 찾아내어 현재의 현실을 설명하는 방법이다. 또한 개별 사건들을 관찰한 이후에 일반적인 법칙이나 이론을 전개해 나가는 과정이다.

해답 11. ③ 12. ④ 13. ② 14. ①

15. “가설 → 조작화 → 관찰 → 검증” 단계를 거치는 전통적인 과학적 접근방법은? | 2016년 3회

① 연역적 방법 ② 귀납적 방법

③ 추리적 방법 ④ 철학적 방법

해설 연역법은 이미 참으로 인정된 보편적 원리를 가지고 현상에 연역시켜 설명하는 방법으로 가설설정→ 조작화→ 관찰 · 경험→ 검증의 절차를 거친다. 반대로 귀납법은 주제선정→ 관찰→ 경험적 일반화(유형 발견)→ 이론의 과정을 거친다.

16. 이론으로부터 가설을 도출한 후 경험적 관찰을 통하여 검증하는 탐구방식은? | 2018년 1회

① 귀납법 방법 ② 연역적 방법

③ 기술적 연구 ④ 분석적 연구

해설 연역적 방법은 참으로 인정된 보편적 원리를 통해 현상에 연역시켜 설명하는 방법이다. 법칙과 이론으로부터 현상에 대한 설명과 예측을 통해 도출하는 방법으로 이해할 수 있다.

17. 연역법과 귀납법에 관한 설명으로 옳은 것은? | 2018년 3회

① 연역법은 선(先)조사 후(後)이론의 방법을 택한다.

② 연역법과 귀납법은 상호보완적으로 사용할 수 없다.

③ 연역법과 귀납법의 선택은 조사의 용이성에 달려 있다.

④ 기존 이론의 확인을 위해서는 연역법을 주로 사용한다.

해설 연역법은 선(先)이론 후(後)조사의 방법을 택하고 양자 간에 대비되는 장단점으로 인해 상호보완적인 관계를 형성하는 동시에 연역법과 귀납법의 선택은 조사의 목적에 달려 있다.

해답 15. ① 16. ② 17. ④

➲ 기타 적중예상문제 핵심내용

<table>
<tr><th colspan="3">과학적 지식과 비과학적 지식의 형성방법</th></tr>
<tr><td rowspan="3">비과학적 지식형성</td><td>① 관습에 의한 방법</td><td>사회적 관습 및 전통적 관습을 의심의 과정 없이 그대로 수용하여 지식을 형성하는 방법</td></tr>
<tr><td>② 권위에 의한 방법</td><td>자신의 주장에 대한 타당성과 설득력을 높이기 위해 권위자나 전문가의 의견을 인용하여 지식을 형성하는 방법</td></tr>
<tr><td>③ 직관에 의한 방법</td><td>가설설정 및 추론의 과정을 거치지 않고 확실한 명제를 토대로 대상에 대한 직접적인 인식을 추구하는 방법</td></tr>
<tr><td colspan="2">과학적 방법</td><td>문제에 대한 정의에서 자료를 수집 · 분석하여 결론을 도출하는 일련의 체계적인 과정을 통해 직식을 형성하는 방법</td></tr>
</table>

<table>
<tr><th colspan="3">경험적 지식에서 발생하는 오류</th></tr>
<tr><td>① 부정확한 관찰
④ 거짓으로 꾸며낸 정보
⑦ 이해의 자아개입</td><td>② 과도한 일반화
⑤ 사후가설 설정
⑧ 탐구의 조기종결</td><td>③ 선별적 관찰
⑥ 비논리적 사고
⑨ 신비화</td></tr>
</table>

02 과학적 조사연구의 유형과 절차

제1절 과학적 조사연구의 유형

1. 연구목적 또는 조사정도의 수준에 따른 유형

연구목적 또는 조사정도의 수준에 따라 분류하면 탐색적 조사, 기술적 조사와 설명적 조사가 있다. 탐색적 조사와 기술적 조사는 조사정도 내지 조사결과의 수준에 의한 분류이지만, 이는 결코 조사의 난이도나 복잡성의 정도에 따른 분류는 아니다.

1) 탐색적 조사(exploratory study)

탐색적 조사(exploratory study)는 예비조사(pilot study)라고도 한다. 왜냐하면, 특정 조사설계를 확정하기 전에 주로 문제를 규명하기 위해서 예비적으로 실시되는 조사를 의미하기 때문이다. 또한 조사의 주요 목적이 보다 정확한 조사를 위해 연구문제를 형성하거나 가설을 개발하는 것으로 형성저 조사(formulative study)라고도 한다. 탐색적 조사는 미개척 분야를 개척하기 위한 도구로서 또는 가설을 설정하기 위한 명제를 정립하거나 가설이 정립된 이후 보다 충실한 조사를 위해 실시된다. 그리고 기술적(技術的)으로 엄밀한 제한을 받지 않고 조사를 할 수 있는 것으로 본조사와 다르다. 탐색적 조사는 대부분의 경우 보다 정확한 연구문제 및 가설을 정립하기 위해 실시한다. 향후 보다 조직적인 조사를 실시할 경우 조사의 대상이나 환경 등에 익숙해지기 위해서, 개념규정을 보다 명확하게 하기 위해서, 조사를 보다 철저히 하기 위한 예비과정으로서, 어떤 분야에서 중요하다고 인정되는 여러 문제에 대한 실태를 파악하기 위해서 실시되는 조사이다.

탐색적 조사의 주된 목적은 문제의 규명에 있다. 연구자가 문제를 정확히 파악하지 못하고 있을 때, 탐색적 조사를 통해 연구문제를 확인하고 고려해야 할 변수들을 파악한 후 이들 변수간의 개괄적인 상관관계를 파악하여 이를 바탕으로 가설을 설정한다. 또한 연구하려는 문제가 조사자들에게 생소하여 사전 지식이 부족할 경우, 주어진 문제에 대한 예비지식을 넓히고 문제에 익숙해지기 위해서 탐색조사를 하기도 한다. 탐색조사는 예비적인 성격을 띠고 있기 때문에 융통성 있게 운영할 수 있으며, 필요한 경우 그 절차를 수정할 수도 있다. 탐색적 조사를 수행하는 과정에서 연구자는 정교한 통찰력과 독창적인 사고력을 발휘하여 연구문제를 발견하거나 관련된 변수와 이들 상호간의 관계를 파악하고 문제의 해결에 필요한 단서를 포착하여 본조사를 실시하는데 필요한 정보를 수집해야 한다. 탐색적 조사의 연구방법에는 문헌조사, 경험자 조사(전문가 의견조사), 특례조사(특례분석), 표적집단 면접법 등이 있다.

① 문헌조사(literature research)

문헌조사는 조사의 대상이나 분야에 대하여 잘 모르는 경우에 행하는 최초의 조사로서 기존에 발간된 문헌이나 자료를 이용하는 방법이다. 문헌조사의 일반적인 목적은 연구의 초점을 보다 명백히 하고 해당 분야의 연구에 대한 이론적 준거 틀과 연구경향, 나아가 자료수집 및 분석방법에 이르기까지 포괄적인 지식을 얻는데 있다. 또한 문헌조사는 문제를 규명하고 가설을 정립하기 위한 가장 경제적이고 빠른 방법이다. 다시 말해서 조사를 통해 수집한 자료의 유효성 정도에 따라 본조사의 시간과 비용을 절감할 수 있다. 문헌조사는 2차 자료[1)]를 이용하는 방법으로 각종 연구논문집, 학술지와 통계자료집 및 각종 도서, 공적 · 사적 기록물 등 다양한 분야에서 출판된 자료를 포함한다.

② 경험자 조사 또는 전문가 조사(Experience survey or expert survey)

경험자 조사는 관련된 조사문제에 대해 전문적인 지식이나 경험을 소유하고 그런 경험이나 지식을 과학적으로 전달해 줄 수 있는 전문가와의 면담을 통해 사전 지식과 필요한 정보를 획득하는 방법이다. 경험자 조사는 문헌조사에 대한 보완적인 조사방법으로 초보연구자에게 도움이 된다. 이 방법은 전문가들로부터 일치된 견해나 문제의 해결책을 찾기보

1) 자료는 성격에 따라 1차 자료와 2차 자료로 구분된다. 1차 자료는 연구자가 현재의 연구목적을 위해 직접 자료를 수집하는 것을 말한다. 2차 자료는 정부기관이나 조사기관에서 발간한 자료로 연구목적에 도움이 되는 모든 자료를 포함한다.

다는 문제의 성격에 대한 보다 명확한 이해와 관련 변수들 사이의 관계에 대한 여러 사람들의 견해를 듣고 참조하여 새로운 아이디어를 찾고 문제해결과정에서 조언을 구하기 위해 실시되는 조사이다. 조사대상의 선정은 대개 조사자의 판단과 편의에 따라 특정인들이 선정되는 것이 보통이다. 여기서 경험자 내지 전문가라는 의미는 해당문제와 관련하여 도움이 되는 정보를 제공해 줄 수 있는 사람을 포괄적으로 지칭한다. 따라서 연구를 수행할 때 지나치게 형식적인 질문보다는 질문을 받는 당사자에게 적합한 질문의 내용과 형식을 변화시켜가며 실행하는 유연성이 필요하다. 이밖에 경험자 · 전문가 조사는 일대일 대인면접과 다수를 동시에 면접하여 자료를 수집하는 심층면접법(in-depth interview)을 통해 조사가 이루어지며, 조사대상자들로부터 필요한 자료를 수집했다고 판단되면 이 조사는 끝이 난다(채서일, 2016).

③ 특례조사 또는 특례분석

특례조사는 사례조사(case study)의 일종으로 연구문제의 설정이 비약하거나, 가설을 설정하는데 도움이 될 만한 기존의 이론이나 연구가 부족한 경우에 사용되는 방법으로 프로이드(Freud)의 환자선택연구 등이 대표적이 예다. 그리고 대표적인 사례를 깊이 연구함으로써 통찰을 자극시켜주고 가설을 설정하는데 도움을 받는 조사를 말한다. 실제 사례는 사건의 기록이나 목격한 사실을 분석하는 경우이고, 가상의 사례는 시뮬레이션 등에 의해 만들어진 상황이다. 특례분석은 본조사의 상황과 유사한 사례들을 찾아내어 심도 있게 분석하는 방법이다. 이러한 과정을 통해 주어진 문제에 대한 간접적인 경험과 사전지식을 갖게 됨으로써 현 상황에 대한 논리적인 유추에 도움을 주는 방법이다. 또한 어떤 관심 있는 현상 중에서 선택된 특수한 사례에 대해 집중적으로 연구함으로써 새로운 결과를 얻는 방법이기 때문에 그 대상이 개인이 될 수도 있고, 상황이나 사건이 될 수도 있으며, 집단 또는 지역사회가 될 수도 있다. 특례분석의 장점은 문제의 규명과 관련된 변수들의 관계를 명확히 해주는데 매우 효과적이다. 그러나 사후적인 조사방법이기 때문에 그 결과가 결정적인 것은 아니며, 단지 시사적인 의미를 가지고 있을 뿐이다.

④ 표적집단 면접법(FGI: Focus Group Interview)

표적집단 면접법은 전문적인 지식을 가진 조사자가 소수 응답자 집단을 대상으로 특정 주제를 가지고 자유토론을 통해 정보를 수집하는 방법으로 일반적인 연구에서 가장 많이 사용되는 탐색적 연구방법 중의 하나이다. 특히 계량적 방법으로 검증할 수 있는 가설의 설정이나 설문지를 구성할 때 필요한 정보의 수집에 활용될 수 있다. 표적집단 면접법은 일반적으로 8-12명 정도의 동질적 집단을 대상으로 편안한 분위기 속에서 토론하는 방식으로 진행된다. 이 방법의 장점은 개별적 면접보다 유용한 정보 획득이 가능하다. 또한 참여자에 대한 응답을 강요하지 않기 때문에 참여자의 솔직하고 정확한 의사를 파악할 수 있다. 반면에 진행자의 능력 등에 의하여 연구결과가 많은 영향을 받기 때문에 편견(bias)이 발생할 수 있다. 이밖에도 비계량적 연구절차로 인하여 결과의 분석과 해석이 난해하다는 문제점과 표적집단이 전체를 대표하기 어려우므로 조사결과를 일반화하는데 한계가 있다. 앞에서 제시한 경험자 · 전문가 조사가 해당 분야의 전문적인 지식을 가진 사람들을 대상으로 하는 연구인 반면에 표적집단 면접법은 일반인을 대상으로 하는 연구이다.

+ Plus 탐색적 조사의 예

송파 세 모녀 자살이라는 기사가 연일 보도되었다. 어머니의 실직과 큰딸의 만성질환으로 생활고에 시달리다 동반 자살한 것이다. 마지막 순간까지 십세와 공과금만은 챙기고 서 세상으로 갔기에 국민들의 아픔은 더 크다. 이를 두고 새정치민주연합의 김한길·안철수 공동대표가 2014년 3월 말 세 모녀법안을 국회에 제출했다.

이런 기사를 접하게 된 정인이는 "왜 이런 비극이 발생하면 새로운 법이나 제도가 만들어 질까?"에 대한 개인적인 호기심에서 연구를 시작했다. 정인이는 연구의 실마리를 풀기 위해 도움이 될 만한 이론을 찾아보기로 결심하고 도서관에서 문헌이나 각종 검색 창을 뒤졌다. 그러던 중 우연한 기회에 킹던(J. Kindon)의 '정책의 창(policy window)'이론을 접하게 되었다. 정책의 창은 '정책주창자들이 그들의 관심 대상인 정책문제에 주의를 집중시키고 그들이 선호하는 대안을 관철시키기 위해 열리는 기회'로 정의된다. 이러한 자료를 통해 문제의 흐름(Problem's stream), 정치의 흐름(political stream), 정책의 흐름(policy stream)이 적절히 합류되었을 때 정책의 창이 열린다는 것을 알게 되었다.

또한 정인이는 이 이론과 관련된 사례를 알아보다가 기초생활보장제도의 탄생사(史)를 접했다. 사건은 1998년 가을 마산에서 일어났다. "3인조 복면강도가 가정집에 침입해 10살 난 어린이의 손가락을 자르고 20만원을 훔쳐 달아났다." 신고가 접수되자 경찰은 수사에 착수한다. 끔찍하고 황당한 사건에 여론은 들끓는다. 수사 끝에 뜻밖의 사실이 드러난다. 범인은 아버지였다. 직장을 잃고 끼니 걱정을 해오던 아버지가 보험금 1000만원을 노리고 아들의 손가락을 잘랐다. 당연히 아버지의 무모함을 질타하는 목소리가 나왔다. 하지만 가난한 사람에게 최소한의 생계는 국가가 보장해 주어야 한다는 여론이 그보다 더 강했다. 김대중 정부는 이를 받아들여 '손가락 법'을 만든다. 이것이 지금의 국민기초생활보장제도다. 빈부격차의 심화라는 사회문제의 흐름과 김대중 정부의 출현이라는 정치적 흐름이 '손가락 자작극'이라는 사건을 계기로 기초생활보장제도가 탄생했다는 것이다.

이러한 이론과 사례를 토대로 정인이는 하나의 가설을 세웠다. "문제의 흐름, 정치 흐름, 정책 흐름이 합류되었을 경우 법 혹은 제도가 만들어질 가능성이 높다." 다시 말해 이번 사건을 계기로 "복지 사각지대를 해소하자는 사회적 흐름이 강하고 6.4지방선거라는 정치 흐름으로 '세 모녀법(가칭)'이 만들어질 것"이라는 결론에 이르게 되었다.

출처: 중앙일보(2014.3.7) 이규연의 「시시각각-'손가락 법' 15년, '세 모녀 법' 나올까」
중앙일보(2014.4.7) 시론(세 모녀 비극의 재발을 막는 길, 안상훈), 일부 인용

2) 기술적 조사(descriptive study)

기술적 조사(記述的 調査)의 주요 목적은 현상을 정확하게 기술(description)하는 것이다. 기술적 조사는 조사가 단순히 무엇이 어떠한가에 대한 해답을 구하는 것이다. 다시 말해 어떠한 사건이나 현상의 모양이나 분포, 크기나 비율 등 단순 통계적(simple statistics)인 것에 대한 해답을 구하기 위해 실시되는 조사를 말한다. 기술적 조사란 조사대상의 현황을 전체적으로 나타내고 변수들 간에 어떠한 관계가 있는지를 파악하기 위해 실시하는 조사이다. 기술적 조사는 사회과학 분야의 조사에서 가장 많이 활용되는 과학적 연구방법으로 다음과 같은 목적을 가진다.

첫째, 기술적 조사는 특정 상황의 발생빈도나 비율을 파악할 때 사용된다. 예를 들어 범죄예방정책과 관련한 조사에서 성별, 연령별, 지역별로 범죄가 어느 정도 발생하는지를 조사하는 경우에 기술적 조사가 활용된다.

둘째, 기술적 조사는 관련 변수간의 상호관계성 정도를 파악하는 것이다. 기술적 조사는 어떤 특성이나 비율을 기술하는 정도를 넘어서 둘 이상의 변수 간에 관계를 통계적으로 파악하는 것이다. 예를 들면, 범죄율과 범죄자의 소득, 직업, 교육수준 간의 관련성을 조사하는 경우다. 그러나 기술적 조사에서 관계성의 기술은 관련 변수 간에 상관관계(correlation)를 설명하지만 인과관계(causality or causal relation)를 기술하는 것은 아니다. 다시 말해 둘 이상의 변수들이 일정한 관계(긍정적 또는 부정적)를 갖고 그 관계가 얼마나 강한지에 대해 기술할 수 있지만, 특정 변수가 다른 특정 변수에 영향을 미치는 영향의 방향에 대해 기술하는 것이 아니다. 기술적 조사는 상관성은 설명할 수 있으나 인과성은 설명할 수 없으며, 이는 설명적 조사에서 파악할 수 있다.

셋째, 미래 상황에 대한 예측이다. 기술적 조사는 기존의 자료에 나타난 정보를 기초로 하여 미래의 상황을 예측하는데 사용된다. 기술적 조사에서는 관심의 대상인 변수의 미래 상황을 이와 관련이 있는 변수의 변화를 통해 개략적으로 예측 한다. 예를 들어 범죄예방을 위해 일자리 창출 관련 예산을 증가시킨다면, 연도별로 범죄율은 감소될 것이라는 것을 기술조사를 통해 개략적으로 예측할 수 있다. 그러나 보다 정확한 예측은 설명적 조사에서 회귀분석 등을 활용한 인과조사를 통해 이루어진다.

넷째, 기술적 조사는 통상적으로 탐색조사와는 달리 연구문제와 가설을 설정하고 난 이후에 실시된다. 따라서 일반적으로 탐색적 조사를 통해 획득된 지식을 토대로 행해지기 때문에 계획적이고 체계적으로 이루어지며, 설정된 연구문제에 대한 해답을 주고 가설을 검증하는데 활용되기 위해 신뢰도와 타당도가 높은 정보를 획득해야 한다. 일반적으로 기술적 조사는 대부분 실태조사의 형태를 띠는데 기술적 조사 그 자체로서는 아무런 의미가 없는 경우가 많다. 예를 들면, 빈곤의 원인과 결과간의 관계를 파악하여 대책을 강구하거나 어떠한 가설이나 아이디어를 제시하지 않고 빈곤현상을 단순히 기술하는 것만으로는 큰 의미가 없다. 기술적 조사에는 여러 가지 형태가 있지만, 대표적으로 횡단조사(cross-sectional study)와 종단조사(longitudinal study)로 구분할 수 있다. 이와 관련된 내용은 시간적 차원에 따른 조사연구의 유형에서 상세하게 살펴보기로 하자.

3) 설명적 조사(explanatory study)

설명적 조사(說明的 調査)는 원인이 되는 사실과 결과가 되는 사실 간의 인과관계(causal relation)를 규명하거나, 미래의 사실에 대해 미리 예측(prediction)하는 조사를 말한다. 설명적 조사 가운데 인과관계의 규명을 목적으로 한 조사를 진단적 조사(diagnostic study)라 하고, 미래의 변화나 방향을 예측하는 조사를 예측적 조사(predictive study)라 한다. 이밖에 설명적 조사는 인과적 조사 또는 가설검증적 조사라고도 한다. 기술적 조사는 요인들의 특성이 어떠하고, 이들 요인들이 어떻게 상호 관련되어 있는가를 보여주는데 반해 설명적 조사는 이 단계를 넘어서 이들 요인들이 어떠한 인과관계를 갖고 있으며 어떻게 미래를 예측하고 있는지를 설명해 준다.

여기서 설명이란 '왜(why) 이러한 결과가 발생하였나?'라는 문제의 원인을 묻는 질문에 대해 문제를 어떻게 해결할 것인지에 대한 해답을 제공하는 것이다. 설명은 인과관계를 밝히는 과정이다. 그 예로 범죄분석 차원에서 노인의 경제활동 참가가 노인범죄에 어떤 영향을 미쳤는지를 파악하려할 때 설명적 조사를 활용한다. 또한 노인범죄의 원인을 밝혀 문제해결을 위한 정책대안을 마련하는데 있어 설명적 조사가 많이 활용된다. 설명적 조사는 주로 인과조사를 행한다. 과학적인 문제해결을 위해서는 특정 사회현상이 야기된 원인과 그 결과 사이에 관계를 정확히 밝혀내야만 근본적인 문제해결과 올바른 의사결정을 할 수 있다. 특정 변수에 영향을 미치는 변수들을 찾기 위한 조사 등이 인과적 조사의 예이다.

모든 사회현상에 대한 이해와 상황의 변화와 그 영향을 파악하기 위해서는 인과관계가 중요한 역할을 한다. 인과관계를 규명하기 위한 조사는 주로 실험설계에서 실시된다. 하지만 인과적 관계에 관한 가설검증을 위한 조사가 모두 실험의 형태를 갖추고 있는 것은 아니다. 인과적 관계를 명확하게 파악하기 위해서는 매우 엄격한 조사설계를 하고, 독립변수 외에 종속변수에 영향을 미치는 외생변수를 통제해야 한다. 인과관계를 증명하는 방법은 외부 요인을 통제하고 원인적 요인(독립변수, 실험변수, 실험조치, 실험자극)을 조작해서 영향관계를 조사하는 실험적 방법과 원인적 요인들을 실험상황이 아닌 자연적 현상 속에서 발견해내는 방법이 있다.

[표 2.1] 탐색 · 기술 · 설명적 조사의 비교

구 분	탐색적 조사	기술적 조사	설명적 조사
목 적	– 문제에 대한 통찰 – 아이디어 얻기 – 사전조사(Pilot study)	– 연구대상에 대한 정확한 기술	– 인과관계 검증
가 설	– 불명확	– 추론적이나 명확함	– 구체적이고 인과적임
표 본	– 비확률적 – 소규모 표본집단	– 확률적 – 대규모 표본집단	– 실험: 확률적 – 현장: 비확률적
자 료 수 집	– 문헌조사 – 경험자(전문가)조사 – 특례조사(특례분석)조사 – 표적집단 면접법	– 패널조사 – 경향(추세)조사 – 동년배(코호트)조사	– 실험설계 – 순수실험설계 – 유사실험설계 등

2. 시간적 차원에 따른 유형

기술적 조사는 통상적으로 조사의 시점 및 시간적 차원에 따라 크게 횡단적 조사와 종단적 조사로 구분된다. 본 절에서는 유사종단적 조사에 대해서도 살펴보았으며, 비교를 통해 각각의 특징 등을 고찰하였다.

1) 횡단적 조사(cross-sectional study)

횡단적 조사(橫斷的 調査)는 한 시점에서 다양한 대상과 변수에 대해 측정하는 조사설계 방법으로 대부분의 사회조사에서 횡단적 조사방법을 사용하고 있다. 종단적 조사가 시간의 흐름에 따른 조사 대상의 특성 변화를 측정하지만, 횡단적 조사에서는 특정 시점에서 집단 간 차이를 연구하는 것을 주목적으로 한다. 예를 들어 유권자의 연령별 특성에 따른 후보자 선호도 조사, 휴대폰 브랜드에 따른 대학생들의 선호도 조사, 공무원의 친절도 조사 등은 횡단적 조사라 할 수 있다. 여기서 횡단(cross-section)이란 서로 다른 연령, 교육수준, 소득수준, 인종, 종교 등 광범위한 사람들의 표본을 추출하는 것을 의미한다. 횡단적 조사는 주로 표본조사를 행하며, 측정이 단 한번만 이루어지고 반복해서 이루어지지 않는다.

따라서 횡단조사는 일정 시점에서 특정 표본이 갖고 있는 특성을 파악하거나 이들 특성에 따라 집단을 분류하는 것이 주요 목적이다. 횡단적 조사의 대표적인 방법은 서베이(survey) 방법을 들 수 있는데, 대인면접법, 전화면접 등의 방법으로 자료를 수집하여 변수들 간의 상호관계나 분포 등을 연구한다. 횡단조사는 일정 시점에서 측정이 이루어지기 때문에 정태적(靜態的, static)인 성격을 갖는다. 횡단조사는 조사대상의 특성에 따라 여러 집단으로 분류해야 하기 때문에 상대적으로 표본의 크기가 커야한다.

2) 종단적 조사(longitudinal study)

종단적 조사(縱斷的 調査)는 시간의 흐름에 따라 조사대상이나 상황의 변화를 측정하는 것으로 일반적으로 수주일, 수개월, 수년간 장기간에 걸쳐 일정한 시간 간격을 두고 반복적으로 여러 차례 측정함으로써 자료를 수집하는 방법을 말한다. 종단적 조사는 서로 다른 시점에 여러 차례에 걸쳐 조사가 이루어져야 하기 때눈에 상대적으로 비용이 많이 는다. 또한 종단적 조사의 유형에 따라서는 서로 다른 시점에서 동일 대상자를 추적해 조사해야 하는데, 이러한 조사 작업은 현실적으로 어려운 경우가 있다. 이러한 이유로 종단적 조사는 조사대상자의 수를 상대적으로 적게 하여 적은 수의 응답자를 대상으로 조사를 해야 한다.

종단적 조사는 장기간에 걸쳐 조사대상자와 상황의 변화 또는 특정한 경향을 조사할 수 있다는 점이 장점이다. 종단적 조사를 통해 얻은 자료는 주로 변화분석(turnover analysis)에 의해 분석되어진다. 이는 시간의 변화에 따라 연구문제와 관련된 각종 변수의 변화 상태를 도표로 작성하여 변화가 일어난 원인을 분석하는 기법이다. 또한 종단적 조사는 시점을 달리하여 반복 측정함으로써 시계열자료를 얻는데 이용할 수 있다. 종단적 조사는 조사단위가 개인과 같은 미시조사뿐만 아니라 국가와 같은 거시조사에서도 활용된다. 예를 들면, 특정 국가의 연금기금의 변화를 수십 년간 추적해 조사하는 것은 종단적 조사에 속한다(Cuttani & Demarco, 1998; Schieher & Shoven, 1997, 김기원, 2016). 종단적 조사에는 패널조사(panel study), 경향 또는 추세조사(trend study), 동년배조사(同年輩調査, cohort study) 등이 있다.

① 패널조사(panel study)

패널조사는 장기간에 걸쳐 동일한 주제와 동일한 응답자에 대해 반복해서 면접이나 관찰을 행하는 조사이다. 다시 말해 특정 조사 대상들을 선정해 놓고 이들에 대해 일정한 기간 동안 매번 반복적으로 실시하는 조사방법을 말한다. TV 시청률 조사를 위해 특정한 시청자 집단을 패널로 선정하고 장기적으로 시청률을 조사하는 것이 패널조사의 대표적인 예다. 패널조사의 방법은 시계열적 자료의 획득이 어려운 설문조사(survey)의 단점을 보완하기 위해 개발되었다. 패널조사는 장기간에 걸쳐 반복해 조사가 이루어지기 때문에 간혹 조사대상자가 사망하거나, 이민을 가거나, 원거리로 이사를 가거나, 행방불명되거나, 장기간 질병으로 격리치료를 받아 조사대상에서 탈락하는 경우가 있다. 이러한 경우를 패널사망(panel mortality)이라 부른다.

패널조사의 장점은 조사대상의 변화를 추적하는 것이 가능하고 상대적으로 많은 정보를 획득할 수 있기 때문에 횡단적 조사보다는 신뢰성 있는 정보를 획득할 수 있다. 그러나 측정기간 동안 패널(조사대상자)들의 변화나 이탈을 통제하지 못할 경우에는 대표성이 떨어진다. 패널조사의 대표적인 예로는 미국의 미시간 대학에서 출간되는 PSID(Panel Study of Income Dynamics)와 오하이오 주립대학에서 출간되는 NLSY(National Longitudinal Study of Youth)가 있다. 우리나라의 한 경제연구소에서 1994년부터 한국가구패널조사(KHPS)를 매 웨이브(wave)[2)]마다 약 6,500명을 대상으로 추적조사를 하고 있다.

② 경향 또는 추세조사(trend study)

경향 또는 추세조사는 장기간에 걸쳐 동일한 주제에 대해 반복해서 면접이나 관찰을 행하지만, 조사대상자는 매번 조사할 때마다 동일하지 않게 이루어지는 조사이다. 패널조사와 유사하나 조사대상이 매번 동일한 대상자가 아니라는 점에서 차이가 있다. 노인인구의 변화 추이, 범죄 유형별 변화추이, 인구센서스, 물가경향조사, 지역경제성장의 변화 추이, 선거기간 동안의 여론조사, 신입생 장래 진로희망 조사 등이 추세조사에 해당된다. 예를 들어 대학에서 매년 신입생을 대상으로 장래 진로에 관한 조사를 실시한다고 하자. 과거 20년간의 신입생 진로희망 조사결과를 비교하면, 사회에서 선호하는 직업의 변화경향을 파악할 수 있을 것이다.

이 조사방법은 대부분 과거의 추세를 분석함으로써 미래 상태를 예측하는데 많이 활용

---

2) 패널조사 시 일정 간격으로 조사가 이루어지는 각각의 시점을 웨이브(wave) 또는 파동이라 한다. 예를 들어 2000년부터 2020년까지 20년에 걸쳐 매 2년마다 조사가 이루어진다면 10개의 wave가 있게 된다. wave1은 2000년이고, wave2는 2002년, wave7은 2014년에 해당된다(김기원, 2016, p. 88 참조).

된다. 여기에는 추세연장기법에 의한 미래예측과 질적 방법에 의한 미래예측이 있다. 추세연장기법에 의한 미래예측 방법은 과거와 현재의 역사적 자료 등을 토대로 미래의 사회적 변화를 투사하는 것이다. 다시 말해서 과거와 현재의 자료를 토대로 미래의 변화량, 변화율을 측정한다. 다음으로 질적인 방법에 의한 미래 예측방법에는 브레인스토밍(Brainstorming)*, 델파이 기법(Delphi)*, 정책델파이 기법* 등이 있다.

③ 동년배조사(cohort study)

동년배조사(cohort[3] study)는 보다 좁고 구체적인 범위에 속한 인구집단의 변화를 연구하기 위한 조사이다. 추세조사는 조사대상이 되는 집단구성원의 모집단이 변화하는 것과 달리 동년배조사는 집단구성원의 모집단이 변하지 않는다. 또한 패널조사는 패널이라 불리는 조사 샘플로 선정된 동일한 사람만을 대상으로 하는 반면에 동년배조사는 집단구성원의 모집단은 동일하지만 조사시점마다 샘플로 선정된 조사대상은 변할 수 있다. 예를 들면 X세대의 결혼관을 조사한다면 X세대(1970-80년 사이 출생한 세대)의 결혼관(성별 특성, 결혼 후 여성들의 사회활동에 대한 견해 등)에 대해 전반적으로 조사하면 된다. 이밖에 386세대나 n-세대, 그리고 베이비붐세대, P세대[4], G20세대[5], 최근 취업난과 장기화된 경기 불황으로 연애·결혼·출산·내 집 마련·인간관계 등 5가지를 포기한 5포 세대라는 용어도 등장했다.

---

3) 코호트(chhort)는 원래 로마 보병대 연대를 10등분한 단위 부대를 일컫는다. 여기서는 어느 시점에서 나이나 성별 등 공통된 속성을 지닌 인구, 다시 말해 동일한 통계 인자를 가진 집단을 말한다. 또한 연구대상으로 선정된 특정 인구집단을 코호트라고 하며, 그 코호트로부터 특정 질병 발생에 관여할 것으로 의심되는 특성(예: 혈액형이나 흡연 등)에 노출된 정보를 수집한 다음 시간의 경과에 따라 특정 질병의 발생을 전향적(prospective)으로 추적(follow up), 관찰(observation)함으로써 특정 요인에 노출되지 않은 집단에 비해 노출된 집단의 질병 발생률(incidence)을 비교하는 역학적 연구방법이다. 코호트 연구는 노출에 대한 정보를 수집하는 시점이 '현재인가' 아니면 '과거인가'에 따라 전향적 코호트 연구(prospective cohort study)와 후향적 코호트 연구(reconstructed cohort study)로 구분된다.

4) P세대는 2003년 이후 등장한 단어로 본래 P는 참여를 의미하는 participation, 열정을 의미하는 passion, 힘을 의미하는 potential power, 패러다임의 변화를 의미하는 paradigm-shifter의 공통 접두어에서 따온 것이다. P세대에게는 과거 386세대가 가졌던 사회의식과 X세대의 소비문화, N세대의 라이프 스타일, W세대의 공동체의식과 행동이 혼합되어 있다.

5) G세대란 이름은 '글로벌(Global)'과 '그린(Green)'의 영어 머리글자를 따서 만들어졌다. 부모의 집중적인 관심과 투자를 받으며 성장한 이들은 어느 세대보다도 인터넷 활용능력이 뛰어나고, 디지털 문화에 익숙하며 외국어 구사 능력 또한 탁월하다. 이들은 다른 사람을 의식하기보다 자신만의 특성과 개성, 개인적 행복감을 무엇보다 중요하게 생각하며 낙천적이다. G세대는 2011년 개최된 서울 G20정상회의를 계기로 G20세대로 업그레이드됐다.

+ Plus 5포 세대

최근 청년들은 포기해야할게 많은 '5포세대, N포세대'로 불려지고 있다. 취업난과 장기화된 경기 불황으로 연애·결혼·출산·내 집 마련·인간관계 등 5가지를 포기한 세대를 말한다. 과거에 3포세대로 불렸던 젊은 층이 직면한 상황이 더 악화되어 등장한 세대라고 보면 되겠다.

2015년 2월 2~12일 취업포털 사람인이 2030세대 2,880명을 대상으로 실시한 온라인 설문조사에서 '연애, 결혼, 출산, 대인관계, 내 집 마련 중 포기한 것이 있는가'라는 질문에 1,660명(57.6퍼센트)이 '있다'는 답을 했다. 항목별로 포기한 이유를 살펴보면, 연애는 '내가 하고 싶다고 되는 게 아니라서'(57.5퍼센트), 결혼은 '주택 마련 등 해야 할 것이 많아서'(49.8퍼센트), 출산은 '경제적 부담이 너무 커서'(72.8퍼센트), 대인관계는 '취업 등 당장 더 급한 게 있어서'(53퍼센트), 내 집 마련은 '어차피 현실적으로 불가능해서'(73퍼센트)를 각각 1순위로 꼽았다.

2015년 2월 11일 시장조사전문기업 마크로밀엠브레인의 트렌드모니터가 전국 만 19~59세 남녀 1,000명을 대상으로 실시한 설문조사 결과를 보면, 전체 10명 중 6명이 현재의 20대와 30대가 '5포 세대'로 표현되는 것에 동의하고 있는 것으로 나타났다. 20대와 30대 청년세대만을 대상(500명)으로 조사한 결과에서는 청년세대의 36퍼센트가 자신 스스로를 5포 세대에 속한다고 평가했다. 자신을 5포 세대라고 생각하는 비중은 20대 여성에서 가장 높게 나타났으며 20대 남성과 30대 남성, 30대 여성이 뒤를 이었다. 김현주는 마크로밀엠브레인의 트렌드모니터의 조사결과를 거론하면서 "전체 85퍼센트가 향후 5포 세대의 문제가 더 심각해질 것이라고 내다보는 것으로 드러났다"고 했다.

"청년세대 문제의 원인과 해법에 대한 현재의 인식에는 다소간 차이가 있을지는 몰라도, 앞으로 이런 문제가 더 악화될 것이라는 전망에는 세대별 시각차이가 거의 존재하지 않았다. 반면 청년 세대가 열심히 공부를 하면 지금보다 상황이 좋아질 것이라는 인식은 전체 4명 중 1명에 그쳤다. 또한 열심히 공부하는 것과 좋은 직업을 갖는 것은 관계가 없다는 주장에 대해서도 동의하는 의견과 비동의 의견이 첨예하게 엇갈렸으며, 앞으로 열심히 일해도 경제적으로 좋아지지 않을 것이라는 인식도 절반에 가까웠다."

출처: http://100.daum.net/encyclopedia/view/54XX34200022(검색일 2019.01.23.)

한편, 미국의 경우 2차 세계대전이 끝난 후 탄생한 세대, 소위 다산세대(多産世代, baby boomer)는 1945에서 1964년 사이 출생한 세대로 종종 동년배조사의 대상이 된다. 일반적으로 베이비붐(baby boom)은 어떤 시기에 출생하는 아이의 수가 폭증하는 현상으로 이 시기에 태어난 코호트를 베이비부머(baby boomer)라 한다. 우리나라의 경우 2011년 11월 695만 명을 헤아리는 베이비붐 세대(1955년~1963년생)의 고용·복지·연금·주택·의료 등의 문제를 두고 사회적 이슈가 되기도 했다. 또한 베이비부머 여성을 기준으로 이들이 낳은 자녀를 에코세대[6]라 한다. 에코세대는 1979년에서 1992년생으로 954만 명으로 전체인구의 19.9%를

---

6) 2차 대전과 한국전쟁 이후 태어나 대한민국의 산업화와 민주화를 이끈 부모 세대를 베이비부머(baby boomer)라 한다. 그리고 전쟁 후 그들의 출산 붐이 마치 메아리처럼 되돌아와 형성됐다는 의미에서 에코(echo)세대라 하는데, 베이비부머가 낳은 자녀로 인구 재생산 관점에서 정의된 용어이다. 2013년 10월 통계청 기준으로 에코 세대는 1,008만 명에 달하는데, 이는 전체 인구의 20퍼센트를 넘는 수치다. 에코 세대는 풍족한 환경에서 자라 유행에 민감하고, 쇼핑을 좋아하며, 컴퓨터와 IT에 능하지만 학자금 대출이나 취업난 등으로 인해 사회 진입에는 어려움을 겪고 있기도 하다. 한국보건사회연구원(2013)의 '우리나라 세대별 자살 특성분석' 보고서에 따르면 에코세대의 자살률(10만 명 당 자살사망자)은 2001년 4.79명에서 2010년 5.12배인 24.54명으로 급증

차지하고 있으며, 최근 경기침체로 인한 취업난 등으로 이들의 문제가 사회적 이슈가 되고 있다.

3) 유사종단적 조사(quasi-longitudinal study)

유사종단적 조사는 반복적으로 조사연구가 어려운 경우 횡단적 조사를 실시하여 종단적인 결과를 얻기 위한 조사방법이다. 다시 말해서 종단적 조사의 실시가 어려운 점을 감안하여 종단적 조사와 횡단적 조사를 결합한 조사방법이다. 예를 들어, 횡단적 조사를 실시하여 각 연령별(10대, 20대, 30대, 40대, 50대, 60대 이상)로 부모를 모시는 것에 대한 의견을 비교연구함으로써 과거로부터 각 세대가 진행됨에 따라 부모를 모시는 것에 대한 의식이 어떻게 변화되었는지 추론해 볼 수 있다. 또 다른 예로 아동의 성장과 발달에 관한 조사를 하는 경우, 각 연령대별로 수년간 표본을 추출한 후 그 대상에 대한 연구 자료를 종합하여 장기적인 변화를 파악하는 방식도 여기에 속한다.

4) 횡단조사와 종단조사의 비교

조사가 한 시점에서 이루어지는 것을 횡단적 조사라 하며, 한 시점에서 사회현상을 조사하는 것이다. 횡단적 조사는 주로 표본조사를 행하며, 종단적 조사와 같이 현장조사를 필요로 하긴 하지만 측정이 단 한번만 이루어지고 반복해서 이루어지지 않는다는 점에서 종단적 조사와 차이가 있다. 종단적 조사의 목적은 시간의 흐름에 따른 조사대상이나 상황의 변화를 측정하여 어떤 의미를 찾고자 하는데 반해 횡단적 조사는 일정 시점에서 특정 표본이 갖고 있는 특성을 파악하거나 이들 특성에 따라 집단을 분류하는데 목적이 있다.

또한 종단적 조사가 일정 기간 변화하는 상황에 대해 조사함으로써 동태적인(dynamic)성격을 갖는데 반해, 횡단적 조사는 정태적인(static) 성격을 갖는다. 횡단적 조사는 조사대상의 특성에 따라 집단을 분류하여 비교분석 해야 하기 때문에 종단적 조사보다 표본의 크기가 상대적으로 커야만 한다. 또한 종단적 조사는 반복해서 조사가 이루어지기 때문에 횡단적 조사에 비해 비용이 많이 소요된다. 횡단적 조사는 특정한 모집단을 대표할 수 있는 자료를 제공해주는 반면 종단조사는 일정한 기간 동안에 반복하여 조사가 이루어지기 때문에 조사 때마다 새롭게 표본으로 추출된 표본에 관한 자료를 제공해준다.

했다. 에코세대의 자살률 급증은 2007년 이후 학자금 대출에 따른 신용불량자 증가, 생활고, 취업난, 학업문제 등이 그 원인인 것으로 추정되고 있다.

[표 2.2] 횡단조사와 종단조사의 비교

횡단조사	종단조사
– 표본조사 (모집단을 대표할 수 있는 자료 제공)	– 현장조사 (조사마다 새롭게 표집된 표본에 관한 자료제공)
– 측정이 단 한번 이루어짐	– 반복적으로 측정이 이루어짐
– 정태적(static: 일정 시점의 특정 표본이 가지고 있는 특성을 파악)	– 동태적(dynamic: 일정 기간 변화하는 상황에 대해 조사)
– 조사대상 특성에 따라 집단을 분류하여 비교분석 하므로 표본의 크기가 클수록 좋음	– 유형에 따라 서로 다른 시점에서 동일한 대상자를 추적해 조사해야 하므로 표본의 크기가 작을수록 좋음

3. 조사용도 또는 응용정도에 따른 유형

과학적 연구방법은 조사용도, 다시 말해서 조사가 어떤 용도로 실시되느냐에 따라 기초조사 또는 순수조사, 응용조사, 평가조사로 분류할 수 있다.

1) 기초조사(basic research)

기초조사는 순수조사(pure research)라고도 하며, 순수하게 사회현상에 대한 지적인 이해와 지식 탐구를 목적으로 수행하는 조사이다. 따라서 조사를 직접적으로 어떤 상황에 이용하고자 하는 것을 목적으로 하는 것은 아니다. 이 조사는 사회문제를 해결하는데 직접적인 도움을 주지 않을 수도 있다. 그러나 기초조사는 여러 가지 특수한 정책이나 문제에 일반적으로 적용할 수 있는 기본적인 지식이나 원리, 법칙 등을 제공해 줄 수 있다. 또한 순수조사는 오로지 조사자의 지적 호기심을 충족하기 위해 실시되는 조사이다. 순수조사를 실시하는 동기는 현상에 대한 지적인 이해와 지식 그 자체만 획득하려는 것이다. 따라서 순수조사는 결과적으로 어떤 개념이나 이론에 대한 새로운 지식을 얻는 데 있다.

2) 응용조사(applied research)

응용조사는 특수한 사회적 문제를 해결하기 위해 정보를 수집하는데 있다. 따라서 정부, 기업, 교육기관 등에서 정책수립을 위해 많이 사용하는 방법이다. 응용조사는 조사결과를 직간접적으로 사회현상에 응용함으로써 실제 문제의 해결이나 개선을 하기 위해 수행되는 조사를 의미한다. 따라서 응용조사는 현장 응용의 정도가 매우 높은 조사라 할 수 있다.

응용조사의 동기는 조사결과를 사회구성원이 안고 있는 실제 문제를 해결하기 위해 구체적으로 이용하는데 있다. 따라서 조사과정에서 조사자의 노력은 조사결과를 구체적으로 이용하는데 초점을 맞추고 있다. 행정 및 정책분야에서 응용조사는 정책프로그램이나 정책대안들이 보다 효과적이고 효율적으로 실시되도록 하기 위한 지식이나 자료를 획득하기 위해 종종 실시된다. 기업분야에서는 응용조사를 개발조사(development research), 생산조사(product research)라고도 하며, 정책학 분야에서는 응용조사를 정책분석 연구라고도 한다.

3) 평가조사(evaluation research)

평가조사는 어떤 사회적 프로그램이나 정책이 얼마나 효과적인지, 또는 이들 프로그램이나 정책을 지속할 것인지 아니면 중단할 것인지의 여부를 평가함에 있어 제기되는 의문에 대한 해답을 구하기 위해 실시되는 조사를 말한다. 평가조사의 결과는 단순히 지식을 축적하거나 이론을 형성하는데 그 목적이 있는 것이 아니라 프로그램이나 국가 정책의 계속적인 실시여부, 예산 및 인원의 증감여부를 결정하는데 사용되는 조사이다.

평가조사는 평가대상에 따라 단일사례연구와 사업(프로그램)평가조사로 나누어 볼 수 있다. 단일사례연구는 개인이나 집단에 대한 개입효과를 평가하는 것이고, 사업평가조사는 프로그램의 서비스 효과를 평가하는 조사이다. 평가조사는 응용조사의 하나로 최근 정부에서 추진하는 정책 및 사업 등 정책 분야에서 책임성 요구와 관련하여 중요시되고 있다. 예를 들면, 학부제 운영이 대학생들의 질 향상, 학문선택의 폭 및 다양성 등에 어느 정도 기여하였는가, 정책의 개입이 실제 효과가 있는지 여부 또는 정책의 효율성 등을 평가하기 위해 실시되는 조사를 들 수 있다.

4. 자료수집의 성격에 따른 유형

1) 양적 조사(quantitative study)

현대 사회과학의 대부분은 복잡한 수학공식이 포함된 분석방법을 활용하고 있으며, 이런 연구의 대부분이 양적 조사이다.[7] 양적 조사는 사회현상을 연구하기 위해서 연구대상

7) 양적 연구는 전통적, 실증적, 실험적 또는 경험주의적 패러다임을 계승하고 있다. 이 방법은 콩트, 밀, 뒤르겡, 뉴턴과 로크 등에 의해 확립된 경험주의적 전통으로부터 나왔다. 18세기와 19세기 자연과학적 패러다임에서 파생되었으며, 또한 정확하게 측정될 수 있으며, 조사에 의해 발견될 수 있는 자연적 법칙에 따라 움직이는 객관적인 '실재'가 있다는 것을 근거로 한다(Creswell, 1994: 4; 남궁근, 2014: 91; 손병덕 외, 2010: 48 참고).

의 속성에 숫자(numberals)를 부여하여 자료를 수집하며, 그 자료를 분석하는데 기술통계 및 추리통계 등의 통계분석기법을 사용하여 그들의 관계를 밝혀내는 조사이다. 양적 조사는 객관적·가치중립적·합리적·경험적 접근방법을 사용하며 대상의 속성을 계량적으로 표현하고 그들의 관계를 통계분석을 통해 밝혀내는 조사로 실증주의적 인식론에 바탕을 두고 있다.

양적 조사는 조사방법이 계량적이며, 개인들의 주관적 상태에는 관심을 두지 않고 사회현상의 사실이나 원인들을 탐구한다. 그리고 정형화된 측정과 척도를 사용하며, 조사가 객관적으로 수행되어진다. 또한 가설 검증, 사실 확인, 추론을 지향하고 논리적으로 연역법을 사용한다. 이밖에 양적 조사는 축소주의적이며, 결과 지향적인 동시에 신뢰성 있는 경성자료(hard data)를 산출한다. 끝으로 복수사례연구로 조사결과를 일반화할 가능성이 크고 조사대상이 안정적이라고 가정하며, 논리 실증주의적이다.

양적 조사는 기술(descriptions), 설명(explanation), 예측(prediction), 통제(control)에 목적이 있다. 그 중에서 기술은 양적 조사의 가장 기본적인 목적으로 볼 수 있는데, 이는 어떤 현상이나 상황을 있는 그대로 묘사하는 것으로 어떤 현상의 빈도, 중앙값, 분포 등을 탐색하는 가운데 어떤 규칙성이나 원리를 발견하는 기초로 활용될 수 있다. 양적 조사는 일반적으로 서베이, 설문지, 구조화된 관찰법 등의 기술을 사용한다. 또한 통계분석을 활용하여 연구자가 수집한 자료를 분석하여 어떤 패턴이나 상관관계를 통해 그들의 아이디어나 주장이 연구에서 나타난 사실에 의해 지지되는지를 확인한다. 결국 다양한 표본추출방법과 통계적 방법을 동원하여 한 연구에 참여한 연구대상자뿐만 아니라 관련된 모든 사람들에게 연구결과를 일반화시킬 수 있도록 하는데 초점을 두고 있다. 양적 조사의 예로는 인구센서스, 여론조사, 성과평가, 상관관계를 살펴보는 연구 등이 있다.

➲ 양적 조사의 예시8)

- 인구센서스
- 여론조사
- 평가조사의 몇 가지 유형(성과평가, 비용/효과분석)
- 두 개나 그 이상의 변수들 간의 상관관계 연구(예: 소득과 범죄 간에 상관관계가 있나)

---

8) Alston, M., & Bowlws, W. (2003). *Research for Social Workers: An Introduction for Methods* (2nd ed.). London: Routledge, p. 9.

2) 질적 조사(qualitative study)

질적 조사[9]는 연구자들의 경험이나 구체적인 관찰로부터 시작하는데, 질적 연구자들은 이미 존재하는 아이디어로부터 출발하는 것이 아니라 경험이나 관찰로부터 어떤 패턴이나 주제들이 도출되기를 바란다. 질적 조사라 함은 행위자의 말, 글, 몸짓, 관찰 가능한 행동, 흔적, 상호작용의 상황과 환경적 요인들을 현지조사, 민속방법론 등의 방법으로 수행하는 조사이다. 질적 조사는 자료가 숫자로 표현되는 것이 아니라 단어(words)의 형태로 수집되며, 자료는 주제와 범주(categories)로 구분되어 분석된다. 양적조사와는 반대로 인간행동이나 사건의 의미에 대한 해석을 통해 사회현상을 이해하려고 시도하며, 이 경우 사회현상에 대한 접근은 주관적·해석적·자연적·전체적인 접근방법을 사용한다.

질적 조사의 목적은 본질적으로 의미 추구를 지향하는데, 이는 자신이 처한 환경 속에 있는 사건, 사물, 상황에 부여한 해석과 의미들을 탐색함으로써 인간행동의 이면에 감춰진 관념, 동기, 신념 등을 보다 심층적으로 이해하고자 한다. 질적 조사를 실시하는데 활용될 수 있는 자료수집방법으로는 심층면접, 포커스 그룹(focus group), 예술품이나 사진 등이 있다. 질적 조사의 특징은 먼저 질적인 조사방법을 사용한다. 조사자 자신의 준거 틀에 입각하여 인간의 행동을 이해하는데 초점을 맞추고 통제되지 않은 자연 상태에서 관찰을 하고 조사가 주관적으로 수행된다. 현상과 밀접한 조사가 될 수 있다. 탐색, 발견, 서술을 지향하며 논리적으로 귀납법을 사용한다. 확장 주의적이며, 과정 지향적이다. 타당성 있고, 실질적이며, 내용이 풍부하고, 깊이 있는 자료를 산출한다. 단일사례연구로 조사결과를 일반화하기 어렵다. 조사대상이 동태적이라고 가정하며, 현상학적이다. 이들 조사를 통해 이루어지는 양적 조사와 질적 조사의 특성을 요약하면 다음 [표 2.3]과 같다.

➲ 질적 조사의 예시[10]

- 농촌지역의 가정폭력에 대한 태도를 탐색하기 위해 관련 기관의 종사자와 결혼이주 여성들을 상대로 심층면접을 실시하였다.
- 연구자는 게임중독자의 생활양식과 이들에게 중요한 이슈는 무엇인가를 알아보기 위해 이들과 몇 개월 동안 함께 시간을 보냈다.

---

9) 질적 연구는 구성주의적 또는 자연주의적 접근, 해석적 접근, 후기 실증주의 또는 포스트모던의 관점 등 다양한 용어로 불린다. 19세기 후반 딜타이, 웨버 등의 학자들에 의해 주도된 실증주의에 대한 반대운동에서 출발하였다. 현상학과 해석학의 영향을 받아 연구 영역을 넓혀 왔으며, 객관적인 사실보다 주관적 의미에 관심을 가진다. 현상학적 논리에 따르면 사회현상에 대한 관심은 인간이 어떤 것을 어떻게 지각하는가에 따라 달라진다(남궁근, 2014: 358-359 참조).

[표 2.3] 양적 조사와 질적 조사

양적조사	질적 조사
– 계량적·축소주의적·결과 지향적	– 확장주의적·과정 지향적
– 정형화된 측정과 척도를 사용	– 조사자의 준거 틀을 사용
– 조사자가 객관적으로 사용	– 통제되지 않은 자연 상태에서 주관적으로 수행
– 가설검증, 사실 확인, 추론 지향	– 탐색, 발견, 서술 지향
– 연역법 사용	– 귀납법 사용
– 논리실증주의	– 현상학
– 조사결과의 일반화 가능	– 조사결과의 일반화 어려움
– 조사대상이 안정적이라고 가정	– 조사대상자가 동태적이라고 가정
– 신뢰성 있는 경성자료(hard data) 산출	– 타당성, 실질적, 깊이 있는 자료 산출

5. 조사대상의 범위에 따른 유형

1) 전수조사(complete enumeration)

조사대상의 범위에 따른 유형에는 전수조사와 표본조사가 있는데, 이를 통계조사(statistical study)라고 한다. 통계조사는 주로 양적 분석을 위한 것이나 통계기법의 발달로 질적인 분석도 가능하다. 전수조사(complete enumeration, census)는 정밀도를 요할 때 사용되는 것으로 조사대상이라고 생각되는 모든 부분들을 전부 조사하는 것이다. 다시 말해 관심의 대상이 되는 집단의 모든 개체를 조사하여 모집단의 특성을 측정하는 방법이다. 전수조사는 모집단을 파악하게 하고 국가의 정책수립 시 기초자료를 제공한다는 점에서 필요하지만 집단 내 모든 개체를 다 조사한다는 것은 시간이나 비용 등을 고려할 때 현실적으로 어려움이 따른다.

정밀도를 요하는 국세조사나 통계청에서 5년마다 실시하는 인구주택총조사와 경제총조사가 대표적인 예다. 또한 교육부는 학교폭력 문제가 심각한 사회문제로 대두되면서 2012부터 전수조사로 바뀌어 학교폭력 실태를 조사하고 있다. 최근 초등학교 4학년부터 고등학교 3학년까지 모든 학생을 대상으로 실시하는 학교폭력 실태 전수조사가 앞으로 매년 두 차례(4월과 10월)에 걸쳐 시행된다. 교육부는 학교폭력 실태를 보다 정확히 파악해 대비하자는 취지에서 학교폭력 전수조사를 실시한다는 방침을 세웠다.

10) Alston, M., & Bowlws, W. (2003). *Research for Social Workers: An Introduction for Methods* (2nd ed.). London: Routledge, p. 9.

2) 표본조사(sampling study)

표본조사(sampling study)는 부분조사라고도 하며, 조사대상 전체인 모집단의 일부를 선정하여 조사대상 전체를 추정하는 조사를 말한다. 이 경우 조사대상 전체를 모집단(population)이라 하며 선정된 부분을 표본(sample)이라 한다. 여기서 문제가 되는 것은 전체를 대표하는 부분의 추출을 어떻게 할 것인가가 주요 핵심이다. 이러한 방법은 제 8장 표본추출에서 상세히 설명하기로 하고 대부분의 조사가 표본조사에 의해 이루어지고 있다는 사실에 주목할 필요가 있다.

이러한 조사방법은 조사목적에 비추어 어느 정도의 오차는 문제가 안 될 경우라든지 또는 조사목적이 많은 사람들 중에서 어떤 경향만 알고자 할 경우에 유용하게 사용된다(김해동 외, 2010). 최근 정부가 발표한 우리나라 장애인 실태조사는 일정 지역을 표본으로 채택하여 표본 내 장애인 수를 파악하고, 이를 토대로 전국의 장애인 수와 특징 등을 추정했는데, 이것이 표본조사의 대표적인 예다. 아울러 통계청에서 매월 실시하는 광업제조업동향조사, 서비스업동향조사, 경제활동인구조사나 매년 실시하는 도소매업조사, 농작물생산조사 등이 대표적인 표본조사라고 할 수 있다. 이밖에도 TV 종합편성 프로그램의 시청률을 조사한다고 할 때, 10대 몇 %, 20대 몇 %, 30대 몇 % 등 일부만 대표로 선정하여 조사한 후 프로그램 시청률을 알아보는 것도 표본조사의 대표적인 예이다.

6. 기타 조사연구의 유형

1) 사례조사

사례조사(case study)는 어떤 특정 사례에 대하여 조사를 행함으로써 해당 사건이나 현상을 전체적으로 파악하고 실증적으로 분석하는 조사를 말한다. 사례조사는 조사대상이 소수일 때 소수의 조사대상이 시간이 지남에 따라 그 대상의 행동이나 특성이 전개되고 변화하는 과정을 연구한다. 또한 조사대상의 독특한 성질을 구체적으로 상술하며, 행동이나 특성의 변화와 영향요인들 간의 인과관계를 파악하는데 유용하다. 사례조사는 주로 전기학자(傳記學者)의 연구처럼 어떤 개인의 일기, 편지, 출생지의 답사 등을 통해 시작되었으나 최근에는 특정 개인을 비롯하여 가족, 집단, 지역사회 등을 하나의 사례로 선정하여 상세히 조사하는 것을 포함하여 중요성이 점차 증가하고 있다.

결국 사례조사는 어떤 특정 사례에 대하여 모든 가능한 방법과 기술을 이용하여 종합적 연구를 수행함으로써 그 현상을 전체적으로 파악하고 실증적 방법에 의하여 전체와의 연관성을 포착하는 조사라 할 수 있다(김해동 외, 2010).[11] 사례조사의 장점은 첫째, 비교적 소수의 대상을 시간적 변화에 이르기까지 지속적으로 진행되기 때문에 어느 대상, 어느 인간 혹은 어느 상황의 자연적 발전이나 생활사를 연구하는데 유용하다. 둘째, 조사대상의 독특한 성질을 취급할 수 있기 때문에 특별히 구체적으로 연구하는데 유용하다. 셋째, 처리할 수 있는 특성을 제한 없이 포괄적으로 파악하여 전면적인 인과관계를 파악할 수 있다. 넷째, 조사대상에 대한 문제의 원인을 밝혀 줄 수 있으며, 인간의 내면생활이나 사회적 욕구, 관심, 동기 등 살아있는 존재, 집합적 행동의 실체를 문화적·사회적 배경 하에 연구하고자 할 때 유용하다. 그 밖에 가설에 대한 신뢰도를 제고한다든지 개념의 조작 가능성을 시험하는 등의 탐색적 조사로 사용될 수 있는 등의 장점이 있다. 하지만 사례조사는 대표성이 불분명하고 다른 조사와는 달리 변수에 대한 관찰이 이루어지지 않기 때문에 비교가 불가능하다. 아울러 관찰할 변수의 폭과 깊이가 불분명하다는 점이 단점으로 지적되고 있다.

2) 서베이 조사

서베이 조사(survey research)란 모집단을 대상으로 추출된 표본에 대하여 질문지나 조사표(면접조사표나 관찰조사표)와 같은 표준화된 조사도구를 사용해서 직접 질문하여 필요한 자료를 수집하는 방법이다. 서베이 조사는 변수간의 분포, 상호 관계 등을 파악하기 위해 표본을 추출하여 이를 연구함으로써 모집단을 연구하는 방법이라 할 수 있으며, 이러한 정의는 표본 서베이 조사(sample survey research)를 포괄하는 것이다. 서베이 조사는 모집단 전체를 조사대상으로 하는 전수조사(census)가 아닌 표본조사로 질문지나 면접조사표를 이용하지만 실험을 행하지 않는 조사를 의미한다.

서베이 조사가 사회과학적 성질을 갖는 것은 사회과학적 사실, 의견, 태도로 분류될 수 있는 변수의 성질에서 잘 나타나 있다. 여기서 사회과학적 사실은 사회집단에 속한 개인의 특성, 다시 말해 성별, 연령, 직업, 소득, 경제적 지위, 교육정도, 인종 등을 말한다. 변수의 다음 특징은 심리학적인 것으로 의견, 태도 등을 말한다. 이처럼 서베이 조사는 사회과학

11) 크레지(Cressy)가 제시한 사례조사의 절차를 보면, ①개념정립, ②가설구성, ③특정사례를 분석하여 가설과 부합하는지 검토, ④가설과 사례가 부합되지 않을 경우 보다 더 구체적인 가설을 재구성, ⑤재구성된 가설을 검증한 후 특정 사례와 유사한 다른 사례를 적용, ⑥이 과정을 보편적 설명이 가능할 때까지 반복적으로 일반화시킴, ⑦제외된 사례를 조사하고 최종적인 가설에 부합되지 않는 원인을 규명하는 등 일곱 가지 절차를 제시하였다(김해동 외, 2010: 56 재인용).

조사방법 측면에서 많이 이용되고 있으며, 그 결과 사회과학의 방법론에 많은 기여를 했다. 특히 보다 엄격한 표본추출 절차, 조사연구의 전체적인 설계 및 실시, 조사문제의 개념정의 및 특정화, 자료의 분석방법 등에 기여했다(김해동 외, 2010). 이러한 서베이 조사의 형태로는 편의상 자료를 수집하는 방법에 따라 우편조사, 면접조사, 집합조사[12], 배포조사, 전화조사, 전자조사, 관찰 등으로 분류할 수 있다. 서베이 조사의 대표적인 예로는 여론조사나 지역사회 욕구조사 등이 있다.

3) 현지조사

현지조사(現地調査, field study)는 문헌조사나 실험에 대응하는 연구형태로 연구문제를 설정하거나 가설을 형성하기 위해서 직접 현장에 나가서 문제점을 찾고 필요한 자료를 수집하는 조사이다. 다시 말해서 과학적 연구는 그것의 규모와 상관없이 변수간의 관계를 체계적으로 추구하고 가설을 검증하며, 또 지역사회, 학교, 관공서 등과 같은 현실적인 상황에서 연구하는 것이면 어떤 것이든 현지조사라 할 수 있는 것이다. 이러한 현지조사를 위해 조사자는 먼저 그 조사대상이 처한 사회적 상황이나 배경적 환경을 검토한다. 그러한 상황이나 환경 하에서 개인이나 집단의 행동, 태도, 가치 등을 파악하고 이들 간의 관계를 연구한다. 예를 들면, 노숙자의 문제를 파악하기 위해 현지조사자는 노숙자들이 많이 모여 있는 역주변이나 지하도에 직접 나가서 노숙자의 생활을 관찰하거나 직접 면접을 통해 노숙자의 실태를 파악하고 노숙을 하게 된 개인적, 사회적 동기나 요인 등을 파악하는 것이다.

현지조사는 현지에서 영향요인에 대한 실험조작을 가하지 않고 있는 상황을 그대로 조사한다. 또한 자료수집방법으로서 관찰방법, 면접방법, 사례연구 등을 사용하기 때문에 서베이 조사와 구별하기가 상당히 어렵다. 그러나 실제 연구 진행과정에서 다음과 같은 차이점을 어느 정도 발견할 수 있다. 첫째로 서베이 조사가 주로 표본을 통해 모집단, 다시 말해 연구범위의 크기와 대표성에 중점을 두는데 반해서 현지조사는 연구의 범위보다는 그 깊이인 연구대상 내의 실제적 과정 및 구성에 중점을 두는 경향이 있다. 그렇지만 현지조

12) 집합조사(survey to a group of respondents gathered at the same place)는 조사자가 피조사자를 동시에 동일한 장소에 집합시켜 동일한 조건하에 질문지를 나누어주고 필요시 간단한 설명을 하면서 실시하는 조사를 말한다. 이 방법은 학교의 학생, 각종 단체 및 집단의 구성원을 대상으로 연구할 때 유용한 방법이다. 이와는 달리 배포조사(delivery survey)는 조사자가 피조사자에게 질문지를 배포한 후 피조사자가 스스로 응답을 기입하도록 하고 일정 기간 내에 질문지를 회수하는 방법으로 응답자가 응답내용을 기입할 때 조사자가 그곳에 없는 것이 특징이다(채구묵, 2005: 234-235 참조).

사도 연구대상의 선정을 위해 표본추출을 하는 것은 물론이다.

둘째로 현지조사는 지역사회, 관공서, 기업 등의 구조 및 구조 내의 변수간의 관계 및 상호작용을 분석하는데 초점을 둔다. 그렇다고 서베이 조사가 이들 문제를 연구하지 않는 것은 아니지만 현지조사는 서베이 조사에 비해 직접적인 관찰 및 측정을 더 강조한다. 셋째로 특수한 영역을 깊이 연구·조사하는 경향이 있는 현지조사는 보다 광범위한 연구를 하는 서베이 조사에 대하여 예비조사로 사용되는 경우도 있다. 마지막으로 현지조사는 서베이 조사보다 실험적 연구에 가까운 성격을 갖는다. 따라서 그 연구의 풍부함에 있어 실험실 실험이 가진 문제를 보완해 주는 역할을 한다. 이러한 차이점은 있으나 이들은 그 성격상 상호배타적인 것은 아니며, 상호보완적이기 때문에 이들을 혼용하여 사용할 경우에 보다 합리적인 연구결과를 얻을 수 있을 것으로 본다. 이밖에 현지조사와 관련하여 카츠(Katz)는 현지조사의 형태를 탐색적 형태와 가설검증형태[13)]로 구분하기도 했다.

4) 실험조사

실험조사(experimental study)의 목적은 인과관계(causal relation)를 밝히는 것으로 독립변수(X)의 변화가 종속변수(Y)의 변화의 원인을 확인하는데 있다. 이러한 목적을 달성하기 위해 실험조사는 연구대상을 실험집단과 통제집단에 무작위로 할당하는 엄격한 조건을 수반한다. 실험조사는 조사자가 조사대상에 직접 또는 간접적으로 영향을 미치게 되는 외생적인 요인들에 대해 의도적으로 통제하고 인위적으로 관찰조건을 조성한다. 다시 말해서 실험처치(experimental treatment) 또는 독립변수(X)가 결과변인인 종속변수(Y)에 영향을 미치는 인과관계 내지 인과성(causality)에 대한 가설을 검증하거나 독립변수의 효과를 측정하는 조사방법이다. 실험조사와 관련해서는 실험설계에서 자세히 다루고자 한다.

5) 미시조사와 거시조사

미시조사(micro research)란 분석단위가 개인이거나 개별적 개체인 조사를 말한다. 거시조

---

13) 탐색적 형태(exploratory type)는 어떤 연구대상이 갖는 관계를 예측하기보다는 어떤 것이 존재하느냐를 찾느냐에 초점을 둔다. 이 형태의 현지조사의 목적은 현지상황에 있어 중요한 변수의 발견, 그들 변수간의 관계 발견, 차후의 보다 체계적이고 엄격한 가설검증을 위한 토대의 확립에 있다. 가설검증형태(hypothesis-testing type)는 과학적 연구의 핵심이 되는 것으로 가설검증의 목적이 만족스럽게 달성되려면 방법론적 연구 또는 계측적인 연구가 예비적으로 반드시 실시되어야 한다. 현지조사가 주로 기술을 목적으로 한다고 해도 가설검증의 기회를 이용하여 이 두 가지를 병행하면 여러 가지로 유리할 것이다(김해동, 2012: 62-64 참조).

사(macro research)는 주(states)와 광역자치단체와 같은 큰 지역들이나 사람들의 집합체들(aggregates of persons)을 대상으로 비교하는 조사를 말한다. 예를 들어, 경남도내 교정시설에 수감 중인 노인 수형자들의 심리적 특성을 구체적으로 조사하는 경우는 조사단위가 개인(노인)이기 때문에 미시조사에 해당된다. 반면 전국 교정시설 내 노인 수형자들의 범죄유형을 비교 조사하는 경우는 조사단위가 교정시설 내에 수감 중인 노인 범죄자들의 집합(집단)이기 때문에 거시조사에 해당한다.

➲ 용어 설명: 브레인스토밍(Brainstorming)

델파이와 상반되는 가정에서 출발한 브레인스토밍은 즉흥적이고 자유분방한 분위기에서 여러 가지 기발한 아이디어를 창안하는 활동이다. 이 방법은 원래 광고회사 부사장 이었던 오스본(Alex F. Osborn)이 창의성 향상을 위한 수단으로 고안했다. 가능한 많은 아이디어를 얻기 위해 활용되며 여러 사람들이 모여 머리에 떠오르는 대로 아이디어를 제시한다. 좋은 아이디어를 많이 얻기 위해 관련 전문가뿐만 아니라 상상력이 풍부하고 선입견에 구애받지 않는 독창적인 사람이나 해결 문제나 정책에 의해 직접 영향을 받는 관련 집단으로 구성하며, 집단의 크기는 일반적으로 12-20명 수준으로 이루어진다.

브레인스토밍에서는 지켜야 할 네 가지 규칙이 있다. 첫째, 다른 사람의 아이디어를 비판해서는 안 된다는 '비판 엄금(non evaluation)의 원칙'이다. 둘째, 자유로운 분위기에서 어떤 아이디어라도 낼 수 있는 '자유분방(expressiveness)의 원칙'이다. 셋째, 더 많은 아이디어를 낼 수 있도록 양에 치중하는 '질보다 양(quantity breeds quality)의 원칙'이다. 넷째, 다른 침어자의 아이디어를 개선, 확장하거나 결합하는 것을 허용하는 '결합 환영(building)의 원칙'이다.

모임은 두 단계로 구조화된다. 첫 번째 세션에서는 아무런 제약 없이 아이디어를 산출하고, 비판과 평가는 최소화한다. 그 다음 세션에서는 아무런 제약 없이 아이디어를 평가한다. 최근에는 평가 불안이나 무임승차(free riding) 등의 문제를 해결하기 위해 브레인라이팅(brainwriting)이나 전자 브레인스토밍(EBS: electronic brainstorming) 기법들이 활용되고 있다(류지성, 2007: 256; 권기헌, 2008: 198; 백승기, 2012: 193-196 참조).

➲ 용어 설명: 델파이 기법(Delphi technique)

델파이 기법은 1948년 랜드연구소(RAND Corporation)에서 처음 개발한 미래예측 방법이다. 이 기법은 초기에 군(軍)의 전략적 문제 해결을 위해 사용되었으나 오늘날에는 교육, 과학기술, 시장 개척, 대중매체, 정보처리, 연구개발(R&D), 주택문제, 예산 등 민간 부문과 공공 부문에서 수많은 예측 활동에 사용되고 있다(Dunn, 1981: 196). 델파이 기법은 대부분의 경우 전문가집단에 대한 의견조사 방법으로 이루어지고 익명성, 반복성과 환류, 통계 처리, 전문가 합의 등을 강조한다.

➲ 용어 설명: 정책델파이 기법(Policy Delphi technique)

정책 델파이는 기존 델파이 기법과는 달리 정반대의 입장에 있는 정책전문가들의 상반되는 의견을 표출시켜 정책대안을 개발하고 대안의 결과를 예측하는 방법이다. 전통적 델파이의 반복과 통제된 환류라는 두 가지 원칙에 기초를 두고 다음과 같은 특징이 가미된다. 첫째, 선택적 익명성으로 예측의 초기 단계에서만 익명이 유지되고 정책대안들에 대한 상반된 주장이 표면화되면 공개적인 토론이 이루어진다. 둘째, 정책 전문가들의 다양한 의견을 중시한다. 참여자는 전문성뿐만 아니라 '흥미'와 '통찰력' 등도 고려하여 선정한다. 셋째, 의도적인 갈등의 조성과 의견의 차이를 부각시키는 통계처리가 이루어진다.

정책 델파이는 정책문제의 잠재적인 해결방안을 둘러싸고 발생할 수 있는 대립된 의견을 드러내고 종합함으로써 대안을 개발하는 것이다. 정책 델파이는 ①이슈의 구체화→ ②참가자 선정→ ③질문지 설계→ ④1차 응답 결과의 분석→ ⑤후속 질문지 개발→ ⑥회의 소집→ ⑦최종보고서 작성 등의 절차를 거친다.

제2절 과학적 조사연구의 분석단위

과학적 조사연구에서 분석단위(analysis unit)란 연구자가 그 속성 또는 특징에 관한 자료를 수집하고, 기술 혹은 설명하고자 하는 사람이나 사물 등을 말한다. 예를 들면, 조사방법론을 수강하는 학생들의 성과 연령을 조사한 결과, 수강생의 60%는 남학생이고 40%는 여학생이며, 평균 연령은 21.5세라고 가정하자. 이 때 분석단위는 조사방법론 강의를 수강한 개인이다. 그러나 이 조사결과에서 기술하고자 하는 대상은 조사방법론을 수강한 학과 전체의 특징이 된다. 따라서 분석단위는 그 단위의 속성을 집계하여 보다 큰 집단을 기술하거나 어떤 추상적인 현상을 설명하기 위하여 자료를 수집하는 단위를 말한다.

한편, 사회과학에서는 사회 또는 집단의 실제성과 관련해서 분석단위의 문제가 논의된다. 연구자 중에서 집단을 개인과 같이 실재하는 실체로 생각하기도 하고 모든 것의 척도로서 개인에 집중하기도 한다. 개인과 집단의 관계는 아직도 사회과학적 논의의 전면에 있는 문제이다. 이처럼 조사연구에서 중요한 문제 중의 하나가 분석단위와 분석수준을 어떻게 정할 것인가이다(Neuman, 2000: 132). 여기서 분석단위는 최소한 하나 이상의 특성을 지닌 대상체 또는 실체를 의미한다. 여기에서 문제로 삼는 것은 연구자가 어떤 사회현상을 연구하고자 할 때 그 기본 단위를 무엇으로 결정해야 연구자가 의도하는 것을 설명할 수 있느냐 하는 것이다. 나아가서 집단이 개인으로 구성되어 있다고 하더라도 개인이 가진 속성을 연구하면 집단 현상을 설명할 수 있느냐 하는 것과 개인 현상을 기술하는 용어를 그대로 집단 현상을 기술하는 용어로 사용할 수 있느냐 하는 것에 초점이 있다.[14)]

분석단위는 일종의 편의적인 구성물로서 다음과 같은 요건을 구비해야 한다. 첫째, 적합성으로 분석단위는 조사 및 연구목적에 적합해야 한다. 둘째, 명료성이다. 명료성이란 관련된 모든 사람에게 그 단위가 같은 의미를 갖도록 객관적으로 정의되어야 한다는 것을 말한다. 예를 들어, 어떤 물건의 가격을 말할 때 소매가격인지, 도매가격인지, 품질의 수준은 어느 정도일 때의 가격인지 등에 관련된 문제를 의미한다. 이러한 명료성의 문제는 연구에서 달성하려는 목적에 따라 결정할 수밖에 없다. 셋째, 측정 가능해야 한다. 과학에서 측정

14) 집단과 개인의 관계에 관해 코플랜드(Morris A. Copeland)의 말을 빌리면 "끈으로 잘 쌓아올린 뒤뜰의 장작 무더기는 마당 여기저기에 흩어져 있는 경우와 장작의 총 개수는 동일하다. 그러나 우리가 쌓아올린 것을 나무더미라고 하는 전체라면 흩어져 있는 장작과는 분명히 차이가 있다"(Copeland, 1927: 96-104; 박용치 외, 2008: 205 재인용).

은 사상에 대한 좀 더 명확하고 세련된 반응 양식이며, 측정 가능성이란 이러한 반응을 분류하기 위해 필요한 도구를 고안하는 기술적 문제를 말한다. 이 도구에 의해 신뢰성과 객관성이 증대하는 것이다. 따라서 측정 가능성은 명료성을 다른 방식으로 표현한 것이라 할 수 있다. 마지막으로 분석단위는 비교가 가능해야 한다. 따라서 어떤 사실은 다른 사실과 관계를 맺을 수 있을 때 의의가 있으므로 단위는 명료하게 정의될 뿐만 아니라 비교하려는 기간 중에 정의가 바뀌지 않도록 해야 한다.

결국 분석단위는 측정할 때 연구자가 사용하는 조사의 형태이다. 이러한 분석단위는 모집단(population)과 표본추출의 문제와 관련시켜 이해하여야 한다. 대부분의 조사연구는 표본추출을 할 수밖에 없는데 무엇을 표본 추출하는가에 대한 질문은 분석단위에서 시작된다. 이러한 이유 때문에 표본추출에서 중요한 문제는 표본의 대표성이다. 과학적 조사에서 분석단위는 일반적으로 개인, 집단, 조직, 지역사회나 국가, 사회적 생성물 등이 있다(Barker, 1989). 그렇기 때문에 특정 연구의 분석단위는 연구문제의 성격에 따라 적절하게 선택해야 한다.

1. 분석단위의 분류

조사연구의 성격을 결정하는 과정에서 분석의 단위에 대한 것이 명확하게 규정되어야 한다. 분석의 단위는 개인이 될 수도 있고, 집단들을 비교할 수도 있으며, 조직이나 결혼식 등과 같은 사회적 생성물(social artifacts) 등이 될 수도 있다. 로젠버그(Rosenberg)는 분석단위로 개인, 집단, 조직, 제도, 공간, 문화, 사회 등을 제시하였다(Rosenberg, 1968: 234-248). 여기서는 분석단위를 개인, 집단, 조직 또는 제도, 프로그램, 지방자치단체나 국가, 사회적 생성물 등을 중심으로 간략하게 살펴보았다.

1) 개인

조사연구에서 가장 전형적인 분석단위는 개인이다. 개개인의 특성에 관한 자료를 집계(aggregate)해서 사회집단과 사회적 상호 작용을 기술하고 설명할 때 분석단위는 개인이다. 분석단위로서의 개인들은 사회적 집단 내에서의 구성원 요소(membership)로 특징지을 수 있다. 예를 들면, 어떤 개인은 상류층 가정이나 저소득층 가정에 속한 구성원으로, 또는 대학교육을 받은 부모의 자식인가 아닌가하는 식으로 정리할 수 있는 것이다. 따라서 어떤 연구자가 대학교육을 받은 부모가 있는 가정의 아동들이 그렇지 못한 가정의 아동들보다 대학에 진학하는 기회가 더 많은지를 알고 싶어 한다면, 가정이나 부모가 분석단위가 되는 것이 아니라 개인이 분석단위가 된다. 다시 말해서 특정한 집단에 대해 수집된 정보가 집단 내의 차이에 대해서 사용될 것인지 또는 집단 간의 차이에 대해 사용할 것인지에 따라 분석단위는 달라질 수 있다. 일반적으로 분석단위는 어떤 나라의 국민에 한정되는 경우가 있고, 좁게는 학생, 지역주민, 공무원, 투표자, 부모 등으로 한정되기도 한다(남궁근, 2014).

2) 집단

사회집단도 분석단위가 될 수 있다. 특히 가족은 분석단위로 사용되는 집단의 전형적인 예이다. 가정의 연수입이나 자동차 보유 대수 등을 조사하여 이를 토대로 가정의 평균수입, 자동차의 보유율을 측정할 수 있다. 한편으로 어떤 범죄 집단에 어떤 성향을 가진 사람들이 개입하는가를 밝히려고 한다면, 여기에서 분석단위는 개인이 될 것이다. 그러나 도시의 모든 범죄 집단을 조사하여 대규모 범죄 집단과 소규모 범죄 집단 간의 차이를 본다든지, 경제적으로 부유한 사람들이 거주하는 지역의 범죄 집단과 낙후지역의 범죄 집단을 비교할 경우에는 범죄 집단이라는 집단이 분석단위가 된다. 이밖에도 고소득층 가정이 저소득층 가정보다 고급 자동차를 더 많이 소유하고 있는지를 조사할 경우에도 가족이라는 집단이 하나의 분석단위가 된다.

3) 조직 또는 제도

공식조직 및 제도도 분석단위가 된다. 대표적인 예로 개별 기업체를 들 수 있다(Babbie, 1989). 기업체는 고용원의 수, 순 이윤, 총매출액, 성비 등에 의해 특징지울 수 있다. 다시 말해서 조직의 자원, 재정, 조직구조 등 조직 또는 제도 자체의 특성에 관한 자료를 분석하는 경우가 이에 해당한다(남궁근, 2014; 김기원, 2016; 박용치 외, 2008 등).

4) 프로그램

정책평가와 관련된 연구에서 프로그램이 분석 단위가 되는 경우가 많다. 예를 들어 지방자치단체의 정책과정별 성과분석에서 OO시의 OO개 사업 또는 프로그램을 평가했을 경우에 분석단위는 프로그램이 된다. 이 경우에 유의할 점은 프로그램의 수혜자인 개인이 분석단위가 되는 경우와 프로그램 자체가 분석단위가 되는 경우인지를 분명하게 구분해야 한다(남궁근, 2014).

5) 중앙정부, 지방자치단체, 지역사회

행정학 및 정책학, 형사정책 등의 연구에서는 개인으로서 공무원(경찰공무원 포함)을 분석단위로 연구하는 것과는 별도로 중앙정부나 지방자치단체를 분석단위로 선정하는 경우도 있다. 예를 들면, 재정분권화에 따른 17개 광역자치단체의 재정격차에 관한 연구를 수행했을 경우에 분석단위는 지방자치단체가 된다.

6) 사회적 생성물

사회과학 조사의 분석단위에는 개인 또는 집합체로서 인간이 아닌 사회적 생성물(social artifacts)을 대상으로 삼는 경우도 많다. 여기에는 문화 항목과 사회적 상호작용으로 구분된다. 전자는 서적, 시, 그림, 노래, 자동차, 주택 등 인간의 물리적이거나 정신적인 고안물을 지칭한다(Babbie, 2001). 내용분석에서는 이러한 사회적 생성물이 분석단위로 사용된다. 후자는 사회적 상호작용으로 여기에는 결혼, 교우선택, 교통사고, 국회 청문회 등이 있다(Rubin & Babbie, 2001: 91). 예를 들어 결혼식의 경우에 같은 종교를 가진 사람의 경우와 다른 종교를 가진 사람의 경우도 있다. 또한 예식장에서 결혼하는 경우와 교회나 성당, 사찰 등에서 종교적 의식으로 치러지는 결혼으로도 구분된다. 어떤 연구자가 국제결혼을 한 사람들이 그렇지 않은 경우보다 가정폭력 빈도가 높다는 연구결과를 발표했다고 가정하자. 이 경우에 분석단위는 무엇인가? 이 경우, 분석단위는 결혼 당사자(개인)가 아니라 결혼이라는 사회적 생성물이 분석단위가 된다.

➲ 분석단위에 관해 생각해보기

- 여성들은 남성들보다 집 밖에서 일하는 시간이 상대적으로 적기 때문에 TV를 더 많이 본다(분석단위: 개인).
- 2010년 전국 시·군 중 행정자치구역 통합이 이루어진 곳은 창원시(구 창원시, 마산시, 진해시) 한 자치단체밖에 없다(분석단위: 지방자치단체).
- 우리나라 노인범죄 중 강간범죄의 비중은 일본보다 높다(분석단위: 국가)
- 학생의 평균 학업성적은 출석률에 직접적인 관계가 있다(분석단위: 개인)

2. 분석단위의 선정과 해석의 오류

과학적 조사연구에서 분석단위를 잘못 선택한 경우에 연구를 수행하는 과정에서 심각한 문제가 발생되기도 하고, 연구결과를 해석하는 데 논리적인 오류를 범할 수 있다. 이러한 대표적인 오류에는 분할오류(fallacy of division)와 합성오류(fallacy of composition)가 있다. 분할오류는 생태학적 오류(ecological fallacy), 합성오류는 환원주의적 오류(reductionism fallacy)라고도 한다. 생태학적 오류는 높은 수준의 분석단위(집단을 포함한 집합적 단위)들에 대한 관측 결과를 근거로 그보다 낮은 수준에 놓여 있는 분석단위(개인 등의 하위단위)에 적용시키는 오류이며, 환원주의적 오류는 그 반대의 경우에 일어난다(Babbie, 1986; Nachmias & Nachmias, 2000).

1) 생태학적 오류

생태학적 오류란 분석단위를 집단에서 개인으로 변환하는 경우, 집단이나 다른 집합적 단위를 채택해 연구한 결과를 개인 등 하위 분석단위로서의 개인에 대해서도 똑같을 것이라고 가정할 때 발생하는 오류를 말한다. 다음의 예를 통해 이를 살펴보면, 에밀 뒤르겜(Emile Durkheim)은 프로테스탄트 기독교가 자살행위와 상관이 있음을 입증하려 하였다. 그는 개인이 아닌 지역을 분석단위로 하여 개신교도의 비율과 평균 자살건수의 관계를 살펴보고 그 결과로 자살건수가 개신교도의 수에 비례하는 반면 가톨릭 신자의 수에 반비례한다는 결론을 도출하였다. 아래의 [표 2.4]는 이와 같은 조사의 결과를 제시한 것이다.

[표 2.4] 가톨릭 및 개신교도의 비율과 평균 자살건수

바바리아(1867–1875)		프러시아(1883–1890)	
지역 내 가톨릭교도 비율	인구 100만 명 당 평균 자살건수	지역 내 개신교도 비율	인구 100만 명 당 평균 자살건수
50% 미만	192	28–32%	95.6
50–90%	135	40–50%	163.6
90% 이상	75	68–89%	220.0
		90% 이상	264.6

위의 표를 보면, 바바리아 지역에서는 가톨릭교도 비율이 증가하면서 평균 자살건수가 낮아지는 반면에, 프러시아 지역에서는 개신교도의 비율이 증가하면서 평균 자살건수는 증가하였다. 이러한 결과에서 뒤르겜이 주장한 자살건수와 개신교의 상관관계를 확인할 수 있는 것처럼 보인다. 하지만 이 결과를 가지고는 개신교 신도가 가톨릭 신도보다 더 자살을 많이 한다고 확신할 수 없다. 오히려 개신교 지역에 사는 가톨릭 신도가 더 많이 자살을 할 가능성도 있다. 왜냐하면 분석의 단위가 지역이므로 그 지역의 자살률이 높다는 것을

밝힌 것이지 개신교 신도 개개인이 가톨릭 신도 개개인보다 자살을 더 많이 한다는 것을 밝힌 것은 아니기 때문이다. 이처럼 집단 혹은 조직 차원에서 분석된 결과를 개인에게 적용할 때 발생하는 문제가 바로 생태학적 오류이다.

또 다른 예로 어떤 도시의 시장 선거에서 여성 후보에 대한 지지율을 분석하기 위해 여러 가지 자료들을 수집했는데, 그 중에서 연령이라는 변수와 관련시켰을 때 다음의 [표 2.5]와 같은 결과가 나왔다고 가정하자. 만일 연구자가 다음 표를 근거로 "젊은 사람들이 많이 사는 지역에서 여성 후보에 대한 지지도가 높았고, 나이 든 사람들이 많이 사는 지역에서 여성 후보에 대한 지지도가 낮았다"는 결과를 제시했다. 나아가 "젊은 사람들이 나이 든 사람들에 비해 여성 후보를 더 지지한다." 결과적으로 연령이라는 변수가 여성 후보에 대한 지지도에 영향을 주는 것으로 파악하는 결론에 도달하게 된 것이다.

[표 2.5] 지역별 평균연령에 따른 후보지지율

지역	평균연령	지지율
A	높음	낮음
B	낮음	높음
C	높음	낮음
D	낮음	높음
E	낮음	보통
F	높음	낮음

이러한 결론은 위의 경험적인 자료들에 비추어 타당한 것 같지만, 그렇게 판단하는 것은 명백한 오류이다. 위의 경우 분석단위가 지역이고 수집된 자료들은 집단에 관한 것이다. 이런 자료에 근거한 정확한 해석은 "주민들의 평균 연령이 높은 지역들보다는 낮은 지역들에서 여성 후보에 대한 지지도가 높다"라는 것이다. 평균 연령이 높은 지역들에서 나이가 많은 사람들이 여성 후보를 싫어했고, 연령이 낮은 지역에서 젊은 사람들이 여성 후보를 좋아했는지에 대해서는 경험적으로 판단할 수 있는 근거가 없다. 실제로 연령이 높은 지역과 낮은 지역의 사람들이 사회 계층에서 차이가 있으며, 나이에 상관없이 계층의 성향에 따라 이러한 결과가 나타났을지도 모르는 일이다. 그러나 이러한 해석조차도 위의 경험적인 자료로서는 판단할 수 없다. 따라서 이 조사 자료는 분석단위가 지역 혹은 집단이기 때문에 이것을 근거로 개인적인 성향에 대한 해석을 시도하는 것은 명백한 생태적 오류가 된다.

➲ 생태학적 오류 예시

- 학력이 낮은 지역일수록 범죄율이 높게 나타난다.
- 학력이 높은 지역일수록 범죄율이 낮게 나타난다.

∴ 학력이 낮은 사람들은 높은 사람들에 비해 범죄를 저지를 가능성이 높다.

2) 환원주의적 오류

환원주의적 오류는 생태학적 오류와 반대되는 현상으로 개인주의적 오류(individualistic fallacy)라고 부르기도 한다(Nachmias & Nachmias, 2000). 환원주의란 모든 현상은 그것을 구성하는 근원적 요인들로 환원되어 단순화된 설명이 가능하다고 믿는 입장이다. 여기에는 분석단위의 선정 및 해석과 관련된 개인주의적 오류와 변수 선정과 관련된 축소주의가 있다(양병화 외, 2000).

① 개인주의적 오류

개인주의적 오류(individualistic fallacy)는 개인을 분석 단위로 한 연구결과를 토대로, 집단, 사회 또는 국가의 특성을 추론할 때에 발생하는 오류를 말한다. 다시 말해서 개체 수준의 연구 결과를 집단 수준의 연구 결과로 환원시킬 때에 발생하는 오류이다. 예를 들어 어떤 전경대에 소속된 전·의경들에게 인권에 관한 가치 문항을 물었다고 가정하자. 이러한 조사를 통해 높은 점수가 나오면 그 전경대는 인권이 보장된 기관이라고 결론을 내렸다. 이는 분명한 오류를 범하고 있는데, 대부분의 전·의경들이 높은 인권의식을 가지고 있는 것과 기관 단위가 높은 인권의식을 갖추고 있는 것은 별개의 문제이기 때문이다.

또 다른 예로 민주주의적 가치에 동의하는 사람의 비율(분석단위가 개인)을 정치체제의 민주화 정도를 나타내는 지표로 사용할 경우 개인주의적 오류를 범하게 된다. 어떤 정치 체제가 고도로 권위적인 경우에도 개인들은 대다수가 민주적인 가치를 보유할 수 있다. 이러한 문제는 분석에 사용되는 용어의 개념이 두 분석단위에서 다른 의미를 가지고 있기 때문에 발생한다. 이 경우 '민주적'이라는 용어는 개인적 수준에서는 가치나 태도에 관한 것이고, 정치체제 수준에서는 구조와 행태에 관한 것이다(남궁근, 2014). 개인주의적 오류는 분석단위의 선택에 따른 오류로 분류되기도 하지만 조사의 시기, 절차, 방법 등 다양한 요인에 의해 영향을 받는다.

② 축소주의

축소주의(reductionism)는 폭넓은 사회현상을 설명하는데 원인으로 간주되는 개념이나 변수들을 지나치게 제한하여 사용하는 것을 말한다. 축소주의는 해당 분야의 특정 분석단위가 다른 분야의 분석단위보다 더 많은 설명이 가능하다는 주장에서 출발한다. 축소주의는 대부분의 사회과학 연구에서 정도의 차이는 있으나 흔히 나타나는 현상이다. 왜냐하면, 방대하고 다양한 변수들을 있는 그대로 설명하기는 힘들고, 복잡하고 추상적인 사실들 간의 연결을 단순화해서 설명하는 것이 요구되기 때문이다. 사회과학에서 양립하는 두 가지의 대표적인 축소주의로는 경제적 축소주의와 심리학적 축소주의 혹은 결정주의[15]가 있다. 경제적 축소주의는 모든 사회 현상을 경제적 변수만을 가지고 설명할 수 있다고 보는 반면에 심리학적 결정주의는 인간들이 만들어 내는 모든 사회현상을 인간들의 심리적 작용으로 한정하여 설명하고자 한다.

이처럼 대립된 축소주의를 어떻게 받아들이고 선택하는가에 의해서 동일한 사건이나 현상에 대한 설명이 각기 현저히 다르게 나타날 수 있다. 예를 들면, 빈곤을 경제적 축소주의의 입장에서 보면, 그 원인들이 대부분 경제적 요인들로만 설명될 것이다. 반면에 심리학적 축소주의에서는 개개인들의 심리 상태에서 빈곤의 원인들을 규명할 것이다. 따라서 빈곤을 치유하기 위한 실제적인 노력의 방향들도 어떤 축소주의에 입각하는가에 따라 전혀 다르게 나타날 것이다. 빈곤이라는 동일한 현실에 대해 경제적 축소주의는 소득보장, 임금격차 해소 등의 해법을 제시할 것이고, 심리적 축소주의는 빈곤문화 및 개인이나 가족 치료, 그리고 상담 등의 해법을 제시할 것이다. 축소주의 오류를 극복하기 위해서는 학제간의 연구(interdisciplinary study)를 통해 사회현상에 대한 설명 능력을 높이는 것이 필요하다.

15) 결정주의(determinism)의 입장은 인간과 사회에서 발생하는 수많은 현상을 소수의 결정적인 요인들로 축약하여 설명할 수 있다는 것이다. 이것은 일종의 환원주의의 성격을 띠고 있는데, 특히 복잡하고 다양한 현상 변수들과 그 관계를 있는 그대로 설명하는 것이 거의 불가능하기 때문에 이를 단순화된 사실로 축약시켜 설명한다(김영종, 2007: 64 참조).

제 3 절 과학적 조사연구의 절차

과학적 조사연구의 절차는 문제의 유형, 조사의 종류에 따라 다소 차이가 있지만, 일반적으로 [그림 2.1]의 과정을 거친다. 과학적 조사는 일반적으로 연구문제의 선정, 가설의 구성 및 조작화, 조사설계, 자료의 수집, 자료의 분석 및 해석, 연구보고서 작성 등 여섯 단계를 거쳐 이루어진다.

1) 연구문제의 선정

과학적 조사방법의 첫 번째 단계는 연구문제의 선정이다. 연구자는 연구를 시작할 때 우선 어떤 주제를 연구대상으로 할 것인가를 결정해야 한다. 다시 말해서 연구자는 자신의 연구에서 다루고자 하는 연구주제, 연구목적, 그 연구의 이론적 중요성 및 기여도 등을 논리적으로 정립해야 한다. 연구자의 관심, 아이디어, 이론 등 다양한 원천에서 연구문제가 제기될 수 있다. 연구의 동기가 무엇이든지 연구자는 연구를 통해 달성하고자 하는 목적을 분명하게 밝혀야 한다. 연구의 목적은 탐색(exploration), 기술(description), 설명(explanation) 등으로 구분되는데 자신의 연구가 이들 중 어떤 것을 주목적으로 하는지를 밝혀야 하는 것이다.

예를 들면, 최근 아동 및 청소년 성범죄 사건 등이 증가하면서 '어떻게 하면 성범죄를 줄일 수 있을까?'라는 평소의 관심 사항에 대하여 문제를 제기할 수 있다. 또한 기존의 이론을 근거로 아이디어를 얻어 연구를 시작할 수도 있다. 그 예로 '깨진 유리창 이론(broken window theory)[16]'을 통해 범죄예방환경설계(CPTED)[17]가 범죄예방에 효과가 있는지를 실증적으로 분석할 수 있다. 그러나 적절한 연구문제를 선정하는 것은 쉬운 일은 아니기 때문

16) 무질서한 환경이 범죄를 발생시킨다는 이론은 미국의 심리학자 짐바르도(Zimbardo, 1969)의 실험에 의해 입증되었다. 그 후 깨진 유리창 이론(Broken Windows Theory)은 미국의 범죄학자인 제임스 윌슨과 조지 켈링((Wilson & Kelling)이 1982년 3월 공동 발표한 깨진 유리창(Fixing Broken Windows: Restoring Order and Reducing Crime in Our Communities)이라는 글에 처음으로 소개된 사회 무질서에 관한 이론이다. 깨진 유리창 하나를 방치해 두면, 그 지점을 중심으로 범죄가 확산되기 시작한다는 이론으로 사소한 무질서를 방치하면 큰 문제로 이어질 가능성이 높다는 의미를 담고 있다.

17) CPTED(Crime Prevention Through Environmental Design)는 물리적 환경설계로 범행 기회를 차단하는 것이다. 이는 범인과 범행 대상, 범죄 기회 등 범죄의 3요소를 사전에 차단함으로써 피해 확률을 최소화하는 것을 목표로 한다. 도시계획이나 건축설계 시 시선의 사각지대를 없애기 위해 건물 모서리를 둥글게 하거나 폐쇄회로TV(CCTV)를 설치하는 것 등이 이에 속한다. 가령, 도시설계 시 감시효과를 극대화할 수 있도록 거리에 조명 및 CCTV를 설치하거나 범죄자의 침입 및 도주로를 차단할 수 있도록 건물구조를 설계하는 등 물리적 수단을 통해 범죄를 줄일 수 있다는 논리이다(김영제 외, 2008: 233; 박현호, 2017: 24-25 참조).

에 사전에 충분한 검토가 필요하다.

2) 가설의 구성과 조작화

다음 단계는 가설의 구성(hypothesis formation)이다. 가설은 연구문제에 대해 어떤 결론을 이끌어 내기 위해 조사 가능한 구체적인 변수 간의 관계로 나타낸 것이다. 다시 말해서 둘 이상의 변수 또는 현상간의 관계를 설명하는 검증되지 않은 명제 혹은 연구문제에 관해 검증할 수 있도록 기술된 잠정적인 결론을 의미한다. 이러한 가설은 독립변수와 종속변수의 관계의 형태로 표현되는 것이 보통이다. 많은 경우 선정된 주제들이 너무 일반적이거나 추상적이어서 실제 조사가 불가능하거나 어려운 경우가 많다. 이런 경우에 주제를 조사 가능한 구체적인 가설로 세분할 필요가 있는데, 이와 같이 가설을 작성하는 것을 가설의 구성이라 한다.

예를 들어 가정환경과 아동학대와의 관계를 주제로 선정한 경우, 가정환경과 아동학대의 어떠한 내용을 어떻게 조사해야 할지 애매하다. 따라서 이 연구를 통해 얻고자 하는 몇 개의 가설을 세울 수 있다. 그러나 가설을 체계적으로 구성하는 것은 매우 어려운 일이다. 가설을 구성하는 것도 기존 이론이나 다른 문헌을 통해 아이디어를 얻을 수 있지만, 개인의 창의적인 노력도 중요하다. 가설을 구성하기 위해 연구자는 '어떤 가정의 아동들이 학대를 많이 받게 될까'라는 문제를 곰곰이 생각해 볼 필요가 있다. 이때 주위에서 학대를 많이 받는 아동들의 가정환경에 어떤 특징이 있는가를 고려해 본다. 그 다음 학대를 많이 받는 아동들 가정의 특징들이 편부모, 저소득층, 부모의 저학력, 부부간의 불화라는 것을 공통적으로 발견했다면, ① 편부모 가정일수록 아동학대가 심할 것이다. ② 저소득층 가정일수록 아동학대가 심할 것이다. ③ 부모의 학력이 낮을수록 아동학대가 심할 것이다. ④ 부부관계가 좋지 않을수록 아동학대가 심할 것이다 등의 가설을 세울 수 있다.

이렇게 가설을 설정한 후 가설의 독립변수와 종속변수를 조사해야 하는데, 이들 변수들이 추상적이어서 직접 조사하기가 불가능한 경우에는 조사 가능한 대체개념(indicator)을 찾아야 한다. 개념을 현실세계에 적용하여 측정할 수 있는 변수로 전환하는 작업을 조작화 또는 조작적 정의(operational definition)라고 한다. 실제로 경험적 자료를 수집하게 되면 연구에 사용되는 측정도구의 신뢰성과 타당성의 문제를 반드시 검토해야 하는데, 이것이 바로 이 단계와 관련된 문제이다.

예를 들면, 가정환경과 청소년 비행과의 관계를 연구할 경우에 '부부간의 관계가 좋지 않은 가정에서 아동학대가 많이 발생할 것이다'라는 가설을 설정했다고 가정하자. 여기서 독립변수인 '부부관계가 좋지 않다는 것'과 종속변수인 '아동학대'가 추상적인 개념이어서 직접 조사가 불가능하다. 이 경우, 이러한 개념들을 잘 대변할 수 있으면서 측정 가능한 대체개념을 정립해야 하는데 이를 조작화라 한다. 다시 말해서 부부관계가 좋지 않은 것을 파악하기 위해 부부간의 싸움의 횟수, 부부간의 대화의 횟수(횟수가 적을수록 부부관계가 좋지 않다고 볼 수 있음) 등을 생각할 수 있다. 그리고 종속변수인 아동학대는 ① 습관성 구타(예: 말로 해도 될 일을 매부터 듦), 감정적 구타(예: 화풀이로 때림), 가벼운 구타(예: 손으로 알밤을 줌), 심한구타(예: 몽둥이나 회초리로 때림) 등의 신체적 학대, ② 원망적 언어(예: 괜히 낳았다고 말함, 골칫덩어리라고 말함), 거부적 언어(예: 공부도 못하니까 집에서 나가라고 함), 경멸적 언어(예: 이유 없이 욕설을 함) 등의 언어적 학대, ③ 모욕적 태도 및 비윤리적 태도(예: 옷을 벗긴 채 벌을 세움, 집 밖으로 내쫓음, 증오심을 가질 정도로 구박함) 등의 정서적 학대 등으로 분류해서 대체 개념을 정립할 수 있다(채구묵, 2015).

3) 조사설계(research design)

세 번째 단계는 조사설계이다. 조사설계는 연구자가 연구문제에 대한 해답을 얻는데 필요한 경험적 자료를 수집·분석하기 위해 작성하는 것이다. 다시 말해서 연구주제를 선정하고 가설을 설정한 이후에 자료를 수집하고 수집된 자료를 분석한 후 해석은 전반적인 과정을 계획하고 통제하기 위한 전략을 말한다(김기원, 2016). 조사설계를 통해 자료를 수집하고 분석, 보고하는 과정에서 연구자가 구체적으로 무엇을 수행할 것인가를 알려준다. 또한 어떠한 모집단이나 표본을 대상으로 어떤 방법을 통해 표본을 수집하고, 수집할 조사내용은 무엇이며, 그리고 가설을 검증하기 위해 실험을 할 것인가, 아니면 어떤 변수를 선택해서 어떻게 이들을 논리적으로 연결시켜 이론으로 발전할 것인가, 실험이나 변수는 어떤 방법으로 측정하고 조사결과는 어떻게 체계적으로 작성 또는 보고할 것인가 등에 대한 기본적인 설계를 하는 것이다.

이러한 내용을 요약하면, 조사설계 단계에서 앞으로 실시할 경험적 조사연구의 전반적인 틀(framework)에 관한 계획이 수립된다. 이 단계에서 연구자는 자료수집방법(설문조사, 면접, 실험, 관찰, 내용분석, 2차 자료 분석 등)을 결정하며, 모집단, 표본 수 및 표본추출방법 등을 정한다. 그리고 설문지(조사도구)를 작성한 후 설문지의 신뢰도 및 타당도를 검증하며, 분석 시 사용해야 할 통계기법 등을 결정한다.

조사설계의 기본 목적은 가장 경제적인 방법으로 연구문제에 대한 정확한 해답을 얻는 것이다. 논리적으로 타당하지 못한 설계는 자료수집과 분석과정의 절차를 잘못되게 하여 시간과 비용 측면에서 많은 낭비를 초래하게 한다. 보다 중요한 것은 연구문제에 대한 정확한 해답을 제공하지 못하는 오류를 범한다. 이밖에 가설을 검증하기 위한 조사설계에서는 가설에 포함된 변수간의 관계를 정확하게 분석하기 위해 외재적 변수의 효과를 통제할 수 있어야 한다. 또한 설명적 혹은 실험적 조사에서도 조사설계의 타당성 또는 인과적 추론의 타당성이 문제가 되기 때문에 타당성을 확보하려면 외부 변수의 영향을 통제할 수 있어야 한다.

4) 자료수집(date collection)

네 번째 단계는 자료수집이다. 자료수집은 연구자가 조사설계에 의해 경험적 자료를 수집하는 단계이다. 자료수집 이전의 단계를 설계과정이라 한다면 자료수집 이후의 단계는 설계를 집행하는 단계라 할 수 있다. 자료수집을 위해서는 먼저 조사설계에 따라 표본을 추출하고, 선정된 자료수집방법에 의해 자료를 수집한다. 연구자가 필요한 자료는 성격에 따라 1차 자료와 2차 자료로 나누어진다. 1차 자료란 연구자가 연구목적을 위해 직접 수집한 자료를 말하며, 2차 자료는 1차 자료를 제외한 모든 자료를 포함한 것으로 조사를 수행하는 연구자가 아닌 다른 주체에 의해 이미 수집된 자료를 의미한다. 2차 자료는 시간적으로나 비용 차원에서 저렴하게 수집할 수 있기 때문에 2차 자료를 효과적으로 수집하여 활용하는 것이 조사의 성공여부에 중요한 변수로 작용한다. 2차 자료는 행정안전부, 경찰청, 검찰청 등 정부기관에서 발행한 간행물(예: 행정안전 통계연보, 경찰백서, 범죄분석 등), 일반 사기업에서 수집한 자료, 학술지에 발표된 논문 및 다른 목적으로 수집된 자료로써 연구목적에 도움이 되는 모든 자료가 포함된다.

연구자는 먼저 1차 자료를 수집할 것인지, 아니면 2차 자료에만 의존할 것인지를 결정해야 한다. 1차 자료를 수집할 경우에는 자료수집방법을 결정해야 한다. 1차 자료수집방법에는 직접적인 방법과 간접적인 방법으로 구분된다. 직접적인 방법은 조사 대상자들에게 직접 질문 등을 통해 얻어내는 것으로 질문지조사, 면접조사 등의 방법으로 자료를 수집한다. 간접적인 방법은 관찰에 의한 방법을 포함해 내용분석법 등의 방법이 있다. 수집방법이 결정되면 이에 따라 자료수집이 이루어지고 수집된 자료는 분석에 앞서 용이하게 분석할 수 있도록 정리되어야 한다.

5) 자료분석 및 해석

다섯 번째 단계는 자료의 분석 및 해석이다. 수집된 자료를 정리하여 적절한 통계적 기법을 통해 분석한 후 그 결과를 통해 의미를 찾아내는 단계이다. 자료의 분석단계에서는 SPSS, PASW, SAS, AMOS, STATA 등 각종 통계패키지를 활용하여 분석한다. 실제 통계분석은 이 단계에서 시행되지만 사실상 어떤 통계기법을 어떻게 사용할 것인가는 가설설정과 조작화 및 조사설계 단계에서 이미 결정된다. 수집된 자료의 분석이 이루어진 후 가설을 검증하기 위하여 결과에 대한 의미 있는 해석이 이루어져야 한다.

6) 연구보고서 작성

최종 단계는 연구자가 연구결과를 정리하여 보고서나 학술논문의 형태로 작성하는 단계이다. 가설검증을 위한 조사에서는 연구문제에 대한 잠정적인 해답의 진위를 실제의 경험적 근거를 기준으로 판단하게 된다. 아무리 훌륭한 설계에 의해 좋은 결과를 얻었다 하더라도 그것을 다른 사람들에게 효과적으로 전달하지 못한다면 조사 자체가 무의미한 것으로 끝나 버릴 수 있기 때문에 이용자들의 연령, 성별, 교육수준 등을 고려하여 그들이 쉽게 이해할 수 있도록 보고서를 작성할 필요가 있다.

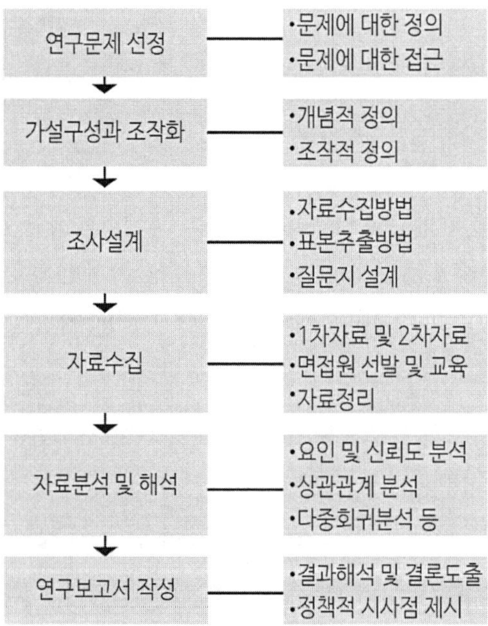

[그림 2.1] 과학적 조사의 절차

Study TIP 깨진 유리창 이론(Broken Window Theory)

무질서한 환경이 심리적으로 범죄를 일으킨다는 이론은 1969년 미국 스탠퍼드대 심리학과 필립 짐바르도(Zimbardo) 교수의 실험에서 입증되었다. 번호판이 없고 유리창이 깨진 차를 뉴욕의 거리에, 온전한 차를 캘리포니아의 팔로알토시에 세워 두었는데 결과는 유리창이 깨어진 차에 집중적인 파손과 손상이 발생했다.

이 결과를 토대로 짐바르도는 무질서한 요소가 범죄를 유발한다는 명제를 제시한다. 이러한 실험결과는 미국의 범죄학자 제임스 윌슨과 조지 켈링(1982)에 의해 보다 구체화되었고 이렇게 만들어진 범죄학 이론이 '깨진 유리창 이론(Broken Window Theory)'이다.

깨진 유리창 이론은 깨진 유리창 하나를 방치해 두면 그 지점을 중심으로 범죄가 빠르게 확산된다는 논리다. 실제 범죄동기를 가지고 있는 사람은 심리적으로 지역주민들이 동네를 보살피지 않고 파손된 시설물을 방치하는 지역이 있을 때 어느 누구도 도난이나 파손에 관심을 가지지 않을 것으로 여기고 쉽게 범죄를 실행에 옮기게 된다는 것이다. 이후 이 이론은 동네단위에서 도시 영역으로 확대되어 뉴욕 지하철 사례에 적용되기에 이른다.

1980년대 연간 60만 건 이상의 중범죄 사건이 발생해 세계에서 가장 위험한 도시라는 오명을 달고 있었던 뉴욕시가 이 이론을 수용하여 지하철의 낙서를 지우고 주변을 청소하기 시작했다. 결과적으로 낙서지우기 프로젝트가 완료된 이후 범죄는 75% 가량 감소했다. 이후 1994년 뉴욕 시장으로 선출된 루돌프 줄리아니는 이를 뉴욕 치안정책으로 수용하여 건물 외벽의 낙서나 무임승차 등 경범죄 단속에 경찰력을 총동원하면서 뉴욕은 범죄의 도시에서 가고 싶은 도시로 탈바꿈했다.

이 이론은 1990년대 뉴욕경찰이 도입해 현실에 적용되며 생명력을 가졌다. 당시 줄리아니 뉴욕시장과 함께 취임한 브래턴 뉴욕경찰청장은 절망적인 뉴욕의 치안상황을 개선하기 위한 유력한 방안의 하나로 깨진 유리창 접근법을 도입했다. 즉 작은 위반을 뿌리 뽑으면 큰 범죄를 막을 수 있다는 것이었다. 이전에는 사소한 행위로 눈감아주곤 했던 지하철 무임승차, 지나친 구걸, 노상방뇨 등도 충분한 체포사유가 됐다.

출처: 한국국제대학교 웹진 12월호, 한동효 교수칼럼 자료

Study TIP 범죄예방환경설계(CPTED)와 로컬 거버넌스(local governance)

범죄예방환경설계(CPTED, Crime Prevention Through Environment Design)는 범죄피해를 당할 잠재적 피해자를 보호하기 위해 범죄의 구성요소인 피해자, 범죄인, 장소들 간의 상관관계를 분석해 적절한 건축설계나 도시계획 등 주변 환경의 설계를 통해 범죄인의 범행기회를 감소시키고 물리적·심리적으로 범죄를 예방 억제하며 동시에 심리적인 안정감을 증진시키고자 하는 범죄예방 기법을 말한다.

최근 아동 및 여성을 대상으로 한 강력범죄가 증가하면서 주목받는 전략이 범죄예방환경설계(CPTED)이다. 이는 잠재적인 범죄자들에게는 범행을 더 어렵게 만들어 선량한 시민들이 자기들의 환경 속에서 안전을 느낄 수 있도록 물리적으로 구조화한 환경설계이다. CPTED에서 강조하는 범죄 예방 요인으로는 목표물의 강화(잠금장치 활용, 방범창 설치), 접근통제(가로등, 경계선 설치), 감시성 강화(경찰순찰, CCTV 설치), 영역성의 강화(미술품 설치, 조경) 등이 있다.

CPTED는 범인과 범행 대상, 범죄 기회 등 범죄의 3요소를 사전에 차단함으로써 피해 확률의 최소화를 목표로 한다. 최근 학교폭력 등 범죄가 급증하는 추세를 감안하여 CCTV 확대 보급 등 지역사회에서 물리적 환경의 개선을 통해 범죄를 예방하기 위한 다양한 방법들이 추진되고 있다. 하지만 일각에서는 CCTV 등 물리적 구성요소가 특정 장소에 개입되면서 개인의 사생활 침해나 범죄전이(crime displacement)문제를 유발할 뿐 실제 범죄율 감소에는 큰

효과가 없다는 주장도 제기되고 있다. 그 판단은 우리들의 몫이지만 필자는 '범죄예방에 효과가 있다'는 쪽에 무게를 두고 싶다.

범죄예방환경설계(CPTED)가 범죄 예방의 물리적 수단이라면 범죄통제를 위한 로컬 거버넌스(Local Governance)는 사회적 수단이다. 로컬 거버넌스는 지역사회의 구성원들이 범죄 및 범죄 두려움을 해결하기 위해 협력하는 행위자들 간의 지속적인 상호작용이다. 치안서비스에 대한 관점을 지역 차원의 범죄통제를 위해 경찰조직과 지역주민, NGO, 전문가 등 모두의 참여를 통해 범죄를 예방하자는 것이다. 한국국제대학교 경찰행정학과에서는 2012년 부터 지역치안의 안정을 위해 경남지방경찰청 및 진주경찰서와 업무협약(MOU)을 체결하여 학생들이 야간 순찰활동에 참여하고 있다.

출처: 한국국제대학교 웹진 11월호, 한동효 교수칼럼 자료

Research Methods
in Public Administration

사회조사분석사 핵심문제와 해설

1. 기술적 조사와 설명적 조사에 관한 설명으로 틀린 것은? | 2015년 1회

① 기술적 조사는 물가조사와 국세조사 등 어떤 현상에 대한 탐구와 명백화가 주목적이다.

② 설명적 조사는 두 변수간의 시간적 선행성과는 무관하게 진행되는 경우가 많다.

③ 기술적 조사는 관련 상황의 특성파악, 변수 간에 상관관계 파악 및 상황변화에 대한 각 변수간의 반응을 예측할 수 있다.

④ 설명적 조사연구를 수행하기 위해서는 변수의 수가 둘 또는 그 이상이 되는 경우가 많다.

해설 설명적 조사는 원인이 되는 사실과 결과가 되는 사실 간의 인과관계를 규명하거나 미래의 사실에 대해 예측하는 조사로 인과관계의 요건 중의 하나인 시간적 우선성을 가지는 것이 특징이다.

2. 조사연구의 일반적인 목적과 거리가 먼 것은? | 2015년 2회

① 현상의 설명　　② 현상의 학습

④ 현상의 기술　　③ 현상의 탐색

해설 과학적 조사의 목적은 일반적으로 문제의 규명에 따른 탐색, 현상의 기술, 인과관계의 규명에 있다. 과학적 조사의 유형에서 연구목적에 따라 탐색적 조사, 기술적 조사, 설명적 조사로 구분된다.

3. 다음과 같은 조사방법의 특징으로 옳은 것은? | 2016년 2회

대북정책에 대한 한국사회의 인식변화를 알아보고자 과거 10년 간 한국의 주요 일간지 기사를 분석하고자 한다.

① 표본추출(sampling)이 불가능하다.

② 인간의 모든 형태의 의사소통기록물을 활용할 수 있다.

③ 사전조사가 필요하지 않아 경제적이다.

④ 수량적 분석이 불가능하다.

해설 문헌조사나 사례조사의 일종인 특례조사는 연구논문집, 학술지, 통계자료집 및 각종 도서 등 2차 자료와 실제 발생한 사건의 기록 등 모든 자료를 활용해 연구문제에 대한 지식을 얻을 수 있다.

해답 1. ②　2. ②　3. ②

4. 동시경험집단을 연구하는 것으로 일정기간 동안 한정된 모집단을 연구하는 것은? | 16년 1회

① 추세연구(trend study) ② 코호트연구(cohort study)
③ 패널연구(panel study) ④ 사례연구(case study)

해설 코호트는 동일한 통계 인자를 가진 집단을 말하며, 동년배 조사로 특정 경험을 같이하는 사람들의 특성이나 변화를 연구하기 위한 조사를 말한다.

5. 다음 중 탐색적 조사에 관한 설명으로 가장 적합한 것은? | 17년 2회, 18년 1회

① 어떤 현상을 정확하게 기술하는 것을 주목적으로 하는 연구이다.
② 시간의 흐름에 따라 일반적인 대상집단의 변화를 관찰하는 조사이다.
③ 동일한 표본을 대상으로 일정한 시간간격을 두고 반복적으로 측정하는 조사이다.
④ 연구문제의 발견, 변수의 규명, 가설의 도출을 위해 실시하는 조사로서 예비적 조사로 실시한다.

해설 탐색적 조사는 조사설계를 결정하기 이전에 타당도를 검증하기 위해 실시하는 조사로 사전지식이 부족하거나 연구문제 및 가설을 정립하기 위해 실시한다.

6. 사회과학 연구방법을 연구목적에 따라 구분할 때 탐색적 연구의 목적에 해당되는 것을 모두 고른 것은? | 2018년 1회

ㄱ. 개념을 보다 명확하게 하기 위해 ㄴ. 다음 연구의 우선순위를 정하기 위해 ㄷ. 많은 아이디어를 생성하고 임시적 가설개발을 위해 ㄹ. 사건의 카테고리를 만들고 유형을 분류하기 위해 ㅁ. 이론의 정확성을 판단하기 위해

① ㄱ, ㄴ, ㄷ ② ㄱ, ㄷ, ㄹ
③ ㄴ, ㄹ, ㅁ ④ ㄴ, ㄷ, ㄹ, ㅁ

해설 탐색적 조사의 주된 목적은 문제의 규명에 있으며, 조사설계를 확정하기 이전의 예비조사로 타당도를 검증하기 위해 실시하는 조사이다. 또한 사전지식이 부족하거나 개념을 보다 분명히 정립하고 연구의 우선순위를 정하고 중요 부분에 대한 실태를 파악하기 위해 실시하는 조사이다.

7. 기술적(descriptive) 조사에 대한 설명으로 틀린 것은? | 10년 1회, 17년 3회

① 현상에 대한 탐구와 명료화를 주목적으로 한다.
② 계획, 모니터링, 평가에 필요한 자료를 산출하기 위하여 자주 사용한다.
③ 사회현상이 야기된 원인과 결과를 밝혀 정확히 기술하는 것이다.
④ 행정실무와 정책분석가들에게 가장 기본적인 조사도구이다.

해답 4. ② 5. ④ 6. ① 7. ③

해설 기술적 조사는 현상을 정확하게 기술하는 것을 목적으로 하는 조사로 특성상황의 발생빈도나 비율을 파악하고 관련 변수간의 상관관계 파악 및 상황변화에 대한 각 변수들의 반응을 예측하는 데 이용되는 조사방법이다.

8. 다음 중 탐색적 연구를 하기 위한 방법으로 가장 적합한 것은? | 2018년 2회

① 횡단연구
② 유사실험설계
③ 시계열연구
④ 사례연구

해설 탐색적 연구에는 크게 문헌조사, 경험자조사 또는 전문가조사, 특례조사 또는 특례분석, 표적집단 면접법 등이 있다. 특례조사는 사례조사에 포함된다.

9. 조사연구의 목적과 그 예가 틀리게 짝지어 진 것은? | 2016년 1회

① 설명(explanation)- 시민들이 왜 담배값 인상에 반대하는지 파악하고자 하는 연구
② 평가(evaluation)- 현재의 공공의료정책이 1인당 국민 의료비를 증가시켰는지에 대한 연구
③ 기술(description)- 유권자들의 대선후보 지지율 조사
④ 탐색(exploration)- 단일사례설계를 통하여 개입의 효과를 검증하려는 연구

해설 탐색: 사전지식이 충분하지 않을 때 관찰위주의 질적 연구방법을 주로 사용
기술: 개인이나 사회현싱을 기술하고 사건이나 현상의 해답을 구하기 위한 조사
설명: 원인과 결과간의 관계를 파악하여 인과관계를 규명

10. 기술적(descriptive) 조사의 연구문제로 적합하지 않은 것은? | 2016년 1회

① 대도시 인구의 연령별 분포는 어떠한가?
② 아동복지법 개정에 찬성하는 사람의 비율은 얼마인가?
③ 어느 도시의 도로확충이 가장 시급한가?
④ 가족 내 영유아 수와 의료지출은 어떤 관계를 가지는가?

해설 기술적 조사는 현상을 정확하게 기술하는 것을 목적으로 하는 조사로 어떤 사건이나 현상의 모양이나 분포, 크기와 비율 등 단순 통계적인 것에 대한 해답을 구하기 위해 실시되는 조사를 말한다. 기술적 조사는 사회과학 분야의 조사에서 가장 많이 활용되는 과학적 연구방법이다.

11. 지역, 계층, 성 등으로 구분하여 소수로 각 범주별 조사 중 대상을 뽑아 특정 주제를 중심으로 대상자의 의견을 수집하는 방법은? | 2008년 1회

① 현지조사법
② 비지시적 면접
③ 표적집단면접
④ 델파이조사

해설 표적집단 면접법은 전문지식을 가진 조사자가 소수의 응답자(8-12명 정도) 집단을 특정한 주제를 가지고 자유토론을 통해 정보를 수집하는 방법으로 탐색적 조사방법의 하나이다.

해답 8. ④ 9. ④ 10. ④ 11. ③

12. 다음 중 탐색적 조사(exploratory study)에 해당하지 않은 것은? | 2015년 2회

① 유관분야의 관련 문헌 조사

② 연구문제에 정통한 경험자를 대상으로 한 조사

③ 변수간의 상관관계에 관한 조사

④ 통찰력을 얻을 수 있는 소수의 사례조사

해설 탐색적 조사의 연구방법에는 문헌조사, 경험자조사 또는 전문가조사, 특례조사 또는 특례분석, 표적집단 면접법 등이 있다. 변수간의 상관관계를 파악하기 위한 조사는 기술적 조사에 해당된다.

13. 연구유형에 관한 설명으로 틀린 것은? | 2016년 2회

① 순수연구- 이론을 구성하거나 경험적 자료를 토대로 이론을 검증한다.

② 평가연구- 응용연구의 특수형태로 진행 중인 프로그램이 의도한 효과를 가져왔는지를 평가한다.

③ 탐색적 연구- 선행연구가 빈약하여 조사연구를 통해 연구해야 할 속성을 개념화한다.

④ 기술적 연구- 축적된 자료를 토대로 특정한 사실관계를 파악하여 미래를 예측한다.

해설 기술적 연구는 현상을 정확하게 기술하는 것을 주목적으로 하고 어떤 사건이나 현상의 크기, 비율, 수준 등에 관한 단순 통계적인 자료를 수집하여 문제에 대한 해답을 구하는 방법이다.

14. 횡단연구(cross-sectional study)에 관한 설명으로 틀린 것은? | 2015년 2회

① 추세연구는 횡단조사의 일종이다.

② 인구센서스 조사는 횡단조사의 대표적인 예이다.

③ 어느 한 시점에서 어떤 현상을 주의 깊게 연구하는 방법이다.

④ 횡단연구로 인과적 관계를 규명하려는 가설검증이 가능하다.

해설 횡단조사는 특정 시점에서 집단 간의 차이를 연구하는 것을 주목적으로 하며, 한 시점에서 다양한 대상과 변수에 대해 측정하는 조사설계 방법으로 대부분의 사회조사에서 이 방법을 사용하고 있다. 횡단조사는 일정 시점에 측정이 이루어지기 때문에 정태적(靜態的, static)인 성격을 갖는다. 횡단조사는 조사대상의 특성에 따라 여러 집단으로 분류해야 하기 때문에 상대적으로 표본의 크기가 커야한다.

15. 2017년 특정한 3개 고등학교(A, B, C)의 졸업생들을 모집단으로 하여 향후 10년간 매년 일정시점에 표본을 추출하여 조사를 한다면 어떤 조사에 해당되는가? | 2018년 1회

① 횡단조사 ② 서베이 리서치

③ 코호트조사 ④ 사례조사

해설 코호트 조사(Cohort study)는 일정 기간 동안 한정된 부분 모집단의 변화를 연구하는 것으로 특정 경험을 같이하는 사람들의 특성들에 대해 두 번 이상의 다른 시기에 걸쳐 비교·연구하는 조사방법이다.

해답 12. ③ 13. ④ 14. ① 15. ③

16. 패널조사에 관한 설명으로 틀린 것은? | 2018년 1회

① 특정 조사대상자를 선정해 놓고 반복적으로 실시하는 조사방법을 의미한다.

② 종단적 조사의 성격을 가진다.

③ 반복적인 조사과정에서 성숙효과, 시험효과가 나타날 수 있다.

④ 패널 운영 시 자연 탈락된 패널구성원은 조사결과에 크게 영향을 미치지 않는다.

해설 패널조사(panel study)는 장기간에 걸쳐 동일한 주제와 동일한 응답자에 대해 반복해서 면접이나 관찰을 하는 방법으로 조사대상자 탈락 시 샘플이 작아지거나 탈락 사례와 그렇지 않은 집단 간에 차이가 있을 시 문제가 발생할 수 있다.

17. 다음의 조사유형으로 옳은 것은? | 2018년 2회

> 베이비부머(baby-boomers)의 정치성향 파악을 위하여 이들이 성년이 된 후 10년마다 500명씩 새로운 표집을 대상으로 조사하여 그 결과를 비교하여 보았다.

① 횡단(cross-sectional)조사 ② 추세(trend)조사

③ 코호트(cohort)조사 ④ 패널(panel)조사

해설 코호트 조사는 보다 좁고 구체적인 범위에 속한 인구집단의 변화를 연구하기 위한 조사방법이다. 추세조사는 조사대상이 되는 집단구성원의 모집단이 변화하는 것과는 달리 코호트조사는 모집단이 변화지 않는다. 패널조사는 패널이라 불리는 조사 샘플로 선정된 동일한 사람만을 대상으로 하지만 코호트조사는 집단구성원의 모집단은 동일하지만 조사 시점마다 샘플로 선정된 조사대상은 변할 수 있다.

18. 특정한 시기에 태어났거나 동일 시점에 특정 사건을 경험한 사람들을 대상으로 이들이 시간이 지남에 따라 어떻게 변화하는지를 조사하는 방법은? | 2018년 3회

① 사례조사 ② 패널조사

③ 코호트조사 ④ 전문가의견조사

해설 코호트조사와 관련한 앞의 해설 참조(4번, 15번, 17번 문제)

19. 양적 연구와 비교한 질적 연구에 관한 설명으로 옳은 것은? | 2016년 3회

① 일반화의 가능성이 높다.

② 연역적 방법으로 자료를 분석한다.

③ 변수간의 관계, 검증, 이론 검증 등에 유용하게 활용될 수 있다.

④ 자료수집 단계와 자료분석 단계가 분명히 구별되지 않는다.

해설 질적 연구는 연구자의 경험이나 구체적인 관찰로부터 시작되며, 탐색, 발견, 서술을 지향하며 논리적으로 귀납법을 사용한다. 확장 주의적이며, 과정 지향적이다. 타당성 있고, 실질적이며, 내용이 풍부하고, 깊이

해답 16. ④ 17. ③ 18. ③ 19. ④

있는 자료를 산출한다. 단일사례연구로 조사결과를 일반화하기 어렵고 조사대상이 동태적이라고 가정하며, 현상학적이다.

20. 양적 연구와 비교한 질적 연구의 특징에 해당하지 않은 것은? | 2017년 2회

① 비공식적 언어를 사용한다.

② 주관적 동기의 이해와 의미해석을 하는 현상학적 · 해석학적 입장이다.

③ 비통제적 관찰, 심층적, 비구조적 면접을 실시한다.

④ 자료분석에 소요되는 시간이 짧아 소규모 분석에 유리하다.

해설 질적 연구는 주관적 · 해석적 연구방법으로 현상학적 사회학, 상징적 상호작용론, 민속방법론 등을 배경으로 한다. 현지연구, 민속방법론, 불개입 · 무반응법, 다원적 방법론, 관찰조사, 비구조적 면접 등이 여기에 속하며, 양적 연구에 비해 자료분석에 소요되는 시간이 길다.

21. 질적 연구에 관한 설명으로 틀린 것은? | 2018년 1회

① 소규모 분석에 유리하고 자료분석 시간이 많이 소요된다.

② 주관적 동기의 이해와 의미해석을 하는 현상학적 · 해석학적 입장이다.

③ 수집된 자료는 타당성이 있고 실질적이나 신뢰성이 낮고 일반화는 곤란하다.

④ 연구참여자와 연구자 간에 상호작용을 통해 연구가 진행되므로 가치지향적이지 않고 편견이 개입되지 않는다.

해설 질적 연구의 특징은 가치지향적이고 편견이 개입될 가능성이 있는 반면에 양적 연구는 가치중립적이고 객관적이다.

22. 양적 조사와 질적 조사의 사례로 틀린 것은? | 2018년 2회

① 질적 조사- 사례연구의 기록을 분석하여 핵심적인 개념을 추출한다.

② 양적 조사- 단일사례연구로 청소년들의 흡연횟수를 3개월 동안 주기적으로 기록한다.

③ 질적 조사- 노숙인과 함께 2주간 생활하면서 참여관찰한다.

④ 양적 조사- 초점집단면접을 통해 문제해결방안을 도출한다.

해설 질적 조사는 단일사례연구로 조사결과를 일반화하기 어렵다. 자료수집방법으로는 심층면접, 포커스 그룹, 예술품, 사진 등이 있다. 양적 조사는 복수사례연구로 조사결과를 일반화할 가능성이 크고 대체적으로 서베이, 설문지, 구조화된 관찰법 등의 기술을 사용한다.

23. 질적 방법으로 수집된 자료에 관한 설명으로 틀린 것은? | 2018년 2회

① 정보의 심층적 의미를 파악할 수 있다. ② 유용한 정보의 유실을 줄일 수 있다.

③ 현장중심의 사고를 할 수 있다. ④ 자료의 표준화를 도모하기 쉽다.

해답 20. ④ 21. ④ 22. ②, ④ 23. ④

해설 질적 조사는 조사자 자신의 준거 틀에 입각하여 인간행동을 이해하는데 초점을 맞추고 통제되지 않은 자연 상태에서 관찰하고 조사가 주관적으로 이루어지기 때문에 자료의 표준화를 도모하는데 한계가 있다.

24. 양적–질적 연구방법의 비교에서 질적 연구방법에 대한 옳은 설명을 모두 고른 것은?

| 2018년 1회

ㄱ. 심층규명(probing)을 한다. ㄴ. 연구자의 주관성을 활용한다. ㄷ. 연구도구로 연구자의 자질이 중요하다. ㄹ. 선이론 후조사의 방법을 사용한다.

① ㄱ, ㄴ, ㄷ ② ㄱ, ㄷ, ㄹ

③ ㄴ, ㄹ ④ ㄱ, ㄴ, ㄷ, ㄹ

해설 질적 연구방법은 탐색, 발견, 서술을 지향하며, 논리적으로 귀납법을 사용하는 반면에 양적 연구방법은 선(先)이론 후(後)조사의 연역법을 사용한다.

25. 온라인 사회조사에 대한 설명으로 틀린 것은? | 2017년 1회

① 응답 여부를 확인할 수 있고 늦어질 경우 독촉메일과 같은 후속조치를 할 수 있다.

② 응답자의 신분을 확인할 방법이 제한되어 있어 응답자 적격성 문제가 발생할 수 있다.

③ 온라인 사회조사에는 전자 우편조사, 전자 설문조사 등이 포함된다.

④ 표본편중의 문제를 쉽게 해결할 수 있다.

해설 온라인 조사는 응답자 스스로 답변하는 조사로 응답자가 모든 내용을 이해할 수 있어야 한다. 또한 응답자 간에도 이해 수준에 차이가 없도록 설문지가 구성되어야 하는데, 표본의 대표성 문제에서 표본 편중의 문제가 발생할 수 있다.

26. 분석단위와 관련된 잠재적 오류와 가장 거리가 먼 것은? | 2017년 2회

① 동어반복적 오류

② 생태학적 오류

③ 개인주의적 오류

④ 환원주의적 오류

해설 분석단위의 오류에는 생태학적 오류, 환원주의적 오류(개인주의적 오류, 축소주의)가 있다. 생태학적 오류는 높은 수준의 분석단위(집단을 포함한 집합적 단위)들에 대한 관측 결과를 근거로 그보다 낮은 수준에 놓여 있는 분석단위(개인 등의 하위단위)에 적용시키는 오류이며, 환원주의적 오류는 그 반대의 경우에 일어난다. 동어반복적 오류는 무언가를 설명하는데 있어 맨 처음 정의를 뒤에서 다시 반복하는 오류를 말한다.

해답 24. ① 25. ④ 26. ①

27. 다음 중 분석단위와 연구내용이 잘못 짝지어진 것은? | 2016년 2회

① 개인- 전체 농부 중에서 32%가 여성임에도 불구하고 여성은 전통적으로 농부라기보다 농부의 아내로 인식되었다.

② 개인- 1970년부터 현재까지 고용주가 게재한 구인광고의 내용과 강조점이 어떻게 변화하였는지 파악하였다.

③ 도시-인구가 10만 명 이상인 도시 중 89%는 적어도 종합병원이 2개 이상 있었다.

④ 도시-흑인이 많은 도시에서 범죄율이 높은 것으로 나타났다.

해설 분석단위(analysis unit)는 연구하고자하는 속성 또는 특징에 관한 자료를 수집하고 기술 혹은 설명하고자하는 사람이나 사물 등을 말한다. 분석단위에는 개인, 집단, 조직 또는 제도, 프로그램, 중앙정부 내지 지방정부, 사회적 생성물 등이 있다. 고용주가 게재한 구인광고는 분석단위가 사회적 생성물이라 할 수 있다.

28. 연구의 단위(unit)를 혼동하여 집합단위의 자료를 바탕으로 개인의 특성을 추리할 때 저지를 수 있는 오류는? | 2018년 1회

① 집단주의 오류 ② 생태주의 오류

③ 개인주의 오류 ④ 환원주의 오류

해설 분석단위의 오류에서 생태학적 오류는 높은 수준의 분석단위들에 대한 관측 결과를 근거로 낮은 수준에 놓여 있는 분석단위에 적용시키는 오류로 분할오류라고도 한다.

29. 집합단위의 자료를 바탕으로 개인의 특성을 추리할 때 저지를 수 있는 오류는? | 2018년 1회

① 알파 오류(α -fallacy)

② 베타 오류(β -fallacy)

③ 생태학적 오류(ecological fallacy)

④ 개인주의적 오류(individualistic fallacy)

해설 생태주의 오류 혹은 생태학적 오류는 분석단위를 집단에 두고 얻은 연구결과를 개인에게 동일하게 적용함으로써 발생하는 오류를 말한다. α 오류와 β 오류는 가설을 검증할 때 발생하는 오류이다.

30. 사회조사에서 생태학적 오류(ecological fallacy)란? | 2018년 3회

① 주변 환경에 대한 주요 정보를 누락시키는 오류

② 연구에서 사회조직의 활동결과인 사회적 산물들을 누락시키는 오류

③ 집단이나 집합체에 관한 성격을 바탕으로 개인들에 대한 성격을 규정하게 되는 연구 분석단위의 혼란

해답 27. ② 28. ② 29. ③

④ 사회조사설계 과정에서 문제를 중심으로 관련된 여러 체계들 간의 상호작용 가능성에 대한 고려를 누락시키는 오류

해설 생태학적 오류란 분석단위를 집단에 두고 얻게 된 연구결과를 개인에게 동일하게 적용함으로써 발생하게 되는 오류를 말한다.

31. 일반적인 과학적 조사의 절차로 가장 적합한 것은? | 2016년 2회

① 자료의 수집 → 문제의 제기 → 조사설계 → 자료분석, 해석 및 이용 → 보고서 작성
② 문제의 제기 → 자료의 수집 → 조사설계 → 자료분석, 해석 및 이용 → 보고서 작성
③ 자료의 수집 → 조사설계 → 문제의 제기 → 자료분석, 해석 및 이용 → 보고서 작성
④ 문제의 제기 → 조사설계 → 자료의 수집 → 자료분석, 해석 및 이용 → 보고서 작성

해설 과학적 조사연구의 절차는 일반적으로 연구주제의 선정 및 문제제기, 가설의 구성과 조작화, 조사설계, 자료의 수집, 자료의 분석 및 해석, 보고서 작성 등 여섯 단계를 거친다.

32. 다음은 조사연구과정의 일부이다. 이를 순서대로 나열한 것은? | 2018년 3회

ㄱ. '난민의 수용은 사회분열을 유발할 것이다'로 가설 설정
ㄴ. 할당표집으로 대상자를 선정하여 자료수집
ㄷ. 난민의 수용으로 관심 주제 선정
ㄹ. 구조화된 설문지 작성

① ㄱ → ㄴ → ㄷ → ㄹ
② ㄱ → ㄷ → ㄹ → ㄴ
③ ㄷ → ㄱ → ㄹ → ㄴ
④ ㄷ → ㄹ → ㄱ → ㄴ

해설 일반적으로 사회과학에 있어서 과학적 조사설계의 절차는 문제의 정립(ㄷ)→ 가설설정(ㄱ)→ 조사설계(ㄹ), 자료의 수집(ㄴ)→ 자료의 분석 및 해석→ 보고서 작성의 단계로 이어진다.

해답 30. ③ 31. ④ 32. ③

➲ 기타 적중예상문제 핵심내용

전수조사와 표본조사	
전수조사	• 전수조사는 정밀도를 원할 때 사용되는 것으로 조사대상이라고 생각되는 모든 부분들을 조사하는 방법(국세조사, 인구조사) • 표본오차는 없으나 비표본오차가 크므로 표본조사에 비해 정밀도가 떨어짐
표본조사	• 표본조사는 부분조사로 조사대상 전체인 모집단의 일부를 선정하여 조사대상 전체를 추정하는 조사 • 표본오차는 있으나 비표본오차가 전수조사에 비해 작기 때문에 전수조사보다 더 정확한 자료를 얻을 수 있음

사례조사와 서베이조사	
사례조사	• 소수 조사대상에 대해 시간의 경과에 따른 특정 변화양상을 파악하는 종단적 연구방법 • 특정 사례를 조사해 문제를 종합적으로 파악하고 그에 따른 실증적 분석을 실행 • 구체적이고 상세한 연구가 가능하고 인간의 욕구, 동기 등 가치적 측면의 파악이 가능
서베이조사	• 기술적 연구의 일종으로 표본조사에 해당, 질문지나 면접조사표 등 표준화된 조사도구를 사용하여 자료를 수집 • 비교적 정확성이 높은 조사로 범위가 넓고 풍부한 자료 수집(욕구조사, 여론조사 등)

현지조사와 실험조사	
현지조사	• 연구문제를 설정하거나 가설을 형성하기 위해 현장에서 직접 자료를 수집 • 현장조사는 영향요인에 대해 실험조작을 가하지 않고 상황을 있는 그대로 조사 • 관찰법, 면접법, 사례연구 등을 통해 자료를 수집
실험조사	• 독립변수의 효과를 측정하거나 독립변수(X)가 종속변수(Y)에 영향을 미치는 인과관계에 대한 가설을 검증하기 위한 조사방법 • 실험조사를 위해 조사자는 외부요인들에 대해 의도적으로 통제하고 인위적으로 관찰조건을 조성(예: 현지실험, 실험실 실험 등)

제2부

연구설계의 기본과 실험설계의 원리

03 연구문제와 가설

04 인과관계와 연구설계의 타당성

05 실험설계의 기본원리와 유형

03 연구문제와 가설

제 1 절 연구문제의 형성

1. 연구문제의 선정과 기준

사회과학연구에서 사회현상에 대해 연구를 진행하기 위해 제기한 연구문제는 모든 연구의 출발점이라 할 수 있다. 다시 말해서 연구문제의 선정은 과학적이고 효과적인 연구를 수행하기 위한 첫 단계이기 때문에 매우 중요하다. 연구문제의 선정은 현상에 대한 막연한 의문에서 출발한다. 무엇이(what), 왜(why) 그런지에 대하여 질문을 던지고 어느 정도 연구를 수행할 것인가를 결정하는 것으로 연구의 방향, 범위 또는 연구의 한계 등을 결정한다. 따라서 연구문제의 선정은 과학적 조사과정의 가장 기본적이고 중요한 절차이기 때문에 신중하게 결정해야 한다. 아울러 연구문제의 선정 시 연구자의 관심과 연구결과의 실현 가능성 등을 고려하여 선정되어야 한다(채서일, 2016).

일반적으로 어떤 주제에 대해 연구한다는 것은 그 주제와 관련된 지식을 전혀 가지고 있지 않은 상태에서는 어렵고 어느 정도 그 주제와 관련된 지식을 가지고 있어야 연구문제를 선정할 수 있다. 따라서 연구주제를 선정하기를 위해서는 관련분야의 논문이나 문헌을 검토해야 하며, 나름대로의 독창적인 통찰력이 있어야 한다. 예를 들어 노인범죄와 관련된 연구를 하고자 한다면 먼저 노인범죄와 관련된 기존의 이론이나 연구논문을 많이 검토해야 할 것이며, 노인범죄에 관해 평소에 관심을 가졌던 내용들을 정리해 볼 필요가 있다. 그러한 과정에서 기존의 연구와 다른 관점에서 연구해 볼 만한 가치가 있는 주제를 찾을 수 있을 것이다.

또한 연구자는 연구문제를 선정할 때 연구의 동기가 무엇이든지간에 연구를 통하여 달성하고자 하는 목적을 분명히 밝혀야 한다. 과학적 조사의 목적은 탐색, 기술, 설명 등으로 분류되는데 자신의 연구가 이들 중 어떤 것을 주목적으로 하는지를 분명히 밝혀야 하는 것이다. 그리고 이와 같은 연구를 통하여 얻어진 지식이 학술적으로나 실제 문제해결에 도움이 될지를 구체적으로 기술하여야 한다(남궁근, 2014). 이밖에도 연구문제는 의문문 형식으로 분명하고 명확하게 진술되어야 한다. 한 예로 고령화 사회 이후에 왜 노인범죄가 갑자기 증가하였는가? 이러한 사회적 현상은 우리 사회에 어떤 영향을 미치고 그 원인은 무엇인가? 이러한 문제를 해결할 방안에는 어떤 것이 있는가? 등 의문문 형태로 문제를 구체적으로 제시하는 것이다. 이렇게 제기된 문제는 경험적인 검증을 거쳐야 하기 때문에 연구자는 관심 있는 주제를 경험적 연구가 가능하도록 질문 형식으로 전환시킬 수 있어야 한다.

한편, 연구문제를 선정할 경우에는 실제 연구의 범위나 현실적 여건 및 문제해결 이후에 연구결과의 중요도나 기여도가 어느 정도인지를 따져보아야 한다. 일반적으로 연구문제의 중요성을 평가하는 기준으로는 학문적 측면, 실천적 측면, 도의적 측면 등을 종합적으로 고려하여 이루어져야 한다(김렬, 2013; 김해동 외, 2010; 남궁근, 2014).

➲ 연구문제의 선정기준

① 독창성: 기존의 지식을 답습하지 않고 비교분석 또는 재구성하거나 새로운 관점이나 견해를 제시하는 것임

② 경험적 검증가능성: 조사문제로 선정되기 위해서는 그 문제에 대한 해답이 가능하고 구체적인 가설이 도출될 수 있고 가설에서 사용된 조작적 정의를 통해 측정될 수 있어야 함

③ 실천적 적합성: 연구문제를 평가하는 경우에 연구결과가 현실세계에서 발생하는 실질적인 문제해결에 얼마나 도움이 되었는지를 평가해야 함

④ 윤리적 배려: 조사문제는 사회윤리에 지배되는데 조사문제의 해답이 사회구성원의 행복을 증진시키는데 기여해야 하고 개인의 사생활이나 정신적·신체적으로 피해를 주지 않아야 함

⑤ 현실적 제한: 조사문제의 해답을 찾는데 소요되는 시간·비용적 노력, 조사인력, 장비 등과 같은 현실적 상황을 고려하여 해답을 찾아야 함

2. 연구문제의 원천

연구문제는 단순한 의문에서 출발하여 연구자의 경험, 문헌검토나 기존 지식의 활용 등을 통해 보다 구체화된다. 일반적으로 연구문제의 원천(source)은 기존의 지식체계로는 문제를 해결할 수 없거나, 사회적 요청 또는 개인의 독특한 경험이나 관심 등에 의해서 문제가 제기되며, 이를 구체화시켜 연구문제로 발전하게 된다.

1) 기존지식체계

연구문제와 관련한 아이디어는 연구자가 잘 알고 있는 분야의 기존지식체계에서 얻는 경우가 많다. 예를 들어 정책학 분야에 대한 일반적인 지식을 습득한 후 그 중에서 한 분야에 대해 관심을 많이 가지게 되고 나아가 그런 관심이 지속되면서 어떤 문제에 대한 아이디어를 얻게 되는 것이다. 맥기간(McGuigan)은 어떤 분야에 대한 지식의 갭(gap)이 있을 때, 조사결과가 서로 배치될 때, 어떤 사실이 우리의 지식과 고립되어 존재할 때 혹은 그 사실을 설명하고자 할 때 문제가 제시된다고 말한다. 결국 기존 지식이 미진하거나 부족할 경우나 기존의 연구결과들이 상호모순이 있는 경우, 그리고 기존 지식체계로 새로운 사실을 설명할 수 없을 경우 등 기존의 지식체계로는 문제를 해결할 수 없을 때 이에 대한 연구를 시작하게 된다.

2) 사회적 요청

응용 및 실천을 중시하는 사회과학분야에 있어서 많은 연구문제는 정부나 각종 연구재단의 사회적 요청에 의해 발생하게 된다. 사회적 요청이란 정부나 각종 단체에서 특정 사회문제의 해결방안을 모색하기 위해 정책과제인 경우가 많다. 이 경우에 연구주제는 연구자 개인이 정하는 것이 아니라 연구를 요청한 기관에서 제시한다. 예를 들면, 최근 지구적 이상기후 현상과 중국, 인도 등 축산물 수요 급증에 따라 사료용 곡물수요의 증가 및 바이오에너지 수요 확대 등으로 곡물 파동이 예상되고 있다. 따라서 곡물 파동 위기에 직면하면서 해외 협력 사업을 활성화하기 위한 연구가 요청되는 것 등을 들 수 있다.

또 다른 예로 우리나라는 경제협력개발기구(OECD) 회원국 중 9년 연속 자살률 1위다. 2012년 기준 인구 10만 명 당 자살은 29.1명으로 OECD 평균인 13명보다 2배 이상 높은 수준이고 한동안 자살국가란 오명을 가졌던 일본(20.9명)과 비교해도 월등히 높다.[1] 정부는 '경제협력개발기구(OECD) 최다 자살 국가'라는 오명을 벗기 위해 본격적인 대책 마련에 나섰다. 보건복지부는 2014년 4월 1일 전국 의료기관 응급실을 방문한 자살 시도자 1만여 명을 대상으로 실시한 '2013 자살실태조사' 결과를 발표했다.[2] 이러한 결과를 토대로 보건

1) 우리나라는 OECD국가 중 자살률 1위다. 노인자살률 1위, 청소년 자살률 1위, 국민 자살률 1위, 충격적인 것은 37분에 1명씩 자살을 하는 심각한 상황이다. 연도별 자살 사망률은 2004년 23.7명(인구10만 명 당)에서 2014년 27.3명으로 3.6명 증가했고 2015년 26.5명으로 다소 감소했으며, 2017년 말 24.3명으로 감소하였다.

2) 이번 조사는 2013년 2월 발효된 자살예방법에 근거한 것으로, 전국 규모로는 첫 자살 실태조사다. 심층면접과

복지부는 자살예방을 위한 보건-복지 연계 강화를 골자로 한 자살예방 대책을 본격적으로 추진하였다. 아울러 자살을 사회적 책임으로 받아들여 알코올, 자살수단, 게이트키퍼[3], 언론보도의 네 가지 키워드를 어떻게 관리할 것인가에 관한 연구를 진행하고 있다. 이러한 사회적 요청에 따라 보건복지부와 한국자살예방협회를 주축으로 정신보건, 정신건강의학, 심리학 등의 분야에 종사하는 전문가를 참여시켜 우리나라 현실에 맞는 심리적 부검* 프로그램 개발과 법적 제도를 마련하기 위해 노력하고 있다.

3) 개인적 관심과 경험

일반적으로 조사연구는 기존의 지식체계를 전제로 하거나 사회적 요청에 의해 연구문제가 제기되는 경우가 대부분이다. 그러나 우연히 혹은 개인적인 경험을 토대로 연구주제를 선택할 수도 있다. 또한 실천 현장에서의 경험 자체는 조사연구를 위한 무한정한 아이디어의 근원이 된다. 왜냐하면, 실천현장에서는 많은 의문이나 불확실성이 끊임없이 일어나기 때문이다. 연구자의 일상생활이나 직장 등에서 얻은 개인적인 경험이나 호기심으로 시작된 조사연구는 연구자가 문제해결의 필요성을 절실하게 느끼는 의문에서 비롯되었을 가능성이 매우 높다. 예를 들면, 자신이 근무하는 직장에서 남성이 여성보다 승진이 빠르다는 것을 관찰했다면, 승진에 있어 성차별 문제가 있는지에 관심을 가지고 연구주제를 정할 수도 있다. 이러한 관찰을 통해 실제 승진에 있어서 남녀의 차이는 존재하는가? 라는 의문에서 출발하여 제기된 의문을 보다 명확하게 정리할 필요가 있다. 따라서 연구자는 유리 천장(glass ceiling)[4] 이론 등을 참고로 실제 성차별이 있는지를 검증하기 위해 경험적 조사를 할 수 있다.

서면조사, 자살자 유가족 등을 통한 심리적 부검, 대국민 자살인식조사 등이 함께 진행되었다. 자살 시도의 원인으로는 정신과적 문제 37.9%, 대인관계 31.2%, 경제적 어려움 10.1%, 외로움 7.1% 등으로 나타났다(보건복지부 보도자료 참조).

3) 게이트키퍼(gatekeeper)는 온라인과 오프라인에서 자살 징후가 있는 사람을 발견하고, 그들의 이야기를 들어주고 이해하며, 이후 전문가에게 연결해주는 역할을 하는 사람을 말한다. 중앙자살예방센터는 2013년부터 게이트키퍼들에게 한국형 자살예방 교육프로그램으로 개발된 '보고 듣고 말하기' 교육을 시행하고 있다. 2013년 3만5000명이 교육을 받고 일선에서 활동하고 있으며, 2014년에는 4만5000–5만 명의 게이트키퍼를 양성할 계획을 세우면서 주목을 받았다.

4) 미국 월스트리트저널이 1970년 만들어낸 신조어로 유리 천장처럼 눈에 보이지 않는 암묵적인 차별과 편견을 말한다. 능력과 자격이 있음에도 승진에서 여성이거나 소수민족 출신, 성적 소수자라는 이유로 가로막히게 되 보이지 않는 장벽을 뜻한다. 유리 천장이라는 용어에서 '천장'은 승진을 방해하는 상황을 비유적으로 표현한 것이다. 또한, 이러한 차별은 공식적인 정책 등에는 드러나지 않아 존재하지 않는 것처럼 보이므로 이 현상을 유리 천장이라 일컫는 것이다(Naff, K. C. 1997. Colliding with a Class Ceiling: Barriers to the Advancement of Women and Minorities, edit by Carolyn Ban & Norma, M. Riccucci in *Public personnel Management:*

Study TIP 자살예방을 위한 심리적 부검(psychological autopsy)

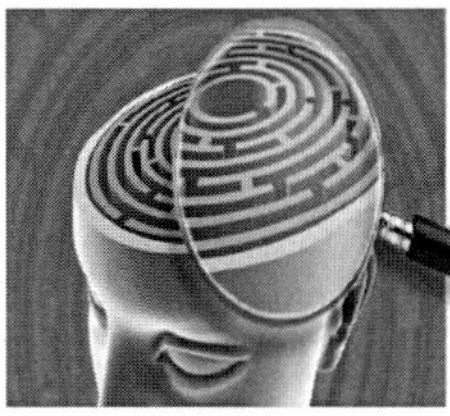

심리적 부검(心理的 剖檢)은 자살에 대해 수집된 포괄적인 후향적 정보를 가지고 자살에 대해 연구하는 방법이다. 전문 감정인이 가족, 친척, 친구, 직장동료, 담당 의료인 등을 심층 면담해 자살자가 사망하기 전 일정 기간의 심리상태와 변화를 조사하는 것이다. 또한 사망의 종류를 결정하는데 도움을 주고 심리적 부검을 통해 자연사인지, 사고사인지, 자살인지, 타살인지를 결정하는데 도움을 얻을 수 있다.

심리적 부검은 1934년-1940년 사이 뉴욕 경찰 93명이 연속 자살하는 사건이 발생하면서 '자살 원인 규정을 위한 전문가 조사'가 시행되면서 시작되었다. 현대적 의미의 심리적 부검은 1956년 미국 워싱턴 대학에서 Eli Robins와 동료들이 1년 동안 134건의 자살 사건에 대해 조사하면서 시작되었다. 이 용어는 1958년 LA 자살예방 센터의 사망원인 불명의 사례에 대한 연구에서 Edwin Shneidman이 처음으로 사용했다.

심리적 부검이라는 제도는 1980년대 세계 1-2위의 자살률로 고민하던 핀란드가 실시했던 제도를 성공모델로 하고 있다. 핀란드는 자살 프로젝트의 일환으로 1986년 도입한 심리적 부검을 통해 1986년 인구 10만 명 당 30.3명에서 2012년 17.3명으로 낮췄다. 미국이나 영국은 외부적 요인에 의해 사망자가 발생한 경우 신체적 부검과 심리적 부검을 동시에 실시하고 있다. 현재 전 세계적으로 심리적 부검에 대한 연구가 활발하게 이루어지고 재판의 결과를 바꾸는 결정적인 자료로 사용되기도 한다.

우리나라는 최근 유명인의 자살이 잇따르면서 모방 자살, 다시 말해 베르테르 효과가 우려되는 가운데 2013년 1월 부산시가 처음으로 자살예방을 위한 심리적 부검을 실시하겠다고 밝힌 바 있다. 2013년 12월 22일 서울고등법원은 심리적 부검에 따라 세무공무원 김모씨의 유족들이 제기한 행정소송에서 청구인의 손을 들어줬다. 이번 판결은 심리적 부검이 단순히 참고자료가 아닌 판결의 결과를 바꿀 결정적인 증거가 될 수 있음을 보여준 사례라 할 수 있다.

보건복지부가 2013년 자살실태조사 결과를 2014년 4월 1일 발표했다. 총 72건의 자살사망 사례에 대해 유가족을 대상으로 한 심층면담과 유서 분석 등을 통해 이뤄졌다. 심리적 부검 결과, 우리나라의 자살사망 유형으로 ▲급성 스트레스 유형(제1유형) ▲만성 스트레스 유형(제2유형) ▲적극적 자해·자살시도 표현 유형(제3유형) ▲정신과적 문제 유형(제4유형) 등 4가지 유형이 밝혀졌다.

출처: 라포르시안, 2014.4.1, 자살자 72명 '심리적 부검'으로 4가지 자살사망 유형 확인.
http://blog.daum.net/spogood/2938 참고

Current Concerns, Future Challenges. 2th edit. New York: Longman).

Study TIP 유리천장(Glass-Ceiling)과 알파걸(Alpha Girl)

'유리천장(Glass-Ceiling)'은 공사조직에서 고위직으로의 승진에 여성과 소수 인종을 가로막는 장벽을 말한다. 올라갈 수 있는 것처럼 투명해 보이지만 막상 나아가 보면 더 이상 진입할 수 없는 장벽으로 둘러싸인 상황이다. 실제 유엔개발계획(UNDP)이 발표한 우리나라의 여성권한척도는 109개국 중 61위, 2012년 세계경제포럼(WEF)이 발표한 성평등 순위는 135개국 중 108위에 그쳤다. 아프리카 국가들과 비슷하니 문제는 문제다.

2008년 6월 전 조지 부시 대통령이 미국 역사상 처음으로 여성 대장 내정자를 발표하자 힐러리 클린턴 상원의원은 "미국에서 또 다른 '유리천장'이 깨졌다"고 존평했다. 민주당 대통령 후보 경선에 나섰다가 패한 힐러리는 경선 승복 연설에서 "비록 '가장 높고 단단한 유리천장'을 깨진 못했지만 거기에 1800만개의 균열(1800만표)을 남겼다"고 표현했다. 막상 당사자인 앤 던우디 여성 대장 내정자는 "나는 유리천장이 뭔지 모르는 가정에서 자랐다"는 반응을 보였다. 유리천장은 미국의 월스트리트저널이 38년 전인 1970년 여성들의 승진을 막는 보이지 않는 장벽을 뜻하는 조어로 쓴 이래 여성차별의 상징어처럼 자리를 잡았다.

2013년 4월 8일 '철의 여인' 마가렛 대처 전 영국 총리가 향년 87세의 나이로 잠들었다. 1979년 총선에서 보수당이 결정적인 승리를 거두며 최초의 여성 총리 자리에 오른 후 세 차례 걸쳐 총선에서 이기며 1990년까지 11년간 재임했다. 대처리즘은 작은 정부, 민영화 등으로 대변되는 신자유주의가 뿌리를 내리는데 결정적 기여를 했다. 많은 여성 지도자가 '역할모델'로 삼고 있는 대처 전 총리는 분명 알파걸의 원조다.

'알파걸(Alpha Girl)'은 엘리트 여성올 지칭하는 신조이로 그리스어의 첫 글자인 알파(α)는 1등 혹은 최고를 의미한다. 이와 상반된 남성을 '베타보이'라고도 한다. 미국 하버드대 아동심리학자인 댄 킨들러 교수가 2006년 출간한 '알파걸, 새로운 여성의 탄생'에서 처음 사용된 용어다. 처음에는 '성실하고 낙천적이고 인생의 모든 가능성에 열린 마음을 가진 유능한 소녀'집단으로 정의됐으나 최근에는 사회의 리더로 자리 잡은 여성층을 아우르는 개념으로 사용되고 있다.

일부 학자들은 유리천장 현상이 존재하는 이유로 여성들의 자질 결핍, 경험 결핍, 비전과 리더십의 결핍 등 세 가지를 들기도 한다. 하지만 고위층의 남성 선호와 관행이 여성에게 불리하게 작용하고 있음을 부인하기 어렵다. 그렇다고 낙담은 말자. 헌정 사상 최초의 여성대통령이 취임하면서 2013년 초 공공부문 여성 임원 비율을 5년 내 30%까지 늘리는 법안(공공기관 운영법 개정안)을 발의했다. 위풍당당 여풍(女風)이 몰려온다.

(출처: 김학순, 경향신문, 2008. 6. 27. 일부 인용)

제 2 절 변수

1. 개념적 정의와 조작적 정의

조사문제를 정확하게 서술하기 위해서는 문제에 포함된 개념과 변수들에 대한 구체적이고 명확한 정의가 이루어져야 한다. 개념은 특정 대상의 속성을 추상화하여 의미를 부여한 것이므로 개념 자체를 직접 경험적으로 측정할 수 없다. 따라서 개념은 그 의미가 명료하게 정의되어야 의미가 정확히 전달될 수 있다. 이와 같이 개념들에 대해 구체적인 정의를 내리고 적절한 가설을 세웠다면, 이를 검증하기 위해 경험적으로 측정 가능하게끔 개념적 정의에 대한 조작적 정의를 내려야 한다.

1) 개념적 정의(conceptual definition)

개념(concept)은 일정하게 관찰된 사실에 대한 추상적 표현인 동시에 현상을 설명·예측하기 위한 명제나 이론의 전개에 있어서 밑바탕을 이루는 역할을 하는 추상적 표현이다. 따라서 개념은 어떤 현상 또는 사실의 존재가 전제가 되며, 언어, 문자로 표시할 수도 있고, 수학적 기호로써 나타낼 수도 있다. 개념적 정의는 어떤 변수의 개념을 설명할 때 다른 개념을 사용하여 설명하고 여러 가지 다양한 방법을 이용하여 다른 개념들과 연결을 시킴으로써 이루어진다. 다시 말해서 연구의 대상이 되는 사람이나 사물의 행태 및 속성, 그리고 사회현상을 개념적으로 정의한 것으로 어떤 개념에 다른 개념을 묘사하는 것을 말한다. 예를 들면, '정치적 폭력'에 대한 개념적 정의는 "정치적 역할을 담당하고 있는 기관이나 개인에 대한 공격적 행동"이라 할 수 있고, "정치적 목적을 달성하기 위한 무력의 사용"이라고도 할 수 있다. 그리고 '지능'에 대한 개념적 정의는 "추상적인 사고 능력"이라고도 할 수 있고, "문제해결능력"이라고도 할 수 있다. 이처럼 개념적 정의는 보다 간단한 다른 용어에 의하여 어떤 개념을 정의하는 것이다. 따라서 '지능'을 정의하면서 "지적인 대답"이라고 한다든지 '권력'을 정의하면서 "권력을 사용하는 능력"이라고 정의하면 이는 잘못된 것이다(김해동 외, 2012).

또한 개념적 정의는 추상적이고 일반적이며, 사전적이고 주관적일 수 있다. 예를 들어 각종 행정제도들은 법의 테두리 내에서 적합하게 실시된다. 그런데 여기서 법률적합성이란 무엇인가? 혹자는 법을 인간 사회의 질서와 정의를 위해 존재하는 당위 법칙에 적합한 것이라고 정의하는 반면 다른 사람은 법은 정치적으로 조직된 사회의 강제성을 띤 규범에 적합한 것이라고 정의한다. 또 다른 사람은 법은 정의를 실현하기 위한 문화 규범에 적합한 것이라고 정의한다. 이와 같이 법이란 속성에 대한 개념적 정의는 추상적이고 사람마다 다를 수 있다. 추상적으로 정의된 개념들로 구성된 가설은 그 자체만으로는 검증될 수 없다. 따라서 추상적인 개념들은 경험적으로 측정이 가능하도록 실증적인 지표로 변환시켜야 하는데, 이를 조작적 정의라 한다.

2) 조작적 정의(operational definition)[5)]

조작적 정의(操作的 定義)란 추상적인 개념을 실증적이고 경험적으로 측정 가능하도록 구체화한 것을 말한다. 다시 말해서 개념적 정의를 연구목적에 적합하도록 관찰 가능한 지표로 변환시킨 것이다. 커링거(Kerlinger)등은 조작적 정의를 "어떤 개념이나 변수를 측정하는데 필요한 활동이나 조작을 구체화함으로써 개념이나 변수에 의미를 부여하는 것이며, 조사자에게는 하나의 지시문을 순서대로 나열한 편람과 같다"고 정의하였다(Kerlinger & Lee, 2000: 42). 연구자는 조작적 정의의 과정을 통해 변수를 측정가능(measurable)하고 조작가능(manipulatable)한 형태로 변환시킨다.

또한 조작적 정의는 측정할 수 없는 추상적인 개념을 측정할 수 있는 지표로 전환하는 작업이다. 따라서 추상적이고 다의적인 개념이 구체적으로 조작되는 과정에서 본래의 의미를 모두 반영하지 못하기 때문에 의미가 손실될 가능성도 있다. 그러므로 조작적 정의에 대한 평가는 연구자가 얼마만큼 조작적으로 재구성한 정의가 본래 조작의 대상이 된 개념과 적합하게 연관되어 있느냐에 달려있다. 일반적으로 '정확한' 조작적 정의라는 것은 존재하지 않는다. 그럼에도 불구하고 보다 정확하고 좋은 조작적 정의가 되기 위해서는 최소한 다음과 같은 두 가지 조건을 충족해야 한다(Mark, 1996; 박용치 외, 2008). 첫째, 신뢰도가 있고 복제가 가능해야 한다. 조작적 정의가 명확하게 서술되어 있어서 서로 다른 연구들에서도 동일한 조작적 정의를 사용하면 동일한 측정결과가 산출될 수 있어야 한다. 둘째, 타당

5) 조작적 정의란 개념은 1946년 노벨 물리학상을 수상한 퍼시 윌리엄스 브리지먼(Bridgeman)이 처음으로 제안하였다. 조작적(操作的)이라는 말은 operational을 번안한 것으로 대상을 경험적으로 다룰 수 있도록 서술한다는 의미를 갖고 있다. 자연과학에서 먼저 사용되기 시작한 조작적 정의는 경제학, 교육학, 심리학, 행정학 등 여러 사회과학에도 도입되었다(어빙 코피 외, 박만준 외 역(2000). 논리학입문, 경문사, 89쪽 참조).

해야 한다. 이 조건은 신뢰도보다 더 갖추기 어렵지만, 조작적 정의에 의해 측정된 결과가 실제로 측정하려고 했던 원래의 개념을 측정한 것인가에 대한 물음이다.

조작적 정의는 크게 '측정을 위한 조작적 정의'와 '실험상의 조작적 정의'로 구분된다. 전자는 어떻게 변수를 측정할 것인가에 대한 방법을 제시해 주는 것인 반면에 후자는 연구가 어떻게 실험변수를 조작화할 것인가를 규정해 준다. 측정을 위한 조작적 정의를 예로 들면, 브랜드 애호도(brand royalty)를 '고객이 선택 가능한 제품의 브랜드 중에서 특정 브랜드를 일관성 있고 지속적으로 구매하는 정도'로 개념적 정의를 내릴 때, 이를 측정하기 위해 '20회의 동종의 제품 구매 중에서 같은 브랜드의 구매 횟수'와 같이 구체적으로 관찰 가능한 현상으로 표현하면 브랜드 애호도의 강도를 측정하기 위한 조작적 정의가 된다. 다음으로 실험상의 조작적 정의를 예로 들면, 부모와 자식 간의 친밀도를 실험변수로 했을 경우에 부모와 자식 간의 친밀도에 대한 구체적인 방법을 규정함으로써 친밀도에 대한 조작화를 할 수 있다. 다시 말해 '친밀도'란 용어에 대한 개념적 정의는 "지내는 사이가 아주 가깝고 친하게 느끼는 정도"라고 할 때, 이에 대응하는 조작적 정의로 "부모와 자식 간의 문자횟수, 연락 횟수, 그리고 대화시간 정도"라고 결론지을 수 있다.

➲ 측정과 실험상의 조작적 정의 예시

측정을 위한 조작적 정의	개 념	브랜드 애호도
	개념적 정의	고객이 선택 가능한 제품의 브랜드 중에서 특정 브랜드를 일관성 있고 지속적으로 구매하는 정도
	조작적 정의	20회의 동종의 제품 구매 중에서 같은 브랜드의 구매 횟수
실험상의 조작적 정의	개 념	강화[reinforcement][6]
	개념적 정의	특정 행동에 대한 보상의 결과로 행동빈도의 증가를 가져오는 사건
	조작적 정의	교수의 칭찬, 금전적 보상

개념 ⟶ 개념적 정의 ⟶ 조작적 정의

[그림 3.1] 개념적 정의와 조작적 정의

6) 스키너(Skinner)의 행동주의이론에 나오는 주요 개념으로 '특정행동에 대해 보상을 주었을 때 미래에 그 행동의 발생빈도가 높아지는 것'을 말한다. 주의가 산만한 학생에게 교사의 칭찬을 통해 수업시간에 집중하는 행동빈도가 높아졌다면, 이 때 학생은 칭찬이라는 강화수단에 의해 집중하는 행동경향이 학습되었다고 한다. 강화란 '학습의 원리'에 해당하고 여기에는 긍정적 강화(정적 강화)와 부정적 강화(부적 강화)가 있다(오윤성, 2017: 57-59 참조).

+ Plus 1m에 대한 조작적 정의

1962년 1월 1일 이전에는 1m의 정의로서 프랑스 쉘부르의 지하창고에 정온상태로 보존되고 있는 백금 막대기의 길이가 사용되었다. 그 이후 '크립톤 86의 원자가 진공에서 방사될 때 일정한 형태의 오렌지색 방사파 1,656,763.83개가 갖는 길이를 1m의 정의로 사용했다.

그 후 여러 번 변경된 후 가장 최근의 정의(1983년)에서는 '빛이 2억 9979만 2458분의 1초 동안 거리'를 1m로 정의하고 있다.

2. 개념과 변수(concepts and variables)

사회과학 연구에서 연구자들은 사회현상에 대한 관찰을 통하여 가설에 설정된 내용을 실증적으로 검증과정을 거치게 되는데, 이를 위해서는 연구하고자 하는 개념에 대한 명확한 정의를 내려야 한다(채서일, 2016). 그리고 모든 설명적 진술은 개념과 변수를 포함하고 있다. 개념(concept)은 단어 또는 용어를 사용해서 어떤 현상이나 사물의 의미를 추상적인 용어를 사용하여 관념직으로 구성한 것이다. 개념은 특정 대상의 속성을 추상화하여 의미를 부여한 것이므로 개념 자체를 직접 경험적으로 측정할 수 없다. 개념은 사회정의나 사랑과 같이 직접 관찰할 수 없거나 또는 지체장애나 나무와 같이 쉽게 관찰될 수 있는 대상물을 가지고 있을 수도 있다. 개념은 경험하고 관찰된 것에 대한 의미를 전달하고 이를 기존의 이론이나 지식에 연관시킴으로써 조사문제를 기존의 이론이나 지식에 연관시키고, 연구가 체계적으로 수행될 수 있도록 한다. 개념이 갖고 있는 추상적인 언어적 상징의 의미는 가능한 한 명백하고 상세하게 규정하여야 한다(김기원, 2016).

➲ 개념(概念)의 조건

- ㅇ 한정성(determinacy) 또는 명확성(clarity): 사실 또는 현상을 명확하게 한정적으로 그 특성을 나타낼 수 있어야 함
- ㅇ 범위(scope)의 적정성: 개념이 그것이 나타내는 범위를 적절히 정할 수 있어야 함
- ㅇ 체계적 의미(systematic import): 개념이 부분적으로 대표되어 있는 명제 및 이론에 있어서 구체화되어 있는 정도를 말하는 것으로 개념은 이론과 명제에서 분리되어 취급되어서는 안 됨

한편, 한 연속선상에서 둘 이상의 값(value)이나 범주(category)를 가지는 개념을 변수(variable)라 부른다. 변수는 연구대상의 경험적 속성에 계량적인 수치를 부여하여 경험적으로 측정 가능하게 한 개념이다. 변수를 구성요소나 특정 대상의 속성으로 이해하면 개념과 동일

한 의미로 생각할 수도 있지만, 경험적 세계의 속성을 나타낸다는 점에서 개념과 구분된다(Mayer & Greenwood, 1980: 124). 예를 들면, '장기요양'이라는 단어 자체는 변화할 수 없으므로 변수는 될 수 없다. 그러나 '장기요양등급'은 1급에서 5급까지 다양한 가치 값을 가지므로 변수라 할 수 있다. 경찰공무원은 개념이지만, 경찰공무원의 계급체계는 순경► 경장► 경사►경위► 경감► 경정► 총경► 경무관► 치안감► 치안정감► 치안총감 등 11개의 계급으로 11가지의 가치 값을 가지기 때문에 변수라 할 수 있다. 마찬가지로 시험성적은 개념이지만, 시험성적도 A등급, B등급, C등급, D등급, F등급의 값을 가지기 때문에 변수가 된다.

이밖에도 하나의 결코 변하지 않는 값을 가지는 변수를 상수(常數, constant)라 한다. 일반적으로 변수의 값이나 범주는 양적으로 정해져 있지만, 일부 변수는 숫자에 의해서라기보다는 낱말 부호로 지정된 범주를 갖고 있다. 예를 들면, 성(性, gender)은 남자(M)와 여자(F)라는 부호에 의해 지정된 범주를 가진 변수이다. 이들 낱말 부호로 지정된 범주를 갖는 변수들은 입력(coding)과정에서 숫자로 대체되어 입력되지만, 그 숫자는 양적 의미를 가지는 것은 아니다. 성(性)을 남자는 M, 여자는 F로 지정하지만 조사결과를 분석하기 위해 컴퓨터에 입력할 때는 남자=1, 여자=0 또는 반대로 남자=0, 여자=1로 입력할 수 있다. 일반적으로 연령이나 몸무게와 같이 양적으로 정해진 변수를 연속변수(continuous variables), 성별이나 종교 형태와 같이 지정된 범주를 갖는 변수는 이산변수(discrete variable) 혹은 불연속변수(discontinuous variables)라고 한다.

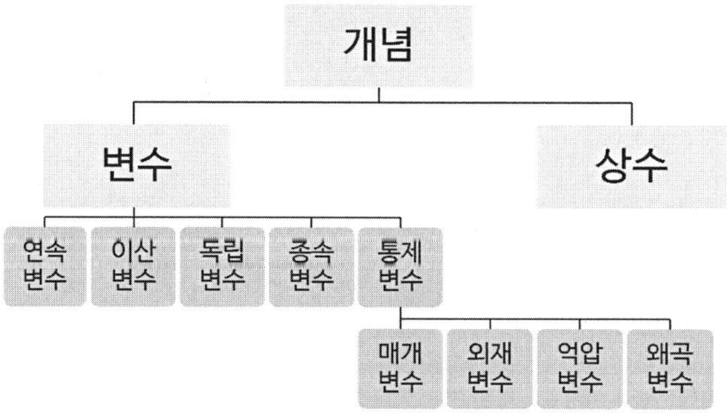

[그림 3.2] 개념과 변수

3. 변수의 종류

1) 독립변수(independent variable)

독립변수란 종속변수에 영향을 미치고, 종속변수의 분산을 설명해 주는 변수를 말한다. 예를 들면, 'X는 Y에 영향을 미친다 또는 X의 변화는 Y의 변화를 초래한다'라는 진술을 할 경우에 X는 독립변수, Y는 종속변수이다. 인과관계에서의 원인(cause)은 독립변수이고, 결과(effect)는 종속변수이다. 또한 흡연이 폐암을 유발한다고 가정할 경우, 흡연은 독립변수이고 폐암은 종속변수이다. 독립변수란 비대칭적 관계에서 다른 변수의 변화를 야기할 수 있는 변수이며, 종속변수의 논리적인 선행조건으로 종속변수에 영향을 미치는 원인으로 작용한다. 독립변수는 원인변수(casual variable), 설명변수(explaining variable), 예측변수(predictor variable)라고도 한다. 아울러 실험설계에서는 연구자가 의도적으로 조작한 변수인 실험처치(experimental treatment) 또는 실험자극(experimental stimulus)이 독립변수에 해당한다.

2) 종속변수(dependent variable)

종속변수는 다른 변수에 의존하지만 다른 변수에 영향을 미칠 수 없는 변수를 말한다. 다시 말해서 다른 변수의 영향을 받는 변수로서 독립변수의 변화에 따라 발생되는 변화의 결과를 말한다. 종속변수는 보통 Y로 표시하며, 결과변수(effect variable), 피설명변수(explained variable), 피예측변수(predicted variable)라고도 부른다. 실험설계에서는 실험처지에 따라서 변화하는 것으로 예측되는 변수, 다시 말해 관찰대상의 속성이 종속변수가 된다. 일반적으로 사회과학 연구의 결과들은 원인과 결과로 연결된 인과적 서술의 형식을 갖는다. 두 변수 간에 인과적 관계가 있다는 것은 한 변수의 변화가 다른 변수의 변화를 초래한다는 것을 의미한다. 결국 종속변수는 독립변수의 변화에 대한 추정된 결과이다(한승준, 2008).

➲ 독립변수와 종속변수 예시

- "경제적 수준(상/중/하)에 따라 범죄 발생률은 차이가 있을 것이다"라고 가설을 설정했을 경우, 경제적 수준은 독립변수, 범죄발생률은 종속변수이다.
- "날씨(맑음/흐림)에 따라 교통사고 발생률은 차이가 있을 것이다"라고 가설을 설정했을 경우, 날씨 상황은 독립변수, 교통사고 발생률은 종속변수이다.
- 강의 방법(강의식/토론식)에 따른 학업 만족도(독립변수: 강의 방법, 종속변수: 학업 만족도)
- 교육 수준(상/중/하)에 따른 투표 참가율(독립변수: 교육 수준, 종속변수: 투표 참가율)

3) 매개변수(intervening variable)

매개변수란 독립변수와 종속변수 사이에서 독립변수의 결과인 동시에 종속변수의 원인이 되는 변수를 말한다. 또한 매개변수는 두 변수의 중간에 놓여서 징검다리와 같이 두 변수를 연결해 준다고 하여 징검다리 변수라고도 한다. 결국 독립변수는 매개변수를 통해 종속변수에 간접적으로 영향을 미치게 한다. 실제 사회현상의 관계는 두 변수간의 명백한 관계가 매개변수에 의해 기인되는 경우가 있다. 다시 말해서 변수 A와 변수 B는 고도로 상호 관련되어 있을지 모르지만, 이는 단지 변수 A가 제3의 변수 C의 원인이 되고, 차례로 변수 C가 변수 B의 원인이 되었기 때문일 수도 있는 것이다. 이러한 경우에 변수 C를 매개변수라 한다.

매개변수는 독립변수에서 종속변수에 이르는 시간적 전후관계와 논리적 과정에 대한 이해를 가능케 함으로써 인과관계에 대해 정확히 규명할 수 있도록 해 준다. 따라서 사회현상에서의 인과적 관계는 끊임 없는 인과적 고리로 이어져 있다고 볼 수 있다. 정책연구에서 살펴보면, 행동대안(alternative courses of action)이 독립변수가 되고 정책목표(policy objective)가 종속변수가 된다. 와이즈(Weiss, 1972)는 행동대안의 집행과정에서 일어날 수 있는 변수를 집행변수(implementation variable)와 교량변수(bridge variable)로 구분하여 설명하고 있다.

먼저 집행변수의 대상으로는 정책이나 정책 프로그램을 실천하는데 사용되는 행정적 전략을 말하며, 여기에서의 전략은 프로그램의 내용과는 구별된다. 다음으로 교량변수는 정책목표의 달성에 앞서 나타나는 일종의 중간결과로 볼 수 있다. 예를 들면, 직업훈련프로그램(독립변수)이 직업훈련을 받은 대학생의 취업(종속변수)으로 한다고 가정할 때 피훈련자가 취업을 하기 위해서는 반드시 일정 수준의 기술을 습득해야 한다. 여기에서 일정 수준의 기술습득이 교량변수이다. 반면에 기술습득과 취업에 필요한 훈련 내용이나 행·재정적 지원은 집행변수로 볼 수 있다(Mayer & Greenwood: 1980; 남궁근, 2014; 김해동 외, 2010).

또 다른 예로 실직, 가정파괴, 범죄율의 관계에서 보면 부모가 직장에서 실직했을 경우에 자녀의 범죄에 영향을 미치는지를 조사했다고 가정하자. 이 경우, 부모의 실직이 자녀의 범죄에 직접 영향을 미치는 것이 아니라 부모가 실직하면서 부부싸움 등을 통해 가정이 파괴된 후 자녀가 비행 청소년으로 전락하면서 범죄의 빈도가 높아졌을 것이다. 여기서 실직→가정파괴→범죄의 인과모형을 만들 수 있다면, 독립변수는 부모의 실직, 종속변수는 자녀의 범죄, 매개변수는 가정파괴가 될 것이다. 이밖에도 성폭력 상습범에 대한 개입이 재범에 영향을 미치는지를 연구하고자 할 때, 독립변수(가해자에 대한 개입 여부)가 매개변수(피해자에 대한 감정이입 수준)에 영향을 미치고 매개변수는 다시 종속변수(재범 여부)에 영향을 미치는지를 인과관계를 통해 검증해 볼 수 있다(Rubin & Babbie, 2007). 통계적으로 매개변수가 포함된 이론모형에서 통계적 분석은 구조방정식에 의한 경로분석(path analysis) 기법(AMOS 등)을 적용해 변수 간의 영향력을 분석할 수 있다.

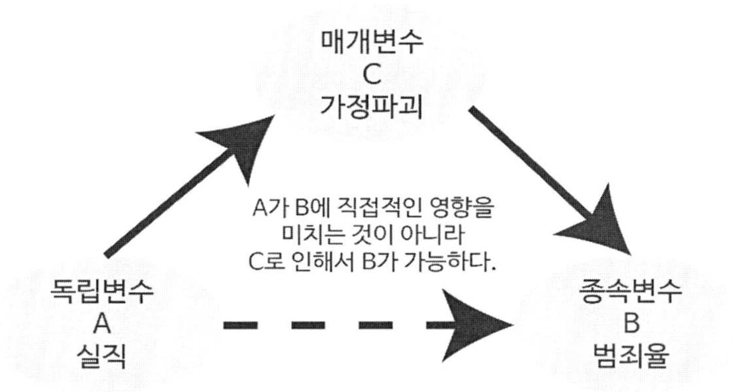

[그림 3.3] 매개변수의 예시

4) 외재변수(extraneous variable)

외재변수는 X와 변수 Y 모두에 영향을 미치고 두 변수 간의 공동 변화를 모두 설명해 주는 변수이다. 다시 말해서 외재변수란 독립변수와 종속변수의 관계가 표면상으로는 인과관계가 있는 것처럼 보이지만, 실제로는 두 변수가 우연히 다른 변수와 연결되어 관계가 있는 것처럼 보이는 제3의 변수(Z)를 말한다. 이 경우에 독립변수(X)와 종속변수(Y)간의 인과관계는 가식적 관계(spurious relation)이다. 이 때 제3의 변수가 독립변수와 종속변수에 미치는 영향을 통제하면, 가식적 관계는 사라지게 된다. 이러한 제3의 변수를 '외부에 존재하여 관계가 없는 변수'라는 의미로 외재변수라 한다. 따라서 외재변수는 독립변수와 종속변수 간의 관계가 진실 된 것인지를 판단해 주는 역할을 담당한다고 볼 수 있다(김기원, 2016; 김렬, 2013).

예를 들어 화재 현장에 참여한 소방관 수가 많을수록 화재의 피해액이 크다는 사실을 발견했다고 가정하자. 이 경우 소방관의 수가 화재 피해액의 직접적인 원인이 될 수 없는데, 왜냐하면 '화재의 규모'라는 제3의 변수가 존재하기 때문이다. 다시 말해서 화재의 규모가 크기 때문에 소방관의 수가 많아졌고 피해 손실액이 커진 것이기 때문에 실제 소방관 수와 피해액 간에는 아무런 관계가 없는 허위 관계이다. 또 다른 예를 들어보자. 어느 병원에서 환자의 입원기간과 환자의 수명 관계를 조사했더니 입원 기간이 길수록 수명의 짧아진다는 것을 발견했다. 이때 병이 심각할수록 입원기간이 길고 결과적으로 수명이 짧아진다면, 이런 경우에 질병의 심각성이라는 변수를 무시하면 입원기간과 수명의 관계가 가식적 관계가 된다. 이 경우에 질병의 경중(輕重) 여부는 외재변수가 된다(Rubin & Babbie, 1998).

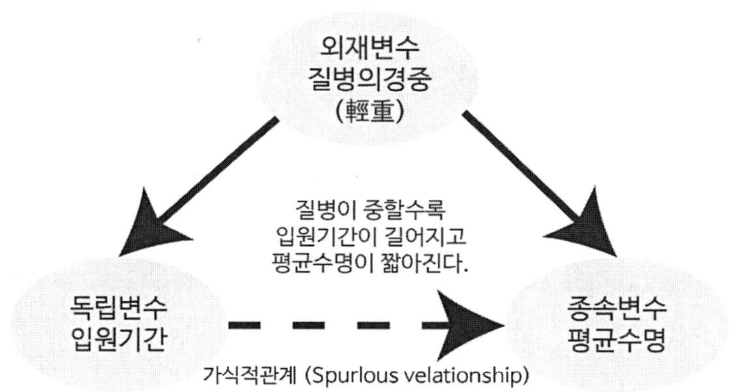

[그림 3.4] 외재변수의 예시

5) 억압변수와 왜곡변수(suppressor variable & distorter variables)

두 변수(X와 Y)가 각각 제3의 변수(Z)와 상관되어 있기 때문에 실제로 관련이 되어 있는 두 변수들(X와 Y)이 관련이 되어있지 않은 것처럼 보이는 관계를 '가식적 영 관계(spurious zero relationship)'라 부른다. 억압변수(suppressor variable)는 두 변수 X, Y가 서로 관계가 있는데도 불구하고 관계가 없는 것으로 나타나게 하는 제3의 변수를 말한다. 이러한 억압변수는 독립변수와 종속변수간의 사실적 관계를 약화시키거나 아예 소멸시켜 버리게 된다. 예를 들면, 권위주의적인 태도와 계급적 지위는 관계가 없는 것으로 나타났으나, 교육수준을 통제하니까 계급이 높을수록 강한 권위주의적 태도를 보였다고 하자. 이 경우에 교육수준이라는 변수가 작용하여 본래의 권위주의적 태도와 계급적 지위와의 관계를 약화내지 소멸시킨 것으로 볼 수 있으며, 이때 교육수준은 억압변수가 된다(Rosenberg, 1968; 남궁근, 2014).

다음 [그림 3.5]은 억압변수에 대한 설명이다. 일반적으로 '교육과 소득수준 간에는 긍정적인 관계가 있는데, 예를 들어 '교육수준이 높을수록 소득수준이 높다'고 가정하지만 조사를 통해 관계가 없음을 알게 된다. 그 후에 사람들은 실제 관계가 존재하지만 그 관계가 연령이라는 변수에 의해 억압되고 있다는 사실을 알게 된다. 다시 말해 연령이 교육수준과 부정적인 상관관계(–)가 있고 소득과는 긍정적인 상관관계(+)가 있다는 것을 발견하게 된다. 결과적으로 높은 연령은 소득이 높지만 교육수준은 낮고 낮은 연령은 교육수준이 높지만 소득은 낮게 되어, 연령이 통제되지 않으면 교육과 소득간의 관계를 상쇄시키게 되는 것이다. 만일 교육수준과 소득이 어떤 동일 연령의 단일인구집단에 대해 조사된다면 그 관계는 다시 나타나게 된다.

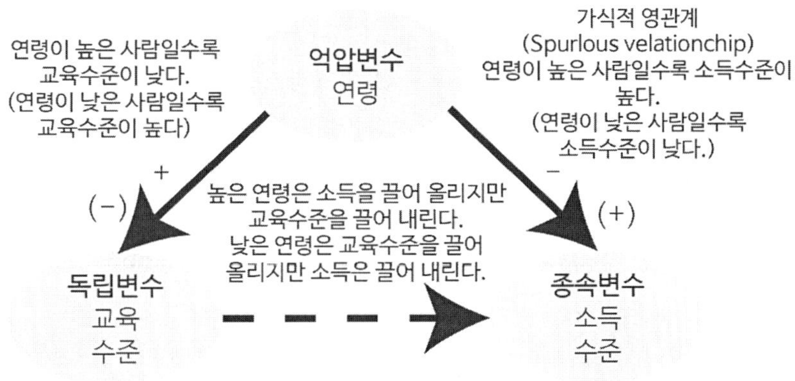

[그림 3.5] 억압변수 예시

다음으로 왜곡변수(distorter variable)는 두 변수 X, Y가 지니는 사실상의 관계를 정반대의 관계로 나타나게 하는 제3의 변수이다. 교육수준이 높을수록 특정 제품에 대한 선호도가 높다고 가정하자. 여기서 추가적으로 소득수준이라는 변수를 고려하여, 소득수준이 높은 사람들만 모아 교육수준과 제품 선호도의 관계를 분석하고, 아울러 소득수준이 낮은 사람들만 모아서 교육수준과 제품 선호도의 관계를 검증해 보자. 만약 두 집단 모두 교육수준이 낮은 사람들이 특정 제품에 대한 선호도가 높다는 분석결과를 도출한다면, 이는 최초 분석결과와는 정반대의 사실을 보여준다. 이 경우 소득수준은 교육수준과 제품 선호도의 실제 관계가 표면적으로 나타난 결과와 정반대임을 밝혀주는 왜곡변수가 된다.

또 다른 예를 들어보자. 에밀 뒤르겡(Emile Durkheim) 이전에 자살을 연구한 학자들은 기혼자들의 자살률이 미혼자의 자살률보다 높다는 통계결과를 제시하였다. 그러나 뒤르겡은 연령이라는 변수를 사용하여 실제 결혼과 자살과의 관계가 그 반대의 관계에 있음을 입증하였다. 다시 말해서 같은 연령층이라면 미혼자의 자살률이 기혼자들의 자살률보다 높다는 것이다. 이때 연령은 결혼과 자살과의 실제 관계가 정반대임을 입증하는 왜곡변수이다. 이처럼 다른 변수로 적절히 통제하지 못하여 실제 관계와 상반된 관계가 나타나는 현상을 '심슨의 역설(Simpson's paradox)'이라 한다.[7]

6) 조절변수(moderating variable)

조절변수는 독립변수나 종속변수의 관계를 조절하거나 영향을 미쳐 상호작용효과가 발생하도록 하는 변수이다. 조절변수는 다른 두 변수간의 관계를 강화시키거나 약화시킨다. 다시 말해서 두 변수간의 관계가 제3의 변수 값에 따라 달라질 경우에 제3의 변수는 조절변수가 된다. 조절변수가 매개변수와 다른 점은 매개변수가 독립변수 및 종속변수와 직접적인 영향을 주고받는데 비해 조절변수는 독립변수가 종속변수에 미치는 효과의 강도에 영향을 미치는 변수이다.

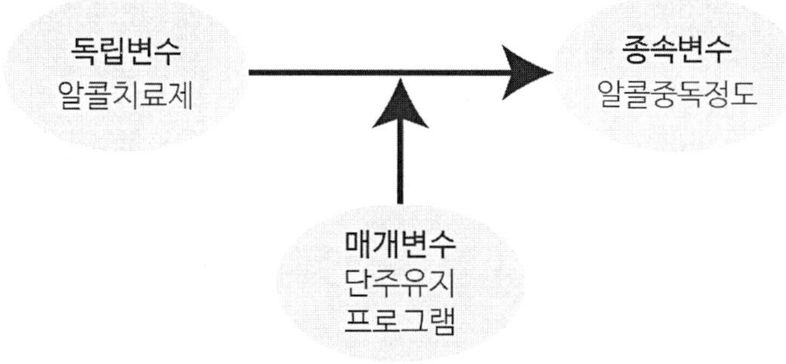

[그림 3.6] 조절변수 예시

예를 들면, 알콜중독치료센터에서 두 가지 약물치료 A, B와 더불어 단주 유지프로그램으로 알콜중독자를 치료한다고 가정하자. 환자가 단주 유지프로그램을 사용하지 않고 약물치료만 했을 경우, A와 B의 약물효과는 거의 없었다. 그렇지만 단주 유지프로그램과 병행했을 때 약물치료제 A와 B 사이에 알콜 절제 효과에서 차이가 났다면, 단주 유지프로그램은

---

7) 예를 들어 어느 대학교 입시에서 남자는 1,000명이 지원해 700명이 합격(합격률 70%)을 했고, 여자는 100명 지원해 68명(합격률 68%)이 합격했다고 가정하자. 남녀의 학력차가 없다고 할 때 이 결과만 보면 여자가 차별을 받은 것으로 보인다. 하지만 계열별로 나누어 보면 남자는 이공계열에 990명 지원해 694명 합격(합격률 70%)했고 여자는 5명 지원해 4명 합격(합격률 80%)했다. 또 어문계열에는 남자가 10명 지원해 6명이 합격(60%)한 반면, 여자는 95명이 지원해 64명이 합격(67.4%)했다. 실제로는 남자가 차별을 당한 것이다(김렬, 2007: 354).

알콜 치료약의 효과에 대한 조절변수가 된다. 통계분석에서 이러한 효과를 조절효과(moderating effect), 상호작용효과(interaction effect), 결합효과(joint effect) 또는 조건적 효과(conditioning effect), 부수적 효과(contingency effect)라고도 한다(김렬, 2013).

7) 통제변수(control variable)

통제변수는 외재변수의 일종으로 독립변수와 종속변수간의 인과관계를 파악하는 과정에서 적절히 통제되는 제3의 변수이다. 다시 말해서 독립변수가 종속변수에 미치는 영향을 보다 정확하게 알기 위해 설정한 변수를 말한다(Nachmias & Nachmias, 2000: 50–51). 이처럼 독립변수와 종속변수간의 관계에 영향을 미치는 요인들을 방치한 채 통제하지 않는다면, 양자 간의 사실적 관계를 정확하게 규명할 수 없다. 따라서 이들 제3의 영향요인(변수)들은 통제 되어야 한다. 여기서 통제는 두 변수간의 인과관계를 검증하는데 있어 제외한다는 것이 아니라 인과관계를 분석함에 있어서 이들 제3의 요인들이 미치는 영향을 고려하여 분석한다는 것을 의미한다. 앞에서 설명한 매개변수, 외재변수, 억압변수, 왜곡변수 등이 통제변수의 종류에 해당될 수 있다. 이러한 통제변수를 고정시킬 경우에 독립변수와 종속변수간의 관계를 더욱 명확하게 알 수 있다. 결론적으로 통제변수는 독립변수가 종속변수에 미치는 영향의 정도를 보다 정확하게 알기 위해 분석에 포함되는 변수이다.

[그림 3.7]에서 독립변수는 '학교폭력', 종속변수는 '폭력피해의 신고 정도'이다. 여기서 폭력피해 신고 정도는 학교폭력만이 원인이 아니라 '성별'이나 '폭력의 정도' 등의 요인에 의해서도 영향을 받을 수 있다. 결과적으로 연구자가 성별이나 폭력의 정도를 통제해야 학교폭력이 폭력피해 신고에 미치는 영향을 정확하게 파악할 수 있다(한승준, 2008).

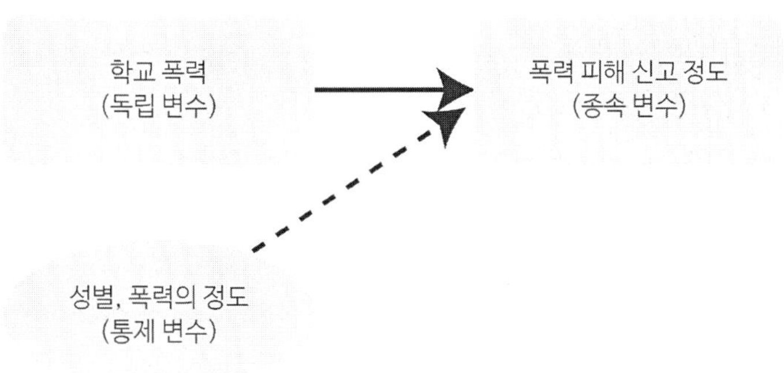

[그림 3.7] 통제변수의 예시

8) 불연속변수와 연속변수(discontinuous & continuous variable)

불연속변수와 연속변수의 구분은 변수를 측정하는 척도 유형에 따른 것이다. 불연속변수는 명목척도(nominal scale)와 서열척도(ordinal scale)로 측정된 측정값을 갖는 변수를 말한다. 다시 말해서 사람이나 사물의 속성을 분류할 목적으로 숫자나 기호를 부여하는 명목척도로 측정된 변수(예: 성별, 범죄유형, 종교 등)와 사물의 속성에 대한 크기, 정도나 양의 많고 적음, 그리고 크고 작음의 정도에 따라 순서를 비교하는 서열척도로 측정된 변수(예: 장애등급, 학력, 직급 등)들이 불연속변수에 해당된다. 불연속변수는 연속적으로 값을 매길 수 없는 값이 하나하나 떨어지는 변수라 하여 이산변수(離散變數, discrete variable)라고도 하며, 가감승제(加減乘除)가 불가능하기 때문에 비계량변수(non-metric variable)라고도 한다. 불연속변수는 다양한 범주를 갖는 범주적 변수(categorical variables)로 되어 있다(김기원, 2016).

불연속변수의 대표적인 예로 더미변수(dummy variables)가 있다. 더미변수는 이분적 변수로써 예를 들면, 성(性)(남자=1, 여자=0), 약물경험 유무(1=있음, 0=없음), 실직자의 지방노동사무소 구직등록 유무(1=등록했음, 0=하지 않았음) 등 1과 0의 값을 부여한 변수이다. 더미변수는 대학교육의 유무, 구직등록 유무, 산재보험 가입 여부, 성(gender) 등과 같이 단지 질적인 설명변수 내지 독립변수가 종속변수에 미치는 영향을 나타낼 때 사용된다.

다음으로 연속변수는 등간척도(interval scale)와 비율척도(ratio scale)로 측정된 값을 갖는 변수를 말하며, 계량변수(metric variable)라고도 한다. 연속변수는 두 관찰 값 사이에 무한한 수의 값이 존재하는 변수로 관찰 값을 측정하여 얻을 수 있다. 예를 들어 시간, 길이, 무게 등이 여기에 속하며, 몸무게가 60kg, 60.3kg, 60.33kg과 같이 측정기기에 따라 변화하는 것처럼 최소 단위가 확정될 수 없는 변수이다. 연속변수에는 서열화 되어 있을 뿐 아니라 척도간의 간격이 같아 수치 간에 가감(+, -)이 가능한 등간척도로 측정된 변수(예: 직업선호도, IQ, EQ, 온도 등)와 수치 간에 가감승제(+, -, ×, ÷)가 가능하고 절대영점(absolute zero)이 존재하는 비율척도로 측정된 변수(예: 소득, 장애인 고용률, 실업률, 아동학대 사례 수, 연령 등)가 있다. 불연속변수는 질적 연구에 활용되는 반면, 연속변수는 주로 양적 연구에서 많이 활용된다(Nachmias & Nachmias, 2000; Babbie, 2001).

4. 변수간의 관계

둘 이상의 변수가 서로 같이 변화는 경우에 변수간의 관계가 존재하다고 본다. 예를 들면, 교육의 정도와 소득 간에는 서로 어떤 관계가 있다고 보는 것이다. 여기서는 관계의 본질과 강도, 관계의 유형에 대해서 간략하게 살펴보았다.

1) 관계의 본질

관계의 본질은 두 변수가 상응(correspondence)의 관계에 있을 뿐 아니라 인과적 관계가 있는 경우를 말한다. 여기서 단순한 상응의 관계는 상관관계(correlation), 원인과 결과의 관계는 인과관계(causality)라 한다. 예를 들면, 학력과 소득 간에 상관관계가 있다면, 학력이 높을수록 소득도 높을 것이라고 예측할 수 있다. 그러나 어떤 변수가 어떤 변수에 영향을 미치는지는 알 수 없다. 다시 말해 학력이 소득에 영향을 미치는지, 소득이 학력에 영향을 미치는지는 알 수 없다. 또 다른 예로 공무원의 보수와 사기 사이에 상관관계가 존재한다면, 보수가 사기에 영향을 미친다는 인과관계도 검증해 볼 수 있을 것이다. 인과관계에 대해서는 다음 4장에서 자세히 살펴보고자 한다.

한편, 두 변수 사이의 관계를 이변량 관계(bivariate relationships)라고 하는데 여기에는 긍정적 관계와 부정적 관계가 있다. 긍정적 관계는 한 변수 값의 증가가 다른 변수 값의 증가를 가져오는 경우를 말한다. 그리고 한 변수의 감소가 다른 변수의 감소를 가져올 경우에도 그 관계는 긍정적 또는 정적(positive or direct)관계라고 한다. 그러나 한 변수의 증가가 다른 변수의 감소를 가져온다면, 그 관계는 부정적 또는 역함수적(negative or inverse)관계라고 한다. 예를 들면, 실업률의 증가가 범죄율의 증가를 가져온다면, 그 관계는 긍정적이다. 만일 경제활동 참가율의 증가가 범죄율을 감소시킨다면, 그 관계는 부정적이다.

어떠한 관계가 긍정적이란 사실은 그 변수들이 부정적 관계내의 변수들보다 더 강하게 관련되었다는 것이 아니라, 단지 그 변수들이 긍정적인 방향으로 변화한다는 것을 의미한다. 마찬가지로 어떠한 관계가 부정이란 사실은 그 변수들이 긍정적 관계내의 변수들보다 더 약하게 관련되었다는 것이 아니라, 단지 그 변수들이 부정적인 방향으로 변화한다는 것을 의미한다. (+), (–) 부호는 관계의 방향(direction of relationship)을 보여주는 것이지 관계의 강도를 의미하는 것은 아니다.

➲ **변수의 관계 예시**	
긍정적 또는 정적 관계	실업률↑, 범죄율↑
부정적 또는 역함수 관계	경제활동 참가율↑, 범죄율↓

2) 관계의 강도(strength of relationship)

관계의 강도는 예측의 정확한 정도를 말하며, 변수들이 서로 연관되거나 상관된 정도를 의미한다. 관계의 강도를 측정하기 위한 일반적인 통계치는 상관계수(correlation coefficient)이다. 상관계수는 그리스 소문자 γ (gamma)란 기호로 나타내고, 이는 -1.0과 +1.0 사이에서 변화한다($-1 \leq \gamma \leq +1$). 그 예로 상관계수가 0.0이라면, 두 변수간의 관계가 전혀 없다는 것을 의미하고 예측에 있어 0%의 정확도를 의미한다.

γ = 0.00	두 변수 간의 관계가 없음(예측에 있어 0%의 정확도)
γ = +1.00	두 변수 간의 긍정적인 관계를 100%의 정확도를 가지고 예측하는 것
γ = -1.00	두 변수 간의 부정적인 관계를 100%의 정확도를 가지고 예측하는 것

다음 [표 3.1]은 상관관계 분석을 통해 상관계수를 제시한 예이다. 상관관계는 분석모형에서 사용한 변수들 간의 관계를 규명하는 것으로 둘 이상의 변수들에서 하나의 변수가 변함에 따라 다른 변수가 어떻게 변하는가를 알려주는 분석방법이다. 그러나 상관관계 분석의 한계는 두 변수들 간의 인과관계를 규명할 수 없으며, 단지 둘 이상의 변수들이 정(+) 또는 부(–)로 함께 변화는 방향과 관계의 정도만을 제시해 준다. 일반적으로 여러 변수들 간의 상관관계는 상관계수(γ)의 절대 값이 클수록 상관관계가 높은 것을 의미한다. 일반적으로 γ〈 0.2일 때는 무시할 수 있을 정도의 "아주 낮은 관계"라 하고, $0.2 \leq \gamma \leq 0.4$이면 "낮은 관계", $0.4 \leq \gamma \leq 0.7$이면 "비교적 높은 관계"를 말한다. 그리고 $0.7 \leq \gamma \leq 0.9$이면 "높은 관계"이며, $\gamma > 0.9$이면 "아주 높은 관계"라고 할 수 있다.

[표 3.1] 상관계수의 예

구 분		형법범지	노인부양 지 수	고령화 지 수	노 인 실입률
형법범죄	Pearson 상관계수 유의확률 N	1.00 22			
노인부양 지 수	Pearson 상관계수 유의확률 N	.927** .000 22	1.00 22		
고령화 지 수	Pearson 상관계수 유의확률 N	.912 .000 22	.999** .000 22	1.00 22	
노 인 실업률	Pearson 상관계수 유의확률 N	.317 .054 22	.609** .003 22	621** .002 22	1.00 22

주) **. 상관계수는 0.01 수준에서 유의함

여기서 형법범죄와 노인부양지수(65세 이상 인구÷15–64세 인구×100), 고령화 지수(65세 이상 인구÷14세 이하 인구×100)는 아주 높은 상관관계(.927, .912)가 있음을 알 수 있다. 그러나 형법범죄와 노인 실업률은 낮은 상관관계(.317)를 보이고 있고, 통계적으로도 유의하지 않은 것으로 나타났다. 노인부양지수와 고령화지수는 아주 높은 상관관계(.999)를 보였고, 노인부양지수와 노인 실업률은 비교적 높은 상관관계(.609)를 보이고 있다. 마지막으로 고령화지수와 노인 실업률도 비교적 높은 상관관계(.621)가 있음을 알 수 있다.

3) 대칭적 관계와 비대칭적 관계

변수간의 관계를 살펴보기 위해서는 변수간 관계의 성격을 먼저 규명해야 한다. 예를 들어 고려해야 할 변수를 두 변수로 한정시킬 경우에 관계의 성격은 크게 세 가지로 구분된다(Rosenberg, 1968).

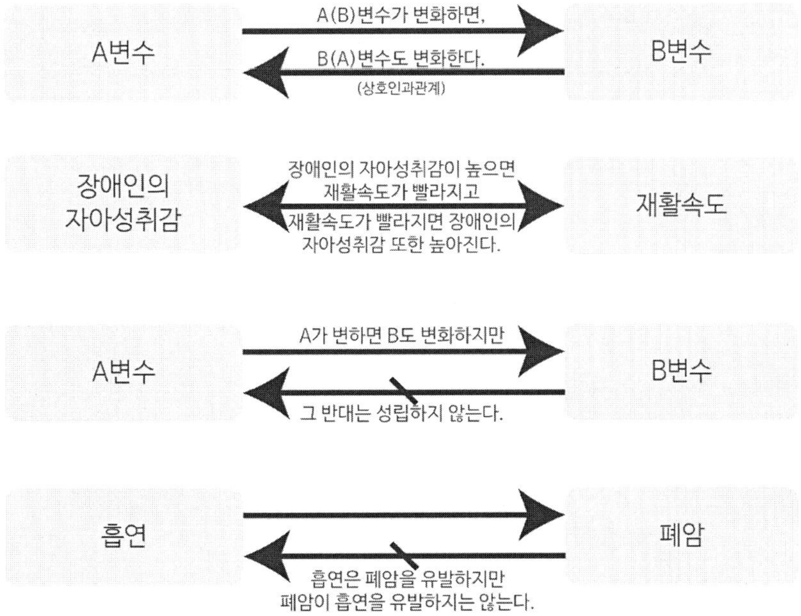

[그림 3.8] 대칭관계와 비대칭관계

첫째, 대칭적 관계(symmetrical relationship)로 이는 두 변수간의 관계에서 어떤 변수도 다른 변수의 원인이 아닌 경우에 해당된다. 일반적으로 두 변수 간에 상관관계 또는 공동변화만 확인할 수 있고, 인과관계의 방향은 알 수 없을 때 대칭적 관계가 있다고 말한다. 따라서

X변수의 변화는 Y변수의 변화를 가져오고 또한 그 역도 성립한다. 한 예로 장애인의 자아존중감과 재활속도간의 관계를 살펴보면, 자아존중감이 높은 장애인은 재활속도가 빠르고, 재활속도가 빨라지면 장애인의 자아존중감 역시 높아지게 된다.

둘째, 상호인과적 관계(reciprocal relationship)로 이 관계는 두 변수가 서로 영향을 미치는 관계를 말한다. 예를 들어 두 변수 X와 Y의 관계에서 X의 변화가 Y의 변화를 초래하였는데, Y의 변화는 다시 X의 변화를 초래하는 등 상호 영향을 주고받는 관계를 의미한다.

셋째, 비대칭적 관계(asymmetrical relationship)는 한 변수가 다른 변수에 영향을 미치는 관계를 의미한다. 이 경우에 한 변수가 다른 변수의 원인이 되는 경우이다. 다시 말해서 독립변수(X)의 변화가 종속변수(Y)의 변화를 유발하는 관계로 비대칭적 관계는 인과관계를 말한다. 예를 들면, 흡연은 폐암을 유발시키지만, 폐암은 흡연을 유발시키지 않기 때문에, 흡연과 폐암간의 관계는 비대칭적 관계라 할 수 있다.

Study TIP 심슨의 역설(Simpson's Paradox)을 아시나요?

심슨(Simpson)이 발견한 심슨의 역설은 범주적 변수들이 제 3의 변수의 존재에 의하여 정반대의 관계를 지니게 될 수 있는 가능성에 대한 문제이다. 암환자 K씨는 가장 권위가 있다는 두 병원 중 한 병원을 선택해 치료를 받기로 결심했다. 다음의 통계자료를 보고 K씨는 두 병원 중 어디를 선택할까?

	환자	생존자	사망자	생존율
A병원	200	116	84	58%
B병원	200	128	72	64%

위의 결과 값을 두고 두 병원의 생존율을 비교하면 B병원의 생존율이 64%로 A병원의 58%보다 6% 높게 나타난다. K씨가 의심의 여지없이 B병원을 선택하기로 결정하는 것이 당연한 것처럼 보인다. 하지만 K씨의 아들인 효동씨는 환자의 암 진행 정도에 따른 치료율에 대한 다음과 같은 통계자료를 찾아내고 아버지에게 처음에 선택한 병원을 바꿀 것을 제안했다.

말기 암환자				
	환자	생존자	사망자	생존율
A병원	160	80	80	50%
B병원	80	32	48	40%
초·중기 암환자				
	환자	생존자	사망자	생존율
A병원	40	36	4	90%
B병원	120	96	24	80%

단순히 전체 환자 수의 생존율을 보면 B병원이 A병원보다 높게 나타난다. 하지만 암의 진행 정도에 따라 조사한 통계자료에 따르면 말디 암환자와 초·중기 암환자를 막론하고 A병원이 B병원보다 치료 성공률이 더 높게 나타난다. 현명한 여러분이라면 아들의 의견을 수렴할 것이다. 이처럼 하위집단에서 관찰된 관계는 하위집단이 결합했을 때 그 관계가 바뀌어 나타날 수 있다. 이와 같이 변수를 제대로 관리하지 못해 상반된 관계가 나타나는 현상을 '심슨의 역설'이라 한다.

통계결과를 비교할 때 흔히 부분의 값이 크면 그 값들이 합쳐진 전체의 값 또한 크다고 생각하는 오류를 범하기 쉽다. 하지만 전체 집단을 몇 개의 부분으로 나눠 통계 값을 분석했을 때 각 부분에서 나타나는 경향이 전체에서는 나타나지 않을 수 있음을 유의해야 한다.

출처: http://blog.daum.net/ceta21(2014.1.22)

제 3 절 가설

1. 가설의 의미와 특징

1) 가설(hypothesis)의 의미

과학적 방법에 의해 문제를 해결하는 첫째 단계는 문제(problem)가 무엇이며, 그 문제를 어떻게 찾아야 하는가이다. 다시 말해 연구문제를 선정하는 것이다. 연구문제를 선정함에 있어서 중요한 것은 경험적으로 사실 여부를 확인할 수 있어야 하고 개연성의 정도(degree of probability)를 제시할 수 있어야 한다. 또한 연구문제의 타당성 여부나 개연성의 정도를 제시한다는 것은 문제에 대한 해결이나 근거를 얻을 수 있어야 함을 의미한다. 따라서 연구자는 자신의 경험과 지식을 총동원하여 가장 정답에 가깝다고 판단되는 것을 제시할 수 있어야 한다. 물론 이 경우에 정답은 타당성 여부를 가릴 수 있도록 구성되어야 한다. 이러한 연유로 연구문제를 형성한다는 것은 이러한 잠정적인 정답까지 포함한다고 말할 수 있다.

범죄수사와 관련하여 수사관들의 활동을 예로 들면, 시체가 있다는 제보가 들어와 수사관이 범죄 현장에 출동했다. 우선 1단계로 수사관들은 이것이 자살인지, 타살인지 아니면 병으로 사망했는지, 추락사 등의 사고인지를 철저히 수사해야 한다. 그러나 이 경우에 수사관의 입장에서 타살 여부만이 문제의 초점이라고 가정한다면, 이 때 잠정적인 정답은 간단하다. 다시 말해서 "타살이다" 혹은 "타살이 아니다" 둘 중 하나이다. 왜냐하면, 타살이 아님이 밝혀지면 자살이나 질병, 기타 사고사에 해당되기 때문이다. 만약 시체의 등 부분에서 복부로 나온 총알 자국이 있다면, 이는 타살임을 입증하는 중요한 근거가 될 것이다. 자신의 등 부분에서 총을 쏘는 것은 매우 어려울 뿐만 아니라 주변의 경험으로 비추어 볼 때 이러한 사실은 거의 없기 때문이다. 유능한 수사관이라면 그러한 증거 이외에 피해자가 살해되었다는 사실을 입증할 수 있는 근거 자료를 수집할지도 모른다.

둘째 단계는 피해자가 살해되었다는 사실이 충분히 입증되었을 경우에 수사관은 범인을 체포하는 것이다. 이를 위해 범인으로 추정되는 사람, 다시 말해 유력한 용의자를 결정해야 한다. 왜냐하면, 불특정 다수를 모두 체포할 수는 없기 때문이다. 이러한 판단 이후 수사관 또는 프로파일러(profiler)는 피살자의 신원을 확인하고 주변 사람들을 탐문 조사하여 피해자를 살해할 이유가 있다고 판단되는 사람들의 명단 등 범죄 프로파일링(criminal profiling)[8]을 작성할 것이다. 그리하여 피해자를 살해한 가장 유력한 용의자(잠정적 정답)를 지목하여 제시할 것이다. 만일 용의자가 도주했다면, 이 수사관은 그의 범죄사실을 확신하게 될 것이다. 이 수사관의 다음 단계의 문제는 그를 체포하는 것이고 그의 은신처를 찾는 일이다. 다시 말해서 용의자가 숨어 있을 만한 장소를 물색해 내는(잠정적 해답) 일이다.

셋째 단계는 조사문제를 구체화하는 가설을 설정한다. 연구조사에서 가설이란 이와 같이 어떤 문제에 대해 그 타당성을 입증하기 위한 잠정적인 해답을 말하는 것이며, 이러한 잠정적인 해답은 반증될 수도 있다. 대부분의 조시계획은 이러한 가설을 시험 또는 검증하기 위한 활동지침들로 구성되어 있다.

마지막 단계는 문제 해결을 위해 실제 현상에서 가설을 실증적으로 검증한다. 가설은 참인지 거짓인지(true or false)를 판단할 수 있게 작성되어야 하며, 이것이 참인지 아니면 거짓인지의 여부가 밝혀지면 조사문제가 해결될 수 있어야 한다. 결국 가설이란 조사문제를 해결하는 판단 대상이 되는 사실이며, 이러한 사실의 진위를 확인해 봄으로써 문제에 대한 해답을 내리게 되는 것이다. 가설은 실증적인 확인의 대상이 되므로 매우 구체적이고 현상과 밀접한 관련성을 지니는 주장이어야 하며, 아직까지 그 진실여부가 확인되지 않은 사실이라고 할 수 있다.

지금까지의 내용을 요약하여 정리하면, 가설은 두 개 이상의 변수가 현상간의 특별한 관계를 검증 가능한 형태로 서술하여 이들 관계를 예측하려는 진술이나 문장을 말한다. 조사과정에서 두 변수 간에 어떤 관계가 존재할 것이라고 생각되면, 먼저 그 관계를 가설로 진술하고 실증적으로 그 가설을 검증하게 된다.

---

8) 범죄 프로파일링이란 범죄자에 관한 여러 증거를 참고로 해서 어떤 감각을 갖는 것으로 범죄를 저지른 사람이 어떤 유형의 사람인가 하는 질문에 답하고 가능한 한 정확한 예측을 위해 다양한 범죄자료 및 범죄현장을 분석하는 기술이며, 범죄행위의 실행에 있어 주체가 되는 개인의 인성적 특징을 추론하는 과정이다. 또한 범인상추정기법이라고도 하고 범죄유형, 범인의 심리, 성장배경, 전후 행적을 분석해 각각의 유형으로 체계화한 다음 다른 사건의 용의자 추적에 활용하는 기법을 말한다((홍성열, 2011: 16; 오윤성, 2017: 406 참조).

2) 가설의 기능과 특성

앞에서도 제시했듯이 가설은 연구문제에 대한 잠정적인 해답인 동시에 검증을 통하여 진위가 결정된다. 다시 말해서 연구문제에 대한 해답은 가설검증을 통하여 제시되는 동시에 이론적 세계와 경험적 조사연구의 세계를 연결하는 통로이기도 하다. 여기서 이론과 관련하여 가설의 주요 기능을 이론적 검증, 이론의 제시, 현상의 기술, 현실의 개선을 통해 살펴보았다(Black & Champion, 1976; 박용치, 2008; 남궁근, 2014).[9]

첫째, 이론적 검증으로 연구자가 사회현상을 설명하기 위하여 이론을 개발하지만, 이러한 이론 자체를 직접 검증할 수는 없다. 하지만 연구자는 이론에서 도출한 가설을 검증할 수 있다. 예를 들어 연구자가 진술한 가설과 경험적인 관찰결과가 일치하게 될 경우 그 연구자의 이론은 부분적으로 지지된다고 할 수 있다. 어떤 이론이 일련의 사건을 설명하는 도구로서의 예측적 가치(predictive value)와 적절성(adequacy)을 증명하기 위해서는 그 이론에서 도출된 여러 가지 가설을 검증해 보아야 한다. 이처럼 가설의 가장 중요한 기능은 이론을 검증할 수 있도록 하는 것이다. 이러한 의미에서 가설을 '이론을 검증 가능한 형태로 진술한 문장'으로 정의할 수 있다.

둘째, 어떤 가설은 특정 이론과 관계없이 제시되기도 하는데, 이 경우에는 가설을 검증한 결과를 토대로 이론이 구성되기도 한다. 이처럼 가설의 또 다른 기능은 현상을 설명할 수 있는 이론을 제시하는 것이다. 실제적 연구에서 이론으로부터 가설로 진행되는 경우가 많지만 그 반대의 경우, 다시 말해서 가설을 토대로 이론이 구성되는 경우도 있다. 사회현상을 관찰하면서 연구자들은 어떤 현상이 왜 발생하는가를 고찰하여 그러한 현상과 관련된 여러 가지 사실에 관한 가설을 설정할 수 있다. 이러한 가설 중에서 현상을 설명할 수 있는 잠재력이 큰 가설을 선택하여 이를 근거로 현상과 설명을 연결시키는 명제[10], 가정, 정의의 논리체계를 구성할 수 있다. 어떤 경우이든 연구자가 가설로부터 구성한 이론의 적절성을 평가하기 위해서는 경험적 검증이 이루어져야 하며, 그 이론의 예측적 가치는 그 시점

9) Black, J. A., & Champion, D. J. 1976. Methods and Issues in Social Research, New York: John Wiley & Sons, pp. 135-138.

10) 이론과 관련된 재개념인 명제(proposition)는 실세계에 대한 하나의 진술을 말하는 것으로 경험적 근거가 확인된 가설이라 할 수 있다. 항상 두 개 또는 두 개 이상의 개념을 포함한 것으로 개념간의 관계에 의해서 실세계를 나타낼 수 있어야 한다. 또한 옳고 그름을 판단할 수 있도록 해주어야 하며, 관찰 가능한 현상에 속하는 것이 무엇인지 알려줄 수 있어야 한다. 명제가 몇 개 묶어져 있는 것이 바로 이론이다(이종익, 2019: 45 참조).

에서 평가된다.

셋째, 가설은 또한 사회현상을 기술하는 기능을 수행한다. 가설이 경험적으로 검증될 때마다 가설에 관련된 현상에 관한 정보를 얻게 된다. 가설이 채택되면 그 현상에 관한 정보를 추가하게 되며, 가설이 기각된 경우에도 이전에 알지 못한 사실을 알 수 있게 된다. 결과적으로 가설검증의 결과로 축적된 정보는 사회현상의 발생 원인에 대하여 연구자가 가지고 있는 지식을 증가시킨다(박용치, 2008; 김기원, 2016).

넷째, 가설은 앞의 세 가지 주요 기능 외에 여러 가지 부차적 기능을 수행하게 되는데, 이러한 부차적 기능은 가설검증 결과에서 얻은 지식을 현실세계의 개선을 위하여 사용하는 것과 관련성이 있다. 이처럼 가설은 현실의 개선이라는 2차적 기능을 가지는데, 어떤 가설을 검증한 결과로 지역사회에서 새로운 정책이 형성될 수 있고 여러 가지 사회문제에 대한 해답이 암시되거나 해결방법을 찾아서 집행될 수도 있다. 또한 가설검증의 결과 인간의 형태에 관한 '상식적' 관념이 잘못된 경우에 이를 수정할 수 있게 된다. 이밖에도 모든 가설은 자연현상 및 사회현상에 대한 우리의 지식과 관련이 있으며, 가설검증 결과에서 얻은 지식은 현실의 개선에 사용될 수 있는 것이다.

한편, 가설은 두 개 이상의 변수들의 관계를 검증 가능한 형태로 서술해 놓은 하나의 문장이다. 또한 가설을 정의하는데 있어 학자에 따라 다소 차이는 있으나 '연구문제에 대하여 연구자가 내린 잠정적인 해답'이라 할 수 있다. 이러한 가설은 다음과 같은 특성을 내포하고 있으며, 이는 가설구성의 요건과 평가기준도 된다(김기원, 2016).[11]

첫째, 가설은 두 개 이상의 변수로 구성되며 이들 간의 관계로 표현되어야 하며 진술자체가 명확해야 한다. 조사문제는 주로 어떤 현상이나 사건을 중심으로 구성되는 반면, 가설은 이러한 현상이나 사건을 묘사하는 개념을 양적으로 표현할 수 있는 변수의 형태를 취하고 있다. 다시 말해서 "특정변수의 조건이 어떠할 때 다른 특정변수의 조건은 어떠하다"는 식으로 표현한다. 여기서 문장 전자의 특정변수는 독립변수(X)이고, 후자의 특정변수는 종속변수(Y)를 의미한다. 예를 들면, "노인들의 경제활동 참가율이 높을수록 노인범죄는 감소할 것이다"라는 가설에서 경제활동 참가율은 독립변수이고 노인범죄는 종속변수이다.

11) 김해동 등(2010)은 가설구성의 요건과 평가기준으로 ①시험의 용이성, ②입증의 명백성, ③가설자체의 개연성, ④수집되는 지식의 양, ⑤적합성 등 다섯 가지를 제시하고 있다(김해동·김광웅, 2010: 94-98). 이밖에 김렬(2007)은 가설의 구비조건으로 ①이론적 준거성, ②명백성, ③구체성, ④검증가능성 등 네 가지를 제시하였다(김렬, 2007: 64-56).

일반적으로 가설은 '만일 ~하면, ~할 것이다(If A, then B)'라는 형식을 취하거나 '~할수록, ~하다(The more, the less)'는 형식을 취한다.

둘째, 가설은 문제를 해결해 줄 수 있어야 한다. 가설을 설정하는 가장 큰 이유는 문제의 진위를 밝히는 것이다. 다시 말해서 가설의 목적은 문제를 해결하는데 있다. 가설이 참이라고 밝혀지면 문제를 해결할 수 있는 대안을 찾을 수 있으며, 가설이 거짓이라고 밝혀지면 문제를 해결할 수 있는 대안을 찾을 수 없다. 앞의 예에서 "노인들의 경제활동 참가율이 높을수록 노인범죄는 감소할 것이다"라는 가설이 참이라고 밝혀지면 노인범죄를 줄이기 위해서는 노인들의 경제활동 참가율을 높일 수 있는 정책적 제언을 할 수 있다. 그러나 가설이 거짓으로 판명되면, 경제활동 참가율이 노인범죄에 영향을 미치지 않기 때문에 노인범죄를 줄이기 위한 대안으로 제시할 수 없다. 이 경우에 문제를 해결하기 위해서는 또 다른 가설을 설정하여 그 진위를 밝힐 필요가 있다.

셋째, 가설은 진술된 관계를 경험적으로 검증할 수 있어야 한다. 가설은 직접적으로 실증적인 조사를 통해 검증할 수 있거나 대체개념을 통해 검증할 수 있어야 한다. 경험적으로 검증 가능한 가설이 되기 위해서는 가설에 포함되어 있는 변수에 대한 조작적 정의가 이루어질 수 있어야 하며, 이들 변수들은 직접 관찰되거나 측정될 수 있어야 한다. 예를 들면, "청소년의 가족여가활동이 많을수록 게임 과몰입은 감소할 것이다"라는 진술은 변수 간의 관계를 실증적으로 확인할 수 있기 때문에 가설의 일종이라 할 수 있다.

넷째, 가설은 확률적인 속성을 가진다. 다시 말해서 가설 자체가 개연성을 갖는다. 가설은 참일 수도 거짓일 수도 있기 때문에 가설의 진위 여부의 가능성은, 다시 말해 혹은 거짓(true or false) 여부의 가능성은 추계적(推計的, stochastic) 또는 확률적으로 인식되어야 한다. 가설의 진위 여부는 100%의 가능성을 전제로 하는 절대적인 판단이 아니라, 발생 가능성 내지 개연성(degree of probability)을 0%에서 100% 사이에 놓고 상대적으로 판단을 한다. 가설은 문제의 잠정적인 해답에 대한 추정인데, 이러한 추정은 당연히 정답처럼 느끼게 하는 개연성이 큰 것이 좋은 가설이다. 다시 말해서 현상의 원인이라든지 관계를 짐작하는데 있어서 그런 짐작이 그럴 듯한 것으로 느끼게 해야 한다. 공감을 불러일으킬 수 있는 것이 좋은 가설이라는 것이다. 따라서 연구자는 가설을 구성할 때 스스로 그것이 그럴 듯하다고 믿음으로써 개연성의 논리적 비약을 피하고 원인이라고 생각되는 이유나 근거를 제시해 그 가설의 설득력을 높여야 한다. 개연성의 기준은 가설의 설득력을 의미한다. 예를 들면, '사람은 언젠가 죽을 것이다'라든지 '사람은 죽지 않을 것이다'라는 가설은 그 결과가 항상 참 내지 거짓일 수밖에 없기 때문에 이를 가설로 설정해서는 안 된다.

다섯째, 가설의 내용은 한정적이고 구체적이어야 한다. 가설의 내용이 막연하고 추상적일 경우에는 무엇을 검증해야 하는지를 알 수 없으며, 검증 자체가 불가능하다. 따라서 가설은 구체적으로 측정 가능한 변수들 간의 관계를 나타내기 때문에 추상적이기보다는 구체적으로 명시해야 한다. 가설이 구체화되기 위해서는 추상적인 개념이 경험적으로 측정 가능하도록 개념적 정의와 조작적 정의가 선행되어야 한다. 변수에 대한 개념적 정의를 내리는 과정에서 추상적인 개념들은 구체화되고, 조작적 정의를 내리는 과정에서 변수들은 측정 가능하고 수식이나 숫자로 표현될 수 있도록 계량화되어야 한다. 또한 가설은 '비교법'을 사용할 경우에 더욱 명백해진다. 예를 들어, "청소년의 극단적인 선택은 사이버 불링(Cyber Bullying)과 관련이 있다"라는 가설보다 "사이버 불링을 경험한 학생이 그렇지 않은 학생들보다 극단적인 선택에 대한 생각이 더 많을 것이다"가 더 좋은 가설이라 할 수 있다.

2. 가설의 유형

가설은 여러 가지 기준에 따라 분류할 수 있으며, 분류 형태에 따라 다양한 종류의 가설이 있다.[12] 여기서는 적용범위, 연구목적, 통계적 검증, 변수의 수 등에 따라 이를 구분하여 간략하게 살펴보았다.

1) 적용범위에 따른 분류

가설은 적용되는 범위의 크기에 따라 일반 가설과 지엽적 가설로 분류된다. 일반가설은 모든 시간과 장소에 관계없이 내포된 변수들 간의 관계가 항상 적용되는 가설로 적용범위가 광범위하다. 이에 반해 지엽적 가설은 내포된 변수들 간의 관계가 특정 시간과 장소에만 한정적으로 적용되는 가설로 적용범위가 제한적이다. 일반 가설에 가까워질수록 가설의 설명력과 예측력이 우수하다고 평가된다. 이는 연구자의 연구능력과 표본수집능력 그리고 자료의 획득가능성 등에 달려 있다.

---

12) 일반적으로 가설의 유형을 ① 어떤 대상이 일정한 특징을 가지고 있다는 것을 지적하는 가설, ② 어떤 현상에서 경험적 균일성(empirical uniformities)의 존재를 서술하는 가설, ③ 복합적인 이념형을 취급하는 가설, ④ 분석과 변수간의 관계를 취급해 인과관계를 검토하는 가설로 구분하기도 한다(박용치 외, 2008: 216-217; 남궁근, 2014: 156 참조).

2) 연구목적에 따른 분류

가설은 연구의 주요 목적에 따라서 기술적 가설(descriptive hypothesis)과 설명적 가설(explanatory hypothesis)로 분류된다. 첫째, 기술적 가설은 사실을 묘사한다는 의미에서 식별가설(identification hypothesis)이라고도 한다. 기술적 가설은 현상의 정확한 기술, 다시 말해 사실을 밝히는 것을 목적으로 하는 가설이다. 어떤 변수의 성질, 형태, 크기, 위치, 분포에 관한 가설이 여기에 해당된다. 기술적 가설은 궁극적으로 '그것이 무엇인가(what)'에 대한 해답을 구하기 때문에 '무엇은 ~이다(what ~ is ~)'라는 표현양식을 취한다. 예를 들면, 2017년 말 기준 '우리나라의 자살률은 인구 10만 명 당 24.3명이다.' 2017년 '우리나라 사람들의 평균수명은 남자 79세, 여자 84세이다' 등으로 표현하는 방식이다. 이러한 기술적 가설의 검증을 통해 연구자는 사회현상이나 문제를 탐색하고 이를 있는 그대로 기술하여 그 현상과 문제를 정확하게 파악할 수 있다. 또한 각종 대안을 탐색·기술하여 정책결정자가 이들 중 최적의 대안을 선택하는데 필요한 정보를 제공하기도 한다. 하지만 최근에 기술적 가설은 잘 사용하지 않는다. 왜냐하면, 현상에 대한 기술은 가설검증이 목적이 아니라 단지 현상의 유무를 파악하기 위한 기초자료의 수집이라는 목적이 강하기 때문이다(양병화 외, 2000).

둘째, 설명적 가설(explanatory hypothesis)은 둘 또는 그 이상의 변수들 간의 관계를 규명하기 위한 가설이다. 다시 말해서 변수들 사이의 어떤 법칙이나 경험적 균일성의 존재를 발견하거나 이들 간의 인과관계를 밝혀내기 위한 가설로서 두 변수 간에 실제로 일어날 수 있는 관계를 나타내는 문장의 형식으로 표현된다. 설명적 가설에는 규칙성의 존재에 관한 가설과 인과관계에 관한 가설이 있다. 먼저 법칙이나 규칙성의 존재에 관한 가설은 둘 이상의 변수들 간 관계의 양상에 공통점이나 규칙성이 있음을 보여 주게 된다. 그레샴의 법칙(Gresham's law)[13]이 그 예라 할 수 있다. 반면, 인과관계에 관한 가설은 '왜(why)'라는 질문에 대한 해답으로 어떤 현상의 원인 또는 변수 간의 시간적 순서, 변수 간의 작용 및 반작용의 양상이나 크기 등을 말하는 가설이다. 사실상 연구에서 일반적으로 말하는 가설은 대부분 인과관계에 관한 가설에 속한다고 할 수 있다. 예를 들어 폐암의 원인은 무엇인가, 공무원의 보수 인상이 직무몰입에 어떤 영향을 미치는가 등에 대한 잠정적 대답들이

13) 그레샴의 법칙(Gresham's law)이란 소재의 가치가 서로 다른 화폐가 동일한 명목가치를 가진 화폐로 통용되면, 소재가치가 높은 화폐(Good Money)는 유통시장에서 사라지고 소재가치가 낮은 화폐(Bad Money)만 유통되는 현상을 말한다. 그레샴은 이 현상을 "악화가 양화를 구축한다(Bad money drives out good)"라고 표현하였는데, 이는 비단 화폐유통시장뿐만 아니라 여러 경제현상에서 관찰되고 있다.

인과관계에 관한 가설이다. 끝으로 설명적 가설은 두 변수 간 실제로 일어날 수 있는 관계를 나타내기 때문에 '만약 ~하면, ~하다' 또는 '~할수록, ~하다'는 표현양식을 취한다. 이것은 'if A, than B'의 형식, 다시 말해 '만약 선행조건이 진실이라면 결과조건도 진실이다'라는 구조를 가진다.

3) 통계적 검증과정에 따른 분류

경험적 연구의 검증과정에 따라 연구가설[14)]은 귀무가설과 대립가설로 구분되고, 이들 양 가설이 통계적 검증이 가능하도록 진술되었을 때 이를 통계적 가설이라 한다. 귀무가설은 통계적으로 기각하기 위해 설정하는 가설로써 귀무가설을 기각함으로써 연구자는 대립가설을 채택하게 된다. 먼저 귀무가설(null hypothesis)은 영가설이라고도 하며, 연구가설과 논리적으로 반대 입장을 취하는 진술로서 그 진위가 직접 검증되어야 할 가설이다. 귀무가설은 수집된 자료에서 나타난 차이가 그 관계가 진정한 것이 아니라 우연의 법칙(laws of chance)에 의해 생긴 것으로 진술한다. 이러한 귀무가설이 필요한 이유는 가설검증을 위한 경험적 자료의 수집과정에서 모집단에 대한 전수조사가 아니라 표본조사에 의존할 때 표본의 오차(sampling error)가 발생할 수 있기 때문이다(남궁근, 2014). 귀무가설은 주로 'X는 Y와 관계가 없다' 혹은 'X와 Y는 차이가 없다'고 진술된다. 예를 들면, '남녀 대학생간에 흡연 정도는 차이가 없다.' 또는 '대학생들의 성별이 흡연에 영향을 미치지 않는다'고 가정 할 경우에 이를 귀무가설이라 한다. 일반적으로 연구자는 귀무가설을 기각하고 그에 대립하는 대립가설을 채택함으로써 연구의 목적을 달성하려 한다. 귀무가설은 기호로 H_0로 표시하며, 다음과 같은 등식이 성립된다.

$H_0 : \mu_1 = \mu_2$	H_0 : 귀무가설 μ_1 : 첫 번째 모집단의 평균 μ_2 : 두 번째 모집단의 평균

다음으로 대립가설(alternative hypothesis)은 귀무가설에 대응하여 귀무가설이 거짓일 때 채택하기 위해 설정하는 가설이다. 대립가설은 '관계가 있다 혹은 차이가 있다'는 형식을 취한다. 앞의 귀무가설에서 제시한 예와는 달리 '남녀 대학생간에 흡연 정도는 차이가 있다'

14) 연구가설(research hypothesis)은 이론으로부터 도출된 가설로서 검증될 때까지는 조사문제에 대한 잠정적인 해답으로 간주된다. 이는 주로 'X는 Y와 관계가 있다'고 진술되며 작업가설(working hypothesis), 실험가설(experimental hypothesis), 과학적 가설(scientific hypothesis)이라고도 한다(김기원, 2016: 162 참조).

거나 '대학생들의 성별이 흡연에 영향을 미친다'고 가정했을 때 이를 대립가설이라 한다. 대립가설은 표본으로부터 주어진 증거에 의해 연구자가 주장하고자 하는 가설로서 간혹 연구가설과 동일하게 사용하기도 한다. 대립가설은 H_1로 표기하며, 기호로 표시하면 다음과 같다(한승준, 2006: 136).

$H_1 : \mu_1 \neq \mu_2$	H_1 : 대립가설 μ_1 : 첫 번째 모집단의 평균 μ_2 : 두 번째 모집단의 평균

➲ 통계적 검증과정 예시

어느 연구자가 모차르트 음악이 청소년의 영어 암기에 영향을 미치는지를 살펴보고자 한다. 청소년을 무작위로 선발하여 각각 30명씩 두 집단을 만들고, 한 집단의 청소년에게 모차르트 음악을 들으면서 영어 단어를 외우게 하고, 또 다른 집단의 청소년에게 아무런 음악 없이 영어 단어를 외우게 했다. 연구자는 모차르트 음악을 들은 청소년들이 영어 단어를 더 잘 외울 것으로 예측한다.

- 연구가설: 모차르트 음악을 들으면서 영어 단어를 외운 청소년 집단이 그렇지 않은 집단의 청소년들보다 영어 단어를 더 잘 외울 것이다.
- 귀무가설: 모차르트 음악을 들은 청소년 집단과 그렇지 않은 집단은 암기한 영어단어 수에서 차이가 없을 것이다. ($H_0 : \mu_1 = \mu_2$)
- 대립가설: 모차르트 음악을 들은 청소년 집단과 그렇지 않은 집단은 암기한 영어단어 수에서 차이가 있을 것이다. ($H_1 : \mu_1 \neq \mu_2$)

한편, 가설을 검증할 때 오류가 발생할 수 있는데, 이는 변수 간의 사실 관계와는 다른 결론을 내리는 것을 말한다. 여기에는 제1종 오류와 제2종 오류가 있다. 예를 들어 귀무가설이 사실임에도 불구하고 귀무가설을 기각함으로써 발생하는 오류를 제1종 오류(type I error)라고 하고, 귀무가설이 사실이 아님에도 불구하고 귀무가설을 채택함으로써 발생하는 오류를 제2종 오류(type II error)라고 한다. 제1종 오류는 실제로 두 변수간의 관계가 존재하지 않음에도 불구하고 귀무가설을 기각함으로써 채택하게 된 대립가설에 의해 두 변수 간에 관계가 있는 것으로 해석하는 오류를 범하는 경우이다. 다시 말해 어떤 대안이 효과가 없는데도 불구하고 효과가 있다고 잘못 파악하는 것이다. 이와는 반대로 제2종 오류는 두 변수 간의 관계가 실제로 존재함에도 불구하고 귀무가설을 기각하지 않아 대립가설을 채택하지 않음으로써 두 변수 간에 관계가 없는 것으로 해석하는 오류를 범하는 경우이다. 2종 오류는 실제로 효과가 있는데도 없다고 판단하여 발생하는 오류를 말한다.

예를 들면, 범죄 여부를 판단할 때 피고인이 죄를 지었는지 모르는 상황 하에서 판사가 다음과 같은 오류를 범할 수 있다. 하나는 무고한 피고인을 처벌하는 것이고 또 다른 하나는 범법자를 무죄로 판결하는 것이다. 전자가 1종 오류이고 후자가 2종 오류이다. 또 다른 예로 어떤 병에 치료효과가 있다고 여겨지는 약이 있다고 가정하자. 이 약이 실제로는 효과가 없는데 있다고 판단해 환자가 복용하게 만드는 것이 1종 오류이고, 약효가 있는데 없다고 판단하는 것이 2종 오류이다. 두 가지 오류 중 1종 오류가 치명적이라 할 수 있는데, 약효가 없는 약을 환자에게 복용하게 함으로써 잘못하면 사망할 수 있기 때문이다(이학식 외, 2008).

간혹 제3종 오류(type Ⅲ error)[15]가 소개되는데, 정책 문제 자체를 잘못 파악하는 근원적 오류를 범하는 것으로 메타 오류라고도 한다. 문제인식이나 분석이 처음부터 잘못된 것을 말한다. 예를 들어 우리가 당면한 안보상황에서 북한의 도발 의도나 향후 전개 양상을 잘못 파악하는 것이 여기에 해당된다. 이 경우에 도발에 대한 대처방법이 적절하지 않을 수 있기 때문에 도발에 대한 깊이 있는 분석이 요구된다.

[표 3.2] 가설검증의 오류

가설의 진위 \ 검증결과	귀무가설 채택	귀무가설 기각
사실상 옳은 귀무가설(H_0)	올바른 판단	제 1종 오류(α오류)
사실상 틀린 귀무가설(H_0)	제 2종 오류(β오류)	올바른 판단

자료: Heiman, Gary W. (2003). Basic Statistics: for the Behavioral Science, Houghton Mifflin Company, p. 262 참조.

4) 변수의 수에 따른 분류

가설은 변수로 구성되는데, 사용되는 변수의 수에 따라 단순가설과 복합가설로 나뉜다. 단순가설(simple hypothesis)은 사용되는 변수가 1개나 2개인 가설로 1변수 가설 또는 2변수 가설이라고 한다. 1변수 가설은 주로 'A는 ~이다'라는 형식을 취하며, 2변수 가설은 'A가 ~이면, B는 ~이다'는 형식으로 표현된다. 복합가설(complex hypothesis)은 사용되는 변수의

15) 정책대안이 아무리 훌륭하고 의도했던 바람직한 정책효과가 나타났다 해도 정책문제를 잘못 인지·채택하면 정책문제는 여전히 해결되지 않은 상태로 남게 되는데, 이러한 현상을 근원적인 오류, 즉 제3종의 오류(meta-error)라고 한다. 제3종 오류는 정책목표의 적합성(appropriate) 결여와 연관된다. 다시 말해서 정책문제의 구성요소 중에서 해결하고자 하는 것을 잘못 선택한 것을 말한다. 예를 들면, 사회 전체의 입장에서 만원버스 문제가 더욱 심각하고 중요한데도 불구하고 교통체증문제를 교통문제의 가장 중요한 핵심으로 보고 이를 해결하려고 하는 경우이다. 결국 제3종 오류는 잘못된 문제정의가 잘못된 정책목표의 결정으로 연결되는 현상을 말한다. W. 던(W. Dunn)은 이를 '잘못 선택된 문제를 해결하는 것'(solving the wrong problem)이라 하였다(W. Dunn, 1981, Public Policy Analysis, Englewood Cliff: Prentice-Hall, p. 109 참조; 최봉기, 2008: 215).

수가 3개 이상인 가설로 다변수가설이라고도 한다. 복합가설은 'X_1, X_2, ····Xk이면 Y이다' 또는 'X_1이면 Z의 조건하에서 Y이다'라는 형태를 취한다.

예를 들어 '욕구좌절은 공격성을 유발한다'는 가설의 형식은 욕구좌절과 공격성이라는 두 변수간의 관계에 관한 가설이다. 하지만 '지식수준과 사회·경제적 지위가 높은 남성이 욕구좌절을 경험할 때 공격성이 높아진다'는 가설의 경우에 독립변수(X)가 지식수준, 사회·경제적 지위, 성, 욕구좌절이 될 것이고 종속변수(Y)가 공격성으로 모두 5개의 변수간의 관계로 나타날 것이다. 그러나 복합가설은 단순가설보다 검증하기가 어려운 것이 보통인데, 이는 동시에 작용하는 셋 이상의 변수들의 상호관련성을 계량적으로 평가하기가 어렵기 때문에 대부분 단순가설을 사용한다.

3. 연구문제와 가설의 관계

가설은 하나의 사실과 다른 사실과의 관계를 나타내는 것으로 이를 실제 검증함으로써 특정 현상에 대한 설명을 가능하게 해주어 연구자가 제기한 조사문제에 대한 해답을 제공하게 된다. 이처럼 가설은 조사문제에 대한 해답을 구하기 위해 구체적이고 실증적으로 구성된 진술이나 문장을 말한다. 조사연구를 위한 문제는 가설의 형태로 축소되지 않으면 과학적으로 검증되지 않는다. 연구문제는 폭넓은 의문의 형태를 띠기 때문에 직접적으로 검증될 수 없다(김영종, 2007).

이처럼 가설은 연구문제를 해결하기 위한 핵심 요소로 실증적 검증과정을 통하여 사실이라고 받아들여지면 그 가설은 조사문제에 대한 해답을 제공해 줄 수 있다. 다시 말해 가설이 실증적인 검증과정에서 옳다고 확인된다면 문제가 해결 될 수 있으나, 만약 이러한 가설이 기각된다면 문제에 대한 해답을 얻을 수 없다. 예를 들면, 공무원 시험에서 높은 점수를 받은 지원자들은 어떤 특성을 가지고 있을까?라는 문제를 가정해 보자. 이 경우, 문제 제기에 대한 해답을 얻기 위하여 연구자는 대학 시험성적이 뛰어난 학생들이 가지는 여러 가지 특성을 탐색할 것이다. 그 다음 '수업시간에 집중력이 뛰어난 학생이 높은 점수를 받았을 것이다'라는 잠정적인 결론을 내렸다.

이러한 가설은 문제에 대한 해답이 될 수 없을지 몰라도 실증적인 검증과정을 통해 참인지 거짓인지를 확인할 수 있다. 만약 참일 경우에 앞에서 제기한 문제가 해결될 수 있으나 거짓일 경우에 다른 가설을 찾아보아야 한다. 어떤 가설이 거짓으로 판명되었다 하더라도 그 반대가설이 항상 참이 되는 것은 아니다. 따라서 공무원 시험에 높은 점수를 받은 지원자가 집중력이 뛰어나지 않았다면 그 반대의 경우와 더불어 또 다른 특성을 찾아 조사문제에 해답을 제공해줄 수 있는 새로운 가설을 찾고 이를 다시 검증해 보는 과정이 필요하다.

Study TIP 과학수사의 核, 프로파일러(profiler)

프로파일러가 일반인들에게 널리 알려진 것은 1991년 개봉한 영화 〈양들의 침묵〉을 통해서였다. 프로파일러의 활약상은 영화에 이어 국내에서 높은 호응을 얻은 〈CSI과학수사대〉가 과학수사의 진수를 보여줬다면 〈크리미널 마인드〉는 심리수사를 박진감 있게 그린 '미드'로 손꼽힌다. 일반적인 수사기법으로는 풀기 힘든 연쇄살인 사건에 투입돼 용의자의 성격, 행동유형 등을 분석하고, 도주경로나 은신처 등을 추정하거나 자백을 받아내는 '프로파일러(profiler)'의 세계를 다룬 작품들이다.

국내에서 프로파일러가 주목을 받게 된 것은 연쇄살인범의 검거과정에서였다. 정남규, 강호순, 조두순, 김길태에 이르기까지 우리 사회를 뒤흔든 강력사건을 해결하는 과정에서 프로파일러는 결정적인 역할을 했다. 이 때문인지 프로파일러는 청소년들이 선망하는 새로운 직업으로 떠오르고 있으며, 프로파일러가 중요한 역할을 맡은 국내 드라마도 적지 않게 등장하고 있다.

프로파일러는 범죄자의 심리를 분석한다는 측면에서 지문, DNA 등 법의학적, 생물학적 증거를 찾아내는 과학수사와 분명한 차이를 보인다. 범행현장에 남겨진 여러 흔적을 모아 범인의 성격, 콤플렉스, 취향, 연령대, 성별 등을 도출해 내는 심리분석만을 하는 것이 아니라 범죄현장에 남겨진 행동의 흔적들을 분석해서 재구성하는 일을 하며 주로 증거가 불충분하여 일반 수사만으론 한계가 있는 연쇄살인 같은 강력범죄를 해결하기 위해 급파되어 사건현장에 출동해 범죄자가 어떻게 범행을 준비했고, 어떻게 범죄를 저질렀는지, 시신은 어떻게 처리했는지 등 일련의 범죄과정을 과학적인 재구성을 통해 범행동기와 용의자의 특징 등을 분석하고 피의자의 심리적 약점을 공략해 자백을 받아내는 심문에도 참여한다. 즉, 프로파일러는 유사사건에 대한 전문적인 샘플링 작업과 같은 것이고 이로 인해 동일하거나 비슷한 사건에 대한 사건대응방식을 말하는 것이다.

요즘 우리 역시 피해자와 이해관계가 없고 동기도 확실치 않은 '묻지마 범죄'가 많아 실마리를 찾기 힘들다. 이럴 때 유용한 것이 프로파일링(profiling)이다. 우리나라엔 2000년 프로파일러 제도가 처음 생겼다. 서울경찰청에 생긴 프로파일링 팀은 지방경찰청에도 확대돼 41명이 활동하고 있다. 대개 특채된 심리·사회학 전공자들이다. 2011년 서울 상계동 주점 여주인 살해사건만 해도 미궁에 빠질 뻔했다가 서울경찰청 요원들이 비슷한 강력사건을 250건이나 검토한 끝에 범인을 잡아냈다. 범죄 현장에 증거를 남기지 않는 지능범이 늘고 있는 데다 동기를 알 수 없는 연쇄범죄가 지속적으로 발생하고 있어 중요성이 더 부각된다. 최근 서울 압구정동 인질극 사건에서 볼 수 있듯이 인질범을 자극하지 않으면서 협상을 유도하는 일도 프로파일러의 역할 중 하나로 꼽힌다.

(출처: 한국고용정보원, 2011, 신생 및 이색직업 생생한 인터뷰)
(출처: 한국경제, 2014년 3. 22일자 기사내용 색인)

Study TIP 담장 허물기와 제3종 오류(Type Ⅲ Error)

정책문제에 대한 그릇된 진단으로 정책목표 자체를 잘못 설정함으로써 근본적인 문제를 발생시키는 경우를 정책에서는 '제3종 오류'라고 한다. 3종 오류는 목적과 취지는 좋으나 해결해야 할 문제를 잘못 파악하고 잘못된 정책목표를 설정하여 집행함으로써 예산 낭비 등을 초래하는 경우다. 급변하는 환경 속에서 구시대적인 근거 없는 확신과 소신에 의해 야기되는 경우가 대부분이며 그 폐해는 사회전반에 확산되게 된다.

1996년 대구시가 처음으로 '공공기관 담장 허물기 사업'을 추진했다. 서울시도 2003년부터 담장 허물기를 통한 그린파킹(green parking) 사업을 진행해 왔다. 담장은 밖으로 부터의 경계를 표시함으로써 안에 있는 사람들의 재산권과 생명권을 보호하기 위한 수단으로 사용됐다. 하지만 지역주민 간 소통의 단절을 가져왔고, 담장이 오히려 범죄를 발생시키는 환경을 조성했다는 비판이 제기되면서 공동체의식을 함양하고 우범지역을 제거할 목적으로 담장 허물기 사업이 시작되었다. 이 사업은 범죄예방 전략으로 이용함과 동시에 물리적 구획의 요인을 제거하여 닫힌 공간을 연다는 의미를 함축하고 있다.

문제는 '학교 담장 허물기(학교 공원화)'사업이다. 2000년부터 전국 지자체가 경쟁적으로 학교 공원화 사업을 추진해 전국 1만1300개 학교 중 1165개가 담장을 허물었다. 경남의 경우 2011년 8월 기준 984개 초·중·고교 중 전체 8%인 79개 학교가 담장을 철거했다. 2010년 6월 운동장에서 초등학생을 납치해 성폭행한 '김수철 사건'이 터지자 교과부는 고위험군 노출학교 1천 개교를 '학생안전강화학교'로 선정하여 경비인력을 배치하는 등 수차례에 걸쳐 대책을 내놓았지만 관리 자체가 허술하기 짝이 없다. 2012년 9월 28일 우울증 병력이 있는 10대 청소년이 교실에 난입하여 흉기를 휘둘러 학생 6명이 다친 서울 서초구의 한 초등학교는 치안이 비교적 탄탄한 학교로 알려졌다. 이러한 학교마저 '묻지마 범죄'에 노출되었는데 지방은 오죽 하겠나. 지난해 8월까지 투명펜스나 폐쇄회로(CC)TV 등 후속조치를 취한 학교는 93곳으로 8.0%에 불과했고 경남은 전무했다는 사실이 이를 방증한다. 학교에서 발생한 강력사건을 두고 일부에서는 담장높이나 학교시설 개방과는 연관이 없다고 말한다. 담장이 없다고 범죄에 무방비로 노출되는 것은 아니다. 부연하자면, 담장 허물기 사업은 시민들의 작은 실천으로 녹지공간을 확충하고 이웃 간의 벽을 허물어 소통하는 일거양득의 효과가 있는 사업이라고 한다.

담장 허물기 사업은 지역민에게 학교를 개방해 녹지와 주차 공간 등을 확보해 보다 나은 주거환경을 조성하고자 추진했다는 점에선 긍정적이다. 그러나 학교는 학생들의 안전이 최우선이다. 그럼에도 불구하고 학교의 특수성을 고려하지 않은 채 전 공공기관으로 확대하여 담장을 허문 것은 명백한 오류다. 학교 공원화 사업, 적어도 특수학교를 포함한 일선 학교에서의 '담장 허물기'는 명백한 제3종 오류다.

(출처: 한동효, 경남신문, 2012. 10. 15일자, 경남시론 중에서)

Research Methods in Public Administration

사회조사분석사 핵심문제와 해설

1. 이론에 관한 설명으로 틀린 것은? | 2016년 3회

① 이론은 수정되지 않는다.

② 사실을 논리적으로 설명한다.

③ 개념간의 관계를 보여준다.

④ 일반화된 규칙성을 포함한다.

해설 이론은 현상에 대한 설명과 예측을 목적으로 변수간의 관계를 밝힘으로써 현상에 대한 체계적인 견해를 제공하는 일련의 상호 연결된 개념 및 정의 또는 명제이다. 이론은 경험적으로 검증이 가능하고 법칙적인 일반성을 포함하고 체계적으로 연관성을 가진 진술이다. 이론은 함축적이며 연역가능성이 있는 관계에 의해 구조화된 가설인 동시에 가설을 도출하여 검증한다.

2. 이론의 개념적 정의에 가장 적합한 내용은? | 2016년 3회

① 추상적인 성질을 띤 개념과 개념간의 관계를 말한다.

② 실증적인 조사를 위해서 조작된 변수와 변수간의 관계를 말한다.

③ 검증 가능한 두 개 이상의 가설 또는 명제간의 관계를 설명하는 논리적 체계이다.

④ 특정의 사회현상을 설명하기 위해서 제시된 지수(indicator)의 총합을 말한다.

해설 이론은 논리적 연관성과 경험적 검증 등이 필요한 것으로 여기에는 연역적 방법과 귀납적 방법이 있다.

3. 이론의 역할에 대한 옳은 설명으로 모두 고른 것은? | 2017년 1회

ㄱ. 현상을 개념화하고 분류하는데 기초를 제공한다. ㄴ. 사실을 예측하고 설명해준다. ㄷ. 지식을 확장시킨다. ㄹ. 지식의 결함을 지적해 준다.

① ㄱ, ㄴ ② ㄴ, ㄷ, ㄹ

③ ㄷ, ㄹ ④ ㄱ, ㄴ, ㄷ, ㄹ

해설 이론의 기능 및 역할에는 ① 과학의 주요방향 결정, ② 현상의 개념화 및 분류화, ③ 과학적 지식의 요약, ④ 사실의 예측 및 설명, ⑤ 지식의 확장, ⑥ 지식의 결함 지적 등이 있다.

해답 1. ① 2. ③ 3. ④

4. 이론의 역할에 대한 설명 중 옳지 않은 것은? | 2018년 1회

① 이론은 과학적 조사연구의 토대가 된다.

② 이론은 사실의 설명과 예측을 해준다.

③ 이론은 과학적 지식을 복잡하고 난해하게 표현해 준다.

④ 기존 지식 간의 간격을 메워 준다.

해설 이론은 과학적 지식의 요약으로 간단 · 명료하게 표현하며, 과학적 지식의 근원인 불확실한 명제, 가설에 대한 판단기준이 된다.

5. 개념이 사회과학 및 조사방법에 기여하는 역할과 가장 거리가 먼 것은? | 2017년 1회

① 개념은 연역적 결과를 가져다준다.

② 조사연구에 있어 주요 개념은 연구의 출발점을 가르쳐 준다.

③ 개념은 언어나 기호로 나타내어 지식의 축적과 확장을 가능하게 해 준다.

④ 인간의 감각에 의해 감지될 수 있는 현상에 대해서만 이해할 수 있는 방법을 제시해 준다.

해설 개념은 사건에 대하여 공통된 속성을 추상화하여 종합화한 보편적 개념이다. 개념은 구체적 개념과 추상적 개념으로 구분되며, 구체적 개념은 물리적 속성에 따라 구별하는 개념이고 추상적 개념은 관찰될 수 없는 현상을 나타내는 공통적 속성을 성의하는 것이다.

6. 개념의 구성요소가 아닌 것은? | 2017년 2회

① 일반적 합의 ② 정확한 정의

③ 가치 중립성 ④ 경험적 준거틀

해설 개념은 사전적 정의라고도 하며, 하나의 개념을 정의하기 위해 다른 개념을 사용함으로써 그 자체로 추상적, 일반적, 주관적 양상을 보인다. 개념의 조건으로는 한정성, 명확성, 범위의 적정성, 체계적 의미 등이 있다.

7. 개념(concepts)의 정의와 가장 거리가 먼 것은? | 2018년 2회

① 일정한 사실관계에 대한 추상적 표현

② 특정한 여러 현상들을 일반화함으로써 나타내는 추상적 용어

③ 현상을 예측 설명하고자 하는 명제, 이론의 전개에서 그 바탕을 이루는 역할

④ 사실과 사실 간의 관계에서 논리의 일관성을 부여하는 것

해설 개념은 일정한 현상들을 보다 일반화함으로써 그들을 대표할 수 있는 추상화된 표현 또는 용어로 구비조건으로는 한정성, 통일성, 범위의 고려, 체계적 의미 등이 있다. 사실과 사실 간의 관계에 관한 논리적 연관성을 설명하는 것은 이론이다.

해답 4. ③ 5. ④ 6. ③ 7. ④

8. 다음에서 설명하고 있는 것은? | 2015년 1회

추상적 구성개념이나 잠재변수의 값을 측정하기 위하여 측정할 내용이다. 측정방법을 구체적으로 정확하게 표현하고 위미를 부여하는 것으로 추상적 개념을 관찰 가능한 형태로 표현해 놓은 것이다.

① 조작적 정의(operational definition)

② 구성적 정의(constitutive definition)

③ 기술적 정의(descriptive definition)

④ 가설 설정(hypothesis building)

해설 어떤 개념, 변수의 가시적 측정을 위해 그것이 갖는 특성을 빠짐없이 대표할 수 있는 경험적 지표로 풀어주는 정의로 구성을 실제현상에서 측정 가능할 수 있도록 관찰 가능한 형태로 정의하는 것이다.

9. 사회조사에서의 개념의 재정의가 필요한 이유와 가장 거리가 먼 것은? | 2015년 2회

① 사회조사에서 사용되는 개념은 일상생활에서 통상적으로 사용되는 상투어와는 그 의미가 다를 수 있기 때문이다.

② 동일한 개념이라도 사회가 변함에 따라 그 원래의 뜻이 변할 수 있기 때문이다.

③ 한 가지 개념이라도 사회가 변함에 따라 두 가지 또는 그 이상의 다양한 의미를 가지고 있을 가능성이 많으므로, 이를 각기 다른 의미 중에서 어떤 특정의 의미를 조사연구대상으로 삼을 것인가를 밝혀야 하기 때문이다.

④ 개념과 개념간의 상관관계가 아닌 인과관계를 밝혀야 하기 때문이다.

해설 재개념화(re-conceptualization)는 주된 개념에 대한 정리 · 분석을 통해 개념을 보다 명백히 재규정하는 것을 말하며, 개념간의 인과관계를 밝히는 것은 아니다. 또한 개념의 한정성을 높여 관찰 및 측정을 가능하게 한다.

10. 개념의 조작화 과정에 관한 설명으로 옳은 것은? | 2016년 1회

① 조작적 정의는 개념에 대한 사전적 정의이다.

② 조작적 정의, 명목적 정의, 측정의 순서로 이루어진다.

③ 변수를 조작적으로 정의하는 것은 한정되어 있다.

④ 조작화 과정의 최종 산물은 수량화이다.

해설 개념의 구체화 과정은 개념→ 개념적 정의(개념화)→ 조작적 정의(조작화)→ 현실세계(변수 측정)의 과정을 거치며, 조작적 정의는 추상적인 개념들을 경험적, 실증적으로 측정이 가능하도록 구체화시키는 것을 말한다.

해답 8. ① 9. ④ 10. ④

11. 개념적 정의에 대한 예로 적합하지 않은 것은? | 2016년 3회

① 무게- 물체의 중량

② 불안- 주관화된 공포

③ 지능- 추상적 사고능력 또는 문제해결 능력

④ 결혼만족- 배우자에게 아침을 차려주는 횟수

해설 개념적 정의는 연구대상이 되는 사람 또는 사물의 형태 및 속성, 그리고 사회현상들을 개념적으로 정의하는 것으로 어떤 개념에 다른 개념을 묘사하는 것을 말한다. ④번의 결혼만족에 관한 내용은 측정이 가능하도록 구체화시킨 조작적 정의이다.

12. 개념적 정의에 대한 설명으로 옳은 것은? | 2018년 3회

① 측정가능성과 직결된 정의이다.

② 조작적 정의를 현실세계의 현상과 연결시켜주는 역할을 수행한다.

③ 거짓과 진실을 밝히기 위해 정의하는 것이다.

④ 어떤 개념을 보다 명확하고 정확하게 표현하기 위하여 다른 개념을 사용하여 정의하는 것이다.

해설 개념적 정의는 연구대상이 되는 사람 또는 사물의 형태 및 속성과 다양한 사회현상들을 개념적으로 정의하는 것이다. 사전적 정의라고도 하며, 하나의 개념을 정의하기 위해 다른 개념을 사용함으로써 그 자체가 추상적이고 일반적이며 주관적인 양상을 보인다.

13. 조작적 정의의 예와 가장 거리가 먼 것은? | 2016년 2회

① 빈곤- 물질적인 결핍상태 ② 소득- 월 ( )만원

③ 서비스만족도- 재이용 의사 유무 ④ 신앙심- 종교행사 참여 횟수

해설 조작적 정의는 추상적인 개념들을 경험적 · 실증적으로 측정이 가능하도록 구체화한 것이다. ①번의 빈곤–물질적 결핍 상태는 개념적 정의에 해당된다.

14. 조작적 정의에 관한 설명으로 옳은 것은? | 2016년 3회

① 현실의 세계에서 검증할 수 없다.

② 개념적 정의에 앞서 사전에 이루어진다.

③ 경험적 자료를 추상적으로 개념화하는 것이다.

④ 개념적 정의에 최대한 일치하도록 정의해야 한다.

해설 조작적 정의는 검증 가능해야 하며 개념적 정의 이후에 이루어진다. 또한 측정을 위해 개념적 정의를 보다 구체화하는 과정이라 할 수 있다.

해답 11. ④ 12. ④ 13. ① 14. ④

15. 조작적 정의에 관한 설명으로 옳은 것은? | 2017년 1회

① 연구자마다 특정 구성개념에 대한 조작적 정의는 동일해야 한다.

② 구성개념에 대한 이론적이고 추상적인 정의를 일컫는다.

③ 구성개념의 조작적 정의가 구체적일수록 후속연구에서 재현하기가 어렵다.

④ 구성개념에 대한 조작적 정의가 연구마다 다를 경우 연구결과가 달라질 수 있다.

해설 조작적 정의는 관찰할 수 없는 것을 관찰 가능하도록 하는 것으로 신뢰도가 있고 복제가 가능해야 하며, 타당해야 한다.

16. 조작적 정의에 관한 설명으로 옳은 것은? | 2017년 3회

① 현실세계에서 검증할 수 없다.

② 개념적 정의에 앞서 사전에 이루어진다.

③ 경험적 지표를 추상적으로 개념화한 것이다.

④ 개념적 정의에 최대한 일치하도록 정의해야 한다.

해설 조작적 정의는 현실세계와 개념적 정의를 연결하는 다리 역할을 하며, 동일한 개념을 측정하기 위한 조작적 정의 사이에는 측정의 일관성을 유지해야 한다. 조작적 정의는 크게 측정을 위한 조작적 정의와 실험상의 조작적 정의로 구분된다.

17. 조작적 정의에 관한 설명으로 틀린 것은? | 2016년 3회, 2018년 3회

① 주어진 단어가 이미 정립된 의미를 가진 다른 표현과 동의적일 때 사용된다.

② 용어의 지시물을 식별하는데 사용되는 관찰 가능한 개념의 구체화이다.

③ 변수는 그것의 관찰과 측정의 단계가 분명히 밝혀져 있을 때 조작적으로 정의될 수 있다.

④ 추상적 개념을 측정 가능한 수치로 변환하는 과정을 말한다.

해설 조작적 정의는 측정과정의 마지막 단계로 조작화 단계는 분석단위를 범주별로 분류하는 과정이다.

18. 개념적 정의와 조작적 정의에 관한 설명으로 틀린 것은? | 2018년 2회

① 개념적 정의는 추상적 정의의 수준이다.

② 조작적 정의는 인위적이기 때문에 가급적 피해야 한다.

③ 개념적 정의와 조작적 정의가 반드시 일치하는 것은 아니다.

④ 조작적 정의는 측정을 위하여 불가피하다.

해설 개념적 정의는 연구대상이 되는 사람 또는 사물의 형태 및 속성과 다양한 사회현상들을 개념적으로 정의한 것으로 사전적 정의라고도 한다. 조작적 정의는 검증 가능해야 하며 개념적 정의 이후에 이루어지며, 측정을 위해 개념적 정의를 보다 구체화하는 과정이라 할 수 있다.

해답 15. ④ 16. ④ 17. ① 18. ②

19. 조절변수를 활용한 가설에 해당되는 것은? | 2016년 2회

① 소득은 삶의 만족도에 영향을 미친다.

② 소득이 삶의 만족도에 미치는 영향은 성별에 따라 다르다.

③ 소득과 삶의 만족도는 밀접한 관계가 있다.

④ 소득은 의료접근성을 통하여 삶의 만족도에 영향을 미친다.

해설 조절변수는 독립변수나 종속변수의 관계를 조절하거나 영향을 미쳐 상호작용효과가 발생하도록 하는 변수이다. 또한 독립변수와 종속변수 사이에 강하면서 불확정적인 영향을 미치는 변수로 이 변수가 존재할 때만 독립변수와 종속변수 사이의 이론적 관계가 성립된다.

20. 다음은 어떤 변수에 대한 설명인가? | 2017년 1회

어떤 변수가 검정요인으로 통제되면 원래 관계가 없는 것으로 나타났던 두 변수가 유관하게 나타난다.

① 예측변수　② 왜곡변수

③ 억제변수　④ 종속변수

해설 억제변수 혹은 억압변수는 두 변수 X, Y가 서로 관계가 있는데도 불구하고 관계가 없는 것으로 나타나게 하는 제3의 변수이다. 억압변수는 독립변수와 종속변수 간의 사실적 관계를 약화시키거나 소멸시켜 버리게 된다.

21. 아래와 같이 가정할 때 X, Y, Z에 대한 바른 설명은? | 2017년 2회

• X가 변화하면 Y가 유의미하게 변화한다. • 그러나 제3의 변수인 Z를 고려하면 X와 Y 사이의 유의미한 관계가 사라진다.

① X는 종속변수이다.　② Z는 매개변수이다.

③ Z는 억제변수이다.　④ X-Y의 관계는 허위적 관계이다.

해설 X는 독립변수, Y는 종속변수이다. 보기에서 볼 때 Z는 매개변수, 외재변수, 억제변수(억압변수)도 될 수도 있다.

22. 연구자들의 가설에 포함된 변수들에 관한 옳은 설명을 〈보기〉에서 모두 고른 것은? | 2017년 2회

연구자들은 학생들의 학업부진이 비행친구들과 사귀도록 만들고 이것이 비행으로 이어진다고 본다. 그러나 학업이 부진한 학생이라도 학교선생님의 관심을 받으면 비행가능성이 줄어들 수있다고 본다. 그런데 학생들의 어릴 적 기정환경이 비행을 설명하는 가장 중요한 원인이라는 또 다른 가설이 있다.

ㄱ. 학업부진은 독립변수, 비행은 종속변수이다.	ㄴ. 비행청소년과 사귐은 매개변수이다.
ㄷ. 선생님의 관심은 조절변수이다.	ㄹ. 어릴 적 가정환경은 외생변수이다.

해답 19. ② 20. ③ 21. ②③④

① ㄴ, ㄹ ② ㄱ, ㄴ, ㄷ
③ ㄱ, ㄷ, ㄹ ④ ㄱ, ㄴ, ㄷ, ㄹ

해설 매개변수는 두 변수의 중간에서 매개자 역할을 하는 변수이며, 외생변수는 두 개의 변수 간에 상관관계가 있는 것처럼 가식적 관계를 만드는 제3의 변수이다. 조절변수는 두 변수간의 관계를 강화시키거나 약화시키는 변수이다.

23. 다음 ( )에 알맞은 변수를 순서대로 나열한 것은? | 2017년 3회

( )은/는 독립변수의 결과인 동시에 종속변수의 원인이 되는 변수로 두 변수의 관계를 중간에서 설명해 주는 것이고, ( )은/는 독립변수가 종속변수에 미치는 영향을 강화해주거나 약화해주는 변수를 말한다.

① 조절변수 - 억제변수 ② 매개변수 - 구성변수
③ 매개변수 - 조절변수 ④ 조절변수 - 매개변수

해설 매개변수는 두 변수의 중간에 놓여서 두 변수를 연결해 주는 변수로 징검다리변수라고도 하며, 조절변수는 두 변수간의 관계를 조절하거나 영향을 미쳐 상호작용효과가 발생하도록 하는 변수이다. 특히 매개변수가 독립변수 및 종속변수와 직접적인 영향을 주고받는데 비해 조절변수의 경우 독립변수가 종속변수에 미치는 효과의 강도에 영향을 미치는 변수이다.

24. '노인의 사회참여가 높을수록 자아존중감이 향상되고, 자아존중감의 향상으로 생활만족도가 높아진다' 에서 자아존중감은 어떤 변수인가? | 2017년 3회

① 종속변수 ② 매개변수
③ 외생변수 ④ 통제변수

해설 매개변수는 독립변수와 종속변수 사이에서 독립변수의 결과인 동시에 종속변수의 원인이 되는 변수이다.

25. 연속변수와 이산변수에 관한 설명으로 틀린 것은? | 2017년 3회

① 연속변수는 사람, 대상물 또는 사건을 그들 속성의 크기나 양에 따라 분류하는 것이다.
② 연속변수는 측정한 값들이 척도상에서 무한대로 미분해도 가능하리만큼 연속성을 띤 것으로 거의 무한개의 값을 가질 수 있다.
③ 이산변수는 정수값으로 구성된다.
④ 등간척도, 비율척도는 이산변수와 관련되어 있다.

해설 연속변수는 변수가 취할 수 있는 값이 연속적인 모든 실수값을 가질 수 있는 변수를 말하는 것으로 등간척도와 비율척도로 측정되는 변수를 말한다. 이산변수는 불연속변수라고도 하며, 변수가 취할 수 있는 값들의 개수를 셀 수 있는 변수이며, 정수값을 취하는 변수로 명목척도와 서열척도가 해당된다. 이산변수의 대표적인 예로는 더미변수(dummy variables)가 있다.

해답 22. ④ 23. ③ 24. ② 25. ④

26. 매개변수(intervening variable)에 관한 설명으로 옳은 것은? | 2018년 1회

① 원인변수 혹은 가설변수로 사전에 조작되지 않은 변수를 말한다.

② 결과변수라고 하며, 독립변수의 원인을 받아 일정하게 변화된 결과를 나타내는 기능을 하는 변수를 의미한다.

③ 결과변수에 영향을 미치면서도 그 이유를 제대로 설명하지 못하는 변수를 의미한다.

④ 개입변수라고도 하며, 종속변수에 일정한 영향을 주는 변수로 독립변수에 의하여 설명되지 못하는 부분을 설명해주는 변수를 말한다.

해설 매개변수는 독립변수와 종속변수 간에 직접적인 관련이 없으나 두 변수의 중간에서 매개 역할을 하여 두 변수 간에 간접적인 관계를 맺도록 하는 변수로 독립변수의 결과인 동시에 종속변수의 원인이 된다.

27. 종업원이 친절할수록 패밀리 레스토랑의 매출액이 증가한다는 가설을 검증하고자 할 경우 레스토랑의 음식 맛 역시 매출에 영향을 미친다면 음식의 맛은 어떤 변수인가? | 2018년 1회

① 종속변수 ② 매개변수

③ 외생변수 ④ 조절변수

해설 외생변수는 두 변수간의 관계가 인과관계가 있는 것이 아니라 허위 상관관계에 있음을 밝히는 변수이다. X와 Y의 관계가 표면적으로 인과관계가 있는 것처럼 보이는 가식적 관계이다.

28. 실험설계를 통해 인과관계를 추론하기 위해서 서로 다른 값을 갖도록 처치하는 변수는? | 2018년 3회

① 외적 변수 ② 종속변수

③ 이산변수 ④ 독립변수

해설 독립변수의 경우 실험설계에서는 연구자가 의도적으로 조작한 변수인 실험처치(experimental treatment) 또는 실험자극에 해당된다.

29. 변수의 종류에 관한 설명으로 바르게 짝지어진 것은? | 2018년 3회

ㄱ. 매개변수는 독립변수와 종속변수 사이에서 독립변수의 결과인 동시에 종속변수의 원인이 되는 변수이다.
ㄴ. 억제변수는 두 변수 X, Y의 사실상의 관계를 정반대의 관계로 나타나게 하는 제3의 변수이다.
ㄷ. 왜곡변수는 두 변수 X, Y가 서로 관계가 있는데도 관계가 없는 것으로 나타나게 하는 제3의 변수이다.
ㄹ. 통제변수는 왜재적 변수의 일종으로 그 영향을 검토하지 않기로 한 변수이다.

① ㄱ, ㄴ ② ㄴ, ㄷ

해답 26.④ 27.③ 28.④

③ ㄴ, ㄹ ④ ㄱ, ㄹ

해설 억제(억압)변수는 두 변수 X, Y가 서로 관계가 있는데도 관계가 없는 것으로 나타나게 하는 제3의 변수로 '가식적 영의 관계' 라고 한다. 왜곡변수는 두 변수 X, Y의 사실상의 관계를 정반대의 관계로 나타나게 하는 제3의 변수를 말한다.

30. 두 개 이상의 구성개념 또는 변수간의 관계를 검증 가능한 형태로 서술한 문장으로써 과학적 조사에 의하여 결정이 가능한 사실을 말하는 것은? | 2015년 3회

① 패러다임(paradigm) ② 법(law)
③ 가설(hypothesis) ④ 이론(theory)

해설 법칙(laws)은 보편적이며, 확증을 얻은 명제로 이론과 동일시되기도 하는 중요한 진술로서의 원리이다. 이론(theory)은 현실에 대한 설명과 예측을 목적으로 변수간의 관계를 밝히는 일련의 상호 연결된 개념 및 정의이다.

31. 가설설정 시 유의해야 할 사항으로 틀린 것은? | 2015년 3회

① 가설은 경험적으로 검증할 수 있어야 한다.
② 연구문제를 해결할 수 있어야 한다.
③ 동의반복적(tautological)이어야 한다.
④ 검증결과는 가능한 한 광범위하게 적용될 수 있어야 한다.

해설 가설의 구비 조건으로는 명백성, 가치중립성, 구체성, 검증가능성, 특정성, 이론적 근거 등의 특정적 조건을 구비할 때 좋은 가설이라 할 수 있다.

32. 가설의 평가기준과 거리가 먼 것은? | 2016년 2회

① 실제 자료를 통하여 진위가 입증될 수 있어야 한다.
② 동일분야의 다른 이론과 연관성이 없어야 한다.
③ 검증결과를 광범위하게 활용할 수 있어야 한다.
④ 간단명료하게 표현되어야 하고 논리적으로 간결해야 한다.

해설 가설은 명료하게 표현되어 있어야 하며(명료성), 편견 또는 주관적 견해를 완전히 배제해야 하며(가치중립성), 원인과 결과변수, 관계의 방향까지 특정화되어 있어야 하며(한정성), 경험적으로 검증 가능해야 한다(검증가능성).

33. 다음 중 가설로 가장 적합한 것은? | 2016년 1회

① 사람은 남자이거나 여자이다.
② 철수는 지금 서울에 있으면서 부산에 있다.

해답 29. ④ 30. ③ 31. ③ 32. ②

③ 방범대원의 수를 늘리면 도난사고가 줄어든다.

④ 부유한 사람들은 많이 배운 사람들이다.

해설 가설은 둘 이상의 변수 또는 현상간의 관계를 설명하는 검증되지 않은 명제이며, 연구자가 내린 잠정적인 결론이라 할 수 있다. 완전 참인 명제와 완전 거짓인 명제는 올바른 가설로서 부적합하다.

34. 다음 중 작업가설로 가장 적합한 것은? | 2016년 3회

① 한국사회는 양극화되고 있다.

② 대학생들은 독서를 많이 해야 한다.

③ 경제성장은 사회혼란을 심화시킬 수 있다.

④ 소득수준이 높아질수록 생활에 대한 만족도는 높아진다.

해설 작업가설(working hypothesis)은 연구가설, 실험가설, 과학적 가설이라고도 하며, 연구자의 이론으로부터 도출된 가설로 검증될 때까지는 조사문제에 대한 잠정적인 해답으로 간주된다. 주로 'X는 Y와 관계가 있다'고 진술된다.

35. 연구가설(research hypothesis)에 대한 설명으로 틀린 것은? | 2017년 1회

① 모든 연구에는 명백히 연구가설을 설정해야 한다.

② 연구가설은 일반적으로 독립변수와 종속변수로 구성된다.

③ 연구가설은 예상될 해답으로 경험적으로 검증되지 않은 이론이라 할 수 있다.

④ 때로는 연구가설을 경험적으로 검증할 수 있는 작업가설로 전환시키는 작업이 필요하다.

해설 연구가설은 독립변수와 종속변수의 관계로 구성되고 예상될 해답으로 경험적으로 검증되지 않은 이론이며, 경험적으로 검증할 수 있는 작업가설로 전환시키는 작업이 필요하다. 모든 연구가 연구가설로만 설정하는 것은 아니다.

36. 가설의 평가기준으로 적합하지 않은 것은? | 2017년 1회

① 실증조사를 하여 가설의 옳고 그름을 판정할 수 있어야 한다.

② 동일 연구분야의 다른 가설이나 이론과 연관이 없어야 한다.

③ 누구나 쉽게 이용할 수 있도록 필요한 용어만 사용해야 한다.

④ 표현뿐만 아니라 실질적으로 간결한 논리로 이루어져야 한다.

해설 가설의 평가기준에는 검증가능성, 입증 명백성, 자체 개연성, 논리적 간결성, 계량 가능성 등이 있다. 가설은 동일 연구 분야의 다른 가설이나 이론과 연관성이 있어야 좋은 가설이다.

해답 33. ③ 34. ④ 35. ① 36. ②

37. 다음 중 가설로 적합하지 않은 것은? | 2017년 2회

① 지연 때문에 행정의 발전이 저해된다.

② 부모간의 불화가 소년범죄를 유발한다.

③ 기업 경영은 근본적으로 인간이 결정한다.

④ 도시 거주자들이 농어촌에 거주하는 사람들보다 더 야당성향을 가진다.

해설 가설은 둘 이상의 변수 또는 현상간의 관계를 설명하는 검증되지 않은 명제이다. 가설의 내용은 한정적이고 구체적이어야 하나 ③번의 경우 가설의 내용이 막연하고 모호하며, 추상적이다.

38. 가설의 적정성을 평가하기 위한 기준과 거리가 먼 것은? | 2018년 1회

① 매개변수가 있어야 한다.

② 동의어가 반복적이지 않아야 한다.

③ 경험적으로 검증될 수 있어야 한다.

④ 동일분야의 다른 이론과 연관성이 있어야 한다.

해설 가설 설정에 있어 기본조건은 이론적 근거를 토대로 명료하고 가치중립적이며, 경험적 검증이 가능해야 한다. 윤리성, 창의성, 실용성 등을 고려해야 하며, 실증적인 확인을 위해 구체적이어야 하고 사회현상과 관련이 있어야 한다.

39. 가설에 관한 설명으로 틀린 것은? | 2018년 2회

① 가설은 과학적 검증 방법을 통하여 가설의 옳고 그름을 판단할 수 있어야 한다.

② 가설은 동일 연구 분야의 다른 가설이나 이론과 연관이 없어야 한다.

③ 가설은 두 개 이상의 구성개념이나 변수간의 관계에 대한 진술이다.

④ 가설은 반드시 검증 가능한 형태로 진술되어야 한다.

해설 가설은 동일 연구 분야의 다른 가설이나 이론과 연관성이 있어야 하며, 검증결과는 광범위하게 적용될 수 있어야 한다. 또한 논리적으로 간결해야 하며, 동의반복적이어서는 안 된다.

40. 다음 설명에 해당하는 가설의 종류는? | 2018년 1회

• 수집된 자료에서 나타난 차이나 관계가 진정한 것이 아니라 우연의 법칙으로 생긴 것으로 진술한다. • 변수들 간에 관계가 없다거나 혹은 집단들 간에 차이가 없다는 식으로 서술한다.

① 대안가설 ② 귀무가설

③ 통계적 가설 ④ 설명적 가설

해설 대안가설은 귀무가설에 대립되는 가설이며, 통계적 가설은 어떤 특징에 대해 둘 이상의 집단 간의 차이나 한 집단 내 또는 몇 집단 간의 관계, 표본 또는 모집단 특징의 점 추정 등을 묘사하기 위해 설정하는 가설이

해답 37. ③ 38. ① 39. ② 40. ②

다. 설명적 가설은 사실과 사실 간의 관계를 설명해주는 가설이다.

41. 다음에서 설명하는 가설의 종류는? | 14년 3회, 18년 3회

- 대립가설과 논리적으로 반대의 입장을 취하는 가설이다.
- 수집된 자료에서 나타난 차이나 관계가 우연의 법칙으로 생긴 것이라는 진술로 '차이나 관계가 없다'는 형식을 취한다.

① 귀무가설 ② 통계적 가설

③ 대안가설 ④ 설명적 가설

해설 귀무가설은 영가설이라고도 하며, 연구가설과 논리적으로 반대의 입장을 취하는 것으로 처음부터 버릴 것을 예상하는 가설로 연구자는 귀무가설을 기각하고 대립가설을 채택하여 연구목적을 달성하고자 한다.

해답 41. ①

➲ 기타 적중예상문제 핵심내용

이론이란 무엇인가?		
개 념	• 현상에 대한 설명과 예측을 목적으로 변수간의 관계를 밝히는 일련의 상호 연결된 개념 및 정의 또는 명제 • 경험적 검증이 가능하고 어느 정도의 법칙적인 일반성을 포함하는 체계적으로 연결성을 가진 일련의 진술 • 함축적이고 연역가능성이 있는 관계에 의해 구조화된 일련의 가설이며, 관찰된 데이터에서 변수들 간의 관계에 관한 확률적 진술(가설을 도출하여 검증)	
이론의 기 능	① 과학의 주요 방향 결정 ③ 사실에 대한 기존 지식의 요약 ⑤ 지식의 확장	② 현상의 개념화 및 분류화 ④ 사실의 예측 및 설명 ⑥ 기존 지식의 결함 지적
평 가 기 준	① 정확성 ③ 간명성	② 일반성 ④ 인과성

이론과 관련된 재개념	
명 제	• 명제(proposition)는 실세계에 대한 하나의 진술로 경험적 근거가 확인된 가설 • 항상 두 개 또는 그 이상의 개념을 포함하는 것으로 이론을 형성하는 요소 • 옳고 그름을 판단해 주어야 하며, 관찰 가능한 현상에 속하고 있는 것이 무엇인지를 알려줄 수 있어야 함
법 칙	• 법칙(laws)은 보편적이며, 보다 높은 수준으로 확증을 얻은 명제 • 이론과 동일시되기도 하며, 주요한 진술로서의 원리
사 실	• 사실(fact)은 현상 자체가 아닌 우리의 감각에 의해 받아들여 진 것을 의미 • 사실은 개념과 개념간의 관계 또는 개념의 논리적 결합 • 이론 형성에 기여하고 현존 이론을 거부하거나 재정립하고 이론을 재규정

가설의 평가기준	
검증 가능성	• 실증조사를 통해 옳고 그름을 판단 • 경험적으로 검증하기 위해 가설에 포함된 변수들에 대한 조작적 정의가 이루어져야 하고 관찰 및 측정이 가능해야 함
입증 명백성	• 가설을 조작하여 연구가설을 구성할 시 명백하게 입증이 가능하도록 해야 함 • 입증의 명백성은 입증의 논리적 구조, 용어의 모호한 정도, 해당 가설에 포함되어 있는 개념들을 얼마나 명백하게 대표하느냐를 의미
자체 개연성	• 연구문제의 정답에 대한 잠정적 추정이기에 개연성이 큰 것이 좋은 가설 • 어떤 현상의 원인이나 관계를 판단하는데 있어 그 판단이 그럴듯하게 느껴져야 함
논리 간결성	• 가설은 복잡하지 않고 논리적으로 간결 • 두 개 정도의 변수간의 관계를 간단한 논리로 설명할 수 있다면 좋은 가설
계량 가능성	• 계량화의 의미는 통계적인 분석을 할 수 있어야 한다는 것을 의미 • 가설은 측정 가능한 변수간의 관계를 나타내며, 통계적 방법에 의해 구체화될 수 있음

가설의 종류	
식별가설	• 어떤 사실의 성질과 기능, 형태 등을 묘사하기 위한 가설(기술적 가설) • '무엇은 ~이다(What ~ is ~)'라는 표현 양식
설명가설	• 사실과 사실과의 인과관계 등을 설명해 주는 가설 • '~하면 ~하다(If A, than B)'라는 표현양식
연구가설	• 연구문제에 대한 잠정적이 대답 관련 가설(작업가설, 실험가설, 과학적 가설) • 'A는 B보다 ~이다'라는 표현양식
귀무가설 (영가설)	• 연구가설과 반대의 입장으로 우연의 법칙을 강조 • 'A는 B와 관계(차이)가 없다'라는 표현양식(대립가설을 강조하기 위해 설정)
대립가설	• 영가설에 대립되는 가설로서 영가설이 거짓일 때 채택(대안가설) • 'A는 B와 관계(차이)가 있다'라는 표현양식

04 인과관계와 연구설계의 타당성

제 1 절 인과관계의 본질

1. 인과관계의 의미

조사설계는 연구문제의 이론적 명제나 가설, 그리고 의문사항을 실증적으로 검증하기 위해 개념 틀(conceptual framework)을 만드는 것이라 할 수 있다. 개념 틀은 연구하고자 생각하는 것을 인과관계 측면에서 정리해보는 것이다. 따라서 개념 틀을 구성하는 것은 주어진 연구문제와 이를 해결하기 위한 절차가 어떻게 연결되는가를 자세한 모형으로 만드는 것이다. 조사설계는 곧 전반적인 조사 과정을 이끌어 주는 핵심적인 역할을 수행한다. 또한 과학적 조사연구의 핵심 과제는 원인과 결과 사이의 관계를 밝힘으로써 현상을 설명하는데 초점을 두고 있다. 따라서 과학적 연구는 인과관계의 규명을 목적으로 진행된다고 해도 과언은 아니다. 인과관계(causal relation)는 원인과 결과의 관계를 말하며, 어떤 하나의 원인이 다른 한 가지 결과를 발생시키는 관계를 의미한다. 예를 들면, 'X는 Y의 원인이다' 혹은 'X가 변화면, Y도 변한다'와 같은 변수들 간의 관계를 나타내는 가설을 검증할 경우에 인과성에 대한 이해가 필요하다. 이러한 경우에 X는 원인이 되는 변수로 독립변수(independent variable)라 하며, Y는 결과가 되는 변수로 종속변수(dependent variable)라 한다.

사회과학에서 경험적 조사연구는 어떤 현상을 일으키는 원인을 찾아 현상을 설명하고 나아가 앞으로의 추세 및 방향에 대해 예측하는 것이라 할 수 있다. 다시 말해서 사회현상과 사회 구성원의 문제를 발견하고 문제에 대한 원인과 결과의 관계를 규명함으로써 과학적 조사의 목적인 정책이 형성되는 것이다. 특히 사회과학에서의 인과관계는 결정론적(deterministic)이라기보다 확률적인 인과관계에 바탕을 두고 있다. 종속변수(Y)에 영향을 미치는 독립변수(X)는 특정한 것 이외에 여러 가지 원인이 있을 수 있다. 특정 원인인 독립변수 이외에 또 다른 독립변수가 종속변수에 영향을 미치는 것이 대부분이기 때문에 'X라는 원인이 Y라는 결과를 발생시킬 수 있다'고 확률적으로 표현한다. 더욱이 이러한 다양한 독립변수들의 영향을 통제할 수 없기 때문에 인과관계를 결정론적으로 밝히는 데는 한계가 있다.

어떤 사건이 한 가지 원인으로 인해 발생하는 경우는 극히 드물다. 예를 들어 졸음운전자가 많아지면서 고속도로의 교통사고가 높아지는 현상이 목격되었다고 해서 졸음운전 증가가 교통사고의 원인이라고 단정하기는 어렵다. 왜냐하면, 교통사고는 음주운전, 운전부주의, 교통신호체계의 문제 등 여러 가지 요인들이 교통사고 증가에 영향을 미치기 때문에 어떤 것이 원인인지 결정적으로 밝히기는 쉽지 않다.

또 다른 예를 들면, 2011년 4월 교육부는 지난 6년간 청소년의 자살 실태를 토대로 그 원인을 제시하였다. 여기에는 가정불화 등의 가정문제, 우울증 등의 염세·비관, 성적 비관, 이성문제 등이 주요 원인인 것으로 나타났다. 그러나 자살 청소년 4명 중 1명이 원인조차 밝혀지지 않아 자살의 원인 중 지금까지 밝혀지지 않은 많은 요인이 있음을 알 수 있다.[1] 이러한 이유로 인해 사회과학은 명확하고 결론적인 표현보다는 확률적인 표현을 사용한다. 결국 사회과학에서는 원인적인 결정요인이 한 가지, 다시 말해 일원적이 아니고 다차원적이라 할 수 있으며, 이러한 다차원적이고 복합적인 요인들이 어떤 현상을 일으키거나 증가시키는데 복잡하게 관계되어 있다고 볼 수 있다. 인과관계와 관련된 개념으로 필요조건과 충분조건, 기여조건, 부수조건, 대체조건 등이 있다(김해동 외, 2010).

1) 필요조건(necessary condition)

필요조건은 하나의 사건이 일어나기 위해서 없어서는 안 될 원인적 조건을 말한다. 다시 말해서 X가 Y의 필요조건이면, Y는 X가 없으면 일어나지 않는다. 예를 들어 알코올중독자는 술을 마시지 않고서는 알코올중독자가 될 수 없다. 달리 표현하면, 음주 경험이 반드시 알코올중독자가 되는 것은 아니지만 알코올중독자는 반드시 음주 경험이 있는 사람에게서 나타난다. 이 경우에 술을 마시는 것은 알코올중독의 필요조건이 된다.

---

1) 2005년부터 2010년까지 자살한 청소년 870명(2005년 135명, 2006년 108명, 2007년 142명, 2008년 137명, 2009년 202명, 2010년 146명)을 분석한 결과, 가정문제로 인한 자살이 277명(31.8%), 염세·비관으로 인한 자살 160명(18.4%), 성적 비관(11.5%), 이성문제(7.1%) 순으로 나타났다. 원인을 알 수 없는 자살도 24.0%로 자살의 충동을 느끼는 또 다른 기제가 있는 것으로 나타나 정부 차원의 예방책을 마련하는데 어려움이 예상된다.

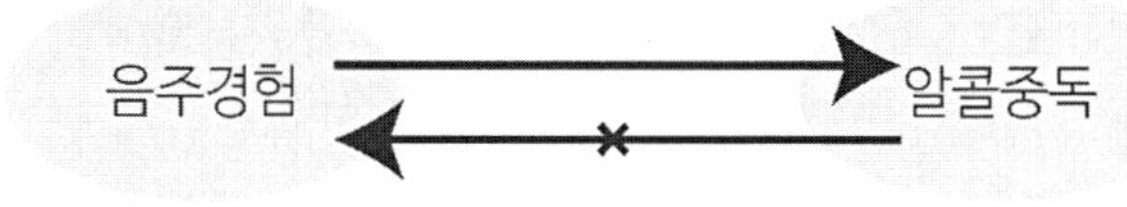

[그림 4.1] 필요조건 예시

다른 예로 마약중독자는 마약을 하지 않고서는 마약중독자가 될 수 없다. 마약경험은 마약중독에 필요한 조건이지만, 마약경험만으로 마약중독자가 되는데 충분하다고 할 수 없으며, 마약중독을 일으키는 부분적인 원인에 불과하다. 그러므로 마약은 마약중독의 필요조건이다.

2) 충분조건(Sufficient condition)

어떤 원인적 조건이 발생하면 항상 하나의 사상(事象)이 발생할 경우, 다시 말해 X가 일어나면 언제나 Y가 발생할 때 X는 Y의 충분조건이다. 그러나 Y는 X가 아닌 다른 조건 때문에 일어날 수도 있다. 다시 말해서 X의 존재는 Y의 발생에 영향을 미치지만, Y는 X가 없어도 발생할 수 있다는 것을 의미한다. 예를 들면, AIDS 환자의 피를 수혈 받은 후 AIDS에 감염되었다면, 이는 충분조건이 된다. 그렇지만, AIDS 환자의 감염 경로는 AIDS 환자와의 성 접촉에 의해서도 발생한다. 다시 말해서 AIDS는 수혈에 의해서만 발생하는 것이 아니며, 성행위에 의해서도 가능하다는 것이다. 이 경우에 수혈은 AIDS 발생의 충분조건이 된다. 또 다른 예로 흡연은 폐암의 원인이다. 그러나 흡연자만이 폐암에 걸리는 것이 아니라 석면 광산 근무자나 공장 인근 거주지역의 공기오염 등과 같이 폐암을 유발하는 제2, 제3의 원인들도 존재한다. 따라서 흡연은 폐암을 유발하는 부분적인 원인에 불과하며, 흡연자가 아니더라도 발생 할 수 있다.

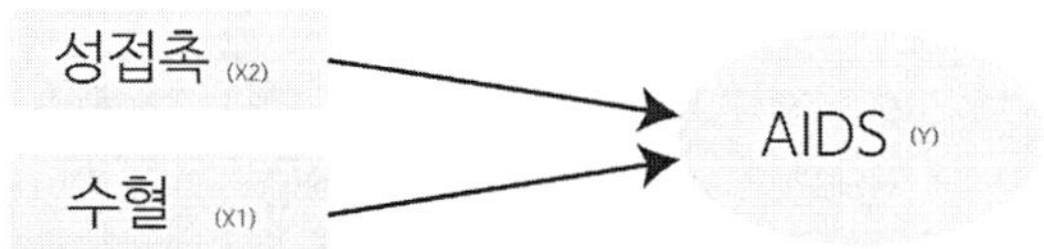

[그림 4.2] 충분조건 예시

3) 필요충분조건(necessary-Sufficient condition)

하나의 원인적 조건이 없이는 한 사상(事象)이 일어나지 않으며, 원인적 조건이 일어나기만 하면 항상 한 사상이 일어나는 경우는 필요충분조건이다. 이를 도식화하면 X가 일어나지 않으면 Y가 일어나지 않는 동시에 X가 일어나면 Y가 항상 일어나는 경우에 X는 Y의 필요충분조건이다. 필요충분조건은 필요조건과 충분조건을 동시에 만족시킨다. 예를 들면, 심장의 정지 없이는 사망하지 않으며, 심장이 정지했을 경우에 반드시 사망하기 때문에 심장의 정지는 사망의 필요충분조건이다. 이는 X가 Y의 유일한 원인이기 때문에 이를 단일 인과관계로 본다. 만약 흡연이 폐암에 필요충분조건이라면, 모든 흡연자는 폐암에 걸려야 하고 비흡연자는 폐암에 걸리지 않을 것이다. 일반적으로 사회과학 분야에서 필요충분조건에 해당하는 실제 예는 찾아보기 어렵다.

4) 기여조건(Contributory condition)

기여조건은 어떤 현상이 일어날 수 있는 가능성을 증가시키는 조건을 말한다. 예를 들어 청소년의 경우에 비행이 많은 친구와의 접촉이 비행에 쉽게 빠지게 할 수 있다. 그러나 도덕적 가치관을 잘 내면화 한 청소년은 비행을 저지르지 않을 수도 있다. 이때 도덕적 가치관의 내면화 결핍이 비행에 빠지게 하는 기여조건이다. 또 다른 예로 마약중독의 경우에 마약 경험(X) 없이는 마약 중독자(Y)가 될 수 없지만, 마약 경험이 있다고 하더라도 마약 중독자가 되지 않을 수도 있다. 이러한 경우에 마약 중독자가 되게끔 하는 어떤 다른 조건을 검토할 필요가 있으며, 이러한 조건이 기여조건이다. 다시 말해서 필요조건 하에서 독립변수(X)가 종속변수(Y)에 영향을 미칠 가능성을 증가시키는 제3의 변수가 존재한다. 마약 경험자가 자주 술을 마실 경우에 마약 중독자가 될 가능성이 더욱 높아진다. 이 경우에 음주 습관은 마약 경험자가 마약 중독자가 될 가능성을 높이는 기여조건이 된다(김기원, 2016). 그러나 기여조건의 경우에 어떤 현상이 일어나게 하는 여러 가지 조건 중 한 요인에 불과하기 때문에 그 현상이 일어난다고 확증을 줄 수는 없으며, 그 가능성만 높여 주는 조건에 불과하다.

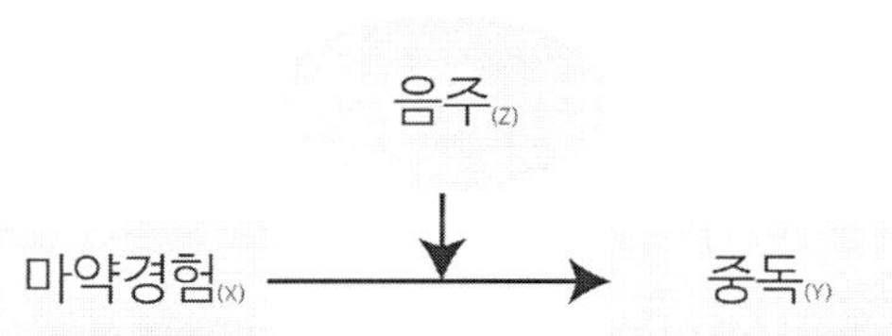

[그림 4.3] 필요조건과 기여조건 예시

5) 부수조건(Contingent condition)

X라는 요인이 A라는 조건 하에서는 Y의 기여조건으로 원인적 요소가 되는 데 비하여 B라는 다른 조건 하에서는 그러지 못할 경우가 있다. 이 때 A는 Y가 X에 의해서 발생할 수 있도록 해 주는 부수조건이 된다. 예를 들면, '수출증대의 경우에 그만큼의 수입증대를 하지 않는 조건에서 국제수지의 흑자를 가져 온다'고 했을 때 '그만큼의 수입증대를 하지 않는다'는 조건이 부수조건이다. 왜냐하면, 수출증가만큼의 수입증가가 없어야 수출증대는 국제수지 흑자를 발생시킬 수 있는 기여조건이 되기 때문이다.

6) 대체조건(Alternative condition)

기여조건이 많을 경우에 기여조건들 간의 관계에서 다른 기여조건을 대체조건이라 한다. 예를 들면, 수출증대가 외화획득이 되도록 하는 조건이지만, 외화획득이 수출증대 이외에 다른 조건, 다시 말해 관광객 유치 등에 의해서도 가능하기 때문이다. 이 경우에 수출증대 이외의 다른 조건들이 수출증대에 대체되는 대체조건이다. 또 다른 예로 비행청소년의 경우에 도덕적 가치관의 내면화 결핍이 비행에 빠져들 수 있게 하는 기여조건이 될 수 있다. 그러나 결손가정이나 자신의 고민을 이야기 할 수 있는 심리상담사가 없는 경우 등이 비행에 빠져들게 할 수 있는 대체조건이 될 수 있다(채구묵, 2015).

2. 인과관계 추론의 조건

연구문제가 제기하는 관계들은 대부분 인과관계의 성격을 내포하고 있다. 그러나 사회현상과 관련하여 인과관계를 경험을 통해 증명하는 것은 결코 쉬운 일이 아니다. 원인과 결과, 그리고 그 관계의 성격은 무엇이고 이를 어떻게 인식할 것인가에 관해서는 흄(Hume)[2] 이래 과학철학자들 사이에서 논란이 지속되어 왔다. 결국 원인과 결과 사이에 구체적으로 어떤 조건이 갖추어졌을 때 인과관계가 존재한다고 판단할 수 있을 것이다. 여기서는 오늘날까지 과학자들 사이에 널리 수용되고 있는 인과관계의 추론조건과 관련하여 밀(Mill)이 제시한 세 가지 원칙인 공변성, 시간적 우선성, 비허위성을 중심으로 살펴보았다.

2) 흄(David Hume)은 실증주의를 크게 발전시켰으며, 인과관계를 구성하는 조건으로 인접성(contiguity), 시간적 선행(temporal precedence), 불변적 결합(constant conjunction)을 주장했다. 다시 말해 원인과 결과 간에는 인접성이 있어야 하며, 원인이 결과보다 시간적으로 먼저 작용해야 하고, 원인이 있으면 반드시 결과도 나타나야 한다는 불변적 결합이 있어야 한다는 것이다(김기원, 2016: 423 참고).

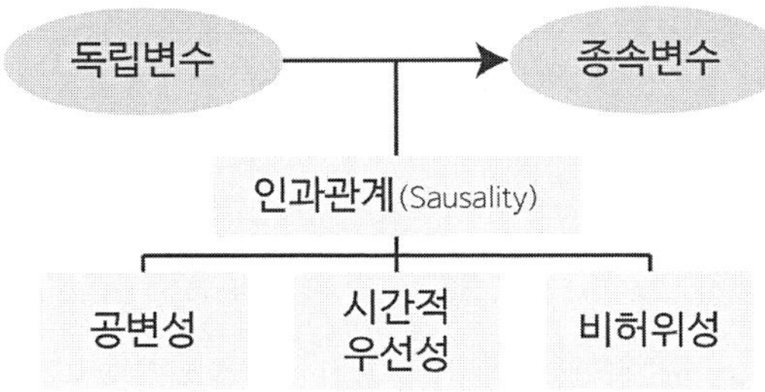

[그림 4.4] 인과관계의 기준

1) 공변성

공변성(covariation)은 인과적 관계를 규명하기 위한 일차적 조건이다. 한 변수가 변화할 때 이와 관련이 있는 또 다른 변수도 따라서 변화해야 한다는 것을 말한다. 아울러 둘 또는 그 이상의 변수가 어떤 식으로든 서로 관련되어 있지 않다면 한 변수가 다른 변수의 원인이 될 수 없다는 것이다. 두 변수 사이에 공변성이 있다는 것을 증명하기 위해서는 한 변수가 변화할 때 상대 변수에서도 변화가 관찰되어야 한다. 예를 들어 아동이나 청소년들에게 부모의 애정을 박탈했을 경우에 비행을 저지른다거나 비행 청소년의 경우에 일반 청소년에 비해 지능(IQ)이 낮다고 가정해보자.

이 두 가지 예시에서 변수들 간의 연관성이 없으면 인과관계를 설명할 수 없다(남궁근, 2014). 다시 말해 부모에게서 애정을 충분히 받은 아동과 그렇지 않은 아동이 똑같이 비행을 저지를 경우, 부모의 애정 결핍이 비행의 원인이라 할 수 없다. 또한 지능이 낮은 청소년과 지능이 높은 청소년들의 평균 비행 횟수가 같다면 지능은 범죄의 원인이 될 수 없다.[3] 끝으로 인과관계를 추론하기 위해서는 두 변수의 연관성을 파악해야 한다. 일반적으로 정량적 척도로 구성된 두 변수가 있을 경우에 연관성은 공분산(covariance)[4]과 상관계수(correlation coefficient)를 통해 알 수 있다.

---

3) 심리학적 범죄원인론 중 지능이론에서는 비행 청소년들의 IQ가 일반 청소년에 비해 평균적으로 낮다고 주장하였다. 그러나 지금까지 지능과 범죄와의 연관성에 관한 연구결과를 보면, 대다수의 범죄학자들은 지능과 범죄의 연관성을 인정하지 않는다. 최근의 메타분석 결과에 의하면, 지능과 범죄 간의 상관성은 약 .10에서 .20을 넘지 않는 것으로 보고되고 있다. 다시 말해서 통계적으로 다소 낮은 유의성을 보이지만 높은 설명력이 나타나지 않았다(이수정, 2012: 47)

4) 공분산(共分散, Covariance)은 확률론과 통계학 분야에서 2개의 확률변수의 상관정도를 나타내는 값이다. 1개 변수의 이산정도를 나타내는 분산과는 별개의 개념이다. 만약 2개의 변수 중 하나의 값이 상승하는 경향을 보일 때, 다른 값도 상승하는 경향의 상관관계에 있다면, 공분산의 값은 양수(+)가 될 것이다. 반대로 2개의 변수 중 하나의 값이 상승하는 경향을 보일 때, 다른 값이 하강하는 경향을 보인다면 공분산의 값은 음수(−)가 된다.

2) 시간적 우선성

인과관계를 증명하기 위한 두 번째 조건으로 원인과 결과 사이에 시간적 우선성(time order of occurrence)이 확인되어야 한다. 공변성이 확인되었다 하더라도 이것만으로 두 변수간의 인과관계를 규명하는데 한계가 따른다. 한 변수가 원인이고 또 다른 변수가 결과임을 입증하기 위해서는 적어도 두 변수의 변화에서 시간적으로 어떤 변수가 우선적인지를 보여주어야 인과관계 확인의 기본 요건이 성립된다. 변수들 간의 시간적 선후관계를 쉽게 확인할 수 있는 경우도 있다. 예를 들면, 폐암환자가 흡연을 하는 것보다는 폐암에 걸리기 전에 이미 흡연을 했을 경우가 압도적으로 높다든지, 부모의 경제적 지위가 자녀의 교육수준에 영향을 미치는 경우, 심리적 좌절(depression) 및 충격(trauma)이 자살에 선행한다는 것 등은 시간적 선후관계를 쉽게 파악할 수 있다.

한편으로 두 변수의 변화가 동시에 발생했을 경우, 어떤 변수가 원인이고 결과인지를 알 수 없기 때문에 두 변수간의 인과관계를 추론할 수 없다. 아울러 결과변수의 변화가 원인변수의 변화 이전에 미리 발생하게 되면 이 또한 인과관계가 성립되지 못한다. 또한 어떤 사회현상이나 사건이 원인과 결과의 의미를 동시에 가지고 있는 경우도 있다. 한 예로 학력수준이 높은 사람이 생활수준이 높다는 가설을 제시했을 경우, 생활수준이 높은 사람이 학력수준이 높다는 주장과 크게 다르지 않다. 여기서 학력은 원인변수의 역할을 하는 동시에 결과변수의 역할도 할 수 있다(김렬, 2013). 이처럼 사회현상에 대한 시간적 선행관계를 확인하는 것이 매우 어렵고 어느 것이 원인이고 어느 것이 결과인지 명백하지 않을 때가 있다.

예를 들면, 광고와 매출액 사이에 분명 상관관계가 존재한다. 흔히 광고 횟수를 증가시키면 매출액이 증가한다고 본다. 그렇지만 두 변수가 서로 상호작용을 해 원인이 되고 결과도 된다는 것이 현실적으로 타당하다. 광고 매출액을 늘리면 상품 매출액이 증가하여 광고비를 더 지출할 수 있다. 광고를 더 하게 되었을 경우에 매출액도 다시 증가하게 된다. 다시 말해서 초기에는 광고가 매출액 증가의 원인이 되지만 그 이후에는 매출액 증가가 광고 횟수 증가의 원인이 되는 것이다. 결론적으로 원인과 결과가 시간에 따라 뒤바뀌기도 하고, 양쪽이 동시에 원인이면서 결과일 수 도 있는 것이다(김진호, 2008).

한편, 사회과학의 연구에 있어 원인과 결과의 시간적 우선순위를 정하는 문제는 간단하지 않다. 제이콥스(Jacobs, 1967)는 자살의 원인을 '불확실성'이라고 결론을 내렸다. 자살한 사람들의 이력을 조사해 그 사람의 지속적인 우울과 미래에 대한 불확실성을 경험한 비율이 높다는 사실을 발견한 후 이를 통해 불확실성은 원인변수, 자살은 결과변수라고 결론지었다. 그러나 이 연구는 불확실성이 시간적으로 자살이라는 결과변수에 우선해야 한다는 전제를 무시하고 있다. 단지 결과를 통해 수많은 원인 중의 하나라 할 수 있는 불확실성이 추론되었을 뿐 직접적인 인과성을 갖는다고 볼 수는 없다. 사실상 수많은 조사연구에서 시간적 우선성을 정하는 것은 매우 어렵다(양병화 외, 2000; Earl Babbie 저, 고성호 외 공역, 2014).

➲ 시간적 우선성에 관한 문제

- 예시 1: 사회적 혼란(원인) → 범죄(결과) vs. 범죄(원인) → 사회적 혼란(결과)
- 예시 2: 정치적 태도(원인) → 정당선호(결과) vs. 정당선호(원인) → 정치적 태도(결과)
- 예시 3: 광고태도(원인) → 구매행동(결과) vs. 구매행동(원인) → 광고태도(결과)

3) 비허위성

인과관계를 확인하기 위해서는 비허위성, 다시 말해 사실관계가 필요하다. 공변성과 시간적 우선성이 확인되었다 하더라도 이것만으로는 두 변수간의 관계가 직접적으로 인과관계가 있음이 확인되지 않는다. 비허위성(nonspuriousness) 혹은 비허위적 관계(nonspurious relation)는 제3의 변수에 의해 설명할 수 없는 두 변수간의 연관성을 의미한다. 원인변수 이외의 다른 변수로 결과를 설명할 수 없는 관계이다. 다시 말해서 인과관계를 증명하기 위해 외부의 영향력을 배제한 상태에서 원인과 결과의 관계가 유지된다면 그 관계는 비허위적 관계라 할 수 있다. 비허위성의 문제는 원인변수와 결과변수 간에 발생하는 공변성과 시간적 우선성의 관계가 제3의 다른 변수로 인해 유발되는지를 확인함으로써 가능하다. 혹시 제3의 변수가 개입하여 이러한 관계에 작용하여 결과에 영향을 미치지 않았는지 의심해 보고, 그러한 외부 영향요인들이 경험적으로 타당하지 않음을 보여 줄 수 있어야 비로소 원래의 두 변수 간의 관계가 직접적인 인과성이 있음을 확신할 수 있게 된다.

예를 들면, 학교폭력 문제가 심각해지자 A학교에서 학교폭력 예방을 위한 프로그램을 실시하였는데, 프로그램을 종료한 후에 조사해보니 이전보다 학교폭력 건수가 감소했다고 가정해보자. 이 경우에 공변성과 시간적 우선성은 어렵지 않게 확인할 수 있을 것이다. '프로그램 실시'라는 변화와 '학교폭력 건수'의 변화가 함께 나타났기 때문에 공변성이 존재하며, 프로그램 실시 후에 폭력 건수가 감소했기 때문에 시간적 우선성도 인정된다. 그렇다면, 프로그램 실시 자체가 폭력건수 감소에 대한 직접적인 원인이 된다고 할 수 있냐는 것이다.

이러한 경험적 근거만으로는 프로그램이 학교폭력 감소에 대한 원인이 된다고 할 수는 없다. 만약 A학교와 똑같은 B학교가 하나 더 있어 다른 조건은 모두 같고 단지 프로그램의 유무만 차이가 있었는데, B학교는 학교폭력 건수가 줄어들지 않았다고 했을 경우에는 예방프로그램과 학교폭력 건수는 인과관계가 있다고 볼 수 있다. 또 다른 예로 한 연구자가 한 집단에게는 불확실성과 우울감을 경험하도록 하고 다른 집단은 통제집단으로 실험처치하여 시간의 경과에 따라 이들 두 집단의 자살률을 비교하여 실험집단의 자살률이 높게 나타났다면, 이는 불확실성과 우울증이 자살의 직접적인 원인이 된다고 결론지을 수 있을 것이다.

+ Plus 결정적인 원인

아이가 길을 가다 넘어져서 무릎에 피가 나고 있다. 피가 나는 사건은 왜 일어난 것인가? 시간적으로 선행하는 무수한 많은 이유가 있을 수 있다. 하지만 가장 결정적이고 직접적인 원인 중에 두 가지로 좁혀보자. 하나는 '피부의 상처'이고 다른 하나는 '넘어져서'라고 하자.

두 가지 중에 원인은 무엇인가? 여기서 '넘어져서'라는 사실은 피가 나는 직접적인 원인은 아니다. '넘어져서'라는 하나의 사건은 다른 필요조건이 충족되어야 '피가 날 수'있다. 넘어졌지만 피부가 벗겨지지 않았다면, 피가 나지 않을 수 있기 때문에 보다 직접적인 원인은 '피부의 상처'가 되어야 할 것이다. 이처럼 '피부의 상처'는 다른 필요조건이 없이도 '피가 난다'라는 결과를 유발하기 때문에 결정적인 원인이 되는 것이다.

출처: 양병화·강경원, 조사방법론, 성안당, 2000, 142 인용

3. 인과관계의 추리

인과관계의 추리란 논리적으로 인과관계를 도출해내는 것을 말한다. 과학적 조사과정에서 설정된 가설 속에 포함되어 있는 변수간의 관계를 직접 증명하기보다는 관찰된 자료에 의해 논리적으로 추리함으로써 일정한 신뢰도를 가지고 가설을 확증하거나 거부하는 것을 의미한다. 인과관계를 입증하기 위한 기본적 논리는 일찌이 밀(J. S. Mill, 1862)에 의해 제시되었다.[5] 밀(Mill)은 비교를 통해 원인과 결과의 관계를 입증하기 위한 설계의 기본적 논리와 다섯 가지 규준을 제시했는데, 이는 지금까지 모든 설명적 조사설계에서 따라야 할 논리의 출발점이 되고 있다. 여기서는 밀(Mill)이 제시한 귀납적 방법인 일치법, 차이법, 간접적

5) 밀(Mill)은 어떤 현상에 선행하거나 또는 뒤이어 발생하는 상황들 가운데 불변의 법칙에 의해 그 현상과 연관된 것들을 골라내는 가장 간단명료하면서 분명한 방법으로 일치법과 차이법의 두 가지를 제시하였다(Mill, John Stuart. 1911. *System of Logic Ratiocinative and Inductive: Being a Connected View of the Principles of Evidence and Methods of Scientific Investigation*, 8th ed. Green and Co, pp. 253-284; 남궁근, 2014: 255 참조).

차이법, 잔여법, 공변법 등에 관해 살펴보았다.

1) 일치법

일치법(method of agreement)은 합의법이라고도 하며 어떤 현상이 일어나는 여러 가지 사례들을 비교하는 방법이다. 어떤 특정한 현상이 둘 또는 둘 이상이 있을 경우, 여기에 단 하나의 공통적인 조건이 있다면 이 조건은 그 현상의 원인 내지 원인의 불가결한 일부로 간주될 수 있다. 다음과 같은 예시를 통해 구체적으로 살펴보자(김해동 외, 2010; 남궁근, 2014; 채구묵, 2015; 등).

사례 1에서 조건 ABC가 현상 abc와 같이 일어난다.

사례 2에서 조건 ADE가 현상 ade와 같이 일어난다.

먼저 사례 1에서 A, B, C라는 선행조건, 사례 2에서는 A, D, E라는 선행조건을 갖추고 있는데 사례 1에는 a, b, c라는 결과가 발생했고 사례 2에서는 a, d, e라는 결과가 발생했다. 결과적으로 사례 1과 2에서 A라는 선행조건을 공유하고 있고, a라는 결과가 공통적으로 발생했기 때문에 선행조건 A가 a라는 결과를 발생시킨 원인이라 결론을 내릴 수 있는 것이다. 이를 도식화하면 다음과 같다.

X라는 상황의 요소

A	B	C	는	Z	를 발생시킨다.

Y라는 상황의 요소

C	D	E	는	Z	를 발생시킨다.

그러므로 | C | 는 | Z | 를 발생시키다.

제1 규준	특정 현상이 발생하는 둘 이상의 사례에서 단 하나의 공통요소만을 가지고 있다면, 그 요소는 그러한 특정 현상의 원인(또는 결과)이다.

예를 들면, 아동·청소년 시기에 부모의 애정을 받지 못하고 자란 아이가 성인이 되어 정신신경증 환자가 된다는 명제가 있다고 가정하자. 이 때 두 사람의 정신신경증 환자가 있는데 한 사람(Z)은 부모의 교육수준이 높고(A) 경제수준도 높은(B) 가정에서 자랐으나 부모의 사랑(C)을 받지 못했다. 또 다른 사람(Z)은 부모의 교육수준이 낮고(D), 경제수준도 낮

은(E) 가정에서 부모의 사랑(C)을 받지 못했다. 상황 X와 Y의 두 사람은 아동·청소년기에 부모의 사랑을 받지 못한 공통점을 가지고 있기 때문에 애정의 결핍(C)이라는 조건이 정신신경증(Z) 발생의 원인이 될 수 있다는 논리이다.

또 다른 예로 청소년 범죄의 원인을 추론하는데 필요한 몇 가지 가능한 사건을 들어보자. '가' 지역의 한 고등학교에서 교내 폭력사건이 발생하였다. 연구자는 그 고등학교 주변을 탐색해보니 '불법 상업지역'이 학교와 근접해 있었고, 학교 주변에 '빈집과 음침한 골목'이 많았고 폭력사건을 일으킨 학생들의 '가정형편'이 매우 어려웠다. '나' 지역의 한 고등학교에서 발생한 교내 폭력사건에 대해 조사했더니 '불법 상업지역'이 학교와 근접해 있었으나 '빈집과 음침한 거리'는 찾아볼 수 없었고 폭력사건 가담 학생들의 '가정형편'은 부유한 편이었다. 위와 같은 사실에 근거하여 폭력사건의 원인을 추론할 때, 일치법에 입각하여 추론한다면 '학교와 불법 상업지역의 근접성'이 폭력사건의 원인이라 할 수 있다.

일치법은 불필요하거나 무관한 요소를 제거하면서 추리를 간단하게 해 주는 장점이 있으나 두 가지 사례에서 공유하는 요소가 두 가지 이상일 경우에 어느 것이 주요 원인인지 구분하기 어렵다는 한계를 가진다. 또한 우연성이 개입될 위험이 있다. 우연성이 개입된 경우에는 잘못된 인과관계를 추론할 위험성이 높게 된다. 앞의 예에서 학교 폭력사건의 경우 공교롭게도 이 도시의 어느 학교폭력서클이 '가' 지역의 학교와 '나' 지역의 학교에서 연쇄적인 폭력행위를 저질을 경우, 실제로 사건의 원인은 '불법 상업지역의 근접성'보다는 '폭력서클의 연쇄적 폭력행위'가 원인일 수도 있다. 이밖에도 어떤 인과관계가 사실로 판명되었더라도 일치법이 이를 확정적으로 증명해 주지는 못한다. 다시 말해서 공통적인 조건이 원인일 가능성은 높지만 확실하지 않을 수도 있다. 따라서 공통요소를 찾기 위해 비교하는 대상이 많으면 많을수록 인과관계의 확실성은 높아질 수 있기 때문에 여러 조건 하에서 공통적인 요소가 더 없는지 면밀히 분석할 필요가 있다.

2) 차이법

특정 현상이 공통적으로 발생하는 사례들을 비교하는 일치법과는 대조적으로 차이법(method of difference)은 어떤 현상이 발생하는 사례와 발생하지 않은 사례, 다시 말해 서로 상이한 결과가 나타나는 사례들을 비교하여 접근하는 방법이다. 둘 또는 그 이상의 경우, 어떤 경우에는 특정 현상을 관찰할 수 있으나 어떤 경우에는 관찰할 수 없다고 가정하자. 이 경우에 특정한 현상을 관찰할 수 있을 때는 항상 특정한 요소가 있고, 이를 관찰할 수 없을 때에는 특정한 요소가 없으면 그 요소와 현상 간에는 인과관계가 있다고 할 수 있다.

사례 1에서 조건 ABCD는 현상 abcd와 같이 일어난다.

사례 2에서 조건 BCD는 현상 bcd와 같이 일어난다.

앞의 사례에서 조건 A는 현상 a의 원인(또는 결과)일 수 있다. 이를 도식화하여 설명하면 다음과 같다.

X라는 상황의 요소

A	B	C	는	Z	를 발생시킨다.

Y라는 상황의 요소

A	B		는	Z	를 발생시키지 않는다.

그러므로		C	는	Z	를 발생시키다.

제2 규준	**특정 현상이 발생한 사례와 발생하지 않는 사례가 있었을 경우에 두 사례 간에 단 하나의 요소를 제외한 모든 요소를 공통적으로 가지고 있다면, 그 요소는 특정 현상의 원인(또는 결과)이다.**

예를 들면, 폭력성 게임이 청소년들의 행동에 영향을 미치는지를 분석[6]하기 위해 가정환경(A)과 교육정도(B)가 비슷한 학생들을 두 집단으로 나누어 한 집단(사례1, X)의 청소년들에게는 폭력성 게임을 지속적으로 하게하고(C), 다른 청소년(사례2, Y)에게는 폭력성 게임을 금지시켰다. 한 달 후 두 집단의 청소년들에게 폭력게임에서 일어난 상황과 비슷한 상황을 마련해 주었더니 폭력게임을 지속적으로 한 청소년들은 폭력행위를 많이 하고(Z가 발생함), 그렇지 않은 학생들은 폭력행위를 거의 하지 않았다면(Z가 발생하지 않음), 폭력게임이 폭력행위에 영향을 미쳤다고 볼 수 있다.

결국 어떤 경우에는 특정 현상이 나타나고 다른 경우에는 그러한 현상이 나타나지 않는데 이 두 가지 경우는 단 한 가지 조건에만 차이가 나고 다른 모든 조건은 공통적으로 포함되어 있다고 한다면, 이러한 차이가 된 조건이 특정 현상의 원인 혹은 원인의 불가결한 부

6) 2011년 12월 독일 본 대학 연구진은 '생물 심리학지'에 발표한 논문에서 일주일에 평균 15시간 동안 일인칭 슈팅게임(총기를 조준해 발사하는 게임)을 하면 뇌의 가운데 전두엽 부분이 게임을 하지 않는 사람들보다 활동이 약해진다는 것을 밝혔다. 가운데 전두엽은 공포나 공격성을 조절하는 영역이다. 국내 관련 전문가들도 게임이 주는 단기적인 쾌락자극이 압도적으로 많아지면 전두엽이 정상적인 반응을 하지 못해 잘 참지 못하고 생각하지 않고 행동하는 ADHD(주의력 결핍 과잉행동장애)로 이어질 수 있다고 주장하였다(조선일보, 2012.01.31 자료 참조).

분이 되는 것이다. 이러한 차이법을 지배하는 원리가 밀(Mill)이 제기한 제2 규준(second cannon)이다. 그러나 차이법도 일치법과 마찬가지로 몇 가지 문제점을 가지고 있다. 먼저 일치법과 마찬가지로 차이가 나는 요소가 둘 이상의 경우에 어느 것이 정확한 원인인지 파악하기 곤란하다. 다음으로 인과관계의 존재 여부를 증명하는데 있어 한정된 경험적 자료에 국한하여 의존한다는 점이다. 또한 조건의 차이가 하나밖에 없는 현상을 찾기가 거의 불가능하다. 결국 사회현상과 관련한 조사에 있어서 대부분 우연적 요소의 영향을 받기 때문에 차이법은 실험실 연구를 통한 인과관계의 규명에 적합하다(양병화 외, 2000). 따라서 유일한 차이로 확인된 요소가 원인의 일부인지 혹은 전부인지를 확인할 필요가 있다. 결론적으로 앞에서 제시한 요인 외에 또 다른 요인(예: 시험 스트레스, 이성문제 등)이 폭력행위를 유발했을지도 모른다는 점을 고려해야 한다(김해동 외, 2010).

3) 간접적 차이법

간접적 차이법(indirect method of difference)은 일치차이 병용법 혹은 결합법(joint method of agreement and difference)이라고도 한다. 이 방법은 일치법과 차이법의 한 가지로는 인과관계를 충분히 사용할 수 없을 경우에 이 두 가지 방법을 결합하여 사용하는 방법이다. 다시 말해서 어떤 특정한 선행된 행동이 나타난다면 그와 연관된 상황이 나타나고, 반대로 그렇지 않은 상황에서는 앞에서 연관된 상황이 나타나지 않는 경우를 말한다. 이 방법은 앞에서 제시한 일치법과 차이법을 결합하여 설명이 가능하다.

[일치법 사례]

사례 1에서 조건 *ABCD*가 현상 *abcd*와 같이 일어난다.
사례 2에서 조건 *AEFG*가 현상 *aefg*와 같이 일어난다.
- 인치법에 의해 A가 a의 원인인을 알 수 있다.

[차이법 사례]

사례 1에서 조건 *ABCD*는 현상 *abcd*와 같이 일어난다.
사례 2에서 조건 *BCD*는 현상 *bcd*와 같이 일어난다.
- 차이법에 의해 A가 a의 원인임을 알 수 있다.

이 두 가지 방법을 통해 분석했을 때 일치법과 차이법에서 Z를 발생시키는 공통된 원인은 A라는 것을 알 수 있다. 따라서 요소 A는 a의 근본 원인이 되는 것이다. 간접적 차이법을 지배하는 밀(Mill)의 제3 규준은 '특정 현상이 발생하는 둘 이상의 사례에서 하나의 공통 요소만을 가지고 있고, 그 현상이 발생하지 않는 둘 이상의 사례에서 그러한 공통 요소가 없다는 점에서 공통사항이 없을 시 그 요소는 그 현상의 원인 또는 결과'라고 할 수 있다.

4) 잔여법

잔여법 혹은 잉여법(method of residues)의 원칙은 간단하다. 어떤 현상의 일부가 어떤 조건이나 사실의 결과라고 이미 알려져 있을 경우에 그 현상의 잔여부분은 나머지 사실이나 조건의 결과가 된다는 논리이다. 예를 들어 선행조건 ABC가 갖추어진 상황에서 abc라는 결과가 발생했다고 가정하자. 앞의 일치법과 차이법 등의 관찰에서 b의 원인은 B, c의 원인은 C라는 사실이 밝혀졌다고 하자. 이 경우에 전체 현상에서 밝혀진 효과를 제외한 나머지 a는 A의 결과임을 알 수 있다. 잔여법은 차이법의 특수한 변형이다. 만약 사례 ABC, abc와 다른 사례 BC와 bc를 비교하게 된다면 차이법의 일반적인 절차에 따라 a는 A의 결과라는 것을 증명할 수 있을 것이다.

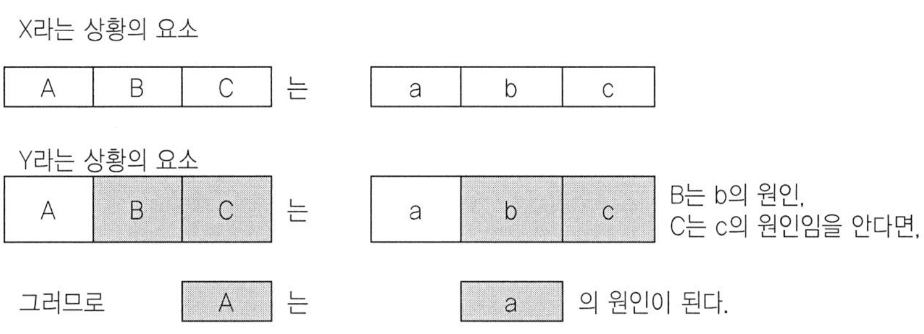

제4규준	**어떤 현상에서 귀납적 방법의 적용으로 인과관계가 이미 밝혀진 부분을 제외할 때 그 현상에서 나머지 부분은 나머지 선행요인의 결과이다.**

5) 공변법

공변법 혹은 상반변량법(method of concomitant variation)은 어떤 현상이 특정 방법으로 변화할 때마다 다른 현상이 일정한 방법으로 변화한다면 이들 두 가지 현상은 인과적으로 관련이 있다고 할 수 있다. 이 방법은 특정 요소들이 나타나지 않도록 할 수 없는 상황,

다시 말해 완전히 제거할 수 없는 상황이 존재할 경우에 사용된다. 예를 들어 정부가 조세 수입의 효과를 분석했을 때 정부가 세금을 전혀 징수하지 않는 상태를 만들 수는 없다. 이처럼 특정 요소들을 완전히 제거할 수 없을 경우에도 이들의 상태를 어느 정도 변경시키는 것은 가능하다. 여기서 상태의 변경이라 함은 완전한 제거가 아니라 조금씩 변화시킨다는 것을 의미한다.

ABC		→	abc			
A	+	BC	→	a +		bc
A	−	BC	→	a −		bc

그러므로 A와 a는 인과적으로 관련이 있고 요인 A는 a의 근본 원인이다.

(주): 여기서 A+, a+란 A가 증가함에 따라 a도 증가함을 의미하고 A−, a−란 A가 감소함에 따라 a도 감소함을 의미한다.

예를 들면, 식사량과 몸무게의 관계를 분석했다고 가정하자. 조사 대상자에게 식사량을 늘렸을 때 몸무게가 늘어나고 식사량을 줄였을 때 몸무게가 줄었다면, 식사량과 몸무게는 인과관계가 성립된다고 볼 수 있다. 이러한 공동변화의 방법을 지배하는 제5 규준은 '어떤 현상이 변화할 때마다 다른 현상에 특정한 방법으로 변화가 발생한다면 그 현상은 다른 현상의 원인 또는 결과이거나 일정한 인과관계의 과정으로 연결되어 있다'고 할 수 있다. 공변법 혹은 상반변량법의 장점은 인과관계의 존재를 확인하기 위한 질적 가설(qualitative hypothesis)에서부터 인과관계의 정도를 알아보기 위한 양적 가설로 조사의 초점을 옮길 수 있다는 점이다. 그러나 이러한 방법은 어떤 현상의 인과관계가 시간적으로 전후일 때에는 앞에서 일어난 것이 원인이라는 것을 쉽게 알 수 있는 반면에 시간적으로 동시에 일어날 경우에는 단지 상호관련성만 파악할 수밖에 없는 단점을 내포하고 있다.

지금까지 밀(Mill)이 제시한 인과관계를 추리하는 논리적 바탕인 다섯 가지 입증이론과 이와 관련한 다섯 가지 규준을 고찰하였다. 이들 방법 중 가장 기본이 되는 것은 일치법, 차이법, 그리고 공변법이다. 여기서 간접적 차이법은 일치법을 두 번 적용한 것이고 잔여법은 차이법의 변형이라 할 수 있다. 특히 일치법과 차이법은 사회현상의 원인을 찾기 위해 둘 다 소거법(methods of elimination)을 사용하나 차이법이 더욱 분명하고 확증적이다. 다시 말해서 ABC, CDE 등의 상황에서 모두 a라는 결과가 발생한다고 할 때 a는 A의 결과라고 생각되지만, 그 자체가 확실한 것인지 파악하기 위해서는 원인의 유무와 결과의 유무가 일치하는지를 확인할 수 있어야 한다. 이는 일치법만으로는 불확실하다는 것을 의미하며, 이러한 방법은 차이법 적용을 위한 사전단계의 성격을 가지고 있다. 그러므로 밀(Mill)은 차이법만이 직접적인 경험을 통해 확실한 원인을 찾을 수 있는 방법이라고 보았다(Mill, 1911; 남궁근, 2014). 또한 일치법과 차이법은 제5장에서 구체적으로 살펴 볼 실험설계의 기본논리를 제공하는데 의의가 있다. 이밖에 공변법은 상관관계에 기반을 둔 통계적 방법의 기본논리를 제공한다.

4. 인과관계와 상관관계의 구분

사회조사와 관련된 연구에서 인과관계와 상관관계는 명백히 구분되어야 한다. 인과관계(causal relation)는 독립변수와 종속변수의 관계가 인과성, 다시 말해 원인과 결과의 예측적 관련성을 의미하지만, 상관관계(correlation)는 원인과 결과의 관계가 아니라 상호의존성으로 해석될 수 있다. 인과관계와 상관관계의 차이 및 특징을 간략하게 살펴보면 다음과 같다.

1) 인과관계와 상관관계의 차이

앞의 인과관계의 추론 조건에서 제시한 시간적 우선성이나 결정적인 원인관계 등은 상관관계에서는 존재하지 않는다. 다시 말해 인과관계의 기본적인 조건들이 상관관계에서는 요구되지 않는다. 상관관계는 인과관계와 달리 두 변수의 관계 중 독립변수(X)로 고려되는 변수 혹은 종속변수(Y)로 고려되는 변수가 없다. 또한 앞의 변수들 간의 관계에서 살펴보았듯이 통계적으로 상관관계는 두 변수간의 양방향적 관계성을 말하지만, 인관관계는 일방향적 관계성(X → Y)을 전제로 한다. 일반적으로 사회조사에서 인관관계를 설명하는 것이 어려울 수도 있다. 예를 들어 시간적 우선성과 관련하여 사회적 혼란과 범죄의 관계성은 인과적으로 설명하기 어려운 주제일 수 있기 때문에 이 경우는 인과적 설명보다 상관관계를 통해 설명하는 것이 더 타당할 수도 있다. 따라서 인과관계를 검증하기 위한 연구에 앞서 두 변수간의 상관관계를 탐색적으로 조사해 보는 것이 일반적이다. 이론적으로 명확하지 않은 변수들의 관계성은 인과적으로 설명될 수 없기 때문에 이에 선행하여 두 변수의 상관정도를 먼저 파악해 보는 것이다(양병화 외, 2000).

➲ 에밀 뒤르겡(Emile Durkheim)의 자살론 관련 예시

에밀 뒤르겡의 자살연구에서 그는 자살통계를 통해 다양한 개인특성을 파악하고자 하였다. 그는 가톨릭 신도보다 개신교 신도들이 더 자살을 많이 기도하며, 도시에 살고 혼자 사는 사람이 농촌지역이나 가족과 함께 사는 사람들보다 자살을 많이 한다는 것을 알았다. 그에 따라 뒤르겡은 아노미(anomie, 사회적 네트워크의 통합이 결여된 상태)[7]를 자살의 주요 원인으로 결론지었다. 그 후 많은 연구자들이 뒤르겡 연구의 검증을 시도했으나 일치된 견해를 얻는 데에는 실패했다(양병화 외, 2000: 150-151 참조).

사회과학을 연구하는 전문가들은 대부분 보다 명확한 사회현상을 설명하기 위해 인과관계를 선호하지만 독립변수의 조작불가 혹은 사회 윤리적 문제로 인해 인과관계를 밝히는데 많은 제약을 받아 왔다. 에밀 뒤르겡(1951)의 고전적 연구는 이러한 한계를 보여주는 전형적인 예라 할 수 있다.[8] 이처럼 에밀 뒤르겡의 연구는 자살과 아노미가 상호 관련성을 가진 변수라는 것을 탐색적으로 밝히는 데는 성공적이었을지 모르나 연구를 통해 아노미가 자살의 원인이라는 인과관계를 설명할 수 없다는 점에 주의해야 한다.

2) 인관관계와 상관관계의 특징

우리는 일상생활 속에서 두 변수의 관계성을 매우 빈번하게 연관을 짓는 경향이 있다. 예를 들어 "정인이는 머리가 좋으니 행정고시에 꼭 합격할 거야", "민영이는 예리한 통찰력을 가졌으니 훌륭한 범죄분석가가 될 거야" 등 흔히 일상생활 속에서 관계성(relationship)을 고려하고 있다. 상관관계는 두 변수의 인과관계가 아닌 상호의존성 혹은 상호관련성을 파악하기 위한 방법이다. 인과관계는 두 변수가 상관관계가 있다는 것이 기본적으로 성립되므로 상관은 인과관계의 입증을 위해 필수적으로 요구되는 조건이기는 하나 두 변수가 상관관계가 있다고 해서 인과관계가 있을 것으로 결론내리기에는 보다 정밀한 통계검증이 요구된다. 따라서 상관관계는 인과관계의 필요조건은 될 수 있으나 충분조건은 될 수 없

---

7) Durkheim(1933)은 사회가 산업화와 도시화에 의해 급격한 변화를 겪게 될 경우 사회적 상호작용을 지배할 수 있는 적절한 규범을 개별하지 못하게 된다고 주장했다. 또한 급격한 사회변화는 전통적인 규범이 적용될 수 없도록 하고, 실현가능한 수준 이상으로 사회 구성원의 기대치를 끌어 올리게 된다. 이러한 사회구조적 상황을 '아노미', 즉 '무규범'의 상태라고 일컫는다. 이러한 주장을 기초로 아노미이론을 미국사회의 조건에 부합되도록 설명한 학자는 Merton이다. Merton(1957)은 문화적으로 규정된 목표와 목표를 성취하기 위한 합법적 수단 사이의 불일치가 아노미 상태를 초래한다고 보았다. Merton은 Durkheim의 아노미 개념을 범죄학에 응용하였는데, 불일치로 인한 좌절(긴장)을 경험한 사람들은 일탈적인 수단인 범죄에 의존하게 된다고 설명하고 있다. 아노미이론을 토대로 하는 하위문화이론은 대부분 비행이 집단 내에서 발생한다는 것을 전제로 한다(이수정, 2012: 39; 조철옥, 2008: 261).

8) Durkheim, E. (1951). Suicide: *A Study in Sociology*(trans J.A. Spaulding and G. Simpson), Glencoe: IL, Free Press.

다. 다시 말해서 X와 Y가 상관이 있을 경우 X가 Y의 원인이 될 수도 있고, Y가 X의 원인이 될 수도 있다. 하지만 또 다른 변수 Z가 Y 혹은 X의 원인이 될 수도 있는 것이다. 이 경우에 X와 Y의 관계는 두 변수간의 그 방향은 확인할 수 없지만 인과관계 혹은 제3의 변수의 인과관계가 존재한다는 것을 확인해 줄 수 있다.

한편으로 인과관계가 관계의 방향과 그 강도를 설명할 수 있는 반면에 상관관계는 변수들 간의 관계에 관한 설명만 가능하고 그러한 관계가 인과관계임을 함축하는 정도에 그친다. 다시 말해 상관관계가 존재하더라도 인과관계가 성립되지 않을 수 있지만, 인과관계가 성립한다면 분명 상관관계도 성립하는 것이다. 변수와 변수간의 관계를 규명하고자 할 때 사용하는 통계적 방법 중의 하나가 상관관계분석(Correlation analysis)이다. 상관관계분석을 통해 두 변수의 상관계수(correlation coefficient; γ)[9)]가 산출되고 이를 해석하기 위해서는 결정계수(determinant coefficient)라는 용어를 사용한다.

여기서 상관계수는 변수 또는 측정치 간의 일치도, 공통성, 동질성의 정도를 양적으로 나타낸 지수를 말한다. 관계성 분석에서 가장 핵심이 되는 개념은 두 개 이상의 변수들끼리 어떠한 관계에 의해 공변(covariate)하는 가를 대해 연구하는 것이다. 예를 들어 연령이 높을수록 자살률이 높고, 연령이 낮을수록 자살률이 낮다면, 연령과 자살률은 정(+)의 상관관계(positive correlation)가 있다고 볼 수 있다. 이처럼 상관관계는 변수들 사이에 어떤 관계가 있다는 것을 나타내는 것이다. 여기서 상관은 두 변수간의 관계를 나타내지만 두 변수가 왜 관련되어 있는가를 설명하지 않기 때문에 인과관계의 증거로 해석해서는 안 된다(한승준, 2008).

3) 사후 오류(post hoc fallacy)

시간적 사후관계를 인과관계와 혼동하는 것을 '사후 오류(post hoc fallacy)'라고 한다. 예를 들어 어떤 조류학자가 봄이 되자 날아다니는 새들의 수가 점차 증가하고 들판의 잔디들도 점차 초록색으로 변화는 것을 관찰하였다. 이런 경우에 어떤 사람이 날아다니는 새의 수적 증가가 잔디를 푸르게 만든다고 주장한다면, 이러한 설명은 '사후 오류'를 내포한 설명이

9) 상관관계는 분석모형에서 사용한 변수들 간의 관계를 규명하는 것으로 둘 이상의 변수들에서 하나의 변수가 변함에 따라 다른 변수가 어떻게 변하는가를 알려주는 분석방법이다. 그러나 상관관계 분석의 한계는 두 변수들 간의 인과관계를 규명할 수 없으며, 단지 둘 이상의 변수들이 정(+) 또는 부(−)로 함께 변화는 방향과 관계의 정도만을 제시해 준다. 여러 변수들 간의 상관관계는 상관계수(γ)의 절대치가 클수록 상관관계가 높은 것을 의미한다. 일반적으로 γ 〈0.20일 때는 무시할 수 있을 정도의 "아주 낮은 관계"라 하고, 0.20≤γ ≤0.40이면 "낮은 관계", 0.40≤γ ≤0.70이면 "비교적 높은 관계"를 말한다. 그리고 0.70≤γ ≤0.90이면 "높은 관계"이며, γ >0.90이면 "아주 높은 관계"라고 할 수 있다(김호정, 2003, 『행정통계학』, 서울: 삼영사, pp. 310–333).

된다. 또한 사후 오류는 시간적 전후관계를 인과관계로 착각하는 경우를 말하지만, 제3의 변수의 영향을 간과해서 나타나는 경우도 있다. 예를 들면, 학습시간과 학업성적 관계는 상관관계가 있다. 만약 두 변수간의 인과관계가 있다면, 학습시간이 긴 학생이 그렇지 않은 학생들보다 성적이 좋을 것이다. 그러나 두 변수간의 관계를 인과관계로 설명하기 곤란한 것은 제3의 변수, 다시 말해 집중력이나 이해력과 같은 변수가 시간과 학업성적의 인과성을 약화시키기 때문이다(양병화, 2000).

따라서 사회조사 연구에서와 마찬가지로 변수에 대한 통제가 완벽하게 이루어지지 않는 연구 상황에서 인과성을 검증할 경우 사후 오류와 같은 함정이 있음에 주의해야 한다. 특히 연구자는 자신의 연구결과를 지나치게 확신하고 자신이 설정한 변수의 효과가 극대화되는 방향으로 설명하려는 편향(bias)을 가지고 있다. 이와 같은 편향은 연구자로서 강한 의욕은 인정되지만, 사회조사가 과학적 도구로서 사용될 때 커다란 장애가 된다는 사실을 간과해서는 안 된다.

Study TIP 자살공화국 오명, 국가적 재난에 정부가 나서야 할 때다

보건복지부는 2013년도 자살실태조사 결과를 2014년 4월 1일 발표했다. 우리나라는 2003년 이래 10여 년 동안 경제협력개발기구(OECD) 회원국 중 자살률 1위다. 2012년 기준 인구 10만 명 당 28.1명으로 OECD 평균인 13명보다 2배 이상 높은 수준이다. 10년 전인 2002년 17.9명보다 57.2%나 증가했다. 한동안 자살국가란 오명을 가졌던 일본(20.9)과 비교해도 월등히 높다. 그야말로 국가적 재난이 아닐 수 없다.

매년 약 1만 5000명이 자살로 사망하고 있다. 하루 평균 41명꼴이다. 한국인의 주요 사망 원인 가운데 암, 뇌혈관질환, 심장질환에 이어 자살은 4위에 올랐다. 10대부터 30대까지의 사망원인 1순위로 기록됐으며, 40대와 50대도 암에 이어 2순위다.

보건복지부가 자살사망자와 시도자 분석, 유서 분석과 유족 면담 등의 입체적 방법을 동원해 실시한 실태조사에 따르면 스스로 목숨을 끊은 사람들의 특성은 남자, 이혼, 저학력, 저소득, 정신질환, 음주로 귀결된다. 1992년부터 2011년 건강보험 진료 자료를 활용해 자살 사망자 8,305명을 분석했다. 남자가 여자보다 2배 이상 자살률이 높았다. 나이가 많을수록, 소득과 학력이 낮을수록 자살자가 많았다. 특히 이혼, 사별한 사람의 자살률이 그렇지 않은 경우보다 높다. 남자는 기혼자의 2.1배, 여자는 2.5배에 달한다. 자살 시도자 1,359명의 자살시도 이유를 조사한 결과, 주된 원인으로 우울감 등 정신과적 증상이 37.9%로 가장 많았다. 이어 대인관계 스트레스(31.2%), 경제적 문제(10.1%) 순으로 나타났다.

또한 2007년부터 2011년까지 자살을 시도해 응급실에 실려 온 8,848명을 추적조사 하였는데, 이 중 44%는 음주상태에서 시도, 한 번 시도한 사람은 또 일을 저지른다. 236명은 끝내 세상을 떠났다. 연간 10만 명 당 700명이 자살했는데, 이는 일반인 자살사망률(28.1명)의 25배에 해당한다. 이러한 결과에서 단기적 차원에서 자살 고위험군을 집중 관리하는 것만으로도 비극적 선택을 줄일 수 있다는 결론에 이른다.

"인생은 유희가 아니다. 자기의 의사만으로 그것을 포기할 권리는 없다." 한국은 톨스토이의 명언이 무색한 사회가 된 것이다. 보건복지부는 전반적인 실태조사를 근거로 자살예방정책을 내놓아야 한다. 시행에 앞서 자살 위험요인에 대한 이해가 실제 개입으로 이어져야만 한다. 실태조사를 통해 드러난 근거 위에서 이제는 자살예방을 위한 출발점에 섰다. 자살공화국이라는 오명을 벗기 위해 자살 문제를 국가적 어젠다(agenda)의 최우선 순위에 두고 복지부 산하 기구로 강력한 컨트롤 타워를 구축해야만 자살공화국 오명에서 벗어날 수 있다.

출처: 중앙일보 시론, 2014. 4. 19일자 그림 인용

Study TIP 애정남도 애매한 흡연과 폐암의 인과관계, 그리고 담배와의 전쟁

상관관계가 인과관계를 명백히 나타내는 경우에도 이를 해설할 때 주의해야 한다. 흡연자들이 비흡연자들에 비해 폐암에 걸릴 확률이 높은 것은 사실이다. 다시 말해 흡연이 폐암을 유발할 가능성은 높다. 그러나 문제는 이런 사실을 너무 단순화하여 성급하게 일반화하는 것이다.

따라서 흡연이 폐암발생의 유일한 원인인 것처럼 해석해서는 안 된다. 폐암 환자 중에는 흡연을 전혀 하지 않는 사람이 15%나 된다는 사실에 비춰볼 때 폐암에는 여러 가지 다른 중요한 원인이 영향을 미칠 수도 있다는 사실!

2011년 2월 15일 흡연과 폐암 발병 간에 개별적 인과관계를 인정한 첫 법원 판결이 나왔다. 그러면서도 법원은 "담배 제조·판매 과정에서 불법행위가 입증되지 않았다"는 이유로 KT&G의 배상 책임을 인정하지 않았다. 서울고법 민사 9부는 15일 폐암 환자와 가족 등이 "흡연 때문에 암에 걸렸다"며 국가와 KT&G를 상대로 낸 손해배상 청구소송에서 1심과 같이 원고패소 판결했다.

그 이후 2014년 4월 10일 국내 첫 담배소송에서 흡연자 측이 패소했다. 대법원 2부는 김모씨 등 30명이 KT&G와 국가를 상대로 낸 손해배상 청구소송 상고심 2건에서 원고 패소로 결정한 원심을 확정했다. 담배소송과 관련해 대법원의 판결이 내려진 것은 이번이 처음이다. 지난 1999년 소송이 제기된 지 15년 만의 확정 판결이다. 재판부는 흡연과 폐암 발병 사이에 인과관계를 인정할 수 없고 제조사인 KT&G와 국가가 담배의 유해성을 은폐하는 등의 불법행위를 했다고 볼 수 없다는 것이다. 담배에 제조물책임법에 따른 제조·설계·표시상의 결함이 없다는 점도 인정했다. 또한 "흡연과 원고들에게 발병한 비소세포암, 세기관지 폐포세포암(모두 폐암) 사이에 역학적 인과관계가 인정될 수 있다고 하더라도 어느 특정 흡연자가 흡연을 했다는 사실과 위와 같은 비특이성 질환에 걸렸다는 사실만으로 양자 사이의 개별적 인과관계를 인정할 만한 개연성이 증명됐다고 보기는 어렵다"고 밝혔다.

한편, 2014년 4월 14일 국민건강보험공단이 법원에 소장을 제출하고 3개 담배회사(KT&G, 필립모리스코리아, BAT 코리아)를 상대로 하는 소송 전에 본격 돌입했다. 소송 규모는 건보공단이 승소 가능성을 가장 높게 보고 있는 537억 원이 될 것으로 보인다. 보건복지부도 건보공단 측에 전폭적 지원 의사를 밝힌 것으로 전해졌다.

대한민국에서도 담배와의 전쟁, 서막이 시작되었다!

출처: 김진호, 『괴짜 통계학(2008)』, 전국매일신문 2014. 4. 11일자 자료 인용

제 2 절 연구설계의 타당성과 저해요인

조사연구의 핵심적 과제는 추정된 원인변수(X)와 결과변수(Y) 사이에 인과관계가 있는지의 여부를 추론하는 것이다. 타당성은 경험적 조사연구를 통하여 인과관계를 얼마나 진실에 가깝게 추론하느냐라는 정도를 나타내는 것이라 할 수 있다. 이러한 경험적 조사연구의 타당성에는 크게 내적 타당성과 외적 타당성이 있으며, 이러한 타당성 문제는 인과관계를 추론하는 설명적 연구에서 주로 논의된다. 내적 타당성은 조사연구의 설계 및 분석과정에서 추론된 인과관계가 어느 정도 정확한가에 관한 것이고, 외적 타당성은 조사연구의 결과를 다른 상황이나 시점에서 어느 정도까지 일반화시킬 수 있는지에 관한 것이다. 본 절에서는 내적 타당성과 외적 타당성의 의미와 저해요인에 관해 구체적으로 살펴보고, 구성 타당성에 관해서도 간략하게 고찰하였다.

1. 내적 타당성

내적 타당성(internal validity)은 종속변수(Y)의 변화가 독립변수(X)의 변화에 의하여 발생한 것임을 확신할 수 있는 정도를 말한다. 추정된 원인과 그 결과 사이에 존재하는 인과적 추론의 정확성이 얼마나 높은지를 보여주는 것이 내적 타당성이다. 내적 타당성을 높이기 위해서는 가능한 한 순수하게 독립변수에 의한 효과만을 정확히 추출해 낼 수 있는 연구설계가 필요하다. 내적 타당성은 앞의 절에서 제시한 인과적 추론의 세 가지 조건 중 세 번째 조건인 비허위성의 조건과 관련이 있다. 비허위성의 조건이라 함은 제3의 변수 혹은 경쟁가설을 배제하는 것을 말하며, 이러한 제3의 요인들의 영향을 배제할 수 있다면, 인과관계의 정확한 추정이 가능해진다. 만약 독립변수 외의 다른 제3의 요인들이 종속변수의 변화에 영향을 미친다면, 독립변수와 종속변수 간의 내적 타당성은 낮아진다.

이처럼 독립변수 외에 다른 요인이 종속변수에 영향을 미쳐 내적 타당성이 낮아질 수 있는데, 이를 내적 타당성의 저해요인이라 한다. 내적 타당성의 저해요인을 크게 내적 요인(intrinsic factor)과 외적 요인(extrinsic factor)으로 구분할 수 있다. 내적 요인은 연구설계에 의한 실행과정에 직접 관련되는 요인이며, 외적 요인은 연구설계의 실행과정과 관계가 없는 요인으로 연구대상이나 배정에 있어 편의(偏倚, bias)를 야기하는 요인을 말한다. 여기서는

Campbell과 Stanley(1963)가 제시한 내적 타당성을 저해하는 외생변수를 중심으로 살펴보았다(남궁근, 2014; 채서일, 2015).

1) 역사적 요인

역사적 요인(history)은 우연한 사건 또는 외부적 사건이라고도 한다. 역사적 요인은 조사기간 중에 연구자의 의도와는 상관없이 어떤 사건이 발생하여 연구결과에 영향을 미치는 것을 말한다. 예를 들어 조사기간 중에 정치, 경제, 사회 및 제반 환경에 변화를 가져오는 사건이 발생할 경우에 그 영향으로 인해 조사대상집단의 특성이 변할 수 있다. 여기서 역사적 요인은 반드시 역사적으로 중요한 사건만을 뜻하는 것은 아니고 연구 진행과정과 동일한 시기에 우연히 발생한 사건도 포함된다.

한 예로 청소년들의 자아존중감을 향상시키기 위해 집단 프로그램을 실시했다고 가정하자. 집단 프로그램 실시 후 효과성을 측정하기 위해 단일집단 사전(O_1)-사후(O_2) 측정설계를 채택하여 프로그램 실시 전과 실시 후에 학생들의 자아존중감이 향상되었는지를 조사했다. 그 결과, 학생들에게 집단 프로그램을 실시한 후에 자아존중감이 향상되었다고 하자. 그렇다면 이를 두고 집단 프로그램과 자아존중감의 향상에 대한 인과관계가 입증되었다고 할 수 있는가? 그렇다고 볼 수는 없다. 만일 자아존중감 향상 프로그램을 실시하는 기간에 학교 내에서 칭찬 캠페인을 대대적으로 실시했다면, 사전 검사에 비해 사후 검사에서 자아존중감이 향상된 것으로 나타나더라도 그 결과가 집단 프로그램의 효과인지 아니면 칭찬하기 캠페인의 효과인지 구분하기 어렵다. 역사적 사건이 내적 타당도에 미치는 영향을 배제하기 위해서는 적절하게 선정된 통제집단을 구성하여 실험집단과 비교 분석하는 것이 바람직하다.

2) 성숙요인

성숙요인(maturation)은 시간의 경과(passage of time)로 인하여 자연적으로 대상집단의 특성이 변화하는 것을 말한다. 연구대상자들의 성장이나 노화와 같은 자연적인 발달상의 변화가 어떤 결과에 영향을 미친다. 인간을 대상으로 연구를 진행하는 경우에 그 대상자가 나이가 들고 경험이 많아지거나 육체적 피곤함 등으로 인해 종속변수의 값이 변하게 되고 그에 따라 조사결과도 크게 달라질 수 있다. 예를 들어, 노인복지기관에서 노인을 대상으로 정신건강 향상을 위한 프로그램을 실시하고 평가하였는데 별다른 효과가 없었다고 하자.

이 경우, 프로그램이 효과가 없는 것으로 결론지을 수 있는가? 그렇게 단정하기는 어렵다. 왜냐하면 고령의 노인은 단 기간에도 심신 건강이 악화될 수 있기 때문이다.

이와 반대로 취학 전 아동의 독서력을 향상시키기 위한 교육프로그램의 효과를 추정하기 위해 프로그램 실시 전과 실시 후의 독서력을 측정하였다. 그 결과, 사후 측정값이 사전 측정값보다 훨씬 높다고 하더라도 교육프로그램의 실시 여부와 무관하게 그 기간 동안 아동들의 독서력은 자연적으로 향상되기 때문에 그 차이가 전적으로 교육프로그램의 효과라고 보기 어렵다. 이처럼 노화가 급속하게 진행되는 노인이나 성장의 변화가 빠른 아동의 경우에 특별히 성숙요인을 고려할 필요가 있다.

또한 연구대상자들이 위기 사건을 경험한 직후의 경우나 개입이 장기간 지속되는 경우에도 성숙요인에 의한 내적 타당성의 문제가 따른다. 예를 들어 성폭행 피해자에 대한 상담서비스의 효과를 상담 실시 전과 후에 조사했다고 가정하자. 이 경우에 어떤 서비스를 제공하더라도 대부분의 서비스 개입이 효과가 있는 것으로 나타날 것이다. 성폭행을 당한 직후 상담 실시 전의 전반적인 상황은 어떤 사람이라도 최악의 상태일 것이다. 그러다 시간이 경과하게 되면 자연스럽게 치유되는 경우가 많다.

이러한 예에서 알 수 있듯이 단순히 상담을 실시하고 서비스 종료 후에 피해자의 상태에서 긍정적인 효과가 나타났다고 해서 개입(상담) 때문에 나타난 효과로 보고 프로그램의 효과성을 주장하기는 어렵다. 시간의 경과에 따른 성숙효과를 통제하여 내적 타당성을 높이기 위해서는 그 영향을 분리하거나 배제할 수 있도록 연구를 설계해야 한다. 성숙요인의 효과는 실험집단과 이에 비교되는 통제집단을 두고, 두 집단에 조사대상을 무작위로 배정하게 되면 통제될 수 있다. 왜냐하면 성숙요인의 효과는 두 집단 간에 똑같이 나타나기 때문에 실험집단의 사후 측정값과 통제집단의 사후 측정값의 차이로 독립변수의 효과를 추정하면 성숙요인의 효과는 상쇄되어 계산에 포함되지 않기 때문이다(남궁근, 2014; 김렬, 2013; 김영종, 2007).

3) 검사요인

검사요인은 측정이 반복됨으로써 얻어지는 학습효과로 인해 연구대상자의 반응에 영향을 미치는 효과를 말한다. 다시 말해 동일한 측정도구를 사용하여 두 번 이상 평가를 실시하는 모든 연구설계에서 발생할 수 있다. 어떤 프로그램의 개입을 통해 효과를 측정하기 위해 사전-사후 검사를 실시하는데, 동일한 검사를 두 번 실시하면 사람들이 사전검사 자체를 기억하고 반응해서 그에 따른 효과가 나타날 가능성이 높다. 이처럼 반복하여 검사하는 과정에서 사람들의 행동에 영향을 주어 그 결과가 달라지는 효과를 검사효과(testing effect) 혹은 학습효과(learning effect)라 한다.

검사효과에는 주시험효과(main testing effect)와 상호작용 시험효과(interaction testing effect)가 있다. 주시험효과는 독립변수 이외의 또 다른 원인에 의해 종속변수가 영향을 받기 때문에 내적 타당성을 저해하는 요인으로 작용하는 반면에 상호작용 시험효과는 외적 타당성을 저해하는 요인이다. 주시험효과는 원인변수의 개입 여부와는 별개로 동일한 검사를 반복하게 됨으로써 두 번째 검사에 영향을 미치는 경우를 말한다. 주시험효과와 관련하여 예를 들면, 학생들에게 TOEFL 시험을 본 후 다시 동일한 시험을 반복해서 실시했을 때 두 번째 시험에 높은 점수를 받는 경우가 여기에 해당된다. 이는 첫 번째 시험을 통해 시험요령을 터득하거나 문제를 토의함으로써 높은 점수를 받게 된다.

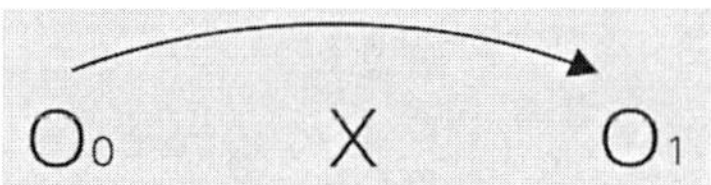

검사효과가 발생하게 되면, 독립변수의 변화가 원인으로 작용하여 결과가 변하였는지, 아니면 첫 번째 검사로 인해 두 번째 검사에 익숙해져 이런 결과가 나왔는지 규명하기 어렵다. 검사효과를 통제하기 위해서는 연구자가 사전검사의 효과가 문제가 되는지 신중하게 검토해야 한다. 만약 사전검사가 문제가 될 경우에 사전검사를 포함하지 않는 연구설계를 선택하거나 사건검사를 위장하여 연구대상자가 인지할 수 없도록 세심한 주의가 필요하다.

4) 도구요인

동일한 측정도구를 사용할 때 발생할 수 있는 내적 타당성의 저해요인인 검사효과와는 달리 도구효과(instrumentation effect)는 서로 다른 측정도구를 사용할 때 발생한다. 다시 말해 도구효과는 검사효과와 마찬가지로 종속변수의 측정문제를 다룬다는 점에서는 유사하다. 그러나 검사효과는 종속변수를 반복하여 측정함으로써 나타나는 문제인 반면, 도구효과는 종속변수에 대한 조작적 정의나 일관되지 않는 측정에서 비롯된다는 점에서 차이가 있다. 이러한 도구효과는 하나의 개념에 대해 서로 다른 척도, 측정도구, 그리고 측정기준 등을 적용하는 경우에 나타날 수 있는 문제다. 도구효과는 측정수단요인이라고도

하는데, 측정수단이 변화함에 따라 정책효과 및 프로그램의 개입 효과가 왜곡되는 현상을 말한다(남궁근, 2014).

예를 들어 시험을 채점하는데 있어 채점의 기준이 달라지거나 측정도구가 주관식에서 객관식으로 변경될 경우에 그 결과가 동등하다고 할 수 없다. 또한 동일 주제와 관련하여 서로 다른 면접관이 질문을 하는 경우, 같은 면접관이라도 질문하는 태도 및 질문 문항이 달라질 경우에 측정결과는 상이하게 나타날 수 있다. 이밖에도 설문지를 바꾼다거나 면접에서 관찰로 측정방법을 바꾸어도 결과는 다르게 나타날 수 있다. 이 경우에 동일한 문항으로 구성된 설문지를 사용하거나 동일한 면접관이 면접을 진행함으로써 그 위험을 어느 정도 줄일 수 있다(김렬, 2013). 이처럼 측정도구를 표준화하여 사전측정과 사후측정 시 측정도구의 동등성을 확보함으로써 도구효과를 통제할 수 있다.

5) 통계적 회귀요인

통계적 회귀(statistical regression)는 연구대상자가 매우 높거나 낮은 점수를 받았다고 하더라도 여러 번 측정을 하게 되면 점수의 분포가 평균에 가까워지는 경향을 말한다. 다시 말해 극단적인 측정값(최고값, 최저값)을 갖는 사례를 재 측정할 때 평균값으로 회귀하여 처음과 같은 극단적인 측정값을 나타낼 확률이 줄어드는 현상이다. 어떤 극단적인 사례 또는 연구대상자를 선정할 때 발생하는 오류라 할 수 있다. 예를 들어 지능검사에서 최초 150을 받았다면 대부분의 학생들은 두 번째 검사에서 낮은 점수를 받을 가능성이 높다. 마찬가지로 최초 검사에서 80을 받았다면 그 역시 두 번째 검사에서 그보다 높은 점수를 받게 될 것이다. 그리하여 여러 번 측정했을 때 대략적인 평균(지능=100-110)으로 접근하는 현상을 보일 것이다.

또한 실험에서 사전검사 점수가 자신들의 평균보다 지나치게 낮은 사람들을 대상으로 프로그램을 개입했을 경우, 프로그램을 실시한 후 사후검사 점수는 프로그램의 효과와는 별개로 상승하는 것으로 나타날 수 있다. 예를 들면, 고등학교 3학년 학생들에게 보충수업의 효과를 측정하였다. 보충수업을 실시하기 전에 시험을 통해 성적이 나쁜 학생들을 대상으로 보충수업을 실시한 후 이들의 성적이 향상되었다고 보자. 이때 성적 향상이 과연 보충수업의 영향으로만 볼 수 있는가이다. 처음부터 지나치게 낮은 점수를 받은 학생들은 다음 시험에서 시간이 경과함에 따라 평균에 가까운 점수를 얻기가 쉽다. 이 경우에 성적 향상이 보충수업에 의한 것인지 또는 회귀효과에 의하여 평균으로 이동한 것인지를 판단하는 것은 쉬운 일이 아니다. 결국 극단적인 상황에서 극히 낮은 점수를 받은 학생들은 실험조치 후 높은 점수가 나올 수 있고, 높은 점수를 받은 학생들은 실험처지 후 낮은 점수가 나올 수 있는데, 이러한 변화는 극단의 집단을 선택했기 때문에 나온 결과로 인식하기보다는 실험처치를 실시했기 때문이라고 잘못 판단할 위험이 있다.

통계적 회귀요인의 경우, 다음 제5장 2절에서 설명할 단일집단 사전사후측정설계(one group pretest posttest design)에서 종종 내적 타당성의 저해요인으로 작용한다. 그러나 이 경우에도 어떤 집단을 대표할 수 있는 연구대상자가 구성되어 프로그램 집행 전과 후에 검사를 받는 경우에는 회귀요인이 작용하지 않는다. 예를 들어 어느 학교에서 독서능력 향상을 위해 모든 학생들에게 특별교육과정을 이수했을 경우에 회귀요인이 내적 타당성 저해요인으로 작용하지 않는다. 그러나 사전검사에서 성적이 나쁜 학생들만 선별하여 교육을 시킨 경우에는 회귀요인이 사전-사후 측정값의 차이를 해석하는데 있어서 저해요인으로 작용한다. 쿡과 캠벨(Cook & Campbell, 1979)은 실험집단과 통제집단을 동질적으로 구성하지 않을 경우, 두 집단에 회귀요인의 효과가 다르게 나타나기 때문에 일어날 수 있는 내적 타당성의 서해요인을 차별적-통계적 회귀요인의 효과(divergent statistical regression effects)라고 불렀다(남궁근, 2014). 끝으로 통계적 회귀요인을 통제하는 유일한 방법은 무작위 할당을 사용하는 것뿐이다. 무작위 할당을 통해 측정을 통해 나타나는 무작위 오차(random error)가 상쇄되기 때문에 자연스럽게 극단점수의 발생을 방지할 수 있다.

6) 선정요인

조사를 실시하기 이전에 이미 차이가 있는 두 비교집단을 선정함으로써 조사결과의 타당성에 영향을 미칠 수 있는데, 이를 선정요인(selection factor)이라 한다. 이와 같이 선정요인은 연구대상자의 선발방식에 의해 발생한다. 통계적 회귀요인은 선정요인의 한 예라 할 수 있다. 예를 들어, 공무원을 대상으로 부패인식 교육이 부패근절 향상에 어느 정도 영향을 미치는지를 조사했다고 가정하자. 이를 위해 교육에 참가한 공무원 집단과 참가하지 않은 집단을 대상으로 부패근절 정도를 측정하였다. 이 경우에 교육에 참가한 공무원의 부패근절 수준이 참가하지 않는 공무원보다 높았다면, 이를 부패인식 교육의 효과로만 볼 수 있는가하는 문제다. 왜냐하면, 교육에 참가한 공무원들과 참가하지 않은 공무원들 사이에 비교가 될 수 없는 차이가 존재했다고 볼 수 있기 때문이다. 다시 말해서 교육에 참가한 공무원이 참가하지 않은 공무원보다 이미 부패근절에 대한 의식수준이 높았고, 이를 근절하고자 하는 동기가 더 컸을 수 있다는 것이다.

또한 연구대상 자체를 잘못 선정하여 변수 간에 서로 다른 관계가 나타날 경우에 선정오류(selection bias)가 발생할 수 있으며, 그 효과를 선정효과(selection effect)라고 한다. 예를 들어 모 교수가 두 가지 교수방법(강의식/토의식)이 학업성적에 미치는 영향을 살펴보고자 하였다. 연구결과, 강의식 수업을 받은 학생들의 학업성적이 토의식으로 수업을 받은 학생들보다 학업성적이 매우 유의미한 것으로 나타났다. 그런데, 우연하게도 강의식으로 수업을 받은 학생들의 지능지수가 토의식으로 강의를 받은 학생들보다 지능지수가 높았다면, 연구자는 이러한 연구결과가 교수방법의 차이인지 지능지수의 차이인지 판단을 내릴 수가 없다.

결국 서로 적합한 연구대상을 가지지 못한 경우에 발생할 수 있는 선정오류는 연구대상을 무작위로 선정하거나 각 집단에 무작위로 배정하는 과정을 통해서 통제할 수 있다. 제5장 제1절 실험설계의 통제방법에서 구체적으로 설명하겠지만, 선정요인의 통제방법에는 무작위화(randomization)와 짝짓기(matching) 등이 있다. 무작위화는 선정효과를 통제하는 기본적인 방법으로 조사대상자들을 각 집단에 무작위적으로 할당하는 것이다. 무작위 할당은 피험자들의 모든 특성이 서로 상쇄될 것이라는 것을 가정하기 때문에 앞의 예에서 강의식으로 수업을 받은 집단과 토의식 집단의 지능은 학업성적에 영향을 주지 않음을 확신할 수 있다. 다음으로 짝짓기는 무작위 할당이 윤리적인 문제로 시행하기 어렵거나 인위적인 무작위 할당이 불가능할 때 사용할 수 있는 차선의 대안으로 짝짓기설계(matching design)을 사용한다. 짝짓기란 어떤 변수에 대한 점수를 집단 전반에 걸쳐 동등하게 만들기 위해 집단에 조사대상자를 의도적으로 할당하는 절차를 말한다. 앞의 예에서 '지능'과 같은 변수가 짝짓기 변수에 해당된다. 지능변수를 강의식 집단과 토의식 집단에 동등하게 만들기 위해 지능점수를 구하여 내림차순으로 각 집단에 한 명씩 할당하면, 최소한 종속변수 상에서 지능변수는 동질적이라는 것을 확보하게 된다. 결과적으로 집단 간의 비교를 시도하는 연구에서는 이러한 편향된 선정에 따른 효과를 어느 정도 통제할 수 있는지가 내적 타당성에 크게 영향을 미친다.

7) 상실요인

상실요인(experimental mortality)은 실험대상자가 실험 기간 중에 중도에 소멸하거나 실험으로부터 이탈함으로써 그 결과에 영향을 미치는 현상을 말한다. 관찰대상으로 참여한 이후에 중도포기(drop-out) 여부를 스스로 결정하게 할 경우에 상실요인의 효과가 나타날 수 있다.

캠밸과 스탠리(Campbell & Stanley, 1966)는 이유를 불문하고 어떤 프로그램을 집행하는 도중에 포기하여 이탈하는 것을 상실(mortality)이라고 말한다. 예를 들어 학생들이 특정 과목에 지적 흥미가 없거나 어렵다고 생각하면 중도에 포기하게 된다. 노인 중증환자가 의사의 치료를 받다가 더 이상 치료를 거부하거나 사망하게 되면 치료프로그램에서 탈락하게 된다.

프로그램의 개입효과는 프로그램이 종료한 후에 실험에 참여한 사람들의 성과수준을 측정하여 평가하게 된다. 일반적으로 끝까지 프로그램에 참여한 사람들은 중도에 탈락한 사람들보다 성취수준이 높은 편이다. 사전검사가 이루어지지 않은 경우에 연구자는 중도에 얼마나 많은 사람들이 탈락했는지, 그리고 어떤 성향을 가진 사람들이 탈락했는지 알 수가 없다. 예를 들어 한 연구자가 2개월 과정의 금연프로그램에 참여한 대상자 가운데 90%가 금연에 성공했기 때문에 90%의 성과가 있었다는 결론을 내렸다고 보자. 그러나 처음 금연프로그램에 참여한 사람의 10%만이 금연프로그램을 수료했다면, 처음에 참여한 100명 중 9명이 성공한 것과 90%의 성공률과는 차이가 있음을 알 수 있다.

이처럼 프로그램을 끝까지 수료한 사람들과 탈락한 사람들의 특성을 적절하게 선별해 내는 방법이 없다면, 실험설계에서는 이러한 중도탈락의 효과가 인과관계에 대한 설명을 어렵게 한다. 선발요인과 마찬가지로 상실요인의 경우에도 사전측정을 포함하는 연구설계에서는 상당히 통제할 수 있다. 손실효과를 방지하지 위해서는 무작위할당(random assignment)을 통해 실험기간에 탈락할 가능성이 있는 사람들을 동등하게 분포시킬 수 있다. 가장 좋은 방법은 무작위 할당과 사전측정을 결합시키면 프로그램 종료 후 성과측정 단계에서 좋은 결과가 도출되었다 하더라도 그것이 상실요인의 효과인지의 여부를 파악할 수 있다. 상실요인이 예상되는 실험연구의 경우에 가능하다면 여러 세션으로 실험을 나누고 사전측정을 실시한다. 사전측정이 조사대상자들의 탈락을 방지하지는 못하지만 그들이 실험에서 탈락할 것인지를 파악하게 된다. 아울러 사전 측정값과 종속 측정값간의 차이는 독립변수의 효과로 평가될 수 있기 때문에 효과적이다. 이와 같은 실험방법을 '사전-사후 설계방안'이라고 한다.

2. 외적 타당성

외적 타당성(external validity)은 조사결과를 일반화할 수 있는 정도를 말한다. 표본(sample)에서 얻어진 연구결과의 일반화와 관계된 문제로 특정 집단을 대상으로, 특정 시기에, 다른 환경에서도 일반화시킬 수 있는 정도에 관한 것이다(한승준, 2008). 내적 타당성은 표본자료에 한정시켜 결과를 해석하는 것으로 인과적 추론이 얼마나 사실적이냐에 관한 것이라면, 외적 타당성은 인과적 추론의 사실이 다른 집단, 다른 시기, 다른 상황에도 적용될 수 있는가에 관한 것이다. 이처럼 연구 자체가 내적 타당성이 높다고 해서 이것이 저절로 일반화시킬 수 있는지의 여부를 결정하는 것은 아니다. 연구결과의 일반화와 관련된 외적 타당성의 문제는 다음과 같은 관점에서 논의되고 있다(김렬, 2013).

먼저 일반화가 가능한 연구대상집단에 관한 것이다. 이는 특정 모집단으로부터 추출한 표본을 대상으로 실시한 연구결과를 다른 모집단에 적용할 수 있느냐하는 문제이다. 다음으로 일반화가 가능한 시기에 관한 문제이다. 이는 특정 시기에 개입된 독립변수의 효과에 대한 결론을 토대로 유사 정책이나 사업을 다른 시기에 실시해도 유사한 결론을 도출할 수 있느냐 하는 것이다. 끝으로 일반화가 가능한 상황이나 환경에 관한 문제이다. 정부에서 추진한 시범정책이나 사업을 추진하면서 나타난 결과를 토대로 실제 상황 하에서 그 정책이나 사업이 운영될 때 시범 상황에서와 같은 효과가 나타날 수 있느냐 하는 문제이다. 이러한 문제를 중심으로 외적 타당성을 저해하는 요인을 크게 표본의 대표성, 상호작용 시험효과, 플라시보 효과를 중심으로 살펴보았다.

1) 표본의 대표성

일반적인 연구를 수행할 때 연구자는 모집단 전체를 직접 조사하는 것은 거의 불가능하다. 시간과 비용도 문제가 되지만 현실적인 측면에서 실행 불가능한 경우가 대부분이다. 이런 문제를 해결하기 위해 모집단(population)에서 대표성을 갖춘 일부를 선정해서 조사하는데, 이를 표본이라 한다. 표본의 대표성(representativeness)이란 연구 대상자로 선정된 대상자가 전체 모집단을 대표할 수 있는 정도를 말한다. 만약 표본이 모집단의 일반적인 성격에 크게 벗어난 특이한 경우일 때, 표본조사의 결과를 전체 집단에 확대 해석하기 어렵다. 이와 유사하게 연구의 상황 및 환경이나 절차 등도 모집단을 적절히 대표하는 것이어야 한다. 그렇지 않으면 아무리 내적 타당성이 높아도 그 해석은 단지 현재의 상황에만 국한될 수밖에 없다(김영종, 2007).

예를 들어 한 대학에서 대학생들에게 흡연의 유해성을 알리기 위해 금연클리닉 프로그램(흡연 NO! 금연 OK!)을 개발하여 프로그램 실시가 학생들에게 어떤 영향을 미치는가를 조사했다. 연구설계는 금연클리닉 프로그램에 자발적으로 등록한 학생들을 대상으로 사전검사-교육-사후검사를 실시하고, 사후 검사 결과 금연 학생이 사전 검사에 비해 높을 경우에 이를 금연클리닉 프로그램의 효과라고 결론지었다. 여기에는 선정요인 등 내적 타당성의 문제들이 제기될 수 있지만, 이러한 문제는 극복했다고 가정하자. 그렇다면 이 사실을 두고 대학에서는 금연클리닉 프로그램의 효과로 단정하고 곧바로 모든 재학생들에게 확대 적용할 수 있겠는가?

결론은 '아니다'다. 조사대상에 포함된 학생들은 교육과정에 자발적으로 참여한 학생들로 이들은 일반 다른 학생들과는 다르게 이질적인 성향을 가지고 있을 가능성이 크다. 이미 흡연의 유해성을 알고 들어온 학생들을 대상으로 금연클리닉 프로그램의 효과를 가지고서 흡연에 무관심할 것 같은 전체 재학생들에게도 동일한 효과가 나타날 것이라고 예측하는 것은 문제의 소지가 있다. 외적 타당성이 보장되지 않은 경험적 근거를 가지고 일반화를 시도하려 했기 때문이다. 이처럼 모집단의 일반적인 상황과 동떨어진 이질적인 표본이나, 상황, 절차 등이 연구설계에 포함되어 있다면, 여기서 도출한 사실은 내적 타당성이 높고 낮음에 관계없이 표본의 대표성에 문제가 될 수 있기 때문에 외적 타당성은 낮아질 수밖에 없다.

2) 상호작용 시험효과

상호작용 시험효과(interaction testing effect)는 조사 대상자들이 자신들이 특정한 조사연구의 대상이 되고 있음을 인식하여 그에 따른 반응을 하는 것을 의미한다. 이를 조사 반응성(research reactivity)이라고도 한다. 실험설계에서는 독립변수(X)의 조작을 가하기 전에 실시한 측정이 독립변수 자체에 영향을 미쳐 나타나는 현상이다. 독립변수에 영향을 미친다는 것은 사전측정을 하지 않은 경우보다 독립변수의 효과가 더 강하게 작용할 수 있다(채서일, 2016; 정상규, 2019).

사람을 대상으로 하는 조사연구에서 대상자가 자신이 대상이라는 것을 인식하면서 나타나는 반응성의 문제가 빈번하게 발생한다. 그 결과 조사 대상자임을 스스로 인식하는 집단과 인식하지 않은 집단 간에는 반응성의 여부만으로도 이미 이질적인 차이를 보인다. 이러한 이질적인 성격을 고려하지 않을 경우에 한 집단의 결과가 다른 집단에 확대 적용되는데 따르는 일반화의 문제가 발생한다. 예를 들면, 실험대상집단에 대해 특정 광고에 대한 인지도를 먼저 조사한 후 실험적 처치인 광고를 보여 주는 경우 특정 광고에 대해 인식하게 된 실험집단의 반응은 달라질 수 있다. 결국 특정 광고를 보여주기 전에 해당 상품에 대한 인지도를 측정하게 되면 나중에 그 광고에 노출될 때 보다 주의를 기울이게 되어 광고의 효과가 더욱 커질 수 있다는 점이다.

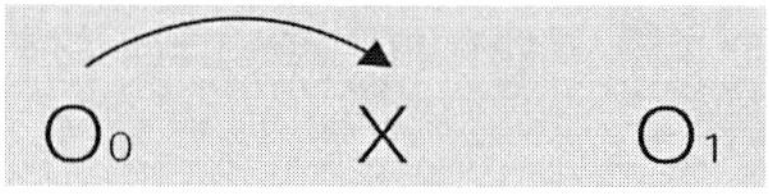

앞의 내적 타당성 저해요인에서 제시한 주시험효과는 독립변수(X) 혹은 실험처치에 대한 친숙도와 익숙함을 의미하는 반면, 상호작용 시험효과는 실험처치에 대한 민감성을 의미한다. 이처럼 상호작용 시험효과는 실험집단과 모집단 간의 독립변수에 대한 반응의 차이를 유발하기 때문에 이 실험결과를 모집단에 적용하여 일반화시키는데 한계가 발생해 외적 타당성을 저해하는 요인으로 작용한다.

3) 플라시보 효과

플라시보 효과(placebo effect)는 상호작용 시험효과의 일종으로 위약 혹은 가짜약효과라고도 하며, 약물 작용에 의하지 않은 약물의 치료효과를 말한다. 약물 실험 등에서 사람들은 반응성 때문에 종종 가짜 약 효과를 보인다. 실제로 실험 대상자들에게 실험처치나 개입이 주어지지 않음에도 불구하고 마치 실험처치를 받은 것과 유사한 효과가 나타나는 경우가 있다. 일반적으로 사람들은 조사에 대해 알고 반응을 한다. 다시 말해서 약물의 효과를 검사하는 실험을 하고 있다는 것을 아는 사람들은 이미 약을 먹었다는 그 자체로도 반응할 준비가 되어 있을 수 있다는 것이다. 주로 임상실험에서 활용되는 이중눈가림기법(double-blinded technique)에 의한 것으로 가짜 약을 먹은 집단에서 진짜 약을 먹은 것과 같은 효과가 나타나는 것을 말한다.

예를 들어 진통제를 투약한 환자와 같은 모양의 위약을 투약한 환자에게서 유사한 진통효과가 나타나는 경우이다. 가짜 약을 투약한 환자에게서 나타나는 효과는 약의 실질적인 효력에 의한 것이 아니라 단순히 약을 복용했다는 것에서 비롯된 심리적 효과인 것이다. 이러한 플라시보 효과는 실험의 결과를 일반화시킬 수 없다는 점에서 외적 타당성의 저해요인이 될 수 있다.

3. 구성 타당성

구성 타당성(construct validity)은 실험에 사용된 이론적 구성이 실제 상황을 얼마나 정확하게 반영하는지 또는 측정하려는 측정도구가 실제 측정하려던 상황과 얼마나 일치하는지의 정도를 나타내는 개념이다. 달리 표현하면 연구문제의 해결 가능성을 의미하는데, 이는 그 연구설계가 얼마나 정확하게 연구문제에 대답하고 있는가, 또는 그 연구설계가 가설을 적절히 검증하고 있는가 하는 질문으로 표현할 수 있다. 예컨대, 실험집단과 통제집단이 실험과 관련된 실험대상이라는 점에 지나치게 집착한 나머지 과잉 반응함으로써 과대평가나 혹은 과소평가하는지를 측정하려는 것이다(남궁근, 2014; 박용치 외, 2008).

실험상황에서 조작적으로 정의된 실험(독립)변수가 원래 의도했던 원인변수만을 반영하였을 경우에 구성타당성이 높다고 할 수 있다. 하지만 실험기간 내에 발생한 사건 때문에 원인변수의 측정결과가 정확한 것인지에 대한 문제가 발생할 경우, 구성 타당성이 낮아진다. 인위적으로 진행되는 실험에서 실험집단과 통제집단의 행동과 성과가 실험변수가 아닌 다른 사건의 영향을 받았을 경우, 이들이 오염(contamination)되었다고 말한다. 이와 같은 사건이 발생하면 구성 타당성은 낮아진다. 특히 구성 타당성은 측정 부문에서도 매우 중요한 문제로 다루고 있는데, 실험과 관련한 연구에서도 중요시된다. 구성 타당성의 저해요인에는 크게 실험자 기대효과, 실험집단의 반응효과, 통제집단의 부적절한 반응 등으로 구분된다. 여기서 실험집단의 오염은 실험자 기대효과와 실험집단의 반응효과로 구분[10]하여 살펴보고, 통제집단 오염은 통제집단의 부적절한 반응을 통해 살펴보았다.

1) 실험자 기대효과

실험자 효과(researcher's effect)는 실험자 자신의 특성과 관련된다. 대부분의 실험자는 실험 결과에 대하여 일정한 기대를 가진다. 이러한 실험자 기대는 연구자나 연구대상 모두 의식하지 않은 가운데에도 전달될 수 있다. 여기서 실험자들이 기대하리라고 느끼는 바에 따라서 연구대상이 반응하는 현상을 실험자 기대효과(researcher's expectancy effect)라고 한다. 실험자 스스로가 실험에 대한 기대를 가짐으로써 그러한 기대가 연구대상자들에게도

10) Campbell과 Stanley(1963)는 이를 실험자 편향(researcher bias)이라고 불렀다. 실험자 편향은 실험집단에 대한 연구자의 차별적 처치를 말한다. 이는 주로 실험자가 자신이 원하는 결과를 얻기 위해 특정집단의 연구대상자에게 의도적 혹은 암시적인 지시를 사용할 때 나타난다(Campbell, D. T., & Stanley, J. C. 1963. Experimental and Quasi-experimental Designs Research. Chicago: Rand McNally; 양병화 외, 2000: 179 참조).

영향을 미친다는 것이다(남궁근, 2014). 실험자 기대효과는 자기 충족적 예언(self-fulfilling prophecy), 또는 피그말리온 효과(Pygmalion effect)라고도 한다. 이는 실험이 실험자의 심리적 상태에 따라 결과에 영향을 미치는 경우로 실험자의 욕구가 강한 특성을 가졌다면, 그 반대의 성품을 가진 실험자보다 응답자로부터 더 긍정적인 답변을 얻을 가능성이 높다.

➲ Rosenthal & Jacobson의 Pygmalion in the Classroom(실험사례)

피그말리온은 그리스신화에 나오는 조각가로 그는 아름다운 여인상을 조각했는데, 이를 깊게 사랑하게 되었다. 그리고는 조각이 사람이었으면 하고 간절히 원했는데 여신(女神) 아프로디테(로마신화의 비너스)는 그의 사랑에 감동하여 여인상에게 생명을 주었다. 로젠탈효과, 자성적 예언, 자기 충족적 예언이라고 부르기도 한다.

Rosenthal & Jacobson(1968)은 교사들에게 심리검사를 토대로 '특정 아이들이 늦된 아이(late bloomer)가 될 것'이라고 말해 주었다. 연구자들은 교사들을 현혹시키기 위해 의도적으로 이와 같은 거짓 주장을 한 것이다(실험: 그들은 미국 샌프란시스코의 한 초등학생에 다니는 전교생을 대상으로 지능검사를 실시했다. 그리고 지능검사 결과와 상관없이 무작위로 한 반에서 20명의 학생을 뽑았다. 그 학생들의 명단을 교사에게 주면서 이 학생들이 지적능력이나 학업성취의 향상 가능성이 높은 학생들이라고 믿게 하였다. 8개월 후 이전과 같은 지능검사를 다시 실시했는데, 그 결과 명단에 속한 학생들은 다른 학생들보다 평균 점수가 높게 나왔다). 초창기에는 이들 늦된 아이들이 다른 아이와 큰 차이가 없었지만, 일정 기간이 지난 후에는 다른 아이들보다 지능발달의 속도가 매우 빨라졌다. Rosenthal & Jacobson은 교사의 믿음이 그들로 하여금 다른 아이들과는 다른 행동을 하게 만들었다고 주장하였다. 교사들이 늦된 아이들에게 더욱 큰 관심을 보였고, 늦된 아이로 분류되지 않은 아이에게는 상대적으로 더 낮은 성취기준을 설정해 주었을 수 있다.

그리스 신화에 나오는 조각가 피그말리온의 이름에서 유래된 '피그말리온 효과'는 교사가 어떤 학생을 우수할 것이라는 기대로 가르치면 그 기대를 받은 학생은 더 우수하게 될 확률이 높다는 이론으로 무슨 일이든 기대한 만큼 이루어진다는 것을 의미한다.

이러한 실험자 기대효과를 통제하기 위한 방법의 하나로 연구를 수행하는 실험자에게 연구가설을 알려주지 않는 방법이 있다. 이 방법에서는 실험과 측정을 담당하는 사람들에게 연구와 관련된 문헌과 가설을 알려 주지 않는다. 다음으로 연구대상을 알려주지 않는 방법이 있다. 다시 말해서 연구대상이 실험집단인지 통제집단인지를 모르게 하는 방법이다. 이는 실험자가 연구대상이 실험처치를 받게 될지 아닐지를 모르도록 하는 방법이다. 이밖에도 실험자를 표준화하는 방법이 있다. 이 방법은 모든 연구대상에 대해 모든 실험자의 언어와 행태를 정해진 대본에 따르도록 하는 방법이다.

2) 실험집단 반응효과

실험집단에 포함된 연구대상이 연구자에 의해 지속적으로 관찰되고 있다는 생각 때문에 평상시와 다른 행동을 보이는 경우가 있다. 다시 말해서 실험적 상황에서 연구대상은 실험자에게 매우 협력적이고 반응적인 경향이 있다. 실험집단의 행동으로부터 야기되는 문제는 실험집단이 실험처치에 대해 부적절한 반응을 나타낼 때 발생하게 된다. 실험집단이 실험에 대해 평소와는 다른 방응은 두 가지 형태로 나타난다.

첫째로 실험 대상자들이 과거의 경험, 연구자의 행위, 연구절차 등으로부터 연구가설을 알게 된다면 적절한 연구결과를 얻는데 장애가 될 수 있다. 만일 실험 대상자들이 연구가설을 알고 있는 경우에 그들의 반응은 좋은 피험자로써의 역할을 하려고 애쓰거나, 반대로 연구가설과 의도적으로 반대되는 반응을 보일 수 있다. 이러한 경우를 긍정적 피험자 편향과 부정적 피험자 편향이라고도 한다. 긍정적 피험자 편향(positive subject effect)은 피험자가 연구가설을 의식하여 그 가설을 지지하는 쪽으로 반응하려 할 때 발생한다. 이와 반대로 부정적 피험자 편향(negative subject effect)은 피험자가 연구가설을 의식하여 그 가설에 반대되는 쪽으로 반응하려 할 때 발생한다. 일반적으로 부정적 피험자 편향은 연구자체에 대한 거부감이나 무관심 등을 통해 의도적으로 연구를 방해하려는 시도에서 비롯된다.

둘째로 실험 대상자들이 실험에 대해 민감하게 반응하는 경우가 종종 있다. 이는 연구대상자가 어떤 실험 문제에 대해 평상시와 달리 더 주의 깊게 반응하는 경우이다. 실험에서 이러한 상황을 요구특성(demand characteristics)이라고 한다. 예를 들어 평상시와 달리 더욱 열심히 일해서 더 좋은 성과를 나타내는 경우를 호손효과(Hawthorn effect)라고 한다.

한편으로 실험에서 실험집단 반응효과를 통제하기 위해서는 가짜 약 통제집단(placebo control group)을 사용하는 경우와 이중눈가림통제 등을 사용한다. 가짜 약 통제집단이란 통제집단 구성원에게 아무런 실험처리를 하지 않는 것이 아니라 가짜 약으로 처리하는 것이다. 실험집단에는 새로운 약을 투여하는 반면, 통제집단에는 아무런 효과가 없는 가짜 약을 투여하는 방법이다. 이중눈가림통제(double blind-control)는 연구대상 뿐만 아니라 실험자들도 연구대상이 어느 집단에 속하는지를 모르게 하는 방법으로 실험자의 기대효과와 실험대상자의 반응효과를 동시에 줄이는 방법이라 할 수 있다(양병화 외, 2000; 남궁근, 2014; 박용치 외 2008).

➲ 호손 실험(Hawthorn study)을 통해본 호손 효과(실험사례)

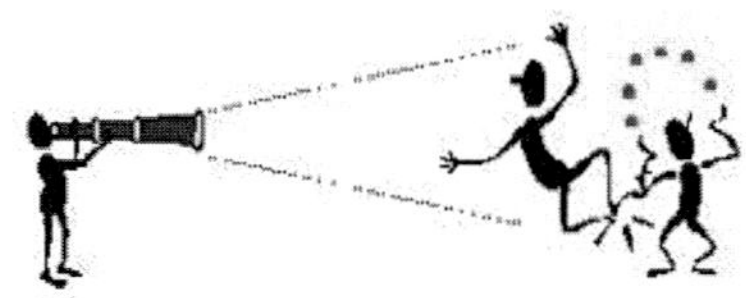

호손 효과(Hawthorn effect)는 메이요(Elton Mayor) 연구팀이 미국 시카고 서부전기회사(Western Electric Company)에서 실행한 조명도 밝기가 생산성에 미치는 영향을 조사하는 과정에서 나타난 현상이다.

1930년대 호손공장에서는 작업능률을 향상시키기 위해 종업원 일부를 대상으로 공장 내부의 온도, 습도, 채광시설 등을 개선하여 본 결과, 이전보다 훨씬 작업능률이 향상되었음이 밝혀졌다. 다시 말해 작업환경을 개선하지 않은 부서에 근무하는 근로자들에 비해 작업환경이 개선된 부서의 근로자들이 그만큼 생산성이 높았다.

그런데 작업환경 개선이 생산성 향상과 어느 정도 직접적인 관련이 있는지를 측정하기 위해 또 다른 통제집단을 만들어 이 집단의 작업환경을 이전보다 더 악화시켜 보았다. 호손 통제집단이라 불리는 이들 통제집단에 불빛을 종전보다 더 어둡게 하는 등 작업환경을 악화시켰는데도 불구하고 실험집단과 마찬가지로 역시 생산성이 향상되는 현상이 나타났다. 이를 두고 호손 연구자들은 근로자들이 의도된 원인변수인 조명과는 관계없이 고위층 방문자들에게 관찰을 당하는 것 때문에 열심히 일한 효과가 나타났다고 주장하였다. 이렇게 통제집단에 생산성이 높게 나타난 것은 피험자 편향으로 설명된다. 이 집단의 피실험자들은 스스로 실험대상이라는 것을 알고 있었고, 양복을 차려입은 젊은 연구자들에 대한 친절의 표시로 그들의 연구가 만족스럽게 끝나길 바라는 마음에서 작업환경과는 무관하게 평상시와 다르게 열심히 일한 것이다. 이러한 현상을 '호손 효과'라고 하며, 긍정적 피험자 편향의 대표적인 예라 할 수 있다.

호손 실험에서 조명도의 밝기와 상관없이 근로자들의 생산성은 증가하였는데, 그 원인은 바로 실험 대상자 자신들이 많은 사람들에게 주목받고 있다는 점 등이 실험결과에 민감하게 반응한 결과이다. 호손 효과는 피실험자들이 실험대상이라는 것을 안다는 그 자체가 실험결과에 영향을 미치는 것을 의미한다.

3) 통제집단의 부적절한 반응

통제집단의 부적절한 반응은 특별한 실험처치를 받지 못하는 통제집단의 참여자가 평상시와 다르게 행동하거나 실험집단보다 더 좋은 결과가 나타나도록 노력하는 경우이다. 이를 존 헨리효과(John Henry effect)라고도 한다.

통제집단의 부적절한 반응은 통제집단 오염으로 실험연구에서 통제집단은 두 가지 측면에서 실제 상황과 다른 반응이 나타날 수 있다. 첫째로 통제집단은 실험집단에 비해 주목을 받지 못하기 때문에 실제와 다르게 행동하거나 과장되게 표현함으로써 자신들에게 주어지지 않는 자극을 보상받으려고 하는 심리상태를 나타낼 때가 있다. 예를 들어 어떤 교육 프로그램에 대한 학습효과를 실험집단과 통제집단에 대해 측정하려는 경우 통제집단이 더 열성적으로 실험에 임하는 경우가 나타날 수 있다. 이를 보상적 오염(compensatory contamination)이라고도 한다. 둘째로 통제집단의 구성원이 실험집단에 속하지 않았다는 것을 알고 스스로 박탈감을 느껴 사실적 실험 효과를 저해하는 경우를 말한다. 이를 과장적 오염(exaggerating contamination)이라고 한다.

➲ 존 헨리효과(John Henry effect)

미국 민요에 나오는 존 헨리(John Henry)는 증기의 힘으로 움직이는 기계보다 자신이 우수하다는 것을 보여주기 위해 무리하게 일하다 사망한 전설적인 흑인노동자이다.

존 헨리 효과는 사회실험(social experiments)에서 통제집단이 일정한 의도를 가지고 반응을 하게 됨에 따라 나타나는 편향(bias), 즉 통제집단의 오염 효과이다. Gary Saretsky(1972)가 공립학교 학생들을 대상으로 한 민간 교육기업에 의한 학업성취 개선 계약(performance contracting in schools) 시행과 전통적 교실 수업 간 학생들의 학습 효과에 어떤 차이가 있는가의 비교에서 이 표현을 처음 사용하였다.

실험에서 통제집단에 속한 사람들은 연구자들이 자신들의 성과를 실험집단의 그것과 비교 한다는 것을 알게 될 때, 실험집단의 사람들보다 더 나은 성과를 내고자 의도적으로 노력하고, 결국 실험 결과가 사실과 다르게 나타나게 될 수 있다는 뜻이다. 예를 들어, 학생들을 대상으로 추가적인 학습지도가 효과가 있는가, 얼마나 효과가 있는가를 실험할 때, 통제집단 학생들은 자신들의 성적이 실험집단 학생들의 그것과 비교된다는 것을 알수록, 또는 그 때문에 어떤 불이익을 받을지도 모른다는 생각 때문에, 평소보다 더 열심히 공부하게 되고, 그 결과 실험 변수 그 자체의 효과 이외의 추가적 효과가 나타난다는 것이다.

존 헨리효과는 비록 호손 효과(Hawthorne effect), 의료분야의 플라시보 효과(placebo effect)처럼 많이 알려진 것은 아니지만, 정책이나 실험의 적용 대상이 아니었던 집단에도 기대되지 않았던 어떤 효과가 나타날 수 있음을 보여주는 대표적인 예라 할 수 있다.

출처: 한국행정학회 행정학 용어사전(박흥식, 2013. 2. 20 인용)

끝으로 통제집단의 부적절한 반응을 통제하기 위해서는 실험집단의 반응효과를 통제하는 방법과 유사하다. 여러 가지 통제방안이 있으나 연구대상자 자신이 통제집단에 속하고 있는지 실험집단에 속하고 있는지 알지 못하게 하는 눈가림 통제 내지 배정(blind-control or assignment)이 가장 바람직한 방법이다.

Research Methods
in Public Administration

사회조사분석사 핵심문제와 해설

1. 두 변수들 사이에 인과관계가 존재하기 위해 필요한 조건과 거리가 먼 것은? | 2015년 1회

① 원인은 시간적으로 결과를 선행한다.

② 두 변수는 경험적으로 서로 상호 관련되어 있다.

③ 두 변수의 값은 각각 다른 변수의 값에 의하여 결정된다.

④ 두 변수의 상관관계는 제 3의 변수에 의해 만들어진 것이 아니다.

해설 인과관계 추론의 조건에는 공변성, 시간적 우선성, 비허위성이 있다. 비허위성은 제3의 변수에 의해 설명할 수 없는 두 변수간의 연관성을 의미하며, 원인변수 이외의 다른 변수로 결과를 설명할 수 없는 관계를 말한다.

2. 다음 상황에서 설명하는 제대로 된 인과관계 추리를 위해 특히 고려되어야 할 인과관계 요소는? | 2017년 1회

60대 이상의 노인 가운데 무릎이 쑤신다고 하는 분들의 비율이 상승할수록 비가 올 확률이 높아진다.

① 공변성 ② 시간적 우선성

③ 외생변수의 통제 ④ 외부사건의 통제

해설 외생변수 혹은 외재변수는 독립변수 이외의 변수가 종속변수에 영향을 미치는 것으로 외생변수의 영향을 실험 및 조사상황에서 개입되지 않도록 해야 한다.

3. 어떤 연구자가 한 도시의 성인 500명을 무작위로 추출하여 인터넷 이용이 흡연에 미치는 영향을 조사한 결과, 인터넷 이용량이 많은 사람일수록 흡연양도 유의미하게 많은 것으로 나타났다. 이를 토대로 인터넷 이용이 흡연을 야기시킨다는 인과적 설명을 하는 경우 가장 문제가 되는 인과성의 요건은? | 2017년 2회

① 경험적 상관 ② 허위적 상관

③ 통계적 통제 ④ 시간적 순서

해설 비허위성의 문제는 원인변수와 결과변수 간에 발생하는 공변성과 시간적 우선성의 관계가 제3의 변수로 인해 유발되는지를 확인함으로써 가능하다. 인터넷 이용과 흡연을 원인과 결과로 설명할 수 있는지에 대한 문제가 발생할 수 있다.

해답 1. ③ 2. ③ 3. ②

4. 어떤 연구자가 한 도시의 청소년 1000명을 대상으로 무작위로 추출하여 인터넷 이용과 부모와의 대화량의 관계를 조사한 결과, 인터넷 이용량이 많은 청소년일수록 부모와의 대화량도 유의미하게 작은 것으로 나타났다. 이를 토대로 인터넷 이용량과 부모와의 대화량 사이에 인과적 설명을 하는 경우 가장 문제가 되는 인과성의 요건은? | 2017년 2회

① 경험적 상관　② 허위적 상관
③ 통계적 통제　④ 시간적 순서

해설 비허위성의 문제는 원인변수와 결과변수 간에 발생하는 공변성과 시간적 우선성의 관계가 제3의 변수로 인해 유발되는지를 확인함으로써 가능하다. 인터넷 이용과 부모와의 대화량을 원인과 결과로 설명할 수 있는지에 대한 문제가 발생할 수 있다.

5. 인과관계에 대한 설명으로 틀린 것은? | 2017년 3회

① 원인으로 추정되는 변수와 결과로 추정되는 변수가 동시에 존재하며, 상호연관성을 가지고 변화해야 한다.
② 원인과 결과를 추정하기 위해서는 원인이 결과보다 시간적으로 우선해야 한다.
③ 사회과학에 있어서 인과관계는 미시 매개체 수준을 전제로 하고 있다.
④ 사회현상을 연구하는 것은 개방시스템을 전제하므로 인과관계에 대하여 결과를 발생시키는 원인이 여러 가지 있을 수 있다.

해설 인과관계의 추론 조건에는 공변성, 시간적 우선성, 비허위성이 있다. 공변성은 한 변수가 변화할 때 또 다른 변수도 따라서 변화해야 한다는 것을 말한다. 시간적 우선성은 원인과 결과 사이에 원인이 우선되어야 한다는 것을 말하고, 비허위성은 제3의 변수에 의해 설명될 수 없는 두 변수간의 연관성을 의미한다.

6. 인과관계의 일반적인 성립조건과 가장 거리가 먼 것은? | 2018년 1회

① 시간적 선행성(temporal precedence)
② 공변관계(covariation)
③ 비허위적 관계(lack of spuriousness)
④ 연속변수(continuous variable)

해설 밀(J. S. Mill)이 주장한 인과관계의 추론 조건에는 공변성(동시변화성의 원칙), 시간적 우선성 혹은 기산적 선후관계, 비허위적 관계가 있다.

7. 다음에서 설명하는 내적 타당도 저해요인으로 가장 적합한 것은? | 2015년 2회

실업률을 줄이기 위한 고용훈련 프로그램을 시행하던 중에 예기치 못한 금융위기로 인하여, 점차 개선되던 실업률이 현저하게 높아졌다.

해답 4. ② 5. ③ 6. ④

① 역사(history)요인

② 선발(selection)요인

③ 성숙(maturation)요인

④ 회귀(regression)요인

해설 역사적 요인은 우연한 사건 또는 외부적 사건으로 조사기간 중에 연구자의 의도와는 상관없이 어떤 사건이 발생하여 연구결과에 영향을 미치는 것을 말한다.

8. 다음 사례에 내재된 연구설계의 타당성 저해요인이 아닌 것은? | 2017년 1회

한 집단에 대하여 자아존중감 검사를 하였다. 그 결과 정상치보다 지나치게 낮은 점수가 나온 사람들이 발견되었고, 이들을 대상으로 자아존중감 향상 프로그램을 실시하였다. 프로그램 종료 후에 다시 같은 검사를 실시하여 자아존중감을 측정한 결과 사람들의 점수 평균이 이전보다 높아진 것으로 나타났다.

① 검사효과(testing effect)

② 도구효과(instrumentation)

③ 통계적 회귀(statistical regression)

④ 성숙효과(maturation effect)

해설 검사효과는 측정이 반복됨으로써 얻어지는 학습효과로 인해 연구대상자의 반응에 영향을 미치는 효과를 말한다. 통계적 회귀는 극단적인 측정값(최고값, 최저값)을 갖는 사례들을 재측정할 때 평균값으로 회귀하여 처음과 같은 극단적인 측정값을 나타낼 확률이 줄어드는 현상을 말한다. 성숙효과는 실험기간 중 연구대상자의 특성이 변화해서 결과에 영향을 미치는 효과이다.

9. 다음 사례에서 가장 문제가 될 수 있는 타당도 저해요인은? | 2017년 2회

2008년 경제위기로 인해 범죄율이 급격히 증가하였고, 이에 경찰은 2009년 순찰활동을 크게 강화하였다. 2010년 범죄율은 급격히 떨어졌고, 경찰은 순찰활동이 범죄율의 하락에 크게 영향을 미쳤다고 발표하였다.

① 성숙효과(maturation effect)

② 통계적 회귀(statistical regression)

③ 검사효과(testing effect)

④ 도구효과(instrumentation)

해설 통계적 회귀는 극단적인 측정값(최고값, 최저값)을 갖는 사례들을 재측정할 때 평균값으로 회귀하여 처음과 같은 극단적인 측정값을 나타낼 확률이 줄어드는 현상으로 어떤 사건이 일정 시점이 지나면 원래 평균에 접근하는 경우를 말한다.

해답 7. ① 8. ② 9. ②

10. 외적 타당도를 저해하는 요소에 관한 설명이 아닌 것은? | 2009년 1회

① 측정도구나 관찰자에 따라 측정이 달라질 수 있다.

② 측정 자체가 실험대상자들의 행동을 변화시킬 수 있다.

③ 실험대상자 선정에서 오는 편향과 독립변수 간에 상호작용이 있을 수 있다.

④ 연구의 결과가 일반화될 수 있는가의 여부는 표집뿐만 아니라 생태학적 상황에 의해서도 결정될 수 있다.

해설 외적 타당도는 조사결과를 일반화할 수 있는 정도를 말하는 것으로 저해요인으로는 표본의 대표성, 상호작용 시험효과, 플라시보 효과 등이 있다. 측정도구나 관찰자에 따라 측정이 달라질 수 있다는 문제는 내적 타당도의 저해요인인 도구요인과 선정요인에 관한 것이다.

11. 다음 사례에 대한 타당도 저해요인에 기초한 비판 중 그 성격이 나머지와 다른 하나는? | 2017년 3회

경찰은 2011년 12월 대전지역에서 일제 음주단속을 실시하였고, 그 결과 2012년 초의 음주운전은 크게 감소하였다고 주장하였다.

① 가장 음주운전이 많은 시기가 연말이므로, 자연스럽게 예전의 상태로 돌아간 것뿐이다.

② 경찰이 2012년부터 새 음주측정기로 교체하였으므로, 이 감소는 음주측정기의 교체에 의한 것이다.

③ 이 결과는 대전지역에서나 가능한 이야기이지, 다른 지역에서는 감소시키기 어려웠을 것이다.

④ 2012년부터 주류세가 대폭 인상되었으므로, 음주가 줄어든 것은 음주운전 감소가 원인이다.

해설 내적 타당도의 저해요인 중 ①번은 통계적 회귀에 관한 내용이며, ②번은 도구요인에 관한 설명이다. ④번은 역사적 요인인 외부사건의 개입으로 볼 수 있고, ③번은 외적 타당도의 저해요인으로 표본의 대표성과 관련된 내용이다.

12. 다음 설명에 포함되어 있는 타당도 저해요인? | 2018년 2회

학생 50명에 대한 학습능력검사(사전검사) 결과를 근거로 학습능력이 최하위권인 학생 10명을 선정하여 학습능력향상 프로그램을 시행한 후 사후검사를 했더니 10점 만점에 평균 3점이 향상되었다.

① 역사요인 ② 실험대상의 변동

③ 통계적 회귀 ④ 선정요인

해설 통계적 회귀는 극단적인 측정값(최고값, 최저값)을 갖는 사례들을 재측정할 때 평균값으로 회귀하여 처음과 같은 극단적인 측정값을 나타낼 확률이 줄어드는 현상을 말하는 것으로 어떤 극단적인 사례 또는 연구대상자를 선정할 때 발생하는 오류라 할 수 있다.

해답 10. ① 11. ③ 12. ③

13. 다음 사례에서 영향을 미칠 수 있는 대표적인 타당도 저해요인은? | 2018년 2회

체육활동을 진행한 후에 대상청소년들의 키가 부쩍 자랐다. 이 결과를 통해 체육활동이 청소년의 키 성장에 크게 효과가 있었다고 추론하였다.

① 성숙효과(maturation effect) ② 외부사건(history)

③ 검사효과(testing effect) ④ 도구효과(instrumentation)

해설 ① 성숙효과: 시간의 경과로 인하여 자연적으로 대상집단의 특성이 변화
② 외부사건: 조사기간 중에 연구자의 의도와는 상관없이 어떤 사건이 발생하여 연구결과에 영향을 미침
③ 검사효과: 측정이 반복됨으로써 얻어지는 학습효과로 인해 연구대상자의 반응에 영향을 미치는 효과(주시험 효과)
④ 도구효과: 서로 다른 측정도구를 사용할 때 발생하며, 하나의 개념에 대해 서로 다른 척도, 측정도구, 측정기준 등을 적용하는 경우에 나타남

해답 13. ①

➲ 기타 적중예상문제 핵심내용

인과관계(causal relation)	
필요조건	• 필요조건(necessary condition)은 하나의 사건이 일어나기 위해 없어서는 안 될 원인적 조건 • X가 Y의 필요조건이면, Y는 X가 없으면 일어나지 않음(예: 알코올중독, 마약중독)
충분조건	• 충분조건(sufficient condition)은 어떤 원인적 조건이 발생하면 항상 하나의 사상이 발생 • X가 일어나면 언제나 Y가 발생할 때 X는 Y의 충분조건, 하지만 Y는 X가 아닌 다른 조건 때문에 일어날 수도 있음(AIDS– 성 접촉, 수혈)
필요충분 조 건	• 하나의 원인적 조건이 없으면 한 사상(事象)이 일어나지 않으며, 원인적 조건이 일어나기만하면 항상 한 사상이 발생 • X가 일어나지 않으면 Y가 일어나지 않은 동시에 X가 일어나면 Y가 항상 일어남
기여조건	• 기여조건(contributory condition)은 어떤 현상이 일어날 수 있는 가능성을 증가시키는 조건
부수조건	• 부수조건(contingent condition)은 X라는 요인이 A라는 조건 하에서는 Y의 기여조건으로 원인적 요소가 되는데 비해 B라는 조건 하에서는 그렇지 못한 경우로 이때 A는 Y가 X에 의해 발생할 수 있도록 해 주는 부수조건이 됨
대체조건	• 대체조건(alternative condition)은 기여조건이 많은 경우에 기여조건들 간의 관계에서 다른 기여조건이 대체조건임

밀(Mill)의 인과관계에 관한 기본논리	
일치법	• 제1규준: 특정 현상이 발생하는 둘 이상의 사례에서 단 하나의 공통요소만을 가지고 있다면, 그 요소는 그러한 특정 현상의 원인(또는 결과)임 • 일치법은 관찰하는 모든 현상에서 항상 한 가지 요소 또는 조건이 발견된다면, 그 현상과 요소는 인과적으로 연결된다는 것임
차이법	• 제2규준: 특정 현상이 발생한 사례와 발생하지 않는 사례가 있었을 경우에 두 사례 간에 단 하나의 요소를 제외한 모든 요소를 공통적으로 가지고 있다면, 그 요소는 특정 현상의 원인(또는 결과)임 • 차이법은 서로 상이한 결과가 나타난다는 점을 비교하여 그 결과로 나타나는 현상을 제거하지 않고서는 배제될 수 없는 선행조건이 있다면, 이는 곧 그 현상의 원인이라는 것임
간접적 차이법	• 제3규준: 만약 특정 현상이 발생하는 둘 이상의 사례에서 하나의 공통 요인을 가지고 있고 그 현상이 발생하지 않는 둘 이상의 사례에서 그러한 공통점이 없다는 점 외에 공통사항이 없다면, 그 요소는 그러한 특정 현상의 원인임
잔여법 (잉여법)	• 제4규준: 어떤 현상에서 귀납적 방법의 적용으로 인과관계가 이미 밝혀진 부분을 제외할 때 그 현상에서 나머지 부분은 나머지 선행요인의 결과임
공변법	• 제5규준: 어떤 현상이 변화할 때마다 다른 현상에 특정한 방법으로 변화가 발생한다면 그 현상은 다른 현상의 원인 또는 결과이거나 일정한 인과관계의 과정으로 연결되어 있음

05 실험설계의 기본원리와 유형

제1절 실험설계의 원리와 통제

1. 실험설계의 기본원리

실험설계(experimental design)는 실험을 통해 기대되는 가장 합리적인 결과를 얻기 위해 관계되는 다양한 변수를 서로 일정하게 관련시키는 계획이며, 구조이자 전략을 말한다(김해동 외, 2010). 특히 인과관계를 설명하는 것을 주요 목적으로 하는 조사의 설계과정에서 추정된 원인(X)과 결과(Y)간에 인과성이 존재한다는 것을 검증해야 한다. 이를 검증하기 위해서는 앞에서 제시한 인과적 추론의 중요한 조건인 공변성, 시간적 우선성, 사실관계를 말하는 비허위성을 충족하고 있는지를 알 수 있도록 연구가 설계되어야 한다(남궁근, 2014). 이러한 세 가지 조건을 모두 충족시켜야 변수 X와 Y사이에 인과관계가 존재한다고 주장할 수 있다. 이들 조건 중 한 가지라도 충족되지 못할 경우에는 인과관계를 입증했다고 주장하기는 어렵다. 다시 말해서 공변성(covariation)이 충족되었다고 해서 그들 사이에 원인과 결과의 관계가 존재한다고 보기는 어렵다. X가 Y의 원인이라는 것은 X의 변화가 Y의 변화와 단순히 연관되었다는 것을 의미하는 것은 아니기 때문이다.

범죄예방정책을 예로 들어보면, 범죄예방정책의 주요 목표는 범죄발생 자체를 예방하는 것이다. 여기서 범죄예방은 실제 실현가능성이 높은 범죄행동을 예방하는 것을 말한다. 어떤 사람이 범죄를 저지르지 않았다고 해서 정부정책이 효과적으로 그 사람의 범죄가능성을 예방했다고 말할 수 있나? 그 해답은 그 사람이 범죄행위를 할 의사가 있었는지에 따라 문제는 달라진다. 물론 그 사람이 범죄행위를 할 의사가 있었다고 하더라도 합리적 범죄선택에서 주장하였듯이 범죄로 인해 체포되어 처벌을 받을 가능성 때문에 범죄행위를 하지 않은 것인지, 기회를 상실하거나 동료집단의 영향 등 또 다른 요인 때문인지를 밝혀내야

하다. 따라서 정부에서 범죄예방정책을 강력하게 추진함으로써 범죄가 감소했더라도 이 둘만 가지고 인과적으로 관련되었다고 단정하기는 어렵다.

특히 설명적 조사연구에서 독립변수(X)와 종속변수(Y) 사이에 인과관계가 존재하는지 여부를 검증할 수 있어야 한다. 인과적 추론의 세 가지 조건을 충족하고 있는 전형적인 설계를 실험설계라 한다. 사회과학의 경우에 자연과학과 같이 진정한 의미의 실험을 할 수 없지만, 실험연구를 위한 설계의 기본 원리와 구성요소는 동일하게 응용되고 있다. 일반적으로 실험설계는 실험실에서 이루어지지만 정책성과 평가 등과 관련한 연구에서는 자연적인 상태, 다시 말해 사회상황에서의 실험도 실시되고 있다. 한편으로 실험설계의 핵심적인 구성요소는 연구대상을 실험집단과 통제집단에 무작위로 배정하여 동질화하고, 실험집단에는 독립변수의 조작 혹은 처치를 가하는 반면에 통제집단에는 이를 가하지 않는다. 또한 실험집단과 통제집단의 종속변수 값의 변화 정도를 비교한다. 실험설계의 기본원리를 도식화하면 [그림 5.1]과 같다.

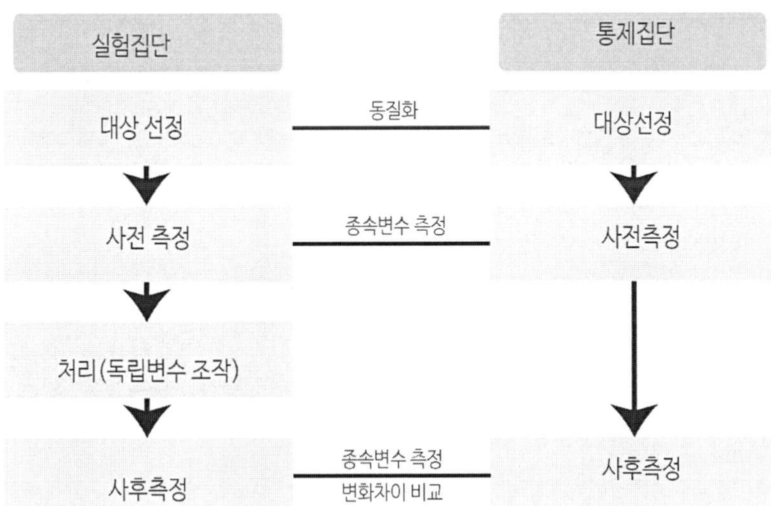

[그림 5.1] 실험설계의 기본원리

실험설계가 이러한 기본원리를 어느 정도 충족하고 있는가에 따라 인과적 추론의 수준이 결정된다. 인과관계의 조건과 실험설계의 원리를 요약하면 [표 5.1]과 같다(김렬, 2013).

[표 5.1] 인과관계 조건과 실험설계의 원리

인과관계의 조건	실험설계의 기본원리	
공변성	비교:	실험집단과 통제집단 사전측정과 사후측정
시간적 우선성	조작:	처치(개입)
비허위성	통제:	내적 타당성 저해요인 제거 외적 타당성 저해요인 제거

2. 실험설계의 구성요소

실험설계는 내적 타당성을 가장 완벽하게 갖춘 연구 설계방법이다. 실험설계에서는 비교의 근거가 명확하고 변수의 조작이 가능하며, 엄격한 통제를 통해 대립 설명들을 제거할 수 있기 때문에 인과관계를 검증하는데 있어 가장 적합한 설계 모형이라 할 수 있다. 어떤 조사연구가 실험설계의 형태를 갖추기 위해서는 세 가지 조건이 충족되어야 한다. 일반적으로 세 가지 조건이라 함은 종속변수의 비교, 실험변수 혹은 독립변수의 조작, 무작위 할당(random assignment)을 의미한다. 앞의 [표 5.1]에서 제시했듯이 실험설계의 구성요소는 실험집단과 통제집단의 비교, 독립변수의 조작 내지 처치, 외생변수의 통제를 통해 내적 타당성을 확보하는 것이다. 이러한 실험설계의 세 가지 조건과 구성요소를 토대로 구체적으로 살펴보면 다음과 같다.

1) 비교

실험집단과 통제집단의 비교 과정은 공변성 또는 상관관계를 살펴보기 위해 필요하다. 여기서 비교는 두 변수 사이에 상관관계가 존재하는지를 입증하기 위해 필요로 하는 작업이다. 결국 비교는 실험집단과 통제집단 간의 종속변수를 비교하거나 실험 전후에 검사를 통해서 종속변수에 차이가 있는지를 알아보는 것이다. 비교 방법을 통해 두 변수가 공변관계(상관관계)가 있는지를 알 수 있다. 예를 들어 한 연구자가 흡연과 폐암 발생 간에 상관관계가 있다는 것을 입증하고자 한다. 이 연구를 위해 흡연자 집단과 비흡연자 집단에서의 폐암 환자 비율을 비교하거나 하나의 대안으로 흡연자 집단에서 그들이 흡연을 시작하기 전과 후로 나누어 폐암 환자 비율을 비교해 볼 수 있다. 또 다른 사례로 부부갈등을 경험한 부부에게 의사소통훈련 프로그램에 대한 효과성 여부를 분석하기 위해 실험집단에는 프로그램을 제공하고 통제집단에는 프로그램을 제공하지 않고 두 집단 간의 차이를 비교하는 것이다.

2) 실험변수의 조작

실험변수 혹은 독립변수의 조작(manipulation)은 시간적 우선성을 입증하기 위한 것이다. 인과성의 관념 속에는 X가 Y의 원인이라면, X의 변화를 유도할 때 Y의 변화가 뒤따른다는 점을 함축하고 있다. 이러한 관계를 입증하기 위한 전제조건은 X의 변화가 선행되어야 한다. 한 가지 예로 X라는 교수법과 학생들의 학업 성취도를 조사한다고 가정하자. 만약 교수법 X가 학생들의 학업 성취도에 영향을 미친다면, 성취도의 향상은 X라는 교수법으로 교육을 받은 후에 이루어져야 한다. 이러한 관계는 교수법의 도입에 어떤 형태이든지 통제를 가하여 연구자가 X라는 교수법을 도입하기 이전과 이후를 측정할 수 있을 때 파악될 수 있다.

실험실 실험(laboratory experiments)의 경우, 연구자가 자신의 의도에 따라 실험적 처리를 조작할 수 있다. 다시 말해 연구자가 인위적으로 실험대상에게 실험변수의 종류나 강도를 조절하여 적용함으로써 실험변수의 변화가 종속변수에 영향을 미치는지를 관찰한다. 하지만 자연적 상황에서는 이러한 조작이 항상 가능한 것은 아니다는 것을 유념해야 한다. 결론적으로 실험변수의 조작은 연구자가 의도적으로 한 집단에는 독립변수를 개입시키고 다른 집단에는 개입시키지 않은 후 독립변수의 조작이 종속변수에 미치는 영향을 관찰하는 것을 말한다.

3) 무작위 배정

실험설계에서 독립변수가 개입되기 이전에 두 집단인 실험집단과 통제집단 간에 차이가 적을수록 내적 타당도가 높아진다. 무작위 배정(random assignment)은 연구대상자를 실험집단과 통제집단에 배정하는 방법으로 연구대상자 중 누구를 실험집단에 포함시키고 누구를 통제집단에 배정시킬 것인가를 무작위 선정과정을 통해 결정하는 것이다. 따라서 연구대상을 두 집단으로 나눌 때는 가능한 한 두 집단의 차이가 적도록 무작위적으로 배정하는 것이 무엇보다 중요하다. 결국 실험집단과 통제집단의 동등성 또는 동질성을 확보하는 것이 필요하다.

두 집단의 동등성은 다음과 같이 세 가지 조건을 충족시켜야 한다. 먼저 실험집단과 통제집단을 유사한 대상이나 단위로 구성되게 함으로써 앞의 내적 타당성 저해요인에서 살펴본 선정요인과 통계적 회귀요인이 통제될 수 있어야 한다. 다음으로 실험집단과 통제집단은 관찰기간 동안에 시간과 관련하여 동일한 과정, 다시 말해 역사적 요인과 성숙요인이 통제될 수 있어야 한다. 마지막으로 실험집단과 통제집단은 각종 프로그램에 대한 태도가 동일해야 한다. 다시 말해서 중도탈락 비율 등의 경향이 양 집단에 동일하여 상실요인이 통제될 수 있어야 한다(남궁근, 2014).

무작위 배정은 표본추출의 한 방법인 무작위표본추출(random sampling)과는 엄격히 구별된다.[1] 왜냐하면, 실험설계에 있어서 연구대상자들을 모집단에서 무작위로 추출하는 경우는 거의 없기 때문이다. 실험설계에 있어 연구대상자는 자발적으로 연구에 참여하는 사람들이다. 무작위 할당은 연구에 참여하기로 결정한 사람들을 실험집단과 통제집단에 배정하는 과정에서 주사위나 난수표를 활용하는 등 다양한 무작위 선정방법 중 하나를 활용하는 것을 의미한다. 예를 들어 동전을 던져 앞면이 나오면 실험집단에, 뒷면이 나오면 통제집단에 대상을 배정하는 것이 무작위 배정이다. 이러한 방법을 통해 두 집단 중 무작위적으로 한 집단을 실험집단으로 선택하고 나머지 한 집단을 통제집단으로 선택한다면 이들 두 집단은 동질적인 집단이 되고 허위변수와 혼란변수의 영향은 통제될 것이다. 이러한 과정을 통해 통계적으로 두 집단이 동등하게 구성될 가능성을 극대화시킨다(손병덕 외, 2010).

끝으로 무작위 배정은 연구결과에 영향을 미칠 수 있는 다양한 외부변수를 통제하게 되어 인과관계의 추론에서 있어 상당히 효과적이기 때문에 실험설계에 있어 가장 중요한 구성요소라 할 수 있다. 그러나 무작위 배정의 방법으로 두 집단의 동질성이 완벽하게 보장되는 것은 아니다. 한 예로 전체 연구대상자의 수가 매우 적은 경우, 무작위 배정에도 불구하고 우연의 일치에 의해 실험집단과 통제집단이 다르게 구성될 수도 있기 때문에 문제해결을 위한 세밀한 분석 작업이 요구된다.

3. 실험설계의 통제방법

실험설계가 다른 연구설계와 구별되는 가장 큰 특징은 통제 능력에 있다. 다른 연구 설계에서는 외부변수들이 종속변수에 미치는 효과를 분석하기는 쉽지 않다. 실험설계의 경우

1) 무작위표본추출은 모집단을 대표할 수 있도록 연구대상을 추출함으로써 연구결과의 외적 타당성을 확보하기 위한 방법이다. 하지만 무작위 할당은 실험집단과 통제집단의 동등성을 확보함으로써 내적 타당성을 확보하기 위한 방법이다.

독립변수와 종속변수의 인과관계를 검증하기 위해 변수에 대한 통제력을 강화하는데, 여기서 외부변수의 개입을 엄격하게 통제한다. 실험설계는 실험집단과 통제집단을 엄격히 분리하여 통제함으로써 내적 타당성을 저해하는 대부분의 요인을 제거할 수 있다. 일반적으로 실험설계에서 통제는 외부요인을 통제하는 방법과 내부요인을 통제하는 방법으로 구분된다.

1) 외부요인에 대한 통제

외부요인은 비교 대상이 되는 집단들이 서로 다른 경우를 의미하고 실험설계 과정에서 비교 집단들이 동질적으로 구성되지 못해 발생한다. 다시 말해서 실험집단과 통제집단의 이질성에서 비롯된다. 결국 독립변수 외에 종속변수에 영향을 미치는 제3의 변수가 개입됨으로써 실험집단과 통제집단 구성원들이 처음부터 다른 특성을 가지고 있었다면, 그러한 연구결과를 전적으로 독립변수의 효과로 볼 수 없다. 따라서 외부요인을 통제하기 위해서는 실험집단과 통제집단을 동질성을 확보하는 것이 무엇보다 중요하다. 동질적인 집단을 구성하는 방법으로는 무작위화, 동일배합, 통계적 통제 등 세 가지 방법이 주로 사용된다.

① 무작위화(randomization)

연구대상자들을 실험집단과 통제집단에 배정할 때 무작위로 배정하는 과정을 무작위화라 한다. 무작위 방법은 실험집단과 통제집단의 동질성을 확보하는데 있어 유용하며, 외부변수를 가장 효과적으로 통제하는 방법이다. 무작위 방법은 난선화 방법이라고도 한다. 무작위 방법의 절차는 먼저, 모든 연구대상자가 실험집단과 통제집단에 배정될 기회를 동등하게 소유하고 있어야 한다. 또한 연구대상자들을 실험집단과 통제집단에 배정하는 과정에 연구자의 선입견이나 판단이 개입되면 안 된다.

다시 말해서 인위적인 의도가 배제된 상태에서 연구대상자를 뽑아 각 집단에 할당하는 방법이다. 무작위 집단 할당은 통계학적 혹은 확률적으로 두 집단이 동질적일 가능성을 극대화시킨다. 무작위화 방법에서 고려해야 할 점은 무엇보다 표본의 크기가 매우 중요하다. 표본의 크기가 작으면 적은 수의 연구대상자들이 갖는 특성이 강하게 나타나기 때문에 동질적 집단 배정의 가능성이 그만큼 낮아진다. 따라서 연구대상자들의 다양한 특성이 무작위화를 통하여 두 집단에 고르게 분포될 수 있도록 표본의 수는 많아야 한다.

② 동일 배합(matching)

배합은 짝짓기라고도 하며, 종속변수에 영향을 미칠 수 있는 중요 외부변수를 연구자가 사전에 파악하여 비슷한 특성을 보이는 연구대상자들을 두 명씩 짝을 지은 후 하나는 실험집단에, 다른 하나는 통제집단에 배정하는 방법이다. 이러한 과정을 통해 실험집단과 통제집단이 해당 변수에서 동질성을 확보할 수 있다. 예를 들면, 성별이 실험결과에 영향을 미칠 수 있는 주요 통제 대상 변수라 했을 때 실험집단과 통제집단에서 성별이 동일 비율로 분포되도록 배정한다. 이렇게 함으로써 성별의 차이로 인한 두 집단 간의 차이는 차단할 수 있다. 배합(짝짓기) 과정은 비확률표본추출 방법 중의 하나인 할당표본추출(quota sampling) 방법과 유사한 절차를 거친다. 배합은 무작위 배정과 결합하여 사용할 수도 있고 무작위 배정과 무관하게 이루어질 수도 있다. 그러나 무작위 배정과 결합되지 않으면 모든 편의(bias)를 통제할 수 없다는 점에 유념해야 한다(Rubin & Babbie, 1989; 남궁근, 2014).

실험집단과 통제집단의 배합방법에는 1대 1 배합방법 혹은 정밀배합(precision matching)과 빈도분포(frequency distribution)에 의한 배합이 있다. 정밀배합 방법은 실험집단에 속하는 각 사례마다 동일한 특성을 가지는 다른 사례를 선정하여 통제집단에도 배정하는 방법이다. 정밀배합을 예로 들면, 같은 연령과 성별의 사람 둘을 선정하여 한 사람은 실험집단, 다른 한 사람은 통제집단에 연속적으로 배정하여 통제집단과 실험집단을 동일화시키는 것이다. 정밀배합의 가장 대표적인 형태로 할당행렬을 많이 이용한다. 할당행렬(quota matrix)은 행렬의 각 항에 결과적으로 짝수(even number)의 연구대상이 되도록 구성한다. 그 이후에 각 항에서 연구대상 중 절반은 실험집단, 나머지 절반은 통제집단에 배정한다.

[표 5.2] 할당행렬과 정밀배합 사례

구 분	남 성	여 성
51세 이상	22	20
31-50세	14	18
20-30세	8	6

▶

구 분	실험집단		통제집단	
	남 성	여 성	남 성	여 성
51세 이상	11	10	11	10
31-50세	7	9	7	9
20-30세	4	3	4	3

빈도분포에 의한 배합방법은 좀 더 능률적인 배합 방법이다. 이 방법은 실험집단과 통제집단이 통제하려는 변수 값의 평균치를 두 집단에 동일하게 만드는 방법이다. 예를 들어 평균 연령, 평균 학력, 평균 소득, 남녀 비율 등에 있어서 실험집단과 통제집단이 같도록

하는 것이다. 빈도분포 배합방법은 정밀배합보다 상대적으로 이용하기 쉽고 연구자가 많은 수의 사례를 상실하지 않고도 여러 가지 요인에 대하여 통제할 수 있다는 장점이 있다. 하지만 이 방법도 통제해야 할 변수나 특성이 많아지게 되면 모든 변수나 특성을 갖춘 실험대상자를 선택하여 평균이 같도록 배정하는 것이 쉽지는 않다.

지금까지 내용을 요약하면, 정밀배합 방법은 종속변수에 영향을 미칠 수 있는 중요한 외부변수가 무엇인지를 미리 알 수 있어야 활용할 수 있다. 정밀배합의 가장 큰 단점은 여러 변수를 동시에 통제할 경우에 실행하는데 한계가 따른다. 다시 말해서 연구대상자 가운데 같은 성별, 연령, 직업, 소득 등 변수가 많을 경우에 짝을 찾기가 쉽지 않다. 따라서 정밀배합과 빈도분포 배합방법을 적용할 때는 배합과정에서 통제되지 않은 변수나 요인에 대해서는 항상 난선화(무작위추출: randomization)를 적용시켜 최대한 실험집단과 통제집단 간의 체계적 차이를 감소시키도록 해야 한다.

③ 통계적 통제(statistical control)

이 방법은 통계 기법을 사용하여 외부 설명들을 통제하는 일종의 사후 통제방법이다. 배합과 무작위화와는 달리 설계 자체에서 통제를 시도하는 것이 아니라 통계학적 방법으로 외부요인을 배제해 보는 방법이다. 다시 말해서 통제하고자 하는 변수들을 독립변수로 간주하여 실험연구 설계에 포함시키고 실험을 실시한 후 결과를 분석함에 있어 통계적으로 그 영향을 통제한다. 실험설계 외의 연구 설계에서는 통계적 통제가 외부요인에 대한 주된 통제방법이다. 통계적 통제는 부분상관분석(partial correlation analysis)이나 다중회귀분석(multiple regression analysis) 등과 같은 다변인 통계분석 등의 통계기법들이 사용된다. 그러나 실험설계에서는 통계적 통제가 내적 타당도를 저해하는 외부요인을 통제하는 우선적인 방법이 되어서는 안 된다. 정밀배합 방법이나 무작위화 방법을 보충하는 수단으로 사용하는 것이 바람직하다. 특히 내적 타당도를 저해하는 요인을 통제하는 방법 가운데 어느 방법을 사용할 것인가를 결정함에 있어 무작위 배정, 배합, 통계적 통제 순으로 사용하는 것이 바람직하다고 할 수 있다(김기원, 2016).

2) 내부요인에 대한 통제

실험설계에서 내부요인을 통제하는 것은 실험집단과 통제집단에 대해 동일한 연구 환경을 유지하는 것을 말한다. 연구를 수행하는 과정에서 실험집단과 통제집단이 처한 환경이 달라 서로 다른 내부적인 사건들이 발생하다면, 이것이 연구결과에 영향을 미칠 것이기 때문이다. 외부요인에 대한 통제가 실험 환경에 유입되는 비교 대상집단들의 동질성 확보를 통해 가능한 반면에 내부요인 통제는 실험집단과 통제집단에 대해 동일한 실험 환경을 유지시켜 주는 것으로 가능하다. 실험개입 이외의 사건들은 실험집단과 통제집단 모두에 동등한 영향을 미치기 때문에 집단 간의 비교에서 그것들은 동등하게 배제될 수 있다. 결국 내부요인 통제방법은 역사적 요인, 성숙요인, 검사요인, 도구요인, 통계적 회귀, 상실요인 등 내부적으로 나타나는 다양한 현상들에 의해 실험조치의 효과가 불명확하게 나타나는 것을 통제하는 방법이다.

실험집단과 통제집단은 모두 무작위 배정 방법으로 선택되었기 때문에 두 집단은 모든 조건에 있어 동일한 것으로 간주한다. 따라서 내적타당성 저해요인 등의 영향은 같은 정도로 두 집단에 작용하게 됨으로써 내부적으로 나타나는 요인들에 의해 독립변수가 종속변수에 영향을 미치는 순수한 영향이 저해되는 것을 통제할 수 있다.

Study TIP 여성의 치마길이와 성범죄, 무슨 관계?

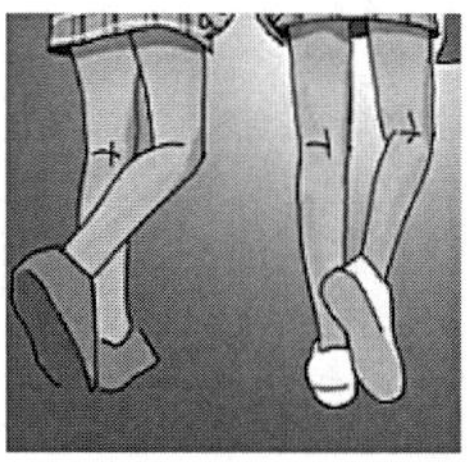

노출의 계절인 여름, 여성의 치마 길이는 짧아지고 옷소매는 얇아진다. 치마 길이와 경기의 상관관계는 경제적 담론의 중심에 등장할 정도로 경제사회적 변화의 흐름과 더불어 관심사가 됐왔다. 1971년 미국의 경제학자인 마브리는 경기가 호황이던 1920년과 60년대 뉴욕 여성들이 짧은 치마를 입은 사실에 근거하여 치마 길이가 짧아지면 주가가 오른다는 치마길이 이론(Skirt-length theory)을 발표해 화제가 되기도 했다. 불황기엔 옷감이 드는 비용을 줄이기 위해 미니스커트가 유행한다는 어설픈 설도 있다.

치마 길이와 경기지수 사이에 상관관계가 입증되었는지 확인할 수는 없지만 만일 상관이 있다 하더라도 우연의 일치가 아닐까. 치마 길이와 성범죄의 관계를 두고도 논란이 뜨겁다. 2008년 인도네시아(印泥) 정부가 반(反)포르노 그래피법을 통과시킨 후 2012년 또다시 공공장소에서 미니스커트를 금지하는 조치를 취하자 여성단체와 인권단체가 발끈했다. 2011년 캐나다에서도 지하철에서 성추행 등의 범죄가 증가하자 토론토 경찰이 여학생들에게 교복 치마를 입지 말라는 특단의 조치를 내렸다. 한 경찰관이 "성폭행 피해자가 되기 않기 위해 여성은 헤픈 여자(slut) 같은 야한 옷차림을 피해야 한다"는 발언으로 반발이 쏟아졌다.

같은 해 말 뉴욕거리 한복판에서도 성폭력 예방을 위해 여성들에게 치마를 입지 말라고 권고한 뉴욕 경찰에 항의하는 대규모 시위가 벌어지기도 했다. 2012년 우리나라에서도 야한 옷차림이 강간의 원인으로 지적되는 것을 비판하며 서울 명동에서 속옷을 집어던지는 퍼포먼스를 벌이는 등 '슬럿 워크(slut work)' 시위가 진행됐다.

여름은 어떨까. 다른 계절에 비해 성범죄율이 10% 높은 30%를 차지하는 것을 두고 일부에서는 치마길이와 성범죄는 관련이 있다고 하지만 사실무근이다. 여름에 성범죄가 증가하는 것은 야간 활동이 많아지는 계절적 특성이나 불쾌한 온도 때문이다. 하지만 이맘 때 여학교 주변을 휘저어 놓는 '바바리맨'이 자주 출몰하고 매년 100명이 넘게 체포된다고 하니 여성들의 마음은 불편하다. 오죽하면 대학생 기자가 변태들의 출몰 시간과 장소 등을 분석하여 인터넷에 올렸을까. 변태들의 추태가 계속되자 경증 변태까지 처벌대상이 된다. 예전에 바바리맨은 경범죄 대상이었으나 1990

년대에는 형법상 공연음란죄 적용을 받아 1년 이하의 징역 또는 500만 원 이하의 벌금 등을 처했다. 2012년부터는 범칙행위를 상습적으로 하는 실형이 선고됐고 올해 들어 아동 대상 성노출범에게 강제추행죄까지 적용됐다.

성추행이나 성폭력에 관한 법원의 판단기준이 갈수록 넓어지고 있다. 사건 당시 상황이나 가해자의 의도보다는 상대방이 성적 수치심을 느꼈는지가 중요한 판단 기준이 되고 있다. 여성의 성적 자기결정권을 중시하는 사회에서 팔뚝만 만져도 벌금을 선고받는 시대다. 남의 생각을 무시하고 폭력 등으로 성적 욕구를 채우는 것은 용인할 수 없기에 성범죄 예방교육 제대로 받아야 한다.

Study TIP 하이힐이 교통사고의 원인: 논란과 실험

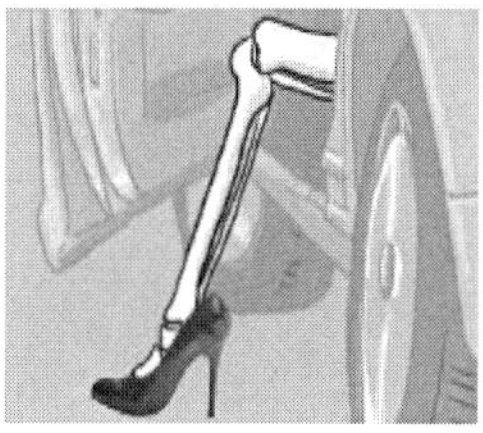

2010년 초 중국 장쑤(江蘇)성 난징(南京)시에서 여성 운전자들의 하이힐 착용을 금지하는 웃지 못 할 교통법규가 제안되었었다. 난징시가 교통사고 방지를 위해 굽 높이 4㎝ 이상의 신발을 금지하는 '도로교통안전관리 조례'안을 마련한 것이다. 운전 중 하이힐을 신은 여성에 50위안(8천 400원)의 과태료를 부과시키겠다는 내용이다. 하이힐을 신은 여성운전자의 사고 위험을 방지하기 위한 입법이었지만 여성차별이라는 반발이 강해 해프닝으로 끝이 났다(서울신문, 2010. 8. 2일자 보도자료). 오래 전 일이지만 1999년 11월 도쿄 동북부 이바라키 현에서 교통사고를 당한 오카와 도모미(25세)는 굽 높이가 8㎝나 되는 하이힐을 신고 있었기 때문에 브레이크를 밟을 수 없었다고 경찰에 진술했다. 당시 일본 경찰은 젊은 여성들이 즐겨 신는 하이힐이 심각한 교통사고의 주범으로 지적되고 있다고 발표했다(연합뉴스, 1999. 11. 3일자 보도자료). 2010년 말 아르헨티나 부에노스아이레스에서도 하이힐을 신고 운전하는 사람에게 벌금을 물린다는 이색적인 법안이 주의회에 발의되기도 했다.

2013년 5월 동아일보 취재팀은 경북 상주 교통안전공단 교통안전교육센터를 찾았다. 공단의 교육개발처 하승우 교수가 실험을 설계했다.

□ 실험1: 슬라럼(Slalom•회전경기)

면바지와 낮은 구두의 편안한 복장을 한 실험참여자(여성)는 시속 30㎞의 속도를 유지하며 S자 코스 200m를 28.2초에 주파했다. 이어진 실험에서 26.5초, 25.4초를 기록했으며, 넘어진 삼각뿔은 없었다. 다음은 굽 높이가 11㎝인 하이힐과 무릎 위까지 올라오는 원피스로 입고 실험에 참여했다. 똑같은 운전자와 차량인데도 운전성적은 딴판이었다. 주행 기록은 32.8초, 같은 방식으로 진행한 두 번째 실험은 32초였고 삼각뿔 3개를 쓰러뜨렸다.

□ 200m 슬라럼 실험결과

조건	가장 좋은 기록(초)	쓰러진 삼각뿔(개)	
단화 및 청바지 착용	25.4	0	편차(편한 복장과 비고)
하이힐과 짧은 드레스	32.0	3	+6.6(소주 3잔 마신 정도의 운전수준)

□ 실험2: 급제동 실험

굽 낮은 구두와 면바지 복장으로 시속 60㎞로 달리다 급제동, 제동거리는 32.4m, 2차 실험은 32.9m였다. 하이힐과 짧은 원피스를 입고 한 실험에선 두 번 모두 36.4m가 나왔다. 학습효과로 제동거리는 더 줄여야 했지만 오히려 늘어났다. 늘어난 거리는 도심 횡단보도를 2분의 1이나 침범할 수 있는 수준이다.

출처: 동아일보, 2013. 6. 13일자 자료- 여성들의 위헌운전, 김준일

제2절 실험설계의 유형

실험설계(experimental design)란 실험을 수행하는 전반적인 과정을 계획하고 구조화하는 활동을 말한다. 또한 완전히 동질적인 두 집단을 선정하고 이 중 한 실험집단에 대해서만 실험적 처치(experimental treatment)를 한 다음 실험적 처치를 하지 않은 통제집단과 비교해 두 집단 간에 어떠한 차이가 나타나면 실험적 처치의 결과로 간주하는 것을 기본적 논리로 하고 있다. 실험설계에서 연구설계를 논의하기 위해 구체적인 기호들에 대한 설명이 필요하다. 이러한 기호에 익숙해야 다음에 설명할 실험설계의 유형을 이해하는데 도움이 된다.

실험설계를 위한 기호	의미
실험집단(EG: experinental group)	실험 처리(X)가 이루어지는 집단
통제집단(CG: control group)	실험 처리(X)가 이루어지지 않는 집단
무작위 배정(R: randomization)	실험집단과 통제집단에 연구대상이 무작위적으로 배정되었다는 의미
배합 혹은 짝짓기(M: matching)	실험집단과 통제집단에 연구대상이 짝짓기 방법에 의해 배정되었다는 의미
실험 처리(X: treatment)	독립변수의 조작 또는 실험적 처치를 의미
관찰 또는 측정값(O: observation)	관찰 또는 검사의 결과로 나온 측정값, 측정이 여러 차례 이루어진 경우(예: O_1, O_2, O_3 등)
실험효과(E: effect)	실험변수 처리 효과의 크기

한편, 인과관계를 조사하기 위해서는 연구목적이나 측정대상, 조사상황 등을 종합적으로 고려하여 가장 합리적인 실험설계 방법을 선택해야 한다. 따라서 실험설계는 연구의 목적, 성격, 상황 등에 따라 여러 가지 형태로 나타난다. 앞에서 제시한 대상 선정의 무작위화 및 독립변수의 조작, 외부요인의 통제 등 실험의 통제 정도에 따라 사전실험설계, 순수실험설계, 유사실험설계, 사후실험설계 등으로 구분된다. 이를 간략하게 구분하면 다음과 같다.

[표 5.3] 실험설계의 구분

구 분	사전실험설계 (선실험설계)	순수실험설계 (진실험설계)	유사실험설계 (준실험설계)	사후실험설계
대상의 무작위화	×	○	×	×
독립변수 조작가능성	×	○	△	×
외생변수 통제정도	×	○	△	×
측정시기 및 대상 통제	×	○	○	×

× : 불가능 △ : 일부가능 ○ : 가능

1. 사전실험설계(pre-experimental design)

사전실험설계는 내적, 외적 요소에 대한 통제가 제대로 이루어지지 않은 설계방법으로 엄격히 말하면 실험설계라 볼 수 없다. 또한 실험설계의 요건을 완전히 갖추고 있지 못한 설계방법으로 원시실험설계 혹은 선실험설계라고도 한다. 사전실험설계는 무작위 배정에 의하여 실험집단과 통제집단의 동질화를 꾀할 수 없을 때 사용하는 방법이다. 사전실험설계의 결과만으로 인과적 추론을 하는 것은 바람직하지 않고 단지 사용된 사례의 범위 내에서 개략적인 정보만을 습득하는데 만족해야 한다. 따라서 가설의 검증보다는 순수실험설계를 하기 이전에 문제의 규정 및 도출을 위해 실시하는 탐색적 조사의 성격을 가진다.

사회과학 연구에서 완전한 조건을 갖춘 실험을 하기에는 한계가 따르기 때문에 사전실험설계가 많이 활용된다. 조사목적에 따라 여러 가지 사전실험설계가 개발되었으나 여기서는 단일집단 사후측정설계, 단일사례 사전사후측정설계, 정태적 집단비교설계 등에 대해 살펴보았다(Campbell & Stanley, 1963).

1) 단일집단 사후측정설계(one group posttest-only design)

1회 사례연구(one-shot case study)라고도 하는데, 연구자가 임의로 선정한 단일집단을 대상으로 독립변수를 조작하여 사후적으로 결과를 측정하는 실험설계 방법이다. 다시 말해서 단일집단의 구성원들에게 처리(독립변수의 조작, X)가 이루어지고 시간이 지난 후에 구성원들을 측정(O_1)하는 방법으로 이를 도식화하면 다음과 같다.

X	O_1
독립변수의 효과(E)= O_1(사후 측정값)	

예를 들면, 대통령 선거기간 중에 임의로 조사대상자를 선정하여 후보자들 간의 정책토론회를 시청하게 한 후 지지자의 변화가 있는지를 측정하는 경우 여기에 해당된다. 그러나 방송을 시청한 후 'A 후보를 지지하겠다'는 응답이 기존 지지도 조사에서보다 20% 높게 나왔다 하더라도 이것이 정책토론회에 의한 효과라고 할 수는 없다. 왜냐하면, 방송효과 이외에 우연적 사건, 실험대상의 소멸 등 각종 외생변수가 개입했을 가능성을 배제할 수 없다. 아울러 방송 시청 전의 지지율을 모르기 때문에 비교도 불가능하다. 결과적으로 단일집단 사후측정설계 방법은 가설검증을 위한 충분한 자료 혹은 근거를 제공하지 못하고 분석결과를 일반화하는데 상당한 한계가 따른다. 이 방법은 사전 측정이 없기 때문에 실험의 순수한 효과를 측정했다고 볼 수 없다. 또한 외재변수의 통제가 거의 이루어질 수 없기 때문에 내적·외적 타당성이 모두 결여된 설계방법이라 할 수 있다.

2) 단일집단 사전사후측정설계(one group pretest-posttest design)

단일집단 사전사후측정설계는 독립변수의 조작(X)이 가해지기 이전에 종속변수에 대한 사전측정(O_1)을 하고, 독립변수의 조작이 이루어진 후 종속변수의 수준을 다시 측정(O_2)하여 전후를 비교한 두 측정값의 차이($O_2 - O_1$)를 독립변수의 효과라고 보는 실험설계 방법이다.

O_1	X	O_2
독립변수의 효과(E)= O_2(사후 측정값) − O_1(사전 측정값)		

예를 들면, A초등학교에서 학교폭력이 심각해지자 6학년 학생들에게 폭력영화를 보여주기 전에 폭력행태 정도를 한 번 측정하고 폭력영화를 본 후에 다시 폭력행태 정도를 측정하여 두 측정값의 차이를 폭력영화의 효과로 추정하는 경우이다. 이 방법은 단일집단 사후측정설계에 비해 시간적 선후성과 비교의 기준이 존재하기 때문에 독립변수의 효과를 측정하는데 보다 나은 방법이다.

그러나 폭력영화의 관람 효과가 그러한 차이를 냈다고 단정할 수는 없다. 다시 말해서 O_2와 O_1 사이에 분명히 실험처리 이외의 다른 많은 요인이 작용했을 가능성이 있다. 단지 한 집단에 대해 처리 이전과 이후에 측정하여 그 결과를 비교하는 것으로는 다양한 외부요인들의 영향을 통제하고 있다고 볼 수는 없다. 따라서 이 방법은 추정된 인과관계의 신뢰도가 낮으며, 일반화에도 위험성이 따른다. 단일집단 사후측정설계와 마찬가지로 외재변수의 개입 여부를 배제할 수 없다는 점에서 같은 한계점을 가지며, 내적 타당도와 외적 타당도가 매우 낮다. 결국 이 방법도 내적 타당성의 저해요인에서 설명한 역사적 요인, 성숙요인, 검사요인 등 외재변수들의 영향이 통제되지 않고 있기 때문에 내적 타당성의 문제가 분명히 있다.

3) 정태적 집단비교설계(static-group comparison design)

정태적 집단비교설계는 사후측정 방법으로 서로 동질하지 않은 두 개의 집단을 두어 이들을 비교하는 방법으로 비동질집단 후측정설계라고도 한다(김렬, 2013). 독립변수를 가하는 실험집단(experimental group, EG)과 처리를 가하지 않는 통제집단(control group, CG)으로 구분하여 실험집단에는 처리를 가하고 통제집단에는 처리를 통제한 후 두 집단을 비교하는 실험설계 방법이다.

실험집단(EG)	X	O_1
통제집단(CG)		O_2
독립변수의 효과(E)= O_1(실험집단 후측정값) − O_2(통제집단 후측정값)		

예를 들면, 앞에서 제시한 6학년 학생들을 두 집단으로 나누어 한 집단(실험집단)에는 폭력영화를 관람하게 하고 다른 집단(통제집단)에게는 폭력영화 관람을 시키지 않은 후 두 집단 사이에 나타나는 폭력행태상의 차이를 폭력영화의 효과로 간주한다. 이 설계방법은 실험대상을 두 집단으로 나누어 측정했기 때문에 외재변수의 개입을 일부 제거할 수 있다. 그러나 조사대상 및 집단을 선정하는데 있어 무작위 배정(randomization)에 동질화가 이루어지지 않았기 때문에 집단자체의 차이가 통제되지 않는 등 외재변수가 개입될 수 있다. 다시 말해서 독립변수 처리 이전에 두 집단 간의 차이가 이미 존재하여 그 차이가 처리 후 두 집단의 측정값 차이에 반영되어 처리의 효과로 오인될 수 있다. 한 예로 암환자의 경우 처음부터 건강이나 연령 등의 이유로 암 발생 가능성이 높은 성인들이 실험집단에 선정되어 흡연 사실을 모르고 나중에 결과만 가지고 흡연을 한 성인 중에서 훨씬 암이 발생한 환자가 많다고 할 우려가 있다. 그럼에도 불구하고 이 방법은 실험의 간편성과 시간·비용의 절감효과가 있기 때문에 사회과학 조사에서 자주 활용되고 있다. 특히 그 차이가 우연한 것인지를 알아보기 위해 유의성 검증(test of significance)을 하는 것이 일반적이다.

[표 5.4] 사전실험설계 요약

유 형	도 식	내 용
사전실험설계	▸인과관계규명 부적합 ▸가설검증보다는 시험적으로 실시하는 탐색조사	
단일집단 사후측정설계	X O_1	실험자가 임의로 실험대상 선정 사전측정 없어 순수 실험효과 측정곤란
단일집단 전후측정설계	O_1 X O_2	사전사후 차이(O_2 − O_1)로 실험효과측정 외생변수 통제 곤란
정태적 집단비교설계	실험집단: X O_1 통제집단: O_2 실험효과: O_1 − O_2	실험집단과 통제집단을 분리 측정 우발적사건, 측정수단변화, 통계회귀 통제 마케팅조사에서 가장 많이 사용됨

2. 순수실험설계(true experimental design)

순수실험설계는 앞에서 제시한 실험설계의 세 가지 기본원리인 공변성, 시간적 우선성, 비허위성 등을 갖춘 설계방법이다. 다시 말해서 공변성을 입증하기 위한 실험집단과 통제집단의 비교, 시간적 우선성을 입증하기 위한 독립변수의 조작, 비허위성을 입증하기 위한 외재변수의 통제라는 조건을 갖추고 있기 때문에 인과관계를 검증하기 위한 가장 적절한 설계방법이라 할 수 있다(김렬, 2013). 순수실험설계의 가장 큰 특징은 실험집단을 선정할 때 무작위화를 거친다는 점이다. 이 방법은 외재변수를 철저히 통제하여 명확한 인과관계를 검증할 수 있는 장점을 갖추고 있으나 엄격히 통제된 실험상황의 인위성으로 인해 실험결과를 일반화하는데 한계가 있을 수도 있다(채서일, 2016). 이러한 설계는 진실험설계 혹은 실험단계설계라고도 하는데, 여기에는 통제집단 전후측정설계, 통제집단 후측정설계, 솔로몬 4집단설계 등이 있다.

1) 통제집단 전후측정설계(pretest-posttest control group design)

통제집단 전후측정설계는 고전적 설계(the classical design)라고도 하며, 밀(J. S. Mill)의 입증이론 중 차이법을 모태로 한다. 이 설계방법은 실험설계의 기본조건을 완벽하게 갖춘 전형적인 실험설계이다. 실험대상을 무작위 배정(random assignment)에 의해 동질적으로 구성한 후 독립변수 조작 이전에 두 집단(O_1과 O_3)을 측정한다. 그 후 한 집단(실험집단)에는 독립변수를 조작(X)하고 나머지 집단(통제집단)에는 독립변수 조작을 하지 않는다. 결국 실험집단에는 독립변수 노출 전 전·후에 종속변수를 측정하고 통제집단에는 독립변수 조작을 하지 않은 채 종속변수를 두 번 측정하는 방법이다. 여기서 두 집단에 표본을 무작위로 선정하는 과정은 (R)로 표시한다.

실험집단(EG) : (R)	O_1	X	O_2
통제집단(CG)통제집단(CG) : (R)	O_3		O_4
독립변수의 효과(E)= $(O_2 - O_1) - (O_4 - O_3)$			

이러한 설계방법은 무작위 배정에 의해 변수를 통제하기 때문에 두 비교집단 간의 실험적 차이는 통제된 것으로 간주할 수 있고 또 두 집단에 대해 모두 사후검사를 했기 때문에 역사요인, 성숙요인, 검사요인, 도구요인 등도 통제된 것으로 간주한다. 결국 통제집단 전후측정설계는 내적 타당성 저해요인을 대부분 제거할 수 있다. 독립변수의 효과는 실험집단과 통제집단의 사전 측정값과 사후 측정값 사이의 차이를 계산하고 실험집단의 차이에서 통제집단의 차이를 계산하면 독립변수에 의한 실험효과를 구할 수 있다. 이 설계방법의 장점은 실험집단과 통제집단의 동질성 여부를 확인할 수 있다는 점이다. 그러나 사전 측정과 사후 측정의 기간이 길어질수록 역사적 요인, 성숙요인 등과 같은 외생변수의 작용가능성이 높아진다. 또한 실험집단에 대해서만 사전 측정을 함으로써 실험 대상자가 받아들이는 독립변수의 강도에 영향을 미치는 상호작용($O_1 \rightarrow X$) 시험효과(interaction testing effect)가 발생할 가능성이 있다. 다시 말해서 이미 사전측정을 통해 독립변수 조작(처리)에 대한 인식을 하고 있는 집단이 돼버렸기 때문에 일반적 집단과는 차이가 발생할 수 있게 된다. 이러한 차이에 의해 나타나는 효과인 호손효과(Hawthorne effect)와 존헨리효과(John Henry effect)[2)]는 처리의 결과를 일반화하는데 있어 중요한 문제를 야기할 수 있다.

2) 통제집단 사후측정설계(posttest–only control group design)

통제집단 사후측정설계 방법은 통제집단 전후측정설계에서 사전 측정 내지 검사를 하지 않은 행태이다. 사전측정을 하지 않음으로써 실험집단 및 통제집단 모두가 외재변수의 영

2) 연구대상 자신이 특정연구의 대상이 되고 있다는 것을 인식하면 평상시와 다르게 행동을 할 수 있다. 이처럼 자연스럽지 못한 반응을 하게 됨에 따라 나타나는 결과들은 그렇지 않은 일반 사람들에게서 나타나는 결과들과 다를 가능성이 매우 큰데, 이러한 반응을 호손효과(Hawthorne effect)라고 한다. 반대로 특별한 대우를 받지 못한 통제집단이 평상시와 다르게 행동하거나 고의로 실험집단보다 더 좋은 결과가 나타나도록 노력하는 경우에 발생되는 효과를 존헨리효과(John Henry effect)라 한다(김렬, 2007: 96).

향을 동일하게 받는다는 것을 가정하고 있다. 이 방법은 먼저 무작위 배정에 의해 동질적인 두 집단을 구성한 다음에 한 집단(실험집단)에는 독립변수를 조작(X)을 하고 통제집단에 대해서는 처리를 하지 않는다. 두 집단에 대해 사후측정을 실시(O_1과 O_2)하여 두 측정값 차이(O_1-O_2)를 통해 파악함으로써 처리효과를 알 수 있다. 이러한 설계방법을 도식화하면 다음과 같다.

실험집단(EG) : (R)	X	O_1
통제집단(CG) : (R)		O_2
독립변수의 효과(E)= O_1 − O_2		

이 설계는 통제집단 전후설계와 유사하나 사전 측정이 생략되어 있다는 점에서 차이가 있다. 사전측정을 하지 않기 때문에 시험효과 등 외재변수의 개입을 방지할 수 있으나 실험대상자들의 반응에 있어 변화과정을 파악할 수 없고 두 집단의 사전 상태가 동질적임을 보장하기는 어렵다는 문제를 안고 있다. 따라서 두 집단의 동질성에 대한 의문이 여전히 존재할 수 있다는 점에서 O_1-O_2가 순수하게 그 처리에 대한 효과인지 여부에 대해 문제가 있을 수 있다.

그렇지만 이 설계방법은 두 집단이 동질적이라는 가정 하에 사전측정을 하지 않았기 때문에 통제집단 전후측정설계에서 문제가 된 측정과 처리의 상호작용 시험효과를 제거할 수 있다는 장점이 있다. 실제 이 방법은 통제집단 전후측정설계에 비해 간단하여, 비용이 적게 들고 큰 문제가 될 만한 외적 작용이 별로 없기 때문에 사회조사에서 많이 활용된다. 또한 상대적으로 적은 실험대상으로도 실험이 가능하고 집단 간 격리도 쉽게 할 수 있다는 점에서 널리 활용되고 있는 실험설계 방법이다.

3) 솔로몬 4집단설계(Solomon four-group design)

솔로몬 4집단설계 방법은 통제집단 전후측정설계와 통제집단 사후측정설계의 장점을 결합한 형태이다. 그리고 가능한 모든 외재변수를 통제하기 위한 방법으로 가장 이상적인 설계유형으로 볼 수 있다. 솔로몬(Solomon, 1949)에 의해 고안된 방법으로 복수통제집단 전후측정설계라고도 한다. 이 설계는 통제집단 전후측정설계가 하나의 통제집단을 가짐으로써 사전측정의 영향과 독립변수와의 상호작용의 영향으로 인해 순수한 독립변수의 조작결과를 측정할 수 없다는 데 중점을 두고 발전시킨 설계방법이다. 그렇기 때문에 두 개의 통제집단 중 하나는 사전측정을 하고 다른 하나는 사전측정을 하지 않은 채 실험 후 실험집단과 비교함으로써 독립변수 조작의 영향, 사전측정의 영향, 그리고 그들 간의 상호작용 영향을 명백히 파악하려는 방법으로 이를 도식화하면 다음과 같다(김해동 외, 2010).

실험집단 A : (R)	O_1	X	O_2
통제집단 B : (R)	O_3		O_4
실험집단 C : (R)		X	O_5
통제집단 D : (R)			O_6

- 실험집단 A의 변화(d_1)= $O_2 - O_1$
- 통제집단 B의 변화(d_2)= $O_4 - O_3$
- 실험집단 C의 변화(d_3)= O_5 −〔$O_1 + O_3/2$〕
- 통제집단 D의 변화(d_4)= O_6 −〔$O_1 + O_3/2$〕
- 상호작용의 효과(I)=$d_1 - (d_2 + d_3 - d_4)$
- 독립변수의 효과(E)= $d_1 - d_2 - I = d_3 - d_4$

우선 A, B, C, D 네 개의 집단을 무작위로 선정하고 A, B 집단은 사전측정을 하며, C, D 집단은 사전측정을 하지 않는다. 또한 A, C 집단은 독립변수를 조작하고 B, D 집단은 통제집단의 성격으로 독립변수 처리를 하지 않는다. 사전 측정의 효과는 사전 측정을 실시한 집단, 다시 말해 실험집단 A와 통제집단 B에 대한 사후 측정값과 사전 측정을 실시하지 않은 실험집단C와 통제집단 D에 대한 사후 측정값을 비교하여 구할 수 있다. 또한 측정과 처리의 상호작용 효과는 사전 측정과 실험처리가 동시에 실시된 집단인 실험집단 A의 사후 측정값과 사전 측정을 하지 않고 실험처리만 한 실험집단 C의 사후 측정값을 비교하여 구할 수 있다. 통계분석 측면에서 볼 때 분산분석(ANOVA)을 통해 이들 집단들의 측정값과 차이에 대한 통계적 유의성을 검증할 수 있다.

이러한 솔로몬 4집단설계는 다른 설계방법에서는 불가능한 각종 외재변수의 영향을 거의 완벽하게 분리해 낼 수 있다는 것이 가장 큰 장점이다. 특히 통제집단 전후측정설계에서 문제가 되는 상호작용 시험효과와 기타 외재변수의 효과를 분리해 낼 수 있다. 이 방법을 통해 연구자는 사후측정에서의 차이점이 독립변수에 의한 것인지 사전측정에 의한 것인지의 여부를 검사할 수 있다. 이처럼 외재변수의 영향력을 철저히 통제할 수 있기 때문에 내적·외적타당성을 확보할 수 있는 이상적인 방법이다. 다른 설계방법에 비해 가장 확신을 가지고 인과관계를 검증할 수 있는 최적의 설계방법이지만 현실적으로 네 개의 집단을 동질적으로 구성하여 이들을 적절히 활용하는데 한계가 따른다. 또한 설계 자체가 복잡하고 집단의 수가 많음으로써 많은 시간과 비용이 소요되기 때문에 실제 활용도는 떨어진다.

[표 5.5] 순수실험설계 요약

<table>
<tr><th>유 형</th><th>도 식</th><th>내 용</th></tr>
<tr><td>통제집단
전후측정설계</td><td>실험집단: (R) O_1 X O_2
통제집단: (R) O_3 O_4
실험효과: $(O_2-O_1) - (O_4-O_3)$</td><td>· 실험집단과 통제집단 무작위로 선정
· 대부분의 외생변수 통제가능
· 상호작용효과 측정곤란</td></tr>
<tr><td>통제집단
후측정설계</td><td>실험집단: (R) X O_1
통제집단: (R) O_2</td><td>· 무작위로 선정, 상호작용효과 개입 안됨
· 시간과 비용상 가장 널리 활용되는 설계</td></tr>
<tr><td rowspan="2">솔로몬
4집단설계</td><td>집단 A: (R) O_1 X O_2
집단 B: (R) O_3 O_4
집단 C: (R) X O_5
집단 D: (R) O_6</td><td>· 무작위 배정
· 거의 모든 외생변수 통제 가능
· 각종 외생변수 영향을 분리할 수 있음
· 집단의 수가 많으므로 집단간 격리 곤란</td></tr>
<tr><td colspan="2">$O_2 - O_1$ = (실험+상호작용+외생변수) 효과
$O_4 - O_3$ = 기타 외생변수 효과
$O_5 - \frac{1}{2}(O_1+O_3)$ = (실험+외생변수)효과
$O_6 - \frac{1}{2}(O_1+O_3)$ = 기타 외생변수 효과</td></tr>
</table>

3. 유사실험설계(quasi-experimental design)

유사(類似)실험설계는 실험실 상황이 아닌 실제 상황에서 독립변수를 조작하여 연구하는 설계로 현장실험설계(field experiment design)라고도 한다. 또한 순수실험설계가 갖춘 비교와 통제의 기본조건이 다소 완화된 실험설계로 준실험설계 혹은 의사(擬似)실험설계라고도 한다. 이 방법은 무작위 배정에 의하여 실험집단과 통제집단의 동등화를 꾀할 수 없을 때 사용하는 설계방법이다(남궁근, 2014). 다시 말해서 무작위 배정에 의한 방법 대신에 다른 방법을 통해 실험집단과 유사한 비교집단을 구성하려고 노력하고 외재변수의 통제(내적 타당성)가 순수실험설계와 같이 이루어지지 못하는 경우에 적절히 사용하는 설계방법이다. 특히 사회과학 분야에서 완벽한 조건을 갖춘 순수실험이 거의 불가능한 현실적 한계와 더불어 시간·비용 등 경제적 우월성으로 유사실험설계가 유용하게 사용된다(김렬, 2013).

유사실험설계의 장점은 우선 실제 상황에서 이루어지기 때문에 일반화의 가능성(외적 타당성)이 높다. 다음으로 일상생활과 동일한 상황에서 수행되기에 이론검증 및 현실 문제해결에 유용한 동시에 복잡한 사회적·심리적 영향과 과정변화 연구에 적절하다. 반면, 현장 상황에서는 대상의 무작위화와 독립변수의 조작화가 어려운 경우가 많다. 또한 실제 상황에서의 실험이기 때문에 독립변수의 효과와 외재변수의 효과를 분리해서 파악하기가 곤란하다. 마지막으로 측정과 외재변수의 통제가 어렵기 때문에 연구결과의 정밀도가 떨어진다는 단점을 가진다. 따라서 유사실험설계는 순수실험설계보다 현실성과 일반화 능력에서는 장점을 보이지만, 통제력이 매우 약하기 때문에 인과관계의 명확한 규정은 다소 떨어진다고 볼 수 있다. 유사실험설계는 측정시기와 측정대상의 통제만이 가능한 실험설계로 구성 방법에 따라 다양한 유형이 개발되고 있다. 유사실험설계[3]에는 여러 가지가 있지만 여기서는 비동질적 통제집단 전후측정설계, 동류집단설계, 시계열설계 등 세 가지 유형만 살펴보고자한다.

1) 비동질적 통제집단 전후측정설계

비동질적 통제집단 전후측정설계(non-equivalent control group pretest-posttest design)는 사회과학에서 가장 빈번히 사용되는 유사실험설계 방법이다. 특히 조사대상을 실험집단과 통제집단으로 구분할 수 있으나 무작위 배정이 곤란하거나 불가능한 경우에 사용되는 방법이다. 앞에서 설명한 순수실험설계 중 통제집단 전후측정설계와 동일하지만 실험집단과 통제집단 간 무작위 배정을 통한 동질화가 이루어지지 않는다는 점에서 차이가 있다. 다만 짝짓기(matching) 등의 방법을 통해 가능한 범위 내에서 실험집단과 유사한 비교의 준거(통제집단)를 구성하려는 노력이 요구된다. 짝짓기는 현실적으로 무작의 배정이 어려운 경우에 혹은 무작위 배정보다 짝짓기가 오히려 두 집단의 동질화를 이룰 수 있을 때 사용되기도 한다. 짝짓기 방법에 의해 실험대상을 유지하도록 노력한다는 사실만 제외하면 앞에서 설명한 순수실험설계의 통제집단 전후측정설계(고전적 실험설계)와 유사하다. 이러한 설계방법의 가장 대표적인 모형은 다음과 같이 도식화될 수 있다.

---

3) 유시실험설계는 여러 가지 유형이 있지만, 일반적으로 인과적 추론이 비교적 가능한 유형으로 ①비동질적 통제집단설계(비동질적 통제집단 사전사후측정설계, 유사사전측정설계, 사전사후분리설계, 반복사전측정설계, 역실험 전후측정설계 등), ②회귀-불연속설계, ③단절적 시계열설계, ④통제-시계열설계 등이 있다(채서일, 2016: 128-131). 인과적 추론이 어려운 유사실험설계에는 ①단일집단 사후측정설계, ②비동질적 집단 사후측정설계, ③단일집단 전후측정설계 등이 있다(남궁근, 2014: 282-300 참조).

실험집단(EG) :	O_1	X	O_2
통제집단(CG) :	O_3		O_4

- 실험집단의 변화(d_1)= $O_2 - O_1$
- 통제집단의 변화(d_2)= $O_4 - O_3$
- 독립변수의 효과(E) = $d_1 - d_2$

여기서 독립변수의 효과는 실험집단과 통제집단의 사전 측정값과 사후 측정값 사이의 차이를 계산하고 실험집단의 차이에서 통제집단의 차이를 계산(d_1-d_2)하면 순수한 실험효과를 구할 수 있다. 이 방법의 문제점은 무작위 배정에 의한 동질화가 이루어지지 않아 내적 타당성을 저해하는 외재변수의 영향이 순수실험설계보다 크고 이를 통제하거나 제거하기 어렵다는 단점을 가진다. 따라서 실험집단과 통제집단을 구성하는 과정에서 두 집단을 가능한 유사하게 하면 할수록 연구의 가치를 높일 수 있게 된다(김렬, 2013). 비록 무작위 배정과는 차이가 있지만 짝짓기에 의한 배정도 실험집단과 통제집단의 동질화를 이룰 수 있기 때문에 비동질적 집단의 연구설계에 유용하게 이용될 수도 있다.

2) 동류집단설계(cohort design)

동류집단설계는 실험 대상자들이 시간이 경과해도 비슷한 특징을 보이고 있는 동류(cohort)인 경우 하나의 집단에 독립변수를 조작(X)하여 다른 집단과의 차이를 통해 실험변수의 효과를 측정하는 방법이다. 두 집단이 시간이 경과해도 비슷한 특징을 보이고 있으나 집단 간에 경험한 사건을 적용하는 방법으로 사건중심설계(event-based design)라고도 한다. 예를 들면, 원어민 강사에 의한 영어회화 수업이 중학생들의 영어성적 향상에 효과가 있는지를 알아보고자 한다. 이 경우 회화수업을 실시하기 이전 학생들의 영어성적(O_1)이 나와 있을 경우, 원어민을 통한 회화수업(X)을 실시하고 난 후 이를 수강한 학생들의 영어성적(O_2)을 측정함으로써 회화수업의 효과를 알 수 있을 것이다. 이 설계방법을 도시화하면 다음과 같고, 실험모형에서 (· · · · ·)는 동류집단을 구분한 것이다.

O_1

● ●

X O_2

독립변수의 효과(E)= 사후측정값(O_2) − 사전측정값(O_1)

그러나 이 설계방법은 표본편중에 의한 오차와 우발적 사건에 취약한 단점을 가지고 있다. 이러한 문제를 해결하기 위해서는 독립변수 조작(X)에 따라 집단을 분리하여 내적 타당성을 확보하는 방법을 사용할 수 있다. 다시 말해 원어민 회화수업을 학생(실험집단)과 듣지 않은 학생(통제집단)으로 분리하여 각 집단에 속한 학생들 간 영어성적 점수의 차이와 두 집단 간의 영어성적 점수의 차이를 비교함으로써 원어민 회화수업의 효과를 분명히 파악할 수 있다.

3) 시계열설계(time-series design)

시계열설계는 통제집단을 별도로 갖지 않는 대신에 필요한 비교의 대상을 동일집단 내의 시계열자료에서 도출한다. 다시 말해서 조사대상을 실험 및 통제집단으로 나눌 수 없고 독립변수의 조작 효과가 일시적이거나 변화될 기능성이 있을 때 동일한 대상에 대해 추세를 파악하는 방법이다. 독립변수 조작(X) 전후에 일정한 기간을 두고 장기적으로 몇 차례 종속변수에 대한 측정을 하는 방법이라 할 수 있다. 예를 들어 성과급 지급이 공무원들의 업무성과에 미치는 영향을 측정하고자 할 때, 공무원들에 성과급을 지급하고 성과급 지급 전과 지급 후의 업무성과를 수차례에 걸쳐 측정하여 그 변화를 계속적으로 추적하는 경우가 여기에 해당된다. 시계열설계의 유형도 여러 가지가 있으나 일반적으로 집단의 수를 기준으로 단순시계열설계와 다중시계열설계[4]로 구분한다. 다음 도식은 단순시계열설계를 나타낸 것으로 이를 단절적 시계열설계(interrupted time-series design)라고도 한다.

(단일집단) O_1 O_2 O_3 O_4 X O_5 O_6 O_7 O_8 ➡

이 설계의 기본논리는 조사 대상에 관한 장기적인 측정과 이 측정의 중간기간에 독립변수의 조작(X)을 중심으로 하여 측정결과의 주요한 불연속이 나타나는 경우에 이를 처리효과로 간주한다. 이러한 단순시계열설계는 지방자치단체와 같은 특정 지역 혹은 대상집단에 영향을 미치는 정책의 효과를 평가하기 위한 설계방법으로 적절하다. 한 예로 특정 정책개

4) 다중시계열설계 혹은 복수시계열설계(multiple time-series design)는 단순시계열설계에 비교와 통제를 위한 다른 집단의 자료를 추가한 설계이다. 기본적인 논리는 단순시계열설계와 같지만, 예를 들어 정책이 적용되지 않는 다른 지역·기관·집단이 통제집단으로 추가되어 비교된다는 점에서 차이가 있다.

입의 효과를 평가하기 위해서 고속도로 사고 사망률, 특정지역 범죄 발생률 등의 정책결과를 측정할 수 있는 매우 강력한 도구라 할 수 있다. 하지만 이 방법은 우발적 사건이나 측정수단의 변화, 실험대상의 소멸 등과 같은 외재변수의 영향을 받을 가능성이 높다는 것이 이 설계방법의 가장 큰 단점이다. 따라서 시계열설계에서 유의할 점은 처리 이전의 기간과 이후의 기간에 있어서 결과변수에 영향을 미치는 다른 사건이나 요인들이 발생하였는지를 확인해야 한다.

[표 5.6] 유사실험설계 요약

유 형	도 식	내 용
유사실험설계	실제상황에서 실험설계의 문제점 극복하기 위해 개발된 설계 측정대상과 측정시기만 통제가능	
비동질적 통제집단 전후측정실험설계	실험집단: O_1 X O_2 통제집단: O_3 O_4	무작위 선정이 곤란한 경우 사용 표본의 편중과 통계적 회귀 통제곤란
동류집단설계	O_1 X O_2	유사 동류집단과 차이 없다고 가정 표본편중 오차 및 우발적 사건 취약
시계열설계	O_0 O_2 O_3 X O_4 O_5 O_6	실험변수 노출전후에 여러 차례 측정 우발적 사건, 측정수단변화 통제곤란

4. 사후실험설계(ex-post facto research design)

사후실험설계는 순수실험설계와 유사실험설계 방법을 사용하기 어려운 경우에 주로 이용하는 방법이다. 다시 말해서 인과관계를 추론하기 위한 세 가지 조건인 공변성, 시간적 우선성, 비허위성을 모두 갖추지 못한 설계 방식이다. 결국 독립변수를 조작할 수 없는 상태 또는 이미 노출된 상태에서 변수들 간의 관계를 검증하는 방법이다. 사후실험설계는 어떤 이유에서든 연구대상을 무작위 배정이나 짝짓기 방법에 의해 실험집단과 통제집단을 구분하기 어렵고 단순시계열설계와 같은 시계열자료를 구하기 어려워 순수실험설계 또는 유사실험설계를 채택하기 어려운 경우에 원인과 결과간의 관계를 추론하기 위해서 사용된다.

이 설계방법은 독립변수에 대한 조작이 불가능하고 외재변수의 개입 가능성도 매우 크기 때문에 직접적으로 인과관계를 밝힐 수 없고 단순히 변수들 간의 상관관계 검증만이 가능하다. 따라서 중요한 변수의 발견이나 변수들 간의 관계를 밝히기 위한 가설검증이나 탐색적 조사의 목적으로 주로 사용한다(채서일, 2016). 사후실험설계는 비실험설계(non-experimental design)라고도 하며, 연구자가 독립변수를 직접적으로 통제할 수 없는 경우 독립변수와 종속변수의 동시적 변화로부터 변수들 간의 관계를 추정하는 설계이다.

사후실험설계는 기존의 문헌연구 및 이론적 고찰을 통해 얻은 가설을 인위적 상황이 아닌 자연적 실제 상황에서 검증함으로써 가설의 실제적 가치 및 현실성을 높일 수 있다. 아울러 광범위한 대상으로부터 자료를 수집하기 때문에 분석 및 해석에 있어 편파적이거나 근시안적 관점에서 탈피할 수 있다. 이밖에도 인위적인 실험상황을 고려하지 않기 때문에 조사과정 및 결과가 매우 객관적이고 투입되는 시간과 비용도 절감된다. 그러나 독립변수에 대한 직접적인 조작이 불가능하기 때문에 순수실험설계에 비해 변수들 간의 인과관계를 명확히 밝히기 어렵다. 또한 무작위적 표본추출이 가능하지만 집단분류나 독립변수의 노출은 무작위로 이루어질 수 없기 때문에 외재변수의 통제가 어렵다는 단점이 있다.

결론적으로 실험적인 조사방법을 동원하지 못하는 상황에서 사용되며, 시간적 우선성과 통제 등이 조사과정에서 결여되어 있는 연구설계 방법이다. 그러나 사후실험설계가 많이 사용되는 이유는 현실적으로 순수실험설계나 유사실험설계에 비해 자료수집과 분석이 용이해 강력한 분석을 도출해 내는 이점이 있기 때문이다. 여기에는 현상연구, 회고연구, 전망연구, 횡단적 조사설계, 상관관계설계[5] 등이 있다.

[표 5.7] 사후실험설계 요약

유 형	내 용
사후실험 설 계	• 결과가 이미 발생했거나 독립변수의 조작이 불가능할 경우 주로 사용
	• 장점: 현실성이 있고 객관적 자료를 얻을 수 있고 시간, 비용 절약 • 단점: 인과관계 규명 및 외생변수의 통제 곤란, 원인의 역추정으로 인한 원인과 결과를 뒤집어 해석할 가능성이 있음
현장연구	• 현실상황을 체계적으로 관찰하는 비실험적 과학적 연구
	• 비용 시간 접근용이성 표본추출 문제점, 사후연구로 인과관계 규명 곤란
사례연구	• 현실 상황과 유사한 사례를 찾아 심층 분석하는 조사방법
	• 실사를 하지 않으므로 시간 비용 측면에서 유리함 • 사후조사로 결과가 결정적인 것이 아니라 단지 시사적인 의미를 제공

5) 상관관계설계는 일반적으로 서베이 조사에서 많이 이용되는 설계로 교차분석 설계(cross-sectional design)라고도 한다. 상관관계설계는 독립변수로 간주될 수 있는 한 변수와 종속변수로 간주될 수 있는 다른 한 변수의 속성을 분류하거나 교차시켜 두 변수의 상관관계를 추정하려는 방법이다. 이 설계방법에선 사전-사후검사에 의한 비교나 무작위 배정이 없기 때문에 조사결과에서 나타난 두 변수간의 상관관계를 인과관계로 추론해서는 안 된다(김기원, 2016: 461 참조).

서베이 조사	• 모집단에서 표본을 추출하여 사회적 심리적 특성 연구– 현상의 기술 설명 예측 탐색
	• 깊이가 부족한 연구, 실시상 방법론상 표본추출 상 오류 내포하고 있음
역사적 연구	• 과거자료 수집하여 자료원의 타당성 평가 및 중요한 사실에 대해 분석 해석
	• 연구나 이론의 현재와 미래 동향을 파악, 예측하기 위해 사용

제3절 현지실험과 실험실실험

1. 현지실험(field experiment)

1) 현지실험의 의의

일반적으로 실험연구에 있어 실험을 능률적으로 수행하기 위한 계획인 실험설계는 실험연구의 유형에 따라 다양하게 이루어진다. 실험이 이루어진 장소의 상황에 따라 현지실험과 실험실실험으로 구분할 수 있다. 현지실험(field experiment)은 하나의 가설을 검증하기 위해 조사자가 현실적인 생활 속에서 독립변수를 조작하여 종속변수의 결과를 측정하는데 이론적 목적을 가진 조사이다. 다시 말해서 현실의 사회상황이 허용하는 정도로 주의 깊게 통제된 조건 하에서 독립변수를 조작하여 연구하는 실태조사이다. 현지시험을 현장조사 및 실험실실험 등과 비교하여 구체적으로 설명하면 다음과 같다(김해동 외, 2010).

첫째, 조사설계 및 목적 측면에서 보면 현지조사는 독립변수를 조작하지 않고 단순히 현존하는 자료를 수집하여 거기서 어떤 상관관계를 분석하고 가설검증을 시도하는 반면에 현지실험은 인과관계를 결정할 독립변수를 연구자가 직접 조작한 후 가설검증을 한다는 점에서 차이가 있다. 둘째, 조사목적에 있어 현지조사가 이론적 문제도 검도될 수 있으나 주목적은 언제나 실천적 문제해결에 초점을 두고 있는 반면에 현지실험은 이론적인 가설검증을 주목적으로 한다.

셋째, 현지실험과 실험실실험의 차이점은 그 배경에 있다. 실험실실험은 자연적 환경의 어떤 국면을 인위적으로 조작하여 그 조건을 철저히 통제하여 실험을 실시한다. 그러나 현지실험은 상황이 허락하는 범위 내에서 주의 깊게 통제된 조건하에서 실험자가 한 가지 이상의 독립변수를 조작하여 '자연적'인 상황에서 실시하는 조사연구이다. 조사설계 측면을 따져 볼 때 이 두 가지 실험의 차이는 정도의 차이게 불과하다. 하지만 내재적 변수 특히 외재적 변수의 통제에 있어서는 현지실험을 실시하는데 한계점이 많다. 결국 현지실험은 그 정밀성에 있어서 현장조사와 실험실실험의 중간에 위치하고 있다고 볼 수 있다.

현지실험의 대표적인 예로는 코크(Coch)와 프렌치(French)의 '변화에 대한 저항에 관한 연구'가 있다. 이 조사의 목적은 생산근로자가 근로방법과 일의 변화에 대해 강하게 저항하는 이유를 규명하는 것이었다. 여기서 생산, 사직, 파업 등에 영향을 미치는 독립변수로 계획에의 참여를 설정했다. 그리고 공장의 근로자를 3집단으로 구분했는데, 회사의 경영전략 등 변화를 결정하는데 어떠한 회의나 결정에도 참여하지 않는 통제집단 A, 대표자가 참여하는 실험집단 B, 근로자 전체가 참여하는 실험집단 C로 분류하였다. 그 결과 통제집단의 근로자들은 회사의 경영전략에 변화가 생기자 강하게 반발했으며, 실험집단 B는 미미한 저항만 보였고, 실험집단 C는 어떠한 저항도 하지 않았다. 게다가 근로자 전체가 다 참여한 실험집단 C는 변화가 있은 후 오히려 생산성이 높아진 것으로 나타났다(채구묵, 2015).

이러한 결과를 두고 연구자는 실험적 처리가 변화에 대한 저항과 관련되어 있다는 점을 추정할 수 있었던 것이다. 결과적으로 참여의 정도가 높으면 높을수록 변화에 대한 저항이 약해진다는 것을 발견했다. 이러한 코크(Coch)와 프렌치(French)의 연구가 바로 실험자가 자연적으로 발생하는 행동의 체계 안에서 체계적인 관찰에 의존하는 현지실험인 것이다. 실험자는 이 체계 내에서 단지 하나의 변수만 소개하고 조작함으로써 효과를 분명히 관찰할 수 있었던 것이다(김해동 외, 2010).

2) 현지실험의 장단점

먼저 현지실험의 장점을 살펴보면, 현지실험은 그 결과를 일반화하는데 매우 유용하다. 일반적으로 실험실 연구들은 관련 변수의 관계성에 대한 엄격한 검증절차를 거치기 위해 보다 엄격한 통제가 요구된다. 따라서 간혹 실험상황이 현실과 거리가 있는 매우 인위적이고 현실에 적용하기에는 부적절한 경우가 있다. 그러나 현지실험은 자연 상황 하에서 연구를 진행하기 때문에 일반화 가능성이 높다. 다음으로 현지실험의 변수는 실험실실험의 변수보다 더 강력한 영향력을 가지고 있다. 다시 말해서 조사 상황이 실제적이면 실제적일수록 변수의 영향력이 강해진다는 점이다. 이처럼 사실주의는 변수의 강도도 높여 줄 뿐만 아니라 외적 타당도도 높여 준다. 조사 상황이 실제적이면 다른 상황에 대한 일반화의 타당도도 높아진다는 것을 의미한다.

또한 현지실험은 일상생활과 똑같은 복잡한 사회적 영향, 과정, 변화 등을 연구하는데 적절하다. 아울러 현지실험은 가설을 검증하는데 적합하다. 한 예로 기존에 교육에 관한 실험은 했으나 대학교육에 대한 연구, 학습부진아에 대한 연구 등 실제적인 문제해결 쪽에 많이 치중되어 있으나 최근에는 이론적 조사로서 집단의 응집력이 높으면 높을수록 구성원에 대한 영향력도 커진다는 가설과 같이 구체적인 사실에서 도출한 원리의 검증에 많이 사용된다. 이러한 장점에도 불구하고 현지실험은 독립변수의 조작이 어렵다. 다시 말해서 독립변수의 조작은 이론적으로 가능하지만 현지상황에서 조사를 하기 때문에 독립변수의 조작이 불가능한 경우가 허다하다. 또한 조사대상을 무작위추출에 의해 실험집단과 통제집단을 배치하는 것이 힘들고 실험상황을 엄격히 통제하기 어렵다. 끝으로 연구결과의 정밀도가 실험실실험에 비해 낮다. 현지실험은 실험적 처리와 통제가 어렵기 때문에 고도의 정밀성과 정확성을 기할 수 없다. 다시 말해서 외적 타당도는 높지만 내적 타당도는 낮다는 단점이 있다.

➲ Hartman(1936)의 현지실험

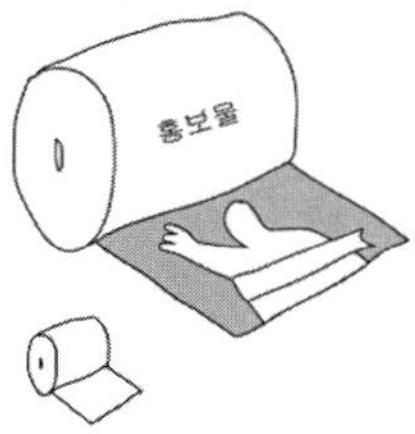

Hartman(1936)은 1935년 선거유세에서 여러 유형의 홍보 광고들이 얼마나 효과적인지를 알기 위해 현지실험연구를 실시했다. 이 실험을 위해 미국 펜실베니아주의 알렌타운 시에서 사용된 유세광고의 유형에 따라 시(市)를 세 개 지역으로 나누었다. 모든 성인들이 사회주의 지향의 후보에 대한 지지를 주장하는 광고전단이 배포된 정서지역, 보다 더 사실 중심의 광고전단이 배포된 이성지역, 아무것도 배포되지 않은 통제지역 등 세 지역으로 나누었다.

Hartman은 알렌타운시의 투표율이 1934년도의 투표율보다 17% 증가되었다는 것을 발견했다. 더불어 Hartman은 사회주의를 지향하는 후보의 득표율이 정서지역에서 50.0%, 이성지역에서 35.4%, 그리고 통제지역에서 24.1% 증가되었다는 사실을 알았다. Hartman의 결론은 정치적 설득을 목적으로 하는 광고의 경우 정서적 광고보다 이성적 광고가 더 우수한 득표방법이었음을 보여준다.

자료: Hartman, G.(1936). A Field Experiment on the Comparative Effectiveness of Emotional and Rational Political Leaflets in Determining Election Results. Journal of Abnormal and Social Psychology, 31, pp. 330-352; 양병화 외, 2000. 413-414 재인용.

2. 실험실실험(laboratory experiment)

1) 실험실실험의 의의

실험실실험(laboratory experiment)은 실험자가 원하는 정확한 조건이 나타나도록 실험적 상황을 설정하여 어떤 변수는 통제하면서 실험하는 방법이다. 특히 조사문제에 직접적으로 관계되지 않은 모든 외부 독립변수의 분산(variance)을 최소화하는 방법이다. 이것은 보통의 일상생활과 실험상황을 엄격히 분리하고 독립변수를 엄격히 통제하는 동시에 특정화함으로써 실현될 수 있다. 이러한 실험은 자연과학에서 많이 사용되나 사회과학에서도 가끔씩 사용된다. 예를 들어 가정환경이나 의식수준이 비슷한 청소년들을 5명씩 두 집단을 선정하여 한 집단은 비행청소년과 같이 생활하도록 하고 다른 집단은 정상집단과 같이 생활하게 한 후 몇 개월 후 그들의 비행 정도를 비교해 볼 수 있다. 분석결과에서 비행정도에 차이가 발생했다면 비행집단에 대한 접촉이 청소년 비행에 영향을 미쳤다고 할 수 있다.

실험실실험은 크게 세 가지 목적이 있다. 첫째로 순수하고 오염되지 않은 조건하에서 변수간의 관계를 발견하려고 한다. 둘째로 실험실실험은 1차적으로 이론에서, 2차적으로는 다른 연구결과에서 비롯된 제명제 혹은 예측에 대한 검증을 시도한다. 이러한 검증을 통해 명제나 예측의 타당성 여부를 파악한 후 기존 이론이나 예측을 기각하기도하고 재확인하기도 한다. 마지막으로 실험실실험은 이론 및 가설을 재정의해 주고 실험이든 비실험적이든 간에 검증된 가설과 관련되어 있는 가설을 형성해 주고 이론적 체계를 수립하는데 기여한다.

2) 실험실실험의 장단점

실험실실험의 가장 큰 장점은 상대적으로 거의 완전한 통제가 가능하다는 점이다. 실험자는 종속변수에 영향을 미치는 많은 외부변수를 제거함으로써 조사상황을 실험실 주변의 일상생활로부터 완전히 격리할 수 있다. 다음으로 조사상황의 통제에 대해 실험실실험은 연구대상에 대한 무작위추출이 가능하고 하나 이상의 독립변수의 조작이 가능하다. 아울러 실험에 필요한 제반조작이 용이하고 조작력이 강하기 때문에 실험결과가 정밀할 뿐 아니라 반복적인 실험이 가능하다. 다시 말해서 외적 타당도는 낮지만 내적 타당도는 높다.

실험실실험의 최대 단점은 독립변수의 영향력이 약하다는 점이다. 실험상황 자체를 일정한 실험만을 위해 인위적으로 만들어졌기 때문에 실험적 조작의 효과가 현실을 반영하지 못한다고 할 수 있다. 다음으로 실험적 조사상황이 인위적이기 때문에 여러 가지 중요한 상황이 배제될 가능성이 많고 정확한 실험결과를 도출할 수 있는 실험상황을 설치했다고 보기 어렵다. 마지막으로 실험실실험은 내적 타당도는 높은 반면, 외적 타당도가 결여되는 경우가 있다. 다시 말해 독립변수 및 외부변수의 통제를 철저하게 함으로써 조사결과를 확신할 수 있게 되어 내적 타당도는 높다. 하지만 실험결과를 일반화하려면 일반화하려는 상황 하에서 다시 검사해야 하기 때문에 외적 타당도는 떨어질 수밖에 없다.

Research Methods
in Public Administration

사회조사분석사 핵심문제와 해설

1. 실험설계에 대한 설명으로 틀린 것은? | 2017년 1회

① 실험의 검증력을 극대화 시키고자 하는 시도이다.

② 연구가설의 진위여부를 확인하는 구조화된 절차이다.

③ 실험의 내적 타당도를 확보하기 위한 노력이다.

④ 조작적 상황을 최대한 배제하고 자연적 상황을 유지해야하는 표준화된 절차이다.

해설 실험설계는 실험을 통해 기대되는 가장 합리적인 결과를 얻기 위해 관계되는 다양한 변수를 서로 일정하게 관련시키는 계획이며, 구조이자 전략을 말한다. 실험설계는 인과관계에 대한 가설을 검증하기 위해 변수를 조작하고 통제하여 그 조작의 효과를 관찰하기 위한 방법이다.

2. 다음에 해당하는 외생변수의 통제방법? | 2017년 2회

하나의 실험집단에 두 개 이상의 실험변수가 가해질 때 사용하는 방법이다. 예를 들어 두 가지 정책대안의 제시 순서나 조사지역에 따라 선호도에 차이가 발생한다고 판단된다면, 제시 순서를 달리하거나 지역을 바꿔 재시험하는 경우가 해당한다.

① 제거 ② 상쇄

③ 균형화 ④ 무작위화

해설 실험설계의 통제방법 중 외부요인에 대한 통제방법으로는 무작위화, 동일 배합, 통계적 통제 등이 있다. 상쇄는 외생변수가 작용하는 강도가 다른 상황에 대해서 다른 실험을 실시하여 비교함으로써 외생변수의 영향을 통제하는 방법이다.

3. 다음 설명은 외생변수를 통제하는 방법 중 무엇에 해당하는가? | 2017년 3회

하나의 실험집단에 두 개 이상의 실험변수가 가해질 때 사용하는 방법이다. 예를 들면, 두 가지 광고 A와 B에 대한 사람들의 선호도를 알아보고자 할 때, 광고의 제시순서가 그 광고에 대한 사람들의 선호도에 영향을 미칠 수 있다. 이때 실험집단 참여자의 반에게는 광고를 A→B의 순으로 제시하고 나머지 반에게는 B→A의 순으로 제시하여 각 광고에 대한 그들의 선호도를 측정한다.

① 매칭(matching) ② 제거(elimination)

③ 무작위화(randomization) ④ 상쇄(counterbalancing)

해답 1. ④ 2. ② 3. ④

해설 상쇄는 외생변수가 작용하는 강도가 다른 상황에 대해서 다른 실험을 실시하여 비교함으로써 외생변수의 영향을 통제하는 방법이다. 매칭은 짝짓기라고도 하며, 종속변수에 영향을 미칠 수 있는 중요 외부변수를 연구자가 사전에 파악하여 비슷한 특성을 보이는 연구대상자들을 두 명씩 짝을 지은 후 하나는 실험집단에, 다른 하나는 통제집단에 배정하는 방법이다. 무작위화는 연구대상자들을 실험집단과 통제집단에 무작위로 배정하는 방법이다.

4. 실험설계의 타당성을 높이기 위한 외생변수 통제방법이 아닌 것은? | 2018년 2회

① 제거(elimination)

② 균형화(matching)

③ 성숙(maturation)

④ 무작위화(randomization)

해설 ① 상쇄: 외생변수가 작용하는 강도가 다른 상황에 대해서 다른 실험을 실시하여 비교함으로써 외생변수의 영향을 통제하는 방법
② 균형화: 예상되는 외생변수의 영향을 동일하게 받을 수 있도록 실험집단과 통제집단을 선정하는 방법
③ 제거: 외생변수로 작용할 수 있는 요인이 실험상황에 개입되지 않도록 하는 방법
④ 무작위화는 어떤 외생변수가 작용할지 모르는 경우 실험집단과 통제집단에 무작위로 배정하는 방법

5. 실험설계를 위한 필수요긴과 가장 거리가 민 것은? | 2017년 3회

① 실험대상자들을 실험집단과 통제집단으로 무작위 배분하여야 한다.

② 독립변수는 실험집단에만 투입하고 통제집단은 통제되어야 한다.

③ 통제집단과 비교집단을 함께 갖추어야 한다.

④ 독립변수의 효과를 추정하기 위해 종속변수가 비교되어야 한다.

해설 실험설계의 구성요소로는 종속변수의 비교, 실험변수 혹은 독립변수의 조작, 무작위 할당 등이 있다. 실험설계는 통제집단과 실험집단을 함께 갖추어야 하며. 독립변수의 효과를 추정하기 위해 종속변수가 비교될 수 있어야 한다. 통제집단과 비교집단은 같은 의미로 사용된다.

6. 사후실험설계의 특징으로 틀린 것은? | 2012년 1회

① 가설의 실제적 가치 및 현실성을 높일 수 있다.

② 순수실험설계에 비하여 변수들 간의 인과관계를 명확히 밝힐 수 있다.

③ 분석 및 해석에 있어 편파적이거나 근시안적 관점에서 벗어날 수 있다.

④ 조사의 과정 및 결과가 객관적이며 조사를 위해 투입되는 시간 및 비용을 줄일 수 있다.

해설 사후실험설계는 인과관계를 추론하기 위한 세 가지 조건인 공변성, 시간적 우선성, 비허위성을 모두 갖추지 못한 설계방식이다. 이 설계방법은 독립변수에 대한 조작이 불가능하고 외재변수의 개입 가능성도 매우 크기 때문에 직접적으로 인과관계를 밝힐 수 없고 단순히 변수들 간의 상관관계 검증만 가능하다.

해답 4. ③ 5. ③ 6. ②

7. 다음에서 설명하고 있는 실험설계는? | 2016년 3회

수학과외의 효과를 측정하기 위해 유사한 특징을 가진 두 집단을 구성하고 각각 수학시험을 보게 하였다. 이후 한 집단에는 과외를 시키고, 다른 집단은 그대로 둔 다음 다시 각각 수학시험을 보게하였다.

① 집단비교설계 ② 솔로몬 4집단설계
③ 통제집단 사후측정설계 ④ 통제집단 사전사후측정설계

해설 순수실험설계의 유형 중 통제집단 사전사후측정설계는 무작위배정으로 실험집단과 통제집단을 구분한 후 실험집단에 독립변수 조작을 가하고 통제집단에 대해 아무런 조건을 가하지 않은 채 두 집단 간의 차이를 전후로 비교하는 방법이다. 이 설계방법은 실험설계의 기본조건을 완벽하게 갖춘 전형적인 실험설계이다.

8. 실험설계를 사전실험설계, 순수실험설계, 유사실험설계, 사후실험설계로 구분할 때 유사실험설계에 해당하는 것은? | 2017년 2회

① 단일집단 사후측정설계(one group posttest-only design)
② 집단비교설계(static-group comparison)
③ 솔로몬 4집단설계(Solomon four-group design)
④ 비동질 통제집단설계(nonequivalent control group design)

해설 유사실험설계는 실험실 상황이 아닌 실제 상황에서 독립변수를 조작하여 연구하는 설계로 현장실험설계, 준실험설계, 의사(疑似)실험설계라고도 한다. 여기에는 비동질 통제집단설계, 동류집단설계, 시계열 설계 등이 있다. ①번과 ②번은 사전실험설계이며, ③번은 순수실험설계에 해당한다.

9. 다음은 무엇에 관한 설명인가? | 2017년 3회

• 실험집단에 대하여 사전조사를 실시한다. • 실험집단에 대하여 실험자극을 부여한 다음 종속변수를 측정한다. • 통제집단은 구성하지 않는다.

① 단일집단 사후측정설계(one group posttest-only design)
② 집단비교설계(static-group comparison)
③ 솔로몬 4집단설계(Solomon four-group design)
④ 단일집단 사전사후측정설계(one group pretest-posttest design)

해설 단일집단 사전사후측정설계에 관한 것으로 이 방법은 조사대상에 대해 사전검사를 한 후 독립변수를 도입하며, 이후 사후검사를 하여 인과관계를 추정한다. 실험조치의 전후에 걸친 일정 기간의 측정 상 차이를 실험에 의한 영향으로 확신하기 어렵고 역사요인, 성숙요인 등의 외생변수를 통제하기 어렵다는 단점이 있다.

해답 7. ④ 8. ④ 9. ④

10. 순수실험설계와 유사실험설계를 구분하는 기준으로 가장 적합한 것은? | 2018년 1회

① 독립변수의 설정
② 비교집단의 설정
③ 종속변수의 설정
④ 실험대상 선정의 무작위화

해설 순수실험설계(진실험설계)는 실험대상의 무작위화, 실험변수의 조작, 외생변수의 통제 등 실험적 조건을 갖춘 설계유형이다. 유사실험설계는 무작위배정에 의해 실험집단과 통제집단을 동등하게 할 수 없는 경우, 무작위배정 대신 실험집단과 유사한 비교집단을 구성하는 방법이다.

11. 다음 사례에서 사용한 조사설계는? | 2018년 1회

저소득층의 중학생을 대상으로 무작위로 실험집단과 통제집단에 각각 50명씩 할당하여 실험집단에는 한 달간 48시간의 학습프로그램 개입을 실시하였고, 통제집단은 아무런 개입 없이 사후조사만 실시하였다.

① 통제집단 사전-사후검사 설계(pretest-posttest control group design)
② 통제집단 사후검사 설계(posttest-only control group design)
③ 단일집단 사전-사후측정설계(one group pretest-posttest design)
④ 정태집단 비교설계(static-group comparison design)

해설 순수실험설계의 유형 중 통제집단 사후검사설계에 관한 내용으로 이 방법은 통제집단 전후측정설계에서 사전 측정 내지 검사를 하지 않은 형태이다.

12. 순수실험설계에 관한 설명으로 옳은 것은? | 2018년 2회

① 통제집단 사전사후설계의 경우 주시험효과를 제거하기 어렵다.
② 순수실험설계는 학문적 연구보다 상업적 연구에 주로 활용된다.
③ 통제집단 사후실험설계는 결과변수 값을 두 번 측정한다.
④ 솔로몬 4개 집단설계는 통제집단 사전사후설계와 통제집단 사후실험설계의 결합 형태이다.

해설 통제집단 사전사후설계는 두 집단에 대해 모두 사후검사를 했기 때문에 역사요인, 성숙요인, 검사요인, 도구요인 등이 통제된 것으로 간주한다. 통제집단 사후설계는 결과변수 값을 한번 측정하며, 솔로몬 4개 집단설계는 통제집단 전후측정설계와 통제집단 후측정설계의 장점을 결합한 형태이다.

13. 실험설계에 관한 설명으로 틀린 것은? | 2018년 3회

① 통제집단 사후실험설계는 무작위할당으로 통제집단과 실험집단을 나누고 실험집단에만 개입한다.

해답 10. ④ 11. ② 12. ④

② 정태적 집단비교설계는 실험집단과 개입이 주어지지 않은 집단을 사후에 구분해서 종속변수의 값을 비교한다.

③ 비동일 통제집단설계는 임의적으로 나눈 실험집단과 통제집단 간의 교류를 통제한다.

④ 복수시계열 설계는 실험집단과 통제집단에 대해 개입 전과 후의 여러 차례 종속변수를 측정한다.

해설 비동일 통제집단설계는 실험집단의 결과가 통제집단으로 모방되는 것을 차단하기 어렵다는 단점이 있다.

14. 실험실 내 실험방법과 비교하여 현지실험이 가지는 장점은? | 2016년 1회

① 내적 타당성(internal validity)

② 외적 타당성(external validity)

③ 개념 타당성(construct validity)

④ 신뢰성(reliability)

해설 현지실험(field experiment)은 하나의 가설을 검증하기 위해 조사자가 현재 생활 속에서 독립변수를 조작하여 종속변수의 결과를 측정하는데 이론적 목적을 가진 조사이다. 현지실험은 실험적 처리와 통제가 어렵기 때문에 고도의 정밀성과 정확성을 기할 수 없다. 다시 말해 외적 타당도는 높지만 단점으로 내적 타당도는 낮다.

해답 13. ③ 14. ②

➲ 기타 적중예상문제 핵심내용

실험설계의 구성요소	
비 교	• 비교는 두 변수 사이에 상관관계가 존재하는지를 입증하기 위해 필요한 작업 • 실험집단과 통제집단 간의 종속변수를 비교하거나 실험 전후에 검사를 통해 종속변수에 차이가 있는지를 검토하는 것임
실험변수 조 작	• 실험변수 혹은 독립변수의 조작은 시간적 우선성을 입증하기 위한 것임 • 인과성의 관념 속에서 X가 Y의 원인이라면, X의 변화를 유도할 때 Y의 변화가 뒤따른다는 점을 함축
무작위 배 정	• 무작위 배정(할당)은 연구대상자를 실험집단과 통제집단에 배정하는 방법 • 실험집단과 통제집단의 동등성, 동질성을 확보하는 것이 필요(동등성은 세 가지 조건을 충족: ① 선정요인, 통계적 회귀요인을 통제, ② 역사적 요인, 성숙요인 통제, ③ 상실요인 통제될 수 있어야 함)

실험설계의 통제: 외부요인 통제방법	
무작위화	• 무작위화는 어떤 외생변수가 작용할지 모르는 경우 실험집단과 통제집단에 무작위로 배정하는 방법 • 실험집단과 통제집단의 동질성을 확보하는데 유용하고, 외부변수를 가장 효과적으로 통제하는 방법(난선화 방법이라고도 함)
동일배합	• 동일배합(matching)은 예상되는 외생변수의 영향을 동일하게 받을 수 있도록 실험집단과 통제집단을 선정하는 방법 • 배합과정은 비확률표본추출방법 중의 하나인 할당표본추출방법과 유사하며, 실험집단과 통제집단의 배합방법은 1대1 배합 혹은 정밀배합, 빈도분포에 의한 배합이 있음
통계적 통 제	• 통계적 통제는 통계기법을 사용하여 외부변수들을 통제하는 일종의 사후 통제방법 • 통계적 통제는 부분상관분석, 다중회귀분석 등 다변인 통계분석 등의 통계기법을 사용
상 쇄	• 상쇄(counterbalancing)는 외생변수가 작용하는 강도가 다른 상황에 대해서 다른 실험을 실시하여 비교함으로써 외생변수의 영향을 통제하는 방법
제 거	• 제거(elimination)는 외생변수로 작용할 수 있는 요인이 실험상황에 개입되지 않도록 하는 방법

실험설계의 구분

구 분	사전실험설계 (선실험설계)	순수실험설계 (진실험설계)	유사실험설계 (준실험설계)	사후실험설계
대상의 무작위화	×	○	×	×
독립변수 조작가능성	×	○	△	×
외생변수 통제정도	×	○	△	×
측정시기 및 대상 통제	×	○	○	×

× : 불가능 △ : 일부가능 ○ : 가능

제3부

측정과 표본설계

06 측정의 의미와 수준
07 척도와 측정에서 신뢰도와 타당도
08 표본조사와 표본추출
09 자료의 수집과 방법

06 측정의 의미와 수준

제1절 측정의 의의

1. 측정의 의미

과학적 조사연구에서 동원되는 명제나 가설은 그 타당성의 여부가 경험적으로 검증되어야 한다. 여기서 명제와 가설은 변수들 간의 관계를 기술하고 있고 이를 경험적으로 검증하기 위해서는 변수에 대한 측정이 선행되어야 한다(김영종, 2007). 측정(測定, measurement)은 특정 분석단위에 대해 특정 속성의 질적 또는 양적 값이나 수준을 결정하는 과정이다. 측정은 일정한 규칙에 따라 어떤 대상(object)이나 사건(event)의 속성을 나타낼 수 있도록 그 속성을 지배하는 규칙에 따라 숫자를 부여하는 과정(process of assigning numerals)으로 정의된다(Stevens, 1951). 또한 측정은 경험적 세계와 관념·추상적 세계를 연결해주는 수단이라 할 수 있다. 여기서 경험적 세계는 숫자를 통해 객관적으로 표현된 것을 말하고, 관념·추상적 세계는 개념의 정의 및 개념을 측정가능하게 만들어주는 조작적 정의를 의미한다. 따라서 측정은 이론을 구성하고 있는 개념들을 현실세계에서 관찰이 가능한 자료와 연결시켜 주는 과정인 것이다(채서일, 2016).

[그림 6.1] 측정의 개념

한편, 측정을 정의하는데 있어 가장 핵심이 되는 요소는 숫자에 의한 규칙이다. 측정이란 일정한 규칙(rules)에 따라 대상의 특성이나 속성에 대하여 숫자나 기호(symbol)를 부여하는 체계적이고 과학적인 경험적 과정인 것이다. 여기서 숫자라고 하는 것은 1, 2, 3이나 또는 Ⅰ, Ⅱ, Ⅲ 등의 형태로 표시되는 기호를 말하는데, 숫자 자체는 아무런 의미가 없으며 사람들이 그것에 의미를 부여하는데 따라서 그 뜻이 달라진다. 측정에는 보통 숫자(numerals)를 사용하는데, 이 숫자에 양적인 의미가 부여되면 수(numbers)가 된다. 실제 개념을 그에 상응하는 수치와 체계적으로 결합시키는 과정이라 할 수 있다. 따라서 측정에서 중요한 요소 중의 하나는 측정의 규칙을 정하는 것이다. 규칙은 우리가 무엇을 해야 하는가에 대하여 설명해주는 지침인 동시에 방법 및 명령이다. 측정에서 숫자나 수치를 부여하는 규칙은 '측정하려는 사람에게 어떻게 측정할 것인가를 가르쳐주는 가이드의 역할'을 한다. 다시 말해서 측정의 규칙은 측정하려는 대상이나 사건에 대하여 그것을 측정하기 위한 수치를 어떻게 배열하느냐 하는 것을 결정하는 것이다.

이러한 규칙은 추상적인 관념세계의 현상이 경험적인 세계의 현상과 정확하게 일치할 수 있는 가능성을 높이기 위해 설계된 것이다. 따라서 측정은 추상적인 개념들을 경험적인 지표로 전환함으로써 추상적인 이론적 세계와 경험적 세계를 연결시켜주는 수단적 역할을 한다. 예를 들면 선호도에 따라 1에서 5까지 숫자를 부여하는데 만일 가장 선호하는 경우에는 5, 가장 싫어하는 경우에는 1을 부여하라고 규칙에서 정했으면, 이 사이에 있는 경우에는 1과 5라는 숫자를 부여하라는 것을 뜻한다.

측정에 대한 다양한 정의의 초점은 수량화의 범위이다. 측정을 특정 분석단위의 어떤 속성에 대하여 양적인 의미를 가진 수치를 부여하는 것에 한정시킬 것인가, 아니면 질적인 값이나 수준을 규정하는 과정까지 포함시킬 것인가 하는 것이 주된 쟁점이다. 베일리(Bailey, 1987)는 측정(measurement)을 '특정 분석단위의 특정 속성에 대해 양적 또는 질적(quantitative or qualitative)값이나 수준을 결정하는 과정'이라고 정의했다. 따라서 측정이란 숫자적 또는 양적으로만 묘사되는 것이 아니라, 질적인 것으로도 묘사될 수 있다. 질적인 속성은 숫자라기보다는 부호나 명칭을 갖고 있는데, 이들 부호나 명칭은 각각의 범주에 할당되어 있다. 숫자로서 측정된 속성을 양적인 속성 또는 양적변수(quantative attribute or variable)라 부르는 반면, 부호나 명칭으로 측정된 속성을 질적인 속성 또는 질적 변수(qualitative attribute or variable)라고 한다(김기원, 2016).

사회과학 분야에서는 많은 질적 변수(qualitative variables)들이 사용된다. 특히 관찰연구에서 많이 사용되며, 질적 변수의 예로는 수용시설 병동, 장애유형, 눈의 색깔, 소속 정당(더불어민주당, 자유한국당, 정의당, 바른미래당 등), 소속 종교(가톨릭, 불교, 이슬람교, 기타 종교), 교수의 성향(조직충성파, 본업충성파), 재소자 양태(정의파, 늑대, 양, 고릴라, 소식통(hipster), 괴롭히는 자(ball-buster)등이 있다. 비록 일부 관찰자는 그들이 관찰한 자료를 계량화하려고 시도하지만, 대부분의 조사자들은 단순히 그들이 관찰한 자료를 질적인 범주로 정리하고, 각 범주에 명칭을 부여하여 그것을 다른 범주와 비교한다.

질적 변수의 범주도 이름보다는 숫자들로 분류될 수 있으나 그 숫자들은 숫자체계의 속성을 가지고 있지 않다. 다시 말해 그 숫자들은 가감승제(加減乘除)와 같이 산술적인 계산에 사용할 수 없다. 예를 들면, 사람들은 교도소의 재소자 방 번호를 202호와 203호라고 정할 수 있지만, 그 숫자를 202 달러 203 달러를 더하는 식으로 사용할 수는 없다. 질적인 변수에 대해서 행해질 수 있는 유일한 양적인 계산은 빈도나 각 범주의 백분율 계산이다. 숫자 명칭을 사용하는 질적 분류의 예로는 주민등록번호, 미국의 사회보장번호(social security number), 전화번호, 운전면허증 번호, 신용카드 번호, 지방노동사무소 구직등록번호 등이 있다.

끝으로 측정은 측정대상자나 대상물 자체를 측정하는 것이 아니라 측정대상이 지닌 속성에 수치를 부여하는 것이다. 예를 들어 어떤 사람의 신장과 몸무게를 측정할 경우 그 사람의 신장과 몸무게라는 속성에 수치가 부여되는 것이다. 아울러 측정하고자 하는 속성인 신장과 몸무게를 측정하기 위해서는 자와 저울이 필요하다. 여기서 자와 저울은 측정을 위한 도구로 좋은 측정도구가 있어야 정확한 측정이 가능하다. 좋은 측정도구로가 갖추어야 할 기준에는 측정도구의 타당성과 신뢰성이라 할 수 있다. 측정도구의 타당성은 측정도구가 측정하고자 하는 측정대상의 속성을 정확하게 반영하는 것을 말한다. 측정도구의 신뢰성은 동일한 상황에서 뿐만 아니라 서로 다른 상황에서도 동일한 관측대상을 측정했을 경우 그 측정값이 같아야 한다는 것을 의미한다(남궁근, 2014).

2. 측정의 역할과 기능

1) 측정의 역할

과학적 조사연구에서 측정이 중시되는 것은 다음과 같은 중요한 역할을 하기 때문이다. 첫째로 측정은 가장 표준화된 묘사의 방법이다. 어떤 대상이나 사건을 가장 적절하고 일관성 있게 묘사해 줄 뿐만 아니라 다른 방법에 의해서는 표현이나 묘사가 불가능한 것도 묘사할 수 있도록 한다. 둘째로 측정은 가장 간편한 묘사의 방법이다. 측정은 주민등록번호나 전화번호와 같이 대상이 무엇인지 또는 어디에 속하는지를 식별하거나, 대상의 크고 작음 그리고 많고 적음을 간편하게 묘사할 수 있도록 해준다. 셋째로 측정은 자료를 수집하고 조직화하는 기본적인 단계로서 통계적으로 분석될 수 있도록 자료를 처리함에 필수적인 절차이다. 측정은 대상의 속성이나 특성에 대하여 통계적 처리를 가능하게 해줌으로써 그 속성이나 특성을 요약해 정리할 수 있도록 해주고, 상관성을 파악하며, 인과관계를 확인함으로써, 통계적 처리에 의하여 직접 측정하지 못한 사건이나 현상까지도 추정하여 밝혀낼 수 있고, 나아가 현재로서는 존재하지 않는 미래의 사건이나 현상에 대해 예측하도록 하기도 한다.

넷째로 측정은 관념적 세계와 경험적 세계관에 교량의 역할을 해준다. 측정은 조사문제나 가설상의 추상적인 개념을 경험적으로 인식하도록 해줌으로써, 조사문제에 대한 해답을 제공하고 가설을 경험적으로 검증함에 있어 중요한 역할을 한다. 가설 상 변수간의 관계가 존재 하는지 여부에 대한 추리는 측정의 조작(操作)에 기초하고 있다. 마지막으로 측정의 절차는 연구자가 측정하고자하는 실재 현상과 가능한 한 동형(同形)이 되어야 한다. 이를 현실동형의 원칙(reality isomorphism principle) 혹은 구조동일성(isomorphism)[1]이라 한다. 만일 측정을 통해 실재를 경험적인 수치로 바꾸지 못한다면 그 연구는 현실과 동떨어진 연구결과를 낳게 될 것이다.

2) 측정의 기능

측정은 일반적으로 다음과 같은 기능을 수행한다. 첫째, 일치 또는 조화(correspondence)의 기능을 수행한다. 측정은 경험적인 현실세계와 추상적인 개념의 세계를 조화시키고, 일치시키는데 사용되는 규칙과 절차를 제시해준다. 현실세계는 경험적 증거를 제공하고 추상적 개념의 세계는 조사자가 설명 또는 예견하려고 노력하는 사건이나 현상에 대해 이해하는데 필요한 이론적 모델을 제공한다. 일치 내지 조화란 이론적 모델을 현실세계와 연결하는 측정의 규칙이다.

1) 구조동일성이란 형태의 동일성과 유사성을 의미한다고 할 수 있다. 따라서 '이 대상 집합은 저 대상 집합과 구조동일적인가', '두 집합은 어떤 형식적 측면에서 동일한가? 또는 유사한가?'와 같은 질문이 가능하다. 측정에서 가장 중요한 것은 그 측정 절차가 실제와 구조동일인가 하는 것이다. 그러나 문제는 측정의 실제 값에 상응하는 정도를 발견하는 것이 상당히 어렵다. 그렇지만 연구자들은 그들이 하고 있는 측정 규칙(절차)과 실제와의 구조동일성을 어떤 방식으로든 검증해야 한다(박용치 외, 2008: 353 참조).

둘째, 객관화와 표준화의 기능을 수행한다. 측정은 관찰 자체를 주관적 판단보다 훨씬 더 객관적인 것이 되도록 함으로써 과학적 관찰에서 추리를 할 수 있도록 도와준다. 과학의 기본적 원칙은 조사자가 만든 사실에 대한 어떤 진술도 다른 조사에 의해서 독자적으로 입증될 수 있어야 한다는 것이다. 사용되는 개념에 대한 표준화된 측정이 없다면 의견의 일치를 볼 수 없고 경험적으로 검증할 수도 없다. 만일, 이론상의 개념이 적절히 측정될 수 없다면, 그 이론은 검증될 수 없을 뿐 아니라 이론의 구성 자체를 구체적이고 정확하게 할 수 없게 된다.

셋째, 계량화의 기능이다. 측정은 사건이나 현상을 세분화시키고, 통계적 분석에 활용할 수 있는 정보를 제공해준다. 측정은 관찰한 바를 상세하게 기술하는 능력을 향상시킨다. 측정은 수(number)가 가지고 있는 속성에 따라 다양한 수준에서 이루어지고, 다양한 수준의 측정은 다양한 종류의 자료들을 각각의 상황에 맞게 적용하도록 해줌으로써, 변수를 일정한 범주, 수준, 정도, 빈도 등으로 기술할 수 있도록 해준다. 또한 측정의 수준이 낮은 차원에서 높은 차원으로 옮겨짐에 따라 측정은 보다 세분화되고, 다양한 사건이나 현상에 대한 구체적이고 정확한 정보를 제공해준다. 이밖에도 측정은 통계적 분석을 활용할 수 있게 해준다. 숫자는 통계적 조작에 활용될 수 있는 정보를 제공한다. 통계적 기술로 분석되기 이전에 자료는 수치로 옮겨져야 하며 연구하려는 변수를 계량화해야 할 필요가 있다. 계량화를 적절히 활용하면, 체계적이고 신뢰성 있게 현실세계를 설명하고 예견하는 이론을 구축하고 검증할 수 있다.

넷째, 반복과 의사소통의 기능이다. 측정은 연구결과를 다른 사람들이 반복하고, 그 결과를 확인하고, 반증할 수 있도록 해준다. 측정이 객관적이고 상세할수록 이러한 일들은 용이하게 이루어질 수 있다. 또한 측정은 연구결과를 다른 사람에게 정확하고 효율적으로 전달해줌으로써 행정의 일선에서 실천성을 향상시키고 프로그램이나 정책대안을 개선하는데 기여할 수 있다.

제2절 측정의 수준

측정은 일정한 규칙에 따라 대상의 특성이나 속성에 수치나 기호를 부여하는 것이다. 여기서 규칙은 사용될 측정의 수준과 척도의 종류를 규정한다. 심리학자 스티븐스(Stevens,

1951)는 오래전에 오늘날 조사방법론에서 널리 채택되고 있는 네 가지의 측정수준인 명목 수준의 측정(nominal level measurement), 서열 수준의 측정(ordinal level measurement), 등간 수준의 측정(interval level measurement), 비율 수준의 측정(ratio level measurement)으로 분류하였다. 이들 각각의 측정수준은 다른 측정수준에 기초하여 명목적 측정에서부터 서열적 측정과 등간적 측정을 거쳐 비율적 측정에 이르기까지 성공적으로 이루어진다. 다시 말해서 모든 새로운 측정수준은 그 이전 수준의 측정이 갖고 있는 모든 특성에다가 새로운 측정이 갖고 있는 독특한 특성을 추가적으로 갖고 있다. 이들 각각의 측정은 각각에 해당하는 척도를 수반하고 있다. 여기서는 이러한 네 가지 측정 수준을 중심으로 세부적으로 살펴보았다.

1. 명목 수준의 측정

명목 수준의 측정(nominal measurement)은 측정대상의 특성을 분류하거나 확인할 목적으로 숫자를 부여하는 것으로 분류(taxonomy, classification) 혹은 범주화(categorization)라고도 한다. 이는 가장 낮은 수준의 측정으로서 대상 자체나 대상의 특성이 이 과정을 통해 범주화되거나 분류되며 글자 그대로 이름을 부여하는 명목적인 것을 뜻한다. 이것은 양적이라기보다 질적인 것이어서 범주에 부여된 숫자는 수치적 의미가 없는 숫자(numeral)이다. 명목적 측정은 변수를 하위분류로 다시 범주화하는 단계적 분류체계이기도 하다. 명목적 측정을 하기 위해서 대상에 부여하는 숫자들의 체계, 다시 말해서 명목적 측정을 위한 도구가 명목척도(nominal scaling)이다.

모든 질적 측정(qualitative measurement)은 범주가 이름으로 표시되었거나 숫자로 표시된 것과는 관계없이 명목적이다. 명목 수준의 측정은 본질적으로 하나의 분류체계이다. 기본적으로 명목적으로 측정된 변수가 되기 위해서는 적어도 두 개의 범주가 있어야 하고 그 범주들은 명확하고, 상호 배타적인 동시에 포괄적이어야 한다. 여기서 포괄적(exhaustive)이란 측정하는 각 사례에 해당하는 적절한 범주가 반드시 있어야 한다는 것을 의미한다. 상호 배타적(mutually exclusive)이란 각 사례가 오로지 하나의 범주에만 적당하게 들어맞는 것을 의미한다. 상호배타적인 분류란 모든 개개의 측정대상을 어느 한 집단에 속하도록 분류할 수 있어야 한다. 또한 동일한 집단에 속해 있는 대상은 동일한 값을 가져야 함과 동시에 두 개의 값을 가질 수 없다. 따라서 각 사례는 반드시 어느 하나의 범주를 가져야 하지만, 정확하게 들어맞는 오로지 한 개의 범주를 가져야 한다. 예를 들면, 성(gender)의 경우 모든 사람은 어느 하나의 범주에 속하는 동시에 오로지 하나의 범주에만 속한다. 최선의 질적 변수 또는 명목적인 변수는 범주가 매우 명확하고, 결정하기 어려운 사례가 거의 없는 변수이다.

명목수준의 측정에 있어서 수치나 기호는 한 범주를 다른 범주나 목록과 구분하기 위해서 붙인 것으로 범주가 크기나 양을 가지지는 않는다. 대부분의 경우 모든 명목적 측정은 특정한 특징이나 속성을 갖고 있느냐 없느냐를 결정하는 양단간의 결정 또는 이분적 결정(binary decision)을 하는데 사용한다. 그러나 실제 상황에서 이러한 경우가 드물기 때문에 나름대로의 규칙을 정해 특정한 특징이나 속성을 가지지 않거나 무시할 수 있는 정도의 양을 가지는 대상을 특징이나 속성이 있다는 범주에, 그리고 식별할 수 있거나 최소한의 정도를 가지는 대상을 특징이나 속성이 없다는 범주에 배치하기도 한다. 명목적 측정에 있어서는 부여된 숫자가 기본적 특성을 제대로 갖추지 못하기 때문에 계산되고 비교될 수 없으므로 정통적인 측정형태라고 할 수 없다.

예를 들면, 재가봉사센터에서 수행하는 사업을 분류함에 있어서 상담에는 1, 가사지원서비스에는 2, 위생서비스에는 3, 정서지원서비스에는 4, 자립지원서비스에는 5, 자원봉사자 관리에는 6으로 숫자를 부여할 경우, 여기서 사용된 숫자는 순서를 나타내지는 것도 아니고, 어떤 산술적 조작(3>2, 1+2=3, 2×3=6, 4/2=2)도 있을 수 없다. 단지 각 범주에 속하는 사례의 빈도수를 계산할 수 있으며, 그 수를 상호 비교할 수 있다. 정신병원의 경우 병동 101동은 101동이 어느 병동인지는 알 수 있도록 하지만 101이라는 숫자가 양적 크기를 나타내거나 산술적 계산을 할 수 있게 해주지는 못한다. 명목척도로 측정되는 변수의 다른 예로는 성별(1=남, 2=여), 장애유형(1=지체장애, 2=시각장애, 3=청각장애 ……), 지역, 인종, 지하철노선, 계절, 종교 유형, 결혼여부, 직업종류, 치료형태, 가족구성 등이 있다. 명목측정에서 사용가능한 통계분석은 최빈값(mode), 이항분포검증, 교차분석(X^2) 등으로 제한된다.

명목측정: =, ≠이 가능함

---

2. 서열 수준의 측정

서열 수준의 측정(ordinal measurement)은 측정대상을 그 특징이나 속성에 따라 일정한 범주로 분류하고, 각 범주들 간의 상대적 순서관계를 밝히는 것이다. 서열적 측정에서는 명목척도가 갖는 특징인 확인과 분류 이외에 고저(高低), 대소(大小), 전후(前後), 상하(上下) 등에 따라 여러 개의 범주로 이들을 서열화할 수 있다. 서열적 측정도 상호배타적이고 포괄적인 범주로 구성되어 있다는 점에서 명목수준의 측정과 같다. 그러나 명목측정과 같이 모든 범주가 똑같은 수준에 있어서 값이 똑같은 것(A팀, B팀, C팀)이 아니라 범주들은 특징이나 속성과 관련된 값이 순서에 따라 등급이 주어져 있다(예: 1위팀, 2위팀, 3위팀; 노년팀, 중년팀, 청년팀 등).

이상과 같이 서열적 척도는 범주 속에 있는 대상의 특성 정도를 표현하고 대상간의 순위를 정할 수 있도록 하지만, 서열간의 동일한 간격을 가정하지 않고 절대량의 크기를 나타내지 않기 때문에 서열간 차이의 절대량을 알 수가 없어 수량적 측정 가운데 낮은 단계의 척도에 속한다. 그러나 변수의 소분류간의 서열과 이들의 상대적 위치를 규정할 수 있도록 해준다. 예를 들어 세 개의 라면에 대해 가장 선호하는 순서대로 1, 2, 3의 숫자를 부여했다고 가정하자. 이 경우에 1이 2보다, 2가 3보다 더 선호한다는 것을 의미하지만 얼마나 더 선호하는지는 알 수 없고, 단순히 순위만을 나타낼 뿐이다. 다시 말해서 1은 2보다 1만큼 더 선호된다고 말할 수 없다.

서열 수준의 측정은 서열적 순위를 정할 수 있다는 점에서 명목적 측정보다 우수하지만, 서열척도의 값은 절대량이나 서로간의 간격의 크기를 밝히지는 않는다. 서열적 측정을 수행하기 위한 도구를 서열척도라 한다. 사회복지 및 행정분야에서 서열척도로 측정되는 변수의 예로는 지체장애등급(1급~6급)[2], 정신지체등급(1급~3급), 산재장애등급(1급~14급), 치매특별등급(1-5등급), 복지의식의 진보 성향, 역대 대통령 선호도, 소득수준(상-중-하), 직장만족도, 석차 등이 있다. 서열측정은 중앙값(median), 서열 상관관계, 서열간의 차이분석 등이 가능하지만 산술평균(arithmetic mean)이나 표준편차(standard deviation) 등과 같은 산술계산이 포함되는 분석은 할 수 없다.

서열측정: =, ≠, ≤, ≥이 가능함

---

2) 2014년 3월 28일 보건복지부는 중증도에 따라 1-6등급으로 구분하는 현행 장애인등급제가 불필요한 낙인을 조장하고 획일화된 기준으로 각종 부작용을 초래한다는 지적에 따라 폐지하기로 했다. 정부는 '장애종합판정체계 개편추진단'을 구성하여 현행 장애등급제를 대신할 종합적 판정도구와 모형을 개발하여 2016년부터 새로운 판정도구를 적용할 계획을 수립하였다.

3. 등간 수준의 측정

등간 수준의 측정(interval measurement)은 측정대상을 특징이나 속성에 따라 서열화하는 것은 물론, 서열간의 간격이 동일하도록 연속선상에 수치를 부여하는 것을 말한다. 등간적 측정은 명목적 측정과 서열적 측정이 갖는 특징을 모두 갖고 있으며, 숫자간의 간격이 같기 때문에 덧셈과 뺄셈과 같은 산술적 계산에 사용될 수 있다. 따라서 최빈값과 중앙값은 물론 산술평균까지 계산하는데 활용 할 수 있다. 그러나 절대영점(absolute zero)이 없기 때문에 곱하기 나누기와 같은 비율계산에서는 사용될 수 없다. 등간 수준의 측정은 서열간의 간격이 동일하도록 일정한 간격의 연속선상에 배치함으로써 범주와 범주사이의 거리가 동일하게 된다. 따라서 등간측정을 위한 도구인 등간척도를 가지고, 얼마나 더 많은 단위의 차이가 한 순위에서 다음 순위 사이에 존재하는가를 결정할 수 있다. 척도에서 한 단위의 차이는 어디에서 발생하던 간에, 발생할 때마다 똑같다는 것을 의미한다. 다시 말해, 등간적 측정은 측정대상의 속성에 양적 의미를 가진 실수를 부여하는 과정이며, 측정단위는 공통되고 언제나 동일하다. 따라서 등간 수준의 측정은 어느 하나가 다른 것보다 크다 작다는 것뿐만 아니라 그 둘 사이가 얼마만한 단위로 차이가 나는지를 알게 해준다.

그러나 등간척도에서 측정대상의 속성은 절대적 영 또는 자연적 영이 존재하지 않는다. 따라서 대상의 속성이 존재하지 않는 영의 위치를 알지 못하기 때문에 어느 하나의 측정치가 다른 측정치보다 몇 배 많다 또는 몇 배 적다고 말할 수 없다. 다시 말해서 측정치간의 비율은 계산할 수 없다. 등간수준의 측정에 있어 대표적인 예로 온도를 들 수 있다. 섭씨 20℃는 10℃보다 2배 더 높은 것이 아니라 단지 수은주의 눈금을 일정 간격으로 나누어 구분한 정도의 차이일 뿐이다. 또 다른 예로 도덕지수(MQ: Moral Quotient)가 100인 학생은 50인 학생보다 두 배 더 도덕적으로 훌륭하다고 말할 수 없다. 왜냐하면, 도덕지수가 0인 학생은 도덕성이 전혀 없다고 말할 수 없기 때문이다. 다만 도덕지수가 100인 학생과 50인 학생간의 차이는 도덕지수가 150인 학생과 100인 학생간의 차이와 동일하다고 말할 수 있다.

등간 수준의 측정을 수행하기 위한 도구를 등간척도라 한다. 등간척도로 측정되는 변수의 다른 예는 IQ, EQ, MQ, NQ[3], 섭씨온도, 화씨온도, 학력, 물가지수, 생산성지수, 사회지

3) 공존지수(Network Quotient: NQ)는 사전적으로는 '더불어 살아가는 능력'을 의미한다. 사람들과의 관계를 얼마나 잘 운영할 수 있는가 하는 능력을 재는 지수이다. 인터넷 등을 기반으로 한 수평적 네트워크 사회에서 혼자만의 힘으로 살아가는 데에는 한계가 있다. 공존지수가 높을수록 사회에서 다른 사람과 소통하기 쉽고, 소통으로 얻은 것을 자원으로 삼아 더 성공하기 쉽다는 개념이다(경제용어사전 참조).

표, 복지지표 등을 들 수 있다. 등간 수준의 통계분석으로는 범위(range), 산술평균(mean), 표준편차(standard deviation), 분산분석(ANOVA), 회귀분석(regression analysis) 등이 가능하다.

등간측정: =, ≠, ≤, ≥, +, −가 가능함

---

4. 비율 수준의 측정

비율 수준의 측정(ratio measurement)은 측정대상의 특징이나 속성에 현실과 일치하는 절대적인 영을 가진 척도를 가지고 수치를 부여하는 것이다. 비율적으로 측정된 척도, 즉 비율척도는 명목척도, 서열척도, 등간척도가 가지는 특성을 모두 갖고 있으면서, 추가로 측정대상의 속성이 존재하지 않는 절대 영점을 갖고 있다. 비율 척도로 측정하는 것이 비율적 측정이다. 등간척도에서 가능하였던 덧셈과 뺄셈의 산술적 계산 이외에 비율측정은 곱셈과 나눗셈을 할 수 있다. 곱셈과 나눗셈은 절대적이고, 고정된 그리고 임의적이 아닌 영점(zero point)을 가지고 있다. 다시 말해서 '절대 영점(absolute zero point)'을 가지고 있다. 이 같은 비임의적인 영점의 존재는 절대 영점을 가진 비율측정과 절대 영점이 없는 등간측정간의 유일한 차이점이다. 비율측정에서는 절대 영이 실제적 의미를 갖고 있기 때문에 더하기, 빼기뿐만 아니라 곱하기, 나누기까지 포함한 모든 산술적 조작이 가능하며 그 의미를 가진다.

몸무게는 비임의적인 영점을 가지고 있고, 마이너스 값을 갖고 있지 않기 때문에 비율변수이다. 사람은 0(탄생)보다 더 젊을 수 없으며 적어도 몸무게가 0 이상 나간다. 만일 어떤 객체가 이 같이 명백하고 비임의적인 영점을 준거로서 갖고 그리고 그 단위들이 일정하다면, 사람들은 곱하기와 나누기를 할 수 있다. 예를 들어 20세는 10세보다 두 배 더 나이가 들었고, 15세는 30세의 절반 나이가 들었다. 측정이 0(zero)인가, 즉 영점이 절대적인가에 대한 최선의 검사는 그 0의 '특성이 존재하지 않는다(none of the property)'고 측정한 것으로서 간주할 수 있느냐의 여부이다. 많은 경우 이 같은 척도는 마이너스 값(負의 값)을 갖지 않는다. 거리가 0이라는 것은 두 점이 같다는 것이며, 마이너스 거리는 정의되지 않는다. 만일 사람이 존재하지 않으면 무게는 나갈 수 없으며(몸무게 0), 부정적인 무게를 측정할 수 없다.

화씨온도와 섭씨온도의 경우에는 양 척도 모두 부(−)의 값과 정(+)의 값을 모두 갖고 있다. 그러나 섭씨나 화씨 척도상의 영점은 임의적 영점이다. 따라서 이들은 비율측정이 아니라 등간측정이다. 그러나 Kelvin 척도에서는 분자운동을 통해 온도를 직접 해석할 수 있다. Kelvin 척도에서 0°K는 움직임이 전혀 없는 점이다. 단지 이런 유형의 척도를 가지고 주어진 온도를 곱하고 나누는 것은 의미가 있다. 섭씨 척도에서 30°C는 10°C 보다 세배 더 덥다고 말할 수 없다. 그러나 Kelvin 척도에서는 30°K와 10°K는 분자의 움직임으로 직접 해석될 수 있기 때문에 30°K에서 분자의 움직임이 10°K에서 보다 세배 더 빠르게 움직인다고 말할 수 있다.

이와 같이 비율적 척도의 숫자는 측정된 속성의 실제 양을 측정하며, 비율척도의 측정치를 사용하면 한 대상의 속성이 다른 대상의 속성보다 얼마나 더 많은 단위의 속성을 가졌다고 말할 수 있고, 한 대상의 속성보다 몇 배 크거나 작다고 말할 수 있다. 비율척도로 측정되는 변수의 다른 예로는 고용률, 국민연금가입률, 의료보험료납부율, 학교중퇴율, 서비스수혜기간, 독거노인수, 서비스대기인수, 소득, 경제성장률, 연령, 무게, 신장, 출생, 사망, 이혼율, 취업률, 재정자립도 등이 있다. 비율척도의 경우 기하평균(geometric mean), 변동계수(coefficient of variation) 등 다른 척도로 구할 수 없는 통계값을 구할 수 있으며, 어떤 형태의 고급통계기법이라도 분석이 가능하다.

비율측정: =, ≠, ≤, ≥, +, −, ×, ÷이 가능함

마지막으로 측정과 측정수준에 따른 척도의 특성은 측정될 변수와 속성이 숫자의 기본적 특성을 얼마만큼 갖고 있는가에 따라 결정된다. 다시 말해, 변수의 수량화 정도에 따라 달라진다. 측정에서 중요하게 고려하는 숫자의 특성은 확인할 수 있는 범주가 있고 순서가 있다. 또한 숫자 간에는 차이가 이미 정해져 있으며, '0'이란 것이 있다. 여기서 '0'이란 절대적 영(零, absolute zero)으로 이는 측정하고자하는 속성이 존재하지 않는 상태를 의미한다. 따라서 낮은 수준의 측정과 높은 수준의 측정 간에는 가능한 산술적 조작이나 통계적 분석의 종류가 다르다. 이러한 특성에 따른 척도의 분류는 다음 표와 같이 정리할 수 있다(이학식 외, 2008).

[표 6.1] 측정수준에 따른 척도와 특성비교

	목록-범주 (category)	순 위 (order)	등간격 (equal interval)	절대영점 (absolute zero)	비교방법	수 학	통 계	자 료
명목 척도	○	×	×	×	확인 분류	=	최빈값	비계량적 (non metric)
서열 척도	○	○	×	×	순위비교	= 〉〈	중앙값	
등간 척도	○	○	○	×	간격비교	= 〉〈 ±	산술평균 대부분통계	계량적 (metric)
비율 척도	○	○	○	○	절대적 크기비교	= 〉〈 ± × ÷	기하평균 모든 통계	

[표 6.2] 척도의 기본유형 정리

유 형	의 미	예 시	다른 명칭	
명목 척도	• 측정대상을 분류하거나 범주화 함	• 성별, 학번 • 근무 부서 • 공무원 직렬	범주척도	정성적 척 도
서열 척도	• 측정대상 간에 서열이나 순위 등을 매김	• 교육수준 • 공무원 직급 • 만족도 순위	순위척도	
등간 척도	• 측정대상의 서열 간에 차이를 밝힘 (임의의 영점 존재)	• 온도, IQ지수 • 경쟁력 지수 • 만족도 점수	구간척도	정량적 척 도
비율 척도	• 측정대상의 서열, 차이, 비율관계를 밝힘 (절대적 영점 존재)	• 나이, 몸무게 • 인구증가율 • 재정자주도	비례척도	

+ Plus 대푯값: 산술평균, 중앙값, 산술평균

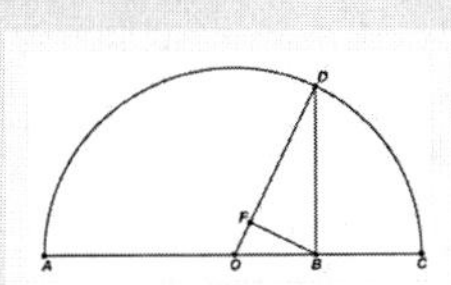

측정을 통해 얻어진 자료를 대표하는 값을 대푯값이라 한다. 대푯값은 자료의 집중화 경향이나 자료 분포의 중심 위치를 나타내 주는데, 일반적으로 집중화 경향을 나타내는 수치를 대푯값이라 한다. 여기에는 산술평균, 중앙값, 최빈값 등이 있다.

□ 산술평균(arithmetic mean): 대푯값 중에서 가장 널리 사용되는 것으로 평균이라고 한다. 산술평균은 측정된 각 자료의 값들을 모두 합하여 그 자료의 총수로 나눈 것을 말한다.

■ 모집단의 산술평균 : 【(μ(뮤) = Σx / N】)

■ 산술평균 예시

나 이	19	20	21	• μ = (19 + 20 + 20 + 20 + 21) / 5
도 수	1	3	1	

□ 중앙값(median): 중앙값은 중위수라고도 하며, 자료를 크기순으로 배열하였을 때 한 가운데 위치하는 자료값을 말한다. 예를 들어 자료값이 45, 50, 55, 60, 65가 있다고 했을 때 5개 자료 중에서 중앙에 위치한 수치는 세 번째 관측치, 즉 55가 중앙값이 된다.

□ 최빈값(median): 빈도수가 가장 많은 관측치를 최빈값이라 한다. 정리되지 않은 자료에서 같은 관측치가 가장 많이 나타날 때, 그 관측치가 최빈값이다. 예를 들어 자료값이 7, 10, 10, 8, 9, 10, 6, 10이 주어졌을 때 가장 빈도가 높은 10이 최빈값이 된다.

출처: 통계청

Study TIP 치매특별등급 신설, 가벼운 치매도 월 76만원 요양 서비스!

소설가 신경숙의 소설『엄마를 부탁해』를 보면 실종된 치매 엄마를 찾기 위해 온 가족이 나선다. 소설 속 치매보다 현실의 치매는 이보다 더 잔인하다. 노인들이 실제 제일 무서워하는 병은 암이 아닌 치매다. 이 병이 무서운 이유는 본인뿐만 아니라 온 가족의 삶을 피폐하게 만들기 때문이다. 2014년 3월 말 경기도에서 발생한 '간병 살인' 사건, 2014년 초 '슈퍼주니어' 멤버인 이특의 아버지 사건도 모두 치매로 인해 발생했다. 2014년 5월 기준 우리나라 치매 환자는 58만 명이다. 2030년에는 127만 명으로 증가한다. 2008년 도입된 장기요양보험제는 복지 수준을 끌어올린 획기적 제도였으나 '간병 살인'은 계속되었다. 이는 이 제도가 중증환자 위주로 출발했기 때문이다. 이러한 문제 해결 차원에서 보건복지부는 2014년 5월 2일 치매관리의 사각지대에 놓여 있는 5만 여명의 가벼운 치매환자도 7월부터 혜택을 받게 되었다. 정부는 경증 치매환자를 위해 '치매특별등급(5등급)'을 신설해 장기요양서비스를 제공하겠다는 것이다. 이에 따라 인지기능 장애와 문제행동(BPSD)으로 어려움을 겪는 경증 치매환자도 방문요양·목욕·간호 등의 요양서비스를 받을 길이 열렸다. 치매특별등급 수급자가 되기 위해서는 현행 장기요양 인정조사(45점 이상) 외에 별도로 의료기관에서 '치매특등급용 의견소견서'를 국민건강보험공단에 제출해야 한다. 치매등급을 받은 환자는 매달 최대 76만 6,600원 상당의 서비스를 약 11만 5,000원(법정 본인부담 15%)만 내고 받을 수 있다.

□ 장기요양보험 등급 개편안

현 등급체계	1등급	2등급	3등급		등급 외 A
2013	1,140,600	1,003,700	878,900		708,800
개편안	1등급	2등급	3등급	4등급	5등급
2014 (전년 대비 인상률)	1,185,300 (3.9%)	1,004,300 (4.0%)	964,800 (9.8%)	903,800 (2.8%)	766,600 (8.2%)

보건복지부는 장기요양제도를 안정적으로 운영하고자 현행 3개 등급으로 된 등급체계를 치매특별등급으로 새로 만들고 3등급을 2개로 쪼개 3, 4등급으로 세분화하면서 모두 5등급 체계로 개편했다. 또한 요양보호사 등 서비스 인력의 처우 개선 등을 위해 임금수준을 반영, 2014년 장기요양서비스 수가는 전체 평균 4.3%(시설급여 평균 5.9%, 재가급여 평균 2.3%) 올렸다. 이번 정책은 박근혜 대통령의 대선 공약을 이행하는 것으로 치매환자와 가족의 삶의 질 향상에 상당히 기여할 것으로 본다. 하지만 요양보호사의 치매지식 부족, 경증환자 관리를 위한 인프라 부족 등 갈 길이 멀다. 정부는 제도의 성공적 정착을 위해 시행 전에 치밀한 계획을 짜야 할 것이다.

출처: 다음(Daum) 지식백과사전

Research Methods in Public Administration

사회조사분석사 핵심문제와 해설

1. 특정한 규칙에 따라 현상에 숫자를 부여하는 과정은? | 2015년 2회

① 검사 ② 통계
③ 척도 ④ 측정

해설 측정은 경험적 세계와 관념 · 추상적 세계를 연결해 주는 수단으로 일정한 규칙에 따라 대상의 특성이나 속성에 대하여 숫자나 기호를 부여하는 과정을 말한다. 척도는 대상을 측정하기 위한 일종의 도구로서 일정 규칙에 따라 측정대상에 적용될 수 있는 수치나 기호를 부여하는 것을 말한다.

2. 어떤 사건이나 대상의 특성에 일정한 규칙에 따라 숫자를 부여하는 과정을 무엇이라 하는가? | 17년 1회, 18년 1회

① 측정 ② 척도
③ 개념적 정의 ④ 속성

해설 측정은 경험적 세계와 관념 · 추상적 세계를 연결해 주는 수단으로 개념이나 변수들을 관찰이 가능한 자료와 연결시키는 과정을 의미한다. 일반적으로 묘사대상이 되는 사상(事象)에 수치를 부여하는 의미로 사용된다.

3. 측정(measurement)에 대한 설명과 가장 거리가 먼 것은? | 2015년 3회

① 변수에 대한 조작적 정의에 입각해 이루어진다.
② 하나의 변수에 대한 관찰값은 동시에 두 가지 속성을 지닐 수 없다.
③ 이론과 현실을 연결시켜 주는 매개체이다.
④ 경험적으로 관찰 가능한 것을 추상적 개념으로 바꾸어 놓는 과정이다.

해설 측정은 일정한 규칙에 따라 어떤 대상이나 사건의 속성을 나타낼 수 있도록 그 속성을 지배하는 규칙에 따라 숫자를 부여하는 과정을 말한다. 또한 이론을 구성하고 있는 개념들을 현실세계에서 관찰이 가능한 자료와 연결시켜 주는 과정이다.

4. 사회조사에서의 측정에 관한 설명으로 옳은 것은? | 2016년 3회

① 측정이란 사물이나 사건 등의 속성에 수치를 부과하는 것이다.

해답 1. ④ 2. ① 3. ④

② 객관적으로 파악할 수 없는 태도변수는 측정이 불가능하다.

③ 반복해서 측정하여도 동일한 결과를 얻을 수 없다는 가정을 전제한다.

④ 측정하고자 하는 개념이 연구자에 따라 정의가 달라질 수 없다.

해설 측정은 경험적 세계와 관념 · 추상적 세계를 연결해 주는 수단으로 일정한 규칙에 따라 대상의 특성이나 속성에 대하여 숫자나 기호를 부여하는 체계적이고 과학적인 경험적 과정이다.

5. 측정(measurement)에 관한 설명으로 틀린 것은? | 2018년 1회

① 관념의 세계와 경험적 세계 간의 교량역할을 한다.

② 통계분석에 활용할 수 있는 정보를 제공한다.

③ 측정수준에 관계없이 통계기법의 적용은 동일하다.

④ 측정대상이 지니고 있는 속성에 수치나 기호를 부여하는 것이다.

해설 측정의 수준에 따라 사용할 수 있는 통계기법이 달라진다. 예를 들면, 가장 낮은 수준인 명목측정은 최빈값(mode), 이항분포검증, 교차분석 등으로 제한된다. 가장 높은 수준인 비율측정은 기하평균(geometric mean), 변동계수(coefficient of variation) 등 다른 측정수준으로 구할수 없는 통계값을 구할 수 있다.

6. 다음 중 측정(measurement)에 관한 설명으로 틀린 것은? | 2018년 3회

① 측정이란 사물이나 사건의 속성에 수치를 부여하는 작업이다.

② 측정에서는 연구자의 주관적인 판단이 중요한 기능을 한다.

③ 경험의 세계와 추상적인 관념의 세계를 연결하는 기능을 가진다.

④ 측정은 과학적 연구에서 필수적이다.

해설 측정할 때는 관찰대상이나 현상에 대한 객관화 · 표준화를 통해 과학적인 관찰과 표준화된 측정을 가능하도록 함으로써 주관적 · 추상적인 판단에서 오는 오류를 극복할 수 있다.

7. 제공되는 정보와 자료 분석에 이용할 수 있는 통계적 방법의 수준에 따라 척도를 순서대로 나열한 것은? | 13년 3회, 17년 2회

① 서열척도 〉 명목척도 〉 등간척도 〉 비율척도

② 명목척도 〉 서열척도 〉 비율척도 〉 등간척도

③ 비율척도 〉 등간척도 〉 서열척도 〉 명목척도

④ 명목척도 〉 비율척도 〉 서열척도 〉 명목척도

해설 명목척도는 가장 낮은 수준의 척도로 =, ≠이 가능하고, 다음으로 서열척도는 =, ≠, ≤, ≥이 가능하다. 등간척도는 =, ≠, ≤, ≥, +, −가 가능하며, 가장 높은 측정수준인 비율척도는 절대적 0을 가진 척도로 =, ≠, ≤, ≥, +, −, ×, ÷ 모두 가능하다.

해답 4. ① 5. ③ 6. ② 7.③

8. 일반적으로 가장 적은 정보를 제공해 주는 측정수준은? | 2016년 2회

① 서열척도 ② 비율척도

③ 명목척도 ④ 등간척도

해설 명목수준의 측정은 측정대상의 특성을 분류하거나 확인할 목적으로 숫자를 부여하는 것으로 일명 분류 혹은 범주화라고도 한다. 명목척도는 가장 낮은 수준의 측정으로 대상 자체나 대상의 특성이 이 과정을 통해 범주화되거나 분류되며 글자그대로 이름을 부여하는 명목적인 것을 뜻한다.

9. 측정의 수준에 관한 설명으로 틀린 것은? | 2016년 3회

① 비율측정은 절대영점이 존재한다.

② 등간측정은 측정단위 간 등간성이 유지된다.

③ 서열측정과 등간측정은 등수, 서열관계를 알 수 있다.

④ 등간측정은 측정치 간의 유의미한 비율계산이 가능하다.

해설 등간수준의 측정은 측정대상을 특징이나 속성에 따라 서열화하는 것은 물론 서열간의 간격이 동일하도록 연속선상에서 수치를 부여하는 것을 말한다. 숫자간의 간격이 같기 때문에 덧셈과 뺄셈과 같은 산술적 계산에 사용된다.

10. 등간측정의 성격을 모두 가지고 있으면서 동시에 실제적인 의미가 있는 절대 0(absolute zero) 혹은 자연적인 0(natural zero)을 갖춘 측정의 수준은? | 2016년 2회

① 비율측정 ② 서열측정

③ 명목측정 ④ 독립측정

해설 비율수준의 측정은 측정대상의 특성이나 속성에 현실과 일치하는 절대적인 0을 가진 척도를 가지고 수치를 부여하는 것이다. 비율적으로 측정된 척도는 명목척도, 서열척도, 등간척도가 가지는 특성을 모두 가지고 있다.

11. 측정의 수준이 바르게 짝지어진 것은? | 2016년 3회

ㄱ. 교육수준- 중졸이하, 고졸, 대졸 이상 ㄴ. 교육연수- 정규교육을 받은 기간(년) ㄷ. 출신 고등학교 지역

① ㄱ : 명목측정, ㄴ : 서열측정, ㄷ : 등간측정

② ㄱ : 등간측정, ㄴ : 서열측정, ㄷ : 비율측정

③ ㄱ : 서열측정, ㄴ : 등간측정, ㄷ : 명목측정

④ ㄱ : 서열측정, ㄴ : 비율측정, ㄷ : 명목측정

해설 교육수준을 중졸 이하, 고졸, 대졸 이상으로 구분하여 수치를 부여한 것은 서열척도이며, 정규교육을 받은 기간은 절대적인 0을 가지기 때문에 비율척도이다. 명목척도는 측정대상의 특성을 분류하거나 확인할 목적으로 숫자를 부여하는 것으로 출신 고등학교 지역은 명목척도에 해당한다.

해답 8. ③ 9. ④ 10. ① 11. ④

12. 변수와 측정수준의 연결이 옳은 것은? | 2015년 2회

① 직업분류- 등간변수

② 회사 근무년수- 명목변수

③ 사회학과 졸업생 수- 비율변수

④ 복지지출의 국가 간 순위- 명목변수

해설 명목수준의 측정은 측정대상의 특성을 분류하는 것으로 직업분류는 명목변수이며, 회사 근무년수는 절대적 0을 가지기 때문에 비율변수이다. 복지국가의 국가 간 순위는 서열변수에 해당된다.

13. 변수와 측정수준의 연결이 옳은 것은? | 2017년 3회

① 빈곤율- 명목변수

② 직업분류- 서열변수

③ 청년실업자수- 비율변수

④ 야구선수의 등번호- 등간변수

해설 ①번의 빈곤율은 절재적 0를 가지기 때문에 비율변수이며, ②번의 직업분류는 측정대상의 특성을 분류하는 것으로 명목변수이다. ④번의 야구선수 등번호도 단순히 구분기호로 사용되는 것으로 명목변수이다.

14. 섭씨로 온도를 측정할 때 다음 설명 중 옳은 것은? | 2015년 1회

① 0℃는 온도가 없다는 것을 의미한다.

② 10℃와 20℃의 차이는 30℃와 40℃의 차이와 같다.

③ 40℃는 20℃보다 두 배 뜨겁다.

④ 100℃는 100%로 뜨겁다는 것을 의미한다.

해설 등간측정은 서열간의 간격이 동일하도록 연속선상에서 수치를 부여하는 것을 말하며, 절대적 0이 존재하지 않기 때문에 어느 하나의 측정치가 다른 측정치보다 몇 배 많다, 몇 배 적다고 말할 수 없다. 숫자간의 간격이 같기 때문에 덧셈과 뺄셈과 같은 산술적 계산에 사용되며, 대표적인 예로 온도를 들 수 있다.

15. 다음 중 비율척도로 측정하기 어려운 것은? | 2016년 1회

① 각 나라의 평균 기온 ② 각 나라의 일인당 평균 소득

③ 각 나라의 일인당 교육년수 ④ 각 나라의 국방예산

해설 비율척도는 임의적이 아닌 절대영점이 있고 비례의 조작이 가능하다. 비임의적인 영점의 존재는 절대영점을 가진 비율척도와 절대영점이 없는 등간척도 간의 유일한 차이점으로 각 나라의 평균 기온은 등간척도이다.

해답 12. ③ 13. ③ 14. ② 15. ①

16. 다음 사례의 측정수준에 관한 설명으로 옳은 것은? | 2016년 3회

서울에 있는 10개 고등학교의 재학생을 대상으로 대학수능시험 대비 모의고사(원점수)를 조사하였다.

① 중앙값보다 평균값이 크다.

② 덧셈과 뺄셈 연산만이 가능하다.

③ 사칙연산이 가능하고 모든 통계값의 산출이 가능하다.

④ 측정값은 수량의 의미를 갖고 있지 않으며 일정한 특성을 대표하는 값을 임의로 부여한 것이다.

해설 비율수준의 측정에 관한 사례로 측정대상의 특성 및 속성에 절대 0점을 가진 척도로써 수치를 부여하는 것이며, 사칙연산이 모두 가능하다. ②번은 서열수준의 측정을 말하고, ④번은 명목수준의 측정에 관한 내용이다.

17. 다음 중 측정의 수준이 다른 하나는? | 2017년 1회

① GNP(국민총생산)

② 생활수준

③ 도시회율

④ 출산율

해설 비율척도로 측정하는 것이 비율적 측정이며, 국민총생산, 도시화율, 출산율은 비율척도에 해당한다. 이밖에 고용률, 국민연금가입률, 의료보험납부율, 독거노인수, 경제성장률, 연령, 무게, 이혼율, 취업률 등이 있으며, 생활수준은 서열척도이다.

18. 다음 사례에서 측정의 수준은? | 2017년 1회

ㄱ. 부부에게 현재 자녀수에 대해 1) 적음, 2) 적당함, 3) 많음 이라는 세 가지 범주로 답하도록 하였다. ㄴ. 부부에게 그들의 실제 자녀수를 적도록 하였다. 자녀가 없는 부부의 경우 자녀수를 0으로 처리한다.

① ㄱ : 명목측정, ㄴ : 서열측정

② ㄱ : 서열측정, ㄴ : 비율측정

③ ㄱ : 등간측정, ㄴ : 비율측정

④ ㄱ : 서열측정, ㄴ : 등간측정

해설 ㄱ은 상대적 등급순위만을 결정하는 서열척도이며, ㄴ은 등간척도가 지닌 성격에 절대 0의 값을 가짐으로써 비율의 성격을 지니는 비율척도이다.

해답 16. ③ 17. ② 18. ②

19. 측정수준에 따른 척도에 대한 설명으로 틀린 것은? | 2017년 3회

① 명목척도는 성별과 종교처럼 분류적인 개념만을 내포한다.

② 서열척도는 특정의 성격을 갖는 정도에 따라 범주를 서열화한다.

③ 등간척도는 IQ처럼 대상 자체가 갖는 속성의 실제값을 나타낸다.

④ 비율척도는 소득과 성비처럼 0이라는 절대적 의미를 갖는 값이 존재한다.

해설 등간측정은 서열간의 간격이 동일하도록 연속선상에서 수치를 부여하는 동일성 척도를 말하며, IQ는 등간척도에 해당하나 대상 자체가 갖는 대상의 실제값을 나타내는 척도는 비율척도이다.

20. 측정수준에 대한 설명으로 틀린 것은? | 2018년 1회

① 서열척도는 각 범주 간에 크고 작음의 관계를 판단할 수 있다.

② 비율척도에서 0의 값은 자의적으로 부여되었음으로 절대적 의미를 가질 수 없다.

③ 명목척도에서는 각 범주에 부여되는 수치가 계량적 의미를 갖지 못한다.

④ 등간척도에서는 각 대상 간의 거리나 크기를 표준화된 척도로 표시할 수 있다.

해설 비율척도는 임의적이 아닌 절대영점이 있고 비례의 조작이 가능하다. 비임의적인 영점의 존재는 절대영점을 가진 비율척도와 절대영점이 없는 등간척도 간의 유일한 차이점으로 비율척도에서 0은 절대적 의미를 가진다.

21. 서열측정의 특징을 모두 고른 것은? | 2018년 2회

ㄱ. 응답자의 순서대로 구분할 수 있다. ㄴ. 절대 0점(absolute zero score)을 지니고 있다. ㄷ. 어떤 응답자의 특징이 다른 응답자의 특성보다 몇 배가 높은지 알 수 있다.

① ㄱ ② ㄱ, ㄴ

③ ㄴ, ㄷ ④ ㄱ, ㄴ, ㄷ

해설 ㄴ의 절대적 0점을 가지는 척도는 비율척도이며, 한 대상의 속성보다 몇 배가 크거나 작다고 말할 수 있는 척도는 비율척도이다. 명목측정에서 불가능한 집단 간 또는 범주 간 비교가 서열측정에서 가능하다.

22. 응답자의 월평균 소득금액을 '원' 단위로 조사하고자 하는 경우에 적합한 척도는? | 2018년 2회

① 비율척도 ② 등간척도

③ 서열척도 ④ 명목척도

해설 '원' 단위에는 절대적인 0점이 존재하기 때문에 비율척도이다. 월평균소득의 수준을 측정할 경우에는 서열척도에 해당된다.

해답 19. ③ 20. ② 21. ① 22. ①

23. 다음 사례의 측정수준에 관한 설명으로 옳은 것은? | 2016년 3회

( ) 순으로 얻어진 자료가 담고 있는 정보의 양이 많으며, 보다 정밀한 분석방법이 적용될 수 있다.

① 서열측정 〉 명목측정 〉 비율측정 〉 등간측정

② 명목측정 〉 서열측정 〉 등간측정 〉 비율측정

③ 등간측정 〉 비율측정 〉 서열측정 〉 명목측정

④ 비율측정 〉 등간측정 〉 서열측정 〉 명목측정

해설 측정의 수준이 가장 높은 것을 비율측정(=, ≠, ≤, ≥, +, −, ×, ÷)이며, 그 다음으로 등간측정(=, ≠, ≤, ≥, +, −), 서열측정(=, ≠, ≤, ≥), 명목측정(=, ≠) 순이다. ②번의 경우 가장 낮은 측정수준에서 높은 수준의 측정 단계이다.

24. 온도계의 눈금을 나타내는 수치의 측정 수준은? | 2018년 3회

① 명목측정

② 서열측정

③ 비율측정

④ 등간측정

해설 등간측정의 대표적인 예가 온도이다. 숫자간의 간격이 같기 때문에 덧셈과 뺄셈과 같은 산술적 계산에 사용된다.

해답 23. ④ 24. ④

➲ 기타 적중예상문제 핵심내용

측정의 정의	
Stern	• 특정 법칙에 따라 사건이나 사물에 숫자를 배분하는 것
Russell	• 어떤 종류의 모든 혹은 일정부분의 크기와 특정 숫자의 일부 혹은 전부 간에 일반적으로 독특하고 반복적인 관련성이 성립되는 방법
Kerlinger	• 일정한 기준에 따라 대상 또는 사건에 수치를 부여하는 과정
Stevens	• 대상, 사건 또는 사람들의 속성에 일정한 규칙에 따라 수치를 부여하는 것
Campbell	• 사물의 속성을 나타낼 수 있도록 사물의 속성을 지배하는 법칙에 따라 숫자를 배분하는 것

측정의 과정	
개념화	• 개념의 개발 및 명확화 • 개념에 대한 통일된 정의
변수와 지표의 구체화	• 개념을 측정 가능하도록 하기 위한 변수로의 전환 • 변수의 추상성을 구체화하기 위한 지표로의 재전환
조작화	• 분석의 단위를 변수들의 범주(category)로 할당 • 분석단위를 대상으로 하는 일련의 질문 및 응답 범주(category), 자료수집 및 개별 사례들에 대한 범주 할당 지침 등을 포함

측정의 조건 및 속성	
실증적 원칙의 유지	• 명목수준의 측정은 일정한 실증적 원칙을 유지 • 유사한 분석단위들은 동일한 범주에 할당하고 상이한 분석단위들은 상이한 범주에 할당할 수 있어야 함
완전성의 유지	• 변수들의 범주들은 완전성을 지녀야 함 • 완전성 또는 포괄성이란 질문에 대한 범주들이 충분히 많아서 개인이나 사건과 같은 분석단위들을 하나도 빠짐없이 범주들 가운데 어느 하나에 할당하는 것이 가능해야 한다는 것을 의미
상호배타성 유지	• 변수들의 범주는 분석단위가 이중적으로 할당되지 않도록 상호배타성 유지 • 상호배타성이란 개인이나 사물과 같은 분석단위가 하나 이상의 범주에 할당되지 않도록 범주를 배열해야 한다는 것을 의미

07 척도와 측정에서 신뢰도와 타당도

제 1 절 척도의 구성과 활용

1. 척도의 의의와 요건

측정대상의 속성에 숫자나 기호를 부여하는 작업은 반드시 일정한 규칙에 따라 행해져야 한다. 이러한 규칙 체계를 척도라 하고, 규칙을 담고 있는 것을 측정도구(measurement tool)라고 한다. 따라서 척도(scale)란 측정을 위한 도구이다. 다시 말해서 일정한 규칙에 따라 관찰된 현상에 대해서 수치나 기호를 부여하기 위해 사용되는 도구이다. 관찰된 현상에 대해 일정한 규칙에 따라 수치나 기호를 부여하는 것을 측정이라 하고, 이 측정을 위한 도구를 척도라고 한다. 결국 척도는 측정하고자 하는 대상에 부여하는 숫자나 기호들의 체계이다. 척도는 항상 일종의 연속성이 존재한다는 가정에 입각하여 구성되기 때문에, 일반적으로 한 연속선상에서 일정한 규칙에 따라 숫자나 기호를 배열하는 형식으로 이루어져 있다. 척도는 측정대상의 속성을 발견해서, 그 속성을 연속체로 나타내고, 측정대상의 특수성에 따라 그에 일대 일로 상응하도록 연속선상에 숫자나 기호를 배치한다. 따라서 측정대상의 속성이 갖는 특수성과 척도상의 특정 숫자는 서로 일치하게 된다. 이와 같은 방식으로 측정대상의 속성이 척도를 사용하여 측정된다. 따라서 척도는 측정대상의 질적인 속성을 계량적인 변수로 변환시키는 수단이 된다.

자연과학에서는 측정대상이 주로 물질적이기 때문에 척도는 온도계, 체중계, 자, 저울 등이다. 하지만 행정학 등 사회과학에서는 측정대상이 주로 비물질적(非物質的)이기 때문에 논의되는 척도는 특정 변수에 대해 종합적으로 측정하기 위해 논리적이고 경험적으로 연관된 다수의 문항들로 구성되어 있다. 사회과학에서 척도로 측정한다는 것은 일종의 연속선상에 일련의 문항들을 순서대로 배열하는 것이라고 말할 수 있다. 일반적으로 척도에는 단일차원 척도와 다차원적인 척도가 있다. 변수를 측정하는데 사용되는 문항의 수가 많더라도 그것들이 단지 하나의 변수만을 측정하도록 설계된 측정도구이면 단일차원 척도라 하며, 둘 이상의 변수를 측정하는데 사용하도록 설계된 측정도구는 다차원 척도 혹은 복합요인 척도라고 한다.

다음으로 척도를 구성할 때는 기본적으로 상호배타성, 포괄성, 논리적 연관성, 내적 일관성 등을 고려해야 한다. 첫째, 척도에서 분류된 범주는 다른 범주와의 관계에서 상호배타적이어야 한다. 측정을 위한 개념화와 조작화의 과정에서 상호 배타성의 원칙은 중요하다. 왜냐하면, 상호배타성의 원칙을 고려하지 않은 채 측정도구를 만들 때 여러 가지 문제를 발생시킬 수 있다. 예를 들면, '귀하께서는 일주일에 어느 정도 술을 마십니까?'라는 질문에서 '① 가끔, ② 자주, ③ 종종, ④ 상당히, ⑤ 매우 많이 마신다'로 구성했다면, 범주 간의 구분이 엄격하지 못해 상호배타성의 원칙에 어긋난다. 술을 마시는 정도에 대한 의견을 묻는 과정에서 '가끔'과 '종종'은 빈도를 나타내는 것이고 '매우'는 강도를 나타내는 것이다. 또한 이렇게 질문했을 경우 술을 마시는 정도가 같은 사람들이 다르게 응답할 수 있다. 다시 말해서 1주일에 3일 술을 마시는 두 사람 중 한사람은 "종종"에 응답하고, 다른 사람은 '상당히'에 응답할 수도 있다(채구묵, 2015).

➲ 상호배타성 오류 예시

- 한 변수를 나타내는 속성들의 집합은 상호 배타적(mutually exclusive)이어야 한다. 상호 배타적이란 응답 항목 간에 서로 겹치는 영역이 없어야 한다는 것이다.
  - ▸ 예: 귀하의 수면시간은?
    ① 4시간–5시간 ② 6시간–7시간 ③ 8시간–9시간 ④ 9시간 이상

★ 위의 예는 많은 연구에서 일상적으로 범하는 오류로 질문 문항 ④번과 ⑤번에서 9시간이 중복되어 있기 때문에 상호배타성에 어긋남

둘째, 응답범주가 응답 가능한 모든 상황을 포함하고 있어야 한다. 한 예로 '귀하의 1일 흡연 정도는?'이라는 질문 범주가 '① 전혀 피우지 않는다, ② 1개 피운다, ③ 2개 피운다, ④ 3개 피운다, ⑤ 4개 이상 피운다'로 설정했을 경우에 각 범주가 상호 배타적이지만 포괄적이지 못하다. 다시 말해 하루에 1개, 2개, 3개 피우는 것의 차이는 흡연 정도에 별 차이가 없기 때문이다. 그리고 범주 ⑤번이 상대적으로 너무 포괄적이기 때문에 ⑤번에 집중될 가능성이 매우 높다. 또 다른 예로 '귀하의 종교는?'이라는 질문의 범주가 '① 불교, ② 가톨

릭교, ③ 이슬람교, ④ 종교 없음'으로 했다면 응답 가능한 답이 모두 포함되었다고 할 수 없다. 왜냐하면, 응답자 중 다수를 포함하고 있는 개신교나 원불교 등 다른 종교를 가진 사람들이 응답할 수 있는 '기타'라는 범주가 포함되어 있지 않다는 점에서 포괄성의 원칙에 어긋난다.

➲ 포괄성 오류 예시

- 변수를 구성하는 모든 속성들의 집합이 포괄적(exhaustive)으로 나타날 수 있어야 한다. 개념을 구체화하는 개념화의 과정과 그것을 경험화시키는 조작화의 과정 모두에서 포괄성의 원칙이 지켜져야 한다.
  - ▸ 예: 당신이 키우는 애완동물의 종류는?
    ① 개 ② 고양이 ③ 물고기 ④ 햄스터

★ 위의 예는 포괄성이 결여되어 있는 경우이다. 애완동물의 종류라는 변수에 포함되는 속성들이 제한되어 있다. 애완동물의 종류는 보기 이외에 도마뱀, 새, 원숭이 등 무수하지만 위의 측정도구에서 이들을 모두 포함하지 못하고 있음

셋째, 응답범주의 논리적인 연관성 문제이다. 예를 들어 '귀하는 심리상담사로부터 전문적인 치료를 받았습니까?'라는 질문의 범주가 '① 전혀 그렇지 않다, ② 그렇지 않다, ③ 보통이다, ④ 그렇다, ⑤ 가끔 그렇다'로 되어 있다면 ⑤의 '가끔 그렇다'는 다른 범주와 논리적 연관성이 부족하다고 볼 수 있다. 이 경우에 '가끔 그렇다'는 '매우 그렇다'로 바꿀 필요가 있다. 특히 응답자간의 논리적 연관성은 서스톤(Thurstone)의 유시등간법에서 중요하게 요구되는 사항이다.

넷째, 척도의 문항들 간에는 서로 내적 일관성(internal consistency)을 가지고 있어야 한다. 문항들 간의 내적 일관성은 주로 리커트(Likert) 척도나 누적척도에서 요구되는 사항이다. 예를 들어 '학교폭력문제에 대한 심리상담사의 도움에 대한 학생들의 의견'을 조사하기 위해 다음과 같은 내용으로 리커트 척도를 구성했다고 가정하자. 이 경우 문항 5와 6은 심리상담사의 도움을 측정하는 내용이 아니기 때문에 내적 일관성에 문제가 제기될 수 있다.

[표 7.1] 심리상담사의 도움에 대한 의견조사

문 항	①	②	③	④	⑤
1. 내가 필요로 하는 것을 얻는데 도움이 되었다.					
2. 내가 이해하지 못한 문제를 말해 주었다.					
3. 나에게 유용한 정보를 제공해 주었다.					

4. 학교폭력의 심각성을 알게 되었다.					
5. 심리상담사가 많이 필요하다.					
6. 방과 후 학원문제로 도움을 받기 어렵다.					

주: ① 전혀 그렇지 않다 ② 그렇지 않다 ③ 그저 그렇다 ④ 그렇다 ⑤ 매우 그렇다

2. 지수와 척도

일반적으로 지표(指標 indicator)는 변수의 속성을 나타내는 요소이다. 행정학의 속성은 사회경제적 요소, 사회정치적 요소, 사회문화적 요소 등으로 표현된다. 이들 요소의 개개가 행정이라는 변수의 지표에 해당한다. 사람들의 사회경제적 지위(SES: Socio-Economic Status)는 그 사람의 소득, 학력, 직업, 종교 등의 지표를 통해 파악된다. 그런데 이들 변수들은 복합적인 성질을 갖고 있기 때문에 단순지표로는 변수의 속성을 정확하게 파악하기 어렵다. 따라서 보다 정확한 측정을 위해서는 여러 개의 지표를 합산하거나 조합하여 다의적이고 복합적인 측정치를 사용해야 한다. 이들 복합 측정치를 지수(指數 index)라 한다.

지수는 여러 항목을 결합하여 하나의 수치점수(numerical score)로 나타낸 것을 의미한다. 예를 들어 사회경제적 지위지수는 개인 또는 가족단위의 사회 계층적 위치를 나타내는 측정치로 직업, 학력, 가계소득을 나타내는 지표를 합산한 복합지수의 값으로 나타낸다. 또한 대학생들의 성적평점(grade point average)도 일종의 지수라고 할 수 있다. 왜냐하면, 성적평점은 학생들의 여러 과목에서 보여준 학업성취도(성적)를 합산하여 하나의 수치로 나타낸 것이기 때문이다(남궁근, 2014).

따라서 지수는 다의적이고 복합적인 특성을 갖고 있는 개념을 양적으로 측정하기 위해서 고안된 다수의 지표들을 하나로 묶어 단일 수치로 표현한 것이다. 지수의 한 예로서 사회지표, 소비자물가지수(CPI: Consumer Price Index), 생산성지수, 행복지수, 지능지수, 범죄지수, 국가경쟁력지수[4)], 부패인식지수, 성평등지수 등을 들 수 있다. 특히 사회지표는 삶의 기본영역지표, 사회경제적 영역지표, 사회정치적 영역지표, 사회문화적 영역지표로 구성된 복합지표로서 인간생활의 질적 가치를 측정하는데 사용된다.

4) 국가경쟁력지수(GCI, Global Competitiveness Index)는 WEF(World Economic Forum)에서 세계 141개국을 대상으로 조사하여 국가별 경쟁력을 제시하는 평가지수이다. 조사항목은 제도, 인프라, 거시경제환경, 보건 및 초등교육, 고등교육 및 훈련, 상품시장, 효율성, 노동시장 효율성, 금융시장발달, 기술개발, 시장크기, 비즈니스 정교성, 혁신 등 12개 항목이다. 2019년 한국의 국가경쟁력지수는 13위로 전년 대비 15위에서 2단계 상승했다.

$$지수=\sum Xi \text{ 또는 } \sum XiAi$$

(Xi: 개별지표점수, Ai: 개별지표에 할당된 가중치)

지수는 측정대상의 개별적인 속성에 부여한 개별지표 점수의 단순한 합으로 또는 개별지표 점수에 가중치를 곱해 합산하여 구한다. 반면 척도는 측정대상의 개별적인 속성들을 종합적으로 측정함으로써 변수와 관련된 여러 차원을 측정하고 각각의 차원(각각의 지표)에 점수를 할당하여 항목 간(지표 간)에 서열을 가릴 수 있도록 해준다. 다시 말해서 척도는 측정대상의 속성의 유형(pattern)에 점수를 할당하여 항목 간의 서열적 측정을 할 수 있도록 구성한다. 따라서 척도는 측정대상의 속성에 강도구조(intensity structure)를 포함하고 있다는 장점이 있다.

지수와 척도를 구별하기 위해 성차별 정도를 예로 들어 설명하면 다음과 같다. 첫째, 성차별 지수와 관련하여 살펴보자. 다음 사회활동 가운데 여성들이 할 수 있다고 생각하는 사회활동은 무엇인가? ⓐ 취미활동 ⓑ 종교활동 ⓒ 자원봉사활동 ⓓ 경제활동이라는 질문을 통해 여성에 대한 성차별 정도를 측정하려 한다. 여기서 가능하다고 한 사회활동이 어떤 종류의 활동이냐는 문제가 되지 않는다. 다시 말해 사회활동의 중요성이나 난이도에 따른 서열적 등급은 없다(김기원, 2016). 만약 여성들이 이 네 가지 사회활동 가운데 어떤 활동을 할 수 있느냐에 대해 A라는 사람은 4개 다 가능, B라는 사람은 3개 가능, C라는 사람은 2개 가능, D라는 사람은 모두 불가능하다고 응답했다고 보자. 여기서 성차별 지수는 여성에게 가능하다고 응답한 사회활동이 몇 개인가 그 수를 통하여 구성할 수 있다. 4개 가능하다고 한 A라는 사람은 B, C, D라는 사람들 보다 성차별의 정도가 적은 반면, 모두 불가능하다고 한 D라는 사람은 성차별의 정도가 가장 크다. 3개 가능하다고 한 B라는 사람은 2개 가능하다도 한 C라는 사람보다 성차별 정도가 적다. 이러한 지수는 항목 간에는 서열을 구분할 수 없지만, 응답 결과 개별지표항목의 점수를 합산하여 응답자들의 성차별 정도를 서열적으로 측정할 수 있다.

둘째, 성차별 척도와 관련하여 다음 사회활동 가운데 여성들에게 가장 적합한 사회활동은 무엇인가? ⓐ 자원봉사활동 ⓑ 경제활동 ⓒ 정치활동 ⓓ 국방활동으로 질문을 했을 때, 이들 네 개의 응답항목들은 강도구조(intensity structure)를 갖고 있다(국방활동 〉 정치활동 〉 경제활동 〉 자원봉사활동). 따라서 이 경우에는 네 개의 응답항목으로 구성된 복합측정치가 척도를 구성한다. 여기서 적합하다고 한 사회활동이 어떤 종류의 활동이냐는 매우 중요한 문제이다. 다시 말해 사회활동의 중요성이나 난이도에 따른 서열적인 등급이 명백히 존재한다. 예를 들어 국방활동이 가장 적합하다고 응답한 사람은 다른 세 가지 활동 모두 적합하다고 생각한다. 정치활동이 가장 적합하다고 응답한 사람은 경제활동과 자원봉사활동도 적합하다고 생각하지만, 그러나 국방활동은 부적합하다고 생각한다. 경제활동이 가장 적합하다고 응답한 사람은 자원봉사활동도 적합하다고 생각하지만, 국방활동과 정치활동은 부적합하다고 생각한다. 만일 자원봉사활동이 가장 적합하다고 생각하는 사람은 나머지 세 개의 활동은 모두 부적합하다고 생각한다. 이와 같이 척도에서는 응답항목 간의 중요도에 따라 서열이 사다리식(step–ladder) 단계로 되어 있는 강도구조(intensity structure)를 갖고 있다(김기원, 2016).

➲ 척도 구성의 논리

척도는 지수보다 지표의 선택이나 배합에서 더 논리적이다. 따라서 척도값이 지수값 보다 더 많고, 정밀한 정보를 제공해 준다. 그러나 척도의 구성이 때로는 복잡하고 어렵기 때문에 사회과학에서는 단순한 지수가 더 많이 사용된다.

3. 척도의 작성과정과 절차

척도는 논리적으로나 경험적으로 서로 연관되어 있는 여러 개의 문항으로 이루어진 복합적인 측정도구이다. 사회과학에서 기술적으로 좀 더 복잡하고 다양한 기법을 요하는 이러한 척도를 사용하는 데에는 몇 가지 이유가 있다. 먼저 척도는 하나의 단순지표로서는 제대로 측정해 내기 어려운 복합적인 개념들을 측정할 수 있다. 다음으로 척도는 여러 개의 지표를 하나의 점수로 나타냄으로써 자료의 복잡성을 덜어준다. 이밖에 척도는 변수에 대한 양적인 측정치를 제공함으로써 정확성을 높이고 통제적인 조작이 가능하도록 해준다. 마지막으로 측정치나 측정도구의 오차를 줄이고 타당성과 신뢰도를 높인다. 단일 문항보다 여러 개의 문항이 본래 의도한 속성을 정확히 측정하고, 보다 일관성 있는 결과를 제공할 것이다.

이론적 개념 ➡ 경험적 변수 ➡ 경험적 지표 ➡ 척 도

여기서 척도의 작성과정과 구성절차는 살펴보면 첫째, 문제에 관한 속성을 인지하고, 이

것을 표현하는 이론적 개념을 형성한다. 둘째, 이론적 개념의 내용을 특정화하여 경험적 관찰이 가능한 변수로 전환한다. 셋째, 변수(개념)의 속성을 파악하기 위한 경험적 지표를 선정한다. 넷째, 선정된 지표를 활용하여 척도를 작성한다.

Study TIP 관피아(官+마피아) 철폐(1): 국제투명성기구(TI)의 부패인식지수(CPI)

세월호 침몰사고 수습과정에서 드러난 '관피아'로 명명되는 공직사회 민낯은 국민 불신을 가중시키는 계기가 되었다. 부패인식 개선에 있어서도 우리는 여전히 답보 상태다. 2013년 국제투명성기구가 조사한 부패인식지수에서 한국은 OECD 국가 34개 국가 중 27위를 했다. 2012년 27위와 변동은 없지만, 34개국 중에서 27위는 하위권이라고 볼 수 있다. 한국의 공무원과 정치인들의 청렴도도 OECD 국가 중 바닥권에 머물고 있다.

국제투명성기구(TI)는 2013년 12월 3일 177개국의 '2013년 부패인식지수'를 발표했다. 부패인식지수(CPI)는 청렴도 평가의 지표가 된다. 발표내용에 따르면 한국은 100점 만점 기준으로 55점, 46위로 2012년 56점, 45위보다 청렴도가 떨어졌다. 최악인 것은 매년 순위가 하락하고 있다는 것이다. 앞서 우리나라가 기록했던 순위는 2011년 43위, 2012년 45위였다. 공동 1위는 91점을 얻은 덴마크와 뉴질랜드가 차지했고, 핀란드와 스웨덴이 공동 3위를 기록했다. 2011년부터 평가에 포함된 북한은 올해 평가에서 아프가니스탄, 소말리아와 함께 8점의 점수를 얻어 공동 꼴찌로 나타났다.

부패인식지수는 공무원과 정치인 사이에 부패가 어느 정도로 존재하는지에 대한 인식의 정도를 말하며 조사대상 국가들에 거주하는 전문가를 포함, 전 세계의 기업인과 애널리스트 등의 견해를 반영하고 있다. 우리나라는 2008년 5.6점(당시 10점 만점)을 기록한 뒤 이후 더 높은 점수를 받지 못하고 있는데, 2012년을 제외하면 2008년보다 모두 낮게 평가됐다.

동시대는 청렴이 곧 국가경쟁력인 시대다. 사회가 청렴하고 투명해지면 사회 전반의 신뢰도가 향상되어 불필요한 갈등과 비용이 줄어들어 국가 발전에 역량을 집중시킬 수 있다. 아울러 긍정적인 국가 브랜드 이미지가 형성되어 국내·외 투자가 활성화되는 등 국가 경쟁력이 향상되는 것이다. 이를 위해 반부패·청렴교육은 국민들의 청렴의식 확립을 위해 공직자, 학생, 일반 국민 등 다양한 계층을 대상으로 지속적·체계적으로 실시되어야 하는 국가적인 필수과제다.

끊임없이 지속되는 부패 발생의 원인은 무엇인가? 우리나라는 과거 권위주의적 독재정권과 정부주도 경제개발정책을 취하면서 부패와 관료주의 문화가 만연하여 정경유착, 지연·혈연·학연을 중시하는 풍토, 사회엘리트 집단의 특권의식 등이 우리사회에 뿌리 깊게 자리 잡고 있기 때문에 부패 근절이 쉽지 않다. 정부는 공직사회의 부패가 발붙이기 힘든 환경을 조성하기 위해 결단을 내릴 시간이 왔다. 세월호 침몰사건은 박근혜 정부의 신뢰를 단번에 실추시켰다. 이제부터 부패척결을 위해 국가적 청렴 체계를 올바르게 세우고, 평가하고, 강화하는 노력을 다방면에서 추진하여 투명한 국가신뢰프로세스를 쌓아 나가야 한다.

출처: 한국NGO신문(2014. 4. 27) 일부 인용

Study TIP 관피아(官+마피아) 철폐(2): 김영란 법을 허하라!

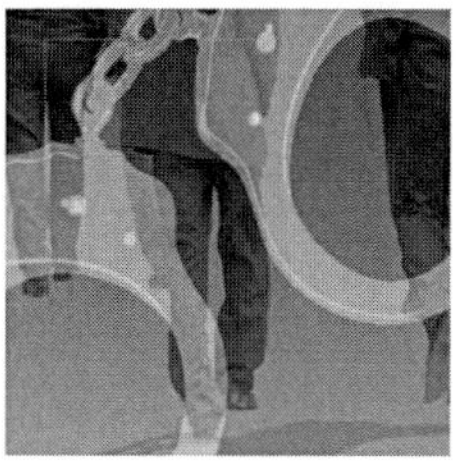

여객선 세월호 침몰사고 이후 '부정청탁 금지 및 공직자의 이해출돌방지법안(김영란법)'이 다시 급부상하고 있다. 공직사회 투명화를 요구하는 여론과 맞물려 공직자 금품수수 및 이해관계 충돌 직무수행 금지 등을 골자로 하는 '김영란법'의 4월 임시국회에서 본격적으로 다뤄질 전망이다. 공직사회에서 발생하는 각종 비리나 부정부패는 의사결정 과정상 특정집단에 대한 편향이나 알선 및 청탁 등의 사익추구행위 과정에서 발생하는 이익충돌과 관련한 위법행위가 많다.

부패방지 차원에서 2012년 8월 김영란 당시 국민권익위원장은 '부정청탁 금지 및 공직자의 이해충돌 방지법'을 입법 예고했다. 이 법에 따르면 공무원이 100만 원 이상의 금품이나 향응을 제공받았을 경우 직무관련성이나 대가성이 없더라도 3년 이하의 징역이나 금품의 5배에 해당하는 벌금에 처하도록 돼있다. 공무원과 관련한 금품 잡음이 일어날 가능성을 애초에 차단해버린 것이다.

하지만 법무부가 반대 의견을 내놓으면서 벽에 부닥쳤다. 헌법 제37조 2항에 적혀 있는 '필요한 경우에 한하여'는 법률로써 기본권을 제한할 수 있다는 '과잉금지의 원칙'을 위반한 과잉입법이라고 반기를 든 것이다. 결국 권익위가 법무부의 반론을 받아들여 금품을 수수한 경우에만 처벌하고 받은 액수의 5배 이하 과태료만 부과하는 것으로 대폭 완화했다. 부처 할거주의(割據主義)로 맞서는 모양새가 부담이 된 것일까. 일련의 잠정 조정안에 대한 비난 여론이 일자 정홍원 총리가 중재안을 마련했다. '직무와 관련하여 또는 그 직위·직책에서 유래되는 사실상 영향력을 통한 금품수수는 대가 관계가 없더라도 형사처벌'하도록 했다. 직무관련성이 없는 돈을 받은 경우에는 형사처벌이 아닌 과태료를 물리기로 했다는 점에서 법무부의 의견을 수용한 것으로 보인다.

문제는 일부 언론에서도 지적했듯이 '직무 관련성'에 대한 해석상의 문제와 더불어 '사실상의 영향력을 통한 금품수수' 부분이 상당히 모호하다는 점이다. 정부가 나서 공직사회의 부패근절을 외부 감시 등 보완책을 서둘러 마련해야 한다. 마침 '원전 비리와의 전쟁'을 선포한 만큼 부처 간 입장 절충으로 끝나서는 안 되기에 원안대로 '김영란법'을 수정 없이 허하라.

'김영란법'은 세월호 사건 이후 새로운 전기를 맞은 분위기다. 당장 국회처리는 어려워 보이지만 향후 정국에서 쟁점화 할 가능성은 높아졌다. 세월호 사건이라는 점화장치가 기폭제 역할을 할 것으로 보인다. 부정부패 척결 차원에서 6월 국회에서 이 법이 처리되기를 기대해 본다.

출처: 한국국제대학교 웹진 8월호(한동효 교수칼럼) 일부 인용

제 2 절 척도의 구성과 유형

척도구성(scaling)은 숫자나 기호를 측정하고자 하는 특정 개념의 다양한 수준에 부여(allocation)하는 과정으로 심리사회과학에서는 인간의 내면적 태도를 측정하는 일종의 잣대를 구성하는 것으로 간주된다. 대개의 경우 숫자를 부여하지만, 가끔은 특히 명목적 수준에서 개념에 대한 다른 값으로 집단 A 또는 집단 B와 같은 기호를 지정하기도 한다. 일반적으로는 측정될 개념에 일정한 범위의 가능한 값을 숫자로 부여하고 단일차원의 원칙에 근거하여 만들어진다. 여기서 단일차원의 원칙(principle of uni-dimension)이란 척도를 구성할 때 모든 항목들은 하나의 동일 차원적 연속선상에 배열되어 있어야 한다는 것을 말한다.

척도를 구성하는 방법은 측정하려는 변수의 구조적 성격에 근거하여 결정된다. 특히 변수의 측정 등급에 따라 척도구성 방법은 상이하게 나타나는데 일반적으로 가장 낮은 수준인 명목척도에서 가장 높은 수준인 비율척도로 구분한다. 척도의 기본 유형은 명목·서열·등간·비율 등 네 가지로 구분되는데, 본 절에서는 명목척도, 서열척도, 등간척도, 비율척도 등 네 가지 측정수준으로 구분하여 구체적으로 살펴보았다.

1. 명목척도(nominal scaling)

명목척도는 측정 수준에서 가장 낮은 수준에 있는 척도로 변수가 가지는 질적인 부분을 상호 배타적 또는 포괄적으로 분류하는 역할을 하며, 이렇게 분류한 범주에 숫자나 기호를 부여하게 된다. 그리고 명목척도에 의해 측정되는 변수를 명목변수(nominal variable)라고 한다. 또한 질적인 속성을 가진 범주에 숫자나 기호가 부여된 것이기 때문에 숫자나 기호가 가지는 수량적 의미는 없다. 다만 분류하는 작업에 불과하여 분류된 범주에 말 그대로 이름만 부여한 것이다. 명목수준에서 척도화는 근본적으로 가능한 가장 동질적이면서 상호배타적이고 포괄적인 집단을 만들어내는 문제이다. 단지 하나의 변수나 차원으로 구성된 명목척도의 형성은 실제상으로는 폐쇄형(closed-ended) 또는 강제선택형(forced-choice)으로 응답내용을 부호화하는 것이다. 예를 들면, 만일 우리가 응답자에게 그의 성(性)을 묻는다면, 성에 관한 명목척도를 다음과 같이 구성하면 된다.

■ 단일 차원적 명목척도 예

당신의 성은 무엇입니까? ① 남자 ② 여자

그러나 만일 다차원적 범주(a multidimensional set of categories)로 구성한다면, 명목척도는 복잡하고 훨씬 더 어려워질 것이다. 예를 들면, 성에 대해서만 부호화하는 대신에 성, 종교, 직업을 동시에 부호화하는 것은 쉽지가 않다. 이와 같이 다차원적 명목척도에서는 응답범주를 구성하는 것이 복잡하고 어려워진다. 따라서 가능한 단일 차원적으로 명목척도를 형성하는 것이 바람직하다고 볼 수 있다.

■ 다차원적 명목척도 예

* 당신의 성과 종교와 직업은 무엇입니까?
① 남자 –기독교 –공무원 ② 남자 –불교 –공무원
③ 여자 –기독교 –공무원—— 기타 무수히 많은 조합들이 가능

2. 서열척도(ordinal scaling)

서열척도(ordinal scaling)는 측정대상을 그 특징이나 속성에 따라 일정한 범주로 분류하고, 각 범주들 간의 상대적 순서관계를 밝힐 수 있도록 숫자나 기호를 부여하는 과정이다. 서열척도는 사회과학 분야에서 가장 많이 활용되는 측정의 수준이다. 서열척도는 범주들 간의 서열을 매길 수 있기 때문에 명목척도보다는 측정의 수준이 높다고 할 수 있다. 명목척도와 마찬가지로 측정을 위한 범주에 부여된 수치들이 질적인 의미를 많이 내포하고 있기 때문에 계량화의 양적인 의미는 약하다. 사회조사에서 서열척도는 측정, 개념의 조작적 정의, 응답자 편의(偏倚, bias) 방지라는 세 가지의 주요한 기능을 수행한다. 서열척도에는 평정척도, 총화평정척도, 리커트 척도, 거트만 척도 등이 있다.

1) 평정척도(rating scale)

평정척도(rating scale) 또는 평급척도는 평가자가 측정대상의 연속성을 전제로 하여, 일정한 등급법(rating method)에 따라 평가함으로써 대상의 속성을 구별하는 척도이다. 이 척도는 어떤 인물, 집단, 사물 등에 대해 주어진 기준에 의해 평가하도록 하는 척도라 할 수 있다.

다시 말해서 응답자에게 주어진 사회현상에 대해 몇 개가 의미 있게 배열되어 범주들 중에 하나 또는 연속선상의 한 점을 선택하도록 함으로써 대상의 속성이나 사회현상을 평정하는 방법이다. 이 척도는 자극 상호 간을 비교하여 평정하는 것이 아니라 주어진 기준에 의해 평정한다는 점에서 평위척도(ranking scale)와 구별된다. 예를 들면, 학생들의 성적을 A, B, C, D, F 또는 수, 우, 미, 양, 가로 평가한다든지 매우 잘함, 잘함, 보통, 못함, 매우 못함으로 평가하는 것이 좋은 예이다.

또한 설정한 각 단계에 임의의 수치를 부여하여 여기서 얻어진 수치의 합계 또는 평균을 측정대상이 가지는 척도점수로 간주한다. 평정척도에는 평가자(judges), 대상(subject), 그리고 연속성(continuum)의 세 가지 요소가 있다. 평정척도의 구성형식은 크게 두 가지로 구분된다. 평정척도는 대부분 서열척도이지만 항목 간 거의 비슷한 정도의 차이가 있다고 가정하면 등간척도로도 간주할 수 있다. 평정척도가 리커트 척도와 다른 점은 리커트 척도가 한 변수를 측정하기 적절하게 구성된 한 세트의 다수 항목으로 구성된 반면, 이 척도는 한 변수를 한 문항으로 측정하도록 되어 있다는 점이다. 평정척도에는 범주식 평정척도, 도표식 평정척도, 숫자·언어식 평정척도, 평점방식 평정척도 등이 있다(김렬, 2013).

① 범주(카테고리)식 평정척도

특정 범주 척도는 도표를 사용하지 않고 어떤 속성을 나타내는 문장이나 항목을 그 정도에 따라 범주별로 제시하고 그 가운데에서 가장 적합한 것을 고르게 하는 방법이다.

■ 범주식 평정척도의 예

* 귀하가 거주하는 지역의 지구대에 근무하는 경찰관들은 얼마나 친절합니까?

매우 친절하다	( )
친절하다	( )
보통이다	( )
불친절하다	( )
매우 불친절하다	( )

② 도표식 평정척도

도표식 평정척도는 평정척도에서 가장 흔히 사용되는 기법이다. 선과 언어를 합하여 구성한 것으로 선을 긋고 중간 중간에 숫자 또는 해설을 붙여서 평가자로 하여금 대상의 위치 또는 태도를 기호로 표시하도록 하는 방법이다.

■ 도표식 평정척도의 예

문 항	척 도				
귀하가 거주하는 지역의 지구대에 근무하는 경찰관들은 얼마나 친절합니까?	① 매우 친절	② 친절	③ 보통	④ 불친절	⑤ 매우 불친절

③ 숫자-언어식 평정척도

측정대상의 특성에 따라 평가자가 일정한 숫자나 언어를 부여하여 평가하는 방법이다. 친절성의 각 항목에 따라 ①, ②, ③, ④, ⑤의 수를 부여하여 평가하는 것이다.

■ 숫자-언어식 평정척도의 예

* 귀하가 거주하는 지역의 지구대에 근무하는 경찰관들은 얼마나 친절합니까?

① 매우 친절하다

② 친절하다

③ 보통이다

④ 불친절하다

⑤ 매우 불친절하다

④ 평점방식 평정척도법

평점방식에 의한 척도는 조사대상의 속성이나 특성에 대해서 평가자가 그의 의견이나 태도를 수치로 평점하는 것이다. 이 경우 평점의 양극은 0에서 10으로 지정되어 있으나 이 사이에는 아무런 구분이 명시되어 있지 않다.

예시: 우리 지역의 지구대에 근무하는 경찰관들은 친절하다

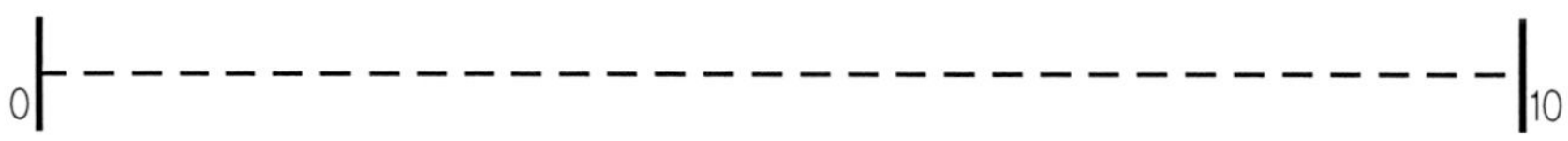

평정척도는 작성하기 쉽고 사용이 간편하며 시간과 비용 측면에서 경제적이기 때문에 광범위하게 활용된다. 하지만 평정척도는 독자적인 기준에 의한 것이 아니라 평가자에 의존한다는 점에서 여러 가지 편의가 개입될 여지가 있다. 대표적인 것으로는 후광효과, 관용오류, 대조오류 그리고 준거 틀의 차이가 있다. 후광효과란 평가하고자 하는 특성이 둘 이상일 때 어느 하나에서 받은 강한 인상이 평가자에게 그대로 남아 다른 특성을 평가함에

있어서 이것을 기준으로 삼게 되는 오류이다. 관용의 오류는 대상의 좋은 점을 과장해서 평정하는 경우를 말한다. 대조오류는 평정자 자신의 특성과 대조되는 특성을 찾아 이를 부각하는 경향을 말한다. 준거 틀의 차이는 평가자 개개인이 가지고 있는 준거 틀이 서로 다름으로써 해석상에 차이가 나올 수 있다는 점이다.

2) 총화평정척도(summated rating scale)

여러 질문문항들이 단지 하나의 변수만을 측정하고 있다고 할지라도 일반적으로 전체적인 질문문항들로부터 연속적인 척도를 구성하는 것이 필요하다. 왜냐하면 하나의 변수를 측정하는 많은 질문문항들이 있기 때문에 응답자의 점수를 산정하기 위해서는 얼마나 많은 질문들에 응답자가 동의하였는가 또는 올바로 응답하였는가를 파악해야 할 필요가 있기 때문이다. 연속적인 척도 상에서 응답자의 보다 높은 점수는 측정대상이 되는 개념의 보다 높은 수준을 나타낸다. 이런 유형의 척도는 응답자의 점수가 응답자가 응답하는 질문문항의 수를 어떤 방식으로 총합(總合, summation)함으로써 계산되기 때문에 총화평정척도(總和評定尺度)라 한다. 예를 들어 태도척도를 위한 질눈들은 0(동의하지 않음) 또는 1(동의함)로 부호화한다. 모든 질문들에 동의한 사람은 척도 상 최대 점수를 받으며, 모든 질문에 동의하지 않은 사람은 척도 상 0점을 받는다. 총화평정척도의 예로 베일리(Bailey)의 출산율 척도를 들 수 있다. 베일리(Bailey, 1987)는 10개 항목의 출산율 척도를 구성하고, 동의하는 경우는 1로서 부호화하고, 동의하지 않는 경우에는 0으로서 부호화하였다. 이 척도에서 척도 상 10점은 응답자가 아이를 가져야할 강한 책임감을 느끼는 경우이다. 반면 0점을 받은 응답자는 아이를 가질 책임감을 느끼지 않는 경우이다.

[표 7.2] 베일리(Bailey)의 출산율에 대한 총화평정척도

번호	질문내용	응답	
		동의함	동의안함
1	결혼하는 주된 이유 가운데 하나는 아이를 갖는 것이다.	1	0
2	아이가 하나면 형제가 없어 외롭게 성장하기 때문에 하나의 아이를 갖는 것은 잘못이다.	1	0
3	아이를 출산하는 것은 여자로서 가질 수 있는 가장 심오한 경험이다.	1	0
4	동성의 아이들만을 갖는 것 보다 다른 성의 아이를 적어도 하나 갖는 것이 좋다.	1	0
5	아이를 갖지 않은 여자는 완전한 성취감을 결코 가질 수 없다	1	0

6	남자는 아이의 아버지가 될 때까지는 진정한 남자가 아니다.	1	0
7	임신에 이르지 않는 성적행위는 도덕적으로 잘못된 것이다.	1	0
8	결혼하지 않거나, 또는 아이가 없이 결혼한 사람은 이미 동성애자일 것이다.	1	0
9	여자의 첫째 역할책임은 모성이고, 어머니로서의 역할을 방해하지 않을 경우에만 직업을 갖는 것이 옳다.	1	0
10	결혼해 아이가 없는 부부는 가엽다.	1	0

이러한 척도의 가장 큰 단점은 모든 질문들이 똑같은 변수를 측정하고 있는지를 확신하지 못한다는 점이다. 모든 질문이 측정될 주제에 매우 적절하여서 액면타당도(face validity)[5]를 갖고 있는지도 파악하여야 한다. 이 같은 유형의 총화평정척도가 갖는 주된 문제점은 응답자가 어느 한 점수를 받을 수 있는 방법이 여러 가지 있을 수 있다는 점이다. 10점이나 0점을 받을 방법은 각각 1가지뿐이다. 그러나 1점에서 9점까지의 점수를 받는 방법은 다양할 것이기 때문이다(김기원, 2016).

3) 리커트 척도

리커트 척도(Likert scaling)[6]는 척도의 신뢰도와 타당도를 높이기 위해 하나의 문항보다는 여러 개의 문항들을 하나의 척도로 사용해야 한다는 논리에 기초하고 있다. 이 방법의 기본 요지는 어떤 변수를 측정하고자 할 경우에 한 문항으로는 불충분하며, 적절하게 선택하고 분석된 일련의 다수 문항들로 척도를 구성할 때 변수를 보다 정확하게 측정해 낼 수 있다는 점이 특징적이다(Babbie, 1992). 또한 하나의 척도에 속하는 어떤 문항도 그 것이 타당한 문항이라면 반드시 그 척도 내의 다른 문항과 고도의 관련성을 가지고 있어야 한다는 점이 리커트 척도의 기본 논리이다. 이 방법은 서스톤(Thurstone) 척도와 같이 다수의 문항을 사용했을 때 나타나는 복잡성 문제를 개선하여 보다 간단하게 변수를 정확히 측정할 수 있도록 척도를 구성하는 것이다. 이 척도는 다른 척도에 비해 매우 실용적이기 때문에

5) 일반적으로 액면타당도는 내용타당도와 동일한 개념으로 보고 있다. 액면타당도는 궁극적으로 판단의 문제(matter of judgment)이다. 여기서 두 가지 주요 질문이 반드시 고려되어야 한다. 첫째, 조사자가 그것이라고 확신 내지 추정하는 그런 유형의 행동을 측정도구가 실제 측정하고 있는지의 여부이다. 둘째, 그 측정도구가 그런 행동유형의 적절한 표본을 제공하는지 여부이다(김기원, 2016: 209 참조).

6) 리커트 척도는 척도구성 기법 중 가장 많이 활용되는 방법으로 총화평정법(summated rating)에 의한 척도구성 방법이다. 이러한 측면에서 볼 때 앞에서 제시한 총화평정척도와 리커트 척도를 구분하여 제시함으로써 다소 혼란을 줄 수 있으나 다양한 척도방법을 고찰하기 위해 두 척도의 유형을 구분하였다.

사회과학 분야에서 널리 사용되고 있다.

한편, 리커트(Rensis Likert)는 의심스러운 항목을 척도에서 제거하는데 도움이 되는 기법을 개발하였다. 리커트 척도의 본질은 단순히 '동의함 또는 동의하지 않음'으로 코딩하는 대신에 적극적으로 동의함에서부터 적극적으로 동의하지 않음으로 코딩함으로써 가능한 점수의 변량(variation in the possible scores)을 증가시킨다는 것이다. 앞에서도 제시했지만 리커트 척도는 하나의 변수를 측정하기 위해 여러 개의 항목을 사용하기 때문에 문항 간의 일관성이 높아야 한다.

리커트 척도를 이용할 때 주의해야 할 점은 문항들이 반드시 단일차원으로 설명하고 있는 하나의 개념이어야 한다. 만일 서로 다른 개념을 설명하고 있는 문항을 서로 합하여 분석하게 될 경우에 그 결과에 어떠한 의미도 부여할 수 없게 된다. 문항들 간의 일관성·상관성은 문항분석을 통해 확인할 수 있다. 만일 A라는 사람은 매우 높은 점수를 받고 B라는 사람은 매우 낮은 점수를 받은 경우에 매우 다른 점수를 받은 두 사람이 응답을 똑같이 한 어느 하나의 질문문항이라도 존재하는지를 검사하기 위해, 모든 질문문항에 대해 응답자들의 응답들은 비교될 수 있다. 예를 들면, 만일 A라는 사람이 55점을 받고 B라는 사람이 3점을 받았을 경우, 두 사람 모두 7번 질문문항에 동일한 응답을 하였다면, 7번 질문은 고득점자와 저득점자를 잘 구분할 수 없기 때문에 척도에서 제거된다. 이러한 방법을 문항분석이라 하는데, 문항분석[7]은 척도를 구성하는 문항 간의 내적 일관성, 그리고 각 문항과 전체 척도와의 관계를 파악하여 척도의 정확성을 평가한다(남궁근, 2014).

① 리커트 척도의 기본절차

리커트 척도(Likert scaling)의 기본적인 절차는 다음과 같다. 첫째, 척도를 구성하는 질문문항을 작성한다. 평가될 그 변수나 차원을 측정하는 것으로 생각되는 다수의 질문문항을 작성한다. 다시 말해서 어떤 쟁점 또는 대상에 대하여 긍정-부정, 우호적-비우호적, 찬성-반대의 방향이 뚜렷한 문항을 다수 수집하거나 만든다.

둘째, 각 문항에 대한 응답 범주를 설정한다. 일반적으로 응답 범주는 대체로 5점 척도를

7) 문항분석(item analysis)에서는 문항의 모집단에서 추출한 표본문항들에 대한 응답자들의 응답 값이 모집단의 참값들과 상관관계가 크다면 그 문항표본은 좋은 표본이며, 따라서 척도는 대표성을 갖는 것으로 판단한다. 만약 척도를 구성하는 문항들이 단일차원이며 하나의 구성개념(construct)으로부터 도출된 것이라면 그 항목들에 대한 응답은 높은 상관관계를 가져야 한다. 문항분석에서 척도를 구성하는 문항간의 내적 일관성 및 관련성을 평가하는 지표로 크론바흐 알파(Cronbach's alpha)값을 주로 사용한다(남궁근, 2014: 458 참조).

많이 사용한다. 예를 들어 '적극 찬성', '찬성', '보통', '반대', '매우 반대' 등의 다섯 가지 범주를 만든다. 가장 긍정적인 항목에서 가장 부정적인 항목으로 1에서 5까지의 가중치를 부여한다. 다시 말해서 더 높은 점수가 부여된 특정 응답항목이 평가되는 태도에 보다 강한 동의를 나타낼 수 있도록 모든 응답을 부호화한다. 점수는 가장 긍정적인 항목에서 가장 부정적인 항목 순이나, 또는 그 반대로 일관성 있게 부여한다.

셋째, 응답 범주에 가중치를 부여하고 난 후 응답자들이 각 문항에 대해 응답범주 내에서 하나의 응답 항목을 선택하게 한다. 그리고 각 문항에 대한 응답자의 응답을 점수로 산정하고, 각 문항 점수를 합산하여 총점을 구한다. 이를 응답자의 평점이라고도 하는데, 응답자의 평점은 응답자가 표시한 응답 범주들의 가중치의 합계를 말한다. 여기서 총점은 각 문항에 대한 응답의 평점을 모두 합한 수치이다. 예를 들어 1점에서 5점까지의 평점을 가진 20개 문항이면 최저 20점 최고 100점이 될 것이다.

➲ 리커트 척도를 사용한 지수 구성 예시

■ 여성에 대한 기회평등 지수(Index of Equal Opportunity for Women)

▸ 문항

		적극 동의	약간 동의	보통	약간 반대	매우 반대
1	여성은 남성에 비하여 최상위직에 오를 수 있는 기회가 제한되어 있다.	①	②	③	④	⑤
2	자격을 갖춘 많은 여성이 좋은 직업을 가지지 못한다.	①	②	③	④	⑤
3	우리 사회는 여성을 차별한다.	①	②	③	④	⑤

▸ 점수부여– 적극동의: ①, 약간 동의: ②, 보통: ③, 약간 반대: ④, 매우 반대: ⑤

▸ 척도에서 가능한 최고점수 15점: 응답자는 여상들에게 기회가 평등하다고 생각함

▸ 척도에서 가장 최저 점수 3점: 응답자는 여상들에게 기회가 불평등하다고 생각함

넷째, 각 문항이 내적 일관성을 가지고 있느냐를 확인해야 한다. 내적 일관성을 알아보기 위한 방법에는 문항간의 상관관계와 문항분석(item analysis) 등 두 가지 방법이 있다. 상관관계를 통해 일관성을 검토하기 위해서는 다수의 응답자에게 질문하여 응답자별로 평점한 점수를 가지고 상관관계를 구해 상관계수가 낮은 문항은 일관성이 낮은 것으로 제거하면 된다(김해동 외, 2010). 문항분석은 응답결과를 분석해서 점수가 높은 것과 점수가 낮은 것을 가장 분명하게 구별하는 질문문항을 찾아 선택하고 일관성이 낮은 진술들을 배제한다. 척도에 최종적으로 포함될 질문문항을 선택하는 방법을 문항분석법이라 한다. 여기서

문항분석법은 다음과 같은 과정을 거친다.

먼저 연구자는 각 응답자를 앞에서 산출한 평점의 크기순으로 나열하고 그 분포에서 제1 사분위수(Q1) 이하에 속하는 응답자와 제3 사분위수(Q3) 이상에 속하는 응답자로 나누어 두 집단으로 구분해 낸다. 여기서 사분위수는 조사대상 전체를 평점의 크기순으로 4등분한 것을 말한다. 앞의 예에서 제시한 여성의 기회평등 지수를 통해 살펴보면, 제1 사분위수 이하에 속하는 사람들은 여성들에게 기회가 불평등하다고 평가한 사람들의 집단이며, 제3 사분위수 이상에 속하는 사람들은 여자에게 기회가 평등하다고 평가하는 사람들의 집단이라 할 수 있다. 예를 들어 공무원의 대국민 서비스의 이미지를 살펴보기 위해 12개 문항(예: 공무원은 열심히 일한다, 정직하다, 공정하다, 친절하다, 전문성을 가졌다 등)을 100명의 응답자들에게 조사했을 때 제1 사분위수 이하에 속하는 집단과 제3 사분위수 이상에 속하는 집단을 구해 다음과 같은 결과를 얻었다고 가정하자.

■ 100명 응답자에 대한 사분위수별 분포

점 수	빈 도	누적빈도	백분율	누적백분율	
12	6	6	6	6	제1사분위수 이하 집단
16	9	15	9	15	
20	10	25	10	25	
24	9	34	9	34	
27	9	43	9	43	
32	7	50	7	50	
36	11	61	11	61	
40	7	68	7	68	
44	7	75	7	75	
50	9	84	9	84	제3사분위수 이상 집단
55	8	92	8	92	
60	8	100	8	100	

다음으로 판별력(discriminating power)을 계산해야 한다. 위에서 각 응답자별로 응답문항에 따른 총점수를 계산해서 평점의 크기순으로 나열했다. 그리고 각 문항이 이 두 집단에서 각각 평균점수를 얼마나 얻었는지를 계산하고 그 두 집단의 평균점수의 차이를 산출한다. 이 두 집단에서 평균점수의 차이가 큰 문항일수록 판별력이 크다. 다시 말해 제1 사분위수 이하의 집단에서는 낮은 점수를 받고 제3 사분위수 이상의 집단에서는 높은 점수를 받은

문항이 판별력이 좋은 문항이라 할 수 있다. 이와 반대로 판별력이 좋지 않은 문항은 긍정적인 태도를 보인 집단에서나 부정적인 태도를 보인 집단에서 비슷한 점수를 받게 되어 두 집단 간의 평균점수의 차이가 크지 않을 것이다. 여기서 판별력이 큰 것부터 문항을 골라 최종 척도로 사용한다. 예를 들어 5점 척도의 경우 될 수 있는 대로 판별력이 1.0이나 그 이상의 것이 많아야 하며, 0.5 이하로 떨어지는 것은 있어서는 안 된다. 이러한 예에서 12개의 문항에 대한 문항분석을 정리했을 경우에 다음과 같은 결과가 나왔다고 하자. 이러한 분석결과에 의해 판별력이 높은 문항 1, 2, 5, 6, 8, 11번을 선택할 수 있다.

■ 12개 문항의 문항분석 결과

문항번호	제3 사분위수 이상 집단 평균점수(X_h)	제1 사분위수 이하 집단 평균점수(X_l)	판별력지수 (X_h-X_l)
1	4.2	1.8	2.4
2	4.0	2.1	1.9
3	3.1	2.5	0.6
4	3.2	2.4	0.8
5	3.9	1.8	2.1
6	3.5	2.4	1.1
7	3.7	2.8	0.9
8	3.8	2.5	1.3
9	3.5	2.9	0.6
10	3.6	2.8	0.8
11	4.1	2.1	2.0
12	3.9	3.2	0.7

마지막으로 위에서 선정되지 않은 문항을 제외하고 선정된 문항의 결과만 분석 자료로 활용한다. 한 예로 12개의 문항 중 6개를 선정했다면 선정된 6개 문항에 대해 다시 조사할 필요가 없이 이미 조사한 내용의 결과를 분석 자료로 활용한다. 결과적으로 6개 문항이 선정되고 5점 척도이기 때문에 점수가 가장 낮은 응답자의 총점은 6점이고, 점수가 가장 높은 응답자의 총점은 30점이 될 것이다. 이 총점은 문항 수, 다시 말해 6으로 나눈 것이 평점이다. 위의 예에서 각 응답자별로 문항 1, 2, 5, 6, 8, 11의 점수를 평균한 것이 그 사람의 평점이 된다(채구묵, 2015). 내적 일관성과 관련한 내용은 다음 제3절 신뢰도 측정방법의 하나인 내적 일관성 신뢰도법에서 구체적으로 살펴보기로 하겠다.

② 리커트 척도의 장·단점

리커트 척도는 다음에 설명할 서스톤 척도에 비해 몇 가지 장점을 가진다. 첫째로 용이성을 들 수 있다. 사실에 대한 판단보다는 개인의 의견이나 태도에 관한 질문을 중심으로 간결하고 명료하게 작성하였기 때문에 실제 사용이 용이하다. 둘째로 일관성을 들 수 있다. 응답자에게 각 문항에 대해 일정한 방향으로 의견이나 태도 등을 질문하기 때문에 일관성이 있어 신뢰도가 높다. 셋째로 객관성을 들 수 있다. 서스톤 척도와는 달리 평가자를 사용하지 않기 때문에 평가자의 주관적 개입을 배제할 수 있어 객관적인 측정이 가능하다. 넷째로 단순성을 들 수 있다. 척도의 구성이 몇 단계를 거쳐 이루어지지만 서스톤 척도(Thurstone scale) 등에 비하면 간단하다. 다섯째로 정밀성과 경제성을 들 수 있다. 다수의 문항을 사용해 척도를 구성하기 때문에 보다 정밀한 응답을 구할 수 있어 타당도가 높고 척도구성 시 시간과 비용이 절감된다. 이러한 장점과 더불어 실용적이기 때문에 리커트 척도는 널리 사용되고 있다.

그러나 리커트 척도도 몇 가지 단점을 가지고 있다. 첫째로 서열적 측정값이라는 점이다. 응답의 범주를 5점이나 그밖에 3점, 7점, 9점 등으로 만들고 응답범주들 사이에 등간성이 있는 것으로 가정하지만, 기술적으로나 경험적으로 그 등간성이 확인되지 않기 때문에 이 방법에 의해서 얻는 척도 값은 등간척도 값이 아니라 원칙적으로 서열척도 값에 속한다. 둘째로 일치성이 결여되어 있다. 동일한 태도를 가진 응답자들이 응답범주 내에서 택한 응답항목이 항상 서로 정확하게 일치한다고 보기 어렵다. 셋째로 구분적이지 못하다는 점을 들 수 있다. 각 문항점수를 합산하여 그 총점을 척도 값으로 정하기 때문에 개개의 문항에서 응답자가 표현한 응답자의 태도가 구분되어 의미를 갖지 못하게 된다. 넷째로 대부분의 척도에 해당되는 것과 마찬가지로 문항분석의 절차는 기술적인 수준에서 내적 일관성을 다루는 것이지 이론적 타당성까지 검증하는 것은 아니다. 마지막으로 척도를 구성함에 있어 대개의 경우 응답자 표본을 선정해야 하는데 전체 모집단을 대표하는 표본을 선정하기가 쉽지 않다. 다음은 일중독과 시설장애아동의 독립성에 관한 내용을 중심으로 리커트 척도의 예를 제시한 내용이다(김기원, 2016).

■ 예시 1: 일중독에 관한 리커트 척도

척도문항(측정문항)	응답범주(항목)				
	전혀 아님 1	아님 2	보통 3	그렇다 4	매우 그렇다 5
1. 일이 없으면 스스로 일을 만든다.					
2. 평균정도의 성과로는 만족하지 못한다.					
3. 휴일에는 자꾸 일이 떠올라 마음 편히 쉬지 못한다.					
4. 일은 나의 가장 큰 보람이다.					
5. 다른 사람에게 일을 맡기면 왠지 불안하다.					
6. 가족보다 일이 우선이라고 생각한다.					
7. 일하는 시간이 점점 길어진다.					

■ 예시2: 시설 장애아동의 독립성에 관한 리커트 척도

척도문항(측정문항)	응답범주(항목)				
	전혀 아님 1	아님 2	보통 3	그렇다 4	매우 그렇다 5
1. 숟가락을 사용하여 음식을 흘리지 않고 혼자 먹는다.					
2. 도와주지 않아도 컵으로 물을 흘리지 않고 마신다.					
3. 낮이나 밤이나 대소변을 혼자서 모두 잘 가린다.					
4. 얼굴을 비누와 수건으로 혼자서 잘 닦고 씻는다.					
5. 혼자서 잘 걷는다.					

4) 거트만 척도

거트만 척도(Guttman Scaling)는 누적척도의 대표적인 형태로 척도를 구성하는 여러 문항들이 일정한 기준에 의해 서열을 이루고 있다. 척도도식법(scalogram method)이라고도 하며, 척도를 구성하는 문항들이 내용의 강도에 따라 일관성 있게 서열을 이루고 있기 때문에 단일 차원적이고 누적 척도[8]를 구성하는 대표적인 방법이다. 거트만은 척도를 구성하는

8) 여기서 누적적이라 함은 강한 태도를 나타내는 문장에 긍정적인 견해를 표명한 사람은 약한 태도를 나타내는 문항에 대해서도 긍정적(그 반대의 수도 가능)이라는 논리를 적용하여 구성문항을 배열한다는 것을 의미한다

문항들이 동일한 태도 차원을 구성하는 것이라면, 이 문항들이 그 태도의 잠재적인 차원을 나타내는 연속체가 될 수 있도록 배치할 수 있다고 가정하였다. 또한 서로 다른 척도 점수에 대한 하나의 결합이 존재한다는 것을 확실히 하기 위해서 척도도식분석(scalogram method)이라 불리는 척도화 방법을 고안하였다.

거트만 척도의 특징은 척도에 동원된 문항들을 서열화하는 구성을 취한다는 점이다. 리커트 척도에서는 개별 항목을 동일하게 취급하여 단순히 합산한 결과를 서열화하지만 거트만 척도에서는 개별 항목들 자체에 서열성이 미리 부여되는 방식을 택한다. 거트만 척도 또한 측정결과 점수들을 통해 단일 차원의 서열성을 결정할 수 있다. 거트만 척도구성의 예를 들어 보자. 지역주민들의 비선호시설(NIMBY)에 대한 의식을 측정하기 위해 다음과 같이 서열성 척도를 가상적으로 만들었다.

[표 7.3] 장애인시설 입지에 관한 주민의식조사

질 문 문 항	찬성	반대
① 장애인시설을 우리 도(道)에 설치하는 것을 어떻게 생각하십니까?		
② 장애인시설을 우리 시(市)에 설치하는 것을 어떻게 생각하십니까?		
③ 장애인시설을 우리 동(洞)에 설치하는 것을 어떻게 생각하십니까?		
④ 장애인시설을 우리 집 근처에 설치하는 것을 어떻게 생각하십니까?		

위의 [표 7.3]에서 만약 세 문항에 '찬성'이라고 응답한 사람은 ①, ②, ③까지 찬성했을 것으로 예상된다. 세 문항에 찬성한 사람이 ①, ②, ④에 찬성하였거나 ②, ③, ④에 찬성하였다고 보기는 어렵다. 그 이유는 응답 항목들에서 이미 서열성이 주어져 있기 때문이다. 문항의 순서대로 1, 2, 3, 4점의 가중치를 부여했다고 가정하자. 합산을 하면, ①번까지 찬성한 응답자는 1점, ②번까지 찬성한 응답자 3점, ③번까지 찬성한 응답자 6점, ④번까지 찬성한 응답자는 10점이 된다. 이제 응답자의 점수만 알면 어느 정도의 허용성을 보이는지가 단일차원에서 뚜렷한 서열 구분이 될 수 있다.

리커트 척도구성에서는 문항들 간의 서열성을 감안하지 못하고 단순 합산의 결과 점수로만 측정값의 서열과 등위성을 부여한다. 그 결과 항목들 간에 강도의 차이가 있다면 동일 합산 점수라 해도 서열적 등위성을 보장하기 어렵다는 단점을 지니고 있다. 거트만 척

(남궁근, 2014: 453 참조)

도구성은 이러한 문제를 극복할 수 있는 장점을 가진다. 이들 문항에는 이미 서열성이 주어져 있기 때문에 응답자가 어떤 문항에 반대했는지를 알게 될 경우에 저절로 장애인시설의 수용성 정도를 알 수 있다.

거트만 척도를 어느 집단에 적용해 평균 점수를 산출하면 그것이 의미하는 위치가 뚜렷하게 해석될 수 있다. 이것은 집단 간 비교에 적절하게 활용할 수 있고 한 집단 내에서도 다양한 사회문제에 대한 집단 구성원의 인식 차이 등을 확인해 내는데 유용하게 활용할 수 있다(김영종, 2007). 이러한 원리에 따라 미국 국방성 조사부의 거트만(Guttman)은 심리상태를 알기 위해 이 척도를 개발하게 되었다. 거트만 척도는 의원들의 투표형태, 군인의 사기, 공무원의 주민에 대한 태도, 복지시설이나 비선호시설 등에 대한 지역주민들의 상대적 선호도 등을 측정하는데 자주 활용된다. 또 다른 예로 난폭운전에 관한 거트만 척도를 제시하면 다음과 같다.

■ 난폭운전에 관한 거트만 척도의 예

<table>
<tr><th>질 문 문 항</th><th></th></tr>
<tr><td>1. 다른 운전자에게 총을 쏜다.</td><td rowspan="7">강도 높음
⬆
강도 낮음</td></tr>
<tr><td>2. 차에서 내려 다른 운전자를 때린다.</td></tr>
<tr><td>3. 차에서 내려 다른 운전자와 언쟁을 한다.</td></tr>
<tr><td>4. 차를 이용해 위협적인 자세를 보인다.</td></tr>
<tr><td>5. 주먹으로 폭력을 행사하는 모습을 보인다.</td></tr>
<tr><td>6. 자신의 차 옆을 지나는 운전자에게 욕을 한다.</td></tr>
<tr><td>7. 마음속으로 다른 운전자를 비난한다.</td></tr>
</table>

① 거트만 척도의 절차

거트만 척도의 절차는 총화평정 또는 리커트 척도화 절차와 유사하다. 거트만 척도화의 일반적인 절차는 다음과 같다. 첫째, 척도구성을 위한 문항을 선정한다. 조사자는 개념들에 대한 단일 차원적 척도를 형성하는 문항집단들을 선택한다. 이들 문항들은 모두 내용타당도를 가져야 한다. 다시 말해서 이들 문항들은 모두가 적어도 해당 개념을 측정하는 것으로 보여야 한다. 둘째, 척도구성 문항을 내용의 강도에 따라 순서적 혹은 누적적으로 배열한다. 셋째, 응답자의 응답을 척도도식 용지에 기입한다. 응답자의 응답을 응답의 분포에 따라 일정한 순서로 배열한다. 가장 단순한 형태의 척도도식분석에서는 단지 두 개의 응답만이 각 질문에 대해서 허용된다. 이들은 이항적 부호화체계(1 또는 0, + 또는 −, a 또는 b)를 가지고 부호화할 수 있다. 넷째, 응답자의 응답이 누적적으로 되어 있느냐를 검토한 후 누적적으로 되어 있지 않은 경우를 오류로 간주하고 오류의 수를 파악한다. 다섯째, 문항들 간의 단일차원성과 누적성 부합 정도를 말하는 재생가능성계수(CR: coefficient of re-producibility)를 구한다.

일반적으로 재생가능성계수가 0.9이상이면 전체 점수에 대한 지식으로부터 다양한 항목의 응답을 재생하는 능력과 척도구성 가능성을 나타내는데 적절하다고 추정한다. 재생계수가 1일 때는 완벽한 척도구성 가능성을 갖는다. 보통 재생계수가 최소한 0.90은 되어야 바람직한 거트만 척도가 된다. 하지만 재생계수가 높은 것이 척도구성 가능성에 대한 충분한 기준이 되는 것은 아니다. 이 외에 다른 유형의 척도구성에서 요구되는 오차형태, 척도에서의 문항 수, 각 문항에 있어서 카테고리 수, 한계분포의 정도 등도 고려되어야 한다.

$$CR = 1 - \frac{\text{오류의수}}{(\text{전체응답의수})} = 1 - \frac{\text{오류의수}}{(\text{응답자수}) \times (\text{응답항목수})}$$

마지막으로 척도구성 항목을 조정하여 척도를 구성하는데, 여기서 오차의 수가 많은 척도구성 문항을 제외시키고 새로운 척도를 만든다. 이러한 절차를 근거로 거트만 척도의 예로 우디(Udy)가 연구한 관료제(bureaucracy)의 정도에 관한 연구를 통해 살펴보았다. 먼저 척도를 구성하는 문항 또는 특성을 선정한다. 우디(Udy)는 각 조직이 ① 보상적 보수, ② 전문화, ③ 업무수행 강조, ④ 부분적 참여 등 네 가지 특징[9]을 가지고 있는지의 여부를 평가하였다. 그는 척도 문항의 내용상 관료제 정도는 ① 〈 ② 〈 ③ 〈 ④ 순으로 가정하였다.

9) 여기서 보상적 보수(compensatory reward)는 권위의 높고 낮음에 대한 보상을 의미하고, 전문화(specialization)는 세 개 이상의 작업이 동시에 수행되어지고 있는지 여부를 말한다. 업무수행 강조(performance emphasis)는 수행된 업무에 비례한 보상, 부분적 참여(segmental participation)는 부분적 참여가 명백하게 계약상 합의가 되어 있는지 여부를 의미한다(김기원, 2016: 239).

■ 관료제 정도에 관한 거트만 척도 사용의 예(1= 예, 0= 아니오)

번호	조직 (응답자)	변수(응답문항)			
		보상적 보수	전문화	업무수행 강조	부분적 참여
1	A	1	1	1	1
2	B	1	1	1	1
3	C	1	1	1	0
· · ·					
22	W	1	1	0	0
23	X	0	1	0	0
24	Y	0	0	0	0
25	Z	0	0	0	0

우디(Udy)는 관료제 정도가 누적적인 거트만 형태에 부합되기 위해서는 가장 관료적이지 않은 또는 전혀 관료적이지 않은 조직사회의 경우 내용상 어떤 척도 문항이나 특징을 전혀 갖고 있지 않아야 한다는 것이다. 그 다음으로 관료적이지 않은 조직은 단지 하나의 문항만 가지고 있어야 하고, 그 다음으로 관료적이지 않은 조직은 하나 더 많은 문항을, 그 다음은 계속적으로 하나씩 더 많은 문항을 가지고 있어야 한다. 여기서 일부 점수들이 바람직하지 않게 결합되어 특정 척도점수를 구성한다면 그것은 오류로 간주된다.

만약에 오류가 존재할 경우에 특정 응답유형을 재생할 능력을 많이 갖고 있지 못하며, 질문문항들이 실제 단일차원적 척도를 형성한다고 확신할 수 없다. 앞의 우디(Udy)의 관료제 척도도식 상에서 오류의 예가 1개 있다. 23번 조직의 보상적 보수 '0'은 '1'이 되어야 한다. 따라서 재생가능성 계수(CR)는 0.99[CR= 1-(1)/(25×4)= 0.99]가 된다. 결과적으로 이 척도는 거드만 척도로서 바람직하다고 볼 수 있다.

② 거트만 척도의 장단점

거트만 척도는 모든 질문문항들이 측정대상 속성의 정도에 따라 누적적으로 되어 있기 때문에 응답결과로부터 다른 모든 문항에 대한 응답을 예측할 수 있다는 장점을 내포하고 있다. 또한 경험적 관측을 토대로 척도가 구성됨으로써 이론적으로는 리커트 척도보다 우월하다고 볼 수 있다. 이밖에 척도가 누적적으로 형성되면 척도가 하나의 변수를 측정하게 되어 단일 차원을 지니게 되고 산술적으로 측정할 수 있으며, 하나의 항목 측정값에 추가적인 정보를 포함할 수 있다. 마지막으로 다른 척도법과는 달리 개인을 서열화하기 때문에 개인차에 대한 연구를 수행할 때 유용하다는 장점이 있다.

그러나 문제는 실제로 이러한 단일 차원으로 배열될 수 있는 문항을 찾는 것이 쉽지 않다. 다시 말해서 척도를 구성하는 질문문항의 내용을 강도에 따라 일관성 있게 누적적이 되도록 작성하는 것이 어렵기 때문에 이를 활용하는데 한계가 따른다. 또한 단일 차원을 측정하는 경우에는 큰 문제가 없으나 두 개 이상의 변수를 동시에 측정하는 다차원적 척도로서 사용되기는 거의 불가능하다. 따라서 쉽게 사용하기 어렵다는 단점이 있다(김기원, 2016; 김영종, 2007; 채구묵, 2015 등).

+ Plus 님비(NIMBY)현상과 핌피(PIMFY)현상

님비현상[NIMBY, Not In My Back Yard]은 내 뒷마당에서는 안 된다는 이기주의적 의미로 통용되는 것으로 산업폐기물·AIDS환자·범죄자·마약중독자·쓰레기 등의 수용·처리시설의 필요성에는 원칙적으로 찬성하지만 자기 주거지역에 이러한 시설들이 들어서는 데는 강력히 반대하는 현상이다. 님비현상은 지역이기주의로 공공정신의 약화 현상이라 볼 수 있다. 이와 비슷한 현상으로 BANANA(Build Absolutely Nothing Anywhere Near Anybody) 신드롬(Syndrome)이 있다. 이밖에 LULU 현상도 있다. 'Locally Unwanted Land Uses'의 약칭으로 주민이 원치 않는 용도의 토지 사용을 반대하는 것인데, 건물이든 시설물이든 주민이 반대하는 것은 하지 말라는 압력이다.

이와 반대로 핌피현상[PIMFY]이 있다. Please in my front yard의 약어로 핌피현상이란 수익성 있는 사업을 내 지방에 유치하겠다는 지역이기주의의 일종이다. 원자력 발전소, 쓰레기 소각장 등 혐오시설을 내 이웃에 둘 수 없다는 님비와는 반대현상이지만 지역이기주의라는 점에서 똑같다. 우리나라에서도 지방자치시대가 열리면서 핌피현상이 고개를 들고 있다. 세수원 확보나 지역 발전에 영향을 미치는 행정구역 조정, 청사 유치, 정수장 관리 등을 위한 적극적 활동을 의미한다. 호남고속철도 노선을 놓고 대전시와 충남도가 대립한 것이나 삼성의 승용차 공장의 유치를 기대했던 대구시민들이 부산 신호공단으로 결정되자 삼성제품 불매운동에 들어갔던 것도 대표적인 핌피현상이다. IMF체제 후에도 외국인 투자 유치를 놓고 각 지방자치단체가 지나치게 경쟁하고 있는 것도 핌피현상으로 볼 수 있다. 이밖에도 혁신도시 건설, 동남권 신공항, 항공우주산업단지 유치 등과 관련한 지방자치단체 간의 갈등도 이러한 현상으로 볼 수 있다.

출처: 네이버 사전(2014)

3. 등간-비율척도(interval-ratio scaling)

앞에서 설명한 평정척도, 총화평정척도, 리커트 척도, 거트만 척도 등은 서열척도로써 이들은 모두 등간적(interval)이라기보다 서열적(ordinal)이다. 등간-비율척도의 구성은 측정으로 나타나는 개별 값들 간에 서열성 뿐만 아니라 거리(등간)와 절대영의 기준점(비율)까지도 확인할 수 있다. 등간-비율척도와 관련해서는 서스톤 척도, 조합비교법, 요인분석 등이 있는데, 여기서는 서스톤 척도와 조합비교법을 중심으로 살펴보았다.

1) 서스톤 척도

등간척도를 구성하기 위해 고안된 하나의 기법이 서스톤 척도(Thurstone scale)이다. 이 척도는 주로 태도를 측정하기 위하여 착안된 것으로 유사등간기법(method of equal-appearing intervals)이라고도 한다. 어떤 사실에 대하여 가장 긍정적인 태도와 가장 부정적인 태도를 나타내는 양 극단을 등간격으로 구분하여 여기에 수치를 부여하는 방법이다. 서스톤(Thurstone)이 제시한 척도구성방법은 크게 유사등간법, 조합비교법, 순차적 등간법 등 세 가지가 있다. 유사등간법은 서스톤과 그의 동료들이 1920년대 처음 고안한 방법으로 사례를 통해 일반적인 절차를 살펴보면 다음과 같다.

[표 7.4] 서스톤 척도의 작성사례

<table>
<tr><th colspan="2">측정변수: 사형제도에 대한 의견</th></tr>
<tr><td>1단계</td><td>개인적인 경험, 대중적이거나 전문적인 기술, 다른 사람들의 의견 등을 바탕으로 사형에 대한 문장을 100개 정도 만든다.

■ 문장 예시
1. 나는 사형이 잔인하고 불필요한 법이라 생각한다.
2. 사형 제도를 없앤다면 흉악범죄가 더 많아 질 것이다.
3. 나는 사형을 극도로 흉악한 범죄자에게만 적용해야 한다고 믿는다.</td></tr>
<tr><td>2단계</td><td>각 문항을 하나씩 한 장의 카드나 종이에 적어서 100 문장을 100세트 준비한다.</td></tr>
<tr><td>3단계</td><td>평가자 100명을 선정한다. 각각의 평가자에게 문항 한 세트를 주고, 1= 매우 우호적 11= 매우 비우호적까지 11개의 범주로 분류하도록 지시한다.</td></tr>
<tr><td>4단계</td><td>평가자들이 각각의 문항을 11개 중 하나의 범주에 분류한다(예를 들어 평가자 1은 1번 문항을 2번 파일에, 평가자 2는 같은 문항을 1번 파일에, 평가자 3은 3번 파일에 등등‥‥).</td></tr>
<tr><td>5단계</td><td>평가자들의 파일을 모아서 그 결과에 대한 표를 작성한다.
■ 각 문장의 등급에 대한 평가자의 수
<table>
<tr><td></td><td>비우호적</td><td></td><td></td><td></td><td></td><td>중립적</td><td></td><td></td><td></td><td>우호적</td><td></td><td></td></tr>
<tr><td>문장</td><td>1</td><td>2</td><td>3</td><td>4</td><td>5</td><td>6</td><td>7</td><td>8</td><td>9</td><td>10</td><td>11</td><td>합계</td></tr>
<tr><td>1</td><td>23</td><td>60</td><td>12</td><td>5</td><td>0</td><td>0</td><td>0</td><td>0</td><td>0</td><td>0</td><td>0</td><td>100</td></tr>
<tr><td>2</td><td>0</td><td>0</td><td>0</td><td>0</td><td>2</td><td>12</td><td>18</td><td>41</td><td>18</td><td>8</td><td>0</td><td>100</td></tr>
<tr><td>3</td><td>2</td><td>8</td><td>7</td><td>13</td><td>31</td><td>19</td><td>12</td><td>6</td><td>2</td><td>0</td><td>0</td><td>100</td></tr>
<tr><td>4</td><td>9</td><td>11</td><td>62</td><td>10</td><td>4</td><td>4</td><td>0</td><td>0</td><td>0</td><td>0</td><td>0</td><td>100</td></tr>
</table></td></tr>
<tr><td>6단계</td><td>각 문장별로 평가자들의 분류결과를 토대로 평균 등급과 동의 정도를 계산한다. 예를 들어 1번 문장의 평균은 2 정도이며, 동의 정도는 높다. 3번 문항의 평균은 5에 가깝지만 동의 정도는 낮다.</td></tr>
<tr><td>7단계</td><td>사형에 대한 평가지의 의견 척도에 20개를 선택한다. 평가자들이 동의한 문항(하나 또는 그 옆의 파일에 있는 것)을 선택하고, 우호적에서부터 중립적, 비우호적까지 전 범위의 의견이 골고루 분포를 보일 수 있도록 문항들을 고른다.</td></tr>
<tr><td>8단계</td><td>20개 문항으로 이루어진 질문서를 마련하여 연구대상에게 그 문항에 동의하는지 아닌지를 묻는다.</td></tr>
</table>

첫째, 연구자가 연구하고자 하는 태도 및 인식 등과 관련한 100개 이상의 문장을 만든다. [표 7.4]의 예시에 나타나 있듯이 사형제도에 대한 문장을 만드는 작업이 우선적으로 필요하다. 둘째, 다수의 평가자들(50–100명)로 하여금 이들 문장들을 11개 정도의 범주로 분류하도록 지시한다. 이 경우에 11개의 범주는 가장 비우호적인 것부터 가장 우호적인 것에 이르는 척도이다. 셋째, 연구자는 척도상의 각 점수를 대표할 수 있는 문장을 몇 개씩 선정하여 척도를 구성한다. 결과적으로 서스톤 척도의 최종 형태는 여러 개의 문항으로 구성되는데, 전문 평가자에 의해 각 문항마다 특정한 점수(1~11점)가 부여된다. 만일 응답자가 해당 문항에 동의하면 해당 문항의 점수를 얻게 되고 응답자가 이에 반대하면 0점으로 처리한다. 결국 동의한 문항에 대한 점수를 합산하고 평균하여 그 개념에 대한 측정값을 얻게 되는 것이다.

서스톤 척도를 토대로 '이타주의(利他主義)에 대한 태도 조사의 예를 들면, 응답자의 이타주의는 찬성한 문항의 척도 값을 평균하여 산정한다. 여기에서 각 문항의 척도 값이 0~10점 사이에 편재되어 있다고 가정한다면, 응답자의 척도 값은 (5.4+9.2+6.7)/3= 7.1로써 응답자의 이타주의는 높은 편에 속한다고 평가할 수 있나.

[표 7.5] 이타주의(altruism) 평가에 대한 서스톤 척도의 활용

문 항	척도값	찬성
1. 사회 전체를 위한 개인의 행복을 희생시키는 것은 옳은 일이다.	4.5	
2. 아동복지시설이 우리 동네에 신축되는 것은 반가운 일이다.	5.4	0
3. 주말에 자원봉사하는 것이 그 시간에 돈 버는 것만큼 즐거운 일이다.	9.2	0
4. 소득이 많을수록 높은 비율의 소득세를 내는 것은 바람직한 일이다.	3.8	
5. 장애인의 무고용 제도는 사회를 발전시키는데 기여한다.	6.7	0
6. 의료보험 적자 분을 세금으로 메우는 것은 옳은 일이다.	4.2	
7. 농어촌출신 고등학생들의 대학 우선입학제도는 바람직한 일이다.	5.6	

이처럼 서스톤 척도는 태도변수를 검증하기 위해 찬반을 나타내는 연속체에 의해 연구대상자의 태도에 대한 점수를 배분하는 문항측정이라는 점에서 총화평정척도와 동일하나 각 태도 문항 자체를 척도화 한다는데 차이가 있다. 따라서 이 척도는 각 문항에 카테고리가 없으며, 그 대신에 각 문항 전체에 일정한 가중치가 부여되고 그 척도 값은 그 문항에 상응하는 찬반태도의 강약정도를 나타내게 된다. 다시 말해서 서스톤 척도는 절대적 기준에 입각하여 평가하지 않고 여러 개의 문항들을 서로 비교함으로써 평가하는 평위척도(ranking scale)이다. 척도의 간격이 동일하다고 가정하여 유사동간법이라고도 하고 척도의 간격을 거의 같은 간격으로 간주하기 때문에 등간척도로 분류된다(김해동, 2010; 채구묵, 2015).

서스톤 척도는 척도의 구성과정에서 개념에 따른 문항을 조작할 때 그 적합성 여부를 별도로 선정된 평가자에게 의뢰한다는 점이 특징적이다. 일정한 자격과 전문성을 갖춘 평가자가 평가한다는 점에서 척도의 타당도를 높여 주는데 기여한다. 그러나 조사대상자가 아닌 별도의 판단자에게 평가시킴으로써 척도를 만드는 과정이 복잡하고 시간과 비용이 많이 소요된다. 또한 판단자에 따라 문항평가가 크게 좌우될 우려가 있으며, 각 문구에 대한 등간격을 가정하고 있으나 등간격이 보장되는지에 대한 의문도 제기되기 때문에 활용도가 상당히 떨어진다.

2) 조합비교법

조합비교법(paired comparison)은 쌍대비교법 혹은 일대일비교법이라고도 하는데, 수많은 측정대상을 한꺼번에 서열을 측정하는 것이 아니라 측정대상을 2개씩 짝을 지어 제시하면서 우열을 평가하도록 하는 방법이다. 여기서 2개의 짝을 '자극'이라고도 하며, 자극은 투사 회수에 관계없이 그 간격이 동일한 것으로 간주한다. 측정대상의 속성 전부에 대해 두 개를 한 쌍으로 조합하여 이들을 비교하여 하나를 선택한 후 각 측정대상이 차지하는 비율을 합하여 평균값을 낸 것을 그 대상의 점수로 하여 평균값의 크기에 따라 측정대상의 서열을 정하는 방법이다. 이러한 방법은 국가 간, 제도 간, 직업 간, 정책대안 간 비교를 할 때 많이 활용된다. 예를 들어 5개 민족(미국, 영국, 중국, 호주, 일본)에 대한 한국인들의 선호도를 조합비교법에 의해 조사한다고 가정할 경우에 그 절차는 다음과 같다.

[표 7.6] 5개 민족에 대한 선호도 조사

일관성이 있는 형태(A)

	미국	중국	영국	호주	일본
중국					
미국	o				
영국	o	o			
호주	o	o	o		
일본	o	o	o	o	
선택 수	4	3	2	1	0

일관성이 없는 형태(B)

	미국	중국	영국	호주	일본
중국					
미국	o				
영국	o	o			o
호주	o	o	o		
일본	o	o		o	
선택 수	4	3	1	1	1

주: O 표는 상단(줄)의 민족이 좌측(칸)의 민족보다 선호된 것을 나타낸 것임

첫째, 여러 민족을 2개씩 짝을 지어 제시한다. 이 경우에 짝을 짓는 방법은 10가지이다. 이때 어느 한 민족이 계속해서 짝을 지어 제시되지 않도록 하며, 짝을 지어 제시되는 경우 어느 한 민족이 앞에 나오는 경우와 뒤에 나오는 경우의 수를 갖게 하는 것이 좋다.

둘째, 각 응답자별로 한 민족이 다른 민족보다 더 선호된 수를 합하여 그 민족의 평점으로 한다. 앞의 예에서 한 응답자의 응답결과가 [표 7.-6]의 (A)와 같이 나왔다면 그 사람의 미국에 대한 평점은 4, 중국에 대한 평점은 3, 영국은 2, 호주는 1, 일본에 대한 평점은 0이 된다.

셋째, 매번 민족에 대해 응답자의 평점을 평균한 것이 그 민족에 대한 최종 점수라 할 수 있다. 그러나 조합비교법의 경우에 문제가 되는 것은 쌍을 비교할 때 측정값 간에 모순이 있을 경우이다. (B)의 경우처럼 영국은 호주보다 선호되고 호주는 일본보다 선호되기 때문에 영국은 일본보다 선호되어야 하지만 일본이 영국보다 선호된 것으로 나타나 있다. 그러나 문항이 연속성 있게 잘 선정되면 이러한 모순된 응답이 많이 나오지 않는다. 응답의 일관성이 없고 모순 정도가 심각할 경우에는 문제를 발생시키는 문항을 재조정해야 한다(채구묵, 2015).

조합비교법은 국가 간의 우열을 비교할 때 많이 사용되는데, 특히 증빙할 만한 충분한 근거 자료가 없으면 전문가인 평가자에게 짝지어진 두 국가 간의 우열을 물어 결정하는 방법이다. 조합비교법은 신뢰도와 타당도가 높다는 장점을 가지고 있으나 일일이 조합을 지어 물어야 하기 때문에 질문의 횟수가 많아져 작업에 많은 시간이 소요된다. 그렇지만 특정 대상 전부를 놓고 서열을 결정할 때보다는 평가자의 입장이 수월해진다는 장점도 있다.

4. 기타 척도

1) 보가더스 척도

보가더스 척도(Bogardus scale)는 보가더스가 인종적 편견의 강도를 측정하기 위해 제시한 것으로 사회적 거리척도(social distance scale)라고도 한다. 소수민족, 사회계급과 같은 여러 가지 형태의 사회집단에 대한 사회적 거리를 측정하기 위한 척도이다. 서스톤 척도와 마찬가지로 다수의 판정자들의 의견에 따라 척도의 등급이나 정도를 결정하게 하는 것이다. 이 척도는 하나의 집단이 다른 대상 또는 다른 집단에 대하여 거리감을 느끼는지를 측정할 때 사용되고 인종 및 민족, 사회계급, 직업형태, 사회적 가치 등의 거리감을 측정하는데 많이 활용된다. 1920년대 보가더스는 서로 다른 인종집단의 구성원들이 다른 집단에 대하여 우호적인지를 측정하기 위해 개발하였다.

보가더스(Bogardus)는 미국 내 소수민족에 대한 편견의 강도를 측정하기 위해 다음의 표와 같은 문항들을 1,725명의 미국인들에게 제시하여 4개 소수민족에 대한 사회적 거리감 정도를 측정하였다. 각 문항은 '결혼 허용'이라는 긍정적 태도에서 '국외 추방'이라는 부정적 태도에 이르는 사회적 거리의 연속성에 따라 배치하였다. 응답자로 하여금 각 민족에 대한 태도를 표시하는 7개 문항 중 의견이 일치되는 항목을 모두 체크하여 전체 1,725명의 응답결과가 [표 7.7]과 같이 나타났다. [표 7.7]에서 알 수 있듯이 응답자의 조사결과는 사회적 거리를 나타내는 문항에 따라 일정한 경향을 보인다. 그러나 문항 1에서 5까지는 응답 비율이 상승하는 일관성을 보이고 있으나 문항 6과 7은 급격한 하향을 보였다. 다시 말해서 문항 1에서 5까지는 누적척도를 구성하는데 문제가 없으나 문항 6과 7은 문제가 있다고 할 수 있기 때문에 문항 6과 7은 제외하고 문항 1에서 5까지로 척도를 구성한다. 이렇게 하여 선정된 문항들은 내적 일관성을 갖춘 누적척도의 요건을 갖추게 된다.

다음 절차는 사회적 거리를 나타내는 정도에 따라 각 문항에 가중치를 부여하여 사회적 거리 점수를 파악할 수 있다. [표 7.7]을 보면 문항 1에서 5로 갈수록 비율이 높아지기 때문에 문항 1에 1의 가중치를 문항 5에 5의 가중치를 부여하여 각 문항에 대한 비율에 가중치를 곱한 후 이를 합산한 것이 최종 점수가 된다. 이 외에도 인종 간 거리계수(racial distance quotient, RSQ)로 계산하는 방법도 있다.[10)]

따라서 이들 5문항의 자료를 점수로 계산한 결과, 미국인들은 영국인과 가장 친근하며 그 다음으로 스웨덴인, 폴란드인, 한국인 순으로 사회적 거리감을 가지고 있음을 알 수 있다. 보가더스 척도도 척도 점간의 거리가 같다고 하는 것을 가정하고 문항에 경중이 있기 때문에 작성 상 주의를 요하고 해석상의 한계가 따른다. 이 척도는 적용범위가 비교적 넓다는 이점이 있으나 척도 자체가 세련되지 못하기 때문에 예비적 조사연구나 단시일 내에 연구결과가 요구되는 경우에만 한정적으로 사용한다(Nachmias & Nachmias, 1999; 남궁근, 2014). 끝으로 보가더스 척도에 있어 요구되는 문항 수 자체가 정해진 것은 없으나 보통 5개에서 9개 정도를 사용하고 있다(Neuman, 2003: 201; 김렬, 2013).

---

10) 예를 들어 100명의 미국인 중에서 77명이 문항 1에서 영국인을 받아들이겠다고 하고 나머지 23명이 문항 2에 답했다고 가정하면, RSQ= [(1×77)+(2×23)] / 100= 1.230이다.

[표 7.7] Bogardus의 4개 소수민족에 대한 사회적 거리감 점수

문항점수(A) \ 민족	영국인		스웨덴인		폴란드인		한국인	
	(B) (%)	(C) A×B	(D) (%)	(E) A×D	(F) (%)	(G) A×F	(H) (%)	(I) A×H
1. 혼인해서 가족으로	93.7	93.7	45.3	45.3	11.0	11.0	1.1	1.1
2. 클럽에서 친구로	96.7	193.4	62.1	124.2	11.6	23.2	10.8	21.6
3. 동네에서 이웃으로	97.3	291.9	75.6	226.8	28.3	84.9	11.8	35.4
4. 같은 직장인으로	95.4	381.6	78.0	312.0	44.3	177.2	20.1	80.4
5. 미국의 국민으로	95.9	479.5	86.3	431.5	58.3	291.5	27.5	137.5
6. 미국 방문객으로	1.7		5.4		19.7		47.1	
7. 미국에서 추방	0.0		1.0		4.7		19.1	
평점합계	1,440.1		1,139.8		587.8		276.0	

주: 평점화 방법은 문항번호(점수)에 수용도(%)를 곱하고 각 민족별 합계를 그 민족이 가지는 점수로 함

2) 소시오메트리

소시오메트리(sociometry)는 집단 내의 선택, 커뮤니케이션 및 상호작용의 패턴에 관한 자료를 수집하고 분석하는 방법이다. 집단 내의 구성원간의 거리를 측정하는 방법이라는 점에서 보가더스 척도와 구별된다. 다시 말해서 사회적 거리척도가 집단 간의 친화 및 반발의 정도를 측정하는 것인데 비해 소시오메트리는 집단 내의 개인 간의 친화 내지 반발의 관계를 측정하는 것이다(채구묵, 2015). 소시오메트리는 소집단 내에서 누가 누구로부터 배척을 받으며, 누가 누구로부터 환영을 받는 지도자로 부상하고 있는가를 측정할 수 있게 해준다. 결론적으로 함축하면 집단 내에서 구성원간의 유인, 반발의 형태, 강도, 빈도 등을 측정하여 분석함으로써 개인의 집단 내에서의 상호작용 및 지위, 집단 자체의 구조 및 상태 등을 평가하는 방법이라 할 수 있다.

일반적으로 다양한 내용에 따른 '선택'을 인간관계의 기준으로 삼는 이 척도는 광의로 해석하면 제도적 행동의 측정에 관한 기술과 사회적 거리척도를 포함한다. 하지만 보통 협의로 해석하여 모레노(Moreno)를 중심으로 발전시킨 인간관계의 측정에 관한 방법을 의미한다. 소시오메트리가 발전된 계기는 모레노(Moreno)가 그의 저서인 『누가 생존할 것인가(Who Shall Survive)?』에 소시오메트리 방법을 적용한 이후 발전되었다. 현재 소시오메트리는 사회학, 심리학, 사회복지학, 범죄학 등 여러 학문분야에서 널리 활용되고 있다. 특히 집단

내의 구성원들의 관계와 집단의 역동성을 분석하고 문제의 원인을 찾아내도록 함으로써 개인으로 하여금 인간관계를 형성하게 한다. 아울러 집단으로 하여금 최소의 분열적 경향과 최대의 능률을 초래하여 협동적으로 일할 수 있는 집단을 창출할 수 있는 대안을 마련하는데 유용한 자료를 제공해 줄 수 있다. 실제 소시오메트리는 학교폭력 문제가 심각한 상황에서 학교나 군대, 소년원 등에서 많이 활용되고 있다.

소시오메트리 척도는 조사대상 인원이 소수인 경우에만 적용할 수 있다는 제한이 있다. 아울러 소시오메트리는 Q분류척도[11]처럼 한 개인의 특징을 묘사하는데 사용되는 방법이 아니고, 소집단 내에서 최소한 두 사람 이상의 사이에 맺어지는 인간관계를 측정할 때 사용되는 방법이다. 또한 소시오메트리의 기본 전제는 인간의 관계가 역학적으로 친화와 반발의 관계를 맺고 있기 때문에 쌍방의 의도를 서로 모른다 하더라도 그 강도나 빈도를 측정하여 인간의 집단 내에서의 위치를 알아낼 수 있다는 것이다. 이러한 집단 내 개인 간의 관계를 측정하는 소시오메트리의 분석방법에는 소시오메트릭 행렬, 소시오그램, 소시오메트릭 지수 등이 있다.

① 소시오메트릭 행렬

소시오메트릭 행렬(sociometric matrix)은 누가 누구를 선택하고 배척했고, 개인별로 선택당하고 배척당하는 횟수는 얼마인지를 파악할 수 있도록 표로 나타낸다. 응답결과를 n×n 행렬로 정리하여 분석하는 방법으로 여기서 다섯 명으로 구성된 집단의 구성원들이 집단 내에서 가장 선호하는 두 명을 선택하게 하는 경우를 예로 제시하면 다음과 같다. 다섯 명의 구성원에게 '향후 두 달 동안 태스그포스팀(TFT)을 결성해 핵심 사업을 추진하는데 당신은 누구와 일하고 싶습니까? 두 사람만 선택해 주십시오'라는 질문을 통해 소시오메트릭 행렬 분석을 실시했다. [표 7.8]에서 1은 선택, 0은 거부를 뜻하고 행(行)에는 선택된 사람, 열(列)에는 선택하는 사람을 기준으로 배열하였다.

11) Q분류척도(Q-sort scale) 혹은 Q-기법(Q-technique)은 특정자극에 대해 비슷한 태도를 가진 사람이나 대상을 분류하기 위한 방법으로 응답자로 하여금 특정 기준에 따라 문항을 분류하여 측정대상을 나눈다. 일종의 투사실험(projective test)으로 단 한 사람의 특징이나 단일 현상을 설명하기 위해서 여러 가지 특징이나 요인들을 도출하는데 목적이 있다. 여러 사람 또는 여러 가지 사회현상을 한 데 묶어 공통점을 도출해내는 요인분석인 R-기법(R-technique)과는 차이가 있다(채서일, 2016: 166).

[표 7.8] 소시오메트릭 행렬의 활용(5인 집단, 2인 선택 사례)

구분	A	B	C	D	E
A	0	1	0	0	1
B	1	0	0	0	1
C	0	0	0	1	1
D	0	1	0	0	1
E	1	1	0	0	0
합계	2	3	0	1	4

집단 구성원 A는 구성원 B와 E를, B는 A와 E를 선택했고 B는 A, D, E에 의해 선택되었다. 같은 방법을 통해 선택된 횟수를 보면 E가 가장 많이 선택된 것을 알 수 있다. 이처럼 소시오메트릭 행렬에서 나타나는 선택은 단순선택 또는 일방선택(예: C→D), 상호선택 또는 쌍방선택(A↔B), 무선택(C)의 형태가 있을 수 있다. 선택에서 이 예와 같이 두 사람에게 한정시켜 선택하게 하는 방법도 있지만 무제한으로 선택하는 방법도 있다(김렬, 2013; 김해동 외, 2010).

② 소시오그램

모레노(Moreno)가 처음으로 소시오그램이라 하여 사용한 방법으로 소시오메트릭스에 비해 쉽게 전체적인 상황을 파악해 볼 수 있는 장점이 있다. 소시오그램(sociogram)은 집단구성원 간의 영향관계, 의사소통관계, 지배관계, 친구관계 등 선택과 배척의 관계를 그림으로 표시하는 방법으로 방향지시 그래프(directed graph)라고도 한다. 동시에 이 방법은 선택과 배척의 관계를 도표로 표시하여 개관함으로써 인간관계의 각종 패턴을 발견할 수 있다.

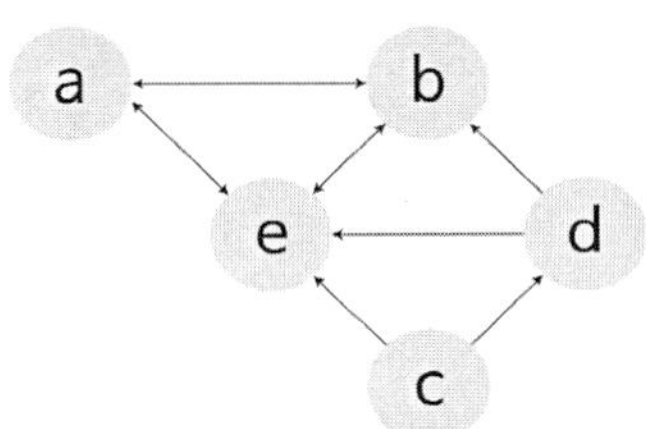

[그림 7.1] 소시오그램의 활용(5인 집단, 2인 선택)

이 경우에 다른 구성원들로부터 가장 많은 선택을 받은 사람이 있는데, 이런 인기가 있는 사람을 모레노는 스타(star)라 명명하였다. 여기서 선택하는 사람 간에는 관계가 없어야 한다. 이런 것을 고려하지 않으면 초과 선택자가 되며, 선택받은 횟수는 적지만 실권자가 있을 수 있다. 또한 선택하지도 선택받지도 못한 구성원이 있을 수 있는데, 이런 사람을 고립자라고 부른다. [그림 7.1]에서 구성원 ⓔ가 선택의 중심이기 때문에 지도자 혹은 인기자라 할 수 있다. 아울러 ⓐ, ⓑ, ⓔ는 서로 선택을 했기 때문에 이들 사이에는 일종의 파벌(clique)이 형성되어 있으며, ⓒ는 고립자라 할 수 있다.

③ 소시오메트릭 지수

소시오메트릭 지수(sociometric index)는 일정한 공식에 따라 계산된 지수를 구하여 구성원 간의 관계를 분석하는 것을 말한다. 프록터와 루미스(Proctor & Loomis)는 선택에 제한이 없는 경우에 지수에 의해 개인의 지위를 파악할 수 있다고 보았다. 여기에는 측정하고자 하는 내용에 따라 선택지위(choice status)지수 혹은 선호신분지수, 집단 확장(group expansive-ness)지수, 집단 응집(group cohesiveness)지수 등 세 가지가 있다(김해동, 2010; 김렬, 2013). 먼저 구성원의 선택지위에 관한 지수는 어떤 구성원이 얼마나 잘 선택하고 있는지를 보여주는 지수를 말한다. 만약 구성원들로 하여금 원하는 만큼 제한 없이 선택하게 한다면, 집단확장 지수를 이용하면 된다. 마지막으로 집단응집 지수는 집단의 응집성 정도를 나타내는 지수로 선택이 제한될 경우와 선택이 제한되지 않고 무제한으로 이루어지는 경우로 구분된다.

3) 어의분화척도

어의분화척도(semantic differential scale)는 하나의 개념이 가지는 본질적인 뜻을 몇 개의 차원에 따라 측정하여 태도의 변화를 보다 정확하게 파악하기 위한 척도방법이다. 어의분별방법이라고도 하는데, 오스구드(Osgood), 수시(Suci), 그리고 태넌보움(Tannenbaum)이 개발하였다. 이들은 고도로 지적이고, 언어적으로 유동적인 주제들에 대해서는 그 개념의 의미에 대해 직접적으로 질문하는 것이 보다 효과적이라고 주장하였다. 이 척도는 하나의 개념에 대해 응답자들이 의견이나 태도를 몇 개의 의미차원에서 직접 평가하도록 함으로써 응답자들이 손쉽고 신속하게 응답할 수 있다.

어의분화척도의 경우 심리학 분야의 측정도구로 많이 활용되었지만, 최근에는 사회과학 분야에서 자유·민주·진보·보수·보편적 혹은 선별적 복지 등과 같은 추상적 어의를 명백하게 하거나 이에 대한 응답자들의 태도나 특성 등을 파악하는데 많이 사용되고 있다. 이 척도에 대한 응답범주는 형용사적 표현을 한 극단에서 다른 극단에 이르는 7점 척도를 주로 사용하고 몇 가지 차원으로 나눈다. 여기서 몇 가지 차원이라 함은 어의구별의 척도가 평가·능력·활동 또는 타당성 차원에 따라 의미를 파악할 수 있는 것이어야 한다.

이것은 단지 두 개의 양끝 범주들이 형용사를 갖는다는 점을 제외하고는 강력히 동의하지 않음에서 강력히 동의함에 이르기까지의 범위를 가진 리커트 척도와 유사하다. 그 중간 범주는 단순히 공란으로 남기거나 이따금 번호를 갖는다. 또한 두 개의 양끝 범주들은 '강력히 동의한다-강력히 동의하지 않는다'는 표현이 아니라 그 개념에 대한 응답자들의 감정을 표현하는 것으로 생각되는 한 쌍의 반대가 되는 형용사가 사용된다.

어의분화척도를 작성하기 위해서는 우선 개념과 그 기준을 선정해야 한다. 여기서 말하는 개념은 앞에서 제시한 세 가지 차원에 따른 대표적 개념이 연구 의도를 적절히 대표할 수 있는 지표를 포함해야 한다는 것을 의미한다. 다음으로는 측정하기에 적합한 형용사의 쌍을 선정해야 한다. 어의분화척도의 경우에 오스구드(Osgood, 1957) 등이 만든 50개의 양극 형용사 쌍의 군(群)을 일반적으로 사용해 왔다. [표 7.9]는 '학교'라는 개념을 측정하기 위해 컬린저(Kerlinger, 1964)가 제시한 어의분화척도의 일부를 예로 제시한 것이다.

[표 7.9] 어의분화척도의 활용

(평가)	유 쾌 한	____	____	____	____	____	____	____	불 쾌 한
(활동)	수동적인	____	____	____	____	____	____	____	능동적인
(평가)	추　한	____	____	____	____	____	____	____	아름다운
(활동)	빠　른	____	____	____	____	____	____	____	느　린
(평가)	좋　은	____	____	____	____	____	____	____	나　쁜
(능력)	약　한	____	____	____	____	____	____	____	강　한
(활동)	둔　한	____	____	____	____	____	____	____	예 민 한
(능력)	깊　은	____	____	____	____	____	____	____	얕　은
(능력)	무 거 운	____	____	____	____	____	____	____	가 벼 운
(평가)	어 두 운	____	____	____	____	____	____	____	밝　은
(평가)	깨 끗 한								더 러 운

[표 7.9]에서 학교와 관련한 어의분화척도에서 각 문항에 대해 응답자의 생각과 가장 가까운 느낌이나 태도를 그에 해당하는 위치에 체크한다. 학교에 대한 부정적인 문구가 왼쪽에도 위치하고 오른쪽에도 있다. 이처럼 척도 중 몇 개는 극의 위치를 전도시켰는데, 그

이유는 응답자가 문항을 제대로 읽지 않고 긍정 또는 부정적으로만 표기하려는 편재 가능성을 통제하기 위해서다. 어의분화척도를 통해 얻은 점수는 1점에서 7점 또는 -3점에서 +3점으로 입력(coding)한다. 이 척도에 따라 수집된 자료는 평균값분석, 거리집락분석, 요인평점분석 등으로 분석할 수 있다. 평균값분석은 각각의 기본 개념에 따른 척도 값의 평균값을 계산하여 분석하는 방법이다. 다음으로 거리집락분석(distance–cluster analysis)은 각 개념들이 어의공간에서 차지하는 위치 사이의 거리를 측정하여 관계를 분석하는 방법이다. 마지막으로 요인평점분석(factor score analysis)은 요인평점을 사용하여 응답자, 개념 또는 차원을 평가하는 방법이다.

[표 7.10] 척도의 활용유형

유 형	의 미	다른 명칭
평정척도	• 측정대상 속성의 연속성을 전제로 일정한 등급기준에 따라 개별속성을 평가함	
리커트척도	• 전체 문항에 대한 응답을 합산하여 속성의 측정값으로 함	총화평정척도 합산평정척도
서스톤척도	• 측정대상에 대한 많은 의견을 일정한 수의 범주로 분류하여 각 항목별로 가장 많이 동의하는 의견을 그 항목의 대표 척도로 함	등현간격척도 유사등간척도 차별척도
거트만척도	• 단일차원의 동질적인 문항으로 척도를 구성하여 문항과 개인의 총점 간에 누적적인 관계가 성립되게 함	누적척도
조합비교법	• 측정대상의 속성 전부에 대해 두 개를 한 쌍으로 만들고 각 쌍 중에 하나를 선택하게 한 후 각 측정대상이 지지한 비율을 합한 평균값의 크기에 따라 측정대상의 서열을 정함	일대일비교 쌍대비교
보가더스척도	• 집단 간에 존재하는 사회적 관계의 정도를 측정함	사회적 거리 척도
소시오메트리	• 집단 내에서의 위치를 파악하여 구성원 간에 존재하는 사회적 관계의 강도를 측정함	
어의분화척도	• 개념이 갖는 본질적인 뜻을 파악하여 몇 개의 차원에 따라 측정함	의미분화척도

제3절 측정에서 신뢰도와 타당도

1. 신뢰도의 의의 및 측정

1) 신뢰도의 의의

측정에 있어 신뢰도(reliability)는 동일한 속성에 대하여 동일한 또는 유사한 측정 도구를 사용하여 측정을 반복했을 때, 동일한 또는 유사한 측정값을 얻을 수 있는 가능성을 의미한다. 다시 말해서 신뢰도는 반복측정 결과 동일한 결과를 얻게 되는 정도를 말한다. 이처럼 측정도구를 동일한 응답자들에게 반복하여 적용했을 때 일관된 결과가 나오는 정도를 신뢰도라 한다. 셀티즈(Selltiz, 1975)등은 측정의 신뢰도를 '측정하고자 하는 현상을 일관성 있게 측정하는 능력'으로 정의하였다. 다시 말해 동일한 측정도구에 대해 측정을 반복했을 때 동일한 측정값을 얻을 확률을 말한다(남궁근, 2014).

또한 신뢰도는 경우에 따라서는 측정도구가 측정하려고 하는 속성을 얼마나 진실에 가깝도록 측정했느냐, 측정에 있어 측정 오차가 얼마나 존재하느냐는 도구의 정확성에 따라 정의되기도 하며, 측정에 있어서 무작위 오류와 관련되어 있다(김기원, 2016). 따라서 측정에 있어서 신뢰도는 체계적 오류와 무관하게 비체계적 오류 혹은 무작위 오류가 발생하는 정도라고 할 수 있다. 아울러 측정도구, 다시 말해서 질문문항들에 대해 같은 견해를 가지고 있는 사람들이 같은 응답을 할 정도를 의미한다. 예를 들어 길이는 재는 자가 온도의 변화에 따라 길어졌다 짧아졌다 한다면 자는 사용가치가 감소할 것이다. 사회현상이나 사람들의 태도, 의견 등을 조사하는 측정도구도 마찬가지다. 측정도구가 측정할 때마다 다른 결과가 나오든지, 같은 태도 또는 의견을 가진 사람이 다른 응답을 보인다면 우리는 그 측정도구를 신뢰할 수 없을 것이다.

일반적으로 신뢰도는 몇 가지 차원으로 구분할 수 있다. 첫째, 안정성이다. 안정성은 반복해서 작용할 때 나타나는 측정의 일관성을 의미하다. 따라서 이것을 결정하는 적절한 절차는 반복된 측정의 결과를 비교하는 것이다. 둘째, 동등성이다. 동등성은 동일한 현상을 측정하는데 둘 이상의 측정도구를 사용할 때 이들 측정도구 간에는 그 내용이 같아야 한다. 측정수단이나 관찰방법을 두 가지 이상의 서로 다르지만 그 내용이 같은 것들을 사용할 때 둘 이상의 도구가 겉으로는 다르지만 내용은 같아야 한다. 셋째, 코더 간 신뢰도

(inter-coder reliability)이다. 동등성의 특수한 형태로 동일한 정보에 대하여 복수의 관찰자, 평정자 또는 코더를 활용할 때 제기된다. 복수의 관찰자, 평정자 또는 코더들이 서로 동의한다면 측정값은 신뢰할 수 있다. 넷째, 모집단의 대표성 신뢰도이다. 측정도구의 모집단 대표성이란 여러 하위 모집단 또는 하위집단들에 적용될 때 문제가 된다. 하나의 구성개념에 대한 측정지표를 상이한 하위 모집단, 예를 들어 상이한 성, 연령, 인종, 계급 등에 적용했을 때 동일한 결과가 나올 경우에 그 측정지표는 대표성 신뢰도가 높은 것이다.

[표 7.11] 신뢰도 차원의 구분과 추정방법

차 원	정 의	추정방법	다른 명칭
안정성 신뢰도	측정도구를 동일대상에게 상이한 시점에서 적용할 때 유사한 결과가 나타나는 정도	– 재검사법 – 복수양식법	재검사신뢰도
동등성 신뢰도	상이한 지표들 사이에 일관성이 있는 결과가 나타나는 정도	– 반분법 – 내적일관성분석	내적일관성(신뢰도)
코더간 신뢰도	복수의 코더가 같은 정보를 측정할 때 그 결과가 일치하는 정도	– 코더간 신뢰도분석	평정자간 신뢰도
모집단 대표성 신뢰도	측정지표를 상이한 하위집단에 적용할 때 동일한 결과가 나오는 정도	–하위모집단 분석	

2) 신뢰도 측정방법

일반적으로 측정의 신뢰도는 측정의 일관성을 의미한다. 만일 측정되는 개념이 그 값에 있어 변함이 없을 때 측정이 변화하지 않는다면, 그 측정은 신뢰할만하다. 그러나 만일 측정되는 개념이 그 값에 있어 변화한다면, 신뢰할만한 측정은 그 변화를 나타낼 것이다. 신뢰도를 평가하는 방법(assessing reliability method)은 전통적인 방법인 검사-재검사법, 복수양식법, 반분법, 그리고 최근에 많이 활용되고 있는 내적일관성 신뢰도법이 있다.

① 검사–재검사법(test–retest method)

검사-재검사법 또는 재조사법은 특정 대상의 속성을 측정하고 난 다음, 일정 기간을 두고 같은 방법으로 같은 대상의 속성을 다시 측정하여 비교하는 것이다. 사전 측정값과 사후 측정값을 비교하여 신뢰도를 평가하는 방법이다. 다시 말해서 동일측정도구를 동일 대상의 속성에 대해 다른 시기에 반복해서 측정하는 방법이다. 동일한 측정도구를 동일집단+

에 두 번 이상 서로 시점을 달리하여 적용하고, 그 측정결과의 측정값 간에 상관관계로서 비교하여 만일 상관계수(correlation coefficient)가 높을 경우에 신뢰도가 높다고 할 수 있다. 일반적으로 측정 기간의 차이는 검사효과를 고려하여 2주 정도의 간격을 두고 측정한다.

사회조사에서 똑같은 측정도구의 반복 적용과 관련된 문제를 충분히 이해하기 위해서는 어떻게 측정도구가 신뢰성이 없을 수 있는가를 조사해야 한다. 만일 두 달간 체중계로 몸무게를 매일 측정했는데 몸무게가 두 달 전보다 5파운드 늘었다면, 이러한 사실은 반드시 신뢰도의 결여에 대한 증거가 반드시 되지는 못한다. 왜냐하면, 두 달 동안 실제로 몸무게가 5파운드 늘었을지도 모르기 때문이다. 그래서 체중계가 신뢰도가 없는 것이 아니라 정확하기 때문에 정확한 체중계가 늘어난 몸무게를 정확히 잰 것일지 모른다. 신뢰할만한 척도는 측정 대상에 매번 변화가 일어날 때마다 측정되는 특성의 측정값에 그 변화를 정확히 나타낼 것이다. 측정대상의 속성에 아무런 변화가 없을 때는 단지 이러한 변화를 보여주지 않는다.

신뢰성이 있기 위해서 측정도구는 반드시 매 측정시기마다 일관적인 값을 보여주어야만 한다. 그러나 이것은 단지 어떤 경우에도 아무런 변화가 일어나지 않을 경우에만 사실이다. 사회조사의 문제들 가운데 하나는 반복 적용이 매번 일관적이지 못한 점수를 나타낼 때마다 개념의 값이 실제 변화하였는지, 또는 측정도구가 신뢰할 수 없는지를 결정하는데 있다.

검사-재검사법의 장점은 적용이 간편하고 측정도구 자체를 직접 비교할 수 있다는 점이다. 그러나 검사-재검사법은 여러 가지 단점을 가지고 있다. 먼저 두 검사시점 사이에 성장요인이나 역사요인과 같은 외생변수의 영향 등으로 대상의 속성이 실제로 변할 수 있어서 이것이 두 측정값의 차이로 나타날 수 있기 때문에 이러한 변화를 측정할 수 없다는 것이다. 또한 검사효과도 발생할 수 있다. 첫 번째의 검사 자체가 두 번째 검사에 영향을 줄 수 있으며, 이것이 두 검사의 점수의 차이로 나타날 수 있다. 실험에 있어서는 주시험효과(main testing effect)로 나타날 수 있다. 이밖에 이 방법은 두 번을 조사해야 하는 현실적인 어려움을 갖고 있다. 신뢰도를 측정하기 위해 두 번씩 조사하는 문제를 결코 쉬운 일이 아니다.

② 복수양식법(Multiple forms Technique)

복수양식법은 대안법 또는 평행양식법(parallel–forms technique)이라고도 한다. 재검사법의 시간적 간격의 문제를 극복하는 방법은 우선 시간적 간격을 최소로 줄이고 거의 동시에 관찰 또는 측정하되 측정수단이나 관찰방법을 두 가지 이상의 서로 다르지만 내용이 같은 것들을 사용하는 것이다. 복수양식법의 기본 논리는 어떤 측정도구에 포함된 항목이나 문항들이 측정대상이 되는 모집단의 한 표본에 불과하다는 것이다. 복수양식법은 최대한 비슷하지만 서로 다른 두 가지 형태의 측정도구로 동일한 대상을 차례로 측정하고, 그 측정된 점수들 사이의 상관계수를 계산하여 신뢰도를 검증하는 방법이다. 이 방법에서는 양 측정치간의 상관관계가 높으면 신뢰도가 높고, 낮으면 신뢰도가 낮다. 예를 들면, 조사자가 항목은 다르나 같은 개념을 측정하도록 고안된 두 개의 질문지를 구성하고 같은 자리에서 동일한 응답집단에게 두 개의 질문지를 실행하는 것이다. 이를 복합양식, 평행양식 또는 대안양식 신뢰도라 부른다.

복수양식법의 장점은 재검사법이 갖고 있는 외생변수의 영향 문제나 동일 시험을 두 번 시행함으로써 발생하는 주시험효과 내지 학습효과 문제를 극복하는데 유용하다는 점이다. 단점으로는 둘 이상의 측정도구의 등가성(equivalence), 다시 말해 동일한 현상을 측정하는데 사용될 두 개의 동등한 측정도구를 개발하는 것이 어렵다는 것이다. 이 방법에 의해 확보된 신뢰도가 낮을 경우 이것이 측정도구가 본래부터 신뢰도가 낮아서 그런 것이지 아니면 두 개의 양식을 동등하게 만드는데 실패한 것 때문인지 설명할 수 없다. 검사효과를 어느 정도 방지할 수는 있지만 두 개의 측정도구의 측정값 간에 상관관계가 높을 경우 동일 대상에 대해 측정양식을 차례로 적용할 경우 처음 양식의 적용은 두 번째 양식의 적용에 영향을 미칠 수 있기 때문에 재검사법과 유사한 검사효과가 나타날 가능성도 배제할 수 없다.

③ 반분법(split-half method)

신뢰도를 측정하기 위하여 재검사법이나 복수양식법을 이용하는 경우에는 시간적 간격과 등가성의 확보가 문제가 된다. 반분법은 측정도구의 질문들을 무작위적으로 반으로 나누어 같은 시간에 각각 독립된 두 개의 척도로 사용함으로써 신뢰도를 추정하는 방법이다. 이 방법은 동질성의 원리에 입각해서 신뢰도를 평가하는 대표적인 방법이다. 같은 속성을 다루기 위해 만들어진 측정도구에 포함된 문항들을 반으로 나누어 별도의 척도로 간주하고 각각의 척도를 사용해 측정한 결과를 비교하여 신뢰도를 측정한다.

반분법은 두 개의 서로 다르지만 동일한 검사 또는 측정도구를 사용하는 대신에 연구자가 필요로 하는 항목보다 두 배의 항목을 포함하는 단일 도구를 절반은 중복되게 하거나 전반부를 다시 반복하여 구성한다. 예를 들면, 5단계의 난이도에 따라 5문항을 만드는 대신 각각의 난이도에 대하여 두 문항을 만들어 10문항의 검사를 행한다. 실제 조사자는 그들이 필요로 하는 것보다 두 배 많은 문항을 갖고 있다. 그래서 5개의 문항에 대한 점수와 다른 유사한 5개 문항에 대한 점수를 상관시킬 수 있다. 만일 두 점수가 높게 상관되어있다면, 그 검사는 신뢰성이 있다.

반분법을 사용하기 위해서는 그 두 개의 절반들이 또는 대안적 형태들이 실제로 똑같은 것을 측정하고 있다는 것을 명확히 해야 한다. 다시 말해서 측정도구의 동질성(homogeneity)이 확보되어야 한다. 또한 양분된 각 측정도구의 문항 수는 그 자체가 각각 완전한 척도를 이룰 수 있도록 충분히 많아야 한다. 반분법에서 문항을 반으로 나누는 방법에는 문항 전체를 순서에 따라 전과 후로 반분하는 전후법, 각 문항에 붙여진 번호에 따라 홀수와 짝수로 분류하는 기우법(홀짝법)이 많이 사용되었다. 이밖에도 무작위로 반분하는 단순무작위법, 문항난이도, 문항변별도 등 문항의 특성에 따라 반분하는 방법 등이 있다(성태제, 2002).

최근에는 무작위 할당(random assignment) 또는 부작위화(randomization)의 방법이 사용되기도 한다. 만일 분리된 각각의 척도로 측정된 결과점수가 같거나 유사하게 나왔을 경우에 개별적인 점수가 어느 한 쪽의 표집된 문항들에 의해서 영향을 받은 결과가 아니라고 판단할 수 있다. 따라서 반분법은 반분된 각각의 측정도구가 내용적으로 동질한지 여부를 판단할 수 있도록 함으로써 측정도구의 내적 일관성을 측정할 수 있다. 이 같이 반분법은 측정도구의 동질성을 평가할 뿐만 아니라 동등하지 않은 문항을 찾아내어 배제하는데 도움이 된다.

반분법의 장점은 반분된 측정도구로 동시에 측정함으로써 검사-재검사법이 갖고 있는 단점인 서로 다른 측정시간으로 시간 간격으로 인해 파생되는 외생변수의 영향을 배제할 수 있다. 또한 동일 대상의 속성을 한번만 측정함으로써 반복 검사에서 나타나는 검사효과도 어느 정도 배제할 수 있다는 것이다. 반분법의 가장 큰 단점은 반으로 나누어진 각각의 측정문항들을 완전히 동등하게 만들기가 어려울 뿐만 아니라 측정문항이 적은 경우에는 사용할 수 없다는데 있다. 일반적으로 반분된 각 측정도구의 문항 수는 8~10개 정도 되어야 한다. 또한 어떻게 반분하느냐에 따라 상관계수가 달라질 수 있다. 예를 들어 10개의 문항을 1-5번과 6-10번으로 반분하는 경우와 짝수 및 홀수로 5개씩 반분하는 경우에 있어 상관계수가 다를 수 있다. 이밖에도 질문문항의 동질성을 의미하는 내적 일관성을 강조하는 방법으로 질문지 전체의 신뢰도를 측정할 수 있지만 어느 특정 질문문항의 신뢰도를 측정할 수는 없다는 단점이 있다.

④ 내적 일관성 신뢰도법

내적 일관성 신뢰도법(internal consistency reliability)은 반분법의 단점이라 할 수 있는 전체 문항을 어떻게 나누느냐에 따라 상관계수가 달라지는 불확실성 문제에 착안하여 쿠드와 리차더슨(Kuder & Richardson)에 의해 개발되었다. 그 후 크론바흐(Cronbach)에 의한 알파 값(α coefficient)이 신뢰성계수로 널리 활용되고 있다. 앞서 제시한 반분법의 경우 항목의 구분 방식에 따라 신뢰도 계수가 달라지는 문제가 있다. 내적 일관성 신뢰도법은 이를 개선하기 위하여 동일한 개념에 대해 여러 개의 항목으로 구성된 척도를 이용할 경우 그 측정결과에 일관성이 있어야 한다는 논리에 따라 신뢰성을 저해하는 문항을 찾아내어 측정도구에서 제외시킴으로써 측정도구의 신뢰도를 높이는 방법을 사용한다. 이를 위해서 해당 문항을 가지고 할 수 있는 가능한 모든 반분 신뢰도 계수를 구한 다음 그 평균값으로 신뢰도를 계산한다. 내적 일관성 신뢰도계수를 산정하는 가장 일반적인 방법은 크론바흐의 알파(α)계수 [Cronbach' α (alpha) coefficient]이다. 크론바흐 알파계수(Cronbach' alpha)는 내적 일관성의 신뢰도를 측정하는 가장 포괄적인 방법이다.

크론바흐 알파의 기본 논리는 반분법의 연장이라고도 할 수 있다. 반분법은 질문 내용을 두 부분으로 나누어 상관계수를 구하는데, 이 때 두 부분이 평행한 질문들로 구성되어 있다는 것을 전제로 한다. 크론바흐 알파는 질문을 구성하는 모든 문항들이 서로 강한 관련성을 가지고 있다는 논리에 근거하고 있다. 각 문항들의 관련성은 각 문항이 측정하고자 하는 잠재적 변수와의 관련성에 의해 논리적으로 설명될 수 있다. 다시 말해 만약 한 질문지의 각 문항들이 그들의 잠재적 변수와 관련성이 있다면 그 문항들은 서로 강한 관련성이 있다는 것이다(남궁근, 2014; 채구묵, 2015).

크론바흐 알파는 모든 질문문항 간의 상관계수들의 평균에 의해 그 값이 거의 결정된다. 이것은 반분법의 두 반분의 상관관계를 각각의 질문의 상관관계로 연장한 것이라 할 수 있다. 반분법이 질문 전체를 2개의 부분으로 나눈 후 2개 부분에 대해 상관계수를 구했지만, 크론바흐 알파는 질문문항 각각에 대하여 상관계수를 구해 그들의 평균에 의해 신뢰도를 판정하는 방법이다. 또한 크론바흐 알파는 문항 수에 영향을 받으며, 문항 수가 많을수록 크론바흐 알파 값이 커진다. 크론바흐 알파 값을 구하는 공식은 다음과 같다(Devellis, 1991).

크론바흐 α(알파)계수

$$\alpha = \frac{k}{k-1}(1- \quad \sigma_i^2/\sigma_y^2)$$

k=문항수, σ_y^2 : 총분산 σ_i^2 : 각 문항의 분산

일반적으로 계수가 0.6이상이 되어야 만족할 만한 수준이 된다. 크론바흐 α 계수가 0.90 이상이 되면 신뢰도가 높은 수준이다. 내적 일관성 분석은 유일하게 신뢰도 계수를 구할 수 있으므로 현실적으로 가장 많이 사용된다. 일반적으로 SPSS, PASW 등과 같은 통계패키지 프로그램으로 내적 일관성에 의한 신뢰도의 추정값을 구할 수 있다.

[표 7.12] 신뢰도 측정방법

유 형	의 미	다른 명칭
검사-재검사법	동일 측정도구로 동일 측정대상을 시간적 간격을 두고 두 번 측정하여 얻은 결과를 비교함	재검사법
복수양식법	비슷한 두 형태의 측정도구를 만들어 동일한 측정대상에 적용하여 그 결과를 비교함	복수구성법 평행양식법 대안양식법 동등양식법
반분법	측정도구를 임의로 반분하여 각각 독립된 두 개의 척도로 간주하고 동일한 측정대상에 그 결과를 비교함	반분검사법
내적 일관성법	가능한 한 모든 반분 신뢰성 계수를 구한 후 그 평균값을 구함 측정문항 상호간에 어느정도 인관성이 있는가를 판단함	

➲ 신뢰도 분석 예시

■ 크론바흐 알파 계수(Cronbach' alpha coefficient)를 이용한 신뢰도 분석

▸ 연구주제: 지식관리시스템의 도입·활용에 관한 연구(2004)

▸ 측정항목의 신뢰도 분석결과

구 분	개 념	측정문항 수	신뢰계수(α값)
환경적 요소	리더십 및 추진의지	5	.8992
	조직문화	5	.8448
	기반 환경요소	3	.7952
	정보기술 인프라요소	3	.7123
	평가 및 보상체계	5	.8459
지식관리 프로세스	지식창출	4	.7987
	지식축적	5	.9014
지식관리시스템 성과		3	.8016

▶ 해석: 각 기대수준에 따른 요인별 신뢰도분석 결과를 살펴보면, 지식관리시스템의 활용정도를 측정하기 위한 선행요인 중 조직 관리자의 리더십 및 추진의지에 대한 신뢰계수가 .8992로 가장 높게 나타났다. 그리고 영향요인에서는 지식축적의 신뢰계수가 .9014로 높게 나타났으며, 대체적으로 신뢰수준이 높은 것으로 나타났음을 알 수 있다. 그리고 지식관리시스템의 활용정도를 측정하기 위해 구성한 3개 항목의 신뢰계수도 .8016으로 높은 신뢰도를 보이는 것으로 나타났다. 따라서 지식관리시스템의 활용정도를 측정하기 위해 설정한 선행요인 및 영향요인의 설정항목은 전반적으로 신뢰계수가 높게 나타났기 때문에 성과측정을 위한 항목의 구성은 적당하다고 볼 수 있다.

---

2. 타당도의 의의 및 평가

1) 타당도의 의의

사회현상과 관련한 연구에서 측정의 타당성이란 측정하고자 하는 것을 얼마나 실제에 가깝게 측정하고 있는가 하는 정도를 말한다. 타당도(validity)는 측정도구로써 측정하고자 의도한 것을 실제 측정해 내는 정도를 말한다. 타당도는 측정도구를 평가함에 있어 가장 중요한 기준이라 할 수 있다. 왜냐하면, 측정도구가 측정하고자 의도한 것을 실제 잘 측정해 내지 못한다면 측정도구로써 가치가 없다고 할 수 있기 때문이다. 또한 필립(Phillips, 1985)은 '과학적 조사에 있어서 주어진 현상에 대한 측정은 만일 그 현상을 성공적으로 측정하였다면 타당한 것으로 간주된다'고 하였다.

특히 사회과학의 경우 자연과학과는 달리 연구대상의 특성 상 간접적으로 측정해야 하는 경우가 대부분이다. 이러한 특성 때문에 사회현상을 측정할 경우에 연구자는 확실히 자신이 측정하고자 하는 것을 측정하였다는 확신을 가질 수 없는 경우가 허다하다. 연구대상을 측정할 때 조사자가 당초 측정하고자 하는 것을 얼마나 실제에 가깝게 측정하고 있는가 하는 정도가 바로 타당도의 문제다. 다시 말해 타당도는 측정도구 자체가 측정하고자 하는 개념이나 속성을 정확히 반영하고 있어야 한다.

이처럼 정확한 측정결과를 얻기 위해서는 측정지표들이 측정하고자 하는 개념을 얼마나 정확하게 측정할 수 있는지, 그 타당성이 평가되어야 한다. 타당성은 측정도구가 측정하고자 하는 개념이나 속성을 얼마나 정확히 반영하느냐의 정도를 나타내기 때문에 결국 측정하려는 개념에 대한 개념적 정의와 조작적 정의의 타당성을 의미한다고 볼 수 있다(남궁근, 2014).

2) 타당도의 유형과 평가

경험적 조사연구를 진행하는데 있어 연구자는 타당성에 대한 일반적 정의에 근거하여 자신의 연구에서 시용되는 주요 개념들을 측정하는 측정도구의 타당성을 평가해야 한다. 타당도를 측정하는 방법은 여러 가지가 있으나 1966년 미국심리학회(APA), 미국교육연구회(AERA), 교육척도국가협회(NCME) 등은 타당도를 평가방법에 따라 크게 내용타당도(content validity), 기준타당도(criterion validity), 구성타당도(construct validity) 등 세 가지로 분류하였다. 1999년도에는 이를 세분화하여 다섯 가지로 분류하였다(성태제, 2002). 여기서 내용타당도는 측정도구의 대표성에 관한 개념이며, 기준에 의한 타당도는 특정변수 간의 통계적 관계를 규명하는 것이다. 구성타당도는 측정되는 개념을 정확히 측정할 수 있도록 측정도구가 작성되었는지를 다른 개념 또는 이론적 틀 속에서 평가하는 것이다.

[표 7.13] 타당도의 분류

1966년 분류체계	1999년 분류체계
① 내용타당도	① 검사내용에 기초한 근거
② 기준타당도	② 다른 변수와의 관계에 기초한 근거 • 검사 – 기준 관련성 • 수렴 – 판별근거
③ 구성타당도	③ 내적 구성에 기초한 근거
	④ 반응과정에 기초한 근거
	⑤ 검사결과에 기초한 근거

① 내용타당도

내용타당도(content validity)는 액면타당도(額面妥當度, face validity) 혹은 논리적 타당도(logical validity)라고도 한다. 내용타당도는 측정도구 자체가 측정하고자 하는 속성이나 개념을 얼마나 대표할 수 있는지를 평가하는 것이다. 다시 말해 척도가 일반화하려는 개념을 어느 정도로 잘 반영해 주고 있는가를 말한다. 또한 측정도구 내용의 대표성(representativeness) 혹은 표본추출의 정확성(sampling adequacy)을 의미한다(Kerlinger, 1986). 측정도구가 측정대상이 가지고 있는 많은 속성들 중 일부를 대표성 있게 포함하고 있으면, 그 측정도구는 내용타당도가 높다고 할 수 있다.

예를 들면, 학교폭력을 조사하고자 할 경우에 언어폭력, 신체적 폭력, 정서적 폭력, 성폭력, 사이버 불링(cyber bullying)[12] 등을 조사할 수 있는 적절한 내용들이 포함되지 못하고 일부 한정된 내용만 포함되어 있다면 내용타당도가 높다고 할 수는 없을 것이다. 또 다른 예로 통계분석 능력을 측정하는 시험에서 이론적인 문항만 있었다면, 이 시험은 SPSS, AMOS 등 통계패키지를 활용한 상관관계분석, 회귀분석, 경로분석 등 실제적인 통계분석에 관한 측정이 이루어지지 않았기 때문에 내용타당성이 없다고 볼 수 있다. 이처럼 어떤 시험에서 중요하지 않은 문제나 지엽적인 문제가 나왔다는 학생들의 주장에 대해 이들 시험문제가 그 과목의 전반에 걸친 내용을 대표하는 정도를 평가하려는 것이 바로 내용타당성에 관한 문제이다.

또한 측정도구가 얼마나 대표성 있게 측정대상의 개념을 측정하느냐는 조사자의 주관적 평가에 따라 달라지기 쉽다. 따라서 내용타당도를 높이기 위해서는 측정도구를 계획하는 과정에서부터 미리 내용타당도를 확보할 수 있도록 계획해야 한다. 이를 위해서 해당 분야에 대한 전문가들의 의견을 듣는 것이 좋다. 예를 들어 질문지를 만든 후 해당 전문가의 의견을 듣는 것이 이에 해당된다. 따라서 표본으로 선택된 항목으로 만든 측정도구의 타당성을 높이기 위해 자기타당도(self-validity)평가 과정을 거치거나 패널토의나 워크숍 등을 통해 전문가들의 의견을 참고할 필요가 있다(김렬, 2013). 이 경우에도 문항의 모집단을 신중하게 규정하고 그러한 문항의 모집단을 표본이 대표할 수 있는가를 점검해야 한다.

내용타당도를 측정하기 위해서는 일정한 기준은 없지만 다음과 같은 방법에 의해 접근할 수 있다. 먼저 기준을 정해야 한다. 측정하려고 하는 대상, 사회현상 또는 개념을 주요 영역별로 층화하고 각 층이 뜻하는 모든 의미를 포함할 수 있도록 세부 내용을 정한다(채구묵, 2015). 내용타당도는 통계적인 절차를 사용하지 않고 직접 사용할 수 있으며, 적용이 용이하고 많은 시간이 소요되기 않는다는 장점을 가지고 있다. 하지만 내용타당도는 측정하기 위한 기준들이 주관적 판단에 의해 결정될 수 있기 때문에 판단에 오차나 착오가 발생할 수 있다.

다시 말해서 동일한 척도도 사람에 따라 내용타당도를 낮게 또는 높게 평가할 수도 있다. 또한 측정하려는 속성과 항목간의 상관관계를 파악할 수 없으며, 통계적 검증이 어렵

12) 집단적인 괴롭힘을 뜻하는 '왕따'는 영어로 '불링(Bullying)'이고 일어로는 '이지메(いじめ)'라 한다. 미니 홈페이지, 블로그, 페이스북, 카카오톡 등 소셜네트워크서비스(SNS)를 통해 모욕적인 글이나 사진 등을 올려 특정인을 해할 목적으로 개인이나 집단이 의도적이고 반복적으로 행하는 것이 사이버불링(Cyber Bullying, 사이버상의 집단 따돌림 현상)이다. 피해자는 프라이버시를 침해당하고 자존심에 큰 상처를 입는다.

다. 이러한 측면에서 내용타당도는 측정도구의 타당성을 측정하는 방법으로 객관적 검증이 다른 유형보다 떨어진다. 이러한 단점에도 불구하고 내용타당도는 측정도구의 타당도를 검증하는 가장 기본적인 방법으로 널리 사용되고 있다.

➲ 내용 타당도의 예시

"기말고사 시험에서 예상하지 못한 지엽적인 문제가 출제되었다." 기말고사는 학기 전반에 걸쳐 배운 내용이 나와야 학생들의 학업성취를 제대로 평가할 수 있는 것이기 때문에 중요 문제들이 출제되는 것이 바람직하다면, 이 기말고사는 학기 중에 배운 내용들을 대표하고 있다고 말할 수 없다. 따라서 학업성취도를 측정하는 척도로써 내용타당도가 떨어진다.

+ Plus 내용타당도 요약

내용타당도(content validity) 또는 액면타당도는 측정도구에 포한된 설문문항이나 관찰 내용들이 측정하려고 하는 속성이나 개념을 얼마나 대표성 있게 포함하고 있는가에 대해 논리적으로 판단하는 것이다. 이를 위해 사용하는 개념에 대한 전문가, 측정도구 개발에 대한 전문가, 혹은 예비측정 대상자들을 통해 측정 내용들에 대한 타당도를 확인한다. 그러나 내용 타당도 평가는 궁극적으로 주관적 판단에 의존할 수밖에 없는 한계를 가진다.

② 기준타당도

기준타당도(criterion–related validity)는 실용적 타당도(pragmatic validity), 동시타당도(concurrent validity) 또는 예측타당도(predictive validity)[13]라고도 한다. 기준타당도는 하나의 측정도구를 사용하여 측정한 결과를 다른 기준을 적용하여 측정한 결과와 비교하여 나타난 관련성의 정도를 말한다. 다시 말해 이미 타당성이 있다고 알려진 다른 기준(criterion)과 비교한 측정도구의 타당도를 의미한다. 내용타당도가 주관적인 판단에 의해 이루어지는 것인 반면, 기준타당도는 객관적인 근거를 통해 타당성을 확인하는 방법이다. 기준타당도는 이미 타당도가 경험적으로 입증된 기준과 관련시켜 타당도를 검토하기 때문에 경험적 타당도라고도 한다(남궁근, 2014).

기준타당도의 핵심적 과정은 특정 개념에 대해 이미 알려진 측정도구의 측정결과를 기

13) 기준 변수의 시점에 따라 예측적 타당도와 동시적 타당도로 구분된다. 동시적 타당도의 예로는 편견을 가진 응답자와 편견이 없는 응답자를 구분할 수 있는 편견 척도 등이 있다. 동시적 타당도는 현재의 특정 현상을 측정하는데 타당한 측정을 나타낼 때 사용되는 반면, 예측 타당도는 장래의 사건을 예견하는 측정능력과 관련되어 있다. 예측적 타당도의 예로는 장래 법과대학에서의 성공을 정확히 예측하는 법과대학적응시험(LSAT, Law School Aptitude Test)과 같은 척도를 들 수 있다(김기원, 2016: 210 참조).

준으로 삼고, 동일 개념에 대해 새로운 측정도구를 사용해 또 한 번 측정한 결과를 이미 알려진 기준이 되는 측정도구의 측정결과와 비교 검토하여 기준과 관련하여 새로운 측정도구의 측정결과의 타당도를 검토하는 것이다. 예를 들어 공무원채용시험의 타당도를 평가하기 위해 채용시험 합격자의 시험성적을 채용 후 일정기간이 경과한 다음 근무성적과 비교했다면, 근무성적이 채용시험 타당도를 평가하는 기준이 된다. 만약 채용시험 성적과 근무성적의 상관관계가 높으면 채용시험성적은 근무성적이라는 기준에 비추어 볼 때 타당도가 높다고 할 수 있다.

이처럼 기준관련 타당도를 평가하기 위해서는 측정도구를 적용하여 얻은 측정값과 기준을 적용하여 산출한 측정값에 대한 상관분석을 실시해야 한다. 두 측정값 간의 상관계수, 다시 말해 타당도계수(validity coefficient)를 구하여 타당도계수가 높으면 기준타당도가 높다고 할 수 있다. 일반적으로 기준타당도는 사용되는 측정도구가 얼마나 정확하게 예측할 수 있는가를 평가하는 것이다. 기준타당도에 있어서 주의해야 할 사항은 측정도구에 의한 예측 값과 기준을 혼동해서는 안 된다는 점이다. 앞의 예에서 근무성적은 측정도구에 의한 예측 값이지만 기준은 입사 후 업무능력을 말한다(채서일, 2016).

기준타당도는 사용되는 비교 기준의 시점에 따라 동시타당도, 예측타당도, 그리고 과거타당도로 구분된다. 동시타당도는 연구자가 관심 있는 측정 A를 현재의 시점에서 수행할 때, 기준이 되는 측정 B가 동시에 같은 시점에서 나타나는 경우에 해단된다. 이는 측정도구에 의한 측정의 결과가 측정대상의 현재 상태를 올바르게 나타내고 있는가에 관한 문제이다. 예측타당도는 동시타당도와 달리 기존의 측정값과 비교하는 것이 아니라 매우 타당하다고 인정되는 미래에 발생할 측정값과 비교함으로써 얻어진다. 과거타당도는 연구자가 관심 있는 측정 A를 현재의 시점에서 수행할 때, 기준이 되는 측정 B가 과거 시점에서 나타나는 경우에 해당된다. 다시 말해 측정 A를 이용하여 과거에 발생된 측정 B를 확인하여 타당도를 검증하는 방법이다.

기준타당도는 외부의 기준을 사용하여 경험적으로 타당도를 확인한다는 것이 주요 장점이지만, 다음과 같이 몇 가지 문제점을 가진다. 먼저 기준타당도를 측정할 수 있는 좋은 기준을 마련하는 것 자체가 어렵다. 다음은 기준으로 사용하는 속성을 정의하기가 어렵고 어떤 기준을 기술적으로 사용하기가 곤란할 뿐만 아니라 지나치게 많은 비용이 든다. 또한 기준타당도에 있어서 기준의 모호성도 문제로 지적되고 있다. 그러나 통계처리를 통해 타당도를 검증하기 때문에 내용타당도에 비해 객관성이 더 높은 방법이라 할 수 있다.

➲ 기준 타당도의 예시

□ 동시타당도 예

IQ 테스트에 관한 질문지를 만든 경우 새로운 질문지를 통한 IQ 점수와 기존의 질문지에 의한 IQ 점수와 상관관계를 통해 척도의 타당도를 구했을 때, 둘 다 높은 점수를 받았다면 타당도가 높다 할 수 있다.

□ 예측타당도 예①

대학 수능시험에 A학생은 성적이 높게 나왔고, B학생은 성적이 낮게 나왔지만, 두 학생 모두 같은 학과에 합격하였다. 입학 후 A학생이 대학에서 학업성적이 더 높을 때 수능시험은 타당도가 높다고 할 수 있다.

□ 예측타당도 예②

경찰공무원시험에 있어 적성검사의 타당성을 평가하는 적성검사에서 기대 이상의 고득점을 받은 합격자를 채용 후 일정기간이 경과한 다음 근무성적과 비교했을 때 적성검사와 근무성적의 상관관계가 높으면 적성검사의 타당성은 높다고 할 수 있다.

+ Plus 기준타당도 요약

기준타당도(criterion-related validity)는 속성을 측정해 줄 것으로 알려진 기준과 측정도구의 측정결과인 점수간의 관계를 비교함으로써 타당도를 파악하는 방법이다. 동시적 타당도는 연구자가 작성한 측정도구를 이미 존재하고 있는 신뢰할만한 다른 측정도구와 비교하는 방법이다. 예측적 타당도는 해당 척도가 논리적으로 관련이 있는 미래의 사건이 외부의 기준으로 이용되는 방법이다.

③ 구성타당도

구성타당도(construct validity)는 내적 구성에 기초한 근거에 의해 타당도를 측정하는 방법으로 이를 개념타당도라고도 한다. 구성타당도는 측정되는 개념이 전반적인 이론적 틀 속에서 다른 개념들과 실제적으로나 논리적으로 적절한 관련성을 갖고 있는 정도를 경험적으로 검증하는 방법이다. 여기서 구성이란 기존 지식의 어떤 측면을 설명하고 체계화시키기 위해 발전시킨 이론적 개념이다. 다시 말해 구성은 심리적 특성이나 행동양상을 설명하기 위해 존재를 가정하는 심리적 요인을 의미한다. 조사자가 측정하고자 하는 개념이 실제로 측정도구에 의해서 적절하게 측정되었는가에 관한 문제로 이론적 연구를 하는데 있어 가장 중요한 타당도라 할 수 있다(김기원, 2016: 채서일, 2016).

구성타당도는 추상적인 인간의 심리적 특성이나 성질을 몇 개의 구성들로 이루어져 있다고 조작적 정의를 하고 그러한 구성들을 측정할 수 있는 질문문항들을 만들어 조사를 실시한다. 다음으로 조사결과를 분석하여 질문문항들이 구성들을 측정하기에 적절한 문항인가, 아울러 구성들이 추상적인 특성을 측정하는데 적절한 요인인가를 검증하는 방법이다. 다시 말해서 질문문항들이 조작적 정의에서 규정한 구성들은 측정하는데 적절한가, 구성들이 원래 측정하고자 했던 추상적인 심리적 특성이나 성질을 측정하는데 적절한 구성(개념)인가를 검증하는 방법인 것이다(채구묵, 2015).

구성타당도는 외적 기준을 활용할 수 없는 추상적인 속성을 측정하는 방법을 마련하는데 주로 사용하는 방법이다. 사회과학 관련 연구에서 시용하는 개념은 추상화의 정도가 높다. 이와 같이 추상화의 정도가 높은 개념을 구성개념이라 한다. 다시 말해 불안, 소외, 편견, 지능, 자기존중, 정체감 등의 개념들은 추상적이어서 이를 측정할 수 있는 도구를 만드는 것이 쉽지 않다. 그리고 이를 측정할 수 있는 도구를 만들었다 하더라도 그것이 실제로 측정하고자 하는 것을 측정할 수 있는가 없는가를 내용타당도나 기준타당도에 의해 검증하기가 부적절하다. 구성타당도는 이와 같은 추상적인 개념들을 측정할 수 있는 도구들을 효과적으로 분석하는 방법이다. 구성타당도는 고도의 추상적 성격을 지닌 것으로 이를 관찰하기는 어렵다. 따라서 다른 개념과의 연관 속에서 판단할 수밖에 없다. 예를 들어 '결혼만족도'와 관련한 척도를 개발했다면 이 척도의 타당성을 측정하려고 할 때 만일 이론적으로 높은 결혼만족이 가정폭력을 낮게 한다면, 경험적으로 개발한 척도에서 높은 점수를 받은 부부의 가정폭력이 낮게 나타나야 한다. 구성타당도는 이해타당도, 수렴타당도, 판별타당도로 구분된다. 이 세 가지 방법은 상호 독립적인 것이 아니라 서로 보완적으로 상호작용하고 있으며, 이들의 타당도가 모두 높아야 구성타당도가 높다고 할 수 있다.

첫째, 이해타당도(nomological validity)는 특정 구성개념을 이론적 구성도에 따라 체계적, 논리적, 포괄적으로 이해하는 정도를 말한다. 이해타당도를 높이기 위해서는 연구자가 관심이 있는 특정 개념과 관련이 있는 개념들을 체계적으로 연결시키는 이론적 구성도를 작성하여 그 모델에 측정방법을 연결시키는 노력이 필요하다. 한 예로 지능은 창조력, 문제를 푸는 능력, 판단력, 순간적 대처능력, 추리력, 기억력 등으로 다양하게 정의될 수 있다. 이처럼 여러 가지 개념들을 체계적으로 이용한 이론이나 측정도구가 이해타당도가 높다. 이러한 관계를 확인하는 통계적 검증과정에서는 확인적 요인분석(confirmatory factor analysis)이 사용된다.

둘째, 수렴타당도(convergent validity)는 같은 개념을 상이한 측정방법으로 측정했을 때 그 측정값 사이의 상관관계의 정도를 나타낸다. 다시 말해 동일한 개념을 측정하기 위해 서로 다른 두 가지 방법을 개발하고 측정결과 얻어진 결과들 간에 높은 상관관계가 존재해야 한다. 같은 개념을 측정하는 여러 측정지표들 간에 상관관계가 높으면 그러한 측정지표는 타당성이 높고, 그렇지 못한 경우는 타당성이 낮다. 예를 들면, 문제를 푸는 능력의 측정을 위한 두 가지 측정도구를 개발했다고 가정하자. 하나는 교수의 질문에 대답하는 것과 또 다른 하나는 시험 문제지를 통한 측정결과, 두 가지 방법의 상관관계가 높게 나왔다면, 수렴 타당도가 높다고 말할 수 있다.

셋째, 판별타당도(discriminant validity)는 수렴타당도와는 달리 서로 다른 개념을 측정할 때 얻어진 결과 간에 상관관계가 낮아야 한다. 예를 들면, 문제를 푸는 능력과 창조력이라는 서로 다른 개념을 같은 측정 방법으로 측정했을 때 결과의 상관관계가 낮게 나왔다면 판별타당도가 높다고 말할 수 있다. 또 다른 예로 보수주의와 진보주의가 서로 다른 차원의 개념이라면 보수주의를 측정하는 측정지표와 진보주의를 측정하는 지표 사이에는 차별성이 나타나야 한다. 이 경우에 보수주의와 진보주의를 측정했을 때 상관관계가 낮게 나타나야 판별 타당도가 높다.

지금까지의 내용을 요약하면, 구성타낭노는 측정도구가 측정하고사 하는 본질을 얼마나 정확하게 측정하고 있는지를 파악하는 방법으로 타당도의 가장 핵심적인 개념이다. 아울러 내용타당도와 기준타당도의 단점을 보완한 방법이라 할 수 있다. 타당도를 평가하는 방법으로 내용타당도는 논리적 검증, 기준타당당도는 통계적 검증을 사용하는데 비해 구성타당도는 이들을 동시에 사용한다. 다시 말해서 측정하고자 하는 내용이 포함되었는지를 분석하는 동시에 통계적 방법에 의해 객관적으로 타당도를 측정할 수 있다는 점에서 장점을 지닌다.

구성타당도를 검증하는 구성타당화의 방법에는 상관을 이용하는 방법과 요인분석을 이용하는 방법이 있다. 상관을 이용하는 방법에는 수렴타당도와 판별타당도가 있다. 측정지표의 수렴타당도와 판별타당도를 평가하기 위해 개발된 방법이 캠벨과 피스커(Campbell & Fiske, 1959)가 제안한 다속성 · 다측정 행렬기법(multitrait–multimethod matrix technique)이다. 다속성 · 다측정 행렬기법의 논리는 동일한 속성(구성개념)을 측정하기 위해 상이한 측정도구를 사용할 때도 이들 측정값간의 상관관계가 높아야 하고(수렴타당도), 상이한 속성을 측정하기 위해 유사한 형태의 측정도구를 사용했더라도 그 측정값간의 상관관계는 낮아야 한다(판별타당도). 이러한 논리에 기초하여 상이한 다수의 개념과 상이한 다수의 측정도구를 통하여 측정결과 간의 상관관계 행렬을 사용하여 구성타당도를 평가하게 된다(김렬, 2013).[14]

구성타당도를 측정하는 또 다른 방법인 요인분석(factor analysis)은 구성개념의 수렴타당도와 판별타당도를 평가하는 방법으로 사용된다. 요인분석의 기본원리는 측정항목들 간의 상관관계가 높은 것끼리 묶어 공통요인을 추출하는 것이다. 구성타당도를 검증하는 방법으로 가장 잘 알려진 통계방법인 요인분석을 통해 연구자는 자신이 설정한 이론적 구성개념이 얼마나 정확하게 구성되는지를 파악할 수 있다. 다시 말해서 측정문항들이 가지고 있는 이론적 잠재구조(letent structure)를 파악함으로써 측정하고자 하는 이론적 구성개념을 확인할 수 있다. 따라서 하나의 요인으로 묶여진 측정문항들은 동일한 개념을 측정하는 것(수렴타당도)으로 판단할 수 있다. 또한 원래 다른 개념을 측정하는 것으로 생각되었던 항목들이 서로 다른 요인으로 묶였을 경우에는 판별타당도가 높은 것으로 평가된다. 이러한 요인분석은 다속성·다측정 행렬분석보다 적용하기가 훨씬 용이하기 때문에 경험적 조사연구에서 광범위하게 사용되고 있다.

➲ 구성 타당도의 예시

□ 이해타당도 예

지능을 문제해결능력, 창조력, 순발력, 판단력, 추리력, 기억력 등으로 정의하는 경우가 문제해결능력만으로 정의하는 경우보다 이해타당도가 높다.

□ 수렴타당도 예

우울증이라는 구성개념에는 단절, 무관심, 무기력성, 무표정 등의 네 가지 차원이 있다고 가정하자. 만일 무관심을 둘 이상의 측정도구로 측정하고, 측정결과 둘 이상 측정도구의 점수들이 유사하게 나타났다면, 다시 말해 높은 상관관계를 나타냈다면 이들은 수렴적 타당도가 높다고 할 수 있다.

□ 판별타당도 예

우울증의 네 가지 차원을 동일한 측정도구를 사용해서 측정했을 때, 만일 우울증의 네 가지 차원이 정말 서로 다른 차원이라면 이들의 각 측정값들은 서로 차이가 나야한다. 이들 측정값들 간의 상관관계가 낮게 나타난다면, 그 측정도구는 판별 타당성이 높다고 할 수 있다.

14) 다속성 · 다측정 행렬에서 수렴타당도와 판별타당도를 입증하기 위해서는 다음과 같은 조건이 충족되어야 한다. 첫째, 상이한 방법으로 같은 속성을 측정한 결과간의 상관계수 값이 높아야한다. 둘째, 상이한 방법으로 같은 속성을 측정한 결과간의 상관계수는 그 방법으로 다른 속성을 측정한 결과간의 상관계수보다 높아야 한다. 셋째, 상이한 방법으로 같은 속성을 측정한 결과간의 상관계수는 동일한 방법으로 다른 속성을 측정한 결과간의 상관계수보다 높아야한다. 넷째, 동일한 방법으로 같은 속성을 측정했든지, 상이한 방법으로 같은 속성을 측정했든지 간에 그 결과간의 상관계수의 크기는 유사해야 한다(남궁근, 2014: 496).

+ Plus 구성타당도 요약

- 구성타당도(construct validity)에서 이해타당도는 특정 구성개념을 이론적 구성도에 따라 체계적이고 논리적이며, 포괄적으로 이해하고 있는 정도를 의미한다. 여러 개념을 체계적으로 이용한 이론이나 측정도구가 이해타당도가 높다.
- 수렴타당도는 같은 개념을 측정하는 경우에는 상이한 측정도구를 사용하더라도 그 측정값은 하나의 차원으로 수렴해야 한다는, 다시 말해 유사한 결과를 낳는다는 것을 의미한다. 수렴적 타당도는 집중타당도라고도 한다.
- 판별타당도는 동일한 측정도구로 상이한 둘 이상의 구성개념을 측정했을 때, 얻어진 두 측정치들 간에 차이가 있어야 한다. 다시 말해 상관관계가 낮아야만 한다.

➲ 요인분석의 예시

■ 요인분석: 요인분석(factor analysis)은 다수 변수들 간의 상관관계를 기초로 많은 변수들 속에 내재되어 있는 체계적인 구조를 발견하기 위한 기법

▸ 연구주제: 정책과정의 단계별 성과의 영향분석

▸ 측정도구의 타당도 검증 결과

구 분		성 분			공통성
		1	2	3	
정책형성	정책목표의 시정발전상과의 부합도	.032	.854	.248	.792
	정책목표의 환경변화에 대한 대응도	.363	.727	.262	.729
	정책목표의 명확성	.396	.730	.138	.709
정책집행	세부집행안의 충실도	.612	.507	.194	.669
	사업 집행에 따른 여론 수렴정도	.679	.183	.238	.550
	계획에 따른 사업의 추진정도	.760	.161	.170	.632
	시행과정의 효율성	.654	.375	.250	.631
	시행과정에서 상황변화에 대한 대응도	.718	.344	.150	.655
	집행과정의 홍보 정도	.741	.045	.291	.636
정책성과	목표의 달성도	.487	.377	.499	.628
	정책의 효과성	.272	.342	.823	.868
	정책효과의 공평성	.283	.172	.866	.859
고유값(eigenvalue)		6.385	1.086	.889	

▸ 해석: 측정도구의 타당도를 검증하기 위한 대표적인 방법이 요인분석으로 분석결과를 보면, 먼저 주성분 분석(principal components)에 따른 베리멕스(VARIMAX) 회전 방식을 택했다. 또한 본래 연구자가 목적한 바와 같이 정책형성과 관련하여 3가지의 설문문항이 '요인 2'로, 정책집행에 있어서는 6개의 문항이 '요인 1'로, 정책성과의 측정과 관련해서는 3개의 문항이 '요인 3'으로 묶였음을 알 수 있다. 요인분석 결과를 중심으로 살펴보면, 정책형성과 관련하여 각 측정항목의 요인적재량(factor loading)이 각각 0.854, 0.727, 0.730이다. 일반적으로 요인적재량이 어느 정도 되어야 유의한 변수로 채택할 수 있는지를 결정하는 절대적인 기준은 없지만, 요인적재량이 0.4 이상이면 유의한 변수로 간주한다. 따라서 정책형성과 관련한 세 가지 문항에서 요인적재량이 0.4 이상으로 나타났기 때문에 아주 중요한 변수로 간주된다. 여기서 고유값(eigenvalue)은 각 요인이 얼마나 많은 설명력을 가지는가를 보여주는 값이다. 공통성(communality)은 공통요인에 의해 설명되는 분산비율로서 변수에 대한 모든 요인적재량을 제곱하여 합한 것으로 0.4 이하이면 낮다고 평가된다.

지금까지의 내용을 종합해 볼 때 타당도는 '측정하려고 했던 것을 측정했는지'를 나타내는 것이다. 결국 타당도는 '측정도구가 개념의 실제 의미를 측정했는가'라고 질문하는 것이다. 또한 타당도를 평가방법에 따라 내용타당도, 기준타당도, 구성타당도 등 세 가지로 분류할 수 있다. 이러한 내용을 종합하면 다음 [표 7.14]와 같이 정리할 수 있다.

[표 7.14] 측정의 타당도 유형과 내용

<table>
<tr><th>유 형</th><th colspan="2">내 용</th><th>다른 명칭</th></tr>
<tr><td>내용타당도</td><td colspan="2">■ 의미: 측정의 내용이 측정하고자하는 속성의 내용을 대표하는 정도
■ 평가방법: 자기타당성 평가, 전문가 검토</td><td>액면타당도
논리타당도</td></tr>
<tr><td rowspan="4">기준타당도</td><td colspan="2">■ 측정결과가 다른 기준에 의한 측정결과와 부합하는 정도
■ 평가방법: 상관분석(타당성 계수)</td><td>경험타당도</td></tr>
<tr><td>동시타당도</td><td>비교의 시점이 현재인 경우</td><td rowspan="3">일치타당도</td></tr>
<tr><td>예측타당도</td><td>비교의 시점이 미래인 경우</td></tr>
<tr><td>과거타당도</td><td>비교의 시점이 과거인 경우</td></tr>
<tr><td rowspan="4">구성타당도</td><td colspan="2">■ 의미: 측정하고자하는 개념이 관련되는 이론적 틀에 부합하는 정도
■ 평가방법: 다속성·다측정 행렬분석, 요인분석</td><td>개념타당도</td></tr>
<tr><td>이해타당도</td><td>특정 개념을 이해하고 있는 정도</td><td></td></tr>
<tr><td>수렴타당도</td><td>동일한 개념을 상이한 방법으로 측정할 때 그 측정값들 간의 상관 정도</td><td>집중타당도</td></tr>
<tr><td>판별타당도</td><td>상이한 개념을 동일한 방법으로 측정할 때 그 측정값들 간의 상관 정도</td><td>차별타당도</td></tr>
</table>

Study TIP 사이버불링(Cyber Bullying) 폐해, 심각하다.

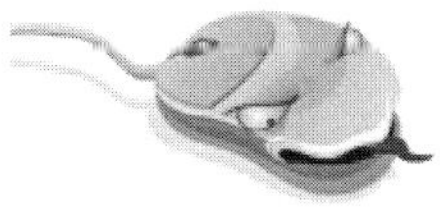

'장난삼아 무심코 던진 돌에 개구리는 맞아 죽는다'는 옛말이 있다. 장난스레 던진 돌도 아니고 악의를 가지고 던진 돌이라면 맞는 당사자는 치유할 수 없는 상처를 받기 마련이다. 인터넷과 스마트폰이 발달하면서 기존의 신체적 불링, 언어적 불링, 인간관계적 불링을 넘어 사이버불링 피해 사례가 급속히 늘고 있다.

한국적 사이버불링의 대표적 사례라 할 수 있는 동급생 안티카페만 해도 1000여 개가 넘는다. 이뿐만 아니라 메신저 집단 차단이나 일촌 집단 거부 등의 현상도 국내에서 발생하는 특유의 사이버불링 사례로 꼽힌다. 사이버불링은 일반적인 집단 따돌림과는 달리 누가 괴롭히는지 알기 어렵고 24시간 괴롭힘을 당할 수 있고 욕설과 비방이 광범위하게 확산되는 동시에 시각적 충격도 커 피해자가 받는 고통은 엄청나다. 카카오톡 채팅방에서 다수의 학생이 동시다발적으로 피해학생을 괴롭히는 새로운 유형의 폭력이 양산되고 있으나 뚜렷한 대책이 없으니 답답할 노릇이다.

한 예로 2012년 3월 경남의 한 고교생이 학교폭력에 시달리다 카카오톡에 "죽어도 알아주는 사람 없겠지"라고 글을 올린 후 자살을 시도한 사건은 사이버불링의 심각성을 여실히 보여준다. 더 큰 문제는 청소년폭력예방재단이 실시한 사이버불링 실태조사에서 드러났듯이 청소년 10명 중 3명은 사이버불링을 폭력이 아닌 '일상적 문화'나 '자연스러운 통과의례'로 인식한다는 점이다. 사이버불링이 심각해지자 미국도 당초 강경한 처벌을 포함한 무관용 정책(zero tolerance)을 도입하는 데 주저하지 않았다. 하지만 불링의 특성상 다수의 부작용이 발생하자 최근 들어 법률적 처벌이나 의학적 치료의 접근보다 윤리교육적 접근이 강조되고 있다. 우리도 사이버불링을 예방하는 차원에서 사안별로 유연한 대응책이 필요하다.

가장 시급한 것은 사이버공간에 대한 적극적인 정화노력을 통해 건전한 사이버공간을 형성해 주는 것이다. 학생과 학부모를 대상으로 한 사이버윤리교육도 강화해야 한다. 최근 3년간 강력범죄 혐의로 유죄판결을 받은 강력범죄자 159명의 '양형조사보고서'를 분석한 결과 44.9%가 학교폭력이 도화선이 된 것으로 조사됐다. 사이버불링의 폐해를 막기 위해 그 어느 때보다 지역사회의 관심과 노력이 필요할 때다.

캐나다도 사이버불링을 막기 위해 형사법을 개정하자는데 의견을 모았고 뉴질랜드 정부는 인터넷상에서 특정인을 괴롭히는 사이버불링에 대해 최고 3년의 징역형에 처할 수 있는 법 제정을 추진하고 있다. 아동·청소년 보호 차원에서 우리도 예외가 될 수 없으니 군중의 폭력이 일상화되지 않도록 정부는 특단의 대책을 마련해야 한다.

출처: 한동효, 경남일보 2012. 06. 13일자, 경남시론 일부 인용

제 4 절 신뢰도와 타당도의 관계

신뢰도와 타당도는 적합성을 평가하는 방법으로 서로 분리된 속성으로 다루어졌지만 서로 밀접한 관계가 있다. 측정에 있어 타당도와 신뢰도를 확보하는 것은 매우 중요하다. 양자 간의 관계는 어느 하나를 추구하기 위해서는 다른 것을 희생시켜야 하는 상충관계(trade-off relation)가 아니라, 상호간에 양립할 수 있고 독자적으로 발전시킬 수 있는 관계이다. 타당도와 신뢰도는 비대칭관계(asymmetrical)로 양자 간의 관계는 종종 과녁과 화살의 비유로 설명된다(Rubin & Babbie, 1993).

사회조사연구에 있어서 신뢰도와 타당도의 확보는 매우 중요한 문제다. 측정에 있어서 신뢰도는 측정도구를 동일한 응답자에게 반복하여 적용했을 경우 일관된 결과가 나오는 것을 말한다. 타당도는 측정도구가 측정하고자 의도한 것을 측정해 내는 정도를 의미한다. 측정의 주요 관심사가 측정하고자 하는 것을 얼마나 정확하게 측정할 수 있느냐가 중요하기 때문에 신뢰도보다 타당도가 더욱 중요하다. 다시 말해서 측정도구의 신뢰도가 타당도에 비해 확보하기가 용이한 이점이 있지만 일반적으로 볼 때 타당도의 확보가 더 중요하다(채구묵, 2015: 한승준, 2008 등).

또한 측정에 있어서 신뢰도는 일관성 내지 안정성에 관한 것이고 타당도는 정확성 내지 측정하고자 하는 개념의 본질에 관한 것이다. 다음 [그림 7.2]는 신뢰도와 타당도의 성격을

구분하여 표시한 것이다. 신뢰도는 높으나 타당도가 낮은 경우는 일관되게 과녁을 맞히기는 했으나 엉뚱한 곳을 맞춰 정확성이 떨어져 타당도는 낮다. 마지막 그림은 신뢰도와 타당도가 모두 갖추어진 경우이다. 신뢰도와 타당도는 별개의 개념이라 할 수 있으며, 신뢰도가 높다고 반드시 타당도가 높은 것은 아니다. 그러나 타당도를 높이기 위해서는 신뢰도가 높아야 한다. 왜냐하면 측정도구가 측정하고자 하는 것을 측정하기 위해 측정도구의 내용이 조사하고자 하는 현상을 잘 파악할 수 있어야 하고 동시에 조사할 때마다 일관된 결과를 얻어야 하기 때문이다. 신뢰도는 타당도를 높이기 위한 필요조건이라 할 수 있다. 신뢰도와 타당도의 관계를 구체적으로 서술하면 다음과 같다.

첫째, 타당도가 높은 측정은 항상 신뢰도도 높다. 둘째, 타당도가 낮은 측정의 경우 신뢰도는 높을 수도 있고 낮을 수도 있다. 다시 말해 타당도가 낮다고 해서 반드시 신뢰도가 낮은 것은 아니다. 셋째, 신뢰도가 높은 측정의 경우 타당도가 높을 수도 있고 낮을 수도 있다. 다시 말해 신뢰도가 높다고 해서 반드시 타당도가 높다는 것을 의미하지 않는다. 넷째, 신뢰도가 낮은 측정은 항상 타당도가 낮다. 결론적으로 신뢰도가 없는 측정도구는 타당도도 없을 수 있지만 신뢰도가 있다고 해서 반드시 타당도가 있는 것은 아니고 타당도가 있을 수도 있고 없을 수도 있다. 신뢰도는 타당도를 높이기 위한 필요조건이지만 충분조건이 아니다. 이러한 관계에서 알 수 있듯이 신뢰도는 타당도를 위한 기본 전제조건이 되고 있다.

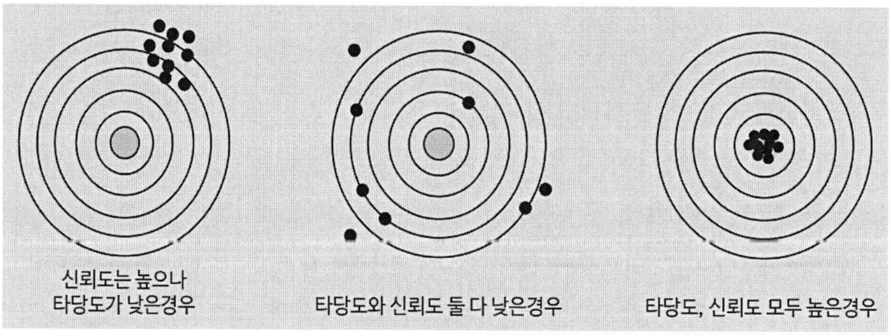

[그림 7.2] 신뢰도와 타당도의 관계

한편, 측정에 있어 신뢰도와 타당도의 문제는 다음에 논의할 측정의 오류와 관련지어 고찰할 필요가 있다. 우선 측정값을 간단히 식으로 표현하면 다음과 같다.

O(측정값)= T(참값) +E_s (체계적 오류)+E_r (비체계적 오류)

여기서 어떤 측정도구를 적용하여 측정한 값이 측정대상의 속성을 완벽하게 반영하고 있다고 가정하면 체계적 오류와 비체계적 오류를 합한 전체 측정오류(E_s+E_r)가 거의 0에 가까워 그 측정은 높은 타당성을 갖게 된다. 또한 어떤 측정대상의 동일한 속성을 동일한 측정도구를 가지고 여러 번 반복하여 측정했을 때 그 측정값들이 서로 동일하다면 비체계적 오류(E_r)가 거의 0에 가까워지고 그 측정은 신뢰성이 높다고 할 수 있다(김렬, 2013).

제 5 절 측정에서의 오류

사회과학연구에서 측정하고자 하는 속성의 규명은 쉽지 않으며, 이를 측정하기 위한 척도를 완벽하게 개발하는 것 또한 쉬운 작업이 아니다. 이 경우에 실제 측정에 있어 본래의 실제 값(reality)과 측정결과 간에 차이가 나타날 수 있는데, 이러한 불일치 정도 혹은 차이를 측정오류(measurement error)라고 한다. 측정오류가 발생하는 대표적인 원인으로는 측정자, 측정대상, 측정도구, 측정방법 등이 있다(김렬, 2013). 이러한 원천으로부터 발생하는 오류로는 체계적 오류와 비체계적 오류가 있다. 본 절에서는 측정오류의 유형을 구체적으로 살펴보고 이러한 오류를 줄일 수 있는 방법 등을 제시하였다.

1. 측정의 오류

사회조사연구 분야에서 변수의 속성을 측정하는데 있어서 측정하고자 하는 속성을 정확히 규명하기도 어려울 뿐만 아니라, 측정하고자 하는 속성을 정확히 반영하는 완벽한 측정도구를 개발하는 것이 거의 불가능하기 때문에 오류가 발생한다. 측정과 관련해 나타나는 오류는 본질적으로 신뢰도와 타당도의 문제와 관련돼 있다. 여기서 신뢰도는 비체계적 오류와 관련이 있으며, 타당도는 체계적 오류와 관련이 있다. 오류의 종류는 오류가 발생하는 여러 원인 또는 원천에 따라 다양하게 구분된다. 이러한 측정오류는 크게 체계적 오류(systematic error)와 비체계적 오류(random error)로 구분할 수 있다(Rubin & Babbie, 1993; 채서일, 2016).

1) 체계적 오류

체계적 오류는 변수에 일정하게 또는 체계적으로 영향을 미침으로써 오류를 범하는 것이다. 체계적 오류란 측정대상에 대하여 어떤 영향이 체계적으로 미침으로써 그 오류가 항상 일정한 방향으로 일어나 측정결과가 모두 높아지거나 또는 모두 낮아지게 되는 편향된(biased) 경향을 보인다(김기원, 2016). 결국 측정도구가 잘못 선정되어 측정하고자 하는 대상 모두에게 동일하게 나타나는 오류이다. 예를 들면, 어떤 체중계가 실제 몸무게와는 달리 일정한 차이로 수치가 많거나 적게 나타난다면, 이 체중계는 일정한 차이, 다시 말해 체계적 오류를 발생시키고 있다(김렬, 2013).[15]

사회과학 분야에서 체계적 오류는 주로 지식·교육·신분·정보·인간성 등에 의해서 발생하며, 이들은 경우에 따라 인위적 또는 자연적으로 작용해 측정 시에 오류를 발생시킨다. 체계적 오류의 영향은 흔히 그 측정 결과의 자료 분포가 어떤 방향으로 기울어지는 것이 특징이다. 변수 간의 상호관계 역시 어느 한쪽으로 지나치게 높거나 낮게 나타나는 경향이 있다(Selltiz 등, 1966; 박용치 외, 2008). 이러한 체계적 오류는 인구통계학적 또는 사회경제적 특성이나 개인적 성향과 같이 응답자의 일정한 속성과 관련이 있다(김기원, 2016).[16]

첫째, 인구학적 내지 사회경제적 특성으로 인해 일정한 방향으로 오류가 나타나는 경우이다. 성별, 학력, 소득, 종교, 직업, 인종, 사회적 지위, 문화 등과 같은 특성들의 차이가 응답에 영향을 미쳐 응답 결과가 일정한 방향으로 치우쳐 나타나기도 한다. 응답의 선행효과(先行效果, primacy effect)와 후행효과(後行效果, recency effect)가 대표적인 예이다. 응답의 선행효과는 고학력의 응답자일수록 응답문항의 중앙을 중심으로 앞쪽에 있는 답을 선택하는 경향이 있다는 것을 말한다. 반면에 응답의 후행효과는 저학력의 응답자일수록 응답문항 중앙을 기준으로 뒤쪽에 있는 답을 선택하는 경향이 있다는 것을 말한다. 또한 우편조사의 경우 저학력 응답자일수록 무응답이 많이 나타나는 경향을 보인다.

둘째, 개인적 성향으로 인해 오류가 일정한 방향으로 나타나는 경우이다. 예를 들면, 무

---

15) 체계적 오류가 발생하는데 영향을 미치는 요인으로는 ①문장의 표현문제, ②연구자의 편견이나 의도, 가설 등이 질문에 개입되는 경우, ③사회적으로 바람직한 방향으로 응답을 하게 되는 경우, ④면접조사를 실시할 때 사회적 비난의 대상이 되는 것을 측정할 경우(동성애 등), ⑤문화적 편견의 문제, ⑥문화적으로 편견이 개입된 문장이나 표현 등이 있다(손병덕 외, 2010).

16) 김영종(2007), 박용치(2008) 등은 체계적 오류가 발생하는 원인을 크게 ①태도와 행동, ②편견에 따른 오류로 구분하여 접근하고 있다. 여기서 편견에 대한 오류를 다시 고정반응에 의한 편견, 사회적 소망성 편견, 문화적 차이에 의한 편견으로 구분하였다(김영종, 2007: 178-180; 박용치 외, 2008: 368-369 참조).

조건 긍정적이거나 부정적이거나 중립적인 개인적 성향이다. 여기에는 모든 것을 긍정적인 방향으로 생각하는 관용의 오류, 부정적인 방향으로 생각하는 가혹의 오류, 그리고 어느 쪽으로도 치우치지 않으려는 중앙집중 경향의 오류를 범하는 경우이다. 자신의 입장과는 다르게 사회적으로 바람직한(socially desirable) 것을 택하는 성향도 한 예라 할 수 있다. 이밖에 자기 자신과 상반되는 것으로 다른 사람을 평가하려는 성향인 대조의 오류, 그리고 측정대상의 한 가지 속성에 강한 인상을 받아 측정 대상 전체의 속성을 평가하는데 부당하게 영향을 미치는 성향인 후광효과(halo effect)로 인한 오류도 있다(김기원, 2016).

2) 비체계적 오류

비체계적 오류는 우연적이며 일시적인 사정이나 상황에 의해 불규칙적으로 나타나는 오류로 무작위 오류(random error)라고도 한다. 비체계적 오류는 측정자의 피로, 기억, 감정변화 등과 같이 측정대상, 측정과정, 측정수단, 측정자 등에 일관성 없이 영향을 미침으로써 발생하는 오류이다. 이는 인위적인 것도 아니고 체계적인 것도 아니므로 오류의 값이 다양하게 분산되어 있으므로 상호간에 상쇄된다. 특히 응답자가 많을수록 자기상쇄(self-compensation)적인 경향이 있다. 다시 말해 비체계적인 오류는 일정한 방향으로 편향(bias)되거나 어떤 경향을 나타냄이 없이 무작위적(random)으로 발생하는 오류이다.

예를 들어 사람들의 기분이나 정서는 경우에 따라서 그들의 성취를 부풀리게 하거나 감소시킬 수도 있다. 특정 시험에서 어떤 대학생은 기분이 좋을 수도 있고, 다른 대학생들은 우울할 수도 있다. 기분이 그들의 시험에 영향을 준다면, 어떤 대학생들에 대해서는 측정값을 증가시키고 그 반대의 대학생들은 감소시키기도 할 것이다. 결과적으로 비체계적 오류의 대부분은 측정자, 측정대상자, 측정상황, 측정도구 등의 요인에 의해 발생한다. 먼저 측정자로 인한 오류는 측정자의 피로, 건강, 사명감, 기분, 동기, 관심, 긴장 등과 같은 신체적·정신적·정서적 요인으로 인해 발생한다. 이들 요인은 수시로 변화할 수 있다.

둘째로 측정대상자로 인한 오류도 측정자와 마찬가지로 긴장, 불안, 피로, 기분 등과 같은 측정대상자 개인의 신체적·정신적·정서적 요인이 수시로 변화하기 때문에 발생할 수 있다. 셋째로 측정에 따른 상황적 요인으로 인한 오류이다. 예를 들면, 측정 장소, 측정시간, 좌석배열, 소음, 조명, 통풍, 측정 장비, 부모 참석 등이 예측하지 못한 차이를 가져올 수 있다. 예를 들면, 아동을 면접할 때 부모의 참석 하에 면접하는 경우와 아동만 독자적으로 면접하는 경우는 동일한 질문임에도 응답내용이 크게 달라질 수 있다. 마지막으로 측정도구와 관련해 발생하는 오류이다. 예를 들면, 면접조사표나 면접지침서과 같은 측정도구에 대한 충분한 교육이 선행되지 않은 상태에서 다수의 연구자가 측정대상에 대해 면접을 실시할 경우 측정도구에 대한 이해가 측정자마다 서로 다르게 되어 측정대상의 동일한 속성에 대해 서로 다른 해석을 하고 서로 다른 측정결과를 나타내게 된다.

2. 측정오류의 제거 및 신뢰도 제고 방안

측정오류가 확인이 되면 이를 감소 혹은 제거시켜야 한다. 측정오류를 유발하는 원인[17]과 관련하여 측정오류를 제거하는 방법을 개략적으로 살펴보면 다음과 같다. 첫째, 측정도구를 미리 시험해 보거나 측정의 난이도를 응답자들로부터 환류를 통해 정보를 응답자들로부터 얻는다. 둘째, 면접이나 관찰과 같이 조사자를 활용하여 자료를 수집할 경우에 이들이 고의적으로 오류를 범하지 않도록 충분한 교육과 훈련이 필요하다. 셋째, 수집된 모든 자료를 철저히 두 번 이상 재검토해 본다. 넷째, 측정오류를 조정하기 위해 통계적 절차를 사용해 볼 수 있다. 다섯째, 체계적 오류를 점검하기 위한 하나의 방법으로 동일한 구성개념에 대해 다중 측정값을 사용해 볼 필요가 있다(김렬, 2013).

한편, 신뢰도와 타당도를 측정의 오류와 관련지어 볼 경우 신뢰도는 비체계적 오류와 관련된 개념이며, 타당도는 체계적 오류와 관렴된 개념이다. 따라서 신뢰도는 주로 비체계적인 오류와 관련된 것이기 때문에 비체계적 오류의 발생가능성을 최대한 통제하여 오차분산을 극소화함으로써 신뢰도를 제고할 수 있게 된다. 일반적으로 신뢰도를 높이기 위해 제시되는 방안들을 살펴보면, 첫 번째로 측정도구의 내용을 명확하게 한다. 측정도구가 되는 문항이나 문구의 내용이 모호할 경우에 응답자뿐만 아니라 조사자도 임의로 상이한 해석을 할 수 있기 때문에 측정오류가 커지게 된다. 따라서 모든 사람이 동일한 의미로 이해할 수 있도록 측정도구가 되는 항목이나 문항의 내용을 명확하게 작성하는 것이 필요하다.

두 번째로 측정도구의 신뢰도가 낮다고 판단될 경우 측정항목의 수를 가능한 늘린다. 이것은 표본의 크기를 늘리면 측정값이 평균을 중심으로 정규분포를 이루는 것과 같은 원리이다.[18] 대체로 동일한 개념이나 속성을 측정하기 위한 항목의 수가 많을수록 측정값들

17) 측정오류의 원천으로는 측정자에 의한 오류, 인간의 지적 특수성에 의한 오류, 측정 소재와 관련된 오류, 시·공간적인 제약에서 오는 오류 등이 있다. 일반적으로는 측정자, 측정대상, 측정상황, 측정도구 및 측정방법에 의한 문제로 요약된다(채서일, 2016: 176-177; 박용치 외, 2008: 224-225 참조).

18) 이를 중심극한의 정리(central limit theorem)라고 한다. 중심극한의 정리는 표본의 크기(n)를 증가시키면 표본

의 평균은 측정하고자 하는 속성의 실제 값에 근접하게 된다. 세 번째로 측정도구를 분명히 하고 표준화하여 일관성을 유지하여야 한다. 면접이나 질문지를 사용할 때 측정방식에 일관성이 결여될 경우에 동일한 질문에 대해서도 응답자들의 반응이 서로 차이를 보여 측정오류가 발생할 수 있기 때문이다.

네 번째로 동일한 질문이나 유사한 질문을 2회 이상하여 응답자로 하여금 일관성 있는 응답을 하도록 유도하는 방법도 있다. 다섯 번째로 신뢰성이 인정되었거나, 이전의 경험에 비추어 신뢰할 수 있는 측정도구를 사용한다. 마지막으로 측정자에게 측정도구에 대한 교육과 훈련을 통해 사전준비를 철저히 한다. 측정자에게 면접조사표나 관찰조사표와 같은 측정도구에 대해 사전교육을 하고 실제 예행연습들을 할 경우 측정 시 오류를 줄일 수 있다(채서일, 2016).

평균($\overline{X}$)이 모집단의 평균(μ)으로 하는 정규분포에 가까워진다는 것이다. 따라서 표본 속에 많은 숫자의 조사단위를 포함시킬수록 표본평균($\overline{X}$)은 모집단의 평균(μ)을 중심으로 분포된다는 것이 핵심 내용이다(노화준, 외, 2001: 135 참조).

Research Methods
in Public Administration

사회조사분석사 핵심문제와 해설

1. 지수에 관한 설명으로 틀린 것은? | 2017년 1회

① 단순지표로 사용하기 어려운 복합적인 개념을 측정할 수 있다.

② 경험적 현실세계와 추상적 개념세계를 조화시키고 일치시킨다.

③ 변수에 대한 양적 측정치를 제공함으로써 정확성을 높여준다.

④ 본래 의도한 속성을 정확히 측정하고 보다 일관성 있는 결과를 얻기 위해 단일문항이 주로 활용된다.

해설 지수(index)는 변수의 속성을 나타내는 요소인 여러 개의 지표(indicator)를 합산하거나 조합하여 다의적이고 복합적인 측정치를 말한다. 지수는 여러 항목을 결합하여 하나의 수치점수로 나타낸 것을 의미한다(예: 사회경제적 지위지수- 직업, 학력, 가계소득을 나타내는 지표의 합산).

2. 지수(index)에 대한 설명으로 틀린 것은? | 2017년 2회

① 두 개 이상의 항목이나 지표들이 모여 만들어진 합성 측정도구를 말한다.

② 측정하고자 하는 대상의 속성이 명확하고 복잡하지 않은 경우에 자주 활용한다.

③ 지수 작성을 위한 자료는 서베이를 통해 직접 조사한 자료뿐만 아니라 간접적으로 확보한 2차 자료를 활용할 수도 있다.

④ 개별 항목의 중요성에 차이가 있을 경우에 가중치(weight)를 부여하는 것이 좋다.

해설 지수(index)는 두 개 이상의 항목이나 지표들이 모여 만들어진 측정도구로 측정대상의 개별적인 속성에 부여한 개별지표 점수의 단순한 합으로 또는 개별지표 점수에 가중치를 곱해 합산하여 구성된다.

3. 지수(index)에 관한 설명으로 틀린 것은? | 2017년 2회

① 복합측정치로 여러 문항으로 구성된다.

② 추상적 개념을 단일수치로 표현할 수 있다.

③ 지표(indicator)보다 변수의 속성을 파악하기 쉽다.

④ 측정대상의 개별속성에 부여한 개별지표 점수의 합으로 표시할 수 없다.

해답 1. ④ 2. ② 3. ④

해설 지수(index)는 다의적이고 복합적인 특성을 갖고 있는 개념을 양적으로 측정하기 위해서 고안된 다수의 지표를 하나로 묶어 단일 수치로 표현한 것이다. 지수는 개별적인 속성에 부여한 개별지표 점수의 단순한 합 또는 개별지표 점수에 가중치를 곱해 합산하여 구성된다.

4. 지수(index)와 척도(scale)에 관한 설명으로 틀린 것은? | 2018년 3회

① 지수와 척도는 모두 변수에 대한 서열측정이다.

② 척도점수는 지수점수보다 더 많은 정보를 제공한다.

③ 지수와 척도 모두 둘 이상의 자료문항에 기초한 변수의 합성 측정이다.

④ 지수는 동일한 변수의 속성들 가운데서 그 강도의 차이를 이용하여 구별되는 응답유형을 밝혀낸다.

해설 지수는 다의적이고 복합적인 특성을 갖고 있는 개념을 양적으로 측정하기 위해서 고안된 다수의 지표를 하나로 묶어 단일 수치로 표현한 것이다. 척도는 동일한 변수의 속성에서 강도의 차이를 이용하여 구별되는 응답유형을 밝혀낸다.

5. 다음 ( )에 알맞은 것은? | 2017년 2회

연속적 변수든 불연속적 변수든 간에 이 변수들을 측정하기 위해서는 반드시 다음 두 가지를 고려해야 한다. 첫째는 (ㄱ)인데, 이는 각 관찰자가 변수의 단 하나의 범주에만 해당되도록 해야 하는 것을 말한다. 둘째는 (ㄴ)인데, 이는 모든 관찰자가 빠짐없이 변수의 어느 한 범주에 속하도록 범주를 만들어야 한다는 뜻이다.

① ㄱ : 포괄성, ㄴ : 상호배타성　② ㄱ : 독립성, ㄴ : 상호배타성

③ ㄱ : 상호배타성, ㄴ : 포괄성　④ ㄱ : 상호배타성, ㄴ : 독립성

해설 ㄱ은 상호배타성, ㄴ은 포괄성에 해당한다. 한 변수를 나타내는 속성들의 집합은 상호 배타적(mutually exclusive)이어야 한다. 상호 배타적이란 응답 항목 간에 서로 겹치는 영역이 없어야 한다는 것이다. 또한 변수를 구성하는 모든 속성들의 집합이 포괄적(exhaustive)으로 나타날 수 있어야 한다.

6. 다음 질문의 응답항목으로 가장 적합한 것은? | 2017년 1회

• 당신의 연령은 만으로 몇 세입니까?

① 1) 30 미만　2) 30~40　3) 40~50　4) 50 이상

② 1) 30 이하　2) 30~40　3) 40~50　4) 50 이상

③ 1) 30 미만　2) 30~39　3) 40~49　4) 50 이상

④ 1) 30 이하　2) 30~39　3) 40~49　4) 50 이상

해설 상호배타성에 관한 내용으로 상호배타성은 응답 항목 간에 서로 겹치는 영역이 없어야 한다. 예시에서 미만은 그 숫자가 포함되지 않고 이하는 그 숫자가 포함되기 때문에 범위가 겹치지 않도록 구성되어야 한다.

해답 4. ④　5. ③　6. ③

7. 척도에 관한 설명으로 틀린 것은? | 2015년 1회

① 척도는 계량화를 위한 도구이다.
② 척도의 표시는 반드시 숫자이어야 한다.
③ 연속성은 척도의 중요한 속성이다.
④ 척도의 종류에는 명목척도, 서열척도, 등간척도, 비율척도가 있다.

해설 척도는 일정한 규칙에 따라 관찰된 현상에 대해 수치나 기호를 부여하기 위해 사용되는 도구로 측정을 위한 도구이다. 또한 측정대상은 연속체여야 하며, 숫자뿐만 아니라 기호(문자)도 가능하다.

8. 척도에 관한 설명으로 틀린 것은? | 2015년 2회

① 척도는 계량화를 위한 도구이다.
② 척도의 중요한 속성은 연속성이다.
③ 척도를 통해 사물을 모두 측정할 수 있다.
④ 척도는 일정한 규칙에 따라 측정대상에 표시하는 기호나 숫자의 배열이다.

해설 척도는 대상을 측정하기 위한 일종의 측정도구로 규칙에 따라 측정대상에 적용할 수 있는 수치나 기호를 부여하는 것을 의미하며, 연속성을 가져야 한다.

9. 척도에 관한 설명으로 틀린 것은? | 2017년 1회

① 척도는 계량화를 위한 도구이다.
② 불연속은 척도의 중요한 속성이다.
③ 척도의 구성 항목은 단일한 차원을 반영해야 한다.
④ 척도를 구성하는 방법은 측정하려는 변수의 구조적 성격에 따라 결정된다.

해설 척도는 측정대상의 속성의 유형에 점수를 할당하여 항목 간 서열적 측정을 할 수 있도록 구성하는 것이다. 따라서 측정대상의 속성에 강도구조를 가지고 있다는 장점이 있으며, 연속성은 척도의 중요한 속성이다.

10. 척도에 관한 설명으로 틀린 것은? | 2017년 3회

① 척도는 계량화를 위한 도구이다.
② 척도의 중요한 속성은 연속성이다.
③ 척도를 통해 모든 사물을 모두 측정할 수 있다.
④ 척도는 일정한 규칙에 따라 측정대상에 표시하는 기호나 숫자의 배열이다.

해설 척도는 추상적이고 복잡한 개념을 측정하기 위한 도구로써 하나의 단순한 지표로서는 제대로 측정해 내기 어려운 복합적인 개념을 측정할 수 있다.

해답 7. ② 8. ③ 9. ② 10. ③

11. 사회과학에서 척도를 구성하는 이유와 가장 거리가 먼 것은? | 2018년 2회

① 측정의 신뢰성을 높여준다.

② 변수에 대한 질적인 측정치를 제공한다.

③ 하나의 지표로 측정하기 어려운 복합적인 개념들을 측정한다.

④ 여러 개의 지표를 하나의 점수로 나타내어 자료의 복잡성을 덜어준다.

해설 척도는 측정대상의 개별적인 속성들을 종합적으로 측정함으로써 변수와 관련된 여러 차원을 측정하고 각각의 차원에 점수를 할당하여 항목 간(지표 간) 서열을 가질 수 있도록 해준다. 척도는 변수에 대한 양적인 측정치를 제공한다.

12. 척도구성방법을 비교척도구성(comparative scaling)과 비비교척도구성(non-comparative scaling)으로 구분할 때 비비교척도구성에 해당하는 것은? | 2018년 2회

① 쌍대비교법(paired comparison)
② 순위법(rank-order)

③ 연속평정법(continuous rating)
④ 고정총합법(constant sum)

해설 비비교척도구성에 해당하는 것으로는 단일평정법, 연속평정법, 항목별 평정법 등이 있다. ①, ②, ④번은 비교척도구성에 해당된다.

13. 다음 질문에서 사용한 척도는? | 2013년 3회

○○께서는 ×××대통령이 지난 1년 동안 대통령으로서의 직무를 얼마나 잘 수행했다고 생각하십니까?	
1) 아주 잘 수행했다.	2) 약간 잘 수행했다.
3) 약간 잘못 수행했다.	4) 아주 잘못 수행했다.

① 명목척도
② 서열척도

③ 비율척도
④ 등간척도

해설 서열척도는 측정대상간의 상대적 순서관계를 밝히는 것으로 명목척도가 갖는 특징인 대상의 분류·확인 이외에 대소(大小), 고저(高低), 전후(前後), 상하(上下) 등에 따라 여러 개의 범주로 이들을 서열화할 수 있다.

14. 연구주제와 관련된 가능한 많은 진술들을 수집하여 평가자들로 하여금 판단토록 한 다음 그 결과를 바탕으로 문항을 선정하는 척도는? | 2013년 3회

① 거트만척도
② 리커트척도

③ 서스톤척도
④ 총화평정척도

해설 서스톤척도(Thurstone scale)는 척도의 구성과정에서 개념에 대한 문항을 조작할 때 그 적합성 여부를 별도로 선정된 일정 자격과 전문성을 갖춘 평가자에 의뢰한다는 점이 특징적이다.

해답 11. ② 12. ③ 13. ② 14. ③

15. 아래의 질문에서 사용된 척도는? | 2015년 1회

- 당신의 출신지역은 다음 중 어디에 해당됩니까?

① 명목척도 ② 서열척도
③ 등간척도 ④ 비율척도

해설 명목척도는 대상의 특성을 분류 · 확인하기 위해 대상에 수치를 부여하는 것이다. 이때 숫자는 단지 분류용일 뿐 크기의 의미는 없다(예: 남자는 1, 여자는 2).

16. 다음은 어떤 척도에 대한 설명인가? | 2015년 3회

- 관찰대상의 속성에 따라 상호배타적이고 포괄적인 범주로 구분하여 수치를 부여하는 도구
- 변수간의 사칙연산은 의미가 없음
- 운동선수의 등번호, 학번 등이 있음

① 명목척도 ② 서열척도
③ 등간척도 ④ 비율척도

해설 명목척도는 대상의 특성을 분류 · 확인하기 위해 대상에 수치를 부여하는 것으로 이 경우 숫자가 가지는 수량적 의미는 없다. 명목척도는 사칙연산이 불가능하며, =, ≠만 가능하다.

17. "상경계열에 다니는 대학생이 이공계열에 다니는 대학생보다 물가변동에 관한 관심이 더 높을 것이다."라는 가설에서 '상경계열학생 유무'라는 변수를 척도로 나타날 때 이 척도의 성격은? | 2018년 2회

① 순위척도 ② 명목척도
③ 서열척도 ④ 비율척도

해설 명목척도는 개체나 사람이 다르다는 것을 보이기 위해 이름이나 범주를 대표하는 숫자로 부여하는 방식이다. ①번과 ③번은 같은 동일 척도 방식이다.

18. 명목척도 구성을 위한 측정범주들에 대한 기본원칙과 가장 거리가 먼 것은? | 2018년 2회

① 배타성 ② 포괄성
③ 논리적 연관성 ④ 선택성

해설 명목척도의 구성을 위한 측정범주는 상호배타성, 포괄성, 논리적 연관성, 내적 일관성 등으로 고려해야 한다.

해답 15. ① 16. ① 17. ② 18. ④

19. 총화평정척도에 대한 설명과 가장 거리가 먼 것은? | 2015년 3회

① 일반적으로 예비적 문항의 선정 단계를 거쳐서 최종의 척도를 구성하는 이중단계를 거친다.

② 평가자의 주관이 개입될 가능성이 크다.

③ 리커트척도라고도 한다.

④ 전체 문항에 대한 응답의 총 평점이 태도의 측정치가 된다.

해설 총화평정척도는 응답자의 점수가 응답자가 응답하는 질문문항의 수를 어떤 방식으로 총합함으로써 계산된다. 이 척도의 가장 큰 장점은 평가자의 주관을 배제할 수 있기 때문에 객관적인 측정이 가능하다.

20. 거트만척도에서 응답자의 응답이 이상적인 패턴에 얼마나 가까운가를 측정하는 것은? | 2015년 3회

① 스캘로그램 ② 단일차원계수

③ 최소오차계수 ④ 재생계수

해설 재생계수(CR: coefficient of reproducibility)는 문항들 간의 단일차원성과 누적성 부합 정도를 말한다. 누적척도가 난이도에 의해 서열로 매겨져 있고 어려운 항목에 찬성한 응답자의 경우 쉬운 항목들에 대해 자동적으로 찬성한다는 가정 하에 세워진 척도를 말한다.

21. 척도를 구성하는 과정에서 질문 문항들이 단일 차원을 이루는지를 검증할 수 있는 척도는? | 2016년 1회

① 의미분화척도(Semantic differential scale) ② 서스톤척도(Thurstone scale)

③ 리커트척도(Likert scale) ④ 거트만척도(Guttman scale)

해설 거트만척도는 누적척도의 대표적인 형태로 척도를 구성하는 문항들이 내용의 강도에 따라 일관성 있게 서열을 이루고 있기 때문에 단일 차원적이다.

22. 유권자들이 국회의원의 자질에 대해 어떻게 느끼고 있는가를 알아보기 위해 형용사들을 양극단에 배치하여(예 신뢰-불신) 측정하는 척도 구성방법은? | 2016년 1회

① 리커트척도 ② Q분류척도

③ 의미분화척도 ④ 서스톤척도

해설 의미분화척도 혹은 어의분화척도는 하나의 개념이 가지는 본질적인 뜻을 몇 개의 차원에 따라 측정하여 태도의 변화를 보다 정확하게 파악하기 위한 척도이다. Q분류척도는 특정자극에 대해 비슷한 태도를 가진 사람이나 대상을 분류하기 위한 방법으로 응답자로 하여금 특정기준에 따라 문항을 분류하여 측정대상을 나눈 일종의 투사실험(projective test)이다.

해답 19. ② 20. ④ 21. ④ 22. ③

23. 사회적 거리 척도로서 집단 간의 거리측정이 아니라 집단 내 구성원간의 거리를 측정하는 방법은? | 2015년 2회

① Guttman 척도 ② Bogardus 척도
③ 소시오메트리 ④ Thurstone 척도

해설 소시오메트리(sociometry)는 집단 내의 선택, 의사소통 및 상호작용의 패턴에 관한 자료를 수집하고 분석하는 방법이다. 집단 내 구성원 간의 거리를 측정하는 방법이라는 점에서 보가더스 척도와 구별된다.

24. 주로 인종이나 민족, 가족구성원이나 사회집단간의 사회심리적 거리감을 측정하기 위하여 개발된 척도로 사회적 거리척도라고도 하는 것은? | 2016년 1회

① 서스톤척도 ② 리커트척도
③ 보가더스척도 ④ 거트만척도

해설 보가더스척도는 보가더스(Bogardus)가 인종적 편견의 강도를 측정하기 위해 제시한 것이다. 이 척도는 하나의 집단이 다른 대상 또는 다른 집단에 대해 거리감을 느끼는지를 측정할 때 사용된다.

25. 소시오메트리척도에 관한 설명과 가장 거리가 먼 것은? | 2016년 2회

① 집단결속력의 정도를 저울질하는 데 사용된다.
② 조사대상인원이 소수일 때 적용이 용이하다.
③ 통계학에서 다루는 조합의 원리가 적용된다.
④ 조사대상집단 구성원 모두 동질성을 띠어야 한다.

해설 소시오메트리는 소집단 내 구성원 사이에 가지는 호감과 반감을 측정하거나 또는 이러한 감정에 의해 나타나는 집단구조에 관심을 가진다. 한정된 집단 구성원간의 관계를 도출함으로써 집단의 성질, 구조, 역동성 등을 분석하는 방법이다.

26. 다음은 어떤 척도에 관한 설명인가? | 2016년 3회

우리나라 특정 정치지도자에 대한 국민의 생각을 측정하기 위한 방법으로 '정직-부정직, 긍정적-부정적, 약하다-강하다, 능동적-수동적' 등과 같은 대칭적 형용사를 제시한 후 응답자들로 하여금 이들 각각의 문항에 대해 1부터 7까지 연속선상에서 평가하도록 하였다.

① 서스톤척도 ② 거트만척도
③ 리커트척도 ④ 의미분화척도

해설 의미분화척도(어의분화척도)는 일직선으로 도표화된 척도의 양극단에 서로 상반되는 형용사를 배열하여 양극단 사이에서 해당 속성에 대한 평가가 이루어진다.

해답 23. ③ 24. ③ 25. ④ 26. ④

27. 다음 내용에서 설명하고 있는 척도는? | 2017년 1회

- 각각의 문항은 측정하고자 하는 속성에 대해 동일한 기여를 한다.
- 내적 일관성 검증을 통해 신뢰도가 낮은 항목은 삭제할 필요가 있다.
- 각 문항별 응답점수의 총합이 측정하고자 하는 개념을 대표한다는 가정에 근거한다.

① 리커트척도(Likert scale)

② 거트만척도(Guttman scale)

③ 서스톤척도(Thurstone scale)

④ 의미분화척도(Semantic Differential scale)

해설 리커트척도는 개인의 태도나 성향의 강도를 측정하는 기법으로 측정대상에 대한 반응을 측정하기 위해 강한 찬성, 찬성, 보통, 반대, 강한반대 등으로 모든 문항의 합계를 문항수로 나누어 평균값을 개인의 태도 점수로 보는 방법이다.

28. 다음 ( )에 알맞은 것은? | 2017년 1회

서스톤(Thurston) 척도는 어떤 사실에 대하여 가장 우호적인 태도와 가장 비우호적인 태도를 나타내는 양극단을 구분하여 수치를 부여하는 척도이며, 측정수준으로 볼 때 ( )에 해당한다.

① 명목척도 ② 서열척도

③ 등간척도 ④ 비율척도

해설 서스톤척도는 등간척도를 구성하기 위해 고안된 것으로 척도의 간격이 동일하다고 가정하여 유사동간법이라고도 한다. 많은 수의 의견수렴과 등간격 확보가 어렵고 평가자의 편견이 개입될 여지가 있으며, 시간과 비용이 많이 소요되는 단점이 있다.

29. 다음과 같은 질문지의 성별(sex) 변수에 대한 설명으로 틀린 것은? | 2017년 1회

- 당신의 성별은? 1) 남성 2) 여성

① 성별은 명목척도(nominal scale)이다.

② 여성만을 대상으로 한 조사에서 성별 변수는 포함시킬 필요가 없다.

③ 성별 변수는 다른 변수(예: 교육수준)와 종합하여 하나의 변수로 만들 수 있다.

④ 남성에게 1점, 여성에게 2점을 부여한 다음 그 평균을 계산하여 남성비를 구할 수 있다.

해설 명목척도에 의해 측정되는 변수를 명목변수라 하고 질적인 속성을 가진 범주에 숫자나 기호가 부여된 것이기 때문에 숫자나 기호가 가지는 수량적 의미는 없다.

30. 민주주의에 대해서 다음 네 가지 차원에서 응답자들에게 평가하도록 하는 질문지를 구성하였다면 어떠한 척도기법에 해당하는가? | 2017년 2회

해답 27. ① 28. ③ 29. ④

차원							
평가	좋다	1	2	3	4	5	나쁘다
체제능력	강하다	1	2	3	4	5	약하다
평등도	평등하다	1	2	3	4	5	불평등하다
권력분산도	집중되다	1	2	3	4	5	분산되다

① 보가더스척도
② 스타펠척도
③ 의미분화척도
④ 소시오메트리척도

해설 의미분화척도(semantic differential scale)는 일직선으로 도표화된 척도의 양극단에 서로 상반되는 형용사를 배열하고 양극단 사이에 보통 5-7점 척도를 제시하여 대상의 속성에 대한 평가를 하는 방법이다.

31. 평정척도(rating scale)의 구성에 관한 옳은 설명을 모두 고른 것은? | 2017년 2회

ㄱ. 응답범주들이 상호배타적이어야 한다.
ㄴ. 찬반의 응답범주 수가 균형을 이루어야 한다.
ㄷ. 응답범주들이 논리적 연관성을 가지고 있어야 한다.
ㄹ. 응답범주의 수를 가능한 한 많도록 한다.

① ㄱ, ㄴ
② ㄷ, ㄹ
③ ㄱ, ㄴ, ㄷ
④ ㄱ, ㄷ, ㄹ

해설 평정척도는 한 변수를 한 문항으로 측정하도록 되어 있다는 점에서 리커트척도와 차이가 있다. 평정척도의 구성은 응답이 상호배타적이고, 응답범주가 균형을 이루도록 구성된 형태이다.

32. 리커트척도의 단점에 해당되지 않는 것은? | 2017년 2회

① 엄격한 의미에서 등간척도가 될 수 없다.
② 각 문항의 점수를 더한 총점으로 각 문항에 대한 응답의 강도를 정확히 알 수 없다.
③ 척도가 측정하고자 하는 개념을 제대로 측정하고 있는지의 문제가 여전히 남는다.
④ 문항간의 내적 일관성을 확인할 수 없다.

해설 리커트척도는 원칙적으로 서열척도로 일치성이 결여되어 있다. 또한 각 문항점수를 합산하여 총점을 척도값으로 정하기 때문에 개개의 문항에서 응답자가 표현한 응답지의 태도가 구분되이 의미를 가지지 못한다는 단점이 있다.

33. 다음 척도의 종류는? | 2017년 3회

대학생에 대한 평가								
수동적이다	1	2	3	4	5	6	7	능동적이다
보수적이다	1	2	3	4	5	6	7	진보적이다

해답 30. ③ 31. ③ 32. ④

① 서스톤척도 ② 리커트척도
③ 거트만척도 ④ 의미분화척도

해설 의미분화척도(semantic differential scale)는 어떤 대상이 개인에게 주는 주관적인 의미를 측정하는 방법으로 하나의 개념을 여러 가지 의미의 차원에서 평가하도록 유도하는 방법이다. 일직선으로 도표화된 척도의 양극단에 서로 상반되는 형용사를 배열하고 양극단 사이에 제시하여 대상의 속성에 대한 평가를 하는 방법이다.

34. 태도척도에서 부정적인 극단에는 1점을, 긍정적인 극단에는 5점을 부여한 후 전체 문항의 총점 또는 평균을 가지고 측정하는 척도는? | 2017년 3회

① 서스톤 척도 ② 리커트 척도
③ 거트만 척도 ④ 의미분화척도

해설 리커트척도는 총화평정척도의 일종으로 척도의 신뢰도와 타당도를 높이기 위해 하나의 문항보다 여러 개의 문항을 하나의 척도로 사용해야 한다는 논리에 기초하며, 다른 척도에 비해 실용적이기 때문에 사회과학 분야에 널리 사용된다.

35. 척도구성방법 중 인종, 사회계급과 같은 여러 가지 형태의 사회집단에 관한 사회적 거리를 측정하기 위한 척도는? | 2018년 1회

① 서스톤 척도(Thurstone scale) ② 보가더스 척도(Bogardus scale)
③ 거트만 척도(Guttman scale) ④ 리커트 척도(Likert scale)

해설 보가더스 척도는 보가더스(Bogardus)가 인종적 편견의 강도를 측정하기 위해 제시한 것으로 하나의 집단이 다른 대상 또는 다른 집단에 대해 거리감을 느끼는지를 측정할 때 사용된다.

36. 서스톤(Thurstone) 척도는 척도의 수준으로 볼 때 어느 척도에 해당하는가? | 2018년 1회

① 등간척도 ② 서열척도
③ 명목척도 ④ 비율척도

해설 서스톤 척도는 등간-비율척도의 일종으로 어떤 사실에 대해 가장 긍정적인 태도와 가장 부정적인 태도를 나타내는 태도의 양극단을 등간적으로 구분하여 수치를 부여함으로써 등간척도를 구성하는 방법이다.

37. 어떤 제품의 선호도를 측정하기 위하여 "아주 좋아한다, 좋아한다. 싫어한다, 아주 싫어한다"와 같은 선택지를 사용하였다. 이는 어떤 척도로 측정된 것인가? | 2018년 1회

① 서열척도 ② 명목척도
③ 등간척도 ④ 비율척도

해답 33. ④ 34. ② 35. ② 36. ① 37. ①

해설 서열척도로서 측정대상간의 순서관계를 밝히는 것으로 대상간의 대소/고저 등 순위를 부여하는 척도이다.

38. 다음은 어떤 척도를 활용한 것인가? | 2018년 1회

> 학원에 다니는 수강생의 만족도를 측정하기 위한 방법으로 '긍정적-부정적, 능동적-수동적' 등과 같은 대칭적 형용사를 제시하고 응답자들이 각 문항에 대해 1부터 7까지 연속선상에서 평가하도록 하였다.

① 거트만 척도(Guttman scale)

② 리커트 척도(Likert scale)

③ 서스톤 척도(Thurstone scale)

④ 의미분화척도(Semantic Differential scale)

해설 의미분화척도(어의차척도)는 일직선으로 도표화된 척도의 양극단에 서로 상반되는 형용사를 배치하여 해당 속성에 대한 평가방법이다.

39. 다음 설명에 해당하는 척도는? | 2018년 2회

> - 합성측정(composite measurements)의 유형 중 하나이다.
> - 누적 스케일링(cumulative scaling)의 대표적인 형태이다.
> - 측정에 동원된 특정 문항이 다른 지표보다 더 극단적인 지표가 될 수 있다는 점에 근거한다.
> - 측정에 동원된 개별 항목 자체에 서열성을 미리 부여한다.

① 크루스칼(Kruskal) 척도　② 서스톤(Thurstone) 척도

③ 보가더스(Bogadus) 척도　④ 거트만(Guttman) 척도

해설 거트만 척도에 관한 내용이다. 누적척도의 대표적인 형태로 척도를 구성하는 여러 문항들이 일정한 기준에 의해 서열을 이루며, 척도도식법이라고도 한다.

40. 다음 설명에 해당하는 척도는? | 2018년 2회

> - 대립적인 형용사의 쌍을 이용
> - 의미적 공간에 어떤 대상을 위치시킬 수 있다는 이론적 가정에 기초
> - 조사대상에 대한 프로파일분석에 유용하게 사용

① 의미분화 척도(Semantic Differential)

② 서스톤 척도(Thurstone scale)

③ 스타펠 척도(Staple scale)

④ 거트만 척도(Guttman scale)

해설 의미분화 척도에 관한 내용으로 척도의 양극 점에 서로 상반되는 형용사나 표현을 제시하고 응답자들의 생각을 측정하는 방법이다.

해답 38. ④　39. ④　40. ①

41. 다음은 어떤 척도의 특징인가? | 2018년 3회

- 대체적으로 11점 척도로 구성되어 있다.
- 개발하기 위하여 시간과 비용이 많이 든다.
- 최종적으로 구성된 척도는 동일한 간격을 지닐 수 있다.

① 리커트 척도(Likert scale)

② 서스톤 척도(Thurstone scale)

③ 보가더스 척도(Bogardus scale)

④ 오스굿 척도(Osgood scale)

해설 서스톤 척도는 대체적로 11개 척도로 구성되어 있으며, 평가를 위한 문항수가 많고 척도 구성에 있어 많은 평가자가 참여함으로써 복잡하고 시간과 비용이 많이 소요된다. 참고로 오스굿(Osgood)은 어의분화척도를 개발했다.

42. 거트만 척도(Guttman scale)에 대한 설명으로 틀린 것은? | 2018년 3회

① 누적척도(cumulation scale)라고도 한다.

② 단일 차원의 서로 이질적인 문항으로 구성되며 여러 개의 변수를 측정한다.

③ 재생가능성을 통해 척도의 질을 판단한다.

④ 일단 자료가 수집된 이후에 구성될 수 있다.

해설 거트만척도의 전제조건으로 측정의 대상이 되는 척도가 단일차원의 하나의 요소이어야 한다는 점이다. 문항들 간의 단일차원성과 누적성 부합정도를 말하는 재생계수(CR)를 통해 척도의 적절성을 추정한다.

43. 다음 ( )안에 들어갈 알맞은 것은? | 2018년 1회

사회조사에서 측정을 할 때 두 가지의 문제를 고려해야 한다. 첫째, 측정하고자 하는 내용을 제대로 측정하고 있는가에 관한 (ㄱ)의 문제이고, 둘째, 반복적으로 측정했을 때 같은 결과를 얻을 수 있는가에 관한 (ㄴ)의 문제이다.

① ㄱ : 타당성, ㄴ : 신뢰성

② ㄱ : 신뢰성, ㄴ : 타당성

③ ㄱ : 신뢰성, ㄴ : 동일성

④ ㄱ : 동일성, ㄴ : 타당성

해설 측정에 있어서 신뢰도와 타당도는 중요한 것으로 신뢰도는 반복측정 결과 동일한 결과를 얻게 되는 정도이며, 타당도는 연구자가 측정하고자 하는 것을 측정도구가 실제로 정확하게 또는 적합하게 측정하는지에 대한 정도를 말한다.

해답 41. ② 42. ② 43. ①

44. 측정의 신뢰성(reliability)과 가장 거리가 먼 개념은? | 2018년 2회

① 유연성(flexibility)

② 안정성(stability)

③ 일관성(consistency)

④ 예측가능성(predictability)

해설 신뢰성은 반복측정 결과 동일한 결과를 얻게 되는 정도를 말하며, 안정성, 일관성, 믿음성, 예측가능성, 정확성 등으로 대체할 수 있다.

45. 신뢰도 측정방법의 하나인 반분법(split-half method)에 관한 Spearman-Brown 공식의 가정으로 옳은 것은? | 2015년 2회

① 질문지 전체가 반쪽보다 신뢰도가 높다.

② 측정도구가 개념적으로 다차원적이어야 한다.

③ 질문의 수가 짝수 개인 질문지가 홀수 개인 질문지보다 신뢰도가 낮다.

④ 측정도구를 반으로 나누어 각각 종속적인 두 개의 척도를 사용한다.

해설 반분법은 측정도구를 무작위적으로 반으로 나누어 각각 독립된 두 개의 척도로 사용함으로써 이들의 측정결과를 비교하는 방법이다. 측정도구를 두 부분으로 나누어 각각 독립된 두 개의 척도로 사용하여 두 점수가 높게 상관되어 있다면 신뢰도가 있는 것이다.

46. 안정성계수(coefficient of stability)가 사용되는 검사 신뢰도는? | 2015년 3회

① 검사-재검사 신뢰도 ② 내적 일치성

③ 동형검사 신뢰도 ④ 내용타당도

해설 검사-재검사법은 특정 대상의 속성을 측정하고 난 다음 일정 기간을 두고 같은 방법으로 다시 측정하여 그 결과의 상관관계를 계산하는 방법으로 상관관계가 높다는 것은 신뢰도가 높다는 것을 의미하며, 여기서 안정성계수를 사용한다.

47. 신뢰성을 평가하는 방법으로 틀린 것은? | 2016년 2회

① 반분법 ② 재검사법

③ 내적일관성법 ④ 구체성 신뢰도법

해설 측정의 신뢰도는 단순히 측정의 일관성을 의미하는 것으로 신뢰도를 평가하는 방법으로는 전통적인 방법인 검사-재검사법, 반분법, 복수양식법, 최근에 많이 활용되고 있는 내적일관성 신뢰도법이 있다.

해답 44. ① 45. ① 46. ① 47. ④

48. 크론바흐의 알파값에 대한 설명으로 틀린 것은? | 2016년 2회

① 표준화된 크론바흐의 알파값은 0에서 1에 이르는 값으로 존재한다.

② 문항 간의 평균 상관계수가 높을수록 크론바흐의 알파값도 커진다.

③ 문항의 수가 적을수록 크론바흐의 알파값은 커진다.

④ 크론바흐의 알파값이 클수록 신뢰도가 높다고 인정된다.

해설 크론바흐의 알파값은 신뢰성계수로 널리 활용되고 있으며, 내적 일관성의 신뢰도를 측정하는 가장 포괄적인 방법이다. 또한 크론바흐 알파값은 문항수에 영향을 받는데, 문항 수가 많을수록 크론바흐 알파값은 커진다.

49. 크론바흐의 알파계수(Cronbach' s alpha)는 다음 중 어떤 것을 나타내는 것인가? | 2017년 2회

① 동등형 신뢰도

② 내적 일관성 신뢰도

③ 검사-재검사 신뢰도

④ 평가자 간 신뢰도

해설 크론바흐 알파계수는 내적 일관성 신뢰도의 대표적이며, 신뢰도계수를 구할 수 있으므로 가장 포괄적인 방법으로 가장 많이 사용된다.

50. 측정의 신뢰도 평가방법에 관한 설명으로 옳은 것은? | 2017년 1회

① 내적일관성 분석에서 크론바흐 알파값은 낮을수록 신뢰도가 높다.

② 반분법은 측정도구의 동질성이 회복되어야 한다.

③ 재검사법은 성장, 우연한 사건 등 외생변수의 영향을 쉽게 통제할 수 있다.

④ 복수양식법은 동일한 측정도구를 서로 다른 대상의 속성에 대해 측정한다.

해설 내적일관성 분석에서 크론바흐 알파값이 클수록 신뢰도가 높고, 재검사법은 두 시점 사이에 성장요인, 역사요인과 같은 외생변수의 영향을 통제하기 어렵다. 복수양식법은 유사한 두 가지 형태의 측정도구로 동일한 대상을 차례로 측정하고 비교하여 신뢰도를 검증하는 방법이다.

51. 측정의 신뢰도 평가방법에 관한 설명으로 틀린 것은? | 2017년 1회

① 재검사법(test-retest method)은 측정대상이 동일하다.

② 복수양식법(parallel-forms method)은 측정도구가 동일하다.

③ 반분법(split-half method)은 측정도구의 문항을 양분한다.

④ 크론바흐 알파(Cronbach's alpha)계수는 0에서 1의 값을 가지며, 값이 높을수록 신뢰도가 높다.

해설 복수양식법은 대안법이라고도 하며, 두 개 이상의 유사한 도구를 사용하여 동일한 표본에 적용한 결과를 서로 비교하여 신뢰도를 측정하는 방법이다.

해답 48. ③ 49. ② 50. ② 51. ②

52. 동일대상에게 시기만 달리하여 동일 측정도구로 조사한 결과를 비교하는 신뢰도 측정방법은 무엇인가? | 2017년 3회

① 재검사법(test-retest method)

② 복수양식법(parallel-forms method)

③ 반분법(split-half method)

④ 내적 일관성법(internal consistency)

해설 재검사법은 가장 기초적인 신뢰도 검증방법으로 동일한 대상에 동일한 측정도구를 서로 상이한 시간에 두 번 측정하여 그 결과를 비교하는 방법이다.

53. 신뢰도 추정방법 중 동일측정도구를 동일상황에서 동일대상에게 서로 다른 시간에 측정한 측정결과를 비교하는 것은? | 2018년 1회

① 재검사법　② 복수양식법

③ 반분법　④ 내적일관성 분석

해설 재검사법은 동일한 대상에 동일한 측정도구를 서로 상이한 시간에 두 번 측정하여 그 결과를 비교하는 방법이다. 일반적으로 측정기간의 차이는 검사효과를 고려하여 2주 정도의 간격을 두고 측정한다.

54. 크론바흐 알파계수(Cronbach' s alpha)에 관한 설명을 틀린 것은? | 2018년 2회

① 척도를 구성하는 항목들 간에 나타난 상관관계 값을 평균 처리한 것이다.

② 알파계수는 -1에서 +1의 값을 취한다.

③ 척도를 구성하는 항목 중 신뢰도를 저해하는 항목을 발견해 낼 수 있다.

④ 척도를 구성하는 항목 간의 내적 일관성을 측정한다.

해설 크론바흐 알파는 모든 질문문항 간의 상관계수의 평균에 의해 그 값이 결정되고 0에서 1사이의 값을 가지며, 값이 클수록 신뢰도가 높다고 할 수 있다.

55. 스피어먼-브라운(Spearman & Brown) 공식은 어떤 경우에 사용하는가? | 2018년 3회

① 동형검사 신뢰도 추정

② Kuder-Richardson 신뢰도 추정

③ 반분신뢰도로 전체 신뢰도 추정

④ 범위의 축소로 인한 예언타당성에 대한 교정

해설 반분법은 측정도구를 무작위적으로 반으로 나누어 각각 독립된 두 개의 척도로 사용함으로써 이들의 측정결과를 비교하는 방법이다. 여기서 얻은 상관계수를 수정하기 위해 Spearman-Brown 공식을 사용한다.

해답 52. ① 53. ① 54. ② 55. ③

56. 어떤 측정수단을 같은 연구자가 두 번 이상 사용하거나, 둘 이상의 서로 다른 연구자들이 사용한다고 할 때, 그 측정수단을 가지고 측정한 결과가 인정되고 일관성이 있는가를 확인하려 한다면 어떤 것을 고려해야 하는가? | 2017년 2회

① 신뢰성 ② 타당성
③ 독립성 ④ 적합성

해설 측정에 있어서 신뢰도는 동일한 속성에 대하여 동일한 또는 유사한 측정도구를 사용하여 측정값을 반복했을 때 동일한 또는 유사한 측정값을 얻을 수 있는 가능성을 의미한다. 신뢰도는 반복측정 결과 동일한 결과를 얻게 되는 정도를 말한다.

57. 일주일의 시간 간격을 두고 동일한 문제를 가지고 같은 반 학생들을 대상으로 EQ 검사를 두 차례 실시하였더니 그 결과가 매우 상이하게 나타났다. 이 문제지가 가지는 문제점은 무엇인가? | 2018년 3회

① 타당성 ② 예측성
③ 대표성 ④ 신뢰성

해설 측정에 있어서 신뢰도는 동일한 속성에 대하여 동일한 또는 유사한 측정도구를 사용하여 측정값을 반복했을 때 동일한 또는 유사한 측정값이 나온다면 측정도구는 신뢰도 높다고 할 수 있다. 두 차례 결과가 상이하기 때문에 신뢰도가 낮다.

58. 측정하고자 하는 것을 얼마나 정확히 측정했는가에 관한 것은? | 2017년 3회

① 신뢰도 ② 타당도
③ 정밀도 ④ 판별성

해설 타당도(validity)는 측정하고자 하는 개념이나 속성을 얼마나 정확하게 측정했는가에 관한 것으로 측정의 개념적 오류를 평가한 것이다.

59. 점수 또는 척도가 일반화하려고 하는 개념을 어느 정도로 잘 반영해 주고 있는가를 의미하는 타당도는? | 2015년 2회

① 액면타당도 ② 내용타당도
③ 기준 관련 타당도 ④ 구성타당도

해설 내용타당도는 액면타당도, 논리적 타당도라고도 하며, 측정도구 자체가 측정하고자 하는 속성이나 개념을 얼마나 대표할 수 있는지를 평가하는 것이다. 다시 말해 척도가 일반화하려는 개념을 어느 정도로 잘 반영해 주고 있는가는 말한다.

해답 56. ① 57. ④ 58. ② 59. ①,②

60. 창의성을 측정하기 위해 새롭게 개발된 측정도구의 수렴타당도(convergent validity)가 높은 경우는? | 2017년 1회

① 새로운 창의성 측정도구와 기존의 창의성 측정도구로 측정된 점수들 간의 상관이 높은 경우
② 새로운 창의성 측정도구와 지능검사로 측정된 점수들 간의 상관이 높은 경우
③ 새로운 창의성 측정도구와 예술성 측정도구로 측정된 점수들 간의 상관이 높은 경우
④ 새로운 창의성 측정도구와 신체적 능력 측정도구로 측정된 점수들 간의 상관이 높은 경우

해설 수렴타당도는 같은 개념을 상이한 측정방법으로 측정했을 때 그 측정값 사이의 상관관계의 정도를 나타낸다. 동일한 개념을 측정하기 위해 서로 다른 두 가지 방법을 개발하고 측정결과 얻어진 결과들 간에 높은 상관관계가 존재해야 한다.

61. 기준관련타당도(criterion–related validity)에 관한 설명으로 틀린 것은? | 2017년 1회

① 통계적 유의성을 평가한다.
② 심리학적 특성의 측정과 관련된 개념이다.
③ 특정 기준에 대한 측정도구의 예측이 얼마나 정확한지 평가한다.
④ 업무성적이 우수한 신입사원이 업무능력이 뛰어나다면 기준관련타당도가 높다고 할 수 있다.

해설 기준타당도는 하나의 측정도구를 사용하여 측정한 결과를 다른 기준을 적용하여 측정한 결과와 비교하여 나타난 관련성의 정도를 말한다. 또한 측정도구를 잘 평가할 수 있다고 생각되는 독립된 기준과의 비교를 통해 척도의 타당성을 검증하는 것으로 통계처리에 의해서 타당도를 검증하기 때문에 객관성이 높다.

62. 개념타당도(construct validity)에 해당하지 않는 것은? | 2017년 2회

① 이해타당성(nomological validity)
② 내용타당성(content validity)
③ 집중타당성(convergent validity)
④ 판별타당성(discriminant validity)

해설 개념타당도는 측정되는 개념이 전반적인 이론적 틀 속에 다른 개념들과 실제적, 논리적으로 적절한 관련성을 갖고 있는 정도를 경험적으로 검증하는 방법으로 구성타당도라고도 한다. 여기에는 이해타당도, 집중타당도(수렴타당도), 판별타당도가 있다.

63. 개념타당성(construct validity)의 종류가 아닌 것은? | 2018년 2회

① 이해타당성(nomological validity)
② 집중타당성(convergent validity)
③ 판별타당성(discriminant validity)
④ 기준타당성(criterion-related validity)

해설 개념타당도에는 이해타당도, 집중타당도(수렴타당도), 판별타당도가 있다. 기준관련 타당도에는 동시타당도, 예측타당도, 경험적 타당성으로 구분된다.

해답 60. ① 61. ② 62. ② 63. ④

64. 다음 사례에서 발생할 수 있는 측정상의 문제는? | 2017년 2회

경제발전을 평가하기 위해 식생활 개선에 주목하였다. 이를 위해 미국, 일본, 인도, 한국 등 4개국을 대상으로 쇠고기 소비량을 측정하여 경제발전 정도를 비교하였다.

① 안정성 ② 타당성
③ 신뢰성 ④ 일관성

해설 측정도구의 타당도란 연구자가 측정하고자 하는 것을 측정도구가 실제로 정확하게 또는 적합하게 측정하는지에 대한 정도를 말한다. 타당도의 유형에는 내용타당도(액면타당도 · 논리적 타당도), 기준타당도(실용적 타당도 · 동시타당도 · 예측타당도), 개념타당도(구성타당도– 이해타당도, 수렴타당도, 판별타당도) 등이 있다.

65. 암기력을 측정하기 위해 암기한 것들을 모두 종이위에 쓰도록 하는 방법과 암기한 것을 모두 말하도록 하는 방법을 사용하는 경우, 서로 다른 두 가지의 측정방법을 측정한 결과값들 간에 상관관계의 정도를 나타내는 타당성은? | 2017년 2회

① 내용타당성(content validity) ② 기준타당성(criterion-related validity)
③ 예측타당성(predictive validity) ④ 집중타당성(convergent validity)

해설 집중타당도 혹은 수렴타당도는 동일한 개념을 측정하기 위해 서로 다른 두 가지 측정방법을 사용하더라도 측정값은 하나의 차원으로 수렴해야 한다는 것을 말한다.

66. 개념타당도(construct validity)와 관련된 개념이 아닌 것은? | 2017년 3회

① 다중속성-다중측정방법 ② 요인분석
③ 이론적 구성개념 ④ 예측적 타당도

해설 개념타당도는 측정되는 개념이 다른 개념들과 실제적, 논리적으로 적절한 관련성을 갖고 있는 정도를 경험적으로 검증하는 방법이다. 검증방법으로는 상관을 이용하는 방법(다속성 · 다측정 행렬기법)과 요인분석을 이용하는 방법이 있다.

67. 다음 중 개념타당성(construct validity)에 관한 설명으로 틀린 것은? | 2017년 3회

① 특정 개념의 이해와 관련된 타당도이다.
② 타당도의 개념을 가장 잘 나타내는 것이다.
③ 다른 개념과는 상관관계가 판이하게 낮아야 한다는 타당도이다.
④ 특정한 측정도구의 대표성에 관한 개념으로 측정도구가 갖추어야 할 최소한의 타당도이다.

해설 개념타당도는 추상적인 개념을 측정할 수 있는 도구들을 효과적으로 분석하는 방법으로 측정하고자 하는 개념이 실제 측정도구에 의해 적절하게 측정되었는가에 관한 문제로 가장 중요한 타당도이다. ④번은 내용타당도에 관한 설명이다.

해답 64. ② 65. ④ 66. ④ 67. ④

68. 내용타당도(content validity)에 관한 설명으로 옳은 것은? | 2018년 1회

① 통계적 검증이 가능하다.

② 측정대상의 모든 속성들을 파악할 수 있다.

③ 조사자의 주관적 해석과 판단에 의해 결정되기 쉽다.

④ 다른 측정결과와 비교하여 관련성 정도를 파악한다.

해설 내용타당도는 측정도구 자체가 측정하고자 하는 속성이나 개념을 얼마나 대표할 수 있는지를 평가하는 방법이다. 측정도구 내용의 대표성과 표본추출의 정확성과 관련이 있다. ①번은 개념타당도, ④번은 기준타당도 관련 내용이다.

69. 다음 ( )에 알맞은 것은? | 2018년 1회

서로 다른 개념을 측정했을 때 얻은 측정값들 간에는 상관관계가 낮아야만 한다는 것이다. 즉, 서로 다른 두 개의 개념을 측정한 측정값의 상관계수가 낮게 나왔다면 그 측정방법은 ( )타당성이 높다고 할 수 있다.

① 예측(predictive)　② 동시(concurrent)

③ 판별(discriminant)　④ 수렴(convergent)

해설 개념(구성)타당도 중 판별타당도에 관한 내용으로 수렴타당도와는 달리 서로 다른 개념을 측정했을 때 얻어진 결과 간에 상관관계가 낮아야 한다.

70. 다음 사례에 해당하는 타당성은? | 2018년 2회

새로 개발된 주관적인 피로감 측정도구를 사용하여 측정한 결과와 이미 검증되고 통용중인 주관적인 피로감 측정도구의 결과를 비교하여 타당도를 확인하였다.

① 내용타당성(content validity)

② 동시타당성(concurrent validity)

③ 예측타당성(predictive validity)

④ 판별타당성(discriminant validity)

해설 기준타당도는 실용적 타당도, 동시타당도, 예측타당도라고도 한다. 위 내용은 동시타당도에 관한 것으로 연구자가 측정도구를 이미 존재하고 있는 신뢰할만한 다른 측정도구와 비교하는 방법이다. 예측 타당도는 미래 사건의 외부 기준으로 이용하는 방법이다.

71. 측정도구의 내용타당도를 평가하는 방법과 가장 거리가 먼 것은? | 2018년 3회

① 관련 분야 전문가들의 자문을 구한다.

② 측정대상과 관련된 이론들을 판단기준으로 사용한다.

해답 68. ③ 69. ③ 70. ②

③ 패널토의와 워크숍 등을 통하여 타당도에 관한 의견을 수렴한다.

④ 측정도구를 반복하여 측정하고 그 관계를 알아본다.

해설 내용타당도는 측정도구 자체가 측정하고자 하는 속성이나 개념을 얼마나 대표할 수 있는지를 평가하는 방법이다. 측정도구의 타당성을 높이기 위해 ①, ③번 이외에 자기타당도 평가과정을 수행하기도 한다.

72. A기업에서 공개채용시험의 타당성을 평가하려는 계획을 세웠다. 우선 입사시험성적과 그 직원이 채용된 후 근무성적을 비교하여 타당성을 평가한다면 이는 무슨 타당성을 말하는가?

| 2018년 3회

① 기준타당성(criterion-related validity)

② 내용타당성(content validity)

③ 구성타당성(construct validity)

④ 논리적 타당성(logical validity)

해설 기준 관련 타당성은 연구하려는 속성을 측정해 줄 것으로 알려진 외적변수(기준)와 측정도구의 측정결과(척도 점수) 간의 관계를 비교하는 것이다.

73. 다음 사례에 측정에 대한 설명으로 옳은 것은? | 2018년 2회

A초등학교 어린이들의 발달 상태를 조사하기 위해 체중계를 이용하여 몸무게를 측정했는데 항상 2.5 ㎏이 더 무겁게 측정되었다.

① 신뢰도와 타당도 모두 낮다.

② 신뢰도와 타당도 모두 높다.

③ 신뢰도는 낮지만 타당도는 높다.

④ 신뢰도는 높지만 타당도는 낮다.

해설 위의 보기에서 반복하여 적용했을 때 일관된 결과가 나왔다는 점에서 신뢰도가 높다. 하지만 실체와 다르게 체중이 나왔기 때문에 타당도는 낮다고 할 수 있다.

74. 어떤 선생님이 학생들의 지능지수(IQ)를 측정하기 위해 정확하기로 소문난 전자저울(체중계)을 사용했을 때 측정의 신뢰도와 타당도에 관한 설명으로 옳은 것은? | 2018년 3회

① 타당도는 높지만 신뢰도는 낮다.

② 신뢰도는 높지만 타당도는 낮다.

③ 신뢰도도 높고 타당도도 높다.

④ 신뢰도도 낮고 타당도도 낮다.

해설 측정의 정밀성이 높음에도 불구하고 지능지수를 측정하는데 저울을 이용하여 측정하고자 하는 것으로 정확히 측정하지 못했기 때문에 신뢰도는 높으나 타당도는 낮다고 볼 수 있다.

해답 71. ④ 72. ① 73. ④ 74. ②

75. 측정에 있어서 신뢰성을 높이는 방법과 가장 거리가 먼 것은? | 2017년 1회

① 측정항목의 수를 늘린다.

② 측정항목의 모호성을 제거한다.

③ 전문가의 의견을 듣고 문항을 만든다.

④ 중요한 질문의 경우 유사한 문항을 반복하여 물어본다.

해설 신뢰도를 높이기 위한 방법으로 ①, ②, ④번 이외에 일반적으로 신뢰성이 인정되었거나 이전 경험에 비추어 신뢰성이 있는 측정도구를 사용한다. 또한 측정자에게 측정도구에 대한 교육과 훈련을 통해 사전준비를 철저히 한다.

76. 측정의 신뢰도 제고방안에 관한 설명으로 틀린 것은? | 2017년 2회

① 측정도구를 구성하는 문항의 개념을 명확히 작성한다.

② 문항 간 상관관계가 유사할 경우에 측정항목수를 줄인다.

③ 자료수집과정에서 측정의 일관성을 보장할 수 있도록 한다.

④ 측정지표에 대하여 사전검사 또는 예비조사를 실시한다.

해설 신뢰도 제고방안으로는 측정도구의 내용을 명확하게 하고, 신뢰도가 낮다고 판단될 경우 측정 항목수를 늘리고 측정방식에 일관성 등을 유지해야 한다.

77. 다음 중 신뢰성을 높일 수 있는 방법과 가장 거리가 먼 것은? | 18년 1회, 2회

① 측정항목의 수를 줄인다.

② 측정항목의 모호성을 제거한다.

③ 중요한 질문의 경우 동일하거나 유사한 질문을 2회 이상 한다.

④ 조사대상자가 잘 모르거나 관심이 없는 내용은 측정하지 않는다.

해설 신뢰도 제고방안으로는 측정도구의 내용을 명확하게 하고, 신뢰도가 낮다고 판단될 경우 측정 항목수를 늘리고 측정방식에 일관성 등을 유지해야 한다. 또한 신뢰성이 인정된 측정도구 등을 사용한다.

78. 측정의 신뢰도를 높이는 방법으로 적절하지 않은 것은? | 2018년 3회

① 측정도구의 모호성을 없앤다.

② 동일한 개념이나 속성을 측정하기 위해 여러 개의 항목보다는 단일항목을 이용한다.

③ 측정자들의 면접방식과 태도의 일관성을 취한다.

④ 조사대상자가 잘 모르거나 전혀 관심이 없는 내용에 대해서는 측정을 삼간다.

해설 ①, ③, ④번의 경우 신뢰도 제고방안에 해당된다. 항목수를 보다 많이 사용할수록 실제 측정치가 실제값에 근접할 가능성을 높인다. 따라서 단일항목보다 여러 항목을 사용해야 측정의 신뢰도를 높일 수 있다.

해답 75. ③ 76. ② 77. ① 78. ②

79. 측정의 비체계적 오차와 체계적 오차를 신뢰도, 타당도의 개념과 연결시켜 생각할 때, 타당도는 높으나 신뢰도가 낮은 경우는? | 2015년 2회

① 비체계적 오차와 체계적 오차가 모두 작을 경우
② 비체계적 오차가 크고 체계적 오차가 작을 경우
③ 비체계적 오차가 작고 체계적 오차가 클 경우
④ 비체계적 오차와 체계적 오차가 모두 클 경우

해설 체계적 오차는 측정대상에 대하여 어떤 영향이 체계적으로 미침으로써 오차가 항상 일정한 방향으로 일어나 측정결과가 모두 높아지거나 낮아지게 되는 편향(bias)을 보인다. 비체계적 오차는 우연적이며, 일시적 사정이나 상황에 의해 불규칙으로 나타나는 오차로 무작위적 오류라고도 한다. 타당도는 체계적 오차와 관련된 개념이며, 신뢰도는 비체계적 오차와 관련된 개념이다.

80. 측정오차에 관한 설명으로 틀린 것은? | 2017년 1회

① 체계적인 오차는 신뢰도와 관련된다.
② 측정오차는 일관되지 않게 나타날 수 있다.
③ 체계적 오차는 자료수집방법이나 수집과정에 개입될 수 있다.
④ 측정이 이루어지는 환경적 요인의 변화에 따라 측정오차가 발생할 수 있다.

해설 체계적 오차는 측정도구가 잘못 선정되어 측정하고자 하는 대상 모두에게 동일하게 나타나는 오류이며, 비체계적인 오차는 측정자의 피로, 기억, 감정변화 등과 같이 측정대상, 측정과정, 측정자 등에 일관성 없이 발생하는 오류이다. 체계적 오차는 타당도, 비체계적인 오차는 신뢰도와 관련된다.

81. 측정오차(error of measurement)에 관한 설명으로 틀린 것은? | 2017년 2회

① 비체계적 오차는 상호상쇄(self-compensation)되는 경향도 있다.
② 체계적 오차는 항상 일정한 방향으로 작용하는 편향(bias)이다.
③ 비체계적 오차는 측정대상, 측정과정, 측정수단 등에 따라 일관성 없이 영향을 미침으로써 발생한다.
④ 측정오차를 신뢰성과 타당성과 관련지을 때 신뢰성과 타당성은 정도의 개념이 아닌 존재 개념이다.

해설 측정오차는 체계적 오차와 비체계적 오차로 구분된다. 체계적 오차는 측정도구가 잘못 선정되어 측정하고자 하는 대상 모두에게 동일하게 나타나는 오류이며, 비체계적인 오차는 우연 또는 일시적 현상에 의해 나타난다.

82. 측정대상들의 편견에 의해서 발생하는 측정오류와 가장 거리가 먼 것은? | 2017년 3회

① 고정반응
② 사회적 적절성 편견

해답 79. ② 80. ① 81. ④

③ 문화적 차이 편견　　④ 무작위적 오류

해설 무작위적 오류는 비체계적 오류로 측정과정에서 우연히 또는 일시적 사정에 의해 나타나는 오류를 말한다.

83. 다음 중 측정과정에서 발생할 수 있는 오류는? | 2017년 3회

① 비체계적 오류　　② 생태학적 오류
③ 환원주의 오류　　④ 결정주의 오류

해설 측정과정에서 발생할 수 있는 오류에는 체계적 오류와 비체계적 오류가 있다. 체계적 오류는 측정도구가 잘못 선정되어 측정하고자 하는 대상 모두에게 동일하게 나타나는 오류이며, 비체계적 오류는 측정과정에서 우연히 또는 일시적 사정에 의해 나타나는 오류를 말한다. ②번과 ③번은 분석단위의 선정과 해석에서 발생하는 오류이다.

84. 측정의 체계적 오류와 관련이 있는 것은? | 2018년 3회

① 통계적 회귀　　② 생태학적 오류
③ 환원주의적 오류　　④ 사회적 바람직성 편향

해설 체계적 오류는 측정도구가 잘못 선정되어 측정하고자 하는 대상 모두에게 동일하게 나타나는 오류를 초래하는 것을 말한다. ①번의 통계적 회귀는 내적 타당성의 저해요인이며, ②번과 ③번은 분석단위의 선정에서 발생하는 오류이다.

85. 측정오차의 발생 원인과 가장 거리가 먼 것은? | 2018년 1회

① 통계분석기법　　② 측정방법 자체의 문제
③ 측정시점에 따른 측정대상자의 변화　　④ 측정시점의 환경요인

해설 측정오차는 실제 측정에 있어서 실제값과 측정결과 간에 나타날 수 있는 불일치 정도로 그 원인에는 측정자에 의한 오류, 인간의 지적 특수성에 의한 오류, 측정대상과 관련된 오류, 시간 · 장소 제약에서 오는 오류, 측정도구의 문제, 측정방법의 문제, 측정대상자의 표기상 오류 등이 있다.

86. 측정오류에 관한 설명으로 옳은 것은? | 2018년 2회

① 편향에 의해 체계적 오류가 발생한다.
② 무작위 오류는 측정의 타당도를 저해한다.
③ 표준화된 측정도구를 사용하더라도 체계적 오류를 줄일 수 없다.
④ 측정자, 측정 대상자 등에 일관성이 없어 생기는 오류를 체계적 오류라 한다.

해설 무작위 오류는 측정의 신뢰도와 관련이 있으며, 표준화된 측정도구를 사용함으로써 체계적 오류를 줄일 수 있다. ④번은 비체계적인 오류에 관한 내용이다.

해답 82. ④　83. ①　84. ④　85. ①　86. ①

08 표본조사와 표본추출

제1절 표본추출의 의의와 과정

연구문제의 해결을 위해 가설검증에 필요한 구체적인 자료를 수집하기 전에 먼저 누구에 대해 조사할 것인가를 결정해야 한다. 조사대상자를 조사대상에 포함된 전체를 대상으로 할 것인지, 아니면 전체 가운데 일부를 조사대상으로 할 것인지를 결정하는 것이 무엇보다 중요하다. 다시 말해 전수조사(complete enumeration)를 할 것인지, 표본조사(sampling study)를 할 것인지를 결정해야 한다. 전체를 대상으로 하는 것이 이상적이지만, 많은 비용과 노력이 소요되기 때문에 현실적으로 어려울 뿐만 아니라 오히려 조사결과가 부정확할 수도 있다. 따라서 현실적으로 일정한 범주에 속하는 조사대상을 선택한 후 그 대상에 대해 자료를 수집하고, 수집된 자료를 통해 전체의 특징을 추정하게 된다(김기원, 2016).

1. 표본추출과 표본조사

1) 표본추출과 표본조사의 의의

일반적으로 사회과학 분야에서는 연구대상으로 삼는 사람, 집단 또는 사건의 전수(全數)를 모두 조사하여 분석하지 않고 전체 대상 가운데 일정한 범주에 속하는 일부를 선택하여 조사를 실시한다. 다시 말해 전수조사를 실시하지 않고 표본조사를 실시하는 것이 일반적이다. 조사의 목적을 달성하기 위해서 연구대상 전체인 모집단(母集團, population)으로부터 모집단을 대표하도록 선택된 일부를 표본(標本, sample)이라고 한다. 이러한 표본을 선택하는 과정을 표본추출(sampling)이라고 하고 모집단으로부터 조사대상을 선택하는 행위 또는 과정을 말한다. 이러한 표본추출의 과정을 거쳐 모집단의 일부를 표본으로 선정하고 그 표본에 대해 자료를 수집·분석하는 것을 표본조사(sampling study)라고 한다.

표본추출(sampling)이란 전체 모집단으로부터 부분으로써의 표본을 선택하는 행위 혹은 활동을 말한다(전상규 외, 2004). 모집단의 특성 등을 정확하게 알기 위해서는 전체를 조사하는 것이 좋으나 현실적으로 이 모두를 조사할만한 시간과 비용의 한계가 따른 뿐 아니라 일정 부분을 조사하더라도 전체를 어느 정도 정확하게 파악할 수 있다.[1)] 표본추출의 핵심적인 쟁점은 표본의 특성이 전체 대상의 특성을 대표할 수 있는지의 여부, 다시 말해서 표본의 대표성이 중요하다. 따라서 표본추출은 적은 비용으로 모집단을 잘 대표할 수 있도록 대표성의 유지가 무엇보다 중요하다. 여기서 표본의 대표성이란 표본의 특성이 그 표본이 추출된 모집단의 특성과 동일한 특성을 가지는 속성을 의미한다. 아울러 어느 정도 크기의 표본을 선정해 적은 비용으로 정확성을 확보할 수 있도록 해주는 적정성(adequacy)도 중요한 고려대상이다.

2) 표본조사의 장단점

표본조사는 모집단으로부터 표본이 추출되는데, 이 과정을 표본추출이라 한다. 표본은 1차적으로 기술적 통계분석의 대상이 되고 기술적 통계분석은 모집단을 고려하지 않고 표본 결과만을 고려한다. 대부분의 사회조사들이 모집단보다는 표본을 사용하는 이유는 다음과 같다(김기원, 2016; 김해동 외, 2010). 첫째, 경제성의 문제이다. 전수조사의 경우 연구대상이 되는 전체를 조사해야 하기 때문에 인적, 물적 자원이 상당히 소요된다. 따라서 조사비용의 절약 차원에서 표본조사를 이용한다.

둘째, 신속성의 문제이다. 만일 전체 모집단이 조사된다면, 수많은 면접자를 사용하지 않고는 짧은 시간 내에 면접을 수행하기 어렵기 때문에 많은 시간이 소요되어 연구가 지체될 수 있다. 전체대상을 조사하는 것은 시간이 많이 걸린다. 조사가 끝나도 그 결과가 나올 때쯤에는 처음에 조사 받은 사례와 후에 조사 받은 사례의 의미가 전혀 다를 수 있다. 조사기간 동안에 상황이 변할 수도 있고, 연구주제에 영향을 주는 사건이 발생할 수도 있고 또 피조사자가 성장할 수도 있기 때문이다. 따라서 신속한 조사를 위해 표본조사가 사용된다.

1) 노화준 등(2001)은 표본추출의 이유로 ①무한모집단, ②조사 불가능한 모집단, ③형질의 변경가능, ④비용과 시간의 제약, ⑤정확한 조사 등 다섯 가지를 들고 있다(노화준 외, 2001: 113-116 참조).

결론적으로 신속한 정보가 필요한 경우에 자료수집·집계·분석 등을 빠른 시간 내에 처리할 수 있다(김렬, 2013).

셋째, 가능성의 문제이다. 연구대상 전체를 조사하려고 할 때 모집단 전체를 파악할 수 없는 경우가 있으며, 설령 파악된다고 하더라도 그 수가 무한히 많기 때문에 조사가 현실적으로 불가능할 수도 있다. 따라서 조사가 가능하도록 하기 위해 표본조사를 실시한다.

넷째, 정확성의 문제이다. 전체를 조사할 경우 많은 조사자가 필요하다. 많은 조사자를 사용하는 것은 가장 유능한 조사자를 사용하기보다는 최소한의 능력을 갖춘 조사자를 사용할 수밖에 없게 되기 때문에 실제로 자료의 정확성을 떨어뜨리게 될지 모른다. 또한 제한된 수의 조사자들이 전체를 조사할 경우 조사업무량(caseload)이 많아 하나하나를 정확히 조사할 수 없을 뿐 아니라 조사 자체가 지체되고 지체되는 시간 동안 조사된 대상의 특성이 변화할 수 있다.

다섯째, 응답률의 제고이다. 전체 모집단조사 보다 표본조사자가 갖는 또 다른 이점은 응답자로부터 높은 응답률과 협력을 얻을 수 있다는 점이다. 이것은 특히 민감한 사회문제의 경우 상당히 효율적이라 할 수 있다. 여섯째, 신뢰노의 문제이다. 선수조사를 하기 위해서는 상당수의 면접자 또는 조사자가 필요하다. 이렇게 되면 조사자간의 신뢰도 문제가 발생할 가능성이 높다. 그러나 표본을 사용하는 것이 모집단을 사용하는 것만큼 또는 그 이상으로 정확성을 기할 수 있다고 말하는 것은 주의 깊게 추출된 표본임을 전제로 하고 말하는 것이다. 이밖에도 표본조사는 많은 경우에 시간과 비용이 적게 들고 표본으로부터 정보를 얻는데 필요한 노력과 주의도 더 많이 기울일 수 있기 때문에 전수조사보다 더 상세한 정보를 얻을 수 있다(박용치 외, 2008).

한편, 표본조사가 이러한 여러 가지 장점도 있지만 다음과 같은 단점도 있다. 첫째, 모집단을 대표할 수 있는 표본을 찾기 어렵다는 점이다. 표본이란 모집단의 부분집합(subset)으로 모집단에 대해 대표성을 가져야 한다. 표본조사는 표본추출 방법에 따라 조사결과에 영향을 많이 받는다. 잘못된 표본추출은 그 자체로 편향된 결과를 얻게 된다. 예를 들면, 편의표본추출법(convenience sampling)과 같은 방법을 이용했을 경우 확률표본추출이 되지 못함으로써 표본조사에 의해 얻어진 표본이 모집단을 대표하지 못하게 된다. 결국 표본이 모집단을 대표하지 못할 경우 표본을 대상으로 조사한 결과를 전체의 결과라고 말할 수 없다. 다시 말해 일반화(generalization)가 제약을 받는다.

둘째, 모집단의 크기가 작은 경우에는 표본조사가 무의미할 수도 있다. 모집단의 크기가 작은 경우에는 모집단 자체를 모두 조사하면 되기 때문에 표본을 추출하여 조사를 실시하는 것이 의미가 없다. 셋째, 표본설계 자체가 복잡한 경우에는 오히려 시간과 비용이 더 많이 소요될 수 있고 오차가 많이 발생할 수 있다. 끝으로 편향된 조사가 될 수도 있다. 아무리 사전교육을 잘 받은 조사원이 조사를 할 경우라도 의도하지 않게 호감이 가는 대상을 집중적으로 조사할 경우도 발생한다. 이러한 문제는 감독으로도 잘 드러나지 않기 때문에 모집단의 공통 특성을 반영하지 못하는 오류가 발생할 가능성이 높다(양병화 외, 2000).

2. 표본추출의 과정

표본추출의 경우 연구목적, 연구문제의 형성, 자료분석 및 해석 등 연구과정상 관련된 측면을 고려하여 행해져야 한다. 다음 [그림 8.1]에 알 수 있듯이 먼저 연구의 대상이 되는 모집단을 확정하고, 적당한 표본추출 틀(sampling frame)을 선정한 후, 표본추출의 방법과 표본의 크기를 결정하고, 실제로 표본을 추출하는 과정을 거치게 된다.

모집단 확정 ➡ 표본추출 틀 선정 ➡ 표본추출 방법결정 ➡ 표본크기 결정 ➡ 표본추출 실행

[그림 8.1] 표본추출의 과정

첫째, 모집단을 확정한다. 실제 연구목적에 부합하는 자료를 얻기 위해서는 가능한 한 완전하고도 정밀한 모집단의 규정이 필요하다. 모집단을 규정하는 작업은 이론적인 구체화의 과정이라 할 수 있다. 이를 위해서는 연구의 대상, 표본단위, 연구범위, 시간 및 공간 등 네 가지 요소를 명확히 해야 한다.

■ 모집단 예시

연구대상	30세 이상 60세 이하 여성
표본단위	30세 이상 60세 이하 여성
연구범위	전국
시 간	2019. 5. 1 – 5. 31

연구대상	60세 이상 노인범죄
표본단위	4대 강력범죄
연구범위	전국
시 간	2019. 3. 1 – 2019. 4. 30

둘째, 모집단이 확정되면 다음 단계로 연구목적에 적합한 최종적인 표본을 추출하게 될 표본추출 틀(sampling frame)을 선정한다. 여기서 표본추출의 틀이란 표본을 추출하기 위해 사용되는 모집단의 전체 목록, 다시 말해서 표본추출 단위가 수록된 목록을 말한다. 좋은 표본추출 틀은 모집단의 구성요소 모두를 포함하면서 어떤 요소도 이중으로 포함되지 않아야 한다. 예를 들면, 지방 경찰공무원들의 서비스만족도를 연구하기 위해 먼저 기초 지방자치단체, 다음으로 근무부서, 경찰 공무원 개인을 표본으로 선정하는 경우에 지방자치단체, 근무부서, 경찰공무원 개개인이 각각 표본추출 단위가 된다. 그리고 기초 지방자치단체들의 목록, 근무부서들의 목록, 경찰공무원 개개인의 명단 등이 각 단계의 표본추출 틀이 되는 것이다.

■ 표본추출 틀 예시

■ 물리적 형태의 표본추출 틀	경상남도 경찰공무원 명단
■ 비물리적 형태 표본추출 틀	지방경찰청, 경찰서, 파출소, 지구대에 근무하는 경찰공무원을 표본으로 추출

셋째, 표본추출 방법을 결정한다. 표본추출 틀이 선정되면 어떤 방법으로 모집단을 대표할 수 있는 표본을 확보할 것인지에 대한 검토가 필요하다. 표본추출 방법에는 크게 확률표본추출과 비확률표본추출이 있다. 확률표본추출(probability sampling)은 모집단의 요소들이 표본으로 추출될 확률을 서로 동일하게 하는 경우이다. 반면에 비확률표본추출(nonprobability sampling)은 모집단의 요소가 표본으로 추출될 확률을 동일하게 하는 것이 필요하지 않거나 불가능한 경우에 사용한다.

넷째, 표본의 크기(sample size)를 결정한다. 표본추출과정에서 표본의 크기는 조사비용이나 조사의 정확도 등과 밀접하게 관련된 것으로 연구조사자는 표본추출방법과 표본의 크기를 결정해야 한다. 표본크기의 결정은 모집단으로부터 뽑는 표본추출단위의 수를 몇 개로 하는 것이 쉽고 경제적이면서 대표성을 지닐 수 있는가의 문제이다. 일반적으로 적절한 표본의 크기는 신뢰구간접근법과 가설검증접근법과 같은 통계기법에 의해 결정될 수 있으나, 실제상으로는 표본추출방법, 모집단의 성격, 시간과 비용, 연구자 및 조사원의 능력 등을 고려하여 결정한다.

다섯째, 이러한 전 과정이 결정되면 이에 따라 표본을 추출한다. 주어진 할당표에 적합한 조사대상을 선별하여 이러한 조건을 만족시키는지를 확인한 후 조건을 만족시키는 경우에 실제 조사를 수행한다.

+ Plus 표본조사가 전수조사보다 더 정확할 수 있다!

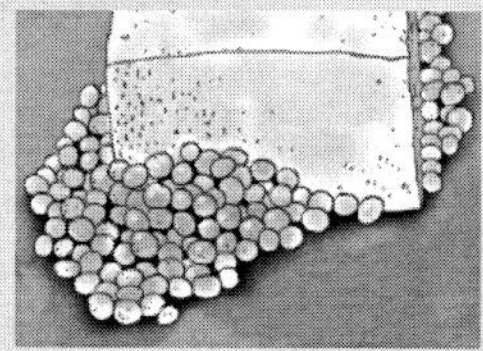

표본조사를 적절하게 수행할 경우 전수조사보다 더 정확할 수 있다. 큰 항아리에 들어 있는 콩의 수를 센다고 할 때 전수조사를 서너 번 하더라도 세는 작업의 단조로움 때문에 오류가 생겨 셀 때마다 그 수가 차이가 난다. 차라리 항아리에서 한 그릇의 콩을 퍼내 그 그릇 안의 콩을 정확히 센 뒤 항아리 속에 몇 그릇이 들어가는지를 감안해 전체 콩의 수를 추정하는 것이 쉽고 빠르고 정확할 것이다.

전수조사에서 계산상의 오류에 대한 실제 예를 하나 들어보자. 국보 32호인 팔만대장경 경판은 정확히 모두 몇 장일까? 그 대답은 '아직 아무도 정확히 모른다'다. 일제 강점기인 1915년 실시한 전수조사에 따르면, 경판 수는 8만 1,348장이었다. 1975년 실시된 문화제관리국의 전수조사에 따르면 경판 수는 8만 1,240장이었다. 1995년 유네스코 세계문화유산으로 지정돼 이제 세계적으로 유명해진 팔만대장경 경판이지만 아직 정확한 숫자를 모르는 것이다.

출처: 김진호, 『괴짜 통계학(2008)』

Study TIP 가장 유명한 표본조사 실패사례

표본조사에서 가장 중요한 것은 무엇일까? 바로 좋은 표본을 뽑는 것이며 좋은 표본이란 표본이 모집단의 축소판 닮은꼴이 되는 것이다. 다른 말로는 모집단을 대표할 수 있는 표본, 다시 말해 대표성을 갖는 표본을 뽑아야 한다는 것이다. 표본이 모집단의 축소판 닮은꼴이 되지 못할 때 무슨 일이 일어나는지를 잘 나타내주는 속담이 있다. 바로 '장님 코끼리 만지기'라는 말이다

표본이 축소판 닮은꼴이 되지 못할 때 어떤 잘못이 일어나는지를 다음 사례가 여실히 보여준다. 1936년 미국 대통령선거는 공화당의 랜던(Alfred M Landon) 후보와 민주당의 루스벨트(Franklin D Roosevelt) 후보와의 대결이었다. 선거결과를 예측하기 위해 리터러리 다이제스트(Literary Digest) 잡지사는 1,000만 명의 유권자에게 설문지를 우송한 후 230만 명으로부터 회수한 응답을 분석했다. 그 결과에 따라 이 잡지사는 랜던이 루스벨트를 여유 있게 누르고 당선될 것이라고 예측했다.

그러나 실제 선거결과는 민주당의 루스벨트 후보가 압도적인 지지로 당선됐다. 무려 230만 명이나 되는 유권자를 조사했는데도 이런 실수를 한 원인은 무엇일까? 바로 표본이 모집단을 대표하는 축소판 닮은꼴이 되지 못했기 때문이다. 이 잡지사는 잡지의 정기구독자와 전화번호부를 근거로 1,000만 명을 선정하여 설문을 보냈다. 그 당시 미국경제 상황을 고려할 때 잡지의 정기구독자나 전화보유자는 소득이 높은 계층에 속했다. 더욱이 그 해 선거에서는 유권자들의 후보 선택이 소득수준과 밀접한 관련이 있었다.

따라서 소득이 낮은 계층은 민주당을, 높은 계층은 공화당을 특히 선호했다. 리터러리 다이제스트가 뽑은 표본 속에는 루스벨트 후보 지지자가 상대적으로 적었기 때문에 조사결과가 틀렸던 것이다. 표본 명단으로 선택한 등록자 명단이 저소득층을 체계적으로 제외한 데 있었다. 왜냐하면 대부분의 저소득층은 경제회복을 주장하는 루스벨트 후보의 뉴딜정책을 지지하는 성향을 보였기 때문이다. 이 실수는 짧은 선거여론조사의 역사 속에서 가장 유명한 일로 기록되고 있다.

▸ 참고: 뉴딜정책(New Deal)은 실업자에게 일자리를 만들어 주고, 경제 구조와 관행을 개혁하고, 대공황으로 침체된 경제를 되살리기 위해 프랭클린 D. 루스벨트 미국 제32대 대통령이 1933년~1936년에 추진하기

시작한 경제 정책이다. 1933년의 "첫 번째 뉴딜 정책"은 경제의 전반적인 단기 회복에 초점을 맞추었다. 루스벨트 행정부는 은행개혁법, 긴급 안정책, 일자리 안정책, 농업정책, 산업 개혁(NRA, 국가경제회복기구), 연방 차원의 복지 정책을 추진하고, 금본위제와 금주법을 폐지했다.

출처: 김진호, 『괴짜 통계학(2008)』, 위키백과와 네이버 백과 일부 인용

제 2 절 표본추출의 유형

표본추출(sampling)의 가장 중요한 점은 모집단 전체를 가장 잘 대표할 수 있는 표본을 추출해야 한다는 점이다. 표본추출 방법에는 여러 가지가 있으나 절대적인 최선의 방법은 존재하지 않기 때문에 연구목적과 모집단의 성격에 따라 적절한 방법을 선택하여 사용해야 한다. 일반적으로 표본추출의 유형에는 확률표본추출 방법과 비확률표본추출 방법이 있다. 확률표본추출 방법에는 단순무작위표본추출, 체계적 표본추출, 층화표본추출, 집락표본추출 등이 있다. 비확률표본추출 방법에는 편의표본추출, 할당표본추출, 유의표본추출, 눈덩이표본추출 등이 있다.

[표 8.1] 확률표본추출과 비확률표본추출

기 준	확률표본추출	비확률표본추출
모집단의 개별구성요소들이 표본으로 추출될 확률	동등함, 알려져 있음	동등하지 않음, 알려져 있지 않음
표본추출(sampling)	무작위표본추출	독단적, 의도적 표본추출
표본의 통계치로 모집단의 모치수 추정	편의(偏倚, bias)가 없음	편의가 있음
모치수 추정가능성	추정 가능	추정 불가능
오차 측정가능성	측정 가능	측정 불가능
시간과 비용	많이 소요	절약
모집단의 규모와 성격	명확히 규명	불명확 또는 불가능
종 류	단순무작위, 체계적 층화, 집락표본추출	편의, 유의 할당, 눈덩이표본추출

1. 확률표본추출

1) 확률표본추출의 방법

확률표본추출(probability sampling)은 각각의 사례가 모집단으로부터 표본으로 추출될 확률을 알 수 있는 표집방법으로 모든 사례가 추출될 확률이 명백한 표본추출 방법이다. 다시 말해서 모집단의 각 표본추출 단위가 모두 추출될 기회를 가지고 있고, 각각의 표본추출 단위가 추출될 확률을 정확히 알고 어떤 형태의 무작위 방법에 기초하여 표본추출을 할 경우, 이를 확률표본추출이라 하며 이렇게 추출된 표본을 확률표본(probability samples)이라 한다. 확률표본추출 방법은 통계값으로 모수값을 정확히 추정하는 방법을 제시해준다. 표본추출의 목적은 모집단으로부터 추출된 표본을 분석하여 표본의 통계값을 산정하고, 이러한 통계값으로 모집단의 모수값을 가능한 정확하게 추정하는데 있다(김기원, 2016; 채구묵, 2015).

2) 확률표본추출의 유형

① 단순무작위표본추출(simple random sampling)

단순무작위표본추출은 확률표본추출의 가장 기본적인 형태로 모집단을 구성하는 각 요소가 표본으로 선택될 확률을 동일하게 부여하여 표본을 선정한다. 무작위 표본에서 모집단 내의 각각의 사람은 표본으로 선택될 동일한 확률 및 기회를 갖고 있고, 수집된 동일 크기의 사람들마다 실제 표본이 될 동등한 확률을 갖고 있다. 이러한 사실은 그들이 동일한 전 대상이 구성원인 경우 그들 간의 유사점이나 차이점에 상관없이 적용된다.

단순무작위표본(simple random sample)은 모든 가능한 집단들이 선택될 가능성이 동일한 표본을 말한다(Sandy, 1990: 90-92; Daniel, 1975: 90-92; 김기원, 2016). 이 방법을 사용하기 위해서는 몇 가지 요건이 필요하다. 첫째, 모집단이 모든 사례가 동등하게 표본추출 될 가능성을 갖도록 하기 위해서는 모집단에 대한 목록이 필요하다. 둘째, 한 사례를 표본으로 추출하는 것이 다른 사례의 표본추출 확률에 아무 영향을 주지 않아야 한다. 만일 선택의 확률이 표본추출 단계의 주어진 어느 단계에서도 동일하다면, 단순무작위표본추출은 일반적으로 적절한 것으로 간주된다. 나아가 만일 모집단의 크기가 상대적으로 크거나 표본 크기가 상대적으로 작다면, 표본추출 절차상 처음부터 끝까지 표본추출 확률의 차이는 무시될 것이다(채구묵, 2015).

단순무작위표본추출의 일반적인 절차 내지 추출방법은 ① 우선 모든 사례를 명부 또는 목록표(list)에 열거한 후, ② 각 사례에 번호를 할당하여, ③ 제비뽑기와 유사한 기계적인 방법으로 표본을 선택하는 것이다. 그 예로 사람들은 만일 번호들이 완전히 뒤섞여서 어떠한 유형도 존재하지 않는다면, 어항이나 그물바구니에 넣고 잘 섞은 후 이로부터 뽑을 수도 있다. 이보다 보편적인 절차는 컴퓨터를 활용해 작성된 무작위번호표 내지 난수표를 사용하는 것이 편리하다. 무작위번호표(난수표)를 사용한 표본추출 과정은 다음과 같다(김기원, 2016).

① 표본추출 틀을 마련한다.
② 표본추출 틀이 마련되면 표본추출 틀에 포함된 모든 요소들에 대해 개별적인 번호를 부여한다.
③ 무작위 번호표를 사용하여 하나씩 골라낸다. 무작위 번호표에는 컴퓨터에 의해 무작위로 산출된 숫자가 종과 행으로 배치되어 있다. 눈을 감고 연필을 굴려서 연필 끝이 지시하는 난수표상의 숫자를 출빌점으로 하여 행을 따라 옆으로 가거나 종을 따라 아래로 가거나 하면서 표본에 포함된 숫자를 수집한다. 수집은 모집단의 자릿수대로 따라 가면서 난수표상의 숫자가 모집단의 총수보다 작은 숫자를 필요한 수만큼 표본으로 선택한다.

■ 무작위번호표(난수표)를 사용한 표본추출의 예

12	79	73	42	34
67	28	19	83	24
24	64	20	34	25
02	85	54	28	58

무작위번호표상에 눈을 감고 연필을 굴렸더니 연필끝이 왼쪽끝 '1'을 지적하였다. 그리고 모집단이 350명이고 이 가운데 70명을 표본으로 선택한다고 가정하자. 모집단이 세 자리이기 때문에, 연필 끝이 가리킨 왼쪽 맨 위 끝에 있는 '1'이라는 수를 출발점으로 하여 두 자리 숫자로 된 세로줄의 첫째 열과 둘째 열의 첫 단위 숫자를 합하여 세 자리로 보고 무작위번호표를 따라 내려가면서 세 자리의 수가 모집단의 총수인 350보다 같거나 작은 수만 택하여 필요한 만큼 표본으로 선택한다. 표본의 크기인 70개가 채워질 때까지 이러한 절차를 계속한다.(127,246,028은 350보다 작기 때문에 채택된다. 그러나 672는 350보다 크기 때문에 채택되지 않는다)

단순무작위표본추출 방법은 확률표본추출 방법 중 가장 기본적이고 단순한 유형으로 그 장점은 첫째, 모든 요소가 표본으로 뽑힐 확률이 동등하다는 원칙하에 수행되기 때문에 편견이 개입될 확률이 희박하다. 둘째, 연구자가 모집단의 구성 등에 대한 사전지식을 알 필요가 없다. 셋째, 표본과 관련된 표본오차의 계산이 용이하다. 단점으로는 첫째, 조사자가 모집단에 대해 가지고 있는 지식을 충분히 활용할 수 없다. 둘째, 동일한 크기의 표본일 경우에 층화표본추출보다 표본의 오차가 크다. 다시 말해 표본오차는 어느 정도 표본의 이질성 때문에 발생하는 것으로 층화표본추출에서의 각 층은 주요 특성에 있어서 단순무작위표본추출의 모집단보다 상대적으로 동질적이기 때문이다. 셋째, 모집단에서 그 수가 적은 요소는 표본으로 추출될 보장이 없기 때문에 표본의 규모가 커야 한다. 예를 들어 가톨릭 신자가 300명, 불교 신자가 400명, 기타 50명으로 구성된 모집단으로부터 20명의 표본을 추출할 경우 개신교 신자나 기타 신자는 한 명도 표본으로 추출되지 않을 수도 있다는 점이다. 넷째, 표본이나 큰 표본추출 틀에 대해서는 컴퓨터로 처리되지 않을 경우 모집단의 목록을 만들고 번호를 부여하는 작업 등 현실적으로 많은 노력이 소요된다. 따라서 체계적 표본추출, 층화표본추출, 집락표본추출 등과 같은 대안들이 제시된다.

② **체계적 표본추출**(systematic sampling)

체계적 표본추출은 계통적 표본추출이라고도 한다. 모집단을 구성하는 구성요소의 목록을 이용할 수 있는 경우, 연구자들은 사용의 편리성 때문에 보통 무작위표본추출보다 체계적 표본추출을 사용한다. 체계적 표본추출은 표본추출 틀인 모집단 목록에서 일정한 순서에 따라 매 k 번째 요소를 표본으로 추출하는 방법이다. 여기서 일련번호를 붙인 표본추출 틀을 마련하고 모집단 총수를 요구되어지는 표본수로 나누어 표본추출 간격(sampling interval : k)을 구하며, 첫 번째 표본추출 간격 안에 들어 있는 숫자 가운데 하나를 무작위로 선택하여 추출된 최초의 표본으로 삼고 나머지 표본들은 기계적으로 정해진 간격에 따라 표본을 추출한다.

표본추출 간격(k) = 모집단의 총수(N)/필요한 표본의 수(n)

= 모집단의크기/표본의 크기

(sampling interval = population size / sample size)

예를 들어 모집단의 총수가 400명이고 요구된 표본이 80명이라면 표본추출 간격은 5이다. 표본추출 틀에서 최초의 표본추출 간격인 다섯 사람 가운데 한 사람은 무작위로 뽑는다. 그 후 첫 번째 무작위로 뽑은 표본의 번호에 표본추출 간격만큼을 더한 번호에 해당하는 모집단의 사람을 표본으로 선택한다. 그 후 계속 표본추출 간격만큼 더해가면서 해당 번호의 요소를 표본으로 선정한다. 만약 무작위로 뽑은 표본 번호가 3이 나왔다면, 첫 번째 요소는 3, 두 번째 요소는 3에 표본추출 간격을 더한 값(3+5) 8이 된다. 이러한 과정을 반복하여 3+79×5=398번이 80번째 요소가 되어 총 80명의 표본을 선택하게 된다.

■ 체계적 표본추출 절차

ⓐ 표본추출 틀을 마련한다.
ⓑ 표본추출 틀이 마련되면 거기에 포함된 모든 요소에 개별적인 번호를 매긴다.
ⓒ 모집단 총수를 필요한 표본의 수로 나누어 표본추출 간격을 결정한다.
ⓓ 최초의 표본추출 간격 내에서 하나의 무작위표본추출을 한다.
ⓔ 최초의 표본추출 간격 내 무작위로 선택된 숫자에 표본추출 간격을 계속적으로 더해가면서 그 번호에 해당되는 요소를 표본으로 선택한다.

모든 다른 상황이 동등할 경우에 단순무작위표본추출은 정확성 때문에 체계적 표본추출보다 더 선호된다. 적절히 수행된 단순무작위표본추출은 정확성의 이점을 갖고 있으며, 또한 무작위화된 표본추출 틀을 반드시 갖출 필요가 없고, 표본추출 틀 내에 일정한 순서를 유지할 필요가 없다. 그러나 체계적 표본추출은 정확성은 다소 떨어지지만 무작위화된 표본추출 틀을 반드시 갖추어야 하는 어려움이 있고 표본추출 틀 내에 일정한 순서를 유지시켜야 하지만 간편하고 표본추출에 소요되는 작업량이 적어 적은 비용으로 신속하게 많은 정보를 제공할 수 있다. 특히 경험이 적은 조사자에게 체계적 표본추출은 실행 자체기 단순해서 오류를 감소시킬 수 있다.

체계적 표본추출 방법은 무작위표본추출보다 표본추출 틀의 정확성에 더 의존하고 있다. 체계적 표본추출에서는 표본추출 틀에 일정한 순서가 유지된다. 그 결과 체계적 표본추출은 완전히 비대표적일 가능성이 있다. 만일 표본추출 틀에 편견된 순서가 발견되지 않는다면 체계적 표본추출은 최선일지 모른다. 그러나 편향된(biased) 순서가 발견된다면 표본추출을 하기 이전에 표본추출 틀을 무작위화하던가 아니면 체계적 표본추출을 포기하고 단순무작위표본추출을 해야 한다. 다시 말해 목록표가 일정한 주기성을 가지고 있을 경우에는 큰 편견을 가진 표본이 추출될 가능성이 있기 때문이다. 이러한 경향을 방지하기 위해서는 그러한 사례의 목록 표를 무작위로 뒤섞어서 사용하는 것이 좋다.

이처럼 체계적 표본추출에서는 편향가능성에 관해 주의를 해야 한다. 편향가능성은 표본추출 틀의 표본추출 단위가 어떤 특징적 경향을 따라 배열되어 있어서 이것이 표본추출 간격에 맞추어 작용하게 됨으로써 일어날 수 있다. 이 같은 편재유형이 표본추출 틀에 존재할 가능성이 있으면 체계적 표본추출이 시작되기 전에 배제되어야 한다. 다시 말해서 이러한 문제가 발생할 경우 표본추출 틀 상의 배열을 뒤섞어서 각 단위가 가지는 특성의 편재성을 없앤 다음에 추출작업에 들어가야 한다. 체계적 표본추출은 표본추출 틀이 길거나 표본의 크기가 클 때 활용하기가 매우 쉽다.

결론적으로 체계적 표본추출의 장점으로는 표본추출이 용이하며, 모집단 전체에 걸쳐 보다 공평하게 표본이 추출되므로 모집단을 보다 잘 대표할 수 있다. 그러나 모집단의 배열이 일정한 주기성 및 특정 경향성을 가지고 있을 때에는 편견이 개입되어 대표성이 문제가 된다(김렬, 2013; 박용치 외, 2008 등 참조). 한 예로 2차 대전 당시 군인을 대상으로 한 연구에서 전 부대원의 명부를 가지고 10번째 장병을 추출했더니 모두 하사가 추출된 경우가 있었다. 명부 자체가 10명 단위의 분대 순으로 작성되었고, 분대장인 하사가 제일 처음에 기재되어 하사만 표본으로 뽑힌 것이다. 따라서 어떤 목록에서 체계적 표본을 실시할 경우 목록의 성격을 잘 검토하여 필요한 처방을 내려야 한다(남궁근, 2014).

③ 층화표본추출(stratified sampling)

층화표본추출은 모집단을 일정한 기준에 따라 2개 이상의 동질적인 계층(strata)으로 구분하고 각 계층별로 단순무작위표본추출 방법을 적용하는 방법이다. 한센(Hansen, 1953)등은 층화표본추출 방법의 기본을 제시하였는데, 그들에 따르면 모집단에 대한 기존 지식을 활용하여 '모집단을 몇 개의 소집단으로 구분하되, 각 소집단 내의 구성요소들이 전체로서 모집단의 구성요소보다 더욱 동질적이 될 수 있도록 구분하는 것'으로 파악하였다.

만약 동질적인 집단에 대하여 무작위표본추출이 이루어져 그 결과가 종합되면 전체적으로 표본추출에 따른 오차를 줄일 수 있고, 표본의 대표성은 높아진다. 확률표본추출 이론에 따르면, 표본의 크기와 표본추출의 오차는 반비례한다. 그리고 이질적인 표본보다는 동질성이 큰 표본에서 표본추출 오차가 줄어든다. 층화표본추출은 이 논리에 기초하고 있기 때문에 전체적으로 가능한 표본추출 오차를 줄여 주면서 대표성의 정도를 강화시켜 줄 수 있게 된다. 결국 층화표본추출은 동질적인 집단(homogeneous group)내의 표본추출 오차가 이질적인 집단(heterogeneous group)의 표본추출 오차보다 더 작다는 확률분포 논리에 기초하고 있다(남궁근, 2014; 이종익, 2019; 정상규, 2019).

층화표본추출의 절차를 토대로 예를 들면, 먼저 어느 한 종합대학에서 정교수, 부교수, 조교수와 같이 계급 순으로 되어있는 집단들에 관해 층화표본추출을 실시하는 경우에 층화표본추출은 모든 정교수, 부교수, 조교수를 하나의 동질적인 집단으로 목록을 만든다. 이것이 실행된 이후 단순무작위 또는 표본이 각 집단으로부터 추출되어진다. 층화표본추출은 각 층에 대하여 상이한 표본추출 방법 또는 목록 표를 사용하여야 할 경우와 일정한 정밀도를 확보하는데 필요한 수를 되도록 적게 하고자 할 경우에 사용된다(채구묵, 2015).

■ 층화표본추출의 절차

ⓐ 조사대상 모집단을 상호배타적이고 포괄적인 소집단들(strata)로 나눈다.
ⓑ 각 소집단들이 모집단 내에서 차지하는 상대적 비율을 정하고, 각 소집단별로 추출할 표본의 수를 정한다.
ⓒ 각 소집단 별로 단순무작위표본추출 방법이나 체계적 표본추출 방법을 사용하여 표본을 추출한다.

층화표본추출을 실행하는 방법에는 세 가지가 있다. 첫째로 각 계층(strata)이 모집단내에서 차지하는 상대적인 크기만큼 그 계층에서 표본을 추출하는 비례 층화표본추출, 둘째로 각 계층에서 차등 비율로 표본을 추출하는 비비례(非比例) 층화표본추출, 마지막으로 최적분할 비비례 층화표본추출이 있다.

첫째, 비례 층화표본추출(proportional stratified sampling)은 각 층의 표본추출비율을 동일하게 하는 방법으로 단순무작위표본추출이나 체계적 표본추출보다 대표성이 있는 표본을 얻을 목적으로 사용되는 방법이다. 예를 들면, 전체 1,000명의 학생 중에 50명을 뽑는다고 가정할 때 모집단 내에서 남녀 비율이 9:1일 경우 비례 층화표본추출은 남성 집단에서 45명, 여성 집단에서 5명을 추출한다.

둘째, 비비례 층화표본추출(disproportional stratified sampling)은 각 층에 상이한 비율을 주어 사례수를 조정하고자 하는 방법이다. 이 방법은 주로 전체 모집단의 특성보다는 각 층이 대표하는 부분집단의 특성을 보고자 할 경우에 많이 사용된다. 예를 들면, 앞의 예에서 전체 모집단에서 차지하는 비율이 극히 낮은 하위집단들을 비례적 방법을 사용할 경우에 표본에 충분히 포함되지 않을 수 있다. 이 경우에 소수 하위집단에서 더 많은 수가 뽑힐 수 있도록 차등적인 비율을 적용하여 여성을 10% 이상 추출할 수 있다. 일반적으로 층화표본추출에서 각 계층의 표본크기를 모집단 내의 각 계층(strata)이나 소집단의 크기에 비례해서 뽑는 경우가 대부분이지만, 경우에 따라서는 표본크기를 계층마다 고르게 얻기 위해서 모집단 내의 계층이나 소집단의 크기와는 상관없이 비비례적으로 표본을 추출할 수도 있다.

[표 8.2] 비례 및 비비례 층화표본추출

비행유형	청소년 수	1/10 비율 표본수	非비율 표본수
음주	250	25	15(6.0%)
흡연	200	20	15(7.5%)
폭력	100	10	15(15%)
마약	50	5	15(3.0%)
총수	600	60	60

셋째, 최적분할 비비례 층화표본추출(optimum allocation disproportional stratified sampling)은 비비례 층화표본추출의 한 방법으로 표본의 크기를 각 층에 할당함에 있어서 통계량의 표본오차가 최소가 되도록 하는 방법이다. 다시 말해서 일정한 기준에 의해 층화하더라도 어떤 층은 매우 동질적인데 비해 또 다른 층은 동질성이 상대적으로 떨어지기도 한다. 이 경우에 보다 동질적인 층에서는 적은 표본이라 해도 그 표본이 모집단을 잘 대표할 수 있지만, 이질적인 층에서는 많은 표본을 추출하지 않으면 표본이 모집단을 잘 대표하기 어렵다. 이처럼 어떤 층의 표본이 모집단을 대표하고 있다고 하더라도 다른 층의 표본이 모집단을 대표하고 있지 않으면 전체적인 정확성은 떨어진다. 따라서 이러한 문제를 해결하기 위해서는 보다 동질적인 층은 비교적 적은 수의 표본을 선정하고 이질적인 층에서는 보다 많은 수의 표본을 선정함으로써 결과적으로 가장 적은 표본의 크기로써 요구되는 정확성을 확보할 수 있다.

■ 최적분할 비비례 층화표본추출의 예

대학생 3학년 900명을 성적순에 따라 80점 이상을 상위그룹, 50점-80점 미만을 중위그룹, 50점 미만을 하위그룹으로 분류하였더니 상위그룹은 모두 90점, 중위그룹은 50점에서 79점까지 골고루 분포, 하위그룹은 40점에서 49점 사이에 분포되어 있었다고 가정하자. 이 경우 모집단 900명 중 90명의 표본을 추출한다면, 각 집단에 대해 30명씩 표본을 추출하는 것보다 상위그룹에서 30명보다 적은 수의 표본을 추출하고 중위그룹에서는 30명보다 많은 표본을 추출하며, 하위그룹에서는 30명 정도의 표본을 추출할 때 표본오차를 최소화할 수 있다.

층화표본추출의 장점으로는 먼저 모집단의 주요 특성을 사전에 고려하여 중요한 집단을 빼지 않고 표본에 포함시킬 수 있다. 만일 무작위성이 확보되었다는 것을 전제로 할 때 매우 적은 표본으로 표본오차를 줄여 정확성을 기할 수 있으며, 각 층들의 특성을 파악하고 이것을 상호 비교할 수 있다. 또한 모집단을 동질적인 소집단으로 구분하게 되면 표본의 수를 줄이더라도 표본의 대표성을 높일 수 있기 때문에 시간과 비용을 절약할 수 있다. 하지만 층화 시 모집단에 대한 정확한 정보와 지식이 필수적으로 요구되며, 층화의 실제 기준이나 방법에 대해 논란이 제기될 수도 있다. 이밖에 각 층에 대한 명부가 필요하며, 특히 최적분할 비비례 층화표본추출은 표본추출 과정이 매우 복잡하다는 단점이 있다(채구묵, 2015; 김렬, 2013).

한편, 층화표본추출을 적용할 것인가를 결정하는데 있어 다음과 같이 고려해야 할 사항들이 있다. 첫째로 자료를 변수에 따라 층화시킬 수 있는가 하는 점이다. 둘째로 층화된 계층들이나 소집단들이 모집단 전체를 골고루 포함하고 있는가, 다시 말해서 포괄성이 있는가 하는 점이다. 셋째로 각 계층 내지 소집단내에서 동질성을 확보할 수 있는지, 넷째로 각 계층들 간 서로 중복되지 않아 상호배타성을 유지하고 있는가 하는 점이다. 마지막으로 층화시킴으로 인해 표본크기를 줄이고 자료수집 시간과 비용을 절약시켜 표본추출의 효율성을 높일 수 있는가 하는 사항을 고려해야 한다. 이러한 다양한 문제를 해결할 수 있을 경우에 층화표본추출은 단순무작위표본추출보다 대표성과 효율성이 우월한 표집추출 방법이 될 것이다(김기원, 2016).

④ 집락표본추출(cluster sampling)

집락표본추출은 표본들을 집락(군집)이나 집단(cluster or group)으로 묶어 이들 집락이나 집단들을 선택하고, 다시 선택된 집단 안에서 표본을 무작위로 추출하는 방법이다. 여기서는 일반적으로 지역을 집락으로 취급하는 것이 보통이다. 집락표본추출은 각 표본추출 단위(sampling unit)가 일반 개인이 아닌 집락(cluster), 수집물(collection), 집단(group) 또는 요소들(elements)인 단순무작위표본추출을 의미한다.

다시 말해서 집락표본추출은 모집단을 여러 개의 집락들로 구분하여 이들 전체 집락들 가운데서 무작위로 몇 개의 집락들을 선정한 다음 선정된 각각의 집락에서 일정한 수의 요소들을 표본으로 추출한다. 여기서 집락은 주로 지리적 구획과 같이 자연스럽게 나누어졌거나 행정적으로 혹은 조직체계상 구분된 단위들을 의미한다. 예를 들면, 산·바다·강 등 자연에 의해 구분된 지역, 특별시·광역시·도·시·군·구 등과 같은 행정구역, 혹은 학군·도시 내 블록·센서스 구역 등이 집락의 대표적인 예이다. 집락표본추출은 군집(群集) 표본추출이라고도 하며, 집락표본추출이 여러 단계에 걸쳐 실시될 때 이를 다단계 집락표본추출(multistage cluster sampling)이라고 한다.

■ 집락표본추출의 절차

ⓐ 모집단을 상호배타적인 집락 또는 소집단(cluster or group)으로 분류한다.
ⓑ 분류된 소집단 중에서 무작위로 일부 소집단을 선정한다(1단계 집락표본추출).
ⓒ 선정된 각각의 집락 또는 소집단에서 표본구성요소를 무작위적으로 선정한다(2단계 집락표본추출).

지역표본추출(area sampling)이라고도 불리는 집락표본추출은 모든 표본추출 요소들을 대상으로 개인 단위의 표본추출 틀을 만드는 것이 현실적으로 어렵거나 불가능할 때, 다시 말해서 표본추출 단위가 표본추출 요소 그 자체인 표본추출 틀을 형성하는 것이 불가능하거나 비실용적일 때 일단 집락으로 추출하고 여기에서 다시 개인을 추출하는 방식을 택한다. 예를 들면, 학생들을 연구하고 싶어 하는 조사자는 먼저 학급이나 기숙사 방과 같은 학생집단들 또는 학생 집락들을 추출하고 그리고 각 집락들로부터 최종적인 학생표본을 선택한다. 모든 계층들(strata)이나 소집단들이 골고루 표본추출이 되어야 하는 층화표본추출과 달리 집락표본추출은 먼저 집락들을 추출하고 그 이후에 선택된 각 집락 내에서 개별 학생들의 표본을 추출한다.

집락표본추출의 경우 집락들 중에 먼저 무작위표본추출을 실시하고 여기에 뽑힌 집락 내의 모든 사례를 그대로 표본으로 선정하는 것을 1단계 집락표본추출(one-stage cluster sampling)이라 하고, 2회 이상 표본추출을 거쳐 표본이 추출되는 것을 다단계 집락표본추출(multi-stage cluster sampling)이라 한다. 예를 들어 성층화현상(gender stratification)을 파악하기 위해 모든 전국의 성인여성을 대상으로 다단계 집락표본추출을 한다고 가정하자.

먼저 전국의 모든 성인여성들을 포함하는 표본추출 목록을 구할 수 없고, 그렇다고 직접적으로 현장에서 목록을 만드는 것은 엄청난 비용을 필요로 하기 때문에 실용적이지 못하다. 이러한 경우에 다단계 집락표본추출을 사용하면 효율적으로 필요한 표본을 구할 수 있다. 다단계 집락표본추출의 단계를 살펴보면, 먼저 조사자는 먼저 해당지역의 모든 조사지역(tracts)을 목록에 싣고 있는 표본추출 틀로부터 인구조사 표준지역들(census tracts)을 무작위적으로 추출을 한다. 다음 단계에서 조사자는 첫 단계에서 추출된 표본의 조사지역 내에서 모든 도시구획들을 포함하는 표본추출 틀로부터 도시구획들을 무작위적으로 추출한다. 두 번째 단계에서 추출된 구획 내에 포함된 모든 가구들의 표본추출 틀로부터 가구들을 추출하고, 마지막 네 번째 단계는 세 번째 단계에서 추출된 각 가구 내에서 성인여성들을 뽑는다. 만일 둘 이상의 성인여성이 동일 가구 내에 있을 경우에는 이 중 한명을 무작위적으로 선정한다.

1단계		2단계		3단계		4단계
인구조사표준지역 일부 표집	➡	도시구획 일부표집	➡	가구일부 표집	➡	성인여성 표집

집락표본추출과 층화표본추출의 유사점과 차이점을 비교하면 둘 다 모집단을 몇 개의 하위집단으로 나누고 이들 중 표본추출 단위를 선정한다는 점에서는 같다. 그러나 표본추출을 조작하는 방식은 정반대라 할 수 있다. 다시 말해서 층화표본추출에서 표본추출 단위는 하위집단(층)이 아니라 각 하위집단(층)의 요소이다. 이들 하위집단은 서로 이질적이나 각 하위집단의 요소들은 동질적이다. 하지만 집락표본추출에서 표본추출 단위는 하위집단(집락 혹은 군집)이고 이들 하위집단(집락 혹은 군집)은 서로 동질적이며 각 하위집단 내 요소들은 이질적이다(김렬, 2013; 채구묵, 2015).

집락표본추출은 모집단이 광범위해도 몇 개의 대표적인 집락에 집중적으로 표본을 추출하기 때문에 시간과 비용을 절약할 수 있다. 그리고 뽑힌 집락의 명단만 작성하면 되기 때문에 전체 모집단의 목록표를 필요로 하지 않는다는 장점이 있다. 집락표본추출의 단점은 각 집락의 이질성을 확보하기 위한 구분의 기준 설정이 어렵다. 또한 집락 자체가 동질적으로 구성되는 경우에는 동일한 표본크기에서 표준오차가 커지므로 통계적 효율성이 떨어진다. 아울러 단순무작위표본추출보다 특정 집단의 특성을 과대 또는 과소하게 나타낼 위험성도 높다고 볼 수 있다.

2. 비확률표본추출

1) 비확률표본추출의 특성

비확률표본추출(non-probability sampling)은 모집단 각각의 사례가 표본으로 추출될 확률을 알지 못하는 경우이다. 따라서 모집단으로부터 선택된 확률이 미리 알려지지 않은 경우에는 비확률표본추출을 사용한다. 확률표본추출은 대표성과 오차의 추정가능성이라는 면에서 볼 때 일반화를 위한 보다 확고한 기초를 제공하므로 이상적이라 할 수 있다. 하지만 실제상으로 확률표본추출이 불가능하거나 비현실적인 경우도 많다. 모집단 자체의 범위를 한정할 수 없는 무한모집단이거나, 모집단의 한계가 분명하더라도 목록을 구할 수 없거나 작성할 수 없을 경우, 그리고 시간이나 비용이 지나치게 소요되는 경우는 확률표본추출에 대한 대안으로서 비확률표본추출 방법을 사용한다.

비확률표본추출은 확률표본추출보다 정밀성이 떨어지고 표본오차를 구하기 어려운 단점이 있다. 아울러 표본추출 단위를 선정하는데 있어 조사자의 편견을 통제할 수 없다. 그러나 이 방법의 장점은 표본추출 절차가 복잡하지 않으며, 시간과 비용이 확률표본추출보다 훨씬 적게 든다. 그리고 조사의 초기 단계에서 개략적인 정보만 필요할 경우, 다시 말해 조사가 본격적인 조사를 위한 시험적 내지 탐색적 조사일 경우에는 적당한 표본추출 방법이 될 수 있다. 또한 표본의 규모가 매우 작거나 간단한 조사의 경우에 확률표본추출보다 더 적절하고 실용적인 표본선택의 수단으로 간주될 수 있다. 비확률표본추출 방법으로는 편의표본추출, 유의표본추출, 할당표본추출, 눈덩이표본추출 방법이 널리 활용되기 때문에 여기에서는 몇 가지만 소개하고자 한다.

2) 비확률표본추출의 유형

① 편의표본추출(convenience sampling)

편의표본추출이란 조사자의 편의에 따라 손쉽게 이용 가능한 대상을 선택하는 방법이다. 편의표본추출은 조사자가 임의로 사례를 추출한다고 하여 임의 표본추출(accidental sampling)이라고도 한다. 편의표본추출은 모집단에 대한 정보가 전혀 없는 경우나 모집단의 요소들 간에 차이가 거의 없다고 판단될 때 표본선정의 편리성에 기준을 두고 연구자가 자신에게 '가장 가까이서 반응하는 사람(closest live person)'을 편의상 응답자로 선정한다. 예를 들면, A 대학에서 학생들을 대상으로 대학생활 만족도를 조사한다고 가정하자. 연구자가 B 교수에게 부탁하여 그 교수가 강의하는 수강생들을 대상으로 표본을 추출하는 경우 전형적인 편의표본추출 방법이다. 또 다른 예로 지방행정서비스의 주민 만족도를 조사하기 위해 특정 시간대에 민원실을 방문하는 주민을 대상으로 자료를 수집하는 경우도 편의표본추출이라 할 수 있다. TV방송국에서 1,000명의 성인남녀를 대상으로 프로그램 선호도를 조사하기 위해 길거리에서 지나가는 성인을 대상으로 면접조사를 하는 경우도 여기에 해당된다.

편의표본추출은 TV 인터뷰, 긴급사건 등에 대한 견해 등을 조사할 때 많이 사용되며, 다른 표본추출 방법에 비해 표본추출 과정이 용이하고 조사를 신속하게 진행할 수 있다. 또한 시간이나 비용 측면에서 경제적이고 여러 가지 제약으로 엄격한 표본추출 계획이 어려울 경우에 편의표본추출로 수집된 자료가 조사자가 필요로 하는 기초적인 정보를 제공해 줄 수 있다. 그러나 표본추출의 정확성이 없고 표본이 모집단을 대표한다고 보기 어렵다 또한 조사자가 쉽게 접근할 수 있는 대상만 선정해 표본이 어느 한 쪽에 치우치기 쉽고 표본추출 오차를 산정할 수 없다는 단점이 있다(양병화 외, 2000).

② 유의표본추출(purposive sampling)

유의표본추출은 조사자가 모집단과 조사문제에 대한 충분한 사전지식에 기초하여 연구 목적의 달성에 도움이 될 수 있는 요소들을 모집단으로부터 자신의 주관적 판단에 따라 의도적으로 추출하는 방법이다. 또한 전문가나 전문가로 구성된 집단이 모집단을 대표할 수 있다고 판단하는 전형적인 단위를 표본으로 선택한다. 유의표본추출은 판단 표본추출(judgmental sampling), 의도적 표본추출이라고도 한다. 유의표본추출은 본 조사를 실시하기 전에 설문지의 내용 및 수준을 검토하고 타당도를 향상시키기 위해 실시하는 예비조사(pilot study)에서 종종 사용된다.

예를 들면, 어떤 지역사회의 성향을 알고자 할 경우 연구자가 판단하기에 그 지역사회의 성향을 잘 대표한다고 판단되는 사람들이나 구역을 선택하는 것 등이 유의표본추출 방법이라 할 수 있다. 유의표본추출이 연구자가 임의로 표본을 구성한다는 측면에서 편의표본추출과 유사하지만, 연구자가 표본의 대표성을 고려하여 주관적인 판단 하에 표본을 선정한다는 점에서 차이가 있다.

유의표본추출은 연구자의 주관적 판단에 기초하여 표본을 선정하기 때문에 표본추출이 비교적 쉽고 경제적이라 할 수 있다. 모집단에 대한 사전 지식을 기초로 하기 때문에 모집단을 적절히 대표할 수 있는 표본을 선정할 가능성도 크다. 또한 이 방법은 연구계획의 초기단계에서 질문의 적용가능성과 조사도구의 타당성을 검토하기 위해 널리 사용된다. 그러나 조사자가 모집단 및 구성요소에 대해 충분한 사전 지식을 갖고 있을 경우에만 유용하며, 전문가가 설정한 특정 요소가 모집단을 대표한다고 해서 반드시 대표성을 갖는다는 보장이 없기 때문에 일반적인 결론을 도출하는데는 제약이 따른다. 아울러 표본추출 오차를 산정하거나 모집단의 분포 상에서 표본의 위치를 추정할 수 없다는 점이 단점으로 작용한다.

③ 할당표본추출(quota sampling)

할당표본추출은 모집단에 대한 사전 지식을 바탕으로 모집단의 속성을 대표할 수 있는 일정 수의 카테고리를 결정하고 각 카테고리를 대표하는 표본의 크기, 다시 말해 할당량(quota)을 결정하여 할당표(quota matrix)를 작성한 후에 이에 따라 각 카테고리마다 할당된 수의 표본을 주관적 판단에 따라 추출하는 방법이다. 다시 말해 모집단의 속성을 몇 개의 범주로 구분하고 각 범주에 해당하는 모집단의 수를 결정한 후 각 범주의 할당량에 비례해서 각 범주로부터 일정 수의 표본을 임의적으로 추출하는 것이다(김기원, 2016; 김렬, 2013).

할당표본추출의 절차를 살펴보면, 먼저 모집단의 특성을 기준으로 매트릭스를 구성한다. 보편적으로 사용되는 매트릭스의 기준은 성별, 연령, 학력, 직업, 소득 등이다. 예를 들어 성별×연령집단과 같이 복합적인 매트릭스를 사용하기도 한다. 다음으로 모집단의 특성을 나타낼 수 있도록 특성에 비례하여 각 범주를 대표하는 사례 수를 할당하고 할당된 사례수를 작위적으로 추출한다. 끝으로 모집단의 특성 가운데 할당의 기준이 되는 변수가 선정되면 그에 따른 비율을 산정한다. 예를 들면, 모집단을 학력과 종교에 따라 여섯 가지 범주로 만들고 각 범주에 일정 수를 할당한다. 모집단(1,000명)으로부터 200명의 표본을 선택하는 경우에 표본추출 비율은 20%이다. 따라서 각 범주와 할당량으로부터 20%씩 동일하게 표본을 추출한다. 여기서 표본추출은 무작위적이 아니라 작위적으로 추출한다.

■ 할당표본추출 사례(단위: 명)

(모집단 할당표)

학 력	종교 유무	
	있음	없음
대졸이상	300	200
고졸이상–대졸미만	200	100
고졸미만	100	100

⇨

20% 할당표본추출 후 할당표(quota matrix)

학 력	종교 유무	
	있음	없음
대졸이상	60	40
고졸이상–대졸미만	40	20
고졸미만	20	20

할당표본추출은 모집단을 일정한 기준에 따라 분류한다는 점에서 층화표본추출과 유사하지만 마지막 단계에서 표본추출이 작위적으로 이루어진다는 점에서 차이가 있다. 작위적이라 함은 표본을 무작위적으로 선정하는 것이 아니라 조사자의 의도가 반영된 가운데 선정한다는 것을 말한다. 따라서 각 사례가 추출될 확률이 다르고 추출될 확률도 정확히 알 수 없기 때문에 조사결과에 대해 정확한 통계적 추론을 할 수 없다. 또한 할당표본추출은 연구자나 조사자의 편견이나 현장의 상황적 조건이 개입될 가능성을 배제할 수 없기 때문에 표본의 대표성 측면에서 층화표본추출보다 문제점이 많다. 또한 대부분의 모집단에는

많은 수의 변수들이 존재하고 이들의 특성도 다양하기 때문에 모든 변수에 대한 할당비율을 사전에 파악하기 어렵다.

이러한 단점에도 불구하고 할당표본추출은 같은 크기의 무작위표본추출보다 적은 비용으로 표본을 추출할 수 있기 때문에 다른 방법들보다 이와 같은 경제성은 신속하고 간편한 방법으로 조사목적을 달성할 수 있다는 점을 포함한다. 또한 각 집단을 적정히 대표하게 하는 층화의 효과도 있다. 특히 조사자의 주된 관심인 표적집단(target group)을 표본에 포함시킬 수 있다. 따라서 소비자 조사나 특정 대상을 표적으로 하는 조사에서 유용하게 사용할 수 있다.

④ 눈덩이표본추출(snowball sampling)

눈덩이표본추출은 구드맨(Goodman, 1961)에 의해 처음으로 사용한 표본추출방법으로 서로 상호작용을 하는 연결망(interconnected network)을 가진 사람들이나 조직을 대상으로 연구할 때 주로 사용한다(채구묵, 2015). 누적표본추출(cumulative sampling) 혹은 연쇄의뢰 표본추출(chin-referral sampling), 연쇄소개 표본추출이라고도 한다. 이 방법은 연구자가 특수한 모집단의 구성원을 전부 파악하지 못할 때, 다시 말해 표본추출 틀(frame)이 없을 때 적합한 표본추출 방법이다(남궁근, 2014).

눈덩이표본추출의 진행 단계는 다음과 같다, 첫 번째 단계는 필요한 특성을 갖춘 소수의 사람들을 확인한다. 두 번째 단계는 이들을 면접하고 세 번째 단계에서는 이들을 통해 더 많은 사람들을 소개받아 면접을 한다. 마치 눈덩이가 언덕 아래로 굴러감에 따라 처음에는 작은 것이 점점 더 커져 가는 것처럼 처음에는 소수의 사람들을 찾아 자료를 수집하고 이들을 통해 필요한 정보를 제공해 줄 수 있는 다른 사람들을 소개받아 그들로부터 자료를 수집하고 또 그들을 통해 정보를 제공해 줄 수 있는 또 다른 사람들을 소개받아 자료를 수집하는 등 이러한 과정을 계속해가면서 필요한 수의 표본을 확보한다(김기원, 2016).

여기서 눈덩이(snowball)는 첫 단계에서 필요한 특성을 갖춘 사람으로 확인된 이들을 최초의 정보제공자(informant)로 삼고 이들을 통해 다른 정보제공자를 계속해 찾아가는 누적과정(accumulation process)을 의미한다. 눈덩이표본추출 방법은 제한된 대상을 심층적으로 연구해야 할 필요성이 있는 질적 연구 혹은 현장연구에서 많이 사용한다. 특히 이 방법은 약물중독, 매매춘, 도박, 동성애자, 특정 분야의 전문가 등과 같이 모집단에 속하는 연구대상을 찾기가 어려울 때 적합한 방법이다. 응답자들이 눈에 잘 띠지 않는 일탈적 하위문화(deviant subculture)를 연구하는데 유용하다. 또한 하나의 연결망을 가진 사람들의 특성을 파악하고자 할 때 적절한 표본을 추출할 수 있다. 이러한 표본추출 방법은 모집단에 속한 연구대상을 쉽게 찾을 수 있어 시간과 비용이 절약되는 장점이 있다. 그러나 눈덩이표본추출은 표본추출 자체가 이전 정보제공자의 정보에 의존하기 때문에 표본의 대표성에 문제가 있어 일반화가 어렵고 편견이 개입될 여지가 많다는 단점을 내포하고 있다.

3. 표본오차와 크기결정

1) 표준오차와 표본오차

표준오차(standard error)와 표본오차(sampling error)는 통계학적으로 볼 때 엄격히 다른 개념이라 할 수 있다. 먼저 표준오차를 이해하기 위해서는 분산과 표준편차를 알아야 한다. 분산(variance)은 각 관찰 값이 평균으로부터 떨어진 거리를 제곱한 것을 평균한 값으로 변량이라고도 한다. 표준편차(standard deviation)는 절대적인 분산도를 측정하는 하나의 척도로서 분산을 제곱근한 값이다. 분산과 분산의 제급근인 표준편차는 범위(range)[2]와 달리 모든 사례의 값을 포함하여 계산한다. 분산의 측정은 각 관찰 값들의 평균편차(평균 – 관찰값)를 제곱한 값을 모두 합한 후 사례 수(n)로 나누면 된다. 또한 평균에서 떨어진 거리를 표준화한 값이라 할 수 있는 표준편차는 값들이 평균 근처에서 어느 정도 모여 있는지를 나타낸다. 특히 표준편차는 변수 값의 분포도를 나타내는데 가장 많이 활용된다. 평균을 기준으로 관찰 값들 간의 표준화된 거리를 나타내기 때문에 평균과 함께 사용하게 된다. 분산과 표준편차는 모집단의 분산과 표준편차와 비슷한 방법으로 계산되지만, 모집단의 평균(μ)을 모르기 때문에 대신 표본의 평균($\overline{X}$)을 사용한다. 표준편차의 산정은 분산에 제곱근을 하는 과정만 추가하면 된다.

2) 분포의 특성을 보다 잘 이해하기 위해서는 관측된 자료가 얼마나 흩어져 있는지를 살펴 볼 필요가 있다. 이러한 흩어짐(dispersion)의 정도를 측정하는 수치가 분산도이다. 분산도에는 범위, 사분편차(quartile deviation), 분산, 표준편차, 변이계수(coefficient variation: C.V) 등이 있다. 범위(Range)는 분산도를 측정하는 가장 손쉬운 방법으로 관찰값 중 양극단에 있는 두 관찰 값 간의 차이를 말한다($R=X_{max}-X_{min}$).

➲ 분산(variance)과 표준편차(standard deviation)의 예시

- 분산
  - 관찰 값: 1, 2, 3, 5, 5, 6, 7, 8, 9 (평균: 5)
  - 표본의 분산(S^2)= (관찰 값-평균)^{2}의 합 / 사례 수
  - S^2=【$(-4)^2+(-3)^2+(-2)^2+(0)^2+(0)^2+(2)^2+(3)^2+(4)^2$】÷8= 7.25
- 표준편차
  - S= $\sqrt{7.25}$= 2.69

표준오차는 표본평균(sample mean: $\overline{X}$)의 표준편차를 말하는데, 이는 하나의 모집단으로부터 추출가능한 모든 표본평균($\overline{X}$)의 변이 정도를 나타내는 척도를 의미한다. 따라서 표준오차는 N 사례의 무작위적인 표본추출을 계속했을 때 그 표본평균들의 표준편차이다. 다시 말해서 표본평균들의 분포에서 실제 모집단의 평균과 어느 정도 떨어져 분포되어 있는지를 말한다. 평균의 표준편차를 구하기 위해서는 크기가 n인 표본을 모집단에서 계속 추출해야하지만 실제로는 이와 같은 일이 실용적이지 못하므로 통상적으로 단일표본에서 평균의 표준편차인 표순오자를 추성한다. 결국 표준오차($\sigma_{\overline{X}}$)는 각각의 표본평균들이 표본평균들의 평균으로부터 떨어진 거리를 제곱한 것을 더하여 표본들의 수로 나누어 제곱근을 취한 값이다.

한편, 표준오차($\sigma_{\overline{X}}$)를 구하기 위해서는 무수히 많은 표본들을 모두 조사하여 그들의 평균과 표준편차를 구해야 하지만, 이는 현실적으로 매우 어려운 작업이다. 따라서 표준오차는 모집단의 표준편차(σ)를 표본 사례수의 제곱근($\sqrt{N}$)으로 나눈 공식에 의해 구할 수 있다.

$$\sigma_{\overline{X}} = \frac{\sigma}{\sqrt{N}}$$

$\sigma_{\overline{X}}$: 표준오차(표본평균들의 표준편차)

σ : 모집단의 표준편차(σ= $\sqrt{\frac{\sum(X_i-\mu)^2}{N}}$)

N : 표본 수

하지만 모집단의 표준편차(σ)는 실제 모르는 경우가 많기 때문에 한 표본에서 얻은 표준편차(S)를 모집단의 표준편차(σ)의 추정치로 삼아 표준오차를 구할 수 있다. 이 경우에 한

표본에서 얻은 표준편차는 모집단의 표준편차보다 약간 적기 때문에 분모를 $\sqrt{N}$ 대신 $\sqrt{N-1}$ 을 사용한다. 이 경우에 표본의 표준편차에 의해 표준오차를 구했다는 것을 나타내기 위해 ($\sigma_{\overline{X}}$) 대신에 ($S_{\overline{X}}$)를 사용한다.

$$S_{\overline{X}} = \frac{S}{\sqrt{N-1}}$$

$S_{\overline{X}}$: 수정 표준오차

S : 표본의 표준편차($S = \sqrt{\frac{\sum(X_i-\mu)^2}{N-1}}$)

N : 표본 수(예: 표본수가 100이면 N은 100)

지금까지 질문문항이 연속적인 변수인 경우의 표준오차를 구하는 방법에 관해 살펴보았다. 또 다른 차원인 질문문항이 비연속적인 경우에 관해 살펴보자. 예를 들어 사형제도에 대한 찬반 여부나 노인인구 증가에 따른 기초연금 확충에 관한 국민들의 찬성 여부 등과 같이 찬성비율의 표준오차를 구하는 방법에 관해 살펴보면 다음과 같다. 이러한 찬반 형태로 된 질문의 경우에 중심극한의 정리(central limit theorem)를 이용해 표준오차를 구한다.

통계이론에서는 모집단에서 추출한 표본들의 표본평균의 분포에 대해 다음과 같은 중요한 사실을 밝혀냄으로써 여러 가지 통계적 추론과 통계적 가설검증의 기초를 제공하고 있다. 첫째, 모집단이 정규분포를 이루고 있을 때에는 표본평균($\overline{X}$)의 표본추출분포는 표본의 크기와 관계없이 정확하게 정규분포를 이룬다. 둘째, 모집단이 정규분포를 이루고 있지 않을 경우에도 표본의 크기가 크면 표본평균의 분포는 정규분포를 이룬다. 통계이론에서 이를 중심극한의 정리라고 한다. 따라서 찬반 행태로 되어 있는 질문도 표본의 크기가 30 이상[3]인 표본을 무수히 많이 추출하여 그 찬성비율($P=\overline{P}$)를 분포로 나타내면 정규분포가 된다는 것이다. 비율분포의 경우에 표준오차를 구하는 공식은 다음과 같다(채구묵, 2015).

3) 통계분석에서 표본의 수가 최소 30개는 되어야 한다. 그 이유는 모집단이 정규분포를 이루고 있지 않을 경우에 중심극한정리에 따라 표본평균을 통한 모집단의 추정이 가능하려면 표본수가 커야한다. 이 때 기준이 n=30은 30이기 때문이다. n이 30 이하인 경우에는 t검증을 해야 한다. 여기서 t검증을 하기 위해서는 모집단의 분포가 정규분포에 가까워야 한다(남궁근, 2014: 542).

$$S_{\overline{P}} = \sqrt{\frac{P(1-P)}{N}} +$$

$S_{\overline{P}}$: 비율의 표준오차

P : 표본에서 얻은 찬성비율

N : 표본 수

다음으로 표본오차(sampling error)에 대해 살펴보면, 표본오차의 원래 의미는 표본평균 간의 차이를 의미하지만 여기서는 일정한 신뢰수준 하에서 표본의 평균에 의해 모집단의 평균을 추정할 때의 신뢰구간[4]을 의미한다. 신뢰수준은 신뢰구간 속에 모집단의 평균(μ)이 포함될 확률을 말한다. 보통 신뢰수준은 90%, 95%, 99% 등의 확률로 결정한다. 여기서 문제는 표본오차를 어떻게 구하느냐 하는 것이다. 표본분포가 정규분포라고 가정했을 때 다음과 같이 표본오차가 결정된다.

- 99% 신뢰수준에서 상응하는 표본오차: $2.58\sigma_{\overline{X}}$
- 95% 신뢰수준에서 상응하는 표본오차: $1.96\sigma_{\overline{X}}$
- 90% 신뢰수준에서 상응하는 표본오차: $1.64\sigma_{\overline{X}}$

여기서 $\sigma_{\overline{X}}$는 표준오차이며 2.58, 1.96, 1.64 등의 수치는 표준정규분포에서 찾은 Z값을 말한다. 통계학에서 표본오차는 일정한 신뢰수준(예: 99%, 95%, 90%)을 확보하기 위한 Z값(모집단의 표준편차를 알 경우) 또는 t값(모집단의 표준편차를 모르고 표본의 표준편차만 알 경우)에 표준오차를 곱한 공식에 의해 구할 수 있다.

- 모집단의 표준편차를 알 경우

  표본오차 = Z × $\sigma_{\overline{X}}$

  Z : 신뢰수준에 해당하는 Z값

  $\sigma_{\overline{X}}$: 표준오차

- 모집단의 표준편차를 모르고 표본의 표준편차만 알 경우

  표본오차 = t × $S_{\overline{X}}$

  Z : 신뢰수준에 해당하는 Z값

  $S_{\overline{X}}$: 수정 표준오차

4) 표본으로부터 계산된 통계치를 중심으로 하여 모수(母數)가 포함되리라고 생각하는 일정한 범위를 만들었을 때 이 범위를 신뢰구간(confidence interval)이라 한다. 특히 표본평균($\overline{X}$)을 중심으로 하여 모집단의 평균(μ)이 포함되리라고 생각하는 범위가 평균의 신뢰구간이다(노화준 외, 2001: 149 참조).

앞에서 제시한 비율분포의 경우는 이항분포[5]이기 때문에 표본오차를 구할 때 t분포를 사용하지 않고 표본의 수가 크다는 전제하에서 항상 Z분포를 사용한다. 따라서 비율분포의 경우에 표본오차를 구하는 공식을 다음과 같다.

표본오차 = Z × $S_{\overline{P}}$

Z : 신뢰수준에 해당하는 Z값

$S_{\overline{P}}$: 비율의 표준오차

---

2) 표본의 크기와 결정요인

표본추출방법과 더불어 결정할 사항은 표본의 크기(sample size)이다. 표본크기의 결정이란 신뢰도를 일정하게 유지했을 때 표본오차가 어떤 허용 한계 내에 들어가도록 표본의 크기를 정하는 것이며, 표본오차의 허용 한계를 정밀도로 규정한다면 표본크기는 신뢰도와 정밀도에 의해 결정된다고 할 수 있다. 표본조사에서 발생하는 표본오차는 표본크기와 반비례하기 때문에 표본크기는 대체로 클수록 좋다. 하지만 표본을 무한정으로 크게 한다고 해서 반드시 좋은 결과를 얻는 것도 아니다. 한 예로 표본크기가 커지면 작은 차이도 통계적으로 유의미해지기 때문에 실용적 관점에서는 유의도를 결정하기 어려운 상황에 직면하게 된다. 아울러 표본의 크기는 시간과 비용 등의 문제를 수반하기 때문에 지나치게 많은 표본 수는 낭비를 초래할 수도 있다. 이러한 시간과 비용 문제를 고려할 때 일정 수준의 신뢰도와 정밀도만 확보할 수 있다면 가능한 적은 수의 표본으로 충분하다고 볼 수 있다(김렬, 2013).

표본의 크기를 구하는 방법에는 연구에 따라 판단이 다를 수 있지만, 이론적으로는 모집단의 평균 및 비율 추정과 가설검증접근법이 있다. 여기서는 모집단의 평균 및 비율 추정방법은 구체적으로 살펴 본 후 표본의 결정에 따른 고려사항을 검토하고자 한다. 먼저 표본의 평균에 모집단의 평균을 추정하는 경우에 일정한 신뢰수준과 표본오차를 확보하는 수준에서 최소한의 표본크기를 구하는 방법에 대해 살펴보았다. 이 경우에 앞에서 제시한 공식을 이용하여 표본의 크기를 구할 수 있다. 표본오차를 E라고 할 때 모집단 평균의 표

---

5) 제3장 2절 변수의 종류에서 불연속변수(이산변수)와 연속변수를 살펴보았다. 확률변수도 특정한 수치만을 취할 수 있는 이산 확률변수와 모든 실수값을 취할 수 있는 연속확률변수로 분류할 수 있다. 여기서 이산 확률변수의 분포를 이산 확률분포라 하며, 연속확률변수의 분포를 연속확률분포라 한다. 이산 확률분포의 대표적인 것이 이항분포(二項分布)이고, 연속확률분포의 대표적인 것이 정규분포(正規分布)이다.

본오차에 관한 공식은 다음과 같다.

$$E = Z \times \sigma_{\overline{X}} = Z \times \frac{\sigma}{\sqrt{n}}$$

예를 들어 표본에 의해 모집단의 경찰공무원시험 평균을 추정한다고 할 경우에 신뢰수준을 95% 확보하고 표본오차를 ±5%포인트 이내로 한 평균을 구하고자 한다면 표본수를 최소한 얼마로 해야 하는지를 구해보자. 이 경우 각 신뢰수준을 확보하기 위한 Z값은 앞에서 제시한 것처럼 1.96이다. 여기서 모집단의 표준편차(σ)를 과거 경찰시험들의 표준편차에 의해 추정하여 그 값이 50점이었다고 하자. 따라서 표본오차는 5, 모집단 표준편차(σ)는 50이다. 이를 공식에 대입하여 다음과 같이 최소한의 표본크기를 계산할 수 있다. 따라서 최소 필요한 표본의 크기는 385명이다.

$$5 = 1.96 \times \frac{50}{\sqrt{n}}, \quad \sqrt{n} = 1.96 \times 50 \div 5 = 19.6, \ n = 384.16$$

한편, 모집단의 표준편차(σ) 값을 모르는 경우가 많기 때문에 표본의 표준편차(S)를 대신 사용하는 경우가 많다. 앞의 예에서 예비조사를 통해 표본의 표준편차가 49.8이라는 것을 알았다면 최소한으로 필요한 표본의 크기를 구할 수 있다. 이 경우에 95% 신뢰수준을 확보하기 위한 t값을 알기 위해서는 자유도(degree of freedom, N−1)를 알아야 한다. 그러나 아직 표본수를 모르기 때문에 자유도를 구할 수 없어 정확한 t값을 구할 수 없다. 그렇지만 표본의 수가 120보다 크면 t값이 1.98(t분포 이용)이기 때문에 표본수가 120명 이상일 것으로 예상되면 1.98을 사용해도 무방하다. 따라서 표본오차는 5, 표본의 표준편차(S)는 49.8, t값은 1.98로 이를 공식에 대입하여 표본의 크기를 계산할 경우에 최소한의 표본 수는 390명이다.

$$5 = 1.98 \times \frac{49.8}{\sqrt{N-1}}, \quad \sqrt{N-1} = 1.98 \times 49.8 \div 5 = 19.7208$$

$$N - 1 = 388.91, \ N = 389.91$$

다음으로 표본의 비율에 의해 모집단의 비율을 추정하여 최소한의 표본 크기를 결정하는 방법에 관해 살펴보자. 예를 들어 표본에 의해 모집단의 기초연금 확충에 대한 찬성비율을 추정할 경우 신뢰수준을 95% 확보하고 표본오차를 ±3%포인트 이내로 한 찬성비율을 구한다고 한다면, 표본수를 최소한 어느 정도를 해야 하는지를 살펴보자. 여기서 각 신뢰수준을 확보하기 위한 Z값은 1.96이다. 아울러 95%의 신뢰수준을 확보하면서 표본오차를 구하는 공식은 다음과 같다.

$$E = Z \times S_{\bar{P}} = Z \times \sqrt{\frac{P(1-P)}{N}}$$

예를 들어 과거의 조사에 의해 찬성비율이 약 60%였다고 가정하자. 따라서 표본오차는 ±0.03, 찬성비율(P)은 0.6으로 이를 공식에 대입하여 표본의 크기를 계산하면 된다. 이 공식에 대입하여 최소한으로 필요한 표본의 크기를 산정한 결과, 1,025명으로 나타났다.

$$0.03 = 1.96 \times \sqrt{\frac{0.6(1-0.6)}{N}}, \quad \frac{0.03}{1.96} = \sqrt{\frac{0.24}{N}}$$

$$0.0002343 = \frac{0.24}{N}, \quad N = \frac{0.24}{0.0002343} = 1024.3$$

한편으로 표본의 크기는 어떻게 결정하는가 하는 문제는 연구의 목적이나 범위 등에 따라 결정될 사안이기 때문에 간단한 문제가 아니다. 일반적으로 표본의 크기를 결정하는 요인은 여러 가지가 있다. 우선 외적 요인으로는 모집단의 동질성 여부, 표본추출 및 조사방법의 형태, 시간과 비용, 조사자의 능력, 수집된 자료가 분석되는 범위의 수 등이 있다. 내적 요인으로는 통계 값과의 관계를 의미하는데, 여기에는 앞에서 제시한 신뢰도와 정밀도가 있다. 결국 일정한 신뢰수준과 표본오차(신뢰구간)를 확보할 수 있는 한도 내에서 될 수 있는 대로 표본의 크기를 작게 함으로써 조사의 시간과 비용을 절약할 수 있다. 표본의 크기를 결정하는데 있어 몇 가지 고려요인을 살펴보면 다음과 같다(남궁근, 2014; 박용치 외, 2008).

첫째, 모집단의 동질성과 이질성 여부를 고려해야 한다. 표본의 크기를 결정하는데 있어 주요 요인으로 모집단이 동질적인지, 이질적인지에 따라 표본의 크기는 달라진다. 여기서 동질성(homogeneity)은 모집단을 구성하는 특성이나 요소가 연구하고자 하는 어떤 속성에서 서로 비슷한 정도를 말한다. 따라서 동질성이 확보되면 표본의 수는 적어질 수 있다. 그러나 모집단의 구성요소가 이질적인 경우에는 동질적인 경우에 비해 그만큼 표본의 크기를 늘려야 한다.

둘째, 표본의 크기는 주로 확률표본추출과 관련이 있다. 왜냐하면, 확률표본추출을 하는 경우에만 표본오차를 계산할 수 있으며, 확률표본추출의 유형에 따라 표본의 크기는 달라진다. 예를 들면, 이질적인 모집단이라도 특정 변수에 따라 층화(strata)하면 표본의 크기를 줄이면서 대표성을 확보할 수 있다. 다시 말해서 이질적인 모집단을 좀 더 동질적인 하위 모집단으로 층화하면 다른 확률표본추출 방법보다 상대적으로 적은 수의 표본으로도 모집단을 잘 대표할 수 있기 때문이다(Blalock, 1972). 층화표본추출 방법은 표본오차가 각 층에서 표본의 크기에 따라 좌우되기 때문에 전체 표본의 크기와는 관련되지 않는다. 단지 각 층의 모집단의 크기가 너무 달라 비비례 층화표본추출을 할 경우에는 가중치를 부여해야 한다.

셋째, 분석의 범주 및 분석해야 할 변수의 수도 고려해야 한다. 표본의 크기를 결정하기 위해서는 한 변수 내에서 분석되는 범주(category)의 수도 고려해야 한다. 변수의 종류와 수, 그리고 각 변수들을 분석할 때 몇 개의 범주로 나누어 분석할지에 따라서도 표본의 크기는 달라진다(Fowler, 1984). 범주의 수가 많아질수록 통계분석 상 신뢰도를 높이는데 필요한 전체 표본 수는 증가한다. 아울러 연구하고자 하는 문제의 변수가 증가할수록 변수 각각에 대해 같은 논리가 적용되고, 표본의 수가 더욱 커져야 일정한 수준의 신뢰도를 확보할 수 있다.

넷째, 시간과 비용을 고려해야 한다. 표본의 크기에 실제적으로 가장 많이 영향을 미치는 요인은 시간과 비용이라 할 수 있다. 현실적으로 경험적 연구나 조사를 하는데 있어 많은 시간과 비용이 소요된다. 조사에 소요되는 시간과 비용이 표본의 크기에 정비례하는 것은 아니지만, 일반적으로 표본의 크기가 증가하면 자료수집 및 처리에 투입되는 시간과 비용은 증가한다. 결과적으로 표본의 크기를 정하는데 있어서는 모집단의 성격과 연구의 목적 등의 학문적 기준과 시간 및 비용이라는 현실적 기준을 조화시켜야 한다.

Study TIP 퍼센트(%)와 퍼센트 포인트(%P)는 엄연히 다르다는 사실!

시간의 흐름에 따른 숫자의 변화가 관심 대상이 되는 경우가 많다. 그런데 그 관심의 대상이 되는 숫자가 퍼센트로 표시(범죄율, 실업률, 인구증가율 등)되었다면 퍼센트의 변화를 퍼센트 포인트(%포인트 또는 %P)로 표현한다. 퍼센트(%)는 백분비 또는 백분율을 나타내는 단위이며, 퍼센트 포인트(%P)로 나타낸 수치는 이전 수치에 비해 증가하거나 감소한 양을 말한다.

어느 지역의 인구이동률(인구 100명 당 이동자수)을 가지고 예를 들어보자. 어느 지역의 2012년 인구 이동률은 10%이고, 2013년 인구 이동률은 15%라고 하자. 이 경우 우리는 보통 '2012년보다 2013년 인구 이동률이 5% 증가했다'고 한다. 그런데 이 표현은 잘못되었다. %와 %P를 정확하게 적용하면, 먼저 %P로는 겨우 5%P가 증가한 것이지만 %로는 50%나 증가한 것이 된다. 다시 말해 2012년 10%의 50%인 5%가 증가하여 15%가 된 것이다.

조사결과를 해석할 때 오차의 한계를 무시하면 잘못된 결론에 도달하기 쉽다. 참고로 오차의 한계는 반드시 %포인트로 표기해야 한다. 예를 들어, "경남 J시 X, Y, Z 후보 순." ㅇㅇ일보의 경남지역 선거조사 결과의 기사제목이다. 후보별 지지율은 X(14.0%), Y(13.5%), Z(9.7%)이었다. 그러나 오차의 한계(4.3%P)를 감안하면 세 후보 모두 지지율에서 차이가 없는 상황이다. 따라서 '경남 J시 지지율 백세'라는 제목을 붙인 것은 결과를 올바로 해석한 것이다.

다음은 20대 유권자의 정당선호도에 대한 ㅇㅇ일보(1995.3.29) 기사 제목이다. "20대 24.6% 대 23.8% 민자 더 선호 '이변'." 20대의 민자당에 대한 지지도는 24.6%로 민주당의 23.8%에 비해 불과 0.85%포인트 앞서고 있을 뿐이다. 따라서 오차의 한계를 감안할 때 정당지지도의 우열을 판단할 수 없는 결과인데도 불구하고 민자당을 더 선호하는 '이변'이라는 기사제목을 붙였다. 표본오차의 개념을 이해하지 못하고 있거나 조사결과를 왜곡하려는 의도가 있어 보인다.

여론조사 기관이나 방송사가 발표하는 각종 조사에서 '오차' 또는 '오차의 허용한계'는 종종 틀리게 발표하는 경우가 있다. 조사결과를 발표하는 기사에서 오차는 종종 ±3%, ±5% 등과 같이 퍼센트로 발표한다. 이때 퍼센트(%)는 잘못된 표현이다. 오차를 나타낼 때는 기준(표본의 크기)이 같기 때문에 퍼센트 포인트(%P)로 표시해야 맞다. 예를 들면, 한 여론조사기관에서 승용차의 10부제에 대한 찬성비율이 53%이고 오차는 ±5%포인트라고 발표했다면 이는 무슨 의미일까? 이 말은 표본조사에서 찬성률이 53%로 나타났지만, 표본이 아닌 전체를 조사하는 경우에는 찬성률이 53−5%와 53+5%, 다시 말해 48%와 58% 사이에 있다는 것을 의미한다. 하지만 ±5%라고 한다면 53의 5%는 2.7이기 때문에 구간이 좁아져 조사가 더욱 정확하다는 왜곡된 인상을 준다.

출처: 김진호, 『괴짜 통계학(2008)』, http://blog.naver.com/graccstock_1 참조

Study TIP 숫자의 재미로 본 2014년 6·4 지방선거

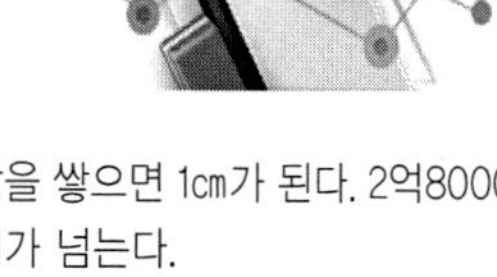

2014년 6·4 지방선거에 참여하는 유권자 수는 4129만6228명(남자:2044만6197명, 여자:2085만31명)이다. 역대 지방선거 최초로 유권자가 4000만 명을 넘어섰다. 특히 이번 선거에선 광역단체장(시장·도지사)과 기초단체장(시장·군수·구청장), 교육감 등 7명을 뽑는 선거가 동시에 실시된다.

인쇄된 투표용지만 해도 2억8000만 장이다. 유권자 수의 7배다. 투표용지 100장을 쌓으면 1㎝가 된다. 2억8000만 장을 포개 쌓는다면 높이는 2만8000m가 된다. 에베레스트 산(8848m) 높이의 세 배가 넘는다.

투표용지 1장을 제작하는 데 드는 비용은 인쇄비를 포함해 15원. 2억8000만 장의 투표용지를 제작하는 데만 42억원이 들었다. 쏘나타 승용차(2255만원) 186대를 살 수 있는 돈이다. 여기에 투표용지를 만들기 위해선 30년생 나무 8000그루 분량의 펄프가 소요된다고 한다. 투표율이 낮으면 그만큼 헛되게 베어지는 나무가 많아지는 셈이다.

유권자 한 사람이 한 표를 행사하는 데 드는 비용은 얼마나 될까. 중앙선거관리위원회는 이번 지방선거에 9141억원(지방비 8920억원, 국비 221억원)의 예산을 책정했다. 투·개표 등 선거 관리뿐 아니라 당선자나 일정한 득표율을 얻은 후보자의 선거비용을 보전해주고 정당에 지급하는 선거보조금 등에 사용된다. 2010년 지방선거 투표율(54.5%)로 계산해보면 투표에 참여하는 유권자 한 명에게 4만280원의 세금이 쓰인다는 계산이 나온다.

과거 법원 판례에서는 한 표의 가치를 50만원으로 제시한 바 있다. 2002년 11월 서울지방법원은 유권자 A씨가 "행정착오로 사면·복권된 사실이 빠져 투표권을 행사하지 못했다"며 국가를 상대로 낸 손해배상 청구소송에서 "A씨에게 50만원의 위자료를 지급하라"고 판결했다. 당시 재판부는 "선거권을 재산적 가치로 평가하긴 어려우나 적극적으로 참정권을 행사하려 한 A씨에게 투표권이 50만원의 가치를 가진 것으로 평가할 수 있다"고 밝혔다.

이밖에도 선출자수 3952명, 후보자수는 8997명(경쟁률 2.28대 1)이다. 최고령 후보자는 81세(조동만, 합천군의원), 최연소 후보자는 25세(박정선, 부천시의원)이며, 재산신고액 최다는 2조397억원(정몽준, 서울시장 후보), 최소는 −81억539만원(나창주, 나주시장 후보)이다.

전국 투표소는 1만3665곳이며, 투표함은 3만5000개, 기표대는 10만8700개이다. 선거운동원은 약 13만 명이며, 선거관리인원은 약 45만 명이다.

출처: 중앙일보(2014. 5. 31), "숫자로 본 6·4 지방선거" 에서 인용

Research Methods
in Public Administration

사회조사분석사 핵심문제와 해설

1. 표집과 관련된 용어에 대한 설명으로 틀린 것은? | 2017년 1회

① 모수(parameter)는 표본에서 어떤 변수가 가지고 있는 특성을 요약한 통계치이다.

② 표집률(sampling rate)은 모집단에서 개별요소가 선택될 비율이다.

③ 표집간격(sampling interval)은 모집단으로부터 표본을 추출할 때 추출되는 요소와 요소간의 간격을 의미한다.

④ 관찰단위(observation unit)는 직접적인 조사대상을 의미한다.

해설 모수 또는 모치수(母値數)는 모집단에서 특정 변수가 갖고 있는 특성을 요약하고 묘사한 것이다. 예로 우리나라 국민들의 1인당 GDP는 모수이다. 조사연구는 표본의 특징인 통계치를 통해 모수를 추정하는 것이다. ①번은 통계치를 말한다.

2. 표집과 관련된 용어에 대한 설명으로 틀린 것은? | 2017년 1회

① 모집단이란 우리가 규명하고자 하는 집단의 총체이다.

② 표집단위란 표집과정의 각 단계에서의 표집대상을 지칭한다.

③ 관찰단위란 직접적인 조사대상을 의미한다

④ 표집간격이란 표본을 추출할 때 추출되는 표집단위와 단위간의 간격을 말한다.

해설 표집간격(sampling interval)은 표본을 추출할 때 추출되는 표집단위와 단위간의 간격이 아니라 모집단으로부터 표본을 추출할 때 추출되는 요소와 요소간의 간격, 다시 말해 표본사이의 간격을 의미한다.

3. 표본추출과 관련된 용어 설명으로 틀린 것은? | 2018년 3회

① 관찰단위: 직접적인 조사대상

② 모집단: 연구하고자 하는 이론상의 전체집단

③ 표집률: 모집단에서 개별 요소가 선택될 비율

④ 통계량: 모집단에서 어떤 변수가 가지고 있는 특성을 요약한 통계치

해설 모집단에서 어떤 변수가 가지고 있는 특성을 요약한 통계치는 모수이다. 통계량은 표본에서 얻은 변수의 값을 요약하고 묘사한 것이다.

해답 1. ① 2. ④ 3. ④

4. 표집틀(sampling frame)을 평가하는 주요 요소와 가장 거리가 먼 것은?
| 16년 2회, 17년 1회, 18년 3회

① 포괄성 ② 안정성
③ 추출확률 ④ 효율성

해설 표집틀이란 모집단의 전체목록이나 표본추출 단계별로 표본추출단위가 수록된 목록을 말한다. 표집틀은 모든 구성요소를 포함하고 있어야 하며(포괄성), 연구결과를 모집단에 일반화하기 위해 모든 구성요소가 표집틀에 기재될 확률이 동일해야 한다. 아울러 표집틀이 여러 가지 있을 때 사용하기 편리한 표집틀을 사용한다(효율성).

5. 다음 사례에 해당하는 표본프레임 오류는? | 2017년 1회

A보험사에 가입한 고객을 대상으로 만족도 조사를 실시하였다. 조사대상 표본은 A보험사에 최근 1년 동안 가입한 고객 명단으로부터 추출하였다.

① 모집단과 표본프레임이 동일한 경우
② 모집단이 표본프레임에 포함되는 경우
③ 표본프레임이 모집단 내에 포함되는 경우
④ 모집단과 표집틀이 전혀 일치하지 않는 경우

해설 표본프레임(sampling frame)은 표본이 실제 추출되는 연구대상 모집단 전체의 목록 혹은 모든 단위의 완전한 목록을 말한다. 보기의 경우 모집단도 A보험사에 가입한 고객이고 표본프레임은 A보험사에 최근 1년 동안 가입한 고객 명단이므로 부분집합 관계에 있다.

6. 표본추출을 위한 모집단의 구성요소나 표본추출단위가 수록된 목록은? | 2018년 3회

① 요소(element) ② 표집틀(sampling frame)
③ 분석단위(unit of analysis) ④ 표본추출분포(sampling distribution)

해설 요소(element)는 분석의 기본이 되는 단위이며, 분석단위는 연구자가 그 속성 또는 특징에 관한 자료를 수집하고 기술 혹은 설명하고자하는 사람이나 사물 등을 말한다. 표본추출분포는 통계적 가설을 검정할 시 필요한 분포이다.

7. 일반적으로 표본추출과정에서 가장 마지막에 이루어지는 것은? | 16년 2회, 3회

① 표본프레임의 결정 ② 표본추출방법의 결정
③ 모집단의 확정 ④ 표본크기의 결정

해설 표본추출과정

해답 4. ② 5. ③ 6. ② 7. ④

모집단 확정 ➡ 표본추출 틀 선정 ➡ 표본추출 방법결정 ➡ 표본크기 결정 ➡ 표본추출 실행

8. 일반적인 표본추출과정을 바르게 연결한 것은? | 17년 2회, 18년 1회, 2회, 3회

ㄱ. 표본추출
ㄴ. 표본추출의 방법
ㄷ. 모집단의 확정
ㄹ. 표본프레임 선정
ㅁ. 표본크기의 결정

① ㄷ → ㄹ → ㄴ → ㅁ → ㄱ
② ㄹ → ㄷ → ㄴ → ㅁ → ㄱ
③ ㄴ → ㄹ → ㄷ → ㅁ → ㄱ
④ ㄷ → ㄴ → ㄹ → ㅁ → ㄱ

해설 표본추출과정은 다음과 같다.

모집단 확정 ➡ 표본추출 틀 선정 ➡ 표본추출 방법결정 ➡ 표본크기 결정 ➡ 표본추출 실행

9. 다음 중 표집틀이 모집단(population)보다 큰 경우는? | 2016년 3회

① 한국대학교 학생을 한국대학교 학생등록부를 이용해서 표집하는 경우
② 한국대학교 학생을 교문 앞에서 임의로 표집하는 경우
③ 한국대학교 학생을 서울지역 휴대폰 가입자 명부를 이용해서 표집하는 경우
④ 한국대학교 체육학과 학생을 한국대학교 학생등록부를 이용해서 표집하는 경우

해설 모집단이 한국대학교 체육학과 학생인데, 표집프레임을 한국대학교 학생등록부로 할 경우에 모집단보다 표본프레임이 더 크다.

10. 표본추출방법에 관한 설명으로 틀린 것은? | 2017년 2회

① 확률표본추출방법은 통계치로부터 모수치를 추정할 수 있다.
② 확률표본추출방법은 모집단의 구성요소가 표본으로 추출될 확률을 알고 있다.
③ 비확률표본추출방법은 표본추출오차를 구하기 쉽다.
④ 비률표본추출방법은 모집단의 구성요소가 표본으로 선정될 확률이 동일하지 않다.

해설 비확률표본추출은 연구대상이 표본으로 추출될 확률이 알려져 있지 않은 경우로 인위적인 표본추출로 인해 편의가 있고 분석결과의 일반화에 제약이 있다. 또한 표본오차의 추정이 불가능하고 시간과 비용이 적게 든다.

해답 8. ① 9. ④ 10. ③

11. 표집(sampling)의 대표성에 대한 의미와 거리가 먼 것은? | 2018년 3회

① 표본을 이용한 분석결과가 일반화될 수 있는가의 문제
② 표본자료가 계량통계분석기법을 적용하기에 적합한가의 문제
③ 표본의 통계적 특성이 모집단의 통계적 특성에 어느 정도 근접하느냐의 문제
④ 표본이 모집단이 지닌 다양한 성격을 고루 반영하느냐의 문제.

해설 표집의 대표성이란 표본의 특성이 전체 모집단의 특성을 대표할 수 있는지의 여부를 말한다. 표본추출의 주된 목적은 표본으로부터 획득한 표본의 특성인 통계를 사용하여 모집단의 특성을 추론하는데 있다.

12. 비확률표본추출방법과 비교한 확률표본추출방법에 관한 설명으로 틀린 것은?
| 16년 3회, 18년 3회

① 무작위적 표본추출을 한다. ② 표본분석결과의 일반화에 제약이 있다.
③ 비용과 시간이 많이 든다. ④ 표본오차 추정이 가능하다.

해설 확률표본추출은 각각의 사례가 모집단으로부터 표본으로 추출될 확률을 알 수 있는 방법으로 무작위적 표본추출, 모수추정에 편의(bias)가 없고 표본오차의 추정이 가능하다. 또한 결과의 일반화가 가능하고 시간과 비용이 많이 소요된다.

13. 비확률표본추출법과 비교했을 때 확률표본추출의 특징을 모두 고른 것은? | 2018년 1회

ㄱ. 연구대상이 표본으로 추출될 확률이 알려져 있음 ㄴ. 표본오차 추정이 불가능 ㄷ. 모수 추정에 조사자의 주관성이 배제 ㄹ. 인위적 표본추출

① ㄱ ② ㄱ, ㄷ
③ ㄴ, ㄹ ④ ㄴ, ㄷ, ㄹ

해설 표본오차의 추정이 불가능하고(ㄴ), 인위적 표본추출(ㄹ)은 비확률표본추출방법의 특징에 해당한다. 확률표본추출방법은 표본오차의 추정이 가능하고 무작위로 표본을 추출할 수 있다.

14. 다음 중 확률표본추출방법이 아닌 것은? | 2016년 3회

① 단순무작위표집(simple random sampling)
② 판단표집(judgement sampling)
③ 군집표집(cluster sampling)
④ 체계적 표집(systematic sampling)

해설 확률표본추출 방법에는 단순무작위표본추출, 체계적 표본추출, 층화표본추출, 군집표본추출 등이 있다. 판단표본추출은 비확률표본추출방법이다.

해답 11. ② 12. ② 13. ② 14. ②

15. 다음 중 확률표본추출방법에 해당하는 것은? | 2017년 1회

① 할당표집(quota sampling) ② 판단표집(judgement sampling)
③ 편의표집(convenience sampling) ④ 군집표집(cluster sampling)

해설 확률표본추출 방법에는 단순무작위표본추출, 체계적 표본추출, 층화표본추출, 군집표본추출 등이 있다. ①, ②, ③번은 비확률표본추출방법에 해당한다.

16. 다음 중 확률표본추출방법에 해당하는 것은? | 2017년 2회

① 편의표집(convenience sampling) ② 할당표집(quota sampling)
③ 판단표집(judgement sampling) ④ 단순무작위표집(simple random sampling)

해설 확률표본추출 방법에는 단순무작위표본추출, 체계적 표본추출, 층화표본추출, 군집표본추출 등이 있다. ①, ②, ③번은 비확률표본추출방법에 해당한다.

17. 다음 중 확률표본추출방법을 적용하기 가장 용이한 것은? | 2017년 3회

① 실험(experimentation) ② 현지조사(field research)
③ 참여관찰(participant observation) ④ 서베이 조사(survey research)

해설 ①번 실험(experimentation), ②번 현지조사(field research), ③번의 참여관찰(participant observation)은 비확률표본추출 방법에 해당한다.

18. 다음 중 비확률표본추출방법에 해당하지 않는 것은? | 2017년 3회

① 불비례 층화표본추출법 ② 편의표본추출법(convenience sampling)
③ 할당표본추출법(quota sampling) ④ 판단표본추출법(judgement sampling)

해설 불비례 층화표본추출법(disproportionate stratified sampling)은 층화표본추출방법의 하나이다. 각 층에 상이한 비율을 주어 사례수를 조정하고자 하는 방법으로 모집단의 특성보다는 각 층을 대표하는 부분집단의 특성을 보고자 할 때 주로 사용한다.

19. 비확률표본추출방법에 해당하는 것은? | 2018년 1회

① 할당표집(quota sampling) ② 층화표집(stratified sampling)
③ 군집표집(cluster sampling) ④ 단순무작위표집(simple random sampling)

해설 비확률표본추출 방법에는 편의표집, 유의표집, 할당표집, 눈덩이표집 등이 있다. ②, ③, ④번은 확률표본추출방법에 해당한다.

해답 15. ④ 16. ④ 17. ④ 18. ① 19. ①

20. 다음 표본 중 표본의 대표성이 가장 큰 표본추출방법은? | 2018년 1회

① 편의표집(convenience sampling) ② 판단표집(judgement sampling)

③ 군집표집(cluster sampling) ④ 할당표집(quota sampling)

해설 무작위방법에 기초하여 표본을 추출할 경우 이를 확률표본추출이라 한다. 따라서 확률표본추출의 한 유형인 군집표집이 가장 대표적이라 할 수 있다.

21. 확률표본추출만으로 짝지어진 것은? | 2018년 2회

ㄱ. 군집표집(cluster sampling)	ㄴ. 체계적 표집(systematic sampling)
ㄷ. 편의표집(convenience sampling)	ㄹ. 할당표집(quota sampling)
ㅁ. 층화표집(stratified sampling)	ㅂ. 눈덩이표본추출(snowball sampling)
ㅅ. 단순무작위표집(simple random sampling)	

① ㄱ, ㄴ, ㄷ, ㄹ ② ㄱ, ㄹ, ㅁ, ㅂ

③ ㄴ, ㄹ, ㅂ, ㅅ ④ ㄱ, ㄴ, ㅁ, ㅅ

해설 확률표본추출방법에는 단순무작위표본추출, 체계적 표본추출, 층화표본추출, 군집표본추출 등이 있다.

22. 다음 중 비확률표본추출 방법에 해당하는 것은? | 2018년 3회

① 단순무작위표집(simple random sampling) ② 층화표집(stratified sampling)

③ 유의표집(purposive sampling) ④ 군집표집(cluster sampling)

해설 유의표집은 비확률표본추출 방법으로 연구자가 모집단과 조사문제에 대한 충분한 사전지식에 기초하여 연구목적의 달성에 도움이 되는 요소들을 모집단으로부터 자신의 주관적 판단에 따라 의도적으로 추출하는 방법이다. 판단적 표집, 의도적 표집이라고도 한다.

23. 어떤 공정으로부터 제품이 생산되어 나오는 경우 일정 시간간격마다 하나의 표본을 뽑는다거나, 수입품 검사에 있어서 선창이나 창고에서 표본을 뽑게 되면 내부나 밑에서 표본이 뽑혀지는 것이 어렵기 때문에 운송 중에 일정 시간마다 표본을 뽑는다고 하였을 때, 이에 해당하는 표본추출방법은? | 2017년 3회

① 편의표본추출(convenience sampling)

② 계통표본추출(systematic sampling)

③ 층화표본추출(stratified sampling)

④ 눈덩이표본추출(snowball sampling)

해설 계통적 혹은 체계적 표본추출을 설명하는 것으로 모집단의 목록에서 구성요소에 대해 일정한 순서에 따라 K번째 요소를 추출하는 방법이다.

해답 20. ③ 21. ④ 22. ③ 23. ②

24. 어느 대학교 학생들의 환경보호에 대한 여론을 조사하기 위해 그 대학 내 학년별 학생 수를 고려하여 학년별 표본크기를 우선 정하고 표본추출을 행하였다면 이는 무슨 방법에 의한 것인가? | 2016년 1회

① 집락표본추출 ② 계통표본추출
③ 단순무작위표본추출 ④ 층화표본추출

해설 층화표본추출은 모집단을 일정한 기준에 2개 이상의 동질적인 계층으로 구분하고 각 계층별로 단순무작위표본추출을 적용하는 방법이다. 층화표본추출은 집단 내는 동질적이고 집단 간은 이질적이다.

25. 집락표본추출법에 관한 설명으로 틀린 것은? | 2016년 1회

① 집락표본추출법에서는 일차적인 표집단위를 개인이 아닌 집락으로 주로 구한다.
② 집락표본추출법에서 집락은 가급적이면 동질적인 요소로 구성되는 게 바람직하다.
③ 집락표본추출은 단일단계 집락표본추출법과 다단계 집락표본추출법이 있다.
④ 집락표본추출법은 때에 따라 단순무작위추출보다 훨씬 경제적이고 신빙성도 떨어지지 않는다.

해설 모집단을 이질적인 구성요소를 포함하는 여러 개의 집락으로 구분하여 집락을 표본추출단위로 하여 무작위로 추출하여 그 구성단위를 모두 조사하는 방법이다. 층화표본추출과 반대로 집단 내는 이질적이고 집단 간에는 동질적이다.

26. 편의표본추출(convenience sampling)에 관한 설명과 거리가 먼 것은? | 2016년 2회

① 모집단에 관한 정보가 전혀 없는 경우에 사용한다.
② 편의표집으로 수집된 자료라 할지라도 유용한 정보를 제공할 수 있다.
③ 편의표집에 의해 얻어진 표본에 대해서는 표준오차 추정치를 부여할 수 없다.
④ 표본의 크기를 확대하여 모집단의 대표성 문제를 해결할 수 있다.

해설 편의(임의)표본추출은 비확률표본추출방법의 하나로 모집단의 정보가 전혀 없고 모집단의 요소들 간에 차이가 없다고 판단할 때 표본선정의 편리성에 근거를 두고 표본을 선정하는 방법이다. 결과의 일반화나 오차에 대해 관심이 없다.

27. 눈덩이표본추출에 관한 옳은 설명을 모두 고른 것은? | 2016년 2회

A. 모집단을 파악하기 곤란한 대상의 표본추출에 적합하다. B. 표본의 대표성을 확보하기 어렵다. C. 연결망을 가진 사람들의 특성을 파악할 때 적절한 방법이다.

① A, B ② B, C

해답 24. ④ 25. ② 26. ④

③ A, C ④ A, B, C

해설 눈덩이표본추출은 서로 상호작용을 하는 연결망을 가진 사람들이나 조직을 대상으로 연구할 때 주로 사용한다. 연구자가 특수한 모집단의 구성원을 전부 파악할 수 없을 경우나 비밀을 확인하려는 경우에 제한적으로 사용한다.

28. 모집단의 전체 구성요소를 파악한 다음 개별요소에 대하여 일련번호를 부여하고, 난수표를 이용하여 필요한 수의 표본을 추출하는 방법은? | 2016년 3회

① 단순무작위표집 ② 체계적 표집

③ 층화표집 ④ 군집표집

해설 단순무작위표집은 모집단을 구성하는 각 구성원에 대해 동등한 기회를 부여하는 과정으로 이루어진다. 각 구성원에게 고유번호를 부여하여 표본의 크기만큼 무작위로 표본을 추출하는 방법이다.

29. 1,000명으로 구성된 모집단에서 100명을 뽑아 연구를 하고자 할 때 첫 번째 사람은 무작위로 추출하고 그 다음부터는 목록에서 매 10번째 사람을 뽑아 표본을 구성한 것은 어떤 표본추출방법에 해당하는가? | 2016년 3회

① 단순무작위표집(simple random sampling)

② 체계적 표집(systematic sampling)

③ 층화표집(stratified random sampling)

④ 편의표집(convenience sampling)

해설 체계적 표집(계통적 표집)은 표본추출 틀인 모집단 목록에서 일정한 순서에 따라 k번째 요소를 표본으로 추출하는 방법이다.

30. 다음 사례의 표본추출방법은? | 2016년 3회

외국인 불법체류 근로자의 취업실태를 조사하려는 경우, 모집단을 찾을 수 없어 일상적인 표집절차로는 조사수행이 어려웠다. 그래서 첫 단계에서는 종교단체를 통해 소수의 응답자를 찾아 면접하고, 다음 단계에서는 첫 번째 응답자의 소개로 면접 조사하였으며, 계속 다음 단계의 면접자를 소개받는 방법으로 표본수를 충족시켰다.

① 할당표집 ② 군집표집

③ 편의표집 ④ 눈덩이표집

해설 비확률표본추출의 하나인 눈덩이표집은 서로 상호작용을 하는 연결망을 가진 사람들이나 조직을 대상으로 연구할 때 주로 사용한다. 이 방법은 특수한 모집단의 구성원을 전부 파악할 수 없을 때 적합한 표본추출방법이다.

해답 27. ④ 28. ① 29. ② 30. ④

31. 할당표집(Quota sampling)에 관한 설명으로 틀린 것은? | 2016년 3회

① 모집단이 갖는 특성의 비율에 맞추어 표본을 추출하는 방법이다.

② 선거와 관련된 조사나 일반적인 여론조사에 많이 활용된다.

③ 명확한 표본 프레임이 없어도 사용할 수 있다.

④ 표본추출과정에서 조사자의 편견이 개입될 수 있는 여지가 없다.

해설 할당표집은 모집단을 일정 기준에 따라 분류한다는 점에서 층화표집과 유사하나 마지막 단계에서 표본추출이 작위적으로 이루어진다는 점에서 차이가 있다. 이러한 점에서 조사자의 편견이나 현장의 상황적 조건이 개입될 수 있다.

32. 표본의 하위집단 분포를 의도적으로 정하여 표본을 임의로 추출하는 방법은? | 2016년 3회

① 편의표집(convenience sampling)
② 군집표집(cluster sampling)
③ 눈덩이표집(snowball sampling)
④ 할당표집(quota sampling)

해설 할당표집은 모집단의 특성을 몇 개의 범주로 구분하고 각 범주에 해당하는 모집단의 수를 결정한 후 각 범주의 할당량에 비례해서 각 범주로부터 일정수의 표본을 임의로 추출하는 방법이다.

33. 다음 중 단순무작위표집을 통하여 자료를 수집하기 어려운 조사는? | 2017년 1회

① 신용카드 이용자의 불편사항

② 조세제도 개혁에 대한 중산층의 찬반 태도

③ 새 입시제도에 대한 고등학생의 찬반 태도

④ 국가기술자격 시험문제에 대한 시험응시자의 만족도

해설 단순무작위표집에서 모집단의 모든 사례가 동등하게 추출되기 위해서는 모집단에 대한 목록이 필요하다. ②번의 경우 중산층의 의미를 정확하게 구분할 수 없어 모집단의 목록을 구성하기 어려우므로 단순무작위표집이 불가능하다.

34. 오후 2시부터 4시 사이 서울 강남역을 지나는 행인 들 중 접근이 쉬운 사람을 대상으로 신제품에 대한 의견을 물어보는 경우 이에 해당하는 표본추출방법은? | 2017년 1회

① 판단표집(judgement sampling)

② 편의표집(convenience sampling)

③ 층화표집(stratified random sampling)

④ 군집표집(cluster sampling)

해설 편의표집은 편리한 시간과 장소에 접촉하기 쉬운 대상을 표본으로 선정하는 것으로 조사자가 쉽게 접촉할 수 있는 대상을 표본으로 추출하는 방법이다. 조사자가 임의로 사례를 추출한다고 하여 임의표집이라고도 한다.

해답 31. ④ 32. ④ 33. ② 34. ④

35. 체계적 표집(systematic sampling)에 대한 옳은 설명으로 모두 고른 것은? | 2017년 1회

ㄱ. 체계적 오차의 개입가능성이 있다. ㄴ. 모집단에서 무작위 표집 이후 k번째마다 표본을 추출한다. ㄷ. 추출간격이 되는 k는 모집단의 크기를 표본의 크기로 나눈 값이다 ㄹ. 모집단의 배열이 주기성을 보일 때는 중대한 오류를 범할 수 있다.

① ㄱ, ㄴ ② ㄱ, ㄴ, ㄷ
③ ㄷ, ㄹ ④ ㄱ, ㄴ, ㄷ, ㄹ

해설 체계적 표집은 계통적 표집이라고도 하며, 모집단에서 선출하고자 하는 표본을 나누어서 첫 번째 모집단에서 단순 임의추출을 통해 숫자를 뽑고 일정한 간격으로 표본을 추출하는 방법이다.

36. 대학생을 대상으로 여론조사를 할 때 모집단 학생들의 학년별 구성을 가장 잘 반영할 수 있는 표집방법은? | 2017년 1회

① 계통표집(systematic sampling)
② 층화표집(stratified random sampling)
③ 단순무작위표집(simple random sampling)
④ 눈덩이표집(snowball sampling)

해설 층화표집은 조사대상을 몇 개의 집단으로 나누고 나누어진 층을 미리 할당된 수에 따라 각 층에서 표본을 추출하는 방법이다.

37. 층화표집(stratified random sampling)에 대한 설명으로 틀린 것은? | 2017년 1회

① 추정값의 표본오차를 감소시켜 표본의 대표성을 높이기 위해 사용되는 방법이다.
② 층화한 부분집단 간은 동질적이고 부분집단 내에서는 이질적이다.
③ 층화한 모든 부분집단에서 표본을 추출한다.
④ 층화 시 모집단에 대한 지식이 필요하다.

해설 층화표집은 부분집단 내에서는 동질적이고 부분집단 간에는 이질적이다. 부분집단 내에서는 이질적이고 부분집단 간에 동질적인 표집방법은 군집(집락)표집이다.

38. 모집단에 대한 정보를 담은 명부를 표집틀로 해서 일정한 순서에 따라 표본을 추출하는 표집방법은? | 2017년 2회

① 단순무작위표집(simple random sampling)
② 체계적 표집(systematic sampling)
③ 유의표집(purposive sampling)
④ 층화표집(stratified random sampling)

해답 35. ④ 36. ② 37. ② 38. ②

해설 체계적 표집에 관한 것으로 표본단위를 무작위로 선출하고 나머지 표본들은 최초의 표본으로부터 일정한 간격으로 표집하는 방법이다.

39. 할당표집(quota sampling)의 문제점과 가장 거리가 먼 것은? | 2017년 2회

① 조사자들이 조사하기 쉬운 사례들을 선택하는 경향이 있다.

② 조사과정에서 조사자의 편견이 개입될 여지가 충분히 있다.

③ 확률표집이 아니기 때문에 특정 할당표집의 정확성을 평가하는 것은 어렵다.

④ 확률표집에 비해서 시간과 경비가 많이 드는 편이다.

해설 할당표집은 비확률표집방법의 하나로 시간이나 비용이 지나치게 소요되는 경우는 확률표집의 대안으로 비확률표집방법을 사용한다.

40. 층화(stratified)표본추출법에 대한 설명으로 틀린 것은? | 2017년 3회

① 모집단을 일정한 기준에 따라 서로 상이한 집단들로 재구성한다.

② 동질적인 집단에서의 표집오차가 이질적인 집단에서의 오차보다 작다는데 논리적 근거를 둔다.

③ 비례층화추출법과 불비례층화추출법으로 구분할 수 있다.

④ 집단 간에 이질성이 존재하는 경우 무작위표집보다 정확하게 모집단을 대표하지 못하는 단점이 있다.

해설 층화표본추출법은 집단 내에 동질성과 부분집단 간 이질성을 갖추어야 한다. 하지만 이 문제는 이론상으로는 쉬울 수 있으나 실질적으로 층화하는 과정에서 어려움을 동반하는 경우가 많다.

41. 층화무작위표본추출법과 군집표본추출법에 대한 설명으로 틀린 것은? | 2017년 3회

① 확률표본추출법이다.

② 모집단의 모든 요소가 추출될 확률이 동일하다.

③ 표본추출의 단위가 모집단의 요소이다.

④ 군집표본추출법은 층화무작위추출법과는 달리 가급적이면 군집을 이질적인 요소로 구성한다.

해설 층화무작위표본추출법의 경우 표본추출 단위가 모집단의 요소이지만 군집표본추출법은 표본추출 단위가 개인이 아닌 집락, 수집물, 집단 또는 요소들인 단순무작위표본추출을 의미한다.

해답 39. ④ 40. ④ 41. ③

42. 군집표집(cluster sampling)에 대한 설명으로 틀린 것은? | 2018년 1회

① 군집이 동질적이면 오차의 기능성이 낮다.

② 전체 모집단의 목록표를 작성하지 않아도 된다.

③ 단순무작위표집에 비해 시간과 비용을 절약할 수 있다.

④ 특정 집단의 특성을 과대 혹은 과소하게 나타낼 위험이 있다.

해설 군집표집은 모집단이 광범위해도 몇 개의 대표적인 군집(집락)에 집중적으로 표본을 추출하기 때문에 시간과 비용을 절약할 수 있고 뽑힌 집락의 명단만 작성한다. 그러나 각 집락이 이질적이어야 오차의 가능성이 낮지만 이를 확보하기가 어렵다.

43. 다음 중 일정한 특성을 지니는 모집단의 구성비율에 일치하도록 표본을 추출함으로써 모집단을 대표할 수 있는 표집방법은? | 2018년 1회

① 할당표집(Quota sampling)

② 눈덩이표집(snowball sampling)

③ 유의표집(purposive sampling)

④ 편의표집(convenience sampling)

해설 할당표집은 모집단에 대한 사전지식을 바탕으로 모집단의 속성을 대표할 수 있는 일정한 범주를 결정하여 각 범주들의 할당량에 비례해서 각 범주로부터 일정수의 표본을 임의로 추출하는 방법이다.

44. 다음 중 군집표집의 추정 효율이 가장 높은 것은? | 2018년 1회, 3회

① 집락 간 평균이 서로 다른 경우

③ 각 집락 내 관측값들이 비슷할 경우

② 각 집락이 모집단의 축소판일 경우

④ 각 집락마다 집락들의 특성이 서로 다른 경우

해설 군집표집의 경우에 각 집락이 모집단의 성격을 충분히 반영할수록 추정 효율이 높다.

45. 4년제 대학에 다니는 대학생의 정치의식을 조사하기 위해 학년(grade)과 성(sex)에 따라 할당표집을 할 때 표본추출을 위한 할당범주는 몇 개인가? | 2018년 1회

① 2개

② 4개

③ 8개

④ 16개

해설 학년의 경우 1, 2, 3, 4학년이므로 4개, 성별은 남자, 여자로 2개이다. 따라서 할당범주는 $4 \times 2 = 8$개의 범주로 나누어진다.

해답 42. ① 43. ① 44. ② 45. ③

46. 다음 중 불법 체류자처럼 일반적으로 쉽게 접근하기 힘든 집단을 대상으로 설문조사를 할 경우 가장 적합한 표본추출방법은? | 2018년 2회

① 눈덩이표본추출(snowball sampling) ② 편의표본추출(convenience sampling)

③ 판단표본추출(judgement sampling) ④ 할당표본추출(Quota sampling)

해설 눈덩이표본추출은 연결망을 가진 사람들이나 조직을 대상으로 추천을 받아 다른 표본을 선정하는 과정을 되풀이 한다. 주로 약물중독, 도박 등 일탈적 대상을 연구하거나 노숙인 등 모집단의 구성원을 찾기 어려운 경우 사용한다.

47. 특정 지역 전체인구의 1/4은 A구역에, 3/4은 B구역에 분포되어 있고 A, B 두 지역의 인구 중 60%가 고졸자이고 40%가 대졸자라고 가정한다. 이들 A, B 두 구역의 할당표본표집의 크기를 1,000명으로 제한한다면, A지역의 고졸자와 대졸자는 각각 몇 명씩 조사해야 하는가? | 2018년 2회

① 고졸자 100명, 대졸자 150명 ② 고졸자 150명, 대졸자 100명

③ 고졸자 450명, 대졸자 300명 ④ 고졸자 300명, 대졸자 450명

해설 먼저 A지역의 인구는 1,000명×1/4=250명이다. 이중 60%는 고졸자, 40%는 대졸자이기 때문에 고졸자는 250명×0.6=150명, 대졸자는 250×0.4=100명이다.

48. 체계적 표집에서 집단의 크기가 100만명이고 표본의 크기가 1,000명일 때, 다음 중 가장 적절한 표집방법은? | 2018년 2회

① 먼저 단순무작위로 1,000명을 뽑아 그 주에 편중된 표본은 제거하고 그것을 대체하는 표본을 다시 뽑는다.

② 최초의 표본을 무작위로 선정한 후 1,000번째 사람을 고른다.

③ 모집단이 너무 크기 때문에 100만명을 1,000개의 집단으로 나누어야 한다.

④ 모집단을 1,000개의 하위집단으로 나누고, 그 하위집단에서 1명씩을 고른다.

해설 체계적 표집은 표집틀인 모집단 목록에서 일정한 순서에 따라 K번째 요소를 표본으로 추출하는 방법이다. 표집간격을 구한 후 다음 첫 번째 요소를 무작위로 선정하여 최초의 표본으로 삼은 후 일정한 표집간격에 의해 표본을 추출한다.

49. 층화표집과 집락표집에 관한 설명으로 옳은 것은? | 2018년 2회

① 층화표집은 모든 부분집단에서 표본을 선정한다.

② 집락표집은 모집단을 하나의 집단으로만 분류한다.

해답 46. ① 47. ② 48. ② 49. ①

③ 집락표집은 부분집단 내에 동질적인 요소로 이루어진다.

④ 층화표집은 부분집단 간에 동질적인 요소로 이루어진다.

해설 층화표집은 집단 내 동질적, 집단 간 이질적인 특성을 보이고, 집락표집은 집단 내 이질적, 집단 간 동질적이다. 집락표집은 모집단 목록에서 구성요소에 대해 여러 가지 이질적인 구성요소를 포함하는 여러 개의 집단으로 구분한다.

50. 사회조사에서 비확률표본추출을 많이 사용하는 이유로 가장 적합한 것은? | 2018년 2회

① 표본추출오차가 적게 나타난다.

② 모집단에 대한 추정이 용이하다.

③ 표본설계가 용이하고 시간과 비용을 절약할 수 있다.

④ 모집단 본래의 특성과 차이가 나지 않는 결과를 얻을 수 있다.

해설 비확률표본추출의 장점은 표본절차의 간편성, 시간과 비용의 절약, 탐색적 조사, 표본의 규모가 매우 작거나 간단한 조사의 경우에 적절하다.

51. 다음 중 표본의 크기가 같다고 했을 때 표집오차가 가장 작은 표집방법은? | 2017년 2회

① 층화표집(stratified random sampling)

② 단순무작위표집(simple random sampling)

③ 군집표집(cluster sampling)

④ 체계적 표집(systematic sampling)

해설 층화표본추출은 다른 확률표본추출방법에 비해 상대적으로 작은 수의 표본으로 필요한 수준의 신뢰도와 정밀도를 확보할 수 있다.

52. 다음 표집방법 중 표집오차의 추정이 확률적으로 가능한 것은? | 2017년 3회

① 할당표집 ② 유의표집

③ 눈덩이표집 ④ 단순무작위표집

해설 확률표집은 표집오차의 추정이 확률적으로 가능하지만 비확률표집은 불가능하다. ①, ②, ③번은 비확률표집방법이다.

53. 다음 사례와 같이 조사대상자들로부터 정보를 얻어 다른 조사대상자를 구하는 표본추출방법은? | 2018년 3회

해답 50. ③ 51. ① 52. ④

한 연구자가 마약사용과 같은 사회적 일탈행위를 연구하기 위해 알고 있는 마약사용자 한 사람을 조사하고, 이 사람을 통해 다른 마약사용자를 알게 되어 조사하고, 또 이들을 통해 알게 된 또 다른 마약사용들에 대한 조사를 실시하였다.

① 눈덩이표집(snowball sampling) ② 할당표집(Quota sampling)
③ 판단표집(judgement sampling) ④ 편의표집(convenience sampling)

해설 눈덩이표집은 연구자가 특수한 모집단의 구성원을 전부 파악하고 있지 못하거나 비밀을 확인하려는 경우에 제한적으로 활용된다.

54. 선거예측조사에서 출구조사를 할 경우, 주로 사용되는 표집방법은? | 2018년 3회

① 할당표집(Quota sampling) ② 체계적 표집(systematic sampling)
③ 군집표집(cluster sampling) ④ 층화표집(stratified random sampling)

해설 체계적 표집은 표집틀인 모집단 목록에서 일정한 순서에 따라 k번째 요소를 표본으로 추출하는 방법으로 출구조사에서 주로 사용한다.

55. 표집오차(sampling error)에 대한 설명으로 틀린 것은? | 2017년 2회

① 표본의 분산이 작을수록 표집오차는 작아진다.
② 표본의 크기가 클수록 표집오차는 작아진다.
③ 표집오차란 통계량들이 모수 주위에 분산되어 있는 정도를 말한다.
④ 표본의 크기가 같을 때 단순무작위표집에서 보다 집락표집에서 표본오차가 작다.

해설 표본의 크기가 같을 경우에는 단순무작위표본추출이 집락(군집)표본추출보다 표본의 오차가 작다.

56. 다음 중 표집오차(sampling error)에 관한 설명으로 틀린 것은? | 2017년 3회

① 전체 표본의 크기가 같다고 할 때 단순무작위표집에서보다 층화표집에서 표집오차가 작게 나타난다.
② 전체 표본의 크기가 같다고 할 때 단순무작위표집에서보다 집락표집에서 표집오차가 크게 나타난다.
③ 단순무작위표본추출법에서 표집오차는 표본의 크기가 클수록 커진다.
④ 단순무작위표본추출법에서 표집오차는 분산의 크기가 클수록 커진다.

해설 표집오차란 표집과정에서 발생하는 오차를 말하며, 단순무작위표본추출법에서 표집오차는 표본의 크기가 클수록 작아진다.

해답 53. ① 54. ② 55. ④ 56. ③

57. 표집오차(sampling error)에 대한 일반적인 설명으로 틀린 것은? | 2018년 1회

① 표본의 크기가 클수록 표집오차는 작아진다.

② 표본의 분산이 작을수록 표집오차는 작아진다.

③ 표본의 크기가 같을 경우 할당표집에서보다 층화표집에서 표집오차가 더 크다.

④ 표본의 크기가 같을 경우 단순무작위표본추출법에서보다 집락표집에서 표집오차가 더 크다.

해설 표집오차란 표집과정에서 발생하는 오차로 비확률표집방법은 표집오차의 추정이 불가능하다. 할당표집은 비확률표집방법에 해당한다.

58. 다음 중 1,500명의 표본을 대상으로 국민들의 소비성향 조사를 하려할 때 최소한의 비용으로 표집오차를 가장 효과적으로 감소시킬 수 있는 방법은? | 2018년 1회

① 표본수를 10배로 증가시킨다.

② 모집단의 동질성 확보를 위한 연구를 한다.

③ 조사요원을 증원하고 이들에 대한 훈련을 철저히 한다.

④ 전 국민을 대상으로 철저한 단순무작위표집을 실행한다.

해설 표집오차는 표본이 모집단을 대표하지 못할 때 발생하는 오차이다. 따라서 모집단의 동질성을 확보한다면 가장 효과적으로 표집오차를 감소시킬 수 있다.

59. 표본오차(sampling error)에 관한 설명으로 옳은 것은? | 2018년 2회

① 표본의 크기가 커지면 늘어난다.

② 모집단의 표본의 차이에 의해 발생하는 오류이다.

③ 조사연구의 모든 과정에서 확산되어 발생한다.

④ 조사원의 훈련부족으로 인해 각기 다른 성격의 자료가 수집되는 경우에 발생한다.

해설 표본오차는 표본을 통해 얻은 결과로부터 전체 모집단의 특성을 추정할 때 발생할 수 있는 오차의 정도를 말한다. 표본의 크기가 클수록 표본오차는 적어지고 표본오차가 적을수록, 신뢰수준이 높을수록 모집단과 유사하게 추정 가능해진다.

60. 표본의 크기에 관한 설명으로 틀린 것은? | 2016년 3회

① 모집단의 동질성이 높으면 표본의 크기는 작아야 한다.

② 독립변수의 카테고리가 세분화될수록 표본의 크기는 커진다.

③ 사용하고자 하는 변수의 수가 많을수록 표본수가 커져야 한다.

④ 표본의 크기가 같을 경우 단순무작위표본추출보다 층화표본추출방법을 사용하면 표본오차가 커진다.

해답 57. ③ 58. ② 59. ② 60. ④

해설 표본크기의 결정에 영향을 미치는 요소로는 가용한 자원, 이론과 조사설계, 모집단의 변이성, 표본추출형태 및 조사방법의 형태, 범위의 다양성 등이 있다. 동일한 표본크기를 갖는 경우 단순무작위표본추출보다는 층화표본추출의 표본오차가 작다.

61. 표본의 크기를 결정하는 요소와 거리가 먼 것은? | 2017년 1회

① 모집단의 동질성
② 조사비용의 한도
③ 연구자의 수
④ 조사가설의 내용

해설 표본크기의 결정에 영향을 미치는 외적 요인으로는 모집단의 동질성 여부, 표본추출 및 조사방법의 형태, 시간과 비용, 조사자의 능력 등이 있다. 내적 요인으로는 신뢰도와 정밀도가 있다.

62. 표본의 크기를 결정하기 위한 고려사항과 가장 거리가 먼 것은? | 2017년 2회

① 오차의 한계
② 신뢰수준
③ 모집단의 표준편차
④ 타당도

해설 표본크기의 결정에 영향을 미치는 내적 요인으로는 신뢰도와 정밀도가 있다. 일정한 신뢰수준과 표본오차(신뢰구간)를 확보할 수 있는 한도 내에서 될 수 있는 대로 표본의 크기를 작게 함으로써 시간과 비용을 줄일 수 있다. 이밖에 표본의 크기는 오차의 한계나 모집단의 표준편차에 의해서 결정된다.

63. 표본의 크기에 관한 설명으로 틀린 것은? | 2018년 2회

① 허용오차가 클수록 표본의 크기가 커야 한다.
② 조사하고자 하는 변수의 분산값이 클수록 표본의 크기는 커야 한다.
③ 추정치에 대한 높은 신뢰수준이 요구될수록 표본의 크기는 커야 한다.
④ 비확률표본추출의 경우 표본의 크기는 예산과 시간을 고려하여 조사자가 결정할 수 있다.

해설 어떠한 것을 정밀하게 측정, 추정, 조사하는 것에는 여러 가지 불확실성이 포함되어 있어 오차가 있을 수 있다. 허용오차(tolerance error)는 이러한 오차를 허용할 수 있는 최대 오차의 범위로 허용오차가 작을수록 표본의 크기가 커야 한다.

64. 표본 크기의 결정에 관한 설명으로 틀린 것은? | 2018년 3회

① 표본의 크기는 작을수록 좋다.
② 조사결과의 분석방법에 따라 달라진다.
③ 조사연구에서 수집된 자료의 양은 표본의 크기에 의해 결정된다.
④ 조사연구에 포함된 변수가 많으면 표본의 크기는 늘어난다.

해설 표본조사에서 발생하는 표본오차의 경우에 표본크기와 반비례하기 때문에 표본크기는 대체로 클수록 좋다.

해답 61. ③ 62. ④ 63. ① 64. ①

09 자료의 수집과 방법

제1절 자료의 종류와 분류

연구문제의 해결을 위해서는 먼저 분석에 필요한 자료를 수집해야 한다. 자료수집(data collection)은 연구를 실행에 옮기기 위해 연구 설계과정에서 결정된 방법론에 따라 자료를 수집하는 일련의 과정인 셈이다. 자료는 연구자가 조사목적을 위해 직접 수집하였는지의 여부에 따라 1차 자료와 2차 자료로 구분된다.[1] 경험적 분석을 위한 자료는 여러 가지가 있으나 본 절에서는 1차 자료와 2차 자료에 관해 세부적으로 살펴보았다.

1. 1차 자료와 2차 자료

1) 1차 자료

1차 자료(primary data)란 연구자가 수행중인 조사연구의 목적과 문제해결을 위해 직접 수집하는 자료를 말한다. 1차 자료를 수집하는 경우 연구자는 사전준비를 철저히 해야 한다. 특히 1차 자료는 조사목적의 달성을 위해 사전에 작성된 조사설계를 통해 수집된 자료이기 때문에 조사목적에 대한 신뢰도, 타당도, 정확도를 평가할 수 있고 수집된 자료를 의사결정이나 정책결정에 적절히 이용할 수 있다. 1차 자료는 크게 의사소통을 통한 자료수집방법으로 설문지, 면접법 등이 있으며, 관찰을 통한 자료수집방법도 있다. 1차 자료수집방법의

1) 동일한 연구문제에 관하여 방대하게 축적된 경험적인 연구논문을 기반으로 하여 이러한 논문들을 분석하는 연구를 메타분석(meta analysis)이라 한다. 글라스(Glass)는 메타분석을 수행하기 위한 기초자료, 다시 말해 다수의 개별적 연구들을 1차 자료 및 2차 자료와 구분하여 3차 자료라고 명명하였다(남궁근, 2014: 561 참조).

선택기준으로는 다양성, 신속성, 객관성, 정확성, 비용 등이 있다. 일반적으로 연구자는 조사설계를 통해 표본추출 방법과 연구대상을 정하고 측정할 항목과 척도를 구성한 다음 질문지, 면접, 관찰 등 자료수집방법을 결정하여 1차 자료를 수집한다(이종익, 2019).

1차 자료는 연구자가 직접 자료를 수집하거나 작성하기 때문에 연구목적을 달성하는데 필요한 정확한 정보를 얻을 수 있어 효과적이다. 또한 구체적인 연구설계를 통해 수집된 자료이기 때문에 조사목적에 적합한 자료의 신뢰도와 타당도를 적절히 평가할 수 있다. 이러한 장점에도 불구하고 1차 자료는 질문서 작성이나 현장조사, 자료처리 등의 자료수집 과정이 필요하기 때문에 2차 자료의 수집에 비해 시간, 비용, 조사인력 등이 많이 소요된다는 단점이 있다. 따라서 1차 자료를 수집하기 전에 연구목적에 부합하는 2차 자료가 존재하는지의 여부와 사용가능한지를 확인하고 2차 자료가 부족할 경우에 1차 자료를 수집하는 것이 보다 효율적이고 바람직하다.

2) 2차 자료

2차 자료(secondary data)는 연구자의 연구목적과 다르게 다른 목적을 위해 수집되고 정리되어 있는 자료이다. 다시 말해서 조사자의 연구에 직·간접적으로 도움을 줄 수 있는 기존의 모든 자료를 말한다. 연구자가 자신이 수행 중인 연구문제를 해결하기 위해 재분석 할 때 사용되는 자료로서 기존자료(available materials)라고도 한다. 2차 자료의 유형에는 기존 연구자가 학술연구를 위해 수집한 자료를 포함하여 각종 정부기관 자료나 통계자료, 민간기업, 각종 연구기관 및 조사기관의 간행물에 이르기까지 다양하다. 이러한 자료는 자료생산자가 그들의 필요에 의해 생산한 자료라는 점에서 연구자가 자신의 연구목적을 위해 수집한 1차 자료와 구분된다.

[표 9.1] 2차 자료의 유형

자료의 입수	내부자료	• 조사자가 종사하는 조직 내부에서 수집할 수 있는 자료 • 기관 내의 영업실적, 영업비용, 직원현황 등
	외부자료	• 타 기관에서 생성된 모든 자료 • 정부기관 및 공공기관 또는 사설단체 등의 보고서, 통계자료 등
자료의 출처	사적자료	• 개인문서, 업무서류철 등에서 수집할 수 있는 자료 • 개인 업무서류철, 편지, 일기 등
	공적자료	• 공공기관에서 수집한 자료 • 정부기관의 각종 고시, 정기간행물, 통계자료 등

2차 자료는 1차 자료에 비해 자료수집이 용이하고 수집 비용이 저렴하며 공공기관에서 정기적으로 발간되는 자료를 이용하면 일정기간 수집된 시계열자료의 수집이 가능하다. 예를 들어 고령자범죄 혹은 노인범죄의 특성 등을 분석하기 위해 대검찰청에서 발간하는 「범죄분석」이나 사이버 경찰청에서 발간하는 「경찰백서」, 통계청에서 제공하는 국가통계포털자료(kosis) 등을 이용하면 된다. 그러나 2차 자료는 다른 조사목적으로 수집된 자료이기 때문에 자료수집 목적, 분석단위, 척도, 조작적 정의가 연구자가 수행하는 조사와 일치하지 않은 경우가 많기 때문에 주의를 요한다. 또한 자료의 원천이 신뢰하기 어려운 경우도 있기 때문에 주의를 기해야 하며, 자료의 신뢰도와 타당도 여부를 알 수 없는 경우에는 사용이 불가능하다.

이러한 단점에도 불구하고 자료의 원천과 적절성에 대한 평가를 통해 연구자는 의사결정에 도움이 되는 2차 자료[2)]를 활용하여 기초단계에서 이를 적절히 사용하면 자료수집에 소요되는 시간과 비용을 절감할 수 있다. 따라서 가능한 범위 내에서 2차 자료를 최대한 활용하고 부족한 자료는 1차 자료를 수집하여 사용하는 것이 조사연구의 효율성 차원에서 바람직하다고 할 수 있다(채서일, 2016; 남궁근, 2014).

[표 9.2] 1차 자료와 2차 자료의 비교

구분	1차 자료	2차 자료
수집목적	당면한 조사문제 해결	다른 조사문제의 해결
수집과정	고 관여	저 관여
수집비용	고 비용	저 비용
수집기간	장기	단기

2. 자료수집방법의 분류와 비교

자료수집방법은 자료의 유형에 따라 1차 자료와 2차 자료로 구분된다. 1차 자료수집방법은 다시 연구자가 조사대상과의 언어적 의사소통을 통해 질문에 대한 응답의 형식으로 자

2) 2차 자료의 종류에는 조사자가 종사하는 조직 내부에서 자체적으로 수집 · 보관하는 자료인 내부자료와 타 기관에서 작성된 모든 자료인 외부자료로 구분된다. 그 예로 정부부처나 국공립 및 사설연구소, 기관 또는 조사전문 업체에서 발간되는 각종 통계나 조사결과물, 학술지 및 각종 언론 등에 발표되는 모든 자료들이 포함된다. 2차 자료의 원천은 ①공문서와 공식기록, ②민간부문 문서, ③대중매체, ④물리적, 비언어적 자료, ⑤사회과학분야 수집자료 등 다섯 가지 범주로 구분할 수 있다(남궁근, 2014: 602-605 참조).

료를 수집하는 의사소통방법과 직접적인 의사소통을 통하지 않고 조사대상자를 관찰하면서 자료를 수집하는 관찰방법(observation method)으로 분류된다. 의사소통을 통한 방법은 다시 설문지를 통해 자료를 얻는 질문지법과 직접 응답자에게 질문하여 자료를 수집하는 면접조사법으로 구분된다.

이러한 각각의 자료수집방법은 모집단의 범위, 응답률, 질문의 형태, 조사절차의 용이성, 오차율 등에서 차이가 있기 때문에 연구자는 연구목적, 연구의 중요도, 응답의 민감성, 시간 및 비용, 조사인력 등을 감안하여 적절한 자료수집방법을 결정해야 한다(남궁근, 2014; 한승준, 2008). 여기서 몇 가지 관점을 기준으로 자료수집방법을 비교하면 다음과 같다(김렬, 2013). 첫째, 연구에 필요한 자료가 다양한 경우에는 관찰에 의한 직접적인 방법보다 간접적인 방법인 질문지법과 면접조사법이 더 적합하다고 볼 수 있다. 둘째, 자료수집에 소요되는 시간과 비용을 고려했을 경우에는 대체적으로 관찰법이 가장 많은 노력을 수반한다. 그 다음으로는 면접조사법이고 질문지법이 시간과 비용이 가장 적게 든다.

셋째, 자료수집 과정이 복잡한 경우에는 직접 관찰이 가장 적합하고 면접법과 질문지법의 순서로 적힙하다. 넷째, 연구의 대상이 되는 모집단의 크기가 클수록, 그리고 분포가 넓을수록 시간과 비용이 많이 소요된다. 따라서 모집단의 크기가 크거나 공간적으로 널리 분포된 경우에는 질문지법이 가장 적합하고 그 다음으로 면접조사법과 관찰법이 효과적이다. 다섯째, 자료수집 대상의 참여 의욕이 높은 경우에는 질문지법이 면접조사보다 적합하다. 하지만 조사대상자가 정보 제공을 꺼리거나 조사되고 있다는 사실에 민감한 반응을 보이는 경우(성의식, 범법행위, 일탈행위 등)에는 관찰법이 더 효과적일 수도 있다.

마지막으로 신뢰도와 타당도 측면에서 자료수집방법과 비교하면, 다소 상반된 경향을 보인다. 앞에서도 제시했지만 신뢰도는 동일한 절차와 조건에서 동일한 결과를 얻는 정도를 말한다. 타당도는 수집된 자료가 당초에 얻고자 했던 자료와 일치하는 정도를 말한다. 일반적으로 비구조화된 방법(unstructured method)은 신뢰도가 낮은 경우가 많은 반면에 타당도는 높다. 구조화된 방법(structured method)은 신뢰성이 높은 반면에 타당도가 낮은 경향이 있다. 실제로 자료수집방법이 적용되는 방식에 따라 약간의 차이는 있으나 신뢰도는 질문지법, 면접조사법, 관찰법 순으로 높아지는 반면에 타당도는 반대로 관찰법, 면접조사법, 질문지법 순으로 높아진다고 볼 수 있다.

제 2 절 의사소통방법

의사소통방법(communication method)은 질문지를 이용하여 자료를 수집하거나 직접 응답자에게 질문하여 자료를 수집하는 방법이다. 여기에는 자료를 수집하는 방법이 얼마나 체계적인가, 자료수집의 목적을 조사대상자에게 알게 하는가, 실제 어떤 방법을 통해 자료를 수집하느냐에 따라 몇 가지로 구분된다. 본 절에서는 자료수집방법 중에서 질문지법과 면접조사법을 중심으로 살펴보았다. 아울러 질문지법에도 여러 가지 방법이 있으나 여기서는 우편조사법, 전화 면접조사법, 전자 서베이(survey)를 중심으로 살펴보았으며, 의사소통방법의 또 다른 유형인 면접조사법도 세부적으로 고찰하고자 한다.

1. 질문지법

질문지법(questionnaire survey)은 사회조사에서 가장 많이 활용하는 방법이다. 이 방법은 미리 작성된 질문지를 배포하여 응답하도록 함으로써 필요한 자료를 수집하는 방법이다. 여기서 질문지란 좁은 의미로는 질문문항을 체계적으로 배열하여 인쇄한 문서로 응답자가 직접 기입하도록 작성된 것을 말한다. 반면, 넓은 의미의 질문지는 응답자의 직접 기입 여부와 관계없이 연구자가 자료수집을 위해 사전에 체계적으로 작성한 것을 말하며, 넓은 의미의 질문지법은 면접조사법을 포함하며, 서베이 조사방법이라고 한다. 본 절에서는 넓은 의미의 질문지법으로 접근하여 살펴보았다.

1) 우편조사법

우편조사법(mailed questionnaire)은 연구자가 응답자에게 우편으로 설문지를 송부하여 응답자로 하여금 기입하게 한 후 우편으로 설문지를 회수하는 방법이다. 우편조사법은 대체로 조사목적 및 배경에 관한 설명과 반송용 봉투와 함께 질문지를 응답자들에게 우송하는 것으로 자료수집방법 중 가장 많이 사용하는 것 중의 하나이다.[3] 이 방법은 설문지의 인쇄

3) 우편조사법은 다양한 형태로 발전되어 왔는데, 그 중의 하나가 반송봉투가 필요 없는 봉투겸용 우편설문지(self-mailing questionnaire)이다. 이 형태의 설문지는 지시에 따라 접으면 반송주소가 겉에 나타나도록 만들어진 것으로 응답자가 봉투를 분실할 걱정이 없다. 그러나 질문지의 양이 많은 경우에는 적합하지 않지만 간단한 설문지의 경우에 유용하게 활용할 수 있다(Rubin & Babbie, 2001).

비용과 발송 및 회수를 위한 우편요금 정도의 비용 외에는 큰 비용이 들지 않기 때문에 조사비용과 노력이 절약된다. 특히 지리적으로 광범위하게 분포된 조사 대상에 대한 조사 시 시간과 비용이 많이 절감된다. 또한 전화조사와 면접조사로 질문하기 힘든 내용도 조사할 수 있는 장점이 있고 많은 사람을 표본으로 삼을 수 있기 때문에 대표성과 외적 타당성을 확보할 수 있다. 이밖에도 조사자의 편견에 의한 오류를 줄일 수 있다. 우편조사는 조사자와 조사대상자의 대면을 피할 수 있기 때문에 조사자와 조사대상자 간의 상호작용이나 편견에서 올 수 있는 오류를 줄일 수 있다. 우편조사는 익명성이 보장되기 때문에 조사대상자에게 보다 솔직한 정보를 수집할 수 있다.

이와 반면에 우편조사법의 가장 큰 단점은 회수율이 낮다는데 있다. 일반적으로 면접조사법의 경우 회수율이 90% 정도 인데 비해 우편조사의 회수율은 20-40% 정도인 것으로 알려져 있고 무응답 등 최종 가능 자료는 10-25% 정도에 불과하다. 다음으로 응답자에 대한 통제가 어렵고 다른 사람이 대신할 수 있기 때문에 응답자 주위 사람의 의견이 반영될 우려도 있다. 이밖에 조사자와 조사대상자가 직접적으로 접촉하지 않기 때문에 성실하지 못한 응답을 할 가능성이 높고, 복잡한 내용과 형식으로 조사해야 하는 경우에 우편조사가 적합하지 않다.

+ Plus 교과부, 우편으로 학교폭력 실태 전수조사를 했다!

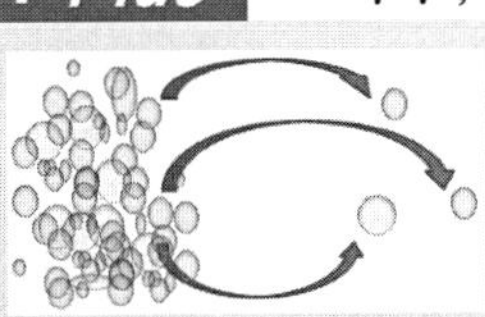

2012는 1월 18일 교육과학기술부는 전국 초 · 중 · 고등학생을 대상으로 학교폭력 실태 전수조사를 실시한다고 발표했다. 이를 두고 전문가들은 조사방법이 우편조사여서 '전수조사'가 아닌 '전수 우편발송'에 불과하다는 비판을 제기했다.

교과부에서는 우편조사 방식을 채택한 이유로 비용대비 효과 측면을 고려한 결과라고 밝혔지만 회수율 문제가 화두에 올랐다. 2012년 8월 말 541만 명을 대상으로 2차 학교폭력 실태 전수조사가 시행되었다. 1차 조사와는 다르게 우편방식을 온라인 조사로 전환한 것이다. 학생들은 학교 홈페이지나 교육행정정보시스템(NEIS)을 통해 온라인 조사시스템에 접속해 본인 확인 후 조사에 참여하게 되었다. 1차 학교폭력 실태조사는 회수율이 25%로 매우 저조해 예산만 낭비했다는 비판을 받았다.

따라서 우편조사의 경우에 회수율을 확보하는 것이 무엇보다 중요하다. 조사연구에서 우편조사법을 사용하기 위해서는 질문서 자체가 이해하기 쉽고 명확해야 하며, 응답자가 반송할 수 있도록 동기를 부여하는 것이 무엇보다 중요하다. 또한 독촉메일을 보내는 등의 후속조치를 취하는 것도 회수율을 높이는데 기여한다. 우편조사의 응답률과 회수율을 높이기 위해 다음 [표 9.3]에 제시된 것과 같은 다양한 전략들을 사용할 수 있다.

[표 9.3] 우편조사의 회수율 제고 방법

방 법	최 적 조 건
후속 독촉 우편엽서 전화	• 1회 이상의 후속 독촉 필요(보통 3회까지) • 전화와 우편엽서를 3회 가량 섞은 후속 독촉은 매우 큰 효과를 나타냄 • 2회 이상부터는 설문지 자체를 재발송 해야 할 필요성도 고려
설문 내용의 중요성	• 설문 내용이 응답자에게 중요한 것으로 인식될 때 응답률이 높아짐
후원자와 겉표지의 적절성	• 후원자의 권위가 응답자에게 인정될 때 응답률이 상승 • 표지 글에서 이타적인 동기에 호소하는 것이 중요
민감한 질문의 처리	• 사적인 비밀이나 개인적인 이해를 침해하는 문제에 대한 응답률은 저조 • 이름이나 신상, 소득, 개인의 사적 정보 등은 가능한 생략하는 것이 응답률을 높이는데 도움
유인책의 사용	• 금전적인 보상에서 금액의 과소에 따른 차이는 그리 크지 않은 것으로 간주 • 후원자, 대상집단, 설문의 유형 등에 따라 각기 다른 유인책이 필요
회수방법	• 회수용 봉투의 사용은 반드시 필요 • 사전 지불 형식보다는, 우표를 직접 붙인 봉투를 이용하는 것이 회수율에 보다 효과적임
설문지의 도착시간	• 집으로 보내는 것이라면 주말쯤에 도착하게 하는 것이 효과적임
설문지 양식	• 표지 글이 매력적이어야 응답가능성 높임 • 응답자들의 시력을 감안하여 편하게 읽혀질 수 있도록 구성 양식에 신경을 씀 • 한눈에 들어오는 질문들을 만들 필요가 있음
설문지 길이	• 될 수 있는 한 짧은 설문지가 좋으나, 조금 더 길고 짧은 것에 따른 차이는 크지 않음

자료: Miller, D. (1983). Handbook of Research Design and Social Measurement(4th ed.). New York: Longman, pp. 110-113.

2) 전화 면접조사법

전화 면접조사법(telephone interview)[4]은 연구자가 조사대상에게 전화로 질문내용을 묻고 응답을 기록하는 방법으로 간단한 내용의 사회(여론)조사에 적합하다. 이 방법은 주로 언론 분야, 시장조사(marketing), 정치적 활동 등에 대한 조사에서 널리 활용된다. 과거에는 전화 면접조사법이 다른 자료수집방법보다 적절하지 못한 것으로 간주되었다. 앞의 제8장 1절에

4) 전화면접과 전화조사는 차이가 있다. 두 가지 방법 모두 전화를 매개로 한 1차 자료수집방법이라는 점에서는 공통점이 있으나 체계성과 융통성에서는 차이가 있다. 전화 면접조사법은 면접원이 면접법과 유사한 방식으로 자료를 수집하므로 비체계적이고 융통성이 높은 자료수집방법이다. 반면에 전화조사법은 연구자가 체계적으로 준비한 질문지에 따라 진행한다는 점에서 체계적이지만 융통성이 낮은 자료수집방법이다(한승준, 2008: 207 참조).

서 표본조사의 대표적인 실패사례(1936년 미국 대통령 선거 후보 여론조사)에서 제시한 것처럼 전화 보급이 보편화되어 있지 않은 과거에는 이 방법으로 인해 표본추출에 있어 심각한 오류를 범했기 때문이다. 그러나 최근에는 전화조사가 우편조사보다 비용이 적게 들고 조사결과를 신속하게 얻을 수 있어 정당 및 선거 후보 지지도, TV 시청률[5] 등을 조사할 때 많이 사용되고 있다.

전화 면접조사법은 전화번호부를 이용하여 비교적 쉽고 정확하게 표본을 추출할 수 있다. 전화조사의 표본추출 방법에는 전화번호부 추출과 무작위 전화추출 방법이 있다. 전화번호부 추출(directory sampling techniques)은 전화번호부를 모집단에 대한 목록표(list)로 삼아 표본을 추출하는 방법이다. 목록표가 최근 자료들을 정확하게 모두 포함하는 등 완전한 경우 추출되는 표본은 모집단을 잘 대표할 것이다. 예를 들어 한국행정학회나 지방정부학회에서 최근 발간한 회원명부를 통해 표본을 추출할 경우에 이 분야 전체 모집단에 대한 편견 없는 표본을 얻을 수 있을 것이다. 무작위 전화추출(random digit dialing)은 표본을 전화번호부로부터 직접 추출하지 않고 전화국에 의뢰하거나 전화번호부에서 추출대상 지역에 적합한 국번호(prefixes)를 먼저 선택한 후 지역번호(suttixes)는 무작위 추출에 의해 선정하는 방법이다.[6]

전화 면접조사법의 장점으로는 첫째, 경제적 효율성으로 조사가 간편하고 비용이 적게 든다. 특히 컴퓨터 등을 이용한 전화조사는 응답이 끝나는 즉시 조사결과가 나타나기 때문에 신속성을 요하는 조사의 경우에 편리하게 사용할 수 있다. 둘째, 접근성의 확보와 응답률 제고로 조사대상자에게 접근하기가 용이하다. 셋째, 자료의 정확성 문제로 면접법에 비

5) 시청률 조사방법에는 전화조사, 기계장치를 이용한 오디미터 및 피플미터 방법 등이 있다. 전화조사는 전화번호부에 있는 번호로 무작위로 전화를 걸어 조사대상자에게 현재 시청하고 있는 프로그램이 무엇인지를 묻는 방식이다. 오디미터 조사법은 조사대상 가구를 선정, 기계식 장치를 설치하여 자동으로 특정 TV채널의 시청 여부를 기록하는 방법이다. 피플미터 조사법은 오디미터의 단점을 극복하기 위해 나온 것으로 채널별 시청 여부는 자동으로 기록하되, 구성원 개개인의 시청정보는 수동 입력 리모컨 장치를 통해 얻는 방식이다. 현재 우리나라에서 시행되는 시청률 조사는 '피플미터' 조사법이다. 세계적으로 가장 많이 쓰이고 있는 이 방식은 1982년 영국 시청률 조사기관인 AGB에 의해 개발되었다.

6) 무작위 전화추출(RDD) 방법은 전화번호부가 오래된 데서 발생하는 문제와 전화번호부 자체의 불완전성, 부정확성 등의 문제를 해결하기 위해 개발된 방법이다. 다시 말해서 미발행 전화(unpublished phone)와 미등록 전화(unlisted phones) 등 전화번호부에 누락된 전화들에 의해서 발생하는 편견의 문제를 해결할 수 있다. 그러나 가장 큰 약점은 비효율성 및 비경제성에 있다. RDD가 편리하기는 하지만 가정용 전화번호와 기타 목적(상업, 사업, 공공 등)의 전화번호를 구분하지 않기 때문에 응답률이 낮아질 수 있다. 또한 RDD는 원하는 표본을 계층적으로 할당하지 못한다. 다시 말해 지동화된 호출시스템이 표본의 무선화를 높이기는 하지만 전화를 받는 대상이 조사에서 원하는 표본이 아닐 가능성도 높다(양병화 외, 2000: 285-286 참조).

해 수집된 자료의 정확성이 크게 떨어지지 않고 조사원들을 중앙집중식으로 관리·통제하여 일관된 면접방식을 수행한다면 면접법보다 일관된 자료를 얻을 수 있다. 넷째, 조사자와 연구자가 얼굴을 맞대고 대화를 하지 않기 때문에 면접자의 외모 등에 따른 선입관으로 발생하는 응답의 오류를 배제할 수 있다.

다음으로 전화 면접조사의 단점으로는 첫째, 응답내용과 응답시간이 짧은 경우에만 가능하다. 둘째, 응답자를 통제할 수 있는 방법이 한정되어 있으므로 면접법과 같이 많은 조사내용에 관한 자료를 수집하기 어렵다. 특히 응답자가 통화 도중에 전화를 끊는 등 응답자가 면접상황을 더 쉽게 통제할 수 있다고 느끼기 때문에 많은 내용의 자료를 수집할 수 없다. 셋째, 조사내용의 분량이 상대적으로 제한되어 있기 때문에 상세한 정보의 획득이 불가능하고 부수적인 정보에 대한 수집이 불가능하다. 넷째, 특정한 주제의 경우에 전화면접조사는 적절하지 않다. 응답자 개개인의 경제적 상황이나 정치적 태도 등은 전화를 이용해 자료를 수집하는 데는 한계가 있다. 아울러 복잡한 다중 응답의 항목이 주어지는 주제, 응답자가 응답을 거부하거나 마지못해 하는 경우 조사결과의 타당성이 문제가 된다.

최근 여론조사에서 자료수집 방식에 따른 논란이 계속되고 있다. 일반적으로 여론조사는 유선전화와 휴대전화 두 가지 방법을 통해 실시된다. 그러나 비율을 어떻게 하느냐에 따라 그 결과도 달라진다. 예를 들어 어떤 조시기관은 전화 면접조사인 반면에 또 다른 조사기관은 자동응답시스템(ARS) 방식을 취한다. 전화를 매개로 한 각종 여론조사 방식의 장단점을 살펴보면 다음 [표 9.4]와 같다.

[표 9.4] 전화를 통한 여론조사 방식

구 분	특 징	장 점	단점과 한계
전화 면접조사	상담원이 직접 전화해 질문, 전화번호부 등재된 번호만 조사	응답률 높음	부담감에 따른 솔직하지 않은 답변 가능성
자동응답전화(ARS)조사	녹음된 질문을 들려줌	비용과 시간이 적게 들고 응답자 부담감이 적음	응답률 낮고 부실 응답 가능성
무작위 전화추출(RDD)조사	컴퓨터로 무작위 조사	전화번호부에 등재되어 있지 않은 유권자도 조사	전화면접이나 ARS보다 시간 비용이 많이 소요됨
휴대전화 조사	통신사로부터 휴대전화번호 제공받아 조사	유선전화가 없는 젊은 층 여론 파악	조사기관이 전체 가입자 명단을 구할 방법이 없음[7]

7) 여론조사가 정확히 이뤄지려면 과학적인 표본추출을 하는 게 가장 핵심임에도 불구하고 우리나라에선 제대로 된 휴대전화 조사를 실시할 수 없다. 2013년 5월 16일 새누리당 정병국 의원이 주최한 휴대전화 여론조사 입법토론회에선 가상의 '안심번호'를 활용하는 방안이 제시됐다. 통신업체가 조사기관에 진짜 휴대전화 번호를

3) 전자 서베이

전자 서베이(electronic survey, online survey)는 인터넷 등과 같이 전자통신망을 이용하여 설문조사를 실시하는 방법으로 인터넷 조사법이라고도 한다. 전자 서베이는 우편조사의 특징을 내포하고 있는데, 그 이유는 응답자가 설문지를 읽고 대답하게 한다는 점에서 동일한 특징을 갖는다. 반면 우편으로 설문 조사지를 보내는 대신에 전자메일이나 웹 방식을 통해 응답자에게 설문조사를 실시하고, 응답을 전송받는 방법을 쓴다는 점에서 차이가 있다(김영종, 2007). 전자 서베이의 방법으로는 크게 전자메일(e-mail)을 통해 설문지를 주고받는 방법과 웹(web)을 이용한 방법이 있다.

먼저 전자메일을 통해 설문지를 주고받는 방법으로 현재 인터넷 방식으로 통일된 전자우편 형식이 정착되어 있기 때문에 설문 대상자들의 인터넷 전자메일 주소를 확인할 수만 있다면 전자메일을 보낼 수 있다. 전자메일로 설문을 받은 사람은 읽고 답한 다음, 본문 형태나 파일 형태로 발송자인 조사자에게 전자메일 방식으로 회신해주면 된다. 이러한 방식으로 자료를 수집하기 위해서는 조사자뿐만 아니라 응답자가 전자메일을 보유하고 있어야 하며, 컴퓨터 파일에 대한 기본적인 조작법이나 문서 편집기 사용법 등에 대한 기본적인 지식도 갖추고 있음을 전제로 한다.

다음으로 웹(web)을 이용한 전자 서베이 방식은 응답자의 편의성을 최대한 고려한다는 측면에서 전자 서베이 방식의 획기적인 발전을 가져 왔다. 또한 웹의 멀티미디어 속성을 살려서 흥미를 유발하는 설문 양식을 개발해 낼 수도 있어 설문에 대한 호감도를 증진시킨다는 장점도 있다. 이 방식의 최대 장점은 응답자들이 웹 화면에서 설문에 응답하는 순간 바로 조사자의 컴퓨터에 입력 자료 형식으로 전환되어 보내질 수 있기 때문에 조사자가 자료의 수집과 정리, 입력에 드는 비용을 획기적으로 줄일 수 있다(김영종, 2007).

전자 서베이의 장점으로는 첫째, 우편조사와 비교했을 때 질문지 발송과 회수에 따른 비용이 들지 않기 때문에 경제적이다. 다시 말해서 질문지 인쇄, 봉투 제작, 발송 및 반송 우편 처리에 드는 비용, 회수된 자료의 입력에 따르는 수고와 비용 등이 들지 않는다. 둘째, 자료입력의 편의성이다. 전자메일 방식보다 웹을 이용한 방식에서 자료 입력의 편의성

주는 게 아니라 가상의 1회용 번호를 제공하고, 기관이 가상의 번호로 전화를 걸면 통신업체가 이를 진짜 번호로 중계해주는 방식이다. 우리나라에서 여론조사는 대통령 후보를 결정할 정도로 막강하지만 그에 걸맞은 신뢰를 얻지 못하고 있다. 따라서 휴대전화를 통한 여론조사 입법을 전향적으로 검토할 때가 되었다(중앙일보, '휴대전화 여론조사 입법 필요하다', 2013. 5. 22).

이 두드러진다. 설문에 대한 응답자의 데이터 입력이 광속도로 조사자 컴퓨터에 이동될 수 있기 때문에 자료 입력에 따른 노력이 생략될 수 있다. 셋째, 후속 독촉이 용이하다. 응답 대상자별로 응답 여부가 자동으로 체크될 수 있으므로 후속 독촉에 대한 여부 판단과 시행 역시 자동으로 수행될 수 있으며, 이에 따른 비용도 거의 들지 않는다. 넷째, 응답자가 편리한 시간에 응답할 수 있으므로 응답률과 질이 높아질 수 있다.

이와 같은 장점에도 불구하고 전자 서베이는 다음과 같은 단점도 있다. 첫째, 전자 서베이의 가장 결정적인 단점은 표본의 대표성이 부족하다는 점이다. 컴퓨터의 보급과 네트워크에 대한 접속은 아직까지는 제한적이기 때문에 컴퓨터 네트워크에 접속되어 있다고 판단되는 일부 집단에 대해서만 접근이 가능하기 때문이다. 예를 들어 조사대상이 일반 국민일 경우 모집단을 대표할 수 있는 표본추출 틀(sampling frame)을 구할 수 없는 경우가 많다. 특히 인터넷을 이용하는 인구가 성별, 연령별, 학력별로 편향성이 있기 때문에 전자통신망 이용자가 일반 국민을 대표한다고 보기 어렵다. 따라서 전자 서베이는 이미 잘 파악된 조직이나 기관, 개인에 대한 고정적인 설문 조사 등에는 매우 유용하게 적용될 수 있지만, 일반 대중에 대한 자료수집방법으로는 아직 한계가 따른다. 둘째, 응답률과 회수율을 보장하지 못한다. 우편조사법과 마찬가지로 전자 서베이에 자발적으로 참여하는 것이 전적으로 응답자의 판단에 달려 있기 때문에 응답률과 회수율을 장담할 수는 없다(남궁근, 2014; 한승준, 2008; 손병덕 외, 2010).

Study TIP 프라이밍 효과(priming effect)때문에, 여론조사의 조작으로

프라이밍 효과(priming effect)는 먼저 본 정보에 의해 떠올려진 개념으로 인해 이후에 접한 정보를 해석할 때 영향을 받게 되는 점화 현상을 말한다. 한마디로 먼저 받은 정보가 뒤에 얻은 정보를 처리하는데 영향을 미치는 현상을 말한다. 이 이론은 1990년 아이옌가와 킨더(Iyengar & Kinder)가 제안했다. 특정한 정서와 관련된 정의들이 그물망처럼 서로 연결되어 있어서 한 가지 정보가 자극을 받으면 관련 기억들이 한꺼번에 떠오르는 것이다.

프라이밍 효과의 가장 대표적인 예가 선거전 여론조사이다. 선거전이 임박해지면 프라이밍 효과는 후보별 세(勢) 형성에 결정적 영향을 미치기 때문에 여론조사가 조작으로 이어질 수 있다. 2014년 6·4 지방선거를 앞두고 전국 곳곳에서 여론조사 조작 의혹이 끊이지 않았다. 새누리당과 새정치민주연합의 기초자치단체장, 기초·광역의원 후보 결선의 핵심은 여론조사였다. 세월호 참사 등으로 후보 결정이 연기되고 새정치민주연합은 기초공천 무공천 논란에 시간을 허비한 채 일정이 촉박해지면서 여론조사 방식을 택한 경우가 많았다. 그러나 그 뒤엔 불법 전화 착신전환이 기승을 부렸다. 특히 오차범위 내로 1, 2위가 결정된 곳이 적지 않아 착신전환이 결정적 변수가 됐을 것으로 예측된다.

착신전환을 통한 여론조사의 조작은 여론조사 기간에 맞춰 단기 전화를, 한 예로 1000회선을 대거 빌려서 이를 수십 개의 응답 가능한 전화번호로 착신 전환해 놓고 선거운동원으로 하여금 응답하게 하는 방식이다. 이때 응답자는 기계의 자동 질문에 대해 성별이나 연령을 필요로 따라 수시로 바꿔 거짓 대답을 하게 된다.

조직적인 착신전화를 통한 여론조작은 2010년 지방선거부터 본격적으로 시작되었고 2012년 민주당과 통진당의 야권단일후보 경쟁 때 최고조에 달했다. 민주주의와 주민자치를 파괴하는 여론조사의 조작은 반드시 막아야 한다. 난세에 대처하는 대안은 분명 있다.

◆착신전환, 어떻게 하나?

1. 일반가정 유선전화 대거 모아 운동원 한 명의 휴대전화로 돌려놓기

2. 여러 사람의 명의로 유선전화 대량 개통

3. 휴면상태의 전화회선 사들이기

* 2010년 검찰조사로 드러난 전북 완주군 예

◆경선 여론조사에서 어떻게 악용되나?

특정 후보 지지자, 전화국서 휴면상태의 전화회선 2000개 구입

▼

구입한 전화기를 운동원의 휴대전화 30 여대에 착신 전환 장치

▼

정당, 집으로 여론조사 전화

▼

착신 전환된 휴대전화로 연결

▼

운동원 한명이 중복적으로 지지 응답

2. 면접조사법

면접조사법(interview survey)은 연구자와 응답자간의 면대면(face–to–face)의 상호작용을 통해 필요한 자료를 수집하는 방법으로 대인면접법(personal interview)이라고도 한다. 면접조사와 관련하여 레비(Levy, 1985)는 면접을 '특정한 목적을 가진 구조화된 대화'로 정의하였다. 다시 말해서 연구하고자 하는 특정 주제에 대한 자료를 수집하기 위해 연구자가 피면접자를 대상으로 하는 상호작용을 말한다. 면접은 대면 상황에서 언어적 대화를 사용하기 때문에 응답자 스스로가 질문에 반응하는 자기보고(self–report) 혹은 자기관리(self–administrated) 방식의 서베이와는 다르다. 또한 1대 1로 면접을 실시한다는 점에서 질적 조사와 유사하지만 조사대상자가 질적 조사보다 훨씬 많다는 점에서 구분이 된다.

한편으로 면접을 통한 자료수집방법은 사회적 상호작용을 거치기 때문에 그러한 상호작용에 필요한 일정한 기술을 필요로 한다. 특히 면접조사에서는 면접원의 역할이 매우 중요하다. 따라서 면접자는 응답자(피면접자)에게 일련의 언어적 지시를 사용하여 응답에 따른 반응을 얻기 때문에 올바른 응답결과를 얻기 위해 전문적이고 정교한 면접훈련이 필요하다. 왜냐하면, 면접조사는 1대 1의 대면 상황에서 진행되기 때문에 면접기술이 응답의 정확성을 확보하는데 중요한 요인이 되기 때문이다. 또한 면접조사의 소요시간은 원칙적으로

30분에서 1시간 정도를 초과하지 않는 것이 좋다. 이밖에도 한 면접자가 수행하는 면접 수는 가능하면 20-30명을 넘지 않는 것이 바람직하다(한승준, 2008).

면접조사의 일반적 절차는 준비단계, 면접 실시단계, 면접기록의 정리 및 종결단계로 요약할 수 있다. 먼저 준비단계에서는 면접을 위한 전반적인 절차를 구조화하고 계획을 수립하는 단계이다. 여기서는 면접대상을 선정하고 면접 표나 면접지침을 작성하며, 면접자를 선발하고 훈련하는 것 등을 포함한다. 실시단계는 면접자가 직접 현장에 나가 피면접자들에게 면접을 하고 자료를 수집하는 단계로 피면접자에 대한 접근단계와 면접의 시행단계로 구분된다. 마지막으로 면접기록의 정리 및 종결단계에서는 면접자가 수집한 자료를 연구자가 분석할 수 있도록 정리하고 요약하는 작업이 필요하다. 특히 개방형 질문지의 경우에 모든 응답을 정리하여 전산입력(coding) 될 수 있도록 준비해야 한다(양병화 외, 2000; 김렬, 2013).

1) 면접방법의 종류

면접방법은 여러 가지 관점에서 분류할 수 있다. 먼저 질문의 구성형식에 따라 구조화 면접, 비구조화 면접, 반구조화 면접으로 구분된다. 또한 피면접자를 접촉하는 방법에 따라 일대일 면접(face to face interview)과 전화면접(telephone interview)으로 구분된다. 면접에 참여하는 사람의 수에 따라서는 개인면접과 집단면접, 면접에 소요되는 시간에 따라 단기면접과 장기면접 등으로 분류할 수 있다. 이밖에도 면접조사에서는 양적 자료뿐만 아니라 질적 자료를 수집하는 방법들이 있다. 이러한 방법으로는 개인면접의 형태를 띤 심층면접(depth interview)과 투사기법면접(projective research)이 있으며, 집단면접 형태의 표적집단면접(focused group interview: FGI) 등이 있다. 여기서는 구조화 면접, 비구조화 면접, 반구조화 면접을 중심으로 구체적으로 살펴보았다.

① 구조화 면접(structured interview)

구조화 면접방법은 가장 구조화된 면접 양식으로 질문 내용과 용어, 질문순서 등이 미리 고정되어 모든 면접대상에게 동일하게 적용되는 일정한 양식을 갖춘 면접방식으로 표준화 면접이라고도 한다. 다시 말해서 면접자가 표준화된 면접조사표(질문항목, 질문형식, 질문항목의 배열순서, 언어구사방법 등)를 가지고 면접의 상황에 구애받지 않고 모든 응답자에게 동일하게 면접을 수행하는 방식이다. 따라서 면접자가 면접상황에서 자유재량의 여지가 없이 기계적으로 자료수집을 진행한다. 면접자가 임의로 질문표현을 수정하거나 질문순서를 바꾸는 등의 행위를 할 자유가 없다(김해동 외, 2010).

비구조화 면접방법과 비교했을 때 구조화 면접을 통해 수집된 자료는 신뢰도가 높다. 구조화된 면접은 비구조화 면접에 비해 면접자가 질문을 달리 할 가능성이 없으므로 응답자의 응답에 일관성을 유지할 수 있기 때문이다. 또한 질문어구나 질문의 언어구성에서 오는 오류를 최소한으로 줄일 수 있다. 다시 말해 사전에 정해진 질문순서에 따라 질문하기 때문에 비구조화 면접처럼 질문의 어구나 순서를 바꾸는 데서 오는 오류를 최소한으로 줄일 수 있게 되는 것이다. 이밖에도 자료수집에 있어 일관성을 제공하며 비교적 훈련이 덜 된 초보 면접자도 활용할 수 있다.

구조화 면접방법의 단점으로는 먼저 면접자는 면접 상황에 대한 자유재량권이 없기 때문에 응답자의 특성이나 면접분위기에 따라 면접을 융통성 있게 수행할 수는 없다. 다음으로 애매모호한 응답을 명확하게 하기 위한 후속질문을 할 수 없다. 이러한 측면에서 볼 때 탐색적 조사를 시도하는 질적 연구에서는 이처럼 엄격하게 구조화된 면접조사가 오히려 부적절할 수도 있다.

➲ 구조화 면접조사의 예시

■ 면접조사 요원이 응답자에게 하는 설명: 우리는 10대들이 부모와의 관계에서 어떤 문제를 갖는지 관심이 있습니다. 얼마나 많은 10대들이 어떤 성격의 갈등을 부모와의 관계에서 갖는지를 알고 싶습니다. 몇 가지 종류의 문제들에 대한 체크 리스트가 여기에 주어져 있습니다. 어떤 종류의 갈등에 얼마나 자주 이런 일들이 있는지를 아래의 표에 체크해주시기 바랍니다. 만약 이런 문제가 없다면 첫 번째의 '전혀 없음'에 체크하십시오.

▸ (응답자에게 귀가 시간과 관련된 첫 번째 카드를 제시하면서 다음과 같이 말하시오. "앞으로 보게 될 어떤 종류의 문제들이 이해되지 않는다거나 혹은 다른 더 중요한 문제가 있다고 생각되면 주저하지 말고 제게 말해 주십시오. 그것도 이야기 할 수 있습니다.")

1번 카드 : 귀가시간					
◇ 갈등상황		전혀 없음	한 번	두서너 차 례	자 주
1. 늦은 귀가시간		( )	( )	( )	( )
2. 귀가 시간의 연장		( )	( )	( )	( )
3. 귀가 시간의 사전 허락		( )	( )	( )	( )
4. 고정된 귀가 시간		( )	( )	( )	( )
5. 기타		( )	( )	( )	( )

▸ 응답자가 모든 항목에 체크했다면, 2번 카드를 제시하면서 이렇게 말하시오. "여기에 두 번째 카드가 있는데 친구(응답자가 남자이면 남자 친구, 응답자가 여자이면 여자 친구)와의 관계로 부모님과 어떤 갈등이 있는지를 체크하는 것입니다. 앞에서 했던 방식과 똑같이 하시면 됩니다."

자료: Gordon, R. (1969). Interviewing: Strategy, Techniques, and Tactics. Homewood, Ill: Dorsey, pp. 39-40; Nachmias & Nachmias. (1981). Research Methods in the Social Sciences(2nd ed.). New York: St. Martin's Press, p.192; 김영종(2007).「사회복지조사론」. 서울: 학지사, p. 241 재인용.

② 비구조화 면접(unstructured interview)

비구조화 면접은 면접질문의 내용, 순서, 그리고 언어구성 등이 구조화된 면접의 경우와는 달리 일률적으로 정해져 있지 않고 대체적인 요점만을 적은 면접지침서(interview guide line)에 따라 면접을 진행하는 방식이라 할 수 있다. 한마디로 표준화된 조사표에서 질문의 형식, 순서 등을 미리 정하지 않고 비교적 자유스럽게 면접자와 응답자의 상호작용에 따라 자료를 수집하는 방법이다. 일반적으로 면접자가 하나의 질문을 던지면 응답자는 그 질문에 따라 자신의 생각이나 태도를 자유롭게 표현하고 이를 면접자가 기록하게 된다. 비구조화 면접은 심리치료 분야에 기원을 두고 있으며 비표준화 면접(unstandardized interview)이라고도 한다.

비구조화 면접의 경우에 질문 자체가 자유롭고 고정되어 있지 않기 때문에 자유응답식 혹은 개방형 질문인 경우가 많다. 단지 응답자에게는 최소한 따라야 할 사항이나 방향만 제시할 뿐이다. 이 방법은 심리 및 정신치료 분야에서 발전되어 온 것으로 응답자 내면의 감정과 경험을 파악하고 면접 이전에 파악하지 못했던 정서, 태도, 믿음 등을 밝혀내는 데 사용되었다. 그리고 비구조화 면접은 면접자의 능력에 크게 의존하기 때문에 면접자의 숙련된 기술을 필요로 한다. 이처럼 면접자의 지식, 기술에 크게 의존하고 있기 때문에 면접자는 응답자와 좋은 관계를 형성하는 기술과 응답자로부터 자료를 도출할 수 있는 전문지식을 가지고 있어야 한다.

비구조화 면접의 대표적인 예로는 질적 자료수집의 하나로써 개인면접의 형태를 띤 심층면접법(depth interview)[8]이 있다. 이러한 방법의 장점으로는 첫째, 융통성을 가지고 있다는 점이다. 면접자는 피면접자의 개인적 특수성이나 성향 등에 따라 질문의 내용이나 순서를 조절할 수 있다. 다시 말해서 면접자가 면접 상황에 따라 계획에 없는 질문을 첨가하거나 질문 순서를 바꾸는 등의 융통성을 발휘할 수 있다.[9] 둘째, 구조화 면접에 비해 신뢰도

---

8) 심층면접법은 일대일 장면에서 사용되며, 직접적인 질문을 통해 밝힐 수 없는 어떤 주제에 대한 개인의 태도나 동기 등을 파악하기 위한 비체계적인 개인면접법이다. 특히 감춰진 내적 동기와 태도를 밝히는데 효과적일 뿐만 아니라 특정 주제에 대한 새로운 통찰을 제공하는데 기여한다. 그러나 면접 과정이 구조화되어 있지 않기 때문에 면접자의 '주관'이 개입될 가능성이 높고 시간이 많이 소요되는 등의 단점도 내포하고 있다(남궁근, 2014: 600; 양병화 외, 2000: 275-276).

9) 킨제이(A. C. Kinsey)는 성(sex)에 관한 자료수집에서 비구조화 면접을 많이 사용한 학자이다. 그는 성행위와 관련한 연구를 진행 할 때 자극이 약한 항목에서부터 시작하여 서로 유대감(rapport)이 형성된 후에 질문하기 곤란한 항목이나 대답하기 난처한 항목을 질문한다는 일반원칙을 따랐다. 그러나 결과적으로 응답자에 따라 당혹감을 주는 항목이 다르다는 것을 알게 되면서 응답자의 성격에 따라 질문의 어순을 바꾸어 융통성 있는 질문을

는 낮으나 타당도가 높은 자료를 수집할 수 있다. 왜냐하면, 응답자의 개인적 상황을 고려하여 질문에 대한 자료를 얻게 됨으로써 보다 정확한 자료를 얻을 수 있기 때문이다. 셋째, 비구조화 면접은 표준화 면접에서 필요한 질문을 만드는 데 유용한 자료를 제공해 준다.

한편, 비구조화 면접은 면접결과를 정리, 분류하고 부호화하는데 시간과 비용이 많이 들고 계량화하기 어렵다는 단점이 있다. 그리고 이 방법을 사용하기 위해서는 고도의 기술을 필요로 하고 면접 상황에 따른 응답자의 가변성으로 인해 비교 가능성을 잃기 쉽다. 또한 동일한 내용의 질문을 반복했을 때 나타나는 응답의 차이가 응답 자체의 차이인지 아니면 기술상의 차이인지 구별하기 곤란하여 자료의 신뢰도가 낮다는 것이 가장 큰 단점이다. 마지막으로 비구조화 면접은 가설을 검증하거나 인과관계를 입증하는 데는 부적절하다. 따라서 가설을 설정하기 위해 미개척분야의 일차적 자료를 수집하는데 적절한 방법이라 할 수 있다(김렬, 2013; 김기원, 2016).

③ 반구조화 면접(semi-structured interview)

반구조화 면접은 구조화 면접과 비구조화 면접의 장단점을 보완하여 개발한 것으로 일정한 수의 중요한 질문은 구조화하고 나머지 질문을 비구조화 한 방법이다. 다시 말해서 연구의 목적과 내용에 비추어 중요한 요소들은 면접표에 의거하여 구조화하고 다소 덜 중요하거나 미리 준비 혹은 구조화할 수 없는 부분에 대해서는 면접지침(interview gide)을 작성하여 요점만을 적어 면접에 임하도록 한다. 아울러 이 지침의 범위 내에서 질문순서나 형식 등은 면접자가 재량을 가지고 면접 상황에 따라 융통성 있게 실시하는 방법이라 할 수 있다. 반구조화 면접 중에서 가장 잘 알려진 면접방법은 머튼(Merton, 1956)이 개발한 집중면접법(focused interview)이다. 집중면접은 면접조사표(interview schedule) 대신 면접지침서를 사용한다는 의미에서 비스케쥴-구조화 면접(nonschedule–structured interview)이라고도 한다.

여기서 집중면접[10)]과 관련하여 상세히 살펴보면, 집중면접은 미리 선택한 주제와 가설을 사용한다. 그러나 실제 질문은 미리 열거하지 않는다(Bailey, 1988; 김기원, 2016). 반구조화 면접은 구체적인 문항을 가지고 있으나 조사항목을 면접자가 나름대로 탐색할 수 있게

했다는 것이다(김해동 외, 2010: 191–192 참조).

10) 집중면접은 표적집단면접(focused group interview: FGI) 혹은 초점집단면접이라고도 한다. 표적집단면접은 질적 연구에서 사용되는 대표적인 자료수집방법의 하나로 일정한 형식의 구조화된 진행절차에 따라 특정 주제에 대한 응답자들의 의견을 이끌어 내는 집단면접의 방식으로 소비자조사나 마케팅 조사에서는 매우 일반화된 면접방법이다(양병화 외, 2000).

끔 면접자에게 상당한 재량이 주어진다. 집중면접이라고 하는 이유는 주제나 가설은 정해져 있지만 구체적인 질문항목이 사전에 구비되어 있지 않기 때문이다. 일반적으로 이러한 형태의 면접은 공통된 경험을 가진 응답자들을 상대로 사용한다. 반구조화 면접은 반표준화 면접(semi-standardized interview)이라고도 하며, 이를 변형하여 특정 경험 대신 개인의 생활사 전체를 통한 감정·동기를 찾아내기 위해 융통성 있는 질문으로 이루어진 임상면접(clinical interview)이 있다.

➲ 비스케줄-구조화 면접조사의 예시

■ 면접자에 대한 지시사항: 당신의 임무는 부모와 10대들 간에 갈등이나 긴장에 대해 가능한 많은 구체적인 문제 유형들을 발견하는 것입니다. 보다 구체적이고 상세할수록 좋은 자료가 될 것입니다. 비록 네 가지 종류의 문제에 대해 우리가 알아보고자 하지만(아래 질문 3에 리스트가 나와 있음), 1번과 2번 질문을 차례로 거론하기 전에는 3번 문제를 제시해서는 안 됩니다. 첫 번째 질문을 위해 간접적인 접근방법을 사용하는데, 충분한 시간을 가지고 일단은 응답자와의 친근감 내지 유대감(rapport)을 형성하는 것이 필요합니다.

질문1: 10대들은 부모와 잘 지내는데 어떤 종류의 문제들이 있는가?
▸ **가능한 한 심층규명(probes)**
: 10대들은 부모와 항상 의견이 맞는가?
: 친구들 중에 '문제 있는 부모'를 가진 사람이 있는가?

질문2: 당신은 부모님과 어떤 점에서 의견이 맞지 않는가?
▸ **가능한 한 심층규명(probes)**
: 부모님이 당신에게 문제를 안겨다 주는가?
: 어떤 점에서 부모님이 당신에게 제재를 가하는가?
: 부모님은 당신이 하는 것들에 대해 좋아하는가?

질문3: 당신은 부모님과 다음의 사항에 대해 의견이 맞지 않는 경우가 있나?
① 귀가 시간 ② 교우 관계 ③ 이성 교제 ④ 학업 태도

자료: Gordon, R. (1969). Interviewing: Strategy, Techniques, and Tactics. Homewood, Ill: Dorsey, pp. 38-39; Nachmias & Nachmias. (1981). Research Methods in the Social Sciences(2nd ed.). New York: St. Martin's Press. p.193; 김영종 (2007).「사회복지조사론」, 서울: 학지사, p. 242 재인용.

지금까지 면접방법의 종류 중 구조화 면접, 비구조화 면접, 반구조화 면접에 관해 살펴보았다. 이 세 가지 방법 중에서 어떤 방법이 가장 좋은지를 정하는 원칙과 기준은 없으며, 단지 연구자가 조사목적과 범위, 대상 및 면접상황을 고려하여 결정해야 한다. 예를 들면, 연구문제에 대해 사전지식이 희박하거나 조사의 준비단계에서는 비구조화 면접이 유용할 것이다. 아울러 많은 수의 조사를 할 경우와 숙련된 면접자가 없을 경우에는 구조화 면접이 더 적합할 것이다(채구묵, 2015; 김해동 외, 2010 등).

2) 면접조사법의 장단점

면접조사법은 앞에서 설명한 우편조사 등과 마찬가지로 서베이(survey) 방식의 하나로 자료수집의 주요 원천을 조사 대상자의 응답에 의존한다. 면접조사는 우편조사와 달리 면접자와 응답자간의 대면적 상호작용을 통해 응답을 도출한다는 점에서 차이가 있다. 면접조사의 장점으로 첫째, 면접자가 자료를 직접 기록하기 때문에 다른 자료수집 방법에 비해 응답률이 높다. 특히 우편조사를 할 수 없는 대상자, 다시 말해 교육수준이 낮거나 노인이 많은 농촌지역의 경우에는 면접조사가 유용하다고 볼 수 있다. 둘째, 응답의 신뢰성이 높다. 면접은 대면적 상호작용의 과정으로 응답자가 이해하지 못하는 질문이나 잘못 이해했을 경우에 이를 즉각적으로 확인할 수 있기 때문에 결과의 신뢰성이 높고 표본의 대표성을 가진다. 셋째, 면접조사의 가장 두드러진 장점으로 질문지법에 비해 상황의 통제가 가능하다는 점이다. 면접조사자는 특정한 환경이나 상황을 조성하고 면접을 실시할 수 있다. 이는 모든 개별조사 상황들을 유사하게 만들기 위한 것으로 환경의 차이에 따른 질문과 응답의 무작위적 오류를 줄일 수 있다. 아울러 면접조사에서는 응답 시간과 장소, 상황 등을 통일할 수 있다. 넷째, 응답자 본인이 직접 응답하는 것을 확인할 수 있기 때문에 제3자의 영향을 배제할 수 있다. 특히 우편조사나 배포조사의 경우에 가족, 친구 등 다른 사람의 영향을 받을 수 있는 반면에 면접조사는 이를 배제할 수 있다. 다섯째, 질문서에 포함된 내용 외에 보충적인 기록이나 자료를 수집할 수 있다. 다시 말해서 질문서에 포함된 내용 외에 연구에 필요한 부수적인 정보수집이 가능하다. 여섯째, 관찰법과 비교했을 때 관찰에서는 현재 나타난 행동에 대해서만 조사할 수 있으나 면접조사는 과거의 행동이나 사적 행위에 관한 정보도 얻을 수 있다(채구묵, 2015).

면접조사의 단점으로는 첫째, 질문지법에 비해 시간과 비용이 많이 소요된다. 특히 대규모로 실시하는 면접조사는 면접조사원의 선발, 훈련, 감독에 따르는 비용이 많이 든다. 또한 비구조화 면접법의 경우에 면접에서 얻은 자료를 체계적으로 정리하는데 많은 시간과 노력이 요구된다. 둘째, 질문지법에 비해 절차가 복잡하다. 질문지법은 어떤 방법으로든 질문지를 보내 회수하기만 하면 되는데 비해 면접조사는 사전에 전화를 해서 협력을 얻어야 하고 조사대상자의 면접시간, 장소 등의 일정을 잡아야 하는 등의 절차가 복잡하다. 셋째, 익명성의 부재로 인해 개인적으로 꺼리는 내용에 대해 정확한 응답을 얻기 어렵다. 조사원이 응답자의 이름과 주소, 전화번호, 얼굴 등을 안다는 사실로 인해 민감한 사안에 대해서는 부자연스런 응답을 하게 되거나 아예 응답을 거부할 수도 있다. 넷째, 다수의 면접자가 조사에 참여하는 경우 면접자 개인별 특성으로 인해 영향을 받을 수도 있다. 예를 들면, 면접자의 태도나 특성, 말투, 말하는 속도 등에 따라 응답자의 반응이 달라질 수 있기 때문에 조사결과에 오류가 발생할 수 있다. 다섯째, 응답에 대한 표준화가 어려울 수 있다. 응답자에 따라 다른 질문을 하고 캐묻는 질문을 해야 할 경우가 많은데, 이는 융통성을 높일 수 있다는 장점도 되지만 응답자의 응답을 표준화해서 비교할 때 복잡한 문제를 야기할 수 있다.

마지막으로 면접자의 편향(interview bias)이 응답자의 반응에 영향을 미칠 수 있다. 이러한 오류로는 면접자가 질문의 언어구성을 변경하거나 특정문항을 빠뜨리는 경우, 필요이상의 질문이나 적대감을 유발시켜서 응답에 부정적인 영향을 미치는 경우, 기록을 잘못한 경우, 면접과정 중 누락된 부분을 보완하려고 묻지도 않은 질문을 스스로 기록하거나 미완성된 응답을 보충함으로써 발생할 수 있다. 이처럼 면접자의 편향적 요인은 응답자의 반응에 영향을 미친다.[11] 다음 사례는 면접조사에서 면접자의 특성에 따라 어떻게 응답자의 반응이 달라지는지를 보여주는 예이다.

➲ 면접자 편향의 효과 예시

■ 면접자의 특성에 따른 응답의 차이

사례1: 면접자의 기대효과	
여성면접자의 질문	남자가 대부분 가구를 구매한다고 응답한 여성 응답자의 비율
남자가 대부분 가구를 구매한다.	89%
남자가 대부분 가구를 구매하지 않는다.	15%

사례2: 민족이나 인종적 외모의 효과		
면접자	당신은 정부 일을 하는 유대인들이 너무 많다고 생각합니까?	당신은 유대인이 너무 많은 권력을 갖고 있다고 생각합니까?
유대인과 같은 이름과 외모	11.7	5.8
유대인과 같은 외모 만	15.4	15.6
유대인이 아닌 사람의 외모	21.2	24.3
유대인이 아닌 사람의 외모와 이름	19.5	21.4
자료: Herbert, H. Hyman(1975). Interviewing in Social Research. Chicago: University of Chicago Press. p.115 & p.163 참조.		

11) 면접자 편향을 다음과 같이 여섯 가지로 구분하기도 한다. ①응답자에 의한 오류(예: 망각, 당황, 오해, 타인의 식), ②면접자의 비의도적 실수나 부주의(예: 잘못된 응답자의 접촉, 질문을 잘못 읽거나 생략, 순서 바꿈, 잘못된 기록을 하는 것), ③면접자의 의도적 잘못(예: 대답의 의도적 변경, 질문 생략 혹은 반복), ④응답자의 대답에 대한 영향(면접자의 외모, 태도, 대답에 대한 반응), ⑤응답자의 외모나 거주 지역 혹은 다른 대답에 기초한 응답자의 대답에 대한 면접자의 기대, ⑥적절한 탐색에 대한 면접자의 실패 등이다(양병화 외, 2000: 282-283 참조).

이러한 사례에서 알 수 있듯이 여성면접자가 질문을 했을 때 여성 응답자들은 대부분 '남자가 가구를 살 것이다'라고 응답(89%)한 것을 볼 수 있다. 또한 면접자가 유대인과 비슷할 때 유대인에 대한 질문에 상당한 차이가 나타나고 있음을 알 수 있다. 이와 같은 차이는 면접자의 특성이 응답자들에게 일련의 동조를 유발하거나 압력의 형태로 작용하여 편향된 응답을 갖게 하는 경우들이다(양병화 외, 2000).

+ Plus 면접조사의 편향된 응답 요인

1. 자신향상효과(self-lifting effect): 응답자 자신의 사회적 위치를 현실보다 높게 생각하여 현재 자신의 위치에 해당하는 응답 대신 자기가 이상으로 생각하는 모습에서 응답하게 되는 경향
2. 유사효과(conformity effect): 자신의 생각과는 다르게 주위사람들의 영향을 받아 주위사람들을 따라 응답하는 경향
3. 체면치레효과(ego-threat effect): 자신향상효과와 비슷한 것으로 위신이나 사회적 지위보다는 유행이나 시대에 뒤떨어질 것을 두려워하여 그릇된 응답을 하는 경향
4. 후광효과(halo effect): 조사 전에 생각해 본 적이 없는 문제에 대해 조사자의 질문을 받고 그 문제에 대한 급조된 생각으로 물음에 응답하는 경향(심리학에서는 하나의 탁월한 특질 때문에 그 인물 전체의 가치를 과대평가하는 효과)
5. 겸손효과(senor effect): 자신의 생각과는 달리 조사자의 기분이나 감정에 맞추는 방향으로 응답하려는 경향
6. 선전효과(bandwagon effect): 선거에 관한 여론조사 등에서 자신의 소신과는 달리 선두 주자나 동정심이 가는 후보자에게 표를 주어야 한다는 선전에 영향을 받아서 질문에 응하는 경향
7. 습관효과(habit effect): 질문의 내용을 신중하게 생각한 후에 응답하지 않고 단지 습관적으로 예 또는 그렇다는 대답을 되풀이하는 경향
8. 무관심효과(irrelevance effect): 자신은 조사와 상관없다고 생각하여 빨리 끝내기만 바라고 마음 내키는 대로 아무렇게나 대답하는 경향

3) 면접조사의 절차

면접조사의 일반적인 절차와 관련하여 앞에서 간략하게 살펴보았다. 여기서는 이를 더욱 구체화하여 면접계획의 수립단계, 면접내용과 단위 결정단계, 면접표 및 지침 작성단계, 면접자 선정 및 훈련 단계, 면접의 수행 및 기록 단계, 자료의 점검 및 정리 단계로 구분하여 세부적으로 고찰하였다.

① 면접계획의 수립단계

면접조사에서 신뢰할 수 있는 자료를 수집하기 위해 먼저 면접자는 계획성 있는 면접계획을 수립해야 한다. 여기서는 연구의 목적은 무엇이며, 연구의 목적에 따라 필요한 자료가 무엇인지를 파악해야 한다. 그리고 자료를 수집하기 위해 어떤 내용을 질문할 것인지, 어떤 면접상황에서 언제 누구를 대상으로 면접을 실시할 것인지도 검토해야 한다. 또한 구조화된 면접방법과 비구조화 된 면접방법 중 어떤 방법을 사용할 것인지, 면접자의 선정 및 훈련은 어떻게 할 것인지도 결정해야 한다. 이밖에 돌발적인 사건이 발생했을 때 어떻게 처리할 것인지, 어떤 기준을 통해 수집된 자료를 해석하고 진단할 것인지 등에 대해 사전에 면밀한 계획을 수립해야 한다.

② 면접내용과 면접단위의 결정단계

면접에 따른 전반적인 계획이 수립되면 연구자는 면접을 통해 연구문제를 수행하는데 필요한 자료를 얻고자 한다. 이 과정에서 연구자는 연구목적에 부합하여 면접에 의해 얻고자 하는 정보를 구체적으로 결정해야 한다. 면접내용을 분명히 하기 위해서는 우선적으로 면접내용을 세분화하여 몇 개의 항목이나 범주로 분류하는 작업이 필요하다. 면접항목의 작성에 있어서는 실질적 적합성, 상호배타성, 포괄성, 독립성, 일관성 등의 원칙을 적용하여 신뢰할만한 자료를 수집할 수 있도록 노력해야 한다. 면접내용과 면접항목이 정해지면 다음 단계로 면접단위(unit of interview)를 결정해야 한다. 면접단위는 주어진 면접항목에 넣어 측정·집계할 수 있는 면접내용의 최소 단위를 말한다. 이러한 면접단위는 연구목적에 따라 정해야 하지만 이를 정의하는 문제는 면접조사법의 신뢰도와 타당도 정도에 따라 밀접한 관련이 있다(김렬, 2013).

③ 면접표 및 면접지침서 작성단계

면접내용과 면접단위가 결정되면 이를 토대로 면접표를 만들고 이를 실제 면접에 적용하기 위한 면접지침(interview gide)을 작성해야 한다. 면접표는 주로 구조화된 면접에서 사용되는 면접도구로 질문내용, 언어 구성, 질문 순서 등이 구조화되어 있는 것으로 면접자는 면접표에 따라 면접을 일관성 있게 진행하게 된다. 면접지침서는 비구조화 된 면접에서 사용되는 면접도구로 모든 면접과정을 구조화하지 않고 면접내용의 요점만으로 구성되어 있는 것이 일반적이다. 주로 면접지침서는 구조화된 질문문항을 구성하기 위한 사전검사나 예비검사에서 사용된다(양병화 외, 2000).

면접표를 준비하고 사용할 때는 다음과 같은 사항을 고려해야 한다. 먼저 면접표를 개발하여 사용하는 경우에는 상당한 시간과 노력이 요구된다는 사실을 고려해야 한다. 일반적으로 면접표를 쉽게 작성하는 경우에는 실제 기록을 행하고 그 기록내용을 분석하고 해석하는데 많은 어려움을 겪게 된다. 반대로 면접표를 작성하는데 많은 노력을 했을 경우에는 실제로 기록을 행하거나 내용을 분석·해석하는 작업을 비교적 쉽게 수행할 수 있다. 다음으로 면접표를 개발하는 궁극적인 목적이 객관적으로 자료를 수집하는데 있기 때문에 면접표를 개발하는 과정에서 수집된 자료의 신뢰성 문제를 고려하여 수정과 검토 작업을 끊임없이 수행해야 한다. 끝으로 연구의 관심이 되는 내용을 면접할 수 있는 충분한 기회가 주어질 수 있도록 면접표를 작성해야 한다. 다시 말해서 면접하고자 하는 전체 내용이 포함될 수 있도록 면접표를 개발해야 한다.

④ 면접자 선정 및 훈련단계

면접조사에 있어 면접자의 역할은 매우 중요하다. 면접자의 선정은 면접을 통해 알고자 하는 사실이나 응답자의 유형에 따라 달라져야 한다. 아울러 면접자를 선택하기 이전에 면접자 수를 결정해야 하며, 이를 위해서는 표본의 크기, 면접의 평균 시간, 면접의 완결에 필요한 시간 등을 고려해야 한다. 면접자는 모든 질문 표현에 익숙해야 하고 면접표와 지침을 이해하고 있어야 한다. 또한 연구목적을 충분히 이해하고 어떻게 면접대상이 선정되었는지, 어떻게 자료가 부호화되고 분석되는지를 알고 있어야 한다(김렬, 2013).

면접자를 선발하기 위한 명백한 기준은 없으나 면접자를 선발할 때 면접자의 성격이나 개성, 면접자의 경험이나 배경, 어떤 피면접자를 만나도 효과적으로 의사소통을 수행할 수 있는 능력 등을 고려해야 한다. 일반적으로 용모단정하며, 응답자의 성별, 사회경제적 지위, 출신지역이 비슷한 사람이 좋다. 그리고 내면적으로 정직하고 사람에 대한 편견이 적고, 면접의 경험이 많고 상황 판단이 빠른 사람을 선발하는 것이 좋다. 면접자를 선택한 후 연구자는 이들 개개인과 협약을 맺는 것이 바람직하다.

다음으로 면접자 훈련에 관해 살펴보면, 개인적 훈련과 그룹훈련이 있으나 훈련기간의 단축 등을 고려했을 때 그룹훈련이 더 유용하다. 특히 면접조사법은 질문지법에 비해 면접자의 주관이 개입될 가능성이 높기 때문에 자료의 신뢰도와 타당도를 높이기 위해서 무엇보다 교육과 훈련을 통해 면접기술을 향상시켜야 한다. 면접자 교육 및 훈련과정에서는 연구목적, 후원자, 표본추출계획 등에 대한 개요 설명과 응답자에게 협조를 얻는 방법과 접근방법, 프로빙(probing)[12]을 사용하는 방법 등의 면접기술을 습득한다. 또한 면접표나 면접지

12) 프로빙(probing)은 응답자의 대답이 불충분하거나 정확하지 못할 때 추가질문을 하여 충분하고 정확한 대답을

침에 대한 숙지 및 지시사항의 정확한 표현방법을 숙지한다. 훈련은 실전 면접사항과 병행하여 실시하는 것이 바람직하고 역할놀이도 유용한 방법이 될 수 있다(채구묵, 2015).

⑤ 면접의 수행 및 기록단계

다음 단계는 실제로 면접을 수행하는 단계로 면접자가 직접 현장에 나가 피면접자들에게 면접을 하고 기록하는 활동을 하게 된다. 면접대상자에게 접근하기 위해 사전에 약속을 해두는 것이 좋고 면접대상과 대면하게 되었을 때 상대를 확인하고 동의와 협조를 구한다. 또한 면접자는 자신의 신분, 면접의 목적과 성격, 연구 주제, 주체 기관, 비밀 보장 등에 대한 간략한 소개를 해야 한다. 이 과정에서는 무엇보다 면접자와 응답자 간에 인간적으로 친밀한 관계(rapport)를 형성하는 것이 중요하다.

면접대상자에게 접근이 하락되면 면접이 시작된다. 면접은 상호작용 과정으로 상호간의 사회적 보상이 전개될 때 효과적으로 수행된다. 면접에 따라 보다 정확하고 필요한 자료를 얻기 위해 면접자는 책임감을 가지고 객관적인 입장에서 성실하게 면접에 임해야 한다. 편안한 분위기를 조성하면서 면접지침을 성실히 이행하고 순서에 따라 빠짐없이 질문한 후 응답내용을 정확하게 기록해야 한다. 여기서 정보의 누락을 방지하기 위해 응답자에게 사전에 양해를 구해 면접과정을 녹음하는 것도 좋다. 부적절한 응답을 하거나 응답의 정확성에 의문이 있는 경우에는 적절히 캐묻기(probing)도 하고 최종적으로 면접표를 점검하여 모든 질문에 대한 답이 이루어졌는지를 확인한다(김렬, 2013; 김해동, 2010).

특히 비구조화 면접의 경우에는 체계적인 기록에 신경을 많이 써야 한다. 비구조화 면접을 기록하는 방법은 세 가지가 있다. 첫째는 현장에서 면접 중에 기록하는 방법으로 여기에는 현장에서 면접내용을 모두 기록하는 방법과 중요한 내용만 기록해 두었다가 면접 후에 자세히 기록하는 방법이다. 둘째는 기억해 두었다가 면접을 마친 후 기록하는 방법이며, 셋째는 녹음기와 같은 기기를 사용하여 기록하는 방법이다(채구묵, 2015).

⑥ 자료의 점검 및 정리단계

면접을 수행하여 관련 자료를 수집한 이후 마지막 단계로 그 자료를 점검하고 요약·정리

캐묻는 질문을 말한다. 프로빙의 기술은 면접 상황, 응답자의 유형에 따라 적절히 구사되어야 한다. 예를 들면, 응답자가 대답할 때 "예", "그렇겠군요" 등의 찬성적 어구를 자연스럽게 사용함으로써 응답자의 대답에 관심을 보이는 것이 좋다. 이렇게 함으로써 응답자가 다음 말을 계속하도록 자극을 줄 수 있기 때문이다(김해동 외, 2010: 201-202 참조).

하는 작업이 필요하다. 면접자가 면접을 종결시키는 기술은 친절을 잊지 않고 좋은 기분으로 헤어지는 것이다. 그리고 응답자가 가지고 있는 의문점과 의구심을 가지고 있을 경우에 이를 해결해 주어야 한다. 특히 면접기록의 정리는 면접의 최종단계인 동시에 자료 분석과 연결되는 단계이다. 따라서 이 단계에서 면접자는 수집한 자료를 분석할 수 있도록 정리하고 보완하며 요약한다.

interview + *Plus* 우수한 면접관 VS 부족한 면접관

구분	우수한 면접관	부족한 면접관
준비	■ 성공적인 면접을 위해 미리 효과적으로 계획하고 준비함(선발기준 확인, 이력서 검토, 질문준비, 체크리스트 준비)	■ 준비하지 않고 면접에 들어감
진행	■ 지원자가 자유롭게 이야기 할 수 있도록 분위기를 조성	■ 지원자를 지나치게 압박해 긴장을 유발
	■ 지원자의 말을 경청하고 서로 정보를 얻을 수 있게 배려	■ 지원자의 말을 경철하지 않고 우위에 있는 듯한 언행을 함
	■ 면접의 흐름을 효과적으로 통제하고 질문과 대답을 균형 있게 리드함	■ 면접과정을 통제, 리드하지 못해 지원자가 면접의 흐름을 주도
	■ 지원자의 답변에서 사실 확인하고 유추해내는 동시에 비언어적 정보(시선, 표정, 자세, 동작)에서도 적절한 정보를 읽어 냄	■ 단편적 사실을 묻는 질문으로 구체적 정보를 알아내지 못하고 비언어적 정보가 주는 의미를 알아채지 못함
	■ 판단에 영향을 미치는 주요 내용을 기록	■ 제때 기록하지 않아 판단에 영향을 미치는 주요 내용을 잊어버리는 경우가 생김
	■ 면접을 잘 마무리함(질의응답, 면접 후 지침 안내, 좋은 이미지 형성)	■ 면접 후 지침을 안내하지 않거나 지원자에게 비호감을 주는 언행을 함
평가	■ 자신의 의사소통 스타일과 편견 등을 알고 이것이 면접과정과 의사결정에 방해되지 않도록 함	■ 고정관념, 편견 및 차별적 관점에 따라 왜곡하고 섣부른 판단을 함

자료: 이병철(2001). 『채용의 교과서』 참조.

Study TIP 메라비언의 법칙과 면접관이 기피하는 9가지 인물 유형

일반적으로 소통과 관련된 이론을 이야기할 때 가장 많이 인용되는 대중적 이론으로 메라비언 법칙이 있다. 심리학자였던 앨버트 메라비언(Albert Mehrabian)은 1971년 저서 'silent message'를 통해 발표하기를 한사람이 상대방에게 메지지를 전달함에 있어서 비중도를 가장 많이 차지하는 것으로 용모와 복장 등 시각이 55%, 목소리가 38%, 언어가 7%에 이른다는 법칙이다. 다음은 채용과정에서 면접관이 기피하는 9가지 인물 유형이다.

1. 유아독존형: 조직을 중시하는 한국적 기업 풍토에서 가장 꺼리는 사람이다. 면접관은 주로 '상사와 의견이 다를

때 어떻게 극복하겠느냐', '취직문제를 놓고 누구와 상의한 적이 있느냐' 등의 우회적인 질문공세를 펼친다.

2. 배짱이형: 성실성이 없고 일단 입사나 해놓고 보자는 생각이 은연중에 내비치는 사람이다. 예를 들어 '오늘 회사에 도착한 시간은', '바람직한 근무태도는' 따위의 질문과 연관이 있다.

3. 소심형: 면접장에서 부끄러움을 탄다거나 불분명한 답변 태도는 피해야 한다. '경험한 적이 없는 일을 맡게 된다면 어떻게 할 것인가', '신입사원다운 자세는 어떤 것인가' 등의 질문이 주어진다.

4. 고리타분형: 신선감이 없고 진부한 느낌을 주는 답변은 오히려 면접관에게 고리타분하다는 인상을 주게 된다. 주어진 질문에 대한 재치와 기지가 중요한 덕목이다.

5. 얼렁뚱땅형: 문제의식, 논리력이 부족한 사람이다. 이를 점검하기 위해 면접관들은 주로 사회적 쟁점사항들에 대한 응시생들의 견해를 묻곤 한다.

6. 지나친 모범생형: 판에 박은 듯한 답변은 아무리 능숙한 화술을 구사해도 높은 점수를 받지 못한다. 개성이 살아있는 참신성이 중요 덕목이다.

7. 모난 돌 스타일: 인간관계가 서툴고 성격이 괴팍한 사람이다. 가장 좋아하는 인간형과 싫어하는 인간형을 말해보라는 질문은 이를 테스트하기 위한 것이다.

8. 나르시스형: 자기과시가 심하고 자신에 대해 완벽함을 추구하는 스타일이다. 끝없이 자기 자랑을 늘어놓거나 묻지도 않는 말을 이어가는 것은 금물. '자기소개를 해보라', '3분 스피치를 해보라' 등의 질문을 받게 된다.

9. 자기비하형: 겸손이 미덕이긴 하지만 정도를 넘어서면 서로를 부담스럽게 한다. '특별히 잘하는 것이 없습니다', '좋아하지만 잘 하진 못합니다' 등의 대답은 가급적 삼가야 한다.

출처: http://blog.naver.com/rkddnhs

제3절 관찰법

관찰(observation)이란 우리의 생활주변에서 일어나는 일이나 사건 등에 대한 지식을 얻는 가장 기본적인 방법으로 시각이나 청각 등 감각기관을 통해 사회현상을 인지하는 기본적인 방법이라 할 수 있다. 관찰을 넓은 의미로 해석하면 연구자가 연구대상의 행위를 지켜보고 기록하는 것으로 질문지법이나 면접법 등 다른 자료수집방법뿐만 아니라 연구 활동의 전 과정에서 활용된다. 그러나 자료수집의 한 방법으로 관찰법은 좁은 의미에서 연구대상을 조작하거나 통제하지 않고 일정한 시간을 두고 연구대상의 형태를 지켜보면서 관찰한 결과를 기록하는 방법이다. 본 절에서는 관찰법을 좁은 의미로 해석하고 관찰법의 개념과 특성, 관찰법의 장단점, 관찰법의 유형 및 절차 등을 세부적으로 살펴보았다.

1. 관찰법의 의의

관찰법(observational methods)은 자연적으로 발생하는 사건에 대한 직접적인 관찰을 통해 자료를 수집하는 연구방법을 말한다. 이는 주로 현장에서 이루어지기 때문에 현장연구(field research)라고도 한다. 다시 말해서 사회현상이나 자연현상, 나아가 인간행동에 대한 직접적인 질문을 사용하지 않고 시각, 청각 등의 감각기관을 활용하여 필요한 자료를 수집한다. 과학적 조사방법에서 관찰은 일상적인 관찰과는 차이가 있다. 일상적인 관찰은 관찰의 목적이 사전에 결정되지 않은 상태에서 진행되지만 과학적 관찰은 연구의 문제나 이와 관련한 연구목적이 관찰의 시작 이전에 미리 결정된다는 측면에서 차이가 있다. 관찰의 유형을 분류하는데 있어서 체계적 관찰은 과학적 관찰에 해당되며, 일상적 관찰은 비체계적 접근으로 비과학적 방법으로 분류된다(양병화, 2000; 채구묵, 2015).

일반적으로 과학적 관찰(scientific observation)은 일정한 조사목적에 도움을 주며, 체계적으로 계획된다. 그 결과 또한 체계적으로 기록되고 타당도와 신뢰도에 관한 검증과 통제가 가능해야 한다는 점에서 일상적인 관찰과 차이가 있다(Selltiz 등 1976). 또한 관찰은 질문지조사나 면접조사에서 수집하기 어려운 자료를 얻는 데도 사용되며, 연구의 초기 단계에서 연구문제 형성이나 가설구성 등 탐색적 목적을 위해 자료를 얻는데도 사용된다. 예를 들어 비구조화된 면접의 경우 응답자를 자세히 관찰함으로써 질문을 구체적으로 형성할 수 있고 응답자의 대답을 의미 있게 설명할 수 있다(김해동 외, 2010). 이밖에도 관찰법은 조사대상의 태도나 의견 등이 행동으로 표출된다는 것을 전제로 하여 연구자는 행동을 관찰함으로써 조사대상의 태도나 의견 등을 추론하고 분석한다.

+ Plus 관찰 사례: 해리 할로우(Harlow)의 원숭이 애착형성 연구

1950년대 미국 위스콘신대의 심리학자인 해리 할로우(Harlow)가 붉은 털 원숭이를 대상으로 한 여러 실험은 아직까지도 많은 사람에게 기억되는 학자로 남게 됐다. 고전적 심리학의 관찰로써 할로우(Harlow)는 원숭이를 대리모에 대한 애착형성을 관찰하여 애착형성의 원인이 단지 배고픔에 대한 욕구를 채워주는 것으로 형성된 것이 아니라 안전감에 의해서 형성된다는 것을 밝혔다(Harlow, C. and Zimmerman, R. 1959. Affectional Responses in the Infant Monkey. Science, 130, pp. 431-432; 양병화 외, 2000).

할로우 박사가 연구를 시작하던 시기만 해도 어린 아이가 어머니에게 애착을 형성하는 이유는 모유라는 생존수단을 제공하기 때문이라는 가설이 지배적이었다. 할로우(Harlow) 박사는 애착이라는 것이 과연 섭식과 관련이 있는지에 대해서 의문을 가졌다. 그리고 이를 검증하기 위해 갓 태어난 원숭이를 어미와 격리시켜 우리에서 사육하였다. 먼저 철사로 만들어진 대리모 원숭이와 벨벳(수건)으로 만들어진 대리모 원숭이 두 개를 제작하였다. 그리고 철사로 만들어진 대리모 원숭이에게만 음식을 얻을 수 있게 하였다. 흥미롭게도 새끼 원숭이는 배가 고플 때는 철사로 만들어진 대리모에게 달려가 매달렸지만 대부분의 시간은 벨벳 대리모와 함께 시간을 보냈다. 그리고 실험자들이 굉음을 내어 새끼 원숭이를 놀라게 했을 때 벨벳으로 만든 대리모에게 달려가 안겼다. 먹이를 제공해 주는 철사 대리모가 아닌 포근한 신체적 접촉을 제공해 주는 벨벳 대리모에 애착이 형성된 것이다. 이는 애착형성의 주요 원인이 단지 배고픔에 대한 욕구만족이 전부가 아니라 안락한 어미의 품안이나 피부접촉을 통해서 자신이 안전지대에 있음을 느끼는 안전감이 오히려 중요한 애착형성의 원인이라는 것을 밝힌 것이다. 이 연구결과가 발표된 당시 연구의 파급효과는 상당했다. 단순히 의식주만을 제공하면 된다고 생각하였던 양육의 패러다임이 아동의 정서적 부분에 대한 고려가 필요하다는 것으로 옮겨가게 된 것이다.

출처: 로렌 슬레이터 저, 조증열 역(2008). 『스키너의 심리상자 열기』. 에코의 서재
동아일보(2011. 5. 25. 그림인용)

2. 관찰법의 장단점

1) 관찰법의 장점

관찰법은 첫째, 조사자가 조사대상이나 행위가 일어나는 현장에서 즉시 어떤 사실을 포착할 수 있다는 점이 가장 큰 장점이다. 물론 참여관찰의 경우처럼 현장에서 기록할 수 없는 경우도 있으나 대부분 직접 관찰내용과 사실을 기록할 수 있다. 질문지법과 면접법 등의 자료수집방법이 응답자의 예측적인 보고나 경험담에 의존하는데 비해 큰 장점을 가지고 있다. 또한 관찰은 현장에서 사실을 포착하기 때문에 피조사자가 사실을 은폐할 가능성이 그만큼 줄어든다. 특히 관찰이 오랜 기간에 걸쳐 이루어지고 피조사자가 자신의 행동이 관찰의 대상이 되고 있다는 것을 알지 못했을 경우에 피조사자가 자신의 의도를 숨길 가능성은 그 만큼 줄어들 것이다.

둘째, 관찰법은 쌍방적 의사소통으로 이루어지는 방법이 아니다. 따라서 연구대상이 아동이나 동물 등 자기의 행위나 감정을 표현하지 못하는 경우나 표현능력이 부족한 대상(장애자, 중증환자, 노인 등)의 경우에 관찰이 유일한 자료수집방법이라 할 수 있다. 예를 들어 스피츠와 울프(Spitz & Wolf)는 어떤 아동들의 관찰을 통해 자기를 돌봐 주던 어머니가 아이에게 오래 떨어지면 울기 시작하다가 나중에는 몸을 움츠리며 심한 침체상태에 빠진다는 결론을 얻었다.

셋째, 피조사자가 구두표현능력이 있다고 하더라도 조사에 비협조적이거나 면접을 거부할 경우가 종종 있다. 이 경우에는 피조사자의 협력을 덜 필요로 하는 관찰법이 효과적이라 할 수 있다. 예를 들어 갱 집단연구, 윤락행위 등에 관한 연구 등 피조사자가 표현하기 꺼리는 사항을 조사하는데 더 적절하다(Nachmias & Nachmias, 1992; 채구묵, 2015).

➲ Spitz & Wolf의 아동 관찰연구

르네 스피츠와 캐서린 울프는 고아가 된 123명의 아기들을 12-18개월 동안 관찰했다. 그 기간 동안 아기들에게서 놀라운 점들이 발견되었다. 생후 1년의 후반에 이르자 몇몇 아기들이 눈물을 글썽이는 행동을 발전시켰고 그것은 이전의 행복하고 외향적인 행동하고 현저히 대조를 이루었다. 어느 정도 시간이 지나자 우는 행동이 위축으로 바뀌었다.

아기들은 침대에 누운 채 얼굴을 돌리고 있으면서 주변에서 일어나는 일을 외면했다. 다가가면 아예 쳐다보려고 하지도 않았다. 일부는 몸무게가 오히려 줄었다. 일부는 불면증에 걸렸고 모두 감기나 습진에 더 잘 걸렸으며, 인지적, 신체적, 정서적 능력이 점점 쇠퇴했다.

이런 행동은 3개월간 지속됐다. 그런 다음 눈물을 글썽이는 행동이 점차 사그라지다가 강한 자극이 있을 때만 나타났다. 그 대신 아기의 표정이 굳어졌다. 크게 뜬 눈과 표정 없는 눈빛으로 누워 있거나 앉아 있었고, 얼굴은 딱딱하게 굳었다. 시선은 주위를 의식하지 못하는 듯 멍하니 먼 곳을 향하고 있었다. 아이들과의 대화는 점점 어려워졌고 결국은 불가능해졌다. 그들은 세상으로부터 스스로를 차단시켜 버렸다.

자료: 재니스 A 디 치아코 지음, 정연희 옮김(2011), 『슬픈 아이들의 심리학』 휴먼앤북스, p.87 재인용.

넷째, 피조사자에게는 너무나 일상적이어서 그들의 관심이 미치지 못해 질문지법이나 면접법으로는 얻을 수 없는 자료에 대해서도 관찰을 통해 얻을 수 있다. 또한 장기간의 종단분석이 가능하다. 종단분석은 시간적 경과에 따른 변화를 염두 해 두고 자료를 분석하는 것으로 이를 위해서는 자료의 수집방법이 시간 변화를 추징할 수 있는 것이이야 한다. 관찰의 과정은 종단자료의 산출을 자연스럽게 할 수 있다. 다시 말해서 다른 자료수집방법과는 달리 관찰 대상을 계속하여 주기적으로 관찰할 수 있기 때문에 보다 구체적이고 심층적인 자료를 수집할 수 있다(김영종, 2007; 김렬, 2013; 김해동 외, 2010).

다섯째, 연구대상이 질문지나 면접조사에 의해 파악하기에는 너무 복잡한 환경인 경우에는 관찰이 가장 효과적인 방법이라 할 수 있다. 여러 가지 다양한 요인들이 결합된 사회현상을 질문지나 면접조사로 조사하는 경우 피상적인 조사가 되기 쉽다. 예를 들면, 원주민들의 생활실태 조사 등은 관찰이 가장 유용한 방법이라 할 수 있다(채구묵, 2015).

2) 관찰법의 단점

관찰법의 단점으로는 첫째, 관찰대상자의 행위나 태도를 현장에서 포착해야 하기 때문에 그러한 현장을 발견하는데 현실적으로 한계가 따른다는 점이다. 자연적인 사건이나 사망 또는 집단의 해체 등으로 관찰을 계속할 수 없거나 윤리적으로 혹은 법적으로 관찰이 불가능한 경우도 발생한다. 특히 밖으로 드러난 현재의 상황만을 관찰할 수 있기 때문에 내적 특성이나 과거의 사실에 대한 자료를 수집할 수 없다.

둘째, 관찰이 현실적으로 가능하다고 하더라도 관찰대상이 관찰되는 것 자체를 꺼려하는 경우에는 실제 관찰이 어려울 수 있다. 예를 들어 연구대상자의 사적인 행동이나 타인으로부터 관찰되기를 원치 않는 범죄(가정폭력이나 학교폭력 등), 성행위 등의 행동들은 관찰하기가 어렵다.

셋째, 사람들은 누구나 자신을 누군가가 지켜보고 있다고 생각하면 바람직한 행동을 하려는 성향을 가진다. 따라서 연구대상자가 평소 자신의 행동과 다른 의도하지 않은 행동을 할 수도 있다(한승준, 2008). 예를 들어 쓰레기 분리수거의 실태를 관찰하고 있음을 알았을 때 평소 분리수거를 잘 하지 않는 사람도 연구가 진행되는 시기에는 분리수거를 열심히 하는 행동을 보일 수도 있다.

넷째, 대규모의 집단 전부를 동시에 관찰하지 못한다. 이러한 한계는 인간의 감각기관의 한계, 시간적·공간적 한계, 지적 능력의 한계 등에 의해 발생한다. 결국 관찰은 현장에서 시각, 청각 등 감각기관에 의해 현상을 인지해야 하기 때문에 대규모의 대상을 조사하기 어렵다. 예를 들면, 근무성적평정에서 평정자가 모든 평가대상자를 한꺼번에 관찰할 수 없다. 결국 관찰을 통한 자료수집은 관찰자가 직접적인 자료수집의 도구가 되기 때문에 관찰대상집단이 되는 표본의 크기를 확대하는데 뚜렷한 한계가 있다. 다수의 관찰자를 두어 표본을 확대하는 것이 가능하지만 대개 현장에서 장기간 체류해야 하는 등의 시간이나 비용, 문제 등을 고려하지 않을 수 없다.

다섯째, 관찰자의 선호, 관심, 가치관, 지식의 범위, 연구목적에 의해 선택적 관찰을 하게 됨으로써 객관적으로 중요한 사실을 간과하는 경우가 있다. 다시 말해서 관찰자는 자신의 추측이나 가치판단에 따라 관찰대상의 행동이나 태도를 기록하기 때문에 주관이나 편견이 개입된 자료를 수집할 가능성이 크다는 점이다. 아울러 관찰한 사실만을 기록할 때는 문제가 없지만 관찰한 사실을 해석할 때 관찰자마다 각기 다른 해석을 하게 되어 객관성이 저하될 수도 있다. 이처럼 관찰자가 자신의 주관적 기준에 따라 수집한 자료는 신뢰도와 타당도가 낮기 때문에 다른 자료수집방법과 병행하여 사용하는 경우가 많다(김렬, 2013).

마지막으로 대부분의 관찰 과정은 구두로 기록되거나 전체적인 맥락과 연결되어 있는 자료로 구성되기 때문에 관찰된 사실을 수량화된 자료 형태로 바꾸기가 쉽지 않다. 다시 말해서 관찰 자료는 수량화 할 수 없는 경우가 많기 때문에 통계적 처리가 어렵다. 결론적으로 자료처리에 있어 조사결과의 분석과 해석이 어렵다.

3. 관찰법의 유형

관찰은 관찰의 성격상 연구자의 특정한 요구나 목적에 부합하고 문제의 긴급성이나 전반적인 목표에 적합해야 한다. 앞에서 제시한 단점에도 불구하고 관찰법은 자료수집방법으로서 가장 기본적인 방법이며, 유용하게 쓰이고 있다. 특히 관찰에 의한 자료수집은 관찰자와 관찰대상, 그리고 관찰의 상황이나 환경 등에 따라 다양한 형태가 있다. 관찰의 유형을 구분하는 방법 중에는 과학적으로 유용한 방법을 산출해 내는 관찰 자료의 능력을 기준으로 구분하는 방법이 있다. 이를 토대로 라이스(Reiss, 1971)는 관찰을 체계적 관찰과 비체계적 관찰로 구분하였다.[13] 일반적으로 관찰법은 참여 정도에 따라 참여관찰, 비참여관찰, 준참여관찰로 구분된다. 또한 관찰 절차의 구조화 정도에 따라 구조적(표준적 또는 체계적) 관찰과 비구조적(비표준적 또는 비체계적) 관찰로 구분된다. 이밖에, 관찰 상황에 따라 자연적 관찰과 인위적 관찰로 구분하며, 통제 여부에 따라서 통제관찰과 비통제 관찰로 분류하기도 한다. 여기서는 참여정도에 따른 관찰법과 관찰자의 역할에 따른 유형으로 구분하여 세부적으로 살펴보았다.

1) 관찰자의 참여정도에 따른 유형

① 참여관찰

참여관찰(participant observation)은 관찰자가 자신의 신분을 밝히지 않은 채 자연스럽게 관찰대상자인 집단에 참여하는 경우를 말한다. 다시 말해서 연구자가 직접 관찰대상집단의 구성원이 되어 함께 생활하면서 관찰하는 경우이다. 단순히 관찰대상집단에 들어가 관찰하는 것이 아니라 그 집단 구성원의 하나가 되어 신분을 갖고 자신의 역할을 수행하면서 관찰하는 방법이다. 참여관찰에 대한 개념을 보다 구체적으로 살펴보면, 새로운 공동체에서 관찰대상자 집단과 일체감(rapport)을 형성하고 관찰자가 바라 볼 때 집단 구성원들이 일상적으로 하던 일을 하도록 조처하는 것을 말한다(박용치 외, 2008).

참여관찰은 미개사회(未開社會)를 연구하는 인류학자들이 많이 사용하여 이를 민속현지연

13) 체계적 관찰(systematic observation)은 관찰자의 개입이 전혀 없거나 최소한의 개입이 있는 상황에서 오직 관찰의 역할만을 수행하는 방법을 말한다. 대표적인 예로는 상호작용과정 분석법과 현장실험법이 있다. 비체계적인 관찰(nonsystematic observation)은 관찰자가 연구대상에 직접 참여자로서의 역할과 관찰자로서의 역할을 동시에 수행하는 경우로 참여관찰법이 있다(Reiss, Jr., Albert J. 1971. The Public and Public. New Heaven, Conn: Yale University Press, p. 71; 박용치 외, 2008: 459 참조).

구(ethnographic field study)라고도 한다. 최근에는 사회과학 분야의 조사연구에서 외부사람인 관찰자가 관찰대상집단의 내부 사람이 되어 그들의 행동과 특징을 파악하는데 많이 사용하고 있다. 이러한 참여관찰은 어떤 특수한 행위의 동기나 미묘한 감정관계 등 외부로부터 나타나지 않는 사실까지 직접 경험할 수 있고 관찰대상을 자연적인 상태에서 파악할 수 있는 장점이 있다. 특히 참여관찰은 질적 방법이기 때문에 탐색적, 기술적 수준의 지식을 창출하는데 유리한 관찰방법이다(채구묵, 2015; 김기원, 2016). 이밖에도 참여관찰은 의사소통이 원활하지 않은 대상에게 자료를 수집하는데 용이하고 질문지법이나 면접법 등을 사용할 경우 무관심하거나 비협조적인 대상으로부터 자료를 수집하는데 적합하다.

참여관찰의 단점으로는 관찰대상에게 구성원으로서 신분을 숨기고 역할을 수행하기가 어렵다. 예를 들어 폭력조직이나 윤락여성 집단은 그 구성원으로 침투하기가 어려울 뿐만 아니라 구성원으로 행동하는데 있어서도 많은 애로점이 따른다. 극단적으로 범죄집단을 관찰하기 위해 범죄자가 될 수 없는 한계가 있다. 특히 신분이 노출되고 관찰되는 사실이 알려질 경우에 수집한 자료는 자칫 왜곡되고 부정확한 자료가 되기 쉽다. 이밖에 관찰자의 사적 관찰사만 관찰하는 주관적 관찰이 되기 쉽고 오랜 관찰로 인해 집단에 대한 귀소감이 생겨 시간이 지남에 따라 관찰된 사실을 객관적으로 평가하기 어려워질 수도 있다(양병화 외, 2000; 정상규, 2019; 이종익, 2019).

② 비참여관찰

비참여관찰(non-participant observation)은 관찰자가 관찰대상집단에 참여하지 않고 제3자의 입장에서 관찰대상의 자연스럽고 정상적인 행동 등을 관찰하는 것을 말한다. 예를 들어 외상 후 스트레스 장애(PTSD: post-trauma stress disorder)를 경험한 학생들의 행동, 학교폭력 행위 등을 제3자의 입장에서 관찰하는 것이 여기에 해당된다. 비참여관찰은 관찰자라는 신분을 밝히고 관찰하는 방법으로 주로 조직적인 관찰[14]이 많이 활용된다. 비참여관찰은 관찰대상의 행동을 통제하지 않으며, 가능한 한 관찰 상황을 자유로이 방치해 두어야 한다. 비참여관찰의 대표적인 예는 인간관계론의 이론적 기반이 된 호손 연구(Hawthorne research)이다. 호손 연구에서 조사자는 비참여관찰을 통해 물리적 조건의 변화가 생산성에 영향을

14) 조직적 관찰(structured observation)은 관찰의 대상, 내용, 절차 등을 사전에 체계적으로 관찰하는 방법이다. 관찰내용을 표준화하고 관찰표 등의 보조기구를 사용하여 관찰하는 것으로 주로 가설검증을 목적으로 많이 활용된다(채구묵, 2005: 267-268).

미치는 것이 아니라 소집단 구성원들 간에 형성된 사회적 규범이 생산성에 영향을 미친다는 것을 밝혔다(김기원, 2016).

비참여관찰에는 한쪽에서 만 보이는 창문이나 폐쇄회로 TV(CCTV) 등 특수 장치를 사용하여 관찰하는 방법도 있고, 현장에 노출되어 있으나 사회적 과정에 참여하지 않고 일종의 '구경꾼'의 입장이 되어 관찰하는 경우도 있다. 특히 관찰법의 유형인 자연적 관찰인 경우 비참여관찰이 유용하고 관찰자의 존재에 관심을 두지 않는 아동의 사회적 행동을 연구하는데 효과적이다. 비참여관찰은 구성원으로서의 역할을 수행하지 않고 관찰하기 때문에 관찰의 객관성과 대표성을 확보할 수 있고 관찰활동에 제약을 받지 않을 수 있다는 장점을 가진다. 그러나 비참여관찰은 참여관찰이 갖는 사회생활의 자연스러운 맥락을 포착하지 못한다는 점이 결정적인 약점이다. 다시 말해서 외부로 나타나지 않는 사람들 간의 미묘한 감정관계나 관찰대상의 자연성과 유기적인 전체성을 관찰할 수 없는 단점도 있다(채구묵, 2015; 김렬, 2013; 김기원, 2016).

③ 준참여관찰

준참여관찰(quasi-participant observation)은 참여관찰처럼 관찰대상의 생활 전부에 참여하는 것이 아니라 일부에만 참여하여 관찰하는 방법이다. 준참여관찰에서는 조사대상자가 자신이 관찰을 받고 있다는 사실을 알고 있다. 예를 들면, 행정학과 학생들이 일선 경찰서(파출소, 지구대 등)에서 현장실습을 받으면서 경찰관들의 직무만족도나 업무수행 태도 등을 관찰하는 방법이다. 이 때 실습기관의 경찰관들은 자신들을 관찰하고 있다는 사실을 알고 있지만 업무를 처리하는데 크게 지장을 받지 않는다.

2) 관찰자의 역할에 따른 유형

관찰자의 역할에 따른 유형은 앞에서 제시한 참여관찰과 관련이 있다. 관찰법에서 관찰자의 역할은 다양하지만 일반적으로 완전참여자, 참여자적 관찰자, 관찰자적 참여자, 완전관찰자 등 네 가지로 구분이 된다.[15] 관찰자가 완전참여자와 참여자로서의 관찰자, 관찰자로서의 참여자의 역할을 할 때 참여관찰이라고 하고, 완전한 관찰자로서의 역할을 할 때는 비참여관찰이라 한다. 관찰자의 이러한 네 가지 유형 중 어떤 방법을 선택할 것인가는 연구주제

15) Gold, R. (1969). Roles in Sociological Field Observation, in George J. McCall and J. L. Simmons(eds.), *Issues in Participant Observation*(Reading, M.A: Addison-Wesley), pp. 30-39.

와 대상의 성격 및 윤리적 문제 등을 고려하여 연구자가 판단해야 한다(한승준, 2008).

① 완전참여자

완전참여자(complete participant)란 연구자가 관찰 대상으로 설정한 개인이나 집단, 그리고 조직 또는 지역에서 관찰자로써 자신의 신분을 노출시키지 않고 특정 역할을 담당하면서 관찰 혹은 기록하는 유형을 말한다. 만일 연구자가 완전참여자로서 행동하고자 한다면 연구자는 사람들이 자신을 오직 참여자로만 보게 해야지 관찰자로 보게 해서는 안 된다. 완전참여자의 역할은 관찰대상집단의 한 구성원이 되어 여러 가지 집단 활동에 참여하고 그 속에 내포되어 있는 중요한 문제를 포착해야 하며, 집단내의 중요한 사람들과 접촉하여 중요한 문제의 해결을 시도하는 것이다.

완전참여자에 관한 예로 특정 종교에 대해 연구하기 위하여 그 종교의 전향자로 위장하여 참여하는 경우가 여기에 해당된다. 또 다른 예로 문화인류학을 전공하는 학자가 인디언들의 사회적 관행과 형태를 연구하기 위해 인디언 여성과 결혼하여 생활하면서 관찰하는 경우 등이 있다. 완전 참여자의 장점은 연구자로서 자신의 신분을 밝히지 않기 때문에 연구대상으로부터 더 자연스럽고 정직한 자료를 수집할 수 있다는 점이다. 하지만 완전 참여관찰의 연구 결과에 의해 아무도 피해를 입지 않는다 하더라도 관찰 대상이 된 사람에게 관찰자가 도덕적으로 인정될 수 있을 것인가 하는 문제가 제기된다(한승준, 2008).

② 참여자적 관찰자

참여자적 관찰자(observer as participant)는 관찰대상에 속하는 사람들에게 자신이 관찰자라는 사실을 알리고 관찰 대상의 특정한 사회적 역할을 직접 담당하면서 관찰을 수행하는 방법이다. 여기서 관찰자는 참여자와 오직 상호작용만을 하는 역할을 하게 된다. 예를 들면, 공무원 노조의 노조 구성과 관련된 사회운동을 취재하려는 신문기자의 경우에 자신의 신분을 밝히고 동등하게 참여하면서 공무원 노조원들의 활동과 시위과정을 취재하거나 나아가 노조간부들과 면접을 수행할 수 있다. 참여자적 관찰자 유형은 관찰 대상이 되고 있는 사람들이 관찰자를 의식하여 평소 행동양식을 갑자기 변화시켜 버릴 우려가 있다. 또한 관찰자 자신이 지나치게 관찰 대상자에게 깊이 개입하여 자신의 주장대로 연구대상의 행동을 이끌게 되는 위험성도 존재한다.

③ 관찰자적 참여자

관찰자적 참여자(participant as observer)는 관찰자로서의 활동이 전적으로 위장되는 것은 아니지만 주로 참여자로서 활동하게 된다. 다시 말해 이 유형은 관찰자가 관찰 대상에게 자신의 신분을 알려 주지만 관찰대상의 특정한 사회적 역할을 맡지 않은 상황에서 관찰을 수행한다. 관찰자로서 참여자는 관찰에 응하고 정보를 제공하는 관찰 대상집단의 구성원들과 밀접한 관계를 유지하려고 시도하게 된다. 또한 관찰자는 대상집단의 구성원들과 관계를 형성해야 하는데, 여기서 관계형성의 가능성은 관찰 대상집단의 상황과 관찰자의 대인기술이 좌우한다.

④ 완전관찰자

완전관찰자(complete observer)는 관찰 대상으로 삼고 있는 사람들에게 자신의 신분을 노출시키지 않을 뿐만 아니라 어떠한 접촉도 하지 않고 또 어떠한 역할도 맡지 않으면서 오로지 관찰만을 수행한다. 이처럼 완전한 관찰자가 되기 위해서는 관찰자가 관찰 대상과 일정한 거리를 유지해야 한다. 관찰 대상은 자신들이 관찰되고 있는지를 전혀 알지 못하기 때문에 관찰 대상자의 행동이 자연스럽다는 장점이 있다. 예를 들어 교차로 주변의 한 가게에서 도로를 무단으로 횡단하는 사람들의 행동을 관찰하거나 한쪽에서만 보이는 거울이나 비밀 녹화기록장치 등을 통해 성범죄자의 행동과 상담 장면을 체계적으로 관찰한다면 이는 완전한 관찰자로 관찰을 하는 것이다. 그러나 관찰자는 관찰 대상자와 일정한 거리를 유지해야 하기 때문에 관찰 대상을 충분히 이해할 수 있는 심도 있는 자료를 수집하지 못할 가능성이 있다.

4. 관찰법의 절차와 내용

관찰에 의해 자료를 수집하는 과정은 관찰법의 유형에 따라 다소 차이는 있다. 다시 말해서 관찰의 유형에 따라 과정적 속성이 다를 수 있기 때문에 관찰 과정을 일관적으로 설명하기에는 한계가 따른다.[16] 여기서는 기존 연구자들이 제시한 관찰 과정을 참고로 그

16) 양병화 등(2000: 388-392)은 관찰의 단계를 ①문헌조사, ②표본추출, ③사전면접, ④관찰의 시행, ⑤관찰자료의 분석, ⑥관찰 결과의 분석 등 여섯 가지 단계로 구분하였다. 김영종(2007: 268-269)은 비구조화된 현장연구의 단계로 ①목표의 설정, ②대상집단과 관찰유형 결정, ③관찰 승인(go-ahead), ④유대감(rapport) 형성, ⑤관찰 및 현장 노트 작성, ⑥위기상황 대처, ⑦종료(exit), ⑧자료의 분석, ⑨보고서 작성 단계로 구분하

절차를 살펴보았다.

① 관계계획의 수립단계

관찰자가 타당하고 신뢰할만한 자료를 수집하기 위해서는 계획성 있는 관찰을 해야 한다. 여기서 연구의 목적과 관찰 문제를 고려하여 무엇을 관찰할 것인지를 결정한다. 아울러 자료수집을 위해 무엇을 관찰할 것이며, 관찰하려는 단위는 어떻게 정의되는지, 관찰시기에 누구를 관찰할 것인지도 결정해야 한다. 이밖에도 어떤 관찰방법과 기록방법을 사용할 것인지, 관찰자의 선정 및 훈련은 어떻게 할 것인지 등 관찰과정에 필요한 전반적인 정보를 수집한다.

② 관찰내용과 단위 결정단계

관찰자 혹은 연구자는 자신의 연구목적에 비추어 관찰에 의해 얻고자하는 정보가 무엇인지를 확실히 결정해야 한다. 관찰내용을 분명히 하기 위해서는 그 내용을 가능한 한 몇 가지 항목으로 세분화하는 것이 좋다. 관찰항목의 작성에 있어서는 포괄성, 상호 배타성, 내적 일관성 등의 원칙을 적용하여 타당하고 신뢰할 수 있는 자료를 수집할 수 있도록 노력해야 한다(김렬, 2013). 특히 인간행동을 측정하는 관찰의 경우에 관찰의 목적을 고려해 가능한 많은 행위들을 나열함으로써 행동을 조작적으로 정의한다면, 신뢰성이 높은 자료를 수집할 수 있다. 그러나 이 경우에 행동단위가 매우 축소화 또는 세분화되어 관찰하려고 하는 행동과의 유사점을 찾지 못해 타당성 문제가 제기될 수도 있다. 따라서 행동단위의 분류는 관찰의 목적에 부합되고 관찰하려는 행동을 모두 포함시키는 동시에 분류항목 간에 서로 배타적이 되도록 해야 한다.

관찰내용과 관찰항목이 정해지면 관찰단위(observation unit)의 크기를 정해야 한다. 관찰단위는 관찰항목에 넣어 측정·집계할 수 있는 최소 단위로 자료수집과 자료분석에 사용되는 단위로써 연구목적과 범위 등에 따라 정해진다(남궁근, 2014). 예를 들어 집단의 리더십을 기술하는 경우는 행위의 큰 단위를 사용하고 지도자의 행위를 서술하는 경우는 행위의 작은 단위를 사용한다(김기원, 2016). 다음으로 관찰을 실시하기 전에 연구자는 관찰의 시기 및 조건 등과 관련한 몇 가지 중요한 결정을 해야 한다. 관찰을 위한 표본추출은 크게 행동

였다. 김렬(2007: 308-314)은 ①관찰계획의 수립, ②관찰 내용과 단위 결정, ③관찰표 및 지침 작성, ④관찰자 선정과 훈련, ⑤관찰의 실시 및 기록, ⑥자료점검 및 정리단계로 구분하였다.

을 기준으로 하는 행동표본추출과 상황을 기준으로 하는 상황표본추출이 있다.

행동표본추출(behavior sampling)은 측정하려는 행동의 전체를 대표할 수 있는 행동표본을 수집하는 것이다. 실제 관찰에서는 무작위표본추출을 하는 것이 거의 불가능하기 때문에 일반적으로 시간표본추출(time sampling)이나 사건표본추출(event sampling)[17]의 두 가지 방법을 통해 이루어진다. 이 두 가지를 동시에 사용할 수도 있고 각각에 대해 표본을 추출할 수도 있다. 상황표본추출(situation sampling)은 다양한 상황, 장소, 조건에 대해 관찰을 실시하고 이를 통해 관찰결과의 특수한 상황이나 사건이 포함될 가능성을 최소화하는 방법이다. 상황에 따라 다르게 나타날 수 있는 여러 행동을 관찰함으로써 표본의 다양성과 대표성을 증진시킬 수 있는 것이 특징적이다.

③ 사전면접 단계

이 단계에서는 관찰하고자 하는 대상의 정보나 경험을 가진 사람들은 직접 만나 관찰에 필요한 사전 지식을 얻는다. 예를 들어 경찰청을 관찰의 대상으로 선정하였다면 경찰청에 근무하는 경찰공무원, 특히 주요 보직에 근무하는 경찰공무원을 통해 관찰에 필요한 사전 정보를 확보해 두는 것이 바람직하다. 경찰조직 내부에 있는 직원들은 외부 관찰자가 예상하지 못한 생동감 있는 내부 사정을 알려줄 수도 있다. 이 단계에서 관찰자는 관찰하고자 하는 대상에 대해 최소한 몇 번 정도의 사전답사를 실시한 후에 관찰을 수행하는 것이 바람직하다.

④ 관찰자 선정 및 훈련단계

면접법의 절차에서 면접자의 선정 및 훈련단계가 매우 중요한 것처럼 관찰법에 있어서도 관찰자의 역할이 중요하다. 관찰자는 무엇보다 연구목적과 내용에 익숙해야 하고 관찰표와 지침을 이해하고 있어야 한다. 마찬가지로 연구목적을 충분히 이해하는 동시에 어떻게 관찰대상이 선정되었는지, 어떻게 자료가 부호화되고 분석되는지 등에 관해 상세히 알아야 한다. 또한 관찰법은 질문지법이나 면접법에 비해 관찰자의 주관이 개입될 가능성이

17) 시간표본추출은 시간을 관찰단위로 시간간격을 설정해 놓은 상태에서 관찰을 실시하고 그 관찰의 결과를 통해 대표적인 행동표본을 얻는 방법이다. 시간표본추출 방법은 1회 관찰시간과 관찰간격을 정하는 방법인데, 행동이나 사건이 빈번히 발생할 때 주로 사용한다. 사건표본추출은 사건을 관찰단위로 표본행동을 추출하는 방법으로 주어진 범주나 항목에서 발생한 전체 사건 가운데 미리 규정된 유형의 행동이나 사건을 선택하여 관찰하는 방법이다. 연구자가 관심을 두고 있는 사건이 드물게 발생할 때 시간표본추출에 비해 더 효과적이다(양병화 외, 2000: 390; 김렬, 2007: 310 참조).

상대적으로 높다.

특히 관찰 유형에 따라 관찰자가 완전참여자(complete participant)이거나 관찰자적 참여자(participant as observer)의 역할을 수행하는 과정에서 자신도 모르게 관찰대상집단에 동화되어 객관적인 관찰이 이루어지지 못할 수도 있다. 이처럼 관찰자의 주관이나 가치판단이 개입되는 경우에 수집된 자료의 신뢰도와 타당도 문제를 야기할 수 있기 때문에 무엇보다 사전 훈련을 통해 관찰기술을 향상시켜야 한다.

⑤ 관찰의 실시 및 기록단계

관찰의 목적과 내용, 관찰표 및 지침, 관찰대상 등이 정해진 이후 실제 관찰을 실시하게 된다. 관찰을 실시하기 전에 연구목적 등을 재차 확인한 후 관찰대상집단으로부터 관찰 승인(go-ahead)을 획득하고 관찰 대상자와 친근감과 유대감(rapport)을 형성해야 한다. 또한 관찰을 실시하기 이전에 관찰자는 무엇을 관찰할 것인지, 어떤 방법을 통해 기록할 것인지를 고려해야 한다. 관찰을 진행하면서 관찰자는 모든 것을 기억할 수 없기 때문에 적절한 기록방법을 결정해야 한다. 관찰을 통한 자료수집은 연구목적에 따라 적절한 관찰계획을 수립하는 단계에서 출발하지만, 중요한 단계는 관찰의 실시내용을 기록하는 단계라 할 수 있다. 실제 관찰을 수행한 내용을 기록하는 방법에는 크게 행동을 기록하는 방법과 행동단위를 기록하는 방법이 있다(양병화, 2000; 김렬, 2013). 먼저 행동기록 방법은 실제 관찰되고 있는 사건이나 행동, 그리고 현상을 언어적으로 기술하는 방법인 이야기식 기록과 현장노트가 대표적이다.

➲ 이야기식 기록의 예시

8명의 관찰자들이 8세 된 여아가 잠에서 깨어나 잠이 들 때까지 교대로 관찰했다. 연구자들은 여아의 일상적 활동이 일부로써 여아의 동기, 감정 및 지각에 관한 정보를 기록에 포함할 수 있다. 이처럼 연구자의 인식을 기록함으로써 실제 관찰행동이 아닌 자신의 주관을 반영할 수 있다. 다음은 기록의 일부다.

〈기록〉 …… (생략) …… 메어리는 그녀의 남동생 티모시에게 말하기 시작했다. 자신의 침대에서 메어리는 "티모시야"라고 쾌활하게 불렀다. 이때 티모시가 대꾸하는 소리를 냈다. 이러한 언어적 놀이가 4, 5회 반복되었다. <u>두 아이는 이것을 크게 즐거워했다.</u> …… (중략) …… 티모시의 걸음마는 다소 불안정했다. 그는 넘어져서 조금 큰 소리로 울기 시작했다. 메어리는 침대에서 뛰쳐나가 그에게 달려갔다. <u>나는 그녀가 정말로 그의 남동생을 돕고 싶어 했다고 생각한다.</u> …… (생략) …… (Wright, Schoggen, & Barker, 1978: 56–58)

위의 기록에서 밑줄 친 부분을 보면 관찰자는'두 아이는 이것을 크게 즐거워했다'라고 기록하고 있고, '그녀가 정말로 그의 남동생을 돕고 싶어했다'라고 기록하고 있다. 이러한 내용이 이야기식 기록에 포함되는 연구자의 주관인 셈이다.

자료: 양병화·강경원 공저(2000). 『조사방법론』, p.422 인용.

이야기식 기록(narrative record)은 실제 발생하고 있는 시점에서의 행동 혹은 사건을 구체적으로 재현하기 위해 이야기식으로 정리·기술하는 방법이다. 이야기식 기록이 이루어진 후에 관찰자는 기록을 분류하고 조직화하여 연구자료를 얻게 된다. 이러한 기록은 특수한 상항이나 행동에 대한 완전한 기록으로 관찰에 포함된 참가자, 사건, 상황 및 행동에 대한 연속적인 기록이다. 특히 모든 이야기식 기록들이 관찰된 사실만을 기록하는 것은 아니며, 연구목적에 따라 관찰자의 추론이나 주관적인 판단을 포함시키는 경우도 있다.

다음으로 현장노트(field note)는 연구자가 관찰한 사실을 정리하고 메모하는 것을 통칭하는 것으로 관찰의 각 단계마다 기억을 유지하기 위해 간략한 메모에서부터 세밀하게 관찰한 기록을 말한다. 관찰과정에서 발생하는 여러 가지 사건이나 행동을 제때 기록하지 않으면 잊어버리는 경향이 있기 때문에 사소한 것이라도 관찰 즉시 기록해 두기 위해서는 현장노트가 반드시 필요하다. 현장노트는 기억을 살리는 도구 역할을 하며, 주로 저널리스트, 인류학자, 동물학자, 정신과의사 등에 의해 자주 활용된다. 다윈(Darwin)의 진화론을 비롯해 파브르(Favre)의 곤충기 역시 현장노트가 바탕이 되었다(양병화 외, 2000).

행동단위 기록방법은 실제 관찰되고 있는 사건, 행동 혹은 현상을 비언어적으로 표시하는 방법으로 여기에는 체크리스트와 행동관찰 측정법이 있다. 체크리스트(checklist)는 관찰하고자 하는 어떤 행동이나 활동이 관찰 상황에 존재하는지의 여부를 체크하는 방법으로 정태적 체크리스트와 동태적 체크리스트[18]로 구분된다. 행동관찰 측정법(behavioral observation measures)은 행동관찰을 통해 얻어진 결과를 빈도, 시간, 평정값으로 표시하는 것을 말한다. 행동관찰 측정법의 대표적인 예로는 교실행동규준지(Schedule for Class Activity Norms: SCAN)가 있다. 교실행동규준지(SCAN)[19]는 교실행동을 27개의 범주로 구분하여 반복적 시간간격에서 아동의 여러 가지 행동범주 중에서 어떤 행동을 가장 빈번하게 하는가를 파악하도록 구성된 관찰표이다. 이러한 자료는 다시 지능지수(IQ)와 같은 지표와 행동의 빈도를 동시에 분석함으로써 학업성적과의 관련성을 보다 정확하게 파악할 수 있게 된다. 이러한 분석은 IQ만을 사용하거나 아동들의 행동빈도만을 사용하는 경우보다 학업성적에

---

18) 정태적 체크리스트(static checklist)는 고정적인 개인정보를 관찰하고 준비된 목록(list)에 체크하는 것이다. 예를 들어 성별, 연령, 거주지역 등과 같은 개인정보나 관찰 날짜, 시간, 장소, 날씨 등과 같은 상황적 정보에 해당된다. 동태적 체크리스트(action checklist)는 상황적 정보가 아니라 특정한 행동양식이나 변화 등을 고찰하고 그 존재 여부를 체크하는 방법이다(양병화 외, 2000: 424 참조).

19) Mckinney, J. D., Mason, J., Peterson, K., and Clifford, M. (1975). Relationship between Classroom Behavior and Academic Achievement. *Journal of Educational Psychology*, 67, pp. 198-203.

대한 예측이 훨씬 높은 것으로 알려져 있다(양병화 외, 2000).

이밖에 행동관찰 측정방법으로 행동진술 평정척도와 행동관찰 척도가 있다. 행동진술 평정척도(Behavioral Anchored Rating Scale)는 스미스와 켄달(Smith & Kendall, 1963)에 의해 개발된 측정방법으로 행동관찰을 위해 빈도 대신에 평정값을 사용한다. 일반적인 척도에서 '높은', '좋은'과 같은 모호한 진술문을 사용하지 않고 표준적인 혹은 일정한 준거에 따라 기대되는 개인의 수행을 반영하는 행동을 진술문으로 구성하는 것이 특징적이다. 행동관찰 척도(Behavioral Observation Scale)는 라담과 웩슬리(Latham & Wexley, 1981)가 개발한 것으로 관찰된 행동의 빈도를 평가하고 개별 차원에서 평가결과를 합하거나 평균으로 구하는 방법이다.[20]

⑥ 관찰자료의 분석과 평가

마지막으로 관찰의 실시와 기록을 통해 수집된 자료를 점검하고 정리하는 작업이 필요하다. 관찰자료는 서술적 기록과 기술측정치 등 두 가지 방법이 있다. 서술적 기록(descriptive record)은 관찰된 현상에 대해 서술적인 문장으로 기록하는 것을 의미하고 기술측정치(descriptive measure)는 통계적 절차를 통해 모집단을 기술하는 방식을 말한다. 서술적 기록에서는 작문형식의 일정한 규칙에 따라 부호화하고 체계적으로 정리함으로써 관찰자료를 일목요연하게 표현한다. 기술적 측정치는 보통 산술평균(arithmetic mean)과 같은 통계치를 사용하여 관찰자료를 체계적으로 표현하는 방식으로 보다 정확한 기술을 위해 표준편차(standard deviation)와 같은 통계치를 함께 사용한다(양병화 외, 2000; 김렬, 2013). 또한 관찰결과에 대한 평가는 관찰자간의 신뢰도를 계산하고 일치된 관찰을 하였는지를 판단함으로써 이루어진다. 보통 관찰은 정확성을 높이기 위해 두 명 이상의 관찰자들이 관찰을 기록한다. 관찰자간의 신뢰도를 확보할 수 없을 경우에는 재관찰하거나 새로운 관점에서 관찰결과를 분석해야 한다. 관찰에서도 다른 자료수집방법과 마찬가지로 신뢰도와 타당도를 높일 필요가 있다.

20) Latham, G. P., Wexley, K. N. (1981). Increasing Productivity Through Performance Appraisal, MA: Addison-Wesley.

Study TIP 투명사회와 파놉티콘(Panopticon)

'투명사회'의 저자 독일 베를린 예술대 한병철 교수는 투명성이 파괴할 삶의 여러 요소들을 두루 살핀다. 정치를 지나 문화를 훑고 소통의 영역으로 나아가 그의 통찰력은 '디지털 사회'를 살필 때 큰 힘을 발휘한다. 특히 스스로를 발가벗기듯 드러내려고 경쟁하는 요즘 사람들을 '현대적 파놉티콘(panopticon·모든 것을 감시받는 원형 감옥)'에 갇힌 것과 다름없다고 분석하고 있다.

피놉티콘의 유래는 죄수를 감시하기 위한 제레미 벤담(Jeremy Bentham)의 일망 감시 시스템이다. 한 명의 간수가 수백 명의 죄수를 감시를 효과적으로 하기 위해서 18세기 말, 영국의 공리주의 철학자인 벤담이 고안한 감시 시스템이다. 그는 파놉티콘이라는 원형 감옥을 제안했다. 가운데에 원형의 빈 공간을 만들고, 바깥쪽의 둥그런 건물에는 죄수를 가두는 방을 만들어 간수 한 명이 수백 명의 죄수를 감시할 수 있도록 고안했다. 간수들의 공간은 항상 어둡게 만들어 죄수들의 시각으로 간수들의 움직임을 볼 수 없다.

이러한 감옥으로 만들기 위해 사용됐던 파놉티콘이라는 감시 시스템망은 미셸 푸코(Michel Foucault)의 베스트셀러 '감시와 처벌'에 의해서 파놉티콘의 폐해가 들어났다. 바로 군중과 정치가들에 대한 시각으로 바라보았을 때의 모습이 바로 파놉티콘과 매우 흡사하다는 것이다. 이런 이유로 파놉티콘이라는 감시망이 인문학자의 범주를 넘어서 지식인 일반과 대중에게까지 큰 영향력을 미치게 된 계기가 되었다.

파놉티콘과 반대되는 개념으로 시놉티콘(synopticon)은 감시에 대한 역감시란 의미이다. 파놉티콘이 자리를 잡았던 19세기, 다수가 소수의 권력자를 감시하는 언론의 발달을 시놉티콘이라 명명하면서부터 발달하기 시작했다. 정보사회의 발전에 의해 파놉티콘 체제의 일방적 감시는 시놉티콘으로 바뀌어 가고 있다. 노르웨이의 범죄학자 토마스 매티슨은 언론과 통신을 통해 다수가 소수의 권력자를 감시할 수 있는 체제로 발달했다고 주장하였고, 이러한 권력 감시를 시놉디콘(synopticon)이라 명명했다. 20세기에 들어 정치와 경제면에서 많이 이용되고 있으며, 역감시의 기능을 하는 것으로 의회와 언론이 대표적이다.

이제는 비록 소수일지라도 예전보다 많은 이들이 언론의 행위를 하고 있으며, 언론의 영향력은 '제3자 효과가설'처럼 누군가는 듣고, 보게 된다는 심리로 그들에게 압력으로 작용하게 된다. 예를 들어 시민운동에 의한 역감시 강화, 반부패국민연대가 운용하고 있는 '사이버 국민신문고'나 거의 모든 홈페이지에 개설되어 있는 '자유게시판'의 이용과 같은 인터넷의 쌍방향성을 이용한 역감시의 강화 등이 '감시사회'의 폐단을 줄이거나 시정할 수 있는 장치로 논의되고 있다. 이렇듯 시민이 참여하는 권력에 대한 견제를 통해 사회는 수평적 구조로 변모되어 가고 있으며 이것이 사회 누구나 감시를 하는 쌍방향 감시, 또는 탈파놉시즘(Post-panopticism), 곧 시놉티콘이라 할 수 있다.

출처: 위키백과, 우리 모두의 백과사전
중앙일보(2014.03.29), 이달의 책 중에서 인용

Research Methods
in Public Administration

사회조사분석사 핵심문제와 해설

1. 2차 자료의 특징이 아닌 것은? | 2015년 3회

① 상대적으로 수집에 드는 시간과 비용이 적게 든다.

② 현재의 연구와 직접적인 연관이 있어 분석결과를 바로 사용할 수 있다.

③ 자료의 적합성을 평가하여 연구에 활용해야 한다.

④ POS데이터, 상업용 자료, 연구 간행물 등이 2차 자료에 해당한다.

해설 2차 자료는 조사자의 연구에 직접 내지 간접적으로 도움을 줄 수 있는 기존의 모든 자료를 의미하며, 1차 자료를 수집하기 전 예비조사로 사용된다.

2. 다음과 같은 조사방법의 특징으로 옳은 것은? | 2016년 2회

대북정책에 대한 한국사회의 인식변화를 알아보고자 과거 10년 간 한국의 주요 일간지 기사를 분석하고자 한다.

① 표본추출(sampling)이 불가능하다.

② 인간의 모든 형태의 의사소통기록물을 활용할 수 있다.

③ 사전조사가 필요하지 않아 경제적이다.

④ 수량적 분석이 불가능하다.

해설 문헌조사나 특례조사와 같이 연구논문집, 학술지 등 2차 자료와 실제 일어난 사건 기록에 의한 실제 사례 등을 모든 기록물들을 사용해 조사 분석하여 연구문제에 대한 지식을 얻을 수 있다.

3. 다음 중 2차 자료를 이용하는 조사방법은? | 2016년 3회

① 현지조사 ② 패널조사

③ 실험 ④ 문헌조사

해설 2차 자료의 유형에는 기존 연구자가 학술연구를 위해 수집한 자료를 포함하여 각종 정부기관 자료나 통계자료, 민간기업, 각종 연구기관 및 조사기관의 간행물에 이르기까지 다양하다. 문헌조사는 2차 자료에 해당한다.

해답 1. ② 2. ② 3. ④

4. 조사자가 필요로 하는 자료를 1차 자료와 2차 자료로 구분할 때 1차 자료에 대한 설명으로 틀린 것은? | 2017년 1회

① 현재 진행 중인 의사결정 문제를 해결하기 위해 직접 수집한 자료이다.

② 조사목적에 적합한 정보를 필요한 시기에 제공한다.

③ 1차 자료를 얻은 후 조사목적과 일치하는 2차 자료의 존재 및 사용가능성을 확인하는 것이 경제적이다.

④ 자료수집에 인력과 시간, 비용이 많이 소요된다.

해설 1차 자료는 조사자가 직접 수집한 자료로 비용과 시간이 많이 소요된다. 가능한 한 2차 자료를 활용하고 부족한 자료는 1차 자료를 사용하는 것이 효율적이다.

5. 2차 자료의 이용에 관한 설명으로 틀린 것은? | 2018년 3회

① 2차 자료의 이점은 시간과 비용을 절약할 수 있다는 점이다.

② 2차 자료는 조사목적의 적합성, 자료의 정확성, 일치성 등으로 평가될 수 있다.

③ 조사목적을 달성하기 위해서는 2차 자료가 반드시 필요하다.

④ 2차 자료는 경우에 따라 당면한 조사문제를 평가할 수도 있다.

해설 2차 자료는 개인, 집단, 조직 등에서 만든 방대한 자료이며, 조사목적을 위해 사용될 수 있는 모든 자료를 말한다. 현재의 과학적 목적과는 다른 목적을 위해 독창적으로 수집된 정보이지만 반드시 2차 자료가 필요한 것은 아니다.

6. 집단조사의 장점과 거리가 먼 것은? | 2016년 3회

① 비용과 시간을 절약할 수 있다.

② 질문 문항에 대한 오해를 줄일 수 있다.

③ 면접방식과 자기기입의 방식을 조합하여 실시하고 있다.

④ 중립적인 응답의 가능성을 높일 수 있고, 집단을 위해 바람직하다고 생각되는 응답을 할 수 있다.

해설 집단조사법은 추출된 피조사자들을 한 자리에 모아 놓고 질문지를 배부하여 응답자가 직접 기입하여 회수하는 방법이다. 장점으로는 조사가 쉽고 빠르게 진행될 수 있고 비용을 절감할 수 있으며, 응답자와 직접 대화할 기회가 있으므로 질문에 대한 오류를 줄일 수 있다.

7. 다음 중 우편조사를 위한 질문지의 조사안내문에 포함해야 할 내용과 거리가 먼 것은? | 16년 2회, 17년 3회

해답 4. ③ 5. ③ 6. ④

① 연구자(또는 조사자)의 연락처　② 실시기관
③ 응답에 대한 비밀유지　④ 표본의 규모와 응답자의 범위

해설 질문지 표지 및 안내문 작성 시 유의사항은 조사자 신분의 제시, 조사의 취지 설명, 응답의 이유 설명, 비밀보장, 응답률 제거 등이 있다.

8. 다음 중 투표와 관련된 정치여론조사를 신속하게 실시해야 할 경우 가장 적합한 자료수집방법은? | 2017년 1회

① 면접조사　② 전화조사
③ 우편조사　④ 집단조사

해설 전화조사는 연구자가 조사대상자에게 전화를 통해 질문내용을 묻고 기록하는 방법으로 사회여론조사에 적합하다. 주로 언론분야, 정치적 활동 등의 조사에 활용된다.

9. 온라인조사에 대한 설명과 가장 거리가 먼 것은? | 2017년 3회

① 방문자조사나 특정 웹사이트를 우연히 찾은 사람을 대상으로 한 조사의 경우 표본의 대표성을 확보하기 용이하다.
② 전통적인 현장조사에 비해 짧은 기간에 적은 비용으로 조사를 실시할 수 있다.
③ 표본의 대표성을 확보하기 어렵고, 특정 연령층이나 성별에 따른 편중된 응답이 도출될 위험성이 있다.
④ 한 사람이 여러 차례 응답할 가능성을 차단해야 한다.

해설 온라인조사는 표본의 대표성이 낮고 인터넷을 이용하는 사람을 대상으로 하기 때문에 매체의 폐쇄성 문제가 있다. 또한 응답자 의존성과 중복응답의 우려, 제한된 시간 등의 단점이 있다.

10. 집단조사를 실시할 때 일반적으로 유의해야 할 사항과 거리가 먼 것은? | 2017년 3회

① 응답자들에 대한 통제가 용이하다.
② 조사기관으로부터 협력을 얻어야 한다.
③ 집단상황이 응답을 왜곡시킬 가능성이 있다.
④ 집단조사를 승인해 준 당국에 의해 조사결과가 이용될 것이라고 인식될 가능성이 있다.

해설 집단조사의 장점으로는 비용을 절감할 수 있으며, 응답자와 직접 대화할 기회가 있으므로 질문에 대한 오류를 줄일 수 있다. 하지만 조사대상자를 한 장소에 집합시키는 것 자체가 어렵고 피조사자 집단이 판단표집에 의해 추출되었기 때문에 모집단을 적절히 대표할 수 없는 등의 단점이 있다.

해답 7. ④　8. ②　9. ①　10. ①

11. 자료수집방법에 대한 비교설명으로 옳은 것은? | 2018년 1회

① 인터넷조사는 우편조사에 비해서 비용이 많이 소요된다.

② 전화조사는 면접조사에 비해 시간이 많이 소요된다.

③ 인터넷조사는 다른 조사에 비해 시각보조자료의 활용이 곤란하다.

④ 면접조사는 다른 조사에 비해 래포(rapport)의 형성이 용이하다.

해설 인터넷조사는 우편조사에 비해 비용이 적게 소요되고 전화조사는 면접조사에 비해 시간이 절감된다. 인터넷 조사는 멀티미디어 자료의 활용이 용이하다.

12. 비표준화(비구조화) 면접의 장점으로 짝지어 진 것은? | 2015년 3회

A. 융통성이 있다. B. 면접결과의 신뢰도가 높다. C. 면집결과자료의 수량화 및 통계처리가 용이하다. D. 표준화면접에서 필요한 변수를 찾아내는데 유용한 자료를 제공한다.

① A, B ② B, C

③ C, D ④ A, D

해설 비표준화면접은 표준화된 조사표에서 질문형식, 순서 등을 정하지 않고 비교적 자유스럽게 면접자와 응답자의 상호작용에 따라 자료를 수집하는 방법이다. 자연스러운 대화의 자발성에 근접하기 용이하고 새로운 아이디어 및 사실을 발견할 가능성이 높다. 문제의 여러 측면을 탐색할 수 있는 기회를 가질 수 있고 타당도가 높다.

13. 비구조화(비표준화) 면접에 관한 설명으로 틀린 것은? | 2016년 2회

① 부호화가 어렵다.

② 미개척분야에 적합하다.

③ 심층적인 질문이 가능하다.

④ 면접자의 편의가 개입될 가능성이 적다.

해설 비구조화 면접은 면접질문의 내용, 순서, 그리고 언어구성 등이 일률적으로 정해져 있지 않기 때문에 면접자의 편의(bias)가 개입될 가능성이 높다.

14. 비구조화(비표준화) 면접에 관한 옳은 설명으로 모두 고른 것은? | 2017년 1회

ㄱ. 부호화가 어렵다. ㄴ. 심층적인 질문이 가능하다. ㄷ. 미개척분야의 개발에 적합하다. ㄹ. 면접자의 편의(bias)가 개입될 가능성이 적다.

해답 11. ④ 12. ④ 13. ④

① ㄱ, ㄴ ② ㄷ, ㄹ
③ ㄱ, ㄴ, ㄷ ④ ㄴ, ㄷ, ㄹ

해설 비표준화면접의 대표적인 예로 심층면접법이 있으며, 단점으로는 면접결과를 분류하고 부호화하는데 시간과 비용이 많이 들고 계량화하기 어렵다. 또한 자료의 신뢰도가 낮고 인과관계를 입증하는 데는 부적절하다.

15. 우편조사, 전화조사, 대면접조사에 관한 비교설명으로 옳은 것은? | 2016년 2회

① 우편조사의 응답률이 가장 높다.
② 우편조사와 전화조사는 자기기입식 자료수집방법이다.
③ 대면접조사에서는 추가질문하기가 가장 어렵다.
④ 어린이와 노인에게는 대인 면접조사가 가장 적절하다.

해설 면접조사는 조사원이 질문하여 이에 대한 응답자의 응답을 조사원이 기록하는 방법으로 유연성 및 응답률이 높고 면접상황을 통제할 수 있으며, 보충적인 질문이 가능하다. 단점으로는 비용 소요, 익명성 부족, 낮은 접근성, 조사원의 편견 개입 등이 있다.

16. 우편조사와 비교하여 면접조사의 장점이 아닌 것은? | 2016년 3회

① 시간과 장소의 융통성
② 질문과정의 유연성
③ 부가적인 정보수집 가능
④ 복잡한 쟁점 질문 가능

해설 면접조사의 장점으로는 응답률이 높고 복잡한 질문과 다양한 조사내용을 장시간 조사가 가능하다. 질문내용의 설명이 가능하고 응답의 오류를 줄일 수도 있으며, 질문지 내용 외에 연구에 필요한 기타 관련 정보의 수집도 가능하다.

17. 심층면접 시 중요하게 고려해야 할 사항으로 틀린 것은? | 2017년 1회

① 피면접자와 친밀한 관계를 형성해야 한다.
② 비밀보장, 안전성 등 피면접자가 편안한 분위기를 느낄 수 있도록 해야 한다.
③ 피면접자의 대답을 주의 깊게 경청해야 하며 이전의 응답과 연결시켜 생각하는 습관을 가져야 한다.
④ 피면접자가 대답을 하는 도중에 응답내용에 대해 평가적인 코멘트를 해 주는 것이 좋다.

해설 심층면접은 주제에 대해 개방적이고 대화적인 형식으로 자료를 수집하는 방법으로 연구자가 직접 관찰할 수 없는 것을 발견할 수 있다. 응답내용에 대해 면접자의 주관이 개입되어서는 안 된다.

해답 14. ③ 15. ④ 16. ① 17. ④

18. 다음 중 표준화 면접의 장점과 가장 거리가 먼 것은? | 2017년 2회

① 신뢰도가 높다.
② 타당도가 높다.
③ 면접결과의 수치화가 용이하다.
④ 정보의 비교가 용이하다.

해설 표준화 면접은 면접자가 질문을 달리 할 가능성이 없고 응답자의 응답에 일관성을 유지할 수 있기 때문에 신뢰도가 높다. 하지만 비표준화 면접은 표준화 면접에 비해 신뢰도는 낮지만 응답자의 개인적 상황을 고려하여 질문에 대한 자료를 얻음으로써 응답자를 보다 정확하게 나타내 주는 자료를 얻을 수 있기 때문에 타당도가 높은 자료를 수집할 수 있다.

19. 면접조사에서 면접과정의 관리에 대한 설명으로 옳은 것은? | 2017년 3회

① 면접지침을 작성하여 응답자들에게 배포한다.
② 면접원에 대한 사전교육은 면접원에 의한 편향(bias)을 크게 할 수 있다.
③ 면접기간 동안에도 면접원에 대한 철저한 통제가 이루어져야 한다.
④ 면접원 교육과정에서 예외적인 상황은 언급하지 않도록 주의한다.

해설 면접지침은 면접원들에게 배포하고 면접원 사전교육은 면접원에 의한 편향(bias)을 줄일 수 있다. 면접원 교육과정에서 예외적인 상황도 교육해야 한다.

20. 면접조사 시 비교적 인지수준이 낮은 응답자들이 면접자의 생각이나 지시를 비판 없이 수용하여 응답하게 될 가능성이 높은 것은 어떤 효과 때문인가? | 2017년 3회

① 1차 정보 효과
② 응답순서 효과
③ 동조 효과
④ 최근 정보 효과

해설 동조 효과란 집단 등의 압력으로 인하여 개개인이 집단이 기대하는 바대로 생각이나 행동을 바꾸는 현상을 말한다.

21. 면접조사에 관한 설명과 가장 거리가 먼 것은? | 2018년 1회

① 면접 시 조사자는 질문 뿐 아니라 관찰도 할 수 있다.
② 같은 조건하에서 우편설문에 비하여 높은 응답률을 얻을 수 있다.
③ 여러 명의 면접원을 고용하여 조사할 때는 이들을 조정하고 통제하는 것이 요구된다.
④ 가구소득, 가정폭력, 성적경향 등 민감한 사안의 조사 시 유용하다.

해설 면접조사는 조사자가 연구문제에 대한 적절한 해답을 구하기 위해 마련한 질문에 대해 응답자와 대면한 상태에서 질문하는 상호간의 직접적인 역할상황이기 때문에 민감한 문제와 관련된 조사에는 적합하지 않다.

해답 18. ② 19. ③ 20. ③ 21. ④

22. 인터넷 서베이조사에 관한 설명으로 틀린 것은? | 2018년 1회

① 실시간 리포팅이 가능하다.

② 개인화된 질문과 자료 제공이 용이하다.

③ 설문응답과 동시에 코딩이 가능하다.

④ 응답자의 지리적 위치에 따라 비용이 발생한다.

해설 인터넷 서베이조사방법은 시간이나 공간상의 제약이 다른 자료수집방법에 비해 상대적으로 적고 조사비용이 적게 들며, 조사대상자가 많은 경우에도 추가비용이 들지 않는다.

23. 다음 중 집단조사에 관한 설명으로 틀린 것은? | 2018년 1회

① 비용과 시간을 절약하고 동일성을 확보할 수 있다.

② 주위의 응답자들과 의논할 수 있어 왜곡된 응답을 줄일 수 있다.

③ 학교나 기업체, 군대 등 조직체 구성원들을 조사할 때 유용하다.

④ 조사대상에 따라서는 집단을 대상으로 한 면접방식과 자기기입방식을 조합하여 실시하기도 한다.

해설 ②번은 집단조사법의 단점에 해당한다. 집단조사법은 응답자가 옆 사람이나 다른 사람의 영향을 받을 가능성이 있다.

24. 다음 중 정치지도자나 대기업경영자 등 조사대상자의 명단은 구할 수 있으나 그들을 직접 만나기는 어려운 경우에 가장 적합한 자료수집방법은? | 2018년 2회

① 면접조사 ② 집단조사

③ 전화조사 ④ 우편조사

해설 우편조사법이 적절하다. 우편조사법은 연구자가 응답자에게 우편으로 설문지를 송부하여 응답자로 하여금 기입 후 우편으로 설문지를 회수하는 방법이다.

25. 전화조사의 장점과 가장 거리가 먼 것은? | 2018년 2회

① 신속한 조사가 가능하다.

② 면접자에 대한 감독이 용이하다.

③ 표본의 대표성을 확보하기 어렵다.

④ 광범한 지역에 대한 조사가 용이하다.

해설 전화조사법은 경제적 효율성으로 조사가 간편하고 비용이 적게 드는 등의 장점이 있으나 가장 큰 단점은 표본추출 시에 명백하게 나타나는 모집단의 불완전이라 할 수 있다. 전화소유자라도 중복 또는 누락될 수 있다는 단점이 있다.

해답 22. ④ 23. ② 24. ④ 25. ③

26. 대인 면접조사의 특성으로 옳은 것은? | 2018년 2회

① 연구문제에 대한 사전지식이 부족할수록 구조화된 대인 면접조사방법을 사용하는 것이 좋다.
② 대인 면접조사는 우편 설문조사에 비해 질문과정의 유연성이 상대적으로 높다.
③ 대인 면접조사는 우편조사에 비해 환경차이에 의한 설문응답의 무작위적 오류를 증가시킨다.
④ 대인 면접방법은 우편조사에 비해 응답률이 낮다.

해설 대인 면접조사에서 면접원은 응답자와 함께 하면서 개인적 접촉을 할 수 있다. 따라서 응답자의 상황에 따라 자연스럽게 대화를 이끌어 갈 수 있다.

27. 관찰법의 분류기준에 관한 설명으로 틀린 것은? | 15년 3회, 18년 1회

① 관찰이 일어나는 상황이 인공적인지 여부에 따라 자연적/인위적 관찰로 나누어진다.
② 관찰시기가 행동발생과 일치하는가 여부에 따라 체계적/비체계적 관찰로 나누어진다.
③ 피관찰자가 관찰 사실을 알고 있는가 여부에 따라 공개적/비공개적 관찰로 나누어진다.
④ 관찰주체 또는 도구가 무엇인가에 따라 인간의 직접적/기계를 이용한 관찰로 나누어진다.

해설 관찰법은 자연적으로 발생하는 사건에 대한 직접적인 관찰을 통해 자료를 수집하는 방법이다. 관찰시기가 행동발생과 일치하는가의 여부에 따라 직접관찰(일치)과 간접관찰(불일치)로 분류된다.

28. 관찰자의 유형에 관한 설명으로 틀린 것은? | 2016년 2회

① 완전참여자는 윤리적 및 과학적 문제가 발생할 수 있다.
② 연구자가 완전참여자일 때는 연구대상에 영향을 미치지 않는다.
③ 완전관찰자의 관찰은 피상적이고 일시적일 수 있다.
④ 완전관찰자는 완전참여자보다 연구대상을 충분히 이해할 가능성이 낮다.

해설 완전참여자는 연구자가 신분과 관찰내용을 밝히지 않은 상태에서 원래의 상황을 방해받지 않고 자연스럽게 관찰하는 방법이다. 동조현상으로 인해 객관성을 잃거나 주관적인 가치가 개입됨으로써 관찰결과를 변질시킬 수 있다.

29. 참여관찰(participant observation)에 대한 설명으로 틀린 것은? | 2016년 2회

① 연구설계의 과정에서 융통성이 높다.
② 양적자료이기 때문에 대규모 모집단에 대한 기술이 쉽다.
③ 연구설계 및 착수가 용이하다.
④ 직접 참여해서 현상을 관찰, 기술하는 방법이다.

해설 참여관찰은 관찰자가 자신의 신분을 밝히지 않고 자연스럽게 관찰대상자인 집단에 참여하는 방법으로 임무를 수행하면서 관찰해야 하므로 관찰활동의 제약을 받는다. 관찰자 개인의 특성이 많이 작용하고 표준화가 어렵다.

해답 26. ② 27. ② 28. ② 29. ②

30. 비참여관찰(non-oarticipant observation)과 가장 거리가 먼 것은? | 2016년 3회

① 위장관찰 ② 완전참여자 관찰

③ 완전관찰자 관찰 ④ CCTV를 이용한 관찰

해설 비참여관찰은 관찰자라는 신분을 밝히고 제3자의 입장에서 관찰하는 방법으로 주로 조직적인 관찰이 많이 사용된다. 완전참여자 관찰은 관찰자로써 자신의 신분을 밝히지 않고 특정 역할을 담당하면서 관찰하는 방법이다.

31. 관찰방법의 특징이 아닌 것은? | 2017년 1회

① 연구대상의 행위에서 발생하는 사회적 맥락까지 포착할 수 있다.

② 사회적 관계에 영향을 미치는 사건을 이해하도록 해준다.

③ 객관적 사실에 치중하여 피관찰자의 철학, 세계관을 배제한다.

④ 다른 연구와의 비교를 통해 규칙성을 확인할 수 있다.

해설 관찰방법은 관찰하려고 하는 사회나 집단에 참가하여 관찰하는 것으로 관찰자의 주관적 통찰에 의존할 수 있다.

32. 자신의 신분을 밝히지 않은 채 자연스럽게 일어나는 사회적 과정에 참여하는 관찰자의 역할은? | 2017년 1회

① 완전참여자 ② 완전관찰자

③ 참여자적 관찰자 ④ 관찰자적 참여자

해설 완전참여자는 연구자가 관찰 대상으로 설정한 개인이나 집단, 조직 또는 지역에서 자신의 신분을 노출시키지 않고 특정 역할을 담당하면서 관찰하는 유형이다.

33. 다음의 특성을 가진 연구방법은? | 2017년 2회

• 자연스러운 상태에서 현상을 파악할 수 있기 때문에 미묘한 어감차이, 시간상의 변화 등 심층의 차원을 이해할 수 있다. • 때때로 객관적인 판단을 그르칠 수 있으며 대규모 모집단에 대한 기술이 어렵다.

① 참여관찰(participant observation) ② 유사실험(quasi-experiment)

③ 내용분석(contents analysis) ④ 우편조사(mail survey)

해설 참여관찰은 관찰자가 관찰대상집단 내부로 들어가 구성원의 하나가 되어 함께 생활하거나 활동하면서 관찰한다. 객관성을 잃거나 관찰자의 주관적인 가치가 개입되어 관찰결과를 변질시킬 수 있다. 미개사회를 연구하는 인류학자들이 많이 사용하여 민속현지연구(ethnographic field study)라고도 한다.

해답 30. ② 31. ③ 32. ① 33. ①

34. 관찰대상자가 관찰사실을 아는지에 대한 여부 기준으로 관찰기법을 분류한 것은? | 2017년 3회

① 자연적/인위적 관찰
② 공개적/비공개적 관찰
③ 체계적/비체계적 관찰
④ 관찰자적 참여자

해설
- 자연적/인위적 관찰: 관찰이 일어나는 상황이 자연적인지 인위적인지에 대한 여부 기준
- 체계적/비체계적 관찰: 관찰조건을 표준화한 것인지 아닌지에 대한 여부 기준
- 직접/간접 관찰: 관찰시기와 행동발생 시기가 일치, 불일치하는지에 대한 여부 기준

35. 참여관찰에서 윤리적 문제를 겪을 가능성이 가장 높은 관찰자 유형은? | 2018년 1회

① 완전참여자(complete participant)
② 완전관찰자(complete observer)
③ 참여자적 관찰자(observer as participant)
④ 관찰자적 참여자(participant as observer)

해설 완전참여자의 연구결과에 대해 아무도 피해를 입지 않는다 하더라도 관찰 대상이 된 사람에게 관찰자가 윤리적으로 인정될 수 있을 것인가 하는 문제가 제기된다.

36. 자신의 신분을 밝히지 않은 채 집단의 완전한 성원이 되어 자연스럽게 일어나는 사회적 과정에 참여하는 관찰자의 역할은? | 2018년 2회

① 완전참여자(complete participant)
② 완전관찰자(complete observer)
③ 참여자적 관찰자(observer as participant)
④ 관찰자적 참여자(participant as observer)

해설 완전참여자는 연구자가 관찰 대상으로 설정한 개인이나 집단, 조직 또는 지역에서 자신의 신분을 노출시키지 않고 특정 역할을 담당하면서 관찰하는 유형이다.

해답 34. ② 35. ① 36. ①

제4부

사례연구와 연구보고서 작성 및 적용

10 사례연구의 이해
11 연구보고서 작성절차와 사례

10 사례연구의 이해

제 1 절 사례연구의 의의와 절차

1. 사례연구의 개념과 특징

사례연구(case study)는 질적 연구방법 중의 하나이다. 사례연구는 특수한 상황, 사건, 사업(프로그램), 현상 등의 구체적인 문제에 초점을 두고 연구결과를 자세히 기술하는 것으로 새로운 해석과 의미를 얻어내기 위한 조사방법이다. 그리고 독특한 특성을 가진 개인이나 집단, 그리고 정책결정 등 소수의 사례에 대한 심층적인 연구를 의미한다(Yin, 1993; 남궁근, 2014; 오연천, 2006). 사례연구는 '어떻게(how)' 또는 '왜(why)'라는 질문이 제기되었을 때 연구자가 사건을 거의 통제할 수 없을 때, 연구의 초점이 실제 생활의 맥락 내에서 제기되는 현상일 때 선호되는 전략이다(김광웅 외, 2006).

구드(Goode)와 햇(Hatt)에 의하면, 사례연구란 연구하려는 사회적 대상의 독특한 성격을 밝히기 위해 관계 자료를 조직화하는 연구방법으로 개인, 가족, 집단, 사회적 관계와 과정, 문화 등 특정 사회적 단위를 하나의 전체로 파악하는 연구방법으로 정의하였다(Goode & Hatt, 1981). 또한 기존의 가설을 검증하기보다는 새로운 관계를 귀납적 추론을 통해 찾아내고자 할 때 사용되고 구체적이고 기술적인 특성을 가진다(김기원, 2016).

로버트 인(R. Yin, 1993)은 사례연구를 실험, 서베이, 기존 자료분석, 역사적 방법과 구분되는 연구전략의 하나로 파악하였다.[1] 그는 사례연구를 연구대상인 현상과 맥락 사이에 경계가 분명히 구분되지 않는 가운데 동시대의 현상을 실생활의 맥락에서 다양한 원천에서

1) Yin, Robert k.(1993). Applications of Case Study Research, Sage Publications, p. 3.

나오는 증거를 사용해 연구하는 경험적 연구라고 보았다. 이러한 설명적 사례연구는 탐색적 및 기술적 사례연구라는 두 가지 유형에 의해 보완될 수 있다는 것이다. 이러한 사례연구는 사례 자체가 희귀해야 하며, 극적인 동시에 독특해야 한다는 세 가지 요건을 갖추어야 한다. 이러한 요건을 갖추고 있어야 분석에서의 의미가 있고 다른 사례에 적용하여 일반화시킬 수 있다(이선우 외, 2004).

한편, 사례연구는 소수의 사례를 대상으로 심층적·종합적으로 연구한다는 점에서 다수의 사례를 분석대상으로 하는 연구와 구분된다. 다시 말해 사례연구는 실험적 연구, 서베이 분석, 기존의 자료분석, 역사적 방법 등과 구분되는 연구방법이다. 사례연구는 특정한 사례(또는 다중 사례연구에서의 여러 사례)에 대하여 집중적인 초점을 두고, 그 사례에 관해서는 양적인 조사방법을 사용하여 수집한 증거까지 포함한 다양한 증거들을 이용한다(Rubin, & Babbie, 1993). 여기서 증거의 출처는 기존의 문서, 면접, 관찰이 될 수 있으며, 증거는 그 사례에 대해 사람들에게 설문조사를 하거나 또는 일부 변수를 조작하여 얻을 수 있다. 따라서 사례는 개인, 프로그램, 조직, 사건 또는 다른 것이 될 수도 있다.

다음으로 사례연구의 특징을 살펴보면 다음과 같다. 첫째로 소수 사례 연구이다. 소수 사례를 대상으로 심층적·종합적으로 연구한다는 점에서 다수의 사례를 분석대상으로 하는 연구와 구분된다. 이처럼 사례연구의 분석대상이 되는 사례의 수는 하나 또는 소수로 제한된다. 이는 다수 사례를 대상으로 모든 사례를 심층적으로 분석하는 것이 실질적으로 불가능하다는 인식에 기반을 두고 있다. 아울러 개별사례를 하나의 독립된 실체로 취급하여 이해하는 경우에도 많은 시간과 노력이 필요하다. 다수 사례의 연구에서 모든 사례를 연구하는 경우에 많은 비용이 소요될 뿐만 아니라 이들 사례 간에 나타나는 유사점과 차이점을 분석하는 것도 어렵다(남궁근, 2014).

둘째로 분석대상이 되는 사례에 대해 심층적(in-depth), 다차원적(multifaceted), 집중적(intensive)인 연구전략을 추구하는 특성을 가진다. 사례연구자는 하나 또는 소수의 관찰 사례를 상세하고 종합적인 방식으로 연구함으로써 정확한 답변을 찾으려고 노력한다. 또한 사례연구자는 연구결과의 정확성과 완전성을 그 사례가 갖는 여러 가지 측면과 관련지어 증명하고자 한다(김광웅 외, 2006). 마지막으로 연구방법을 질적 방법과 양적 방법으로 구분할 경우에 사례연구는 일반적으로 질적 방법을 활용한다. 다수 사례를 분석대상으로 할 경우에는 주로 양적 방법을 활용한다. 그러나 사례연구에서 양적 분석방법을 활용하는 경우도 있다. 예를 들어 시계열분석과 같은 양적인 방법을 통해 개별 국가에 대한 지식을 넓히기 위해 사용할 수 있으며, 다수 국가에 대한 독립적인 시계열분석을 통해 얻은 지식을 활용함으로써 이들 국가에 대한 사례 비교분석을 수행할 수도 있다(남궁근, 2014).

2. 사례연구의 장단점

사례연구가는 사실의 발견과 문제의 해결 측면에서 몇 가지 장점을 가진다. 먼저 사례연구는 단일 혹은 소수의 사례를 집중적이고 심층적으로 검토하기 때문에 연구대상에 대해 깊이 있고 종합적인 이해를 가능하게 한다. 그리고 향후 본조사를 위한 예비조사(pilot research)로 사용할 수도 있다. 다시 말해 사례연구는 잘 알려져 있지 않은 미개척 분야를 시작하려는 연구자를 위한 하나의 자연적 출발점이 된다. 연구자에게 연구의 방법과 가설을 세울 수 있도록 돕는 동시에 후속 연구를 위한 정보를 제공하는데 유용하게 활용된다. 또한 연구대상의 독특한 성질을 구체적이고 상세하게 연구할 수 있어 어떤 사회현상의 특징을 파악하는데 적합한 연구방법이다. 이밖에도 연구대상이 되는 사례에 관하여 처음부터 끝까지 동태적인 변화나 흐름에 대한 파악을 가능하게 하며, 특히 인간의 심리적·사회적·행태적 연구에 적합한 연구방법이라 할 수 있다(김렬, 2013). 끝으로 어떤 사건들은 자연 상황에서 매우 드물게 나타나므로 이러한 사건들은 단일사례를 통해 집중적으로 연구될 수 있다.

➲ 단일사례를 통한 사례연구 예시

러시아의 심리학자인 루리아(Luria, 1968)는 사례연구를 통해 기억능력과 신체기능에 대한 통제력을 발휘하는 매우 특이한 남자를 발견하였다. 루리아(Luria)는 피험자의 능력의 원인과 그의 행동과 성격에 미치는 영향을 기술했는데, 30년 이상의 관찰과 비공식적인 실험을 통해 몇 가지 사실을 발견하기에 이른다.

이 피험자는 시각적인 심상을 사용하여 기억을 높이는 방략(方略, 어떤 일을 꾀하고 행하여 이루기 위한 방법과 계략)을 적극적으로 사용하였으며, 상상력을 기초로 신체기능을 통제하고 있었다. 예를 들어 자신의 심장박동을 기차시간에 맞추기 위해 달려가고 있다고 상상함으로써 안정적일 때는 분당 70–72회의 박동 수를 분당 약 100회의 박동 수까지 증가시킬 수 있다고 보고하였다.

자료: 양병화·강경원 공저(2000). 『조사방법론』, p.440 인용.

이러한 장점이 있는 반면에 사례연구는 자료의 수집 및 분석이나 연구결과의 활용 등에 있어 몇 가지 단점을 가진다. 먼저 연구대상을 선정함에 있어서 대표성의 문제가 제기된다. 하나 혹은 소수의 사례가 연구주제와 관련된 전체 사례를 대표할 수 있느냐에 대한 의문이 제기될 수 있다. 그리고 사례연구는 사례를 통해 얻어진 결론을 기초로 인과적 결론을 내리기 어렵다. 다시 말해 개별사례의 행동결과가 관찰된 특정 사건에 의해 직접적으로 유발되었는지를 파악하기 어렵다. 사례연구에서는 대부분 외생변수들의 효과를 사용하지 않기 때문에 보통 현상을 설명하는데 사용된다(양병화 외, 2000). 다음으로 연구자의 주관이나 편견이 개입되어 연구결과와 결론에 영향을 미칠 수 있다. 관찰자 편향(bias)의 문제들이 발생하는 다른 형태의 관찰연구들과 마찬가지로 사례연구의 맥락 속에서도 이러한 연구자의 편향이 발생할 수 있다. 이는 관찰 가능한 측정치들이 없기 때문에 사례연구의 결과는 관찰자의 주관적인 판단에 의해서 해석되기 때문이다.[2] 또한 시간과 비용이 많이 소요되기 때문에 비경제적인 측면이 있으며, 일반적으로 통제집단과 비교집단을 사용하지 않기 때문에 비교나 상황변화에 따른 분석이 어렵다. 이밖에도 수집된 자료의 신뢰성을 확인할 방법이 없으며, 자료의 출처에 대한 공개를 기피하는 경향이 있고 연구의 반복이 곤란하여 연구결과를 일반화하는데 문제가 있다.

3. 사례연구의 비교와 유형

경험적 조사연구의 방법에는 소수 사례에 대한 심층적 분석을 추구하는 사례 지향적 연구(case–oriented methods)와 다수 사례를 대상으로 변수들 간의 계량적 관계의 분석을 추구하는 변수 지향적 연구(variable– oriented case)로 구분된다. 이러한 두 가지 방법은 사례에 대한 관점, 인과관계에 대한 이해, 설명, 연구목적에 따라 차별화된다. 다음의 [표 10.1]은 두 가지 연구방법을 이념형으로서의 방법론적 전략이라는 측면에서 비교한 것이다. 일반적으로 대부분의 연구자들은 연구과정상 이 두 전략의 일부를 혼합하여 사용한다.

한편, 사례연구는 사례의 수, 연구목적, 용도, 이론화 정도 등을 기준으로 몇 가지 유형으로 분류된다. 첫째, 동일 연구에 포함되는 사례의 수를 기준으로 단일 사례연구와 복수 사례연구로 구분된다. 단일 사례연구는 한 가지 사례를 가지고 연구를 수행하는 경우이며, 복수 사례연구는 하나의 연구에서 둘 이상의 사례를 분석에 포함하는 연구를 말한다. 단일 사례연구는 하나의 사례가 나타내는 형상(configuration)에 초점을 맞추는 연구로 사례를 선정하는데 정당성이 인정되는 경우로 공식화된 이론을 검증하는데 있어서 중요한 사례일 경우, 극단적이거나 독특한 사례일 경우, 그리고 연구자가 이전에는 과학적 조사절차로써 접근할 수 없는 현시적

2) Hersen, M. and Barlow, D. H.(1976). Single–case Experimental: Strategies for Studying Behavior Change. New York: Pergamon Press.

사례(revelatory case)로써 그 현상을 관찰하고 분석할 수 있는 특별한 기회가 주어질 경우에 정당성이 인정된다(Yin, 1984; 남궁근, 2014). 복수 사례연구는 여러 분석대상들에 나타나는 독특한 특징까지도 상호 비교 분석함으로써 그 의미를 찾아내는 방법을 말한다.

[표 10.1] 사례 지향적 연구와 변수 지향적 연구의 비교

구 분	사례 지향적 연구	변수 지향적 연구
사례에 대한 관점	– 독특한 실체 – 소수의 사례 – 집중적·종합적 검토	– 변수들의 관찰단위 – 다수의 사례 – 변량의 외연적 분석
인과관계에 대한 이해	– 다원적·결합적 인과관계 – 역사적·발생론적 인과관계 – 시간적 순서를 직접 검토 – 불변의 관계	– 일률적 인과관계 – 구조적 인과관계 – 정적분석/시간적 순서 추론 – 확률적 관계
설 명	– 종합적 설명 – 해석적 설명 – 역사적으로 구체적	– 근본적으로 분석적 – 간명한 설명 – 보편적·법칙적
연구목적	– 사례에 관한 지식 – 유형화된 다양성의 이해 – 이론의 사용·적용·진척	– 이론적으로 관련된 지식 – 변량의 설명 – 이론의 검증·판결

자료: Ragin, Charles C. (1984). "introduction to Qualitative Comparative Analysis" in Thomas Janoski & Alexander M. Hicks(eds.), The Comparative Political Economy of the Welfare State, Cambridge: Cambridge University Press, p. 320 재인용.

둘째, 연구목적에 따라 탐색적 연구, 기술적 연구, 설명적 연구로 구분된다. 사례연구는 기술적 연구뿐만 아니라 탐색 또는 설명 등 사회과학 연구의 다른 목적을 달성하기 위해 사용될 수 있다. 여기서 탐색적 연구는 구체적이고 인과관계를 찾는 연구 질문으로 특정 사례를 찾는 방법이다. 기술적 연구는 있는 사실을 그대로 진술하고 기술하는 방법을 말하며, 설명적 연구는 사실과 사실관계를 연결시키고 그러한 사실을 설명하면서 그와 관련한 주변의 이야기를 풀어가는 방법이다(이서우 외, 2004).

셋째, 사례연구의 용도에 따라 연구방법으로써의 연구용 사례(research case study)와 교육목적으로 사용되는 교육용 사례(pedagogical case)로 구분된다. 연구방법론으로써의 연구용 사례는 사회현상에 대한 심층적·다측면적 분석 등 순수한 연구를 위해 사례를 사용하는 방법이다. 교육목적으로 사용되는 경우에 사례연구는 행정실무자, 법률가, 경영자, 의사, 사회사업가(social worker) 등과 같이 구체적인 문제를 직접 분석하고 그 해결책을 제시하는 전문가들에 대한 능력개발이나 교육훈련 등의 목적을 위해 사용된다. 이러한 사례분석은

실무에서 다루는 유사한 사례들을 강의실이나 교육장에서 미리 논의해 봄으로써 다양한 실무 문제에 대한 분석이나 처리경험을 연마할 수 있도록 해 준다.

넷째, 시례연구의 이론화 정도에 따라 무이론적 사례연구, 해석적 사례연구, 가설 창출적 사례연구, 이론 확증적 사례연구, 이론 논박적 사례연구, 일탈 사례연구 등으로 구분된다 (Lijphart, 1971).[3)]

여기서 무이론적 사례연구(atheoretical case studies)는 전적으로 기술적이고 이론적인 진공 상태에서 이루어진다. 다시 말해 이미 정립되어 있거나 가정된 일반 명제에 의해 이루어지는 것이 아니며, 일반 가설을 설정하기 위한 목적을 가지고 있지도 않다. 이러한 유형의 사례연구는 이론적 가치를 가지고 있지는 않다. 해석적 사례연구(interpretative case studies)는 일반 이론의 확립보다는 사례 자체에 관한 관심을 충족하기 위해서 채택된다는 점에서 무이론적 사례연구와 유사하다. 하지만 해석적 사례연구는 이미 체계화된 이론적 명제들에 기초하여 진행된다는 점에서 차이가 있다.

다음으로 가설 창출적 사례연구(hypothesis-generating case studies)는 다소 애매한 잠정적 가설에서 출발하여 보다 분명한 가설을 정립한 이후에 이를 다수의 사례에 적용하여 검증하는 형식의 연구이다. 이러한 유형의 사례연구의 목적은 기존 이론이 존재하지 않은 분야에서 새로운 일반 이론을 구축하는데 있다. 이론 확증적 사례연구(theory-confirming case studies)는 이미 정립된 이론의 범위 내에서 개별사례를 분석하는 연구방법이다. 이 경우에 개별사례에 대한 사전지식은 일반이론에 포함되는 소수의 변수들에 국한된다. 이러한 유형의 사례연구에서는 일반 이론이 검증되는데, 분석을 통해 일반 이론이 강화되거나 약화된다.

이론 논박적 사례연구(theory-informing case studies)는 이론 확증적 사례연구와 대조되는 것으로 기존의 일반이론을 논박하기 위한 연구를 말한다. 그러나 하나의 사례에서 이론이 적용되기 어렵다고 해서 기존 이론이 전적으로 부정되는 것은 아니다. 이론 확증적 연구와 이론 논박적 사례연구에서 사례가 포함하고 있는 특정 변수의 분석결과가 기존의 명제와 크게 다를 경우에는 그 연구의 가치가 높이 평가된다. 마지막으로 일탈 사례연구(deviant case studies)는 이미 정립된 일반 이론으로부터 벗어나는 것으로 밝혀진 사례에 관한 연구를 지칭하며, 왜 특정사례가 일탈현상을 나타내는지를 규명하기 위하여 수행되는 연구이다. 다시 말해서 기존의 연구에서는 고려하지 않았던 유력한 변수를 찾아내거나 일부 또는

3) Lijphart, A. (1971). Comparative Politics and the Comparative Methods, *The American Political Science Review*, 65(3): 691-693; 남궁근, 2014: 400-403 참조.

모든 변수들을 다른 관점에서 정의한 다음 연구를 수행하게 된다. 따라서 일탈 사례연구는 이론적으로 그 의미가 크다. 이러한 연구에서는 기존 명제를 약화시킬 수도 있지만 다른 한편으로 보다 강력한 수정된 명제를 제시할 수 있기 때문이다(남궁근, 2014).

4. 사례연구의 절차

사례연구도 경험적 연구의 하나이기 때문에 연구설계의 구성요소도 경험적 조사연구의 과정과 유사하다. 사례연구 수행의 절차는 구체적인 사례연구의 성격이나 유형에 따라 다르지만 여기서는 사례연구의 일반적인 절차를 살펴보기로 한다(Yin, 1984; 남궁근, 2014).

1) 연구문제(study questions) 제시

사례연구에서도 과학적 조사연구의 절차와 마찬가지로 연구문제를 분명히 제시해야 한다. 다시 말해 사례연구에서 해결해야 할 문제가 무엇인지를 선정하고 이를 분명히 정의해야 한다. 사례연구에서 해결해야 할 문제는 '어떻게'와 '왜'라는 질문의 형태로 제시되는 것이 일반적이다. 따라서 연구문제의 본질이 무엇인지 정확하게 파악하는 것이 사례연구의 우선 과제이다. 연구문제의 규정을 통해 연구의 목적, 범위, 연구대상이 되는 사례, 필요한 자료의 종류 등 연구설계의 기본적인 토대가 마련된다. 이 단계는 사례연구 설계단계로 연구의 목적 및 대상, 절차, 자료수집방법 등을 정한다(김렬, 2013).[4]

2) 연구명제(study propositions)의 제시

연구문제에 대한 규명이 이루어지면 다음 단계로 사례연구 수행의 지침이 되는 명제(proposition), 이론적 근거 또는 가설을 제시한다. 사례연구에서는 명제나 이론적 근거가 반드시 필요한 것은 아니다. 그 예로 탐색적 조사나 기술적 조사를 목적으로 하는 사례연구는 이론적 근거나 명제가 없어도 연구를 진행할 수 있다. 그러나 이론적 확인이나 검증 및 논박을 위한 연구에서는 이것이 반드시 필요하다. 여기서 사례연구의 이론적 근거인 명제는 사례분석의 주요 방향, 다시 말해 중요한 변수, 필요한 자료의 종류, 그리고 자료분석을 위한 지침을 제공하고 연구결과의 해석 및 일반화의 지침이 된다.

---

4) Yin, Robert k.(1984). Case Study Research: Design and Methods, Sage Publications, pp. 28–41; 남궁근(2014): 403–407 참조.

3) 분석단위(unit of analysis)의 선택

일정 사례를 분석하는데 있어서 하나의 전체로서 사례를 분석단위로 설정할 것인지, 사례를 구성하는 하위단위로 분석단위를 설정할 것인지를 결정해야 한다. 사례를 구성적 특징에 따라 전체적 단위로 보고 분석하는 방법을 전체적 접근방법(holistic approach), 사례의 하위단위를 세분화하여 그 하위단위로 자료수집 및 분석을 진행하는 방법을 하위단위 접근방법(embedded approach)이라 한다. 전체적 접근법에서는 설명단위인 사례와 자료수집·분석단위인 분석단위가 일치해야 한다. 반면에 하위단위 접근법은 설명단위인 사례와 자료수집·분석단위인 분석단위가 일치하지 않는 경우이다. 대다수의 사례연구들은 사례의 정의뿐만 아니라 분석단위를 정의하는데 많은 혼란을 겪는다. 이러한 혼란을 감소하는 방법은 기존의 연구를 참고하고 동료 연구자들과 토론을 하는 것이다. 또한 자료수집 단계에서는 문서, 관찰, 참여, 물리적 가공물 등을 통해 자료를 수집한다.

4) 자료와 명제의 연결(linking data to proposition)

사례작성을 위한 자료는 사례의 내용을 충분히 뒷받침할 수 있도록 가능한 한 광범위하고 심층적으로 수집되어야 한다. 자료가 수집되면 다음 단계로 수집한 자료를 이론적 명제에 연결하는 것이다. 이 단계에서 수집된 자료가 설정된 연구목적이나 가정에 연관되는지를 검증해야 한다. 자료와 명제를 연결하는 방법의 하나로 캠벨(Campbell)이 제시한 패턴결합(pattern-matching)[5]이 있다. 이 방법은 동일한 사례로부터 얻은 다양한 정보를 토대로 일정한 이론적 전제와 관련되는지를 검토한다(Campbell, 1975). 이밖에 전문가의 심의를 거쳐 행해질 수도 있다. 사례의 내용이 포함하고 있는 자체가 대체적으로 고도의 전문성을 띠고 있기 때문에 가능한 한 전문가의 심의는 사례의 유형과 주제에 따라 상이한 분야의 전문지식을 토대로 이루어져야 한다. 전문가의 심의를 거친 후 필요에 따라 수정·보완하여 사례연구를 완성하게 된다(남궁근, 2014; 김렬, 2013).

5) 패턴결합은 켐벨(Campbell)이 미국 코네티컷 주에서 자동차 속도제한법 통과이후 그 효과를 사례연구에서 사용한 방법이다. 켐벨은 두 가지 가능한 패턴, 다시 말해 효과가 있다고 볼 수 있는 효과 패턴(effects pattern)과 효과가 없다고 볼 수 있는 무효과 패턴(no effects pattern)을 제시하고 수집된 자료를 더 잘 맞는 쪽에 맞추어 보았다. 만약에 가능한 두 가지 패턴이 서로 대립되는 경쟁적인 명제–속도제한법이 교통사고 사망률에 영향을 미친다는 명제와 영향을 미치지 않는다는 명제–라면, 사례가 하나라 하더라도 패턴결합 기법을 사용하여 명제와 연결시킬 수 있다(Campbell, Donald. 1975. Degrees of Freedom and the Case Study, Comparative Political Studies, 8, July, pp. 178–193; 남궁근(2014): 404 참조).

5) 연구결과의 해석(interpreting a study's findings)

사례연구의 경우에 자료를 분석하는 구체적인 공식이나 지침이 없기 때문에 주의를 기울여야 한다. 그리고 사례연구에서는 연구의 발견결과를 해석하기 위한 기준이 모호하다. 앞에서 제시한 켐벨(Campbell)의 패턴결합 방법에 있어서도 실제자료와 사전에 이론적으로 제시한 패턴이 얼마나 근접할 때 결합된다는 결론을 내릴 수 있는지 판단기준이 모호하다. 이러한 문제를 해결하기 위해서는 최소한 두 가지 이상의 대립적 명제를 설정하여 비교한 후에 해석을 내릴 필요가 있다.

➲ 개인의 기억에 대한 사례연구 예시

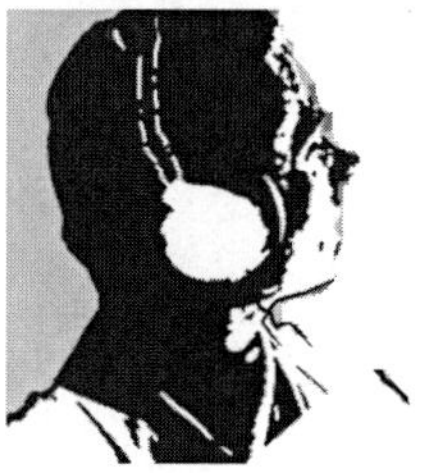

인지심리학자인 네이서(Neisser)는 미국의 워터게이트(Watergare) 사건을 조사하기 위해 관련된 사건과 대화내용을 사례연구법을 통해 분석하였다. 닉슨 대통령의 법률 고문인 딘(Dean)은 미국 상원의 워터게이트 사건 조사위원회에서 증언하면서 워터게이트 사건 이전의 몇 년 동안에 일어났던 수많은 에피소드들을 기억하는 능력을 보여주었다. 네이서(Neisser)는 대화내용에 대한 딘의 기억과 닉슨 대통령의 사무실에서 비밀로 녹음되었던 실제 대화를 비교하였다.

이와 같은 사례분석을 통해 네이서는 비록 딘의 증언은 전반적으로는 정확했지만 증언이 체계적으로 왜곡되었다는 것을 증명할 수 있었다.

Study TIP 워터게이트(watergate) 사건과 내부고발

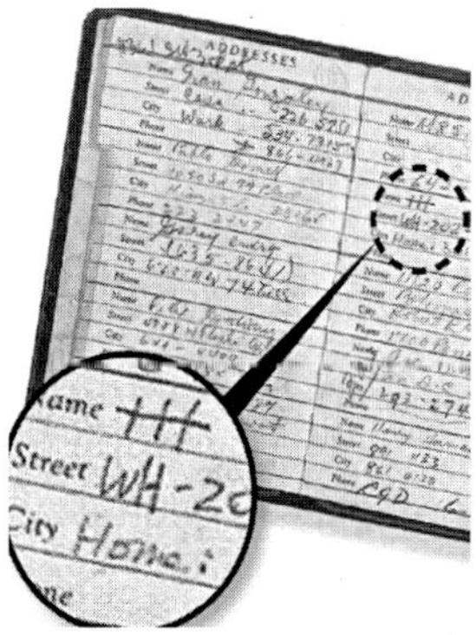

1972년 6월 5명의 도둑이 워터게이트빌딩에 있는 민주당 본부에 침입하여 도청장치를 설치하려다 경찰에 붙잡혔다. 처음엔 대수롭지 않는 범죄사건으로 치부되었지만 '딥 스로트(Deep Throat)'라 불리는 은밀한 제보자가 워싱턴 포스터 기자에게 정보를 제공하면서 상황은 돌변했다. 백악관이 배후로 밝혀지면서 사건 발생 2년 만에 닉슨은 임기 중 사임이라는 불명예를 안고 떠났다. 미국 정치사의 오점을 남긴 '워터게이트(Watergate Scandal) 사건의 전말이다. 워터게이트 사건의 숨은 공모자는 '딥 스로트'다. 내부 고발자의 암호명으로 이 사건 후에 고유명사처럼 사용되고 있다.

내부고발(Whistle-blowing)은 조직 내부에서 시작된 비판의 목소리로 공직자가 불법사실을 인지한 후 불법행위를 상급자 또는 외부 기관에 알려 부정부패 확산을 미연에 방지하려는 일체의 행위를 말한다. 공익 측면에서 내부 고발자는 조직의 통일성을 해치는 '문제아'가 아니라 조직의 안정을 유지시키는 '촉매제'다. 하지만 부정부패나 비리행위에 대해 절대 언급하지 않는다는 묵시적 약속이 내부고발 행위로 깨지면서 다른 구성원들에게 혹독한 비난을 받기도 한다. 내부고발이 조직의 자기정화 행위인 점을 감안하면 내부 고발자에 대한 충분한 보상과 철저한 보호체계가 필요하다. 내부고발만이 경직된 조직문화가 가진 침묵코드를 깰 수 있는 유일한 방법이기에 단순히 개인의 명예와 영광을 위한 고자질로 보아서는 안 된다.

아울러 국민권익위원회가 입법예고한 '부정청탁 금지 및 이해충돌방지법'(일명 '김영란 법')에도 관심을 가져야 한다. 일부에선 대가성이 있어야 처벌하는 뇌물죄를 두고 이 법을 적용하는 것은 현행 법체계와 배치된다는 목소리도 나온다. 일리는 있지만 나쁜 사과의 악영향을 뿌리 뽑는다는 각오로 부처 간 협의를 통해 법안을 통과시켜야 한다. 공직자는 더 높은 수준의 청렴성이 요구되는 만큼 국민이 부여한 권한으로 돈과 향응에 빠진다면 투명한 사회는 요원하다. 다산 정약용 선생의 목민심서에 이런 글귀가 있다. "청렴은 큰 장사다. 그러므로 크게 탐하는 자는 반드시 청렴하려 한다. 청렴하지 못한 사람은 그 지혜가 부족하기 때문이다."

나쁜 사과(bad apple) 혹은 썩은 사과상자 이론을 한 번쯤은 들어봤을 거다. 싱싱한 사과를 썩은 사과상자에 담아두면 얼마 지나지 않아 썩기 시작한다. 사람도 썩은 조직 안에 들어가면 그 사람의 인간성도 그 조직에 물들어 썩을 수밖에 없다는 논리다. 부패를 바라보는 관점은 다양하나 나쁜 사과이론으로 접근하면 도덕적으로 나쁜 인간성을 가진 공직자(소위 나쁜 사과)가 스스로의 이익을 추구하는 행위이다. 나쁜 사과는 도려내고 착한 내부고발자를 보호하는 그런 정책이 필요하다.

출처: 경남시론(한동효, 칼럼자료 부분인용)

제 2 절 사례연구설계

정부가 추진한 정책 및 사업결과에 대하여 성공이냐 실패냐를 평가할 수 있는 기준, 다시 말해 시공간을 초월하여 적용할 수 있는 합리적 기준을 마련하기가 매우 어렵다(Boverns & Hart, 1996). 그 예로 목표를 달성하지 못한 정책이나 사업은 인식의 상대주의적 관점[6]에서 평가자의 주관성이 개입될 가능성이 있기 때문에 완벽한 평가기준을 제시하는데는 한계가 있다. 특히 사례연구는 심층적인 면접이나 직접적인 관찰, 그리고 설문(survey) 등을 모두 사용하지만, 연구자의 편견이 연구 자체의 객관성을 저해할 수 있고, 표본의 대표성을 확보하기 어렵기 때문에 평가결과를 일반화하는데 제약이 따른다. 그러나 정책성공과 실패에 관한 기존 문헌과 성공 및 갈등사례 등을 통해 정책의 성공과 실패요인을 체계적으로 검토하여 객관적 기준을 어느 정도 도출할 수 있다고 판단된다. 본 절에서는 자치경찰제 도입 문제를 사례로 역대정부의 정책실패 원인을 분석하였다.

6) 질적 연구방법에서 연구자는 연구대상이 되는 사람들과 상호작용을 가지는데, 이러한 상호작용은 관찰대상인 정보제공자와 장기간 같이 생활하거나 실질적인 협력관계가 될 수도 있다. 다시 말해 연구자는 자신과 연구대상과의 거리를 좁히려 한다(남궁근, 2014: 69; Muncy, James A. and Raymond P. Fisk, 1987, Cognitive Relativism and the Practice of Marketing Science, Journal of Marketing, 51: 24).

정책사례 역대정부의 자치경찰제 도입 실패요인에 관한 연구[7)]

1. 연구목적

자치경찰제는 지방자치 및 지방분권화를 위한 매우 중요한 사안 중의 하나로 지방자치제도가 교육과 치안에서부터 시작했다고 할 수 정도로 지방자치제도의 정착을 위한 충분조건이라고 할 수 있다(Wallace, 1995). 경찰의 지방화는 오랜 동안 논의되어 온 중요한 사안이었고 문민정부 및 국민의 정부에서도 약속된 과제였으며, 참여정부에서도 국가의 의무로 규정하였음에도 불구하고 이를 도입하는데 실패하였다. 또한 이명박 정부와 박근혜 정부에서도 기초자치단체 차원에서 자치경찰제를 도입하기로 하고 준비는 지속적으로 진행했으나 임기만료와 함께 큰 진전은 없었다. 따라서 자치경찰제가 지방분권의 중요한 논제임에도 불구하고 도입에 실패한 원인이 무엇인지를 규명해 볼 필요가 있다.

2017년 5월 10일 출범한 문재인 정부도 자치경찰제를 100대 국정과제 중 13번째 과제로 제시하였다. 2017년 1월 경찰청 경찰개혁위원회에서 자치경찰제 시행 모델을 공개한 이후 2018년 11월 13일 대통령소속 자치분권위원회는 '자치경찰제 특별위원회'가 마련한 도입초안을 공개하고 국민의견을 수렴하는 등 공론화 과정을 시작하였다. 자치경찰제 특별위원회에서 작성한 자치경찰제의 도입원칙은 주민밀착형 치안 활동력 증진과 경찰의 민주적 설계 및 정치적 중립성 확보를 정책방향으로 설정하였다. 이러한 정책방향을 토대로 각계의 의견을 청취한 후 정부안을 확정지을 것으로 예상된다(자치분권위원회 보도자료, 김진혁, 2018).[8)]

이처럼 역대 정부 이후 박근혜 정부에 이르기까지 자치경찰제 도입 논의는 꾸준히 제기되었지만, 정책입안과정에서 집단 간 의사소통의 부재와 주도집단 간의 갈등으로 인해 자치경찰제를 실시하는데 실패했다. 따라서 본 연구의 목적은 지방분권화 체제 이후 지속적으로 제기되었던 자치경찰제가 제주자치경찰을 제외하고 논의만 거친 채 도입되지 못한 원인을 규명하는데 있다. 본 연구의 분석범위는 지방자치제도가 본격적으로 실시된 문민정부 이후부터 이명박 정부까지로 한정하였다. 또한 자치경찰제가 도입되지 못하고 실패한

7) 이 자료는 저자가 2012년 한국지방정부학회 지방정부연구 제16권 제2호에 게재한 자료의 일부를 인용하여 사용했다.

8) 자치경찰특위는 서울시, 경찰개혁위원회에서 제시한 방안과 국내외 사례 등을 종합 검토하고, 일선 치안현장 방문, 대토론회 개최, 관계기관 의견수렴 및 협의 등을 거쳐 도입방안을 마련해 왔다.

원인을 규명하기 위해 네 가지 차원으로 구분하여 정책의 도입 과정에서 나타난 실패원인을 분석한 후 향후 성공적인 자치경찰제의 채택을 위한 정책적 시사점을 제시하였다.

2. 자치경찰제에 관한 이론적 고찰

1) 자치경찰제의 개념과 추진방향

자치경찰은 다양하게 정의되고 있는데, 일반적으로 국가가 중심이 되어 운영되는 경우는 국가경찰, 자치단체가 주체가 되어 운영되는 경우는 자치경찰로 정의한다(신현기, 2007; 2018). 자치단체가 직접 설치·유지하는 경찰, 다시 말해서 경찰권을 고유한 자치권의 일부로 간주하여 지방적 이해관계 하에 경찰행정의 지방분권화를 추진함으로써 지역주민의 자치에 의한 민주성을 추구하는 것으로 보았다. 자치경찰제에 대한 학자들의 견해를 살펴보면, 최종술(2009)은 경찰이 지방자치단체의 권한과 책임 하에 지역주민들의 의사에 초점을 두고 치안업무를 자주적으로 수행하는 제도로 정의하였다. 또한 중앙정부의 획일적인 지시에서 탈피하여 지역주빈의 의사와 편의를 우선시하는 제도이며, 경찰행정에 대한 주민참여를 유도하고 지역치안에 대한 책임을 강화하는 제도로 보았다.

이현우 등(2009)은 자치경찰을 통하여 경찰은 해당 지역의 여건과 특성에 맞는 맞춤형 경찰서비스를 지역주민에게 제공할 수 있다고 보았다. 안영훈(2008)은 자치단체의 장 또는 주민을 대표할 수 있는 기관이 자치단체를 관할구역으로 하는 경찰행정관서의 유지에 대한 권한과 책임을 가지고 조직, 인사, 재정 등에 관해 주민의사를 반영하여 지역주민들에게 직접 또는 간접적으로 서비스를 제공하는 제도와 활동이라고 정의하였다. 김충남(2001)은 자치경찰제를 포괄적 의미로 국가와 지방간의 기능배분 원칙에 따라 경찰기능을 배분하여 지방적 기능은 지방자치단체가 감독과 책임을 담당하는 지방경찰을 통해 수행하는 경찰제도로 개념화하였다(김충남, 2001; 이현우, 2008).

심익섭(2008)은 중앙집권의 문제점을 염두에 둔 지방분권화의 정치사상에 따라 자치경찰이 지방자치단체의 권한과 책임 하에 치안업무를 자주적으로 수행하는 제도로 정의하였다. 박억종(2008)은 지방자치제도의 실시에 따라 자치경찰이 지역주민의 의사를 종합하여 자치단체장의 권한과 책임 하에 지역의 치안을 담당하는 제도로 보았다. 양영철(2008)은 자치단체가 자신들의 능력, 조직, 인력으로 자치단체에 속한 자치경찰 사무를 처리하는 제도로 정의하였다. 신현기 등(2008)은 자치단체가 경찰권을 가지고 권한을 행사하며, 경찰조직도 중앙정부가 아닌 자치단체의 행정조직으로 귀속되어 행하여지는 일련의 경찰제도로 규정하였다.

학자들의 견해를 종합해 볼 때 자치경찰제는 지방자치단체가 지방자치의 근본적인 이념에 따라 운영하는 새로운 형태의 경찰제도이다. 이는 해당 지역의 특성에 따라 지역의 주민을 위하여 법집행과 치안서비스를 동시에 제공하는 것을 목적으로 하고 있으며, 자치단체가 자주적이고 민주적으로 운영하는 경찰제도라고 할 수 있다. 또한 자치경찰제를 추진하는데 있어 주민을 위한 양질의 서비스를 어떻게 제공할 것인지에 대한 구체적인 방법이 제시되어야 한다. 결국 자치경찰제는 권력에 기초한 권력적 경찰작용보다는 지역주민의 의사에 따라 주민을 위한 치안서비스를 생산하는데 역점을 두고 논의되어야 한다.

2) 정책실패의 논의

본 연구에서 활용할 정책실패 요인을 중심으로 살펴보면, 정광호 등(2010)은 정책실패 요인과 관련하여 세 가지 원인을 제시했다. 먼저 정책설계의 오류로 인해 정책실패를 야기한다는 점이다. 둘째로 정책과정이 복잡함에도 불구하고 이를 과도하게 단순화·합리화함으로써 정책실패를 가져온다는 것이다. 셋째로 정책형성단계에서 유관집단이나 기관의 의견을 충분히 반영하지 못하여 정책이 실패로 이어진다는 것이다. 이와 관련하여 정정길(2002)은 시차이론(time-lag theory)을 통해 정책처방의 우선순위나 작동순서에 대한 판단오류, 상호 모순되는 정책내용으로 인해 발생하는 정합성 문제, 정책내용과 환경의 부적합한 외적 정합성의 문제 등이 정책실패의 원인으로 작용한다고 주장하였다.

Study TIP 시차이론(time-lag theory)

시차이론은 다양한 변수들의 작용으로 정책이나 제도의 개혁은 제도의 도입과정에서 발생하는 시차적 요소(제도 도입의 순서 혹은 선후 관계의 변화, 원인변수의 수나 작동 순서의 변화, 변화 주체의 개입 등)에 의해 결과가 달라진다는 것을 말한다. 이론적으로 여전히 많은 논쟁이 지속되고 있음에도 불구하고 시차적 접근은 행정학과 정책학 연구에 기여할 수 있다고 본다. 특히 시간적 차이에서 오는 정책의 실패를 줄이기 위한 방안으로 변화를 추진하는 변화담당자 혹은 조직의 책임자들의 지적·정치적 능력과 더불어 시간적 리더십을 강조하고 있다. 이와 함께 환경변화의 복잡성 등을 고려하여 제도개혁과 관련된 조직행태를 설명하고 이해하는 데 필요한 분석틀을 제시할 수 있을 뿐만 아니라 인과관계 추정의 방법론을 더욱 정교하게 다듬어 줄 수 있을 것으로 기대되고 있다.

또한 김형렬(1999)은 정책실패의 분석기준으로 인간실패, 정책형성자에 따른 실패, 정책집행자에 따른 실패, 자원공급 실패, 기타 변수로 구분하였다. 그리고 이를 세분화하여 인간실패 요인으로 정책형성자에 따른 실패(도덕성의 결여, 취약한 지도성과 신뢰성, 즉흥적 정책결정, 정책형성자 사이의 갈등), 정책집행자에 따른 실패(신뢰성의 결여, 집행자의 불응, 집행자간의 불화, 생산성 향상의 실패), 정책수혜자의 비협조 등을 제시하였다. 아울러 자원공급 실패의 경우는 시간적 차원에서의 실패, 정보실패, 인적자원의 부족, 재정적 지원의 부족, 물적 자원의 부족, 기술의 실패를 제시하였다. 정책과정상의 실패에서는 전제조건의 오류, 잘못된 정책목표, 미비 된 집행계획, 조정의 실패, 위기관리의 실패, 부정적 공공관계 등의 실패요인을 지적하였다. 마지막으로 기타 변수로 우연적 요소, 실패한 정책유산, 정책실패의 부정적 관계의 상승작용 등을 제시했다.

김종범 등(2001, 2004)은 과학기술·정보통신·산업정책의 성공 및 실패요인을 크게 인간적 요인, 자원 공급적 요인, 정책과정상의 요인, 가변적 요인으로 구분하여 제시하였다. 먼저 인간적 요인에는 정책형성자의 자질과 능력, 정책집행자의 신뢰성 및 복종도, 정책수혜자의 만족도를 평가기준으로 제시하였다. 자원 공급적 요인으로는 시간적 제약, 정보의 충족, 인적자원의 충족, 재정적 자원의 충족, 물적 자원의 유무를 중심으로 접근하였으며, 정책과성상의 절차적 요인으로는 전세조건의 오류 문제, 사업목표의 타당싱 유무, 집행계획의 충족 여부, 구성원의 참여 정도, 사업조정의 조절문제, 통제의 확률, 위기관리의 확률, 부정적 공공관계, 기술적 활용 유무 등으로 구분하였다. 마지막으로 가변적 요인으로는 우연적 요소의 유무, 정책실패의 부정적 상승작용 등을 제시하여 정책의 성공 및 실패조건을 제시하였다.

이밖에 박성복 등(2003)은 합리적 정책결정의 제약요인 측면에서 접근하고 있는데, 제약요인을 인간적 요인, 구조적 요인, 환경적 요인, 정보 및 물적 자원의 부족, 정책문제의 복잡성, 사회·문화적 요인, 매몰비용 등 일곱 가지를 제시하고 있다. 권기헌(2004)은 정책실패 요인을 정책유형별 분석, 정책단계별 분석, 정책변수별 분석, 실행가능성 분석 등 네 가지로 분류하여 종합적인 분석이 필요하다고 주장하였다. 여기서 정책변수별 분석에서 정책실패 요인을 사람(조직책임자의 의지 및 리더십 부족, 조직구성원의 열정 부족), 조직구조 및 시스템적 요인(부처할거주의, 조직이기주의, 협력과 공유의 부족 등), 정치적 환경요인(정치적 지지의 부족, 여야 간의 갈등, 입법시간의 과도한 지체, 언론 및 여론의 반대, 지역이기주의와 이익집단의 과잉분출 및 참여과잉) 등을 들고 있다.

3. 사례연구설계

정책의 도입은 정책의제형성을 거쳐 정책이 결정되는 단계를 의미하기 때문에 자치경찰제는 정책형성단계에서 정책결정단계로 진입하지 못해 실패한 정책이라 할 수 있다. 지방자치제도가 정착되면서 치안 여건도 복잡·다양하게 변화됨에 따라 지세화시대에 맞는 치안서비스를 제공할 필요성은 더욱 높아졌다. 따라서 지방분권화의 취지와 경찰권의 합리적인 분권을 통해 경찰활동의 민주성과 정치적 중립성 그리고 봉사성 및 대민서비스를 확보하기 위해서라도 자치경찰제의 도입과 관련한 논의는 반드시 필요하다고 판단된다. 본 연구에서는 이러한 시대적 요청에도 불구하고 자치경찰제도가 도입되지 못하고 실패한 원인을 규명해보고자 기존의 선행연구에서 제시한 정책실패 요인을 중심으로 평가요인을 선정하여 분석하였다. 여기서는 정책실패 요인을 크게 인간적 요인, 자원적 요인, 절차 및 환경적 요인, 정치적 요인 등 네 가지를 분석기준으로 선정하였다.

정책실패 요인	평가기준과 내용	결 과
① 인간적 요인	• 정책결정자의 추진의지 • 정책결정자의 리더십과 능력	도입 실패 요인 분석
② 자원적 요인	• 시간적 제약문제 • 재정적 자원의 충족 및 확보문제	
③ 절차 및 환경적 요인	• 정책조정의 조절문제 • 구성원의 참여 정도 • 타 정책과의 관계 및 부정적 공공관계	
④ 정치적 요인	• 정치적 이해관계(주도집단 등)에 따른 갈등으로 목표가 변형	

[그림 10.1] 분석모형

4. 연구결과와 시사점

자치경찰제의 도입문제는 지방자치제도 및 지방분권화의 이념에 부합되고 지역주민들의 안전 확보와 치안활동에 대한 시대적 요구사항이라 할 수 있다. 그러나 지금까지 지방자치제를 실시하고 있지만, 치안활동에 대해서는 국가경찰 단일 차원으로 분권과 참여라는 근본적인 원리를 실천하지 못하고 있다. 이러한 문제를 해결하기 위해서 문민정부 이후 참여정부는 자치경찰제를 도입하기 위해 많은 노력을 했으며, 이명박 정부도 참여정부의 자치경찰제 안을 토대로 추진했으나 결국 실패했고 그 성과는 미비했다.

자치경찰제는 정치적 이해관계나 부처이기주의 등에 매몰되어 논의될 사안이 아니라 지역주민들에게 양질의 서비스를 보다 효율적으로 제공할 수 있는 경찰체제의 개혁에 초점을 두고 추진되어야 한다. 이러한 목적 하에 본 연구는 역대정부에서 지속적으로 제기되었던 자치경찰제가 도입되지 못한 원인을 규명하기 위해 자치경찰제의 도입과정에서 나타난 문제점과 선행연구를 토대로 실패요인을 선정하여 분석결과를 제시하였다. 이러한 결과를 중심으로 향후 자치경찰제의 논의 과정에서 검토해야 할 주요 사항과 정책적 시사점을 제시했다.

첫째, 역대 정부별로 대통령의 추진의지는 다소 강했으나 리더십과 지속적인 관리능력에는 한계를 보였다. 물론 참여정부에서 대통령은 자신의 공약을 이행하기 위해 실현가능성에 초점을 두고 강력하게 추진하였으나 제주특별자치도만 시행되었을 뿐 전국적인 도입에는 실패했다. 자치경찰제의 도입에 있어 절대적인 영향력을 가시고 있는 내통령의 리더십과 관리능력은 정책의 성패를 좌우한다. 따라서 파트너십을 수반한 협력적 리더십을 통해 통제위주의 전통적인 권력체계를 와해시키고 입법부 및 관련 부처의 이해관계를 조정하는 리더십이 필요하다. 아울러 자치경찰제의 도입이라는 정책목표를 실현하기 위해 구체적인 전략수단을 마련하여 상호 충돌되는 문제를 조정하고 정치적 갈등을 해소할 수 있는 능력을 갖추어야 한다. 역대정부가 자치경찰제를 대선공약이나 국정과제로 채택할 만큼 중요한 정책이었음에도 불구하고 도입에 실패한 것은 공약검증의 체계적 관리에도 문제가 있다. 정책공약은 실현가능성을 전제로 공약에 대한 책임을 공유한다는 의미에서 대통령의 공약이행에 대한 철저한 관리도 필요하다. 또한 관리 및 정치적 능력을 확보하는 차원에서 내부통제 방법을 고안하는 동시에 국회와의 원만한 교섭 및 조정 능력 등도 요구된다.

둘째, 자치경찰제 도입과 관련한 논의에서 주요 쟁점 중의 하나가 실시단위와 관련이 있는 만큼 도입단위 등에 대한 보다 구체적이고 세밀한 검토 작업이 필요하며, 헌법이나 지방자치법 등에 자치경찰제에 관한 세부 규정 등을 마련해야 한다. 기존의 선행연구에서 알 수 있듯이 도입단위와 관련하여 정부안과 광역시·도(안)을 두고 합의와 조정에 실패했기 때문에 자치경찰제는 논의만 된 채 중단되었다. 또한 참여정부와 이명박 정부가 주장한 기초자치단체 중심의 자치경찰제에 대해서는 많은 비판이 제기되었고, 학계에서도 광역자치단체 수준으로 도입해야 한다는 주장이 제기되었다(이현우 외, 2009; 최용환, 2010 등). 따라서 향후 자치경찰제를 논의하는데 있어 도입단위에 관해 기존 안을 재검토하여 보다 효율적인 대안을 모색해야 할 것이다. 예를 들어 자치단체의 인구와 재정자립도, 그리고 광역적 범죄사건이 증가하고 있는 현실을 감안할 때 시·군·구 단위가 효과적인지, 광역시·도 단위가 효과적인지를 철저히 분석할 필요가 있다. 아울러 도입단위에 대해 이해관계자들의 주장을 합리적으로 조정하는 것이 중요하기 때문에 자치경찰제추진단을 중심으로 정부, 국회, 관련부처, 민간이 참여하는 조정협의체를 구성하여 구체적인 대안을 제시하는 것도 하나의 방법이 될 수 있다. 이밖에 정부조직법 및 지방자치법상 근거가 미흡하고 한시적인 지방행정체제개편을 규정한 특별법에 규정하는 것은 적합하지 않다고 판단되기 때문에 지방자치법을 전면 개정하는 등의 법적 근거를 마련해야 한다.

셋째, 자치경찰제 도입에 있어 핵심적인 이슈는 도입단위 외에 조직구조, 사무배분, 인사관리, 자치경찰의 중립성 확보 방안 등 여러 가지 난제가 있지만 재원조달 방안을 구체화하는 문제가 우선시 되어야 한다. 운영경비 등의 문제는 재정자립도가 취약하고 자치단체간의 편차가 심한 현재의 실정으로 볼 때 반드시 제기될 수밖에 없는 문제다. 기존의 연구에 따르면, 자치경찰제 실시에 따른 운용비용의 부담문제가 가장 큰 장애요인인 것으로 나타났다. 자치단체의 재정적 부담이 가중될 경우 재정력이 취약한 자치단체가 자치경찰제 도입에 저항하는 것은 당연하다. 따라서 향후 자치경찰제에 대한 입법화 초기단계에서 영국 등의 지방자치경찰 예산체계 등을 검토하여 자치단체에 대한 일정부문의 재정적 지원을 원칙으로 세부 규정 및 지원기준, 지원규모를 보다 구체적으로 명시할 수 있는 제도적 장치가 필요하다.

넷째, 지방행정체제의 개편작업은 자치경찰제를 입법화하는데 중요한 변수로 작용할 가능성이 높다. 그러나 지방행정체제의 개편은 매우 어려운 국정과제로 이는 통치체제를 개편하는 것이고, 자치경찰제는 운영방식을 개편하는 것이기 때문에 이를 동시에 해결하는데는 한계가 있다. 따라서 지방행정체제의 개편과 자치경찰제 도입을 동시에 추진하는 문제에 대해서는 재검토해야 한다. 예를 들어 자치경찰제를 부분적으로 도입한 이후에 지방행정체제 개편을 논의해도 큰 문제가 없다고 판단되며, 수사권 독립과 자치경찰제를 별개의 정책으로 추진하는 방법도 강구해야 한다. 하지만 제주특별자치도의 자치경찰제에서도 드러났듯이 수사권 독립은 자치경찰제를 추진하는데 있어서도 해결해야 할 주요 쟁점사항이기 때문에 수사권 독립을 전제로 충분히 논의되어야 한다(황문규, 2017).

본 연구는 자치경찰제 도입과정에서 나타난 여러 가지 문제나 상황을 중심으로 실패요인을 선정하여 주관적인 평가결과를 제시했기 때문에 이를 일반화시키는데 한계가 있다. 특히 정책을 평가하는 작업은 분석기준이나 지표를 선정하는 것이 대단히 어렵고, 평가자의 접근방법과 선호도에 따라 평가 자체가 다르게 나타날 수도 있다. 또한 자치경찰제의 도입실패에 관한 요인을 선정하여 평가함으로써 역대정부가 추진한 자치경찰제의 실시단위와 조직구조, 사무배분 등 구체적인 내용을 비교·평가하여 제시하지는 못했다. 향후 연구에서는 자치경찰제의 문제점 등을 세부적으로 검토한 후 객관적인 평가지표를 도출하여 보다 효율적인 방안을 모색해보고자 한다.

끝으로 문재인 정부는 2017년 자치경찰 관련 법률을 재개정하고, 2018년 시범실시를 거쳐 2019년 전면실시라는 자치경찰제 도입 계획을 내놓았다. 그 이후 2018년 11월 자치경찰제 특별위원회는 급격한 제도변화에 따른 혼선과 부작용을 방지하기 위해 사무·인력·실시지역을 단계적으로 확대 추진한다고 밝혔다. 먼저 2019년 서울·제주·세종 등 5개 지역(자치경찰사무 50%), 2021년 전국 일부사무시행(자치경찰사무 70–80%) 이후 2022년부터 전체사무(자치경찰사부 100%)로 확대한나는 계획을 바련하였나. 2019년 말 현재 자치경찰제의 방향은 어느 정도 확정되었지만 제도가 제대로 정착하기 위해서는 시간적 여유를 가지고 준비해야 하며, 공론화 과정을 통해 국민들의 여론을 충분히 수렴하고 경찰 내부의 입장 등을 세밀하게 검토한 후 추진해야만 성공할 수 있다는 점을 간과해서는 안 된다.

참고 문재인 정부의 자치경찰제(안)

1. 개요

자치경찰은 기존의 국가경찰과 다르게 경찰이 지방자치단체장의 권한과 책임 하에 자치지역 내에서 치안업무를 담당하는 제도이다. 지방분권의 취지에 맞게 현재 중앙 행정부 소속 국가경찰이 전부 맡고 있는 생활 안전, 지역 교통, 지역 경비, 광역단체 소관 특별사법경찰 등의 관리를 지방자치단체장에게 맡기는 제도라 할 수 있다. 국가경찰제도는 합법성·능률성·집권성·책임성을 추구하는 반면에 자치경찰제도는 민주성·분권성·중립성·자치성을 추구하는 제도로 분류되고 있다. 우리나라는 국가경찰제가 근간이 돼 왔으며, 자치경찰제도에 대한 논의는 1990년대 초반까지는 활발하게 진행되지 못했다.

[표 10.2] 역대 정부별 자치경찰제(안)

구분		국민의 정부	참여 정부	이명박 정부 (박근혜 정부안과 유사)
실시단위		– 광역단위	– 기초단위	– 기초단위
조직	국가경찰	– 총리 산하 국가경찰위원회를 설치, 그 관리 하에 집행기관으로 경찰청을 둠	– 현행 경찰체제의 골격유지하면서 국가·자치경찰의 이원적 구조	– 좌동
	자치경찰	– 시·도에 시·도 경찰위원회, 그 관리 하에 시·도 경찰청, 시·도 경찰청장 관할하에 경찰서 설치	– 시·군·구에 직속기관으로 자치 경찰대 신설	– 좌동
	심의의결기관	– 국가경찰위원회와 시·도 경찰위원회 설치	– 심의·의결기관으로 시·도 치안행정위원회 설치	– 좌동
사무	국가경찰	– 법제, 정책 등 정책입안 사무는 직접 수행/광역 사건·사고, 대간첩·경호 등 국가공안사무는 지휘·감독 /각종 통계, 통신, 교육 등은 조정·통제	– 포괄적 경찰사무 수행	– 좌동
	자치경찰	– 포괄적 경찰사무 수행	– 국가경찰과 별도조직, 공동사무(생활안전, 교통, 경비 등) – 특별사법경찰사무 범위에 한해 사법경찰권 부여(보건·위생·환경·건축 등 17개)	– 국가결찰과 공동사무 – 지역적 생활안전, 교통, 경비사무(협약으로 구분) – 특별사법경찰사무 (17개)

자료: 「지방자치발전 백서」, 자치분권위원회 내부자료.

1991년 지방자치제도가 실시되면서 비로소 자치경찰제 도입에 대한 논의가 본격적으로 이루어졌다. 이후 1997년 대통령 선거에서 김대중 후보는 경찰의 정치적 중립화와 자치경찰제도 도입 등을 공약했다. 김대중 후보가 대통령으로 당선된 이후 자치경찰제 도입을 100대 국정과제로 선정하여 1998년 경찰청 내에 경찰개혁위원회를 설치하고 자치경찰제도 기획단을 운영해 외국의 제도를 연구하고 공청회를 여는 등 자치경찰제도에 관한 연구를 본격화했다. 이후 노무현 대통령도 지방행정과 치안행정의 연계성을 확보하고 지역의 특성에 적합한 주민 생활 중심의 치안서비스를 제공하기 위해 자치경찰제를 도입하려 했다. 그 성과 중의 하나로 제주특별자치도의 출범과 함께 경찰 창설 60여년 만에 처음으로 2006년 7월1일 당시 정부안과 유사한 모형의 제주자치경찰제도가 시행되었다. 그러나 제주자치경찰은 수사권이 없어 '무늬만 자치경찰'이라는 비판을 받기도 했다.

2. 제정배경

2013년 공포된 〈지방분권 및 지방행정체제개편에 관한 특별법(지방분권특별법)〉 12조 3항은 '국가는 지방행정과 치안행정의 연계성을 확보하고 지역특성에 적합한 치안서비스를 제공하기 위하여 자치경찰제도를 도입해야한다'고 규정하고 있다. '지방분권' 강화를 강조하는 문재인 정부 출범 초기 국정기획자문위원회는 2017년 7월 100대 국정과제 중 하나로 '광역단위 자치경찰 도입'을 제시했다. 이에 따라 2017년 11월 경찰개혁위원회는 '광역단위 자치경찰제' 도입 권고안을 발표했다. 또한 2018년 11월 대통령 직속 자치분권위원회 자치경찰제 특별위원회는 서울시, 경찰개혁위원회에서 제시한 방안과 국내외 사례를 종합하여 도입방안을 마련하였다. 다음은 경찰개혁위원회와 자치경찰 특별위원회가 제시한 주요 내용이다. 특히 자치경찰제 특별위원회는 자치경찰제의 도입원칙을 주민밀착형 치안 활동력 증과 경찰권의 민주적 설계 및 정치적 중립성 확보로 설정하였다. 세부적으로는 치안력 약화 및 치안 불균형 방지, 재정투입의 최소화, 제도 도입에 따른 치안혼란 최소화 등을 기본원칙으로 제도를 설계하였다.

① 조직 및 인력

먼저 조직체계를 살펴보면, 전국 17개 시·도 소속으로 '자치경찰본부'와 심의·의결기구인 '시·도 자치경찰위원회'를 설치하도록 했다. 또 주민밀착형 치안서비스 제공과 기초자치단체와의 연계성 강화를 위해 시·군·구 단위로 '시·군·구 자치경찰대'를 두고, 광역자치단체의 법집행력 강화와 광역단위 행정 수요를 충당하기 위해서 시·도 직할로 '시·도 자치경찰대'를 운영할 수 있도록 했다. 자치경찰제 특별위원회(안)의 안을 보면, 주민밀착 치안활동을 위해 국가경찰 소속의 지구대·파출소는 사무배분에 따라 자치경찰로 이관한다. 국가경찰은 자치경찰의 이관만큼 조직·인력을 축소하고 중대·긴급사건을 위한 지역순찰대로 존치한다. 인력의 경우 최종적으로 지역경찰·교통 등 전체 국가경찰(117,617명)의 36%인 4만3천명을 자치경찰로 이관한다. 아울러 자치경찰도 국가경찰 소속의 112상황실에 합동 근무하며 '업무 떠넘기기' 등 현장혼선을 방지하고, 정보공유와 신고·출동 관련 공동대응 체계를 구축한다는 계획이다.

현행	개편
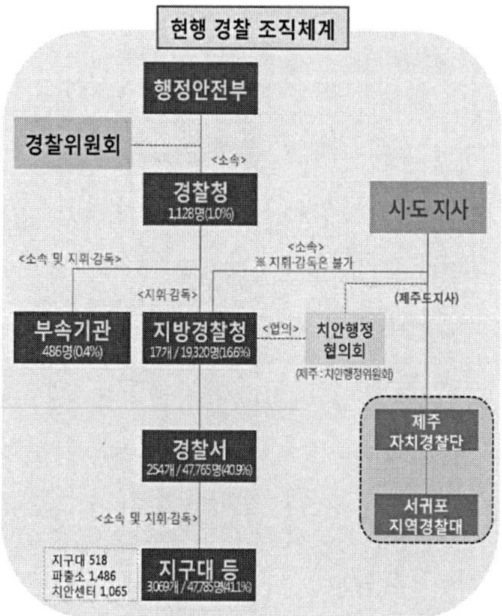	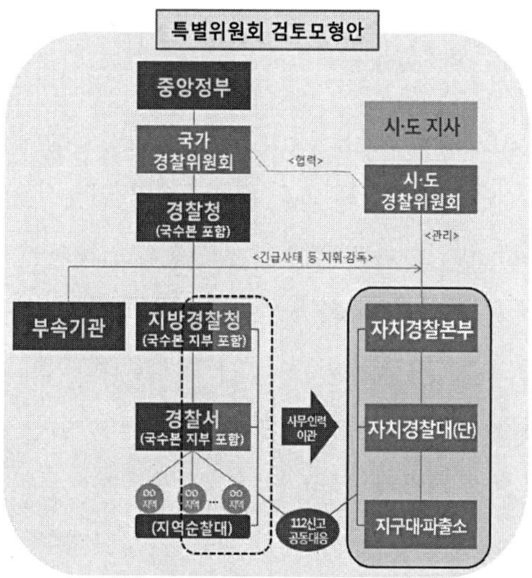

[그림 10.2] 자치경찰제 도입 이후 경찰조직 변화

② 담당 업무

예방·단속·위험방지·공공질서 유지 관련 생활안전·교통·경비 사무와 지방 전문행정과 관련된 업무를 자치경찰이 맡도록 했다. 학교폭력·가정폭력·성폭력범죄 등 주민의 기초적인 사회관계 형성과정과 밀접히 관련된 일반범죄와 공무집행 방해·음주운전 사건 등에 대해 수사권을 부여했다. 또 강력범죄가 의심되지 않는 실종자·미귀가자 사건·'반려견 사건' 등 동물 안전 관리와 관련한 수사업무를 수행할 수 있도록 했다. 또한 도로교통법이나 경범죄처벌법 위반에 따른 통고처분 불이행자 등에 대한 즉결심판 청구도 자치경찰이 담당하도록 함으로서 수사권이 없는 제주자치경찰과는 큰 차이가 있다. 다만, 자치경찰은 보안외사와 같은 국가사무와 전국적·통일적 처리를 요하거나 고도의 전문성으로 자치경찰이 수행하기 곤란한 사무는 담당하지 않는다. 자치경찰제가 본격적으로 시행되면 업무 범위는 현재 제주자치경찰의 2~3배 수준으로 확대될 것으로 전망된다. 이밖에 긴급하게 조치해야 할 현장성 있는 사건의 현장보존·범인검거 등 초동조치를 국가·자치경찰의 공동 의무사항으로 규정하여 사건처리의 혼선을 방지하고 협력체계를 강화한다는 방침이다.

[표 10.3] 단계별 사건처리 절차

구 분		자치경찰 사무	국가경찰 사무
사건 초기	현장성 無	– 자치경찰이 소관 사무 처리	– 국가경찰이 소관 사무 처리
	현장성 有	– 국가경찰은 중대·긴급신고, 자치경찰은 일상·비긴급신고 처리를 원칙으로 하되, 사건현장에 경찰관이 있는 경우 우선 초동조치 후 소관경찰에 인계	
중간 이후		– 자치경찰이 소관 사무 처리	– 국가경찰이 소관 사무 처리

③ 인사권과 재정

시·도지사가 시·도 소속 공무원인 자치경찰에 대한 인사권을 갖는다. 자치경찰본부장과 자치경찰대장은 시·도 자치경찰위원회의 추천을 받아 시·도지사가 임명하며, 임기는 2년이고 한번 연임이 가능하다. 시·군·구 자치경찰대장은 시·군·구청장의 동의를 받아 임명하도록 했다. 자치경찰은 시·도지사 소속 특정직 지방공무원으로 하며, 국가경찰과 자치경찰 간의 인사교류가 가능하도록 했다. 다음으로 재정지원 및 시설·장비운영과 관련하여 살펴보면, 먼저 자치경찰제 시행에 필요한 예산은 국가가 부담하는 것을 원칙으로 한다. 시범운영 예산은 우선 국비로 지원하고 장기적으로 자치경찰교부세 도입을 검토하고 있다. 자치경찰은 국가경찰로부터 이관되는 인력으로 운영됨으로 이로 인한 국가경찰의 여분의 시설·장비는 자치경찰과 공동으로 사용하는 것을 원칙으로 하여 신규 재정 부담을 최소화 한다는 계획이다.

④ 자치경찰위원회

자치경찰위원회는 정당 소속이 아닌 지역주민, 시민사회 인사, 치안 관련 분야의 학식과 경험을 갖춘 인물 등으로 구성하며, 자치경찰의 업무처리 적정성 등을 전반적으로 감독한다. 자치경찰위원회의 임기는 3년으로 4년인 자치단체장 임기와 겹치지 않도록 했다. 자치경찰위원회의 주요 심의·의결 사항으로는 자치경찰의 인사, 예산 등에 관한 주요정책, 자치경찰본부장 후보자 추천, 자치경찰 관련 민원과 자치경찰공무원의 주요 비위사건 등에 대한 감사·감찰요구와 징계요구, 상관의 부당한 수사지휘에 대해 이의가 제기된 경우 이에 대한 조치요구 등이다.

3. 시행 계획과 시사점

2018년 11월 13일 자치분권위원회가 발표한 '자치경찰제 도입방안'에 따른 계획에 의하면, 2019년부터 17개 광역시·도에 자치경찰본부와 자치경찰대를 신설하고 전체 경찰의 36%인 4만 여 명을 2022년까지 자치경찰 신분으로 단계적으로 이관한다는 계획이다. 세부일정으로는 2019년에는 서울·제주·세종을 비롯하여 공모를 거쳐 선정한 광역시 1곳과 도 1곳 등 5개 지역에 7,000~8,000여 명의 경찰을 자치경찰로 우선 전환한다. 2021년에는 전국으로 확대해 30,000~35,000여 명을 전환하며, 2022년까지 전국 최종 43,000여 명의 경찰이 자치경찰로 전환하게 된다.

[표 10.4] 자치경찰제 단계별 도입 방안

구분	1단계 (일부지역+일부사무)	2단계 (전국+일부사무)	3단계 (전국+전체사무)	최종단계
대상 지역	5개 지역 (서울·세종·제주 외 2개 시·도)	전국	전국	전국
사무	자치경찰 사무 약50% (일부 수사권 포함)	자치경찰 사무 약70~80% (일부 수사권 포함)	자치경찰 사무 100%	평가 후 추가 확대
인력	7,000~8,000명	30,000~35,000명	43,000명	
시점	2019년	2021년	2022년	정착수준에 맞춰 평가 후 판단

자료: 대통령소속 자치분권위원회(2018. 11. 13 보도자료 인용)

한편, 2006년 시행된 제주자치경찰은 국가경찰 대비 8%에 불과한 인력규모와 수사권이 없는 순찰·예방 중심의 제한적 권한, 초기 이관인력에 한정된 국가재정 지원 등으로 자치경찰의 역할 수행에 한계가 있었다. 이러한 문제를 해결하기 위해 자치경찰특위(안)는 국가경찰 대비 자치경찰의 인력을 36%까지 대폭적으로 확대하고, 지역 민생치안과 관련하여 사무이양과 관련 수사권을 부여하는 동시에 국가가 재정을 부담하는 등 자치경찰제가 활성화 될 수 있도록 하였다. 하지만 여전히 자치경찰제의 전면 시행에 대한 찬반론이 팽팽한 만큼 시범 실시를 통하여 문제점을 사전에 진단하고 치안 공백의 약화 우려에 따른 대응책을 마련하여 시행 초기부터 부작용을 최소화해야 한다. 아울러 제도의 미비한 점을 철저히 분석하여 우리나라의 실정에 맞는 자치경찰제를 정착시켜야 할 것이다(경찰백서, 2018).

[표 10.5] 자치경찰제 전면 시행에 대한 입장

구분	내용
찬성론	– 지방분권과 자치강화: 지방자치제도 취지에 맞게 경찰 서비스도 중앙의 국가 중심 구조에서 벗어나 분권화된 운영방식을 적용 – 지역 치안에 대한 지역의 책임 강화가 필요 – 주민참여 행정의 활성화: 범죄의 예방이나 교통정책은 결코 경찰의 힘만으로는 효과를 거둘 수 없는 분야이므로 주민의 참여가 필수적
반대론	– 자치단체의 경비부담: 자치경찰제를 운영하는데 소요되는 인건비, 경상사업비 등을 자치단체가 부담 – 자치경찰제를 도입하면서 지방자치단체와 중앙정부 사이의 경찰사무와 인사권 배분문제, 의회의 통제에 대한 입장이 다른 데서 오는 정치적 갈등 – 자치단체 간 치안수준의 불균형: 재정 능력에 차이가 나는 자치단체 간 치안 투자의 불균형으로 인해 치안수요에 대한 공급 수준의 격차에 따른 주민의 불만 야기

Research Methods
in Public Administration

사회조사분석사 핵심문제와 해설

1. 서베이 조사와 비교한 사례연구에 대한 설명으로 틀린 것은? | 2017년 1회

① 연구대상을 질적으로 파악하려고 기술한다.

② 소수 대상의 여러 가지 복합적 요인에 대한 복합적 관찰을 한다.

③ 연구대상집단의 공통 분모적 성질인 대표성을 추구한다.

④ 연구대상의 내면적, 동태적 양상을 수직적으로 파고드는 조사이다.

해설 사례연구는 질적 연구방법의 하나로 특수한 상황, 사건, 현상 등의 구체적인 문제에 초점을 두고 연구결과를 기술하는 것으로 새로운 해석과 의미를 얻어내기 위한 방법이다. 단점으로는 연구대상을 선정함에 있어 대표성 문제가 제기된다.

2. 사례연구에 관한 설명으로 틀린 것은? | 2017년 2회

① 사례연구는 질적 조사방법으로 양적인 방법을 사용하여 수집한 증거는 사용하지 않는다.

② 사례연구에서는 기존 문서의 분석이나 관찰 등과 같은 방법으로 자료를 수집한다.

③ 사례는 개인, 프로그램, 의사결정, 조직, 사건 등이 될 수 있다.

④ 사례연구는 한 특정한 사례에 대해 집중적으로 연구하는 것이다.

해설 사례연구는 개인이나 집단 또는 조직 등을 하나의 단위로 해서 정밀하게 연구 조사하는 방법으로 다수 사례를 분석대상으로 할 경우에는 양적 방법을 활용한다.

3. 다음 중 사례조사에 관한 설명으로 가장 적합한 것은? | 2017년 3회

① 본 조사를 실행하기 앞서 먼저 시행한다.

② 조사의 범위를 한 지역 또는 한 번의 현상에 국한시켜 연구하고자 하는 현상의 대표성을 유지시킨 채 결과를 도출하는 방법이다.

③ 일정 지역 또는 작은 sampling을 추출하여 대표성을 유지시킨 채 사전에 진행하는 것이다.

④ 조사의 타당도, 신뢰도를 측정해 보는 방법이다.

해설 사례조사는 특정 사례를 조사하여 문제를 종합적으로 파악하고 그에 대한 실증적인 분석을 실행하는 조사를 말한다.

해답 1. ③ 2. ① 3. ②

4. 단일사례연구에 관한 설명으로 틀린 것은? | 2018년 2회

① 외적 타당도가 높다.

② 개입효과에 대한 즉각적인 피드백이 가능하다.

③ 조사연구과정과 실천과정이 통합될 수 있다.

④ 개인과 집단뿐만 아니라 조직이나 지역사회도 연구대상이 될 수 있다.

해설 단일사례연구의 1차적 목적은 집단대상의 설계에서처럼 가설의 검증에 있는 것이 아니라 어떤 표적행동에 대한 개입의 효과를 관찰하여 분석하는 것이다. 단일사례연구는 내적 타당도를 저해하는 요인들을 통제할 수 있어 내적 타당도가 높다.

해답 4. ①

11 연구보고서 작성절차와 사례

제 1 절 연구보고서의 의미와 절차

사회과학 관련 조사의 최종단계는 연구보고서를 작성하는 단계이다. 연구보고서의 목적은 연구문제, 문제를 해결하기 위해 사용된 방법, 연구결과, 그 결과로부터 도출된 결론을 알리는데 있다(Kerlinger, 1986; 남궁근, 2014). 연구보고서는 연구결과의 모든 것을 담아 연구의뢰자나 연구이용자에게 전달하는 하나의 수단이다. 따라서 연구보고서를 접한 연구의뢰자와 이용자는 연구보고서로부터 모든 것에 대해 알아야 하고 여기서 의사결정에 필요한 정보를 얻을 수 있을 것이다(채서일, 2016). 일반적으로 연구보고서는 과학적 연구의 절차를 기준으로 연구보고서를 작성할 수 있다.

연구보고서의 형식이나 구조는 구체적인 연구주제나 연구결과를 작성하는 매체의 유형에 따라 달라질 수 있다. 연구보고서를 작성하는데 있어 일정한 법칙이 있는 것은 아니며, 연구자가 연구결과를 타인에게 잘 알릴 수 있도록 각자 알아서 작성하면 된다. 이처럼 연구보고서에 대해 표준화된 절차는 없지만 일반적으로 다음과 같은 형식에 의해 작성된다.

■ 과학적 조사의 절차

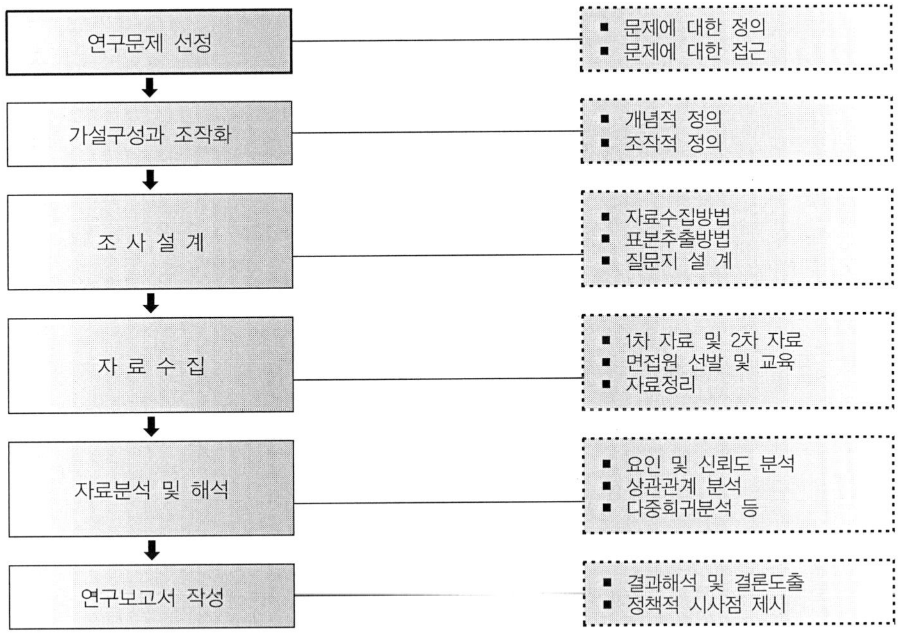

➲ 연구보고서 작성 절차

1. 제목(title page: 논문 또는 전문서적의 제목)
2. 목차(table of contents)
3. 요약(abstract, synopsis, executive summary)
   ① 주요발견(objective)
   ② 결과(result)
   ③ 결론(conclusion)
   ④ 제안(recommendation)
4. 본문(text)
   ① 서론(introduction)
   ② 연구방법론(methodology): 조사설계, 자료수집방법, 변수측정방법, 통계분석 등
   ③ 연구결과(result): 자료분석 결과, 분석결과의 해석
   ④ 한계(limitation)
5. 결론 및 제언(conclusion & recommendation)
6. 참고문헌 및 부록(bibliography & appendix)
   ① 참고문헌(bibliography)
   ② 부록(appendix): 설문지(paper of question) 및 기타 자료(other data)

제 2 절 연구보고서의 예시

사례: 고령화 사회 이후의 노인 강력범죄

2007년 8월 전남 보성에서 어부 오모(71세)씨가 10대 남녀 두 명을 배에 태운 뒤 남성을 숨지게 하고, 여성을 성추행하려다 실패하자 여성을 살해한 사건이 발생했다. 한 달 뒤에도 20대 여성 2명을 같은 방법으로 살해해 사형을 선고받았다. 이 사건이 발생한 후 한국사회는 노인범죄에 대해 관심을 가지기 시작했다. 2018년 노인인구가 급격히 늘면서 한국은 고령사회에 진입하여 정부 차원에서 다양한 정책을 내놓고 있지만 대부분 경제적 면에 초점을 맞추고 있다. 반면 노인들이 일으키는 사회문제와 이를 해결하기 위한 대책은 등한시 해 왔다. 그러는 사이 노인범죄, 그 중에서도 노인에 의한 강력범죄가 가파르게 증가하면서 사회문제가 되고 있다.

연구주제 고령화 사회 노인 강력범죄의 추이와 영향요인 연구[1)]

1. 연구문제와 연구목적

21세기 전후로 생활수준의 향상과 생명공학의 발달로 노인인구의 절대적인 수가 증가하고 있다. 우리나라도 전체 인구에서 노인이 차지하는 비중이 높아지면서 2000년을 기점으로 65세 이상 노인인구의 비율이 7.2%로 고령화 사회(aging society)에 진입했고, 2018년 고령사회(aged society)가 되었다. 통계청의 노인인구 추계자료에 따르면, 2018년 노인인구의 비율이 14.3%로 고령사회(aged society)가 되고, 2026년에는 20.8%로 초고령 사회(super aged society)에 진입할 것으로 예측했다. 선진국의 경우에 1950년대에 고령화 사회에 이미 진입하였고, 2000년에는 노인인구의 비율이 14.4%로 고령사회가 되었다.[2)] 여기서 문제는

1) 본 연구는 2008년 한국지방정부학회 지방정부연구(제12권 제2호)에 게재된 논문의 일부와 수사연구(2008, vol. 299)에 게재한 내용, 그리고 최신 자료를 추가하여 작성하였다.

2) 주요 선진국의 고령화 사회에서 고령사회로의 진입기간을 보면, 프랑스 115년, 스웨덴 85년, 미국 70년, 독일 40년, 일본 24년이다. 또한 우리나라의 노인인구 비율은 2050년에 38%로 전체 OECD 국가 중 최고 수준에 이를 것으로 보인다. 하지만 세계 최고속도의 고령화와 이에 대비한 제도·의식의 미비로 고령화의 충격은 다른 어느 국가보다 클 전망이다(통계청, 2006; 대통령직속 저출산·고령사회위원회, 2006: 76-77 참조).

우리나라 노인인구의 증가추세로 고령화 사회에서 고령사회로 진입하는 기간이 18년으로 OECD 국가 중 가장 빠르게 진행되고 있다는데 문제의 심각성이 있다(강은영 외, 2014).

우리나라에서 노인문제와 관련한 구체적인 논의는 2000년 고령화 사회의 진입과 더불어 사회적 이슈로 등장한 이후 2004년 고령화 및 미래사회위원회를 구성하면서 본격적으로 시작되었다. 그 이후 2005년 저출산·고령사회위원회로 개편하여 재구성하고 저출산·고령사회기본법을 제정한 후 2006년 8월 저출산·고령사회 기본계획을 확정하였다(김종해, 2007). 노인인구의 급격한 증가는 정치 및 경제적으로 노인의 영향력이 증가하는 노인중심 사회로의 변화를 의미하지만, 우리나라처럼 고령화와 저출산이 동시에 진행되는 국가에서는 다양한 문제를 유발할 개연성이 높다.

특히 고령화가 빠르게 진행되면서 사회적 약자로써 범죄자들의 피해 대상인 노인들이 가해자로 변해가는 추세가 뚜렷하게 나타나고 있다. 그 예로 96년도의 경우 61세 이상 노인 범죄자가 3만 4,992명으로 전체 범죄율의 1.8%에 불과했으나 16년 말에는 19만 3,277명으로 전체 범죄율의 10.5%를 차지하여 96년에 비해 6배 정도 증가함으로써 노인범죄의 증가에 따른 대책마련이 시급하다. 또한 노인범죄의 유형에 있어서도 과거에는 생계형 범죄가 대부분을 차지했으나 최근에는 살인·강도·방화·강간 등 4대 강력범죄가 급증하는 것으로 나타나 고령사회의 새로운 사회문제로 대두되고 있다.

노인범죄의 경우 미국은 1970년대 후반 이에 대한 관심이 고조되면서 1980년대에 본격적으로 연구가 진행되었다(Flynn, 2000). 우리나라는 노인범죄의 건수나 전체 범죄에서 차지하는 비율, 그리고 생계형 노인범죄 등 강력범죄의 비중이 상대적으로 낮다. 이러한 이유로 인해 노인범죄에 대한 실태파악과 관련한 연구는 소수에 불과했으며, 크게 주목을 받지 못했다(이건종·전영실, 1995; 김승용, 2000; 김상균, 2004). 그러나 최근 노인범죄가 증가하고 있고, 범죄 유형별로 강력범죄의 비중이 높아지고 있기 때문에 범죄학적 측면에서 노인범죄의 추이를 살펴보고 범죄의 특성 및 범죄유발 요인을 분석하는 등 노인범죄의 예방 정책적 차원에서 보다 구체적인 연구가 필요할 것으로 판단된다. 따라서 여기서는 노인범죄의 일반적인 특성과 고령화 사회 진입 이후인 2008년부터 2017년까지 10년간 노인범죄의 추이와 특성을 살펴보았다. 아울러 강력범죄를 유발하는 요인을 선정하여 어떠한 변수들이 강력범죄에 영향을 미치는지를 분석하여 노인 강력범죄의 예방 차원에서 분석결과를 근거로 정책적 시사점을 제시하였다.

2. 노인범죄의 이론적 배경

1) 노인범죄의 개념과 특성

노인범죄는 복합형태의 과정을 통해 기능과 능력이 퇴화기에 있는 사람이 범죄행위에 가담하는 것으로 여기서는 '노인들이 행하는 형벌법규에 저촉되는 행위'로 노인범죄를 정의하였다(Breen, 1976; 치안정책연구소, 2007). 일반적으로 노인범죄의 특성은 노인인구의 특성과 관련하여 발생하는 노인문제인 신체적 특성, 심리적 특성, 경제적 특성, 사회적 특성을 중심으로 접근하고 있다(서상철, 2007; 치안정책연구소, 2007). 이러한 여러 가지 특성으로 인해 노인문제는 지속적으로 증가하고 있으며, 이에 대한 대책의 미비로 인해 노인범죄도 해마다 증가하고 있는 실정이다(이승현 외, 2017).

여기서 우리나라 노인범죄의 특성을 간략하게 살펴보면, 첫째로 노인범죄가 다른 연령층에 비해 아직은 낮다는 점이다. 이러한 사실은 생물학적, 사회심리학적, 사회환경적 요인 등 여러 이론에서 입증되었으며(이건종 외, 1995; 최옥채, 2004), 범죄학에서도 연령이 증가함에 따라 범죄 개입이 감소하는 것으로 나타났다(Quetelet, 1831). 그 원인으로는 노인이 되면서 비행 친구의 영향이 감소하고 목표와 열망이 변화되어 남겨진 시간은 평화롭고 조화로운 시간으로 만들려고 하기 때문이다. 또한 범죄행위에서 기대되는 보상이 적은 반면에 검거의 가능성이 높은 것으로 지각하기 때문에 잠재적으로 범죄행위를 할 경우 득실계산에서 부정적 평가를 하게 되고 범죄를 단념하게 됨으로써 범죄율이 낮다고 보는 것이 통례다. 그렇지만 최근 범죄분석 자료에 의하면, 61세 이상 노인범죄가 꾸준히 증가하고 있기 때문에 범죄예방 차원에서 이에 대한 대책마련도 시급하다(이형국, 2017).

둘째로 노인범죄자 중 범죄경력을 가지고 있을 확률이 높다. 이건종 등(1995)의 연구에 의하면, 전체 범죄노인의 57%가 범죄경력이 있는 것으로 나타났고, 41세에서 50세 사이에 가장 많이 발생하는 것으로 나타났다. 특히 노인층 수감자를 대상으로 한 Goetting(1983)은 재산범죄를 저지른 노년층이 폭력범죄자보다 과거에 수감된 경력이 더 많다고 주장하였다(Goetting, 1983). 우리나라의 경우 2006년 검거된 전체 범죄자의 경우에도 51.5%는 재범자로 나타났으며, 같은 범죄를 반복해서 발생시키는 범죄도 18.4%로 나타났다. 그 이후 2015년 말 기준 노인 강력범죄의 재범자 비중은 56.5%로 상당히 증가했다(경찰백서, 2016).

셋째로 직업적 범죄자의 범죄는 체계적인 성격을 가지는 반면에 노인범죄는 순간적인 충동, 무력감 등 우발적인 범죄가 많다. 넷째로 노인범죄자는 여성보다 남성이 많다. 우리나라 노인범죄의 성별 분류에 관련하여 살펴보면, 전체 노인범죄자 중 2000년도 이후 남성이 83% 정도를 차지하고 있고 여성노인이 17% 정도로 남성노인에 의한 범죄가 많은 것으로 나타나고 있다(강영실, 2005).[3] 다섯째로 노인범죄의 경우에 인간관계 기술이 부족하여 범죄가 발생하는 경우가 많다. 이건종 외(1995)의 자료에 의하면, 범행동기 중 인간관계 기술의 부족으로 범죄가 발생하는 경우가 43.6%로 경제적 문제(24.8%)나 병리적 문제(10.5%)보다 높은 것으로 조사되었다(이건종 외, 1995). 이밖에 노인범죄는 피해자와 가해자간의 관계가 이웃일 가능성이 높고 범죄노인은 중복욕구를 가진다.

한편, 노인에 의한 강력범죄가 증가하면서 청소년 및 성인범죄에서 나타나는 대담성이나 흉포화 범죄가 노인범죄에도 나타나고 있다는 점이다. 다시 말해 노인에 의한 살인, 강도, 방화 등의 강력범죄가 더욱 대담해지고 피해자를 잔혹하게 살해하는 특성을 보이고 있다. 그리고 범행의 동기를 뚜렷하게 알 수 없는 살인이나 숭례문 방화사건, 기장군 노인살인사건 등 경제적 문제와 정신적 상실감 등이 교차하면서 노인에 의한 강력범죄가 증가하고 있다. 또한 고령화 사회 이후 평균수명의 증가나 성적 능력의 유지, 대상적 욕구충족 등으로 인하여 성범죄가 증가하고 어린이나 정신지체여성을 상대로 한 노인 성범죄의 증가 추세가 뚜렷하게 나타나고 있다. 특히 성범죄와 관련하여 최근 일본의 강간범죄 추세결과 살인, 방화, 절도 등의 범죄는 증가한 반면에 성범죄는 비교적 적은 특징을 가지고 있다는 점을 주목할 필요가 있다.

2) 노인범죄의 유발요인

노인범죄가 사회문제로 대두된 시기가 짧고 청소년 및 장년층에 비해 범죄율이 상대적으로 낮았기 때문에 범죄학의 관점에서 기존 이론들은 주로 청소년 비행문제나 중장년층을 중심으로 연구가 진행되어 왔다. 그리고 노인범죄와 관련한 기존의 연구가 주로 실태분석을 중심으로 이루어졌으며, 노인범죄의 인과요인을 검증한 국내외 연구는 소수에 불과하다(이현희 외, 2003; 치안정책연구소, 2007). Akers(1988)등은 기존의 이론 중 사회구조적 접근방법의 하나인 아노미이론과 80년대 미국에서 지배적인 범죄학 이론으로 자리매김을 한 사회통제이론이 노인범죄의 원인을 설명하는데 적용될 수 있다고 주장하였다(Akers, 1988).

3) 대검찰청 범죄분석(2015-2017) 자료에 따르면, 2014년 65세 이상 남성노인범죄자의 비율은 82.1%, 2015년 82.0%, 2016년 81.7%로 나타났다. 이에 비해 여성노인범죄자의 비율은 2014년 17.9%, 2015년 18.0%, 2016년 18.3%로 여성노인범죄자의 비율이 연도별로 증가하고 있다.

그들에 의하면, 노인의 경우에 배우자의 죽음, 건강악화, 사회적 고립, 빈곤, 은퇴 등 삶의 위기나 노년기의 특정 사건들이 스트레스를 유발시키고 목표와 수단사이에 불협화음을 발생시키는 아미노적인 긴장상태를 가져온다고 말한다. Rosow(1974)도 노년기의 은퇴, 배우자의 상실, 이전 역할과 새로운 역할의 부재, 노년기에 대한 낮은 가치평가 등 삶의 변화를 경험하는데, 이러한 환경이 노인들에게 스트레스 및 좌절을 경험하게 한다고 주장하였다. 이밖에 Merton(1968)은 합법적인 수단으로 목표를 달성할 수 없는 사람은 이러한 긴장상태에 벗어나기 위해 범죄행위를 통해 목표를 달성하려한다고 주장하였다(김상균, 2004; 한동효, 2019).

다음으로 사회통제이론에서는 인간은 누구나 범죄를 유발할 가능성이 있다는 전제 하에 낙인이론이 통제의 강화가 일탈을 낳는다고 주장한 반면에 통제이론에서는 통제의 해이함이 일탈을 가져온다고 말한다. 다시 말해서 사회통제이론에서는 범죄가 개개인의 사회적 결속력이 약화되거나 붕괴되었을 경우에 발생한다는 것이다. 사회통제이론에서 제시하는 범죄유발 요인으로는 생활의 궁핍, 가정불화, 기회의 상실 등 사회적 압력과 친구, 비행하위문화, 대중매체 등 사회적 유인력이 있다. 따라서 노년기는 경제적 빈곤, 가정불화 등의 가족해체, 기회 및 역할의 상실 등으로 인해 사회적 결속력이 약화되면서 범죄를 유발한다는 것이다.

결국 배우자의 사망이나 긴장악화 등을 통한 아노미 상태와 사회통제이론에서 말하는 노인들의 사회적 결속력 저하가 노인범죄를 유발할 수 있다는 것이다. 그리고 노인범죄는 경제적 요인으로 발생하는 경우가 많은데, 은퇴나 실직 등으로 인하여 지위상실이나 무력감, 그리고 좌절은 노인범죄의 원인이 된다. 또한 노동시장의 변화나 기술발전으로 인한 조기은퇴가 노인의 사회적 변화를 촉진하고 나아가 불법적인 대안의 하나로 노인범죄가 일어난다(Fishman, 1977). 이밖에 경제 불황으로 나타나는 실업율도 노인범죄에 영향을 미친다. 마지막으로 Feinberg(1984)의 연구에 따르면, 노인범죄는 은퇴나 배우자의 사망 등 개인적 요인이 경제적 요인보다 영향을 많이 미치는 것으로 나타났다.

3. 노인 강력범죄의 추이

2018년 우리나라 전체 인구는 5,163만5천명으로 2031년까지 계속 증가한 후 감소하지만 65세 이상 인구는 738만1천명으로 2050년까지 지속적으로 증가할 전망이다. 또한 2018년

65세 이상 인구가 차지하는 구성비는 14.3%로 지속적으로 증가하여 2060년에는 41.0%가 될 것으로 예측된다. 연령별로는 65세 이상 인구 중 65~69세와 70~74세가 차지하는 구성비는 감소하는 반면에 75세 이상의 구성비는 지속적으로 증가할 것으로 예상된다. 이러한 노인인구의 지속적인 증가와 고령화는 노인범죄의 증가와 밀접한 관계를 가진다(이형국, 2017).

[표 11.1] 노인인구의 추이 (단위 : 천명, %)

구분	총인구	65세 이상	구성비	연령대별 인구 및 구성비					
				65~69세		70~74세		75세 이상	
				인원	구성비	인원	구성비	인원	구성비
2000	46,136	3,375	7.3	1,377	40.8	919	27.2	1,078	32.0
2005	47,279	4,372	9.2	1,683	38.5	1,255	28.7	1,434	32.8
2010	48,580	5,434	11.2	1,817	33.4	1,569	28.9	2,049	37.7
2017	51,423	7,171	13.9	2,315	32.3	1,756	24.5	3,100	43.2
2018	51,635	7,381	14.3	2,360	32.0	1,798	24.4	3,223	43.7
2020	51,974	8,134	15.6	2,661	32.7	1,991	24.5	3,482	42.8
2030	52,941	12,955	24.5	4,081	31.5	3,553	27.4	5,320	41.1
2040	52,198	17,120	32.8	4,242	24.8	4,038	23.6	8,840	51.6
2050	49,433	18,813	38.1	3,770	20.0	3,680	19.6	11,363	60.4
2060	45,246	18,536	41.0	3,612	19.5	3,184	17.2	11,740	63.3

자료 : 통계청(2016. 12),「인구주택총조사」각 년도, 「장래인구추계」.

노인범죄의 유형에서 형법범죄는 크게 재산범죄(절도, 장물, 사기, 횡령, 배임, 손괴), 강력범죄(살인, 강도, 방화, 강간, 폭행, 상해, 협박, 공갈 등), 위조범죄(통화, 문서, 인장 등), 공무원범죄(직무유기, 직권남용 등), 풍속범죄(간통, 혼인빙자간음, 도박 등), 과실범죄, 명예나 권리행사방해 등 기타 형법범죄로 구별된다. 여기서는 재산범죄와 강력범죄 등 주요 범죄군별 노인범죄의 발생 추이와 특성을 살펴보았다. 다음의 [표 11.2]는 2008년부터 2017년까지 10년간 주요 범죄군별 발생 추이를 제시한 것이다. 먼저 재산범죄는 2008년 고령자 인구 10만 명당 189.8건에서 2017년 395.4건으로 크게 증가했으며, 10년 동안 고령자 재산범죄의 발생비는 108.4% 증가했다. 고령자 강력범죄 중 흉악범죄는 2008년 고령자 인구 10만 명당 8.9건에서 꾸준히 증가하여 2017년에는 27.0건으로 나타났다. 2008년부터 2017년까지 흉악범죄의 발생비는 202.3% 증가했다.

다음으로 강력범죄 중 폭력의 발생비는 2008년 고령자 인구 10만 명당 181.1건에서 증가하여 2009년에는 190.0건으로 나타났다. 2010년 169.2건으로 소폭 감소한 이후 지속적으로 증가하다가 2016년 249.9건으로 크게 증가하였으나, 2017년 241.8건으로 다소 감소하였고 10년 동안 폭력범죄의 발생비는 33.6% 증가하였다. 이 세 가지 범죄군 중에서 노인범죄의 발생비가 가장 높은 범죄군은 재산범죄였으며, 강력범죄(폭력), 강력범죄(흉악)의 순이었다. 특히 강력범죄 중 흉악범죄는 세 가지 범죄군 중에서 발생비가 가장 낮았으나 지난 10년간 증가율은 202.3%로 가장 높은 것으로 나타났다. 노인범죄는 신체적 퇴화 등 생물학적 특성 등으로 인하여 성인의 범죄율에 비해 상대적으로 낮다. 하지만 노인범죄가 해마다 증가하고 있고 강력범죄의 증가추세가 뚜렷하기 때문에 노인을 더 이상 사회적 약자의 입장에서 범죄의 피해자로 보는 관점에서 탈피하여 구체적인 대책을 마련해야 한다.

[표 11.2] 노인범죄 범죄군별 발생비 추이 (단위 : 발생비, %)

연도	재산범죄		강력범죄(흉악)		강력범죄(폭력)	
	발생비	증감률	발생비	증감률	발생비	증감률
2008	189.8	–	8.9	–	181.1	–
2009	229.3	20.9	9.3	4.7	190.0	4.9
2010	203.6	7.3	10.0	11.6	169.2	–6.5
2011	200.5	5.7	10.7	20.4	175.7	–3.0
2012	257.8	35.8	13.4	50.2	192.1	6.1
2013	279.0	47.1	17.0	90.5	192.5	6.3
2014	314.9	66.0	19.5	119.0	216.9	19.8
2015	340.0	79.2	21.6	142.2	240.3	32.7
2016	377.4	98.9	23.4	162.6	249.9	38.0
2017	395.4	108.4	27.0	202.3	241.8	33.6

자료: 대검찰청. (2018). 「2018 범죄분석」

경찰청 자료에 따르면 전체 범죄자 중 61세 이상 노인범죄의 비율은 2000년 2.5%에서 2012년 7.3%로 3배 정도 증가하여 고령화 속도보다 빠르다. 특히 71세 이상 노인이 저지른 범죄는 더욱 가파르게 증가하여 61세 이상 노인범죄 중 71세 이상이 차지하는 비율은 2000년 14.6%에서 2012년 21.2%로 증가했다. 그 이후 노인범죄는 지속적으로 증가하여 2016년에는 10.5%로 나타났으며, 이러한 추세로 볼 때 노인범죄는 지속적으로 증가할 것으로 예상된다. 또한 최근 5년간 65세 이상 고령 범죄자 추이를 보면, 강력범죄의 경우 2013년 1,062명에서 2017년 1,808명으로 증가했다. 이밖에 강력범죄 중 폭력범죄도 1만 4216명에서 2만 350명으로 크게 증가하고 있기 때문에 사회·경제적 지위(SES) 회복 등의 대책을 마련해야 한다.

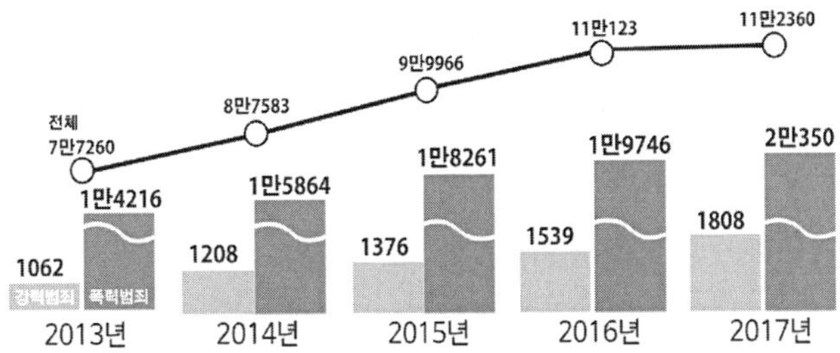

[그림 11.1] 65세 이상 고령 범죄자 추이

4. 조사설계

1) 분석모형

노인 강력범죄의 유발요인이 무엇인지를 검증하게 위해 독립변수를 인구통계학적 요인, 경제적 요인, 사회 복지적 요인으로 구분하여 상관관계분석(correlation analysis)을 실시하여 일차적으로 변수를 재조정한 후 다중회귀분석을 통해 이러한 요인들이 노인 강력범죄에 영향을 미치는지를 분석하였다.

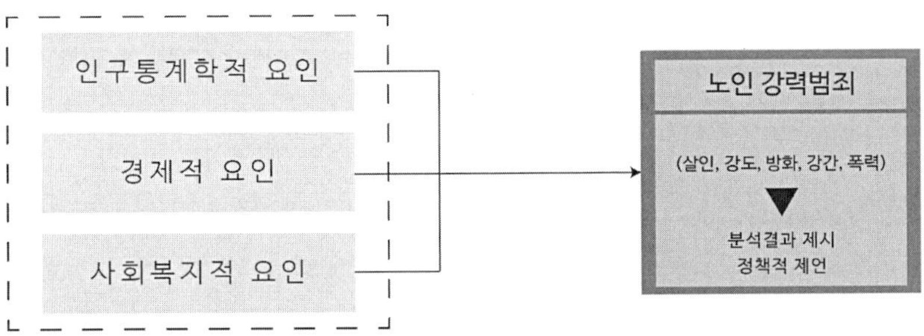

[그림 11.2] 분석모형

2) 변수의 선정과 측정항목

노인들이 강력범죄를 유발하는 원인은 무엇일까? 범죄의 유발요인과 관련하여 범죄학에서는 크게 범죄생물학, 범죄심리학, 범죄사회학을 중심으로 이론이 전개되어 왔다. 노인범죄의 원인을 분석한 연구들에 의하면, 노인범죄가 실업, 경제적 빈곤, 그리고 사회적 고립과 지위상실로 인한 아노미와 관련이 있다고 주장한다. 이밖에 일탈이론을 중심으로 한 연구에서는 사회적 결속, 아노미, 사회적 학습, 하위문화, 경제적 합리성이 노인범죄의 주요 원인으로 보고 있다. 본 논고에서는 이러한 선행연구를 바탕으로 강력범죄(살인, 강도, 방화, 강간, 폭행)에 영향을 미치는 요인 중 분석적 한계로 인해 심리적 요인을 제외하고 크게 인구사회학적 요인, 경제적 요인, 사회 복지적 요인으로 설정하였다. 먼저 인구사회학적 요인으로는 전체 이혼율, 노인부양지수(65세 이상 인구÷15–64세 인구×100), 그리고 고령화지수(65세 이상 인구÷14세 이하 인구×100)를 활용하였다. 경제적 요인에서는 전체 실업률과 60세 이상 노인의 실업률, 60세 이상 노인인구의 경제활동 참가율, GDP(실질 성장률) 등을 사용하였다. 사회 복지적 요인은 전체 예산 대비 노인복지 예산비율, 사회복지 예산대비 노인복지 예산비율을 주요 변수로 설정하였다.

다음으로 분석자료는 대검찰청 및 경찰청, 통계청의 국가통계포털자료, 그리고 보건복지부 및 한국은행에서 발간한 통계연감 등을 통해 자료를 수집하였다. 특히 범죄통계는 대검찰청「범죄분석」자료를 활용하여 연령별 자료를 수집하였다. 또한 각 년도의 인구관련 지표는「인구 및 주택센서스」,「추계인구통계」등 통계청 국가통계포털자료를 활용하였고, 사회복지 관련 지표는 보건복지부「보건복지백서」를 통해 수집하였다. 본 분석에 사용한 자료는 1985년부터 2006년까지 22년간의 자료이며, SPSSWIN 통계프로그램을 활용하여 강력범죄에 영향을 미치는 요인을 검증하기 위해 다중회귀분석을 사용하였다.

5. 분석결과와 시사점

1985년부터 2006년까지 22년간의 자료를 활용하여 강력범죄의 영향요인을 분석하기 위해 다중회귀분석을 실시하였다. 그러나 상관분석을 실시한 결과, 변수 간의 다중공선성(multicollinearity)[4]의 문제가 발생하여 상관계수가 높은 변수들 중 하나를 제거하여 사용하였다. 본 분석에서는 상관성이 높은 변수와 타 변수의 효과를 상쇄하는 변수를 제외하여 인

4) 다중공선성(multicollinearity)은 독립변수들 간에 높은 상관관계가 나타나는 현상으로 다공선성이 존재하면, 결정계수가 크거나 회귀식이 유의하더라도 각 독립변수들의 회귀계수는 의미가 없게 나타나서 회귀식을 신뢰할 수 없는 경우가 발생하게 된다. 다공선성을 확인할 수 있는 방법은 먼저, 상관계수의 제곱인 결정계수(R–square)를 이용할 수 있다. 다시 말해 분석결과에서 산출된 결정계수가 비교적 큰 값이라고 하더라도 결정계수나 회귀계수가 통계적으로 유의미하지 않는다면 다중공선성이 존재할 가능성이 높다. 둘째로 독립변수들 간에 단순상관계수를 살펴보는 것이 보다 명확한 방법이라 할 수 있는데, 단순상관계수가 높은 것이 나타나면 다중공선성이 존재한다고 보아야 한다. 일반적으로 단순상관계수 γ =0.8 이상이면 다공선성을 인정한다. 마지막으로 가장 보편적으로 사용하는 지표 중의 하나로 허용오차가 있는데, 허용오차가 아주 작다면 다중공선성이 존재한다고 보아야 한다. 다중공선성이 존재하면, 상관관계가 높은 두 변수를 하나의 변수로 합치거나 두 변수가 이질적인 경우에는 두 변수 중 하나를 제거하는 방법도 이용될 수 있다.

구통계학적 요인에서는 노인부양지수를 최종 변수로 사용하였으며, 경제적 요인의 경우는 60세 이상 노인 실업률 및 경제활동 참가율, GDP(실질 성장률), 사회복지 관련 요인에서는 전체 정부예산 대비 노인복지예산 비율을 사용하였다.

먼저 노인 강력범죄의 경우에 회귀모형의 적합성에서 모형의 설명력을 나타내는 수정된 R2값이 .940으로 모형의 전체 설명력이 94%로 높게 나타났다. 그리고 다중공선성을 진단하는 VIF(Variance Inflation Factor)값이 10 이하로 나타났기 때문에 공선성은 존재하지 않은 것으로 확인되었다. 또한 노인 강력범죄에 영향을 미치는 독립변수들의 상대적 영향력을 나타내는 표준화계수(β)를 보면, 노인부양지수, 노인실업률, 경제활동참가율에서 유의미한 관계가 확인되었다. 상대적 영향력에 있어서는 노인부양지수가 노인 강력범죄에 가장 많은 영향을 미치고, 다음으로는 노인의 경제활동참가율, 노인실업률 순으로 영향을 많이 미치는 것으로 나타났다. 그러나 경제적 요인 중 GDP(실질성장률)와 사회 복지적 요인인 전체 예산 대비 노인복지예산은 강력범죄에 영향을 미치지 않는 것으로 나타났다.

[표 11.3] 노인 강력범죄에 대한 다중회귀분석 결과

모 형	노인 강력범죄				
	B	S.E	β	Signif t	VIF
상 수	−95.030	3880.590		−.024	
노인 부양지수	2441.554	222.242	1.171	10.986***	4.002
노인 실업률	1230.366	526.284	.181	2.338**	2.107
GDP(실질성장률)	17.007	76.326	.015	.223	1.612
노인 경제활동참가율	−473.999	105.913	−.305	−4.475***	1.636
전체 예산/ 노인복지예산비율	1573.457	3958.457	.046	.397	4.684
F	67.203***				
Adj R2	.940				

주) ** p 〈 .05, *** p 〈 .01

이러한 분석결과를 중심으로 시사점을 제시하면 다음과 같다. 첫째, 노인부양비는 생산가능인구가 부양해야 할 노인인구의 비율로 1960년 5.3%, 1980년 6.1%, 1990년 7.4%, 2000년 10.1%, 2007년 13.8%로 지속적으로 증가하고 있다. 노인부양비가 증가하면 노인부양 문제를 중심으로 생산인구와 노인인구간의 상당한 갈등이 초래될 수 있다. 또한 가족의 노후대비 부담을 증가시키고 생산가능인구의 감소와 노령화로 생산력의 축소를 가져올 위험성을 수반한다. 특히 우리나라 노인층의 경우에 경제적인 면에서 자신의 노후설계에 있

어 상당히 미흡한 계층으로 노후를 가족에 의존해야 한다. 향후 고령화를 동반한 연금 및 의료비용 등 사회보장 부담의 증가와 공적연금제도의 개선에 따른 생산인구와 노인인구의 갈등은 심화될 전망이다. 이밖에 이혼율의 증가로 인한 가족해체 및 전체 실업률의 증가는 생활고를 동반하고 경제적 빈곤을 심화시켜 강력범죄로 이어질 가능성이 높다. 따라서 Peterson이 고령화 사회를 'Gray Dawn'에 비유한 것처럼 회색빛으로 물든 불안한 사회를 예방하기 위해 정부 차원에서 정년퇴직제도의 개선과 더불어 정년제도 연장에 따른 노동생산성의 저하 문제도 동시에 고려하여 어떤 정책이 더욱 효과적인지를 구체적으로 제시할 필요가 있다. 또한 기업 차원에서 실시되고 있는 부분적 정년제도인 임금 피크제와 정년연장형 임금조정옵션제 등의 장단점을 면밀하게 검토하여 이를 활용할 수 있는 사전분석 작업이 필요하다.

둘째, 경제적 요인 중 60세 이상 노인실업률은 강력범죄에 정(+)의 영향을 미치고, 60세 이상 경제활동참가율이 강력범죄에 부(−)의 영향을 미치는 것으로 나타났다. 이는 노인실업률이 증가할수록 강력범죄가 증가하고, 노인들의 경제활동참가율이 높을수록 강력범죄가 감소한다는 것을 말한다. 결국 노인의 절대적 빈곤 등 경제적 문제의 해결은 아노미적 긴장상태를 완화시킬 수 있고, 개개인의 사회적 결속력을 강화시키기 때문에 범죄를 억제시키는 효과가 크다고 할 수 있다. 또한 노년기의 경제적 참여와 일자리는 합리적 선택이론에서 제시하는 것처럼 기회비용을 증가시켜 노인범죄를 예방하는 효과가 있다. 이처럼 경제적 요인이 강력범죄에 미치는 영향이 크기 때문에 강력범죄의 예방차원에서도 노인들이 경제활동에 참여할 수 있는 기회를 확대하는 방안을 신속히 마련해야 할 것이다.

6. 결론 및 제언

지금까지 고령화 사회에 있어 강력범죄의 추이와 특성을 살펴보고, 강력범죄에 영향을 미치는 요인을 실증적 자료를 통해 검증한 후 범죄 예방차원에서 정책적 시사점을 제시하였다. 전반적인 분석결과에서 강력범죄인 살인, 강도, 방화, 강간, 폭력범죄가 고령화 사회 이후 빠르게 증가하고 있고, 범죄사례에서도 알 수 있듯이 최근 노인범죄도 상당히 흉포화되고 대담해지고 있기 때문에 이에 대한 대책마련이 시급하다고 본다. 향후 우리 사회에서 노인 강력범죄를 예방하기 위한 몇 가지 대안을 제시하면 다음과 같다. 첫째, 노인일자리 사업을 활성화하고 구체적인 사업에 대하여 성과평가를 주기적으로 실시하여 효율성을 제고해야 한다. 일자리 창출은 노인들에게 빈곤문제를 해결할 수 있는 중요한 수단이며, 노인범죄의 주요 원인인 고독감의 해소와 사회적 격리를 방지할 수 있기 때문에 범죄 예방차원에서도 중요한 사업이다. 따라서 사회참여형 사업보다 금전적으로 도움이 되는 시장참여형 일자리 사업을 대폭적으로 확대하는 동시에 지역적 특성을 고려하여 사업을 재설계해야 한다. 또한 지식정보사회에서 경제적 도움뿐만 아니라 실질적인 노인 일자리 창출을 위해 노인들의 교육과정도 다양화하여 제 2의 인생을 위한 신기술 교육프로그램의 제공과 평생교육 훈련체계를 확립하여 새로운 기술에 적응할 수 있도록 해야 한다.

둘째, 2020년을 기점으로 유년부양비와 노인부양비의 역전현상에 대비하여 정부재원의 지출을 성장 측면의 유년인구에 투입할 것인지, 부양 및 분배 차원의 노인인구에 투입할 것인지에 대한 정부차원의 심층적인 분석이 동시에 요구된다.

셋째, 고령화 사회 이후 노인들이 가해자인 범죄 자체가 과거 생계형 범죄에서 살인, 강간 등 강력범죄화 되고 있기 때문에 이를 예방할 수 있는 법적 대응도 필요하다. 2008년 아동을 대상으로 한 상습 성폭행범에 대하여 '전자발찌법' 등 성폭력범죄자에 대한 처벌을 강화한 것은 범죄예방 차원에서 중요한 의미가 있다.[5] 이처럼 형법상 처벌 규정을 강화하는 것도 중요하지만 노인의 성에 대한 우리 사회의 인식 전환도 필요하다. 평균수명의 연장과 육체적 젊음을 가진 노인들의 성에 대한 가족 및 사회의 무관심과 편견은 보성 어부 연쇄살인 사건이나 기타 사례에서 알 수 있듯이 이를 방치하면 강력범죄로 이어질 확률이 매우 높다. 인간의 생리적 욕구인 성욕은 노인들에게도 예외일수는 없다. 따라서 노인을 성으로부터 소외시키고 성적 만족과 무관한 존재로 인식해버리면 노인들의 일탈행위와 성범죄는 더욱 증가할 수 있기 때문에 이들의 욕구를 해소할 수 있는 제도적 장치를 마련해야 한다. 향후 정부 차원에서 지역사회와 네트워크를 구축하여 성범죄 예방프로그램을 지속적으로 제공하고 지역사회에서도 노인 성폭력 관련 협의회체를 구성하여 성과 관련한 개별상담이나 교육을 주기적으로 실시해야 한다.

마지막으로 정부차원에서 범죄분석가 및 형사사법기관의 전문가들로 구성된 노인범죄

5) 성범죄자에게 위치추적 전자장치(전자발찌)를 부착하는 제도는 2008년 9월부터 시행되었다. 그 이후 2010년 부산에서 발생한 '김길태 사건'을 계기로 전자발찌법을 소급적용하는 개정안이 국회에서 통과된 후 개정안 조항을 두고 '죄형법정주의' 및 '형법불소급의 원칙' 등에 위배되어 인권 침해 및 위헌 소지가 있다는 주장이 제기돼 왔다. 그 후 헌법재판소는 2012년 12월 합헌 결정을 내렸으나 지금까지 전자발찌를 둘러싼 인권침해 논란은 계속 중이다. 한편, 법무부는 2회 이상 강도죄를 저지른 자에게 전자발찌를 채우는 내용의 개정법을 2014년 6월 19일부터 시행한다고 밝혔다. 2008년 성폭력범죄를 대상으로 처음 도입된 전자발찌는 2009년 미성년자 유괴범죄, 2010년 살인범죄, 2012년 강도 범죄까지 확대되었다.

예방 팀이나 전문기구를 결성할 필요가 있다. 이들은 살인, 강도, 방화 등 노인범죄의 유형에 따라 범죄의 동기와 특성을 세부적으로 분류하여 노인 강력범죄가 경제적 문제 등 외형적인 요인에 의해 발생하는지, 아니면 배우자의 사별이나 고독감, 소외감 등 심리적 요인 등에 의해 발생하는지를 철저하게 분석한 후 범죄의 경로를 추적하여 이를 차단시킬 수 있는 범죄 유형별 예방책을 제시해야 한다. 특히 2014년 5월 두 차례에나 발생한 노인 방화범죄의 경우 사회적 약자로서의 피해의식이나 낮은 자존감 등이 얽혀 만성적인 좌절감을 악화시키고 '분노'를 증폭시켜 방화행위에 이른 것으로 본다. 따라서 분노가 자랄 수 있는 토양을 제거하는 차원에서 질병·빈곤·고독이라는 삼고(三苦)와 역할상실이라는 고통에서 벗어날 수 있도록 사회안전망 강화 등의 다각적인 대책을 마련해야 한다.

Study TIP 경제 이유로 노인범죄 늘어난다

7월 30일, 서울서부지법은 서대문구의 재래시장에 방화를 한 혐의로 기소된 74세 여성 ㄱ씨에게 징역 1년을 선고했다. ㄱ씨는 폐지를 팔며 생계를 이어왔다. 하지만 재래시장 식당 관계자로 보이는 이가 ㄱ씨의 폐지 수집을 방해하자 며칠 뒤 밤시간에 식당에 불을 지른 것이다. 올해 2월에는 70대 남성이 살인혐의로 징역 17년을 선고받았고, 3월엔 87세 부인을 흉기로 찌른 98세 노인에게 징역 4년의 실형이 선고됐다.

한국은 이미 본격적인 고령사회(전체 인구의 14% 이상이 노인)에 진입했다. 지난해 8월 말, 65세 이상 주민등록 인구는 725만여명으로 전체 인구(약 5175만명)의 14%를 넘었다. 전체 인구 대비 노인의 비중이 늘어나면서 자연스레 노인범죄가 늘어나고 있는 것이다. 한국의 전체 범죄 중에서 노인범죄가 차지하는 비중은 얼마나 될까. 범죄학자들은 '폭주노인'과 같은 용어로 노인범죄의 위험성을 과장할 필요는 없다고 보고 있다. 경찰청 범죄통계에 의하면 노인들이 저지른 범죄의 비중은 2011년 3.29%에서 2016년 5.27%로 늘어난 것이 사실이다. 하지만 노인 인구 비율에 비해서는 절반에도 못 미친다. 문제는 노인범죄의 증가추세에 있다. 2011년부터 5년간 전체 범죄의 증가율은 2%가 채 되지 않은 반면, 노인의 범죄건수는 5만9000여건에서 9만7000여건으로 60% 이상 늘어났다.

노인범죄가 늘어나는 원인에 대해 전문가들은 크게 두 가지 원인을 꼽는다. 첫째는 상시적인 노인빈곤이다. 한국의 노인빈곤율은 오랫동안 경제협력개발기구(OECD) 1위를 지켜왔다. 지나치게 높은 노인빈곤율이 재산범죄의 증가와 밀접한 관련이 있다는 것이다. 실제로 경찰청 범죄통계에 따르면 절도범죄의 상승률이 여러 유형의 노인범죄 상승률 중에서도 가장 높았다. 노인의 절도범죄는 2011년 3746건에서 8747건으로 2배 이상 늘어났다. 반면, 같은 기간 전체 절도범죄는 오히려 조금 줄어들었다. 전체 절도범죄 중 노인의 비중도 8.22%로 다른 범죄에 비해 그 비중이 높은 편이다.

한동효 한국국제대 경찰행정학과 교수는 노인범죄의 경제적인 원인을 분석했다. 그는 노인범죄를 줄이기 위해서는 노인들의 경제활동 참가율을 늘려야 한다고 지적한다. 노인 개개인의 경제사정을 개선할 수 있을 뿐만 아니라, 노인범죄의 심리적 요인으로 꼽히는 고독감이나 고립감도 줄일 수 있기 때문이다. 2016년 시장소득 기준 전체 노인의 절대적 빈곤율은 51.1%인 반면, 도시지역에서 임금노동자로 생활하는 노인의 절대적 빈곤율은 25.8%로 절반 가까이 낮았다. 한 교수의 분석에 의하면 재산범죄와 강력범죄의 경우 경제활동참가율이 낮을수록, 노인 실업률과 노년부양비율(노년 인구와 경제활동 가능 인구인 15~64세의 비율)이 높아질수록 증가하는 것으로 나타났다. 최근의 통계는 지금 상태로는 노인범죄 증가세가 꺾일 가능성이 작다는 사실을 암시하고 있다.

출처: 주간경향(2018.08.27. 기사자료 일부 인용)

참고문헌

B·I·B·L·I·O·G·R·A·P·H·Y

… 단행본

강신택(2002). 행정학의 논리. 서울: 박영사.
권기헌(2008). 정책학. 서울: 박영사.
김광웅(1995). 방법론강의: 기초·원리·응용. 서울: 박영사.
김광웅 외 13인 공저(2006). 정책사례연구. 서울: 대영문화사.
김기원(2016). 사회복지조사론. 서울: 교육과학사.
김 렬(2013). 연구조사방법론. 서울: 박영사.
김상균(2004). 범죄학원론. 서울: 양서원.
김영기·한동효(2010). 지방정부의 정책평가. 진주: 커뮤니케이션 브레인.
김진호(2008). 괴짜 통계학. 서울: 한국경제신문.
김호정(2003). 행정통계학. 서울: 삼영사.
김해동·김광웅(2010). 행정조사론. 서울: 한국방송대학교출판부.
남궁근(2014). 행정조사방법론. 서울: 법문사.
노시평·박희서·박영미(2006). 정책학의 이해. 서울: 비·앤·엠·북스.
노화준·정정길·김지원 공저(2001). 행정계량분석. 서울: 한국방송대학교출판부.
로렌 슬레이터 저, 조증열 역(2008). 스키너의 심리상자 열기. 서울: 에코의 서재.
류지승(2007). 정책학. 서울: 대영문화사.
박성복·이종렬(2003). 정책학 강의. 서울: 대영문화사.
박용치·오승석·송재석(2008). 조사방법론. 서울: 대영문화사.
박현호(2017). CPTED와 범죄과학. 서울: 박영사.
백승기(2012). 정책학원론. 서울: 대영문화사.
손병덕·신연희 외 6인 공저(2010). 사회복지조사방법론. 서울: 학지사.
성태제(2002). 타당도와 신뢰도. 서울: 학지사.
서상철(2007). 사회문제와 사회복지. 서울: 공동체.
신경식·서아명(옮김)(2005). 사례연구방법. 서울: 한경사.
신일철·신중섭 역(2001). 현대의 과학철학. 서울: 서광사.
안정기(2018). 행정학의 이해 2.0. 서울: 대영문화사.
오석홍(2008). 행정학. 서울: 나남출판.
오윤성(2017). 범죄, 그 심리를 말하다. 서울: 박영사.
양병화·강경원 공저(2000). 조사방법론. 서울: 성안당.
이수정(2012). 최신 범죄심리학. 서울: 학지사.
이선우·하태권(2004). 행정사례연구. 서울: 한국방송통신대학교출판부.
이종수·윤영진 외 공저(2010). 새 행정학. 서울: 대영문화사.
이종익(2019). 사회조사분석사. 서울: (주)시대고시기획.
이학식·임지훈(2008). SPSS 12.0 매뉴얼. 서울: 법문사.
이훈영(2012). 연구조사방법론, 서울: 도서출판 청람.
얼 바비(Earl Babbie 저, 고성호 외 공역(2014). 사회조사방법론, 서울: 박영사.
조엘 레비 저, 강경이 역(2014). 프로이트의 말실수. 서울: 청아문화사.
조인래(2018). 토머스 쿤의 과학철학: 쟁점과 전망. 서울: 도서출판 소화.
조철옥(2008). 현대 범죄학. 서울: 대영문화사.
전상규·김경수(2004). 사회조사분석사. 서울: 시대고시기획.

정상규(2019). 사회조사분석사, 서울: (주)시대고시기획.
토머스 새무얼 쿤 저, 조형 역(1996). 과학혁명의 구조. 서울: 이화여대출판부.
채구묵(2015). 사회복지조사방법론. 서울: 양서원.
채서일(2016). 사회과학조사방법론. 서울: 비·앤·엠·북스.
최봉기(2008). 정책학개론. 서울: 박영사.
최옥채(2004). 교정복지론. 서울: 학지사.
한동효(2019). 범죄심리분석론. 서울: (주)교우
한승준(2008). 조사방법의 이해와 SPSS 활용. 서울: 대영문화사.

… 논문 및 연구보고서

강은영·권수진·원혜욱. (2014). 고령화사회에 따른 노인수형자 처우방안. 한국형사정책연구원.
권기헌. (2004). 정책실패요인분석을 통한 정책학습방안에 대한 연구. 한국정책학회 2004 하계학술대회자료집.
김승용. (2000). 노인과 범죄. 「한국노인복지학회 추계학술대회 자료집」.
김영제·한상일. (2008). 깨진 유리창이론(Broken Window Theory)에 대한 실증적 분석: 물리적 환경설계와 지역범죄통제 거버넌스의 효과를 중심으로. 「행정논총」. 46(4): 229-252.
김종범·홍설걸. (2001). 국가정책과 정책평가(Ⅰ): 과학기술· 정보통신·산업정책, 한국행정학회 동계학술대회 발표논문.
김종범. (2004). 정책실패. 한국정책학회 2004 추계학술대회 자료집.
김종해. (2007). 중장기 보육계획(안)에 대해. 「복지동향」, 100: 37-39.
김형렬. (1999). 정책실패 요인에 관한 고찰. 한국정책포럼 발표논문집.
김충남. (2001). 자치경찰제의 도입과 경찰의 수사권 독립. 「한국경찰학회보」. 제3호.
박억종. (2008). 바람직한 한국형 자치경찰제도의 방향. 「자치경찰연구」. 1(1): 73-98.
신현기. (2018). 문재인 정부 자치경찰제 도입방향 및 향후 전망, 「자치경찰연구」, 11(1): 3-24.
신현기·안영훈. (2008). 제주자치경찰의 인력확보 대책에 관한 고찰. 「한국경찰연구」. 7(1).
심익섭. (2004). 경찰 지방자치의 방향.「정책포럼」. 제17회.
안영훈·강기홍. (2008).「자치경찰제 확대 및 강화 방안」. 한국행정연구원.
양영철. (2009). 참여정부에서의 자치경찰제 도입 실패에 관한 연구. 「한국지방자치학회보」. 21(1): 147-171.
이건종·전영실. (1995).「노인범죄 및 범죄피해에 관한 연구」, 한국형사정책연구원.
이승현·권수현·김재현·이정주. (2017). 노인관련 범죄 예방, 단속 및형사처벌 등에 관한 연구: 미국, 독일, 일본 등 고령화 선진국의 수사기관을 중심으로. 「2017년도 대검찰청 연구용역보고서」.
이현우·송상훈·남승하·이미애. (2009).「자치경제제도 도입에 관한 연구」. 경기개발연구원.
이현우·송상훈·이미애. (2009).「자치경찰제도 도입에 따른 법률안 제·개정에 관한 연구」. 경기개발연구원.
이현희·원영희·구자숙. (2003). 노인범죄 추이 및 관련요인에 관한 연구. 「한국노년학」, 23(2): 125-139.
이형국. (2017). 노인범죄와 형사정책적 대응방안에 관한 연구. 「학술원논문집 (인문· 사회과학편)」, 56(1): 61 88.
제갈돈·제갈욱. (2007). 새로운 정부업무평가제도의 발전을 위한 개선방안 모색.「정책분석평가학회보」, 18(1): 65-99.
정광호·최슬기·장윤희. (2010). 정책실패의 연관요인 탐색: 중앙일간지 사설 내용분석을 중심으로.「한국거버넌스학회보」. 16(1): 1-29.
정정길. (2002). 행정과 정책연구를 위한 시차적 접근방법: 제도의 정합성 문제를 중심으로. 「한국행정학보」, 36(1): 1-19.
최용환. (2010). 자치경찰제 도입 및 제도정착에 관한 연구. 충북개발연구원.
최종술. (2009). 역대정부의 자치경찰제 도입방안과 비교 연구.「지방정부연구」. 13(4): 61-81.
치안정책연구소. (2007).「노인범죄의 특성과 대책에 관한 연구」.
한동효. (2008). 고령화 사회의 노인범죄의 추이와 영향요인 연구. 「지방정부연구」. 12(2): 87-109.
______. (2008). 노인 강력범죄의 특성과 영향요인 분석. 「수사연구」. vol. 299: 19-29.

______. (2012). 역대정부의 자치경찰제 도입 실패요인에 관한 연구.「지방정부연구」. 16(2): 175-199.
한동효·민병익. (2004). 지식관리시스템의 도입·활용에 관한 평가연구: 경상남도 2개 기초 자치단체를 중심으로.「한국행정학보」, 38(5): 215-239.
황문규. (2017). 문재인 정부의 광역단위 자치경찰제에 관한 고찰. 「한국지방자치학회보」, 29(4): 23-54.

… 기타자료

경찰청 (2007·2013·2016).「2007· 2013·2016년 경찰백서」
대검찰청(1985-2006).「범죄분석」
대검찰청(2008-2017).「범죄분석」
보건복지부(2007).「보건복지백서」
통계청(2017).「장래인구추계결과」
통계청(각년도).「인구주택총조사/장래인구추계」

… 외국 문헌

Akers R. L., A. J. La Greca, & C. Sellers. (1988). Theoretical Perspectives on Deviant Behavior among the Elderly, *Older Offenders: Perspectives in Criminology and Criminal Justice, Praeger*, 35-50.
Alston, M., & Bowlws, W. (2003). *Research for Social Workers: An Introduction for Methods* (2nd ed.). London: Routledge.
Babbie, E. R. (2000). *Practice of Social Research,* CA: Wadsworth Publishing Company.
Babbie, E. R. (2001). *Practice of Social Research,* 9th ed., Belmont, California: Wadsworth Publishing Company.
Baily, Kenneth D. (1987). *Methods of Social Research*. New York: The Free Press.
Barker, Therese L. (1989). *Doing Social Research*, McGraw-Hill.
Boverns, Mark and Paul. Hart. (1996). Understanding Policy Fiascoes. New Brunswick & London: Transaction Publishers.
Breen, L. B. (1976). *Aging and the Field of Medicine*, New York: Wiley.
Campbell, Donald. (1975). Degrees of Freedom and the Case Study, *Comparative Political Studies*, 8, July: 178-193
Chalmers, Alan Francis. (1982). *What is This Thing Called Science?* University of Queensland Press.
Christensen, Larry B. (1988). *Experimental Methodology, 4th ed.*, Boston: Allyn & Bacon, Inc.
Cohen, M. and Nagel, E. (1934). *An Introduction to Logic and Scientific Methods*, New York: Harcourt.
Cook, Thomas D. & Campbell, Donald T. (1979). *Quasi-Experimental*, Boston: Houghton Mifflin, Company.
Copeland, Morris A. (1927). An Instrumental View of the Part and Whole Relation. *Journal of Philosophy*, 24: 96-104.
Creswell, John W.(1994). Research Design: *Qualitative and Quantitative Approaches,* Thousand Oaks: Sage Publications.
Cuttani, Joaquin & Demarco, Gustavo. (1998). "This Shift to Funded Social Security System," *Privatizing Social Security*, Chicago: University of Chicago Press.
Daniel, Wayne & Terrel, James G. (1975). *Business Statistics*. Boston: Houghston Miffline Company.
Devellis, Robert F. (1991). *Scale Development: Theory and Applications*. Newbury Park, CA: Sage Publications, Inc.
Dunn, William N. (1981). *An Introduction on Public Policy Analysis*. Englewood Cliff: Prentice-Hall.
Durkheim, E. (1951). Suicide: *A Study in Sociology*(trans J.A. Spaulding and G. Simpson), Glencoe: IL, Free Press.
Farmer, David John. (1995). *The Language of Public Administration: Bureaucracy, Modernity and Postmodernity*, Univ. of Alabama Press.

Fishman. (1977). Crime Wave as Ideology, *Social Problems* 25: 531-543.

Flynn. (2000). Elders as perpetrators in *Elders, Crime and the Criminal Justice System,* Springer: 43-83.

Campbell, D. T., & Stanley. J. C. (1979). *Experimental and Quasi-experimental Designs Research.* Chicago: Rand McNally.

Campbell, D. T. & Fiske. (1959). Convergent Validity by the Multitrait- Multimethod Matrix, *Psychological Bulletin,* 81-105.

Goetting, A. (1983). The Elderly in Prision: Issues and Perspectives, *Journal of Research in Crime and Delinquency* 20: 291-309.

Goode & Hatt. (1952). *Methods in Social Research.* N·Y: McGraw-Hill.

Goode, W. J. & Hatt. (1981). *Methods in Social Research*, Singapore: McGraw Hill International Editions.

Gordon, R. (1969). *Interviewing: Strategy, Techniques, and Tactics*. Homewood, Ill: Dorsey: 39-40.

Hartman, G.(1936). A Field Experiment on the Comparative Effectiveness of Emotional and Rational Political Leaflets in Determining Election Results. *Journal of Abnormal and Social Psychology*, 31: 336-352.

Hansen, Morris H. Hurwitz, Willia N. and Mandow, William G. (1956). *Sampling Methods and Theory*. NY: John Wiley & Sons, Vol. 1.

Harlow, C., and Zimmerman, R. (1959). Affectional Responses in the Infant Monkey. *Science*, 130: 431-432.

Hatry, P. H. (1980). Performance Measurement Principles and Techniques: An Overview for Local Government. *Public Productivity Review.* December.

Heiman, Gary W. (2003). *Basic Statistics: for the Behavioral Science*, Houghton Mifflin Company.

Herbert, H. Hyman(1975). *Interviewing in Social Research.* Chicago: University of Chicago Press.

Hersen, M. and Barlow, D. H. (1976). *Single-case Experimental: Strategies for Studying Behavior Change.* New York: Pergamon Press.

Kerlinger, Fred N. (1964). *Foundations of Behavioral Research.* New York: Holt, Rinehart and Winston.

Kerlinger, Fred N. (1986). *Foundations of Behavioral Research.* 3rd ed. New York: Holt, Rinehart and Winston.

Kerlinger, Fred N. & Lee, Howard B. (2000). *Foundations of Behavioral Research*, Harcourt College Publishers.

Kercher, K. (1987). The Causes and Correlates of Crime Committed by the Elderly, *Research on Aging*, 9(2).

Kuhn, T. S. (1970). *The Structure of Scientific Revolution* (2nd ed), Chicago: University of Chicago Press.

Levy, S. (1985). Dreams, Fairy Table, Animals and Cars, *Psychology and Marketing, Summer*, 67-81.

Lijphart, A. (1971). Comparative Politics and the Comparative Methods, *The American Political Science Review*, 65(3): 691-693.

Mark, R. (1996). *Research Made Simple.* Thousand Oaks, CA: SAGE Publication.

Mayer, Robert R. & Greenwood, Ernest. (1980). *The Design of Social Policy Research.* Englewood Cliffs, NJ: Prentice-Hall, Inc.

Merton, R. K. (1957). *Social Theory and Social Structure*. London: The Free Press of Clencoe.

Mill, John Stuart. (1911)*System of Logic Ratiocinative and Inductive: Being a Connected View of the Principles of Evidence and Methods of Scientific Investigation*, 8th ed. Green and Co.

Miller, D. (1983). *Handbook of Research Design and Social Measurement(4th ed.).* New York: Longman.

Nachmias & Nachmias. (1981). *Research Methods in the Social Sciences(2nd ed.).* New York: St. Martin's Press.

Nachmias David and Chava Nachmias. (1999). *Research Methods in the Social Sciences.* 6th ed., New York: St. Martin's Press.

Naff, K. C. (1997). Colliding with a Class Ceiling: Barriers to the Advancement of Women and Minorities, edit by Carolyn Ban & Norma, M. Riccucci in *Public personnel Management: Current Concerns, Future Challenges.* 2th edit. New York: Longman

Neuman, Willam Lawrence. (1991). *Social Research Methods.* Needham Heights, MA: Allyn and Bacon.

Neuman, Willam Lawrence. (2000). *Social Research Methods: Qualitative and Quantitative Approaches, 4th edition.* Boston: Allyn and Bacon.

Neuman, Willam Lawrence. (2003). *Social Research Methods: Qualitative and Quantitative Approaches*. Boston: Pearson Education, Inc.

Osgood, Charles, George J. Suci and Percy Tannenbaum. (1957). *The Measurement of Meaning.* Urbana University of Illinois Press.

Phillips, Bernard. (1985). *Sociological Research Methods: An Introduction.* Homewood, IL: Dorsey Press.

Popper, Karl R. (1968). *The Logic of Scientific Discovery*. London: Hutchinson.

Popper, Karl R. (1969). *Conjectures and Refutations.* LondonL Routledge and Kegan Paul.

Quetelet. (1831). *Research on the Propensity to Crime of Different Ages*, Hayez.

Ragin, Charles C. (1984). "*introduction to Qualitative Comparative Analysis*" in Thomas Janoski & Alexander M. Hicks(eds.), *The Comparative Political Economy of the Welfare State*, Cambridge: Cambridge University Press.

Reiss, Jr. & Albert J. 1971. *The Public and Public*. New Heaven, Conn: Yale University Press.

Rosenberg, Morris. (1968). *The Logic of Survey Research.* New York: Basic Book, Inc.

Rosow, I. (1974). *Socialization to old age*, Berkeley: University of California Press.

Rubin. A., & Babbie, E. (1993). *Research Methods for Social Work*, Brook/Cole Publishing Company, CA.

Rubin. A., & Babbie, E. (2001). *Research Methods for Social Work*(4th ed.). CA: Wordsworth Publishing Company.

Rubin. A., & Babbie, E. (2007). *Essential Research Methods for Social Work*, CA: Tomson Brook/Cole.

Sandy, Robert. (1990). *Statistics*. N.Y: McGraw-Hill Publishing Company.

Schieher, Sylvester J. & Shoven, John B. (1997). "The Economics of U.s. Retirement Policy," *Public Policy Toward Pension*, Twentieth Century Fund Book, Londom.

Selltiz, C., Rrightsman, L. S. & Cook, S. W. (1966-1976). *Research Methods in Social Relations.* 1st & 3rd ed. NY: Holt, Rinehart and Winston.

Stevens, S. (1951). Mathematics, Measurement, and Psychopathics, in Stevens, S. (ed), *Handbooks of Experimental Psychology*, New York: Wiley.

Wallace, W. (1971). *The Logic of Science in Sociology*, Aldine-Atherton Inc., Chicago.

Weiss, Carol H. (1972). Evaluation Research, Englewood Cliff, NJ: Prentice-Hall, Inc.

Wilson, J. Q. & Kelling, G. L. (1982). Broken Windows. *The Atlantic Monthly*.

Yin, Robert K. (1984a). *Case Study Research: Design and Methods*, Beverly Hills: Sage Publications.

Yin, Robert K. (1993b). *Applications of Case Study Research*, Beverly Hills, CA: Sage Publishing.

Zimbardo, P. G. (1969). *The Human Choice: Individuation, Reason and Order Versus Deindividuation, Impulse and Chaos, In Nebraska Symposium on Motivation*, Edited by Arnold, W. J., and Levine D. Lincoln: University of Nebraska Press.

I·N·D·E·X 찾아보기

ㄱ

가설 창출적 사례연구 ······437
가설(hypothesis) ······123
가설검증적 조사 ······57
가설검증접근법 ······358
가설검증형태 ······72
가설의 구성 ······83
가식적 관계 ······113
가식적 영 관계 ······114
가짜약효과 ······180
간접적 차이법 ······162
간주관성 ······9
강도구조 ······254
강제선택형(forced-choice) ······257
강화(reinforcement) ······108
개념 틀 ······150
개념(concept) ······109
개념적 정의 ······106
개념타당도 ······297
개연성(蓋然性) ······8
개인주의적 오류 ······80
객관성 ······7
거리계수 ······278
거리집락분석 ······284
거시조사 ······72
거짓으로 꾸며 낸 정보 ······21
거트만 척도 ······268
거트만(Guttman) ······270
검사-재검사법 ······286
검사효과 ······172
결과변수 ······111
결정론적 관점 ······8
결합효과 ······117
경로분석 ······113
경성자료 ······66
경향조사 ······60
경험자 조사 ······53
경험적 검증 가능성 ······6
경험적 사실 ······13
경험적 세계 ······228
경험주의 ······36
계량변수 ······118
계통적 표본추출 ······342
고령화 사회 ······26
고전적 설계 ······206
공리(axiom) ······29
공변관계 ······194
공변법 ······163
공변성(covariation) ······155
공식조직 ······76
과도한 일반화 ······19
과장적 오염 ······184
과학 공동체 ······17
과학적 연구 프로그램 ······41
과학적 지식형성 ······17
과학적 혁명 ······40
관습에 의한 방법 ······14
관찰방법 ······383
관찰법 ······405
관찰자 편향 ······435
관찰자적 참여자 ······413
관찰표본 ······19
교량변수 ······112
교육용 사례 ······436
교차분석(X2) ······234
구성원 요소 ······75
구성주의(constructivism) ······4
구성타당도 ······297
구조동일성(isomorphism) ······231
구조화 면접 ······393
국가경쟁력지수 ······252
권위에 의한 방법 ······15
귀납적 논리 ······31
귀납적 설명 ······26
귀납주의 ······35
귀무가설 ······130
그레샴의 법칙 ······129

극장의 우상 ······44
긍정적 발견법 ······42
기술(description) ······26
기술적 가설 ······129
기술적 조사 ······56
기여조건 ······153
기우법(홀짝법) ······289
기존지식체계 ······102
기준타당도 ······295
기초조사 ······64
기하평균 ······238
깨진 유리창 이론 ······82

ㄴ

나쁜 사과(bad apple) ······441
난수표 ······341
내부고발(Whistle-blowing) ······440
내용분석 ······84
내용타당도 ······293
내적 일관성 ······251
내적 일관성 신뢰도법 ······290
네이겔(Nagel) ······16
노인범죄 ······26
논리성 ······6
논리적 경험주의 ······37
논리적 실증주의 ······36
논리적 연관성 ······251
논리적 타당도 ······293
논리적 필연성 ······33
논리주의 ······36
누적 표본추출 ······353
눈덩이 표본추출 ······353
님비현상(NIMBY) ······273

ㄷ

다단계 집락 표본추출 ······347
다변수가설 ······133
다속성 · 다측정 행렬기법 ······299
다중시계열설계 ······213
다중회귀분석 ······199
다차원적 척도 ······250
단순가설 ······132
단순무작위 표본추출 ······340
단순시계열설계 ······213
단일집단 사전사후측정설계 ······204
단일집단 사후측정설계 ······203
단일차원 척도 ······250
단일차원의 원칙 ······257
단절적 시계열설계 ······213
달콤한 레몬형 ······23
대립가설 ······130
대체개념(indicator) ······83
대체조건 ······154
대칭적 관계 ······121
데카르트(R. Descartes) ······35
델파이 기법 ······61
도구효과 ······173
도박사의 오류 ······22
독립변수 ······111
독창성 ······101
동굴의 우상 ······44
동년배조사 ······61
동류집단설계 ······212
동시타당도 ······295
동일 배합 ······198
등가성(equivalence) ······288
등간-비율척도 ······273
딥 스로트(Deep Throat) ······440

ㄹ

라카토스(I. Lakatos) ······41
로젠버그(Rosenberg) ······75
로컬 거버넌스(local government) ······87
루리아(Luria) ······434
리커트 척도 ······262
리커트(Rensis Likert) ······263

ㅁ

망상형 ······23
매개변수 ······112
맥기간(McGuigan) ······102
면접단위 ······400

면접자 편향 ······398
면접조사법 ······391
면접지침 ······400
면접지침서 ······394
명제(proposition) ······438
모수값 ······340
모집단(母集團) ······333
몬테카를로의 오류 ······22
무이론적 사례연구 ······437
무작위 배정 ······195, 206
무작위 오류 ······307
무작위번호표 ······341
무작위표본추출 ······196
무작위할당 ······177
무작위화 ······197
무효과 패턴 ······439
문항분석 ······263
문헌조사 ······53
미시조사 ······72

ㅂ

반구조화 면접 ······395
반방법론 ······42
반분법 ······288
반증주의 ······38
반표준화 면접 ······396
방법론적 무정부주의 ······42
배포조사 ······71
범위(range) ······237
범위(scope) ······109
범죄예방정책 ······192
범죄예방환경설계(CPTED) ······82
범주식 평정척도 ······259
베이비붐세대 ······61
베이컨(F. Bacon) ······35
베일리(Bailey) ······261
베커(Gary Becker) ······11
변동계수 ······238
변수 지향적 연구 ······435
변수(variable) ······109
변화분석 ······59
보가더스 척도 ······277
보가더스(Bogardus) ······278
보상적 오염 ······184
복수양식법 ······287
복합가설 ······132
부분상관분석 ······199
부수적 효과 ······117
부수조건 ······154
부정적 발견법 ······42
부정확한 관찰 ······18
부패인식지수(CPI) ······255
분산분석(ANOVA) ······237
분석단위 ······439
분석단위(analysis unit) ······74
분할오류 ······78
불연속변수 ······110
브레인스토밍(Brainstorming) ······61
비계량변수 ······118
비과학적 토대 ······6
비교 ······194
비구조화 면접 ······394
비논리적 사고 ······22
비대칭관계(asymmetrical) ······303
비대칭적 관계 ······122
비동질적 통제집단 전후측정설계 ······211
비동질집단 후측정설계 ······205
비례 층화 표본추출 ······345
비비례 층화 표본추출 ······345
비선호시설(NIMBY) ······269
비스케줄-구조화 면접 ······395
비실험설계 ······214
비엔나학파 ······36
비참여 관찰 ······410
비체계적 오류 ······307
비표준화 면접 ······394
비허위성(nonspuriousness) ······157
비확률 표본추출 ······337, 349
빈도분포 ······198

ㅅ

사건중심설계 ······212
사다리식(step-ladder) 단계 ······254
사례 지향적 연구 ······435

사례조사 ····· 54, 69
사분위수 ····· 265
사이버 불링 ····· 294
사회적 거리척도 ····· 277
사회적 상대주의 ····· 42
사회적 생성물 ····· 77
사회적 요청 ····· 102
사회집단 ····· 76
사후 발생적 가설 ····· 21
사후 오류 ····· 167
사후가설 ····· 21
산술평균 ····· 235
삼단논법(syllogism) ····· 29
상관계수 ····· 120
상관관계 ····· 165
상관관계(correlation) ····· 56
상반변량법 ····· 163
상실요인 ····· 176
상호보완적인 관계 ····· 33
상호인과적 관계 ····· 122
상호작용 시험효과 ····· 173, 179
상호작용효과 ····· 117
생태학적 오류 ····· 78
서베이 조사 ····· 70
서스톤 척도 ····· 274
선별적 관찰 ····· 20
선실험설계 ····· 203
선정오류 ····· 176
선정요인 ····· 175
선정효과 ····· 176
선택적 익명성 ····· 73
선험적 방법 ····· 16
설명(explanation) ····· 26
설명변수 ····· 111
설명적 가설 ····· 129
설명적 조사 ····· 57
성숙요인(maturation) ····· 171
성층화현상 ····· 348
소시오그램(sociogram) ····· 281
소시오메트릭 행렬 ····· 280
소시오메트리(sociometry) ····· 279
소시오메트릭 지수 ····· 282
솔로몬 4집단설계 ····· 208
수레바퀴형 연결 ····· 33
수렴타당도 ····· 298
수정가능성 ····· 10
순수조사 ····· 64
순환구조 ····· 33
스키너(Skinner) ····· 108
시간적 우선성 ····· 156
시계열설계 ····· 213
시장의 우상 ····· 44
식별가설 ····· 129
신공공관리론 ····· 40
신뢰구간 ····· 357
신뢰도(reliability) ····· 285
신뢰수준 ····· 357
신비화(mystification) ····· 24
신포도형 ····· 23
실용적 관점 ····· 2
실용적 타당도 ····· 295
실증주의(positivism) ····· 29
실증주의적 관점 ····· 2
실천적 적합성 ····· 101
실험변수의 조작 ····· 195
실험실 실험 ····· 195
실험실실험 ····· 218
실험자 효과 ····· 181
실험자극 ····· 111
실험적 처치 ····· 202
실험조사 ····· 72
실험집단 반응효과 ····· 183
실험처치 ····· 72
심리적 부검 ····· 104
심층면접 ····· 392
심층면접법 ····· 54
쌍대비교법 ····· 276

ㅇ

알파걸(Alpha girl) ····· 105
액면타당도 ····· 262, 293
양적 조사 ····· 65
양적변수 ····· 229
어의분화척도 ····· 282

억압변수 ······114
에밀 뒤르겡(Emile Durkheim) ······78
에코세대 ······62
여성학적 관점 ······2
역사적 방법 ······433
역사적 요인 ······171
연구가설 ······130
연구문제 ······100
연구문제 선정 ······82
연구방법론(methodology) ······459
연구보고서 ······458
연구용 사례 ······436
연속변수 ······118
연속성(continuum) ······259
연쇄의뢰 표본추출 ······353
연역된 정보 ······21
연역적 논리 ······29
연역적 설명 ······26
연역주의 ······35
예비조사 ······52, 434
예측(prediction) ······27
예측변수 ······111
예측타당도 ······295
오스구드(Osgood) ······282
오스본(Alex F. Osborn) ······73
오염(contamination) ······181
완전 관찰자 ······413
완전 참여자 ······412
왜곡변수 ······115
외부적 사건 ······171
외재변수 ······113
요인분석 ······300
요인평짐분식 ······284
우편조사법 ······384
워터게이트(Watergare) 사건 ······440
원시실험설계 ······203
원인변수 ······111
유권해석 ······15
유리 천장이론 ······103
유사등간기법 ······274
유사종단적 조사 ······63
유의 표본추출 ······351
응용조사 ······64
의사(擬似)실험설계 ······210
이론 논박적 사례연구 ······437
이론적 관점 ······2
이변량 관계 ······119
이산변수 ······110, 118
이야기식 기록 ······417
이중눈가림기법 ······180
이항분포 ······358
이항분포검증 ······234
이해타당도 ······298
인과관계 ······165
인과관계(causality) ······26
인과성(causality) ······5, 8
인과율(causality) ······7
인과적 조사 ······57
인식론적 부재 ······42
인지적 과학사회학 ······42
일대일 면접 ······392
일대일비교법 ······276
일반가설 ······128
일반화의 오류 ······33
일치법 ······159
일탈 사례연구 ······437
임의 표본추출 ······350
입증가능성 ······9
잉여법 ······163

ㅈ

자기 충족적 예언 ······182
자료수집 ······85, 380
자료의 분석 ······86
자명성(self-evidence) ······16
자아 개입 ······22
자유도 ······359
자유의지(free will) ······11
잔여법 ······163
재생가능성 ······9
재생가능성계수 ······271
전과학 ······40
전기학자(傳記學者) ······69
전문가 조사 ······53

전수조사 ……68, 333
전자 서베이 ……389
전제의 오류 ……31
전화 면접조사법 ……386
전화면접 ……392
전후법 ……289
절대 영점 ……237
절대적 권위 ……15
정밀배합 ……198
정상과학 ……40
정책델파이 ……61
정책의 창 이론 ……55
정태적 집단비교설계 ……205
제1종 오류 ……131
제2종 오류 ……131
제3의 길 ……40
제3의 물결 ……40
제3의 변수 ……116
제3종 오류 ……132, 444
조건적 효과 ……117
조사방법론 ……25
조사설계 ……84
조작적 정의 ……107
조절변수 ……116
조절효과 ……117
조합비교법 ……276
존 헨리효과 ……184
존헨리효과 ……207
종단적 조사 ……59
종속변수 ……111
종족의 우상 ……43
주시험효과 ……173
준실험설계 ……210
준참여 관찰 ……411
중심극한의 정리 ……356
중앙값(median) ……235
지수(指數, index) ……252
지엽적 가설 ……128
지표(指標, indicator) ……252
직관에 의한 방법 ……16
진리의 검증 ……37
진리의 확인 ……37
질문지법 ……384
질적 변수 ……229
질적 조사 ……67
집락 표본추출 ……347
집중면접법 ……395
집중타당도 ……301
집합조사 ……71
집행변수 ……112
징검다리 변수 ……112
짝짓기 ……198
짝짓기(matching) ……211

ㅊ

차이법 ……160
참여 관찰 ……409
참여자적 관찰자 ……412
척도(scale) ……249
척도도식법 ……268
체계성 ……6
체계적 오류 ……306
체계적 의미 ……109
체계적 지식 ……2
체계적 표본추출 ……342
총합(總合) ……261
총화평정척도(總和評定尺度) ……261
최빈값(mode) ……234
최적분할 비비례 층화표본추출 ……346
추상적 개념 ……7
추상적 세계 ……228
추세조사 ……60
축소주의 ……81
충분조건 ……152
측정(measurement) ……228
측정도구 ……249
측정오류 ……305
층화 표본추출 ……344

ㅋ

카르납(Carnap) ……37
캠벨(Campbell) ……439
컬린저(Kerlinger) ……283

코헨(Cohen) ……16
코호트(chhort) ……61
쿤(Thomas S. Kuhn) ……40
크론바흐 알파계수 ……290
킹던(J. Kindon) ……55

ㅌ

타당도(validity) ……292
타당도계수 ……296
타자성(alterity) ……3
탈구성(deconstruction) ……3
탈영역화(deterritorialization) ……3
탐구의 반복 ……19
탐구의 조기종결 ……23
탐색적 조사 ……52
탐색적 형태 ……72
통계값 ……340
통계적 통제 ……199
통계적 회귀 ……174
통계조사 ……68
통제(control) ……28
통제변수 ……117
통제집단 사후측정설계 ……207
통제집단 전후측정설계 ……206
투사기법면접 ……392
투사형 ……23
특례조사 ……54

ㅍ

파이어아벤트(Paul Feyerabend) ……42
판단 표본추출 ……351
판별력(discriminating power) ……265
판별타당도 ……299
패널사망 ……60
패널조사 ……59
패러다임(paradigm) ……40
패턴 결합 ……439
페미니스트(feminist) ……3
편의 표본추출 ……350
평가조사 ……65
평균편차 ……354
평위척도 ……259, 275
평점방식 평정척도 ……259
평정척도 ……258
평행양식법 ……287
폐쇄형(closed-ended) ……257
포괄성의 원칙 ……251
포스트 모더니즘 ……2
포퍼(K. R. Popper) ……38
표본오차 ……354
표본의 대표성 ……178
표본의 크기 ……337, 358
표본조사 ……69, 333
표본추출 간격 ……342
표본추출 틀 ……336
표본추출(sampling) ……334
표본평균 ……355
표적집단 ……353
표적집단 면접법 ……54
표준오차 ……354
표준편차 ……235, 354
표준화 면접 ……392
프로빙(probing) ……401
프로토콜(Protocol) 명제 ……37
플라시보 효과 ……180
피그말리온 효과 ……182
피설명변수 ……111
피예측변수 ……111
필요조건 ……151
핌피현상[PIMFY] ……273

ㅎ

학습효과 ……173
한정성(determinacy) ……109
할당 표본추출 ……351
할당표(quota matrix) ……352
할당행렬 ……198
합리적 범죄 ……11
합성오류 ……78
합의적 사실 ……13
해석적 관점 ……2
해석적 사례연구 ……437
헤라클리투스(Heraclitus) ……10

현시적 사례 ……435
현실동형의 원칙 ……231
현장노트 ……417
현지실험 ……216
현지조사 ……71
형상(configuration) ……435
형성적 조사 ……52
형이하학(形而下學) ……6
호손 효과 ……183
호손효과 ……207
확률 표본추출 ……337
확률적 결정론 ……8
확률적 규칙성 ……5
확률적 설명 ……32
확률표본 ……340
확증적 사례연구 ……437
환원주의적 오류 ……80
회고연구 ……215
회귀분석 ……237
횡단적 조사 ……58
효과 패턴 ……439
후광효과 ……12

기타

1대 1 배합방법 ……198
1차 자료 ……85, 380
1회 사례연구 ……203
2차 자료 ……53, 85, 381
Q분류척도 ……280

| 저자약력 |

한 동 효

■ 약력

- 한국행정학회 교육위원 역임
- 한국지방정부학회 연구위원
- 진주포럼 연구이사 역임
- 진주시업무평가위원 역임
- 경상남도의정비심의위원회 위원 역임
- KBS 진주방송국 논설위원 역임
- 경남신문 논설위원 역임
- 경상남도 지역균형발전위원회 위원 역임
- 경상남도 경남도사편찬위원회 위원 역임
- 경찰청 경미범죄 심사위원회 자문위원(현)
- 진주시 출자 · 출연기관 운영심의위원(현)
- 법무부 교정자문위원회 위원(현)
- 진주시 정책자문단교수(현)
- 한국국제대학교 경찰행정학과 교수(현)

■ 저서 및 주요논문

- 현대행정관리론(공저), 2004
- 정부인사혁신론(공저), 2007
- 지방정부의 정책평가(공저), 2010
- 지방자치의 현재와 미래(공저), 2011
- 경찰행정조사방법론, 2014
- 새경찰학개론(공저), 2013· 2014, 2017 외 다수
- 지방정부간 행정자치구역의 통합에 관한 연구(2008)
- 고령화 사회의 노인범죄의 추이와 영향요인 연구(2008)
- 지방정부 정책과정의 단계별 성과의 영향분석(2008)
- 재정분권화가 재정력격차에 미치는 영향에 관한 연구(2009)
- 지방자치단체의 정책실패 요인에 관한 연구(2010)
- 지방분권화에 따른 지역 간 격차의 비교분석(2010)
- 역대정부의 자치경찰제 도입 실패요인에 관한 연구(2012)
- 한국과 몽골의 부패원인과 특성에 관한 연구(2012)
- 도시재생을 통한 창조도시 형성과정의 특성분석(2013)
- 소규모 동 통폐합의 추진실태와 정책성과에 관한 연구(2014)
- 안전도시 구축과 지방자치단체의 책무(2015)
- 여성친화적 안전도시 조성을 위한 자치입법의 과제(2017)
- 도농통합시의 범죄예방환경설계(CPTED)에 관한 자치입법의 특성분석(2019)
- 여성친화적 안전도시 조성이 안전증진정책 수립에 미치는 영향연구(2019) 외 다수

문제중심의 행정조사방법론

초판발행 2019년 9월 30일
초판 2쇄 발행 2023년 11월 15일

지은이 한동효
펴낸이 오판근
펴낸곳 (주) 교우
주 소 서울시 동대문구 약령시로 8 교우빌딩 2층 (주)교우
전 화 02-925-2861 / **팩 스** 02-925-2860, **편집부** 02-925-2825
홈페이지&북스토어 www.kyowoo.co.kr / **이메일** kyowoo@kyowoo.co.kr

등 록 1994년 3월 24일 제1994-000013호
ISBN 979-11-251-0301-1 (93350)

Published by Kyowoo Co., Ltd. Printed in Korea

(주) 교우는 보다 혁신적이고 참신한 도서를 다양하게 기획하고 있습니다.
책으로 펴내고자 하는 아이디어나 원고는 메일로 보내주세요.
(주) 교우는 전과정을 책임지고 최선을 다하겠습니다.

값 37,000원

교우미디어는 (주) 교우의 Imprint 사입니다.
수학정원·과학정원은 (주) 교우의 새로운 브랜드명입니다.

잘못된 책은 구입하신 서점에서 교환해 드립니다.